经济学之谜与迂回经济学探究

曾永寿　著

$$\begin{cases} w_{ki} = c_{ki} + v_{ki} + m_{ki} \\ \overline{w}_k = \overline{c}_k + \overline{v}_k + \overline{r}_k\ (\overline{c}_k + \overline{v}_k) \\ \overline{p}_k = \overline{c}_k + \overline{v}_k + \bar{r}\ (\overline{c}_k + \overline{v}_k) \end{cases}$$

$$\begin{cases} V_{wnm} = V_{qnm} - V_{pnm} \\ V_{p(n-1)4} = V_{qn1} \\ V_{q11} > V_{q21} \cdots V_{q(n-1)1} > V_{qn1} \cdots V_{q\delta 1} = 0 \end{cases}$$

中国财富出版社有限公司

图书在版编目（CIP）数据

经济学之谜与迂回经济学探究 / 曾永寿著. —北京：中国财富出版社有限公司，2020. 12

ISBN 978-7-5047-7270-1

Ⅰ. ①经… Ⅱ. ①曾… Ⅲ. ①经济学—文集 Ⅳ. ①F0-53

中国版本图书馆 CIP 数据核字（2020）第 196441 号

策划编辑 谷秀莉 **责任编辑** 邢有涛 于珊珊
责任印制 尚立业 **责任校对** 孙丽丽 **责任发行** 杨 江

出版发行	中国财富出版社有限公司		
社　　址	北京市丰台区南四环西路 188 号 5 区 20 楼	**邮政编码**	100070
电　　话	010-52227588 转 2098（发行部） 010-52227566（24 小时读者服务）		010-52227588 转 321（总编室） 010-52227588 转 305（质检部）
网　　址	http://www.cfpress.com.cn	**排　　版**	宝蕾元
经　　销	新华书店	**印　　刷**	北京九州迅驰传媒文化有限公司
书　　号	ISBN 978-7-5047-7270-1/F·3353		
开　　本	710mm×1000mm 1/16	**版　　次**	2021 年 10 月第 1 版
印　　张	22.5	**印　　次**	2021 年 10 月第 1 次印刷
字　　数	518 千字	**定　　价**	88.00 元

前　言

本书汇集论文18篇，其中第2～11篇已发表，其余没有发表。这些论文，有7篇其标题明确表明是解谜，其他篇尽管标题没有出现“谜”字，但每一篇所探讨的问题实际都是谜。因此，本书是解经济学之谜的文集。

本书是一本未完成的文集。本书的书名是《经济学之谜与迂回经济学探究》。按照原初的计划，其中的“经济学之谜”包括利润之谜、价格之谜和积累之谜三个大谜。在此说明，现在呈现的书稿，第1～2篇属于“利润之谜”，第3～18篇属于“价格之谜”。应指出，“积累之谜”尚未着手，“价格之谜”没有写完——笔者原设想在第18篇论文之后还要撰写“劳动还原之谜”“价值总量之谜”“劳动生产率与价值量关系之谜”“劳动价值论与供求价格论的关联之谜”“劳动价值论与效用价值论的关联之谜”以及“马克思价格理论与西方经济学价格理论的比较之谜”。之所以如此，原因是在写作第18篇论文的过程中，笔者发现，就科学形式而言，《资本论》属于系统科学（系统科学≠现有科学，二者的区别可参见许国志等主编、上海科技教育出版社2000年出版的《系统科学》和曾永寿著、中国物资出版社2007年出版的《整体涌现探索——系统科学基础研究》），其数学模型可归结为两个层级的系统：一是公理系统，其内容是马克思给出的商品个别价值、商品社会价值和商品生产价格三个基础概念定义式的联立方程（本书第18篇论文对此有初步表述）；二是定理系统，其内容不仅涵盖《资本论》揭示的所有原理，而且包括从社会主义市场经济演进到共产主义社会的路径，它们都可以由公理系统逻辑导出。于是，本书已完成的内容和本书想写但还没有写的内容都可以由这新的发现所包容。正因为此，我们有必要结束本书的写作，转而开始另一本书（书名暂定为《〈资本论〉数学模型系统研究》）的写作。当然，本书所探讨的内容仍有独立的价值，因此，笔者决定将其汇集出版。

在原初的计划中，“迂回经济学探究”是本书的最后一个部分。但是，因为上述原因，本书没有完成这一部分。不过，本书的18篇论文实际隐含着这方面的内容。因此，尽管“迂回经济学探究”作为本书的独立部分没有撰写，但本书仍可用现在的书名。

本书原初的设想是破解《资本论》研究中的谜，而且书中所论实际也是学界在《资本论》研究中所提出的疑难问题。就此而言，本书的书名应是《〈资本论〉研究之谜》或《马克思经济学研究之谜》，但是，本书的书名却提到“经济学之谜”。这不是疏忽。笔者即将撰写的著作将证明，马克思经济学可以兼容其他一切经济学

（包括西方经济学）的合理内容，而其他任何经济学（包括西方经济学）都不能兼容马克思经济学。于是，有结论：马克思经济学才是唯一科学的经济学，亦即有：马克思经济学 = 经济学。这就是本书命名的理由。

作　　者

2020 年 10 月

目　　录

利润之谜

——马克思经济学视角

[摘　要] 马克思经济学存在三个利润之谜，即劳动力商品定价基础之谜、机器利润源泉之谜和资本占有利润合理性之谜。马克思经济学也存在破解这三个谜的理论元素。运用马克思经济学中的理论元素破解这三个谜，不仅可以证明马克思经济学的基本命题在总体上和原则上是正确的，而且可以获得关于计划经济以及马克思计划经济预言的新理解和关于社会主义市场经济概念的新理解。

[关键词] 利润之谜；马克思经济学；劳动力商品定价基础；机器利润源泉；资本占有利润的合理性；计划经济；社会主义市场经济

本文所称马克思经济学，指马克思本人完成的经济学。一般地，学界有名称“马克思主义经济学”，很少使用名称“马克思经济学”。本文之所以使用后者，原因在于“马克思主义经济学”这概念太宽泛。例如，学界展开的劳动价值论大论战，五花八门的观点都标名为“马克思主义经济学”。[1]笔者无意全盘否定这些观点，实际上学者们的讨论不乏真知灼见，但是，要对这些观点进行分析评价，弄清哪些是马克思主义经济学的哪些不是马克思主义经济学的，需要大量篇幅，甚至会陷入争论。有鉴于此，还不如直接限定我们的论题。

本文所称利润之谜，指以利润源泉为核心的问题系列。试问：马克思经济学彻底破解了利润之谜吗？诚然，马克思深入分析了资本运动的全过程，揭示利润是由资本家所雇佣的工人在生产过程中所创造的剩余价值。可以证明，这一结论在总体上或原则上是正确的，就此来说，应当认为马克思经济学在总体上和原则上破解了利润之谜。但是，马克思由此给出如下预言：未来的社会主义社会可以用计划经济取代资本经济。后来的社会主义实践表明，这一预言是有问题的。据此，笔者猜想：马克思经济学在细节上或技术上仍有可能存在利润之谜。那么，其利润之谜是什么？如何破解？由此可获得哪些结论？这就是本文试图回答的问题。

本文的副标题名为“马克思经济学视角”，这既是本文视角特征的表达，也是对本文研究方法的限定。后者可概括为如下要点：第一，找到的利润之谜，原则上是马克思经济学逻辑结构中的疏忽或遗漏；第二，破解利润之谜的工具，原则上是马克思经济学的理论元素；第三，所获得的理论成果，不是对马克思经济学基本命题的背离，而是对其中缺失逻辑的弥补。这里有一个关键词：马克思经济学逻辑结构。当前，一些学者依据现实中的事实对马克思经济学的基本命题进行质疑、否定或创新。例如，有学者依据当今物质资料生产过程中的活劳动越来越少甚至无人工厂逐步取代传统工厂的事实，否定劳动价值论关于“活劳动是价值唯一源泉”的基本命题，提出物化劳动创造价值的观点。[2][3]这种做法，且不论其观点错误，仅就方法而言也不科学。众所周知，马克思经济学的范式特征是透过现象看本质，而学者们所列举的事实无非是现象。其实，当今世界尽管发生了很大变化，但仍然没有超出马克思经济学研究对象的范围，而且，马克思的研究忠于事实迄今无与伦比，[4]学者们所列举的当今现实中的事实，原则上没有超出马克思写作《资本论》时所掌握的情况（只是程度不同而已）。因此，仅仅用当今现实中的事实来质疑、否定或创新马克思经济学的基本命题，那是不可能的。诚然，马克思经济学也有需要完善的地方。但是，即使如此，科学的方法只能是，以现实问题为导引，深入马克思经济学逻辑结构，找出其中可能存在的疏忽或遗漏，并且通过深入研究来弥补其不完善之处。当然，这绝非易事，但值得尝试。

一、劳动力商品定价基础之谜

深入了解马克思经济学逻辑结构，我们发现其中一个被疏忽或遗漏的内容：劳动力商品定价基础问题。显然，这属于以利润源泉为核心的问题系列。因此，如果问题真的存在，那么，这是马克思经济学的一个利润之谜。

（一）劳动力商品定价基础的概念

首先，要将“劳动力商品定价基础”与“劳动力商品价格的市场决定”区分开来。这可由马克思经济学关于物质商品的价值与价格的区别来说明：物质商品的价值是凝结在该物质商品中的抽象劳动量，它与市场供求变化无关；然而，其价格则不仅以凝结在该物质商品中的抽象劳动量为基础，而且要考虑市场供求的变化。“劳动力商品定价基础”与“劳动力商品价格的市场决定”二者的关系与此类似（类似≠等同）。在此说明，我们之所以要给出二者的区分，旨在强调讨论劳动力商品定价基础问题必须撇开劳动力市场供求变化的因素。

其次，尽管这两个概念的关系类似于物质商品的价值与价格的关系，但是，存在“定价基础”问题则是劳动力商品的特殊问题。如前所述，物质商品的价值是凝结在该物质商品中的抽象劳动量；“劳动本身的量是用劳动的持续时间来计量，而劳动时间又是用一定的时间单位如小时、日等作尺度”。[5]51-52由此可知，物质商品的价值可以用自然时间单位为尺度进行精确计量，但劳动力商品定价基础的确定则并非如此。其原因在于劳动力商品与物质商品相比具有特殊性：一是物质商品仅自身具有价值，其使用并不是价值源泉，但是，劳动力商品不仅自身具有价值，而且其使用即劳动力的劳动是价值源泉；二是物质商品与其所有者不是同一个实体，交易完成后物质商品与原主人脱离，新主人即可实际完全占有，随心所欲地消费，但是，“劳动力只是作为活的个体的能力而存在”，[5]193也就是说，劳动力商品和它的所有者是同一个实体，交易完成后，它并没有脱离原主人，新主人不能实际完全占有，不能随心所欲地消费。因此，劳动力商品定价，交易双方决不会只考虑劳动力的价值（劳动者的生存条件），还要考虑劳动力的使用可能创造的价值（劳动在生产中的作用）。由此可见，劳动力商品定价基础的确定，绝不是如物质商品的价值计量那样简单，因而需要当作一个特殊问题来研究。

再次，劳动力商品定价基础与《资本论》第一卷第十七章所讨论的工资问题相关。不过，工资问题有现象和本质两个层面。马克思说，“在资产阶级社会的表面上，工人的工资表现为劳动的价格”[5]585——这说的是工资问题的现象层面。接着，马克思又说，“实际上，在商品市场上同货币所有者直接对立的不是劳动，而是工人。工人出卖的是他的劳动力”[5]587——这说的是工资问题的本质层面。在此说明，劳动力商品定价基础这一概念，指的只是工资问题（即劳动力商品交易）的现象层面，不涉及它的本质层面。

（二）劳动力商品定价基础之谜的提出

劳动力商品定价基础之谜可表述为如下问题：是什么原因导致劳动力商品定价基础被确定为一个确切的价值额？为什么不可能是不同的其他价值额？——下称问题1。提请注意，这里没有提到“劳动力的价值”和“劳动力使用所创造的价值”。因为劳动力商品定价基础这一概念指的是劳动力商品交易的现象层面，而在现象层面交易当事人并不知道二者的区别。当然，如果放到本质层面，问题1可转换为：劳动力商品定价基础，为什么必然是劳动力的价值？为什么不可能是劳动力使用所创造的价值？——下称问题2。不过，下文将证实，劳动力商品定价基础与劳动力价值，二者的区别不仅表现在性质上（前者是现象，后者是本质），而且表现在数量上（前者大于后者）。因此，劳动力商品定价基础之谜确切的表述是问题1。这里之所以给出问题2，是基于两点考虑：其一，便于习惯用马克思经济术语理解问题的学者理解问题1的内涵；其二，下面将谈到马克思关于劳动力商品定价基础问题的间接研究，然而，这些间接研究都是在本质层面进行的，运用问题2的术语可更方便地加以表述。

应指出，仅仅给出问题表述还不足以说明本部分所要研究的主题。前文说过，劳动力商品定价基础问题，是马克思经济学逻辑结构中的疏忽或遗漏，是马克思经济学的一个谜。那么，根据何在？对此，必须讨论。下面的讨论将分为两个要点：第一，证明马克思经济学没有提出和讨论劳动力商品定价基础问题。第二，证明没有提出和讨论这一问题是马克思经济学的疏忽或遗漏。前者涉及事实，后者涉及马克思经济学逻辑结构。

先说第一个要点。首先，马克思没有直接提出和讨论劳动力商品定价基础问题。这是显然的。劳动力商品定价基础之谜确切的表述是问题1，但是，我们没有发现马克思提出和讨论了问题1。诚然，劳动力商品定价基础可理解为工资问题的现象层面，而且马克思明确说“表面上，工人的工资表现为劳动的价格”，就此而言，马克思关注了这一问题的现象层面。但是，其现象层面仅仅是“工人的工资表现为劳动的价格”那么简单吗？答案是否定的。因为至少问题1是不可回避的，然而马克思并没有提出和讨论问题1。

其次，对劳动力商品定价基础问题，马克思没有直接讨论，但可能有间接讨论。那么，其可能的间接讨论又是怎样的呢？

我们注意到，马克思研究了劳动力成为商品的条件。他指出，“第二个基本条件就是：劳动力所有者没有可能出卖有自己的劳动物化在内的商品，而不得不把只存在于他的活的身体中的劳动力本身当作商品出卖”[5]191 “劳动能力不卖出去，对工人就毫无用处，不仅如此，工人就会感到一种残酷的自然必然性：他的劳动能力的生产曾需要一定量的生存资料，它的再生产又不断地需要一定量的生存资料”。[5]196-197 由此可引申出如下认识：劳动力商品定价基础，之所以被确定为一个确切的价值额（劳动力价值），而不是不同的其他价值额（劳动力使用所创造的价值），其根源在于工人“一无所有”，因而“不得不”接受这一不平等契约。的确，这可视为对劳动力商品定价基础问题的一个解释。但是，这只能说明问题的可能性，并不能说明问题的必然性。首先，从资本家这一方来看，“他实际上所关心的只是劳动力的价格和劳动力执行职能时所创造的价值之间的差额”。[5]592 然而，劳动力是特殊商品，因此，在市场交易中，即使资本家可以用“一无所有”和“残酷的自然必然性”迫使工人接受不平等契约，但是，如果工人心理感受到这是一种不平等，那么，在生产过程中，工人不可能心甘情愿地劳动，从而资本家不易获取“劳动力的价格和劳动力执行职能时所创造的价值之间的差额”。或许有人说，资本家可以用管理强制、迫使工人就范。但是，这种办法在资本主义初期或许可以，在后来的发展中尤其是创新成为企业竞争主要手段的今天则是不行的。[6] 企业管理主导思想的变化也能证明这一点，在资本主义初期其主导思想是以强制为特征的泰罗式管理，但后来逐步演变为以注重人际关系为特征的法约尔式管理、霍桑式管理，[7]29-40,[8]28-32 在今天员工忠诚度的培育则成为企业管理的主导思想。[9][10] 由此可见，用管理强制迫使工人就范并不符合事实。其次，从工人这一方来看，即使如美国那样的发达国家也仍然存在大量小业主，[11]87 在我国则存在大量个体工商户，这些小业主或个体工商户的收入为雇佣工人的收入提供着参照系。显然，小业主或个体工商户的收入并不与劳动力价值相联系，而是与其劳动创造的价值相联系。这就是说，从工人这一方来说，对劳动力商品定价基础的考量也绝不仅仅是劳动力价值，还有劳动所创造的价值（参照小业主或个体工商户的收入）。综上所述，结论是：马克思关于劳动力成为商品条件的论述并没有透彻地解答问题1。

我们注意到马克思研究了价值增殖过程。他写道“在劳动力出卖时，曾假定它的日价值 = 3 先令，在 3 先令中体现了 6 个劳动小时，而这也就是生产出工人每天平均的生活资料量所需要的劳动量”；[5]215 但是，“工人在工场中遇到的，不仅是 6 小时而且是 12 小时劳动过程所必需的生产资料”，并且在劳动过程终了时，资本家扣除一切成本后获得了“3 先令的剩余价值”。[5]220 那么，这“3 先令的剩余价值”缘于何方？马克思进行了分析，他首先排除了“熟悉庸俗政治经济学的资本家”杜撰的种种原因，而后证明这“3 先令的剩余价值”只能是工人的剩余劳动——因为只有劳动力商品才具有“独特的使用价值，即它是价值的源泉，并且是大于它自身的价值的源泉”。[5]219 由此可引申出如下认识：企业产品价值与投入的成本之间存在差额产生（“3 先令的剩余价值”），马克思证明劳动力商品的特性是这一差额产生的唯一原因，于是可反证这样的论点，即劳动力商品定价基础只能是劳动力价值，而不是劳动力使用所创造的价值。但是，首先，马克思在《资本论》正文中明确说“在劳动力出卖时，曾假定它的日价值 = 3 先令”，并且在脚注中也说“这里的数字完全是随意假设的”[5]215（着重号是引者加的）——这就是说，马克思理论分析的基础是“假定”和“假设”，并不是现实过程本身。其次，就现实过程的现象层面来说，马克思认为只有工人的劳动是企业产品价值与投入成本之间差额的唯一原因并不符合事实，因为参与生产过程并在其中替代部分活劳动的机器也起了同样的作用。在此说明，笔者并不赞同“机器是价值源泉”的论点，那是本质层面的结论；这里谈论的是现象层面，就此而言，替代部分活劳动的机器在生产中的作用是不可忽略的。可见，就包括现象层面在内的完整过程而言，马克思关于价值增殖过程的分析本身是不完整的，由此引出的论点是可商榷的。

我们还注意到，学界将《资本论》阐述的劳动力商品交易机理概括为“形式上平等而事实上不平等”，这一概括无可非议。但是，应当强调，“形式上平等”，不能理解为工人心理感受上的假平等，而只能理解为表面上或现象上平等；“事实上不平等”，不能理解为工人心理感受到不平等，而只能理解为本质的即理论分析所看到的不平等。因为心理感受到的只能是现象。马克思说，“如果事物的表现形式和事物的本质会直接合而为一，一切科学就都成为多余的了”。[12]923就此分析，如果将“形式上平等”理解为工人心理感受上的假平等，将“事实上不平等”理解为工人心理感受到不平等，那么，就是现象和本质一致，而马克思的研究也就“成为多余的了”。这就是说，在整个过程（包括市场交易和生产过程），工人心理感受到的都是平等，事实上不平等则只能是马克思理论分析的结论（当然可以是工人通过学习马克思理论获得的理性认识，但是，理性认识≠心理感受）。正因为有这种形式上的平等（=工人心理感受到平等），工人在生产过程中才心甘情愿地劳动，从而为资本家生产出大于劳动力价值的价值。因此，在整个过程中，工人心理感受到平等，是劳动力商品定价基础必须考虑的一个因素。然而，心理感受并不是平白无故的，它是现实过程的反映。那么，这就提出一个问题：在现实过程中，究竟是什么情况使得工人心甘情愿地接受以劳动力价值作为劳动力商品定价基础？通读马克思的著作，我们没有发现有关这方面的讨论。

综上所述，马克思经济学没有直接提出和探讨劳动力商品定价基础问题，从其可能的间接研究也不能引出关于这一问题的必要内容。于是，有结论：马克思经济学没有提出和讨论劳动力商品定价基础问题。

现在，再说第二个要点。如前所述，马克思经济学的范式特征是透过现象看本质。就此来说，马克思经济学对任何问题的研究，都应当先对现象层面详加叙述，而后再通过透过现象看本质的分析揭示现象背后的本质——这是就马克思经济学范式特征所理解的马克思经济学应有的逻辑结构。显然，“劳动力的买和卖”是马克思经济学的重要问题，而劳动力商品定价基础是劳动力的买和卖的现象层面。因此，马克思理应先说明现象层面，由此回答是什么原因导致劳动力商品定价基础被确定为一个确切的价值额（为什么不可能是不同的其他价值额），而后再通过透过现象深入本质的研究，揭示这个确切的价值额在表面上是“劳动的价格”，而在本质上是“劳动力的价值和价格”。但是，马克思没有提出和讨论问题1，亦即对问题的现象层面没有给出足够清楚的叙述和说明，而只是简单地提到“表面上，工人的工资表现为劳动的价格”之后就径直进入本质层面。显然，实施透过现象看本质的研究方法，首要的是现象，其次才是透过现象深入本质的分析。试想：如果现象层面不是足够清楚，何以证明透过现象所揭示的本质是正确的？！由此可见，没有提出和讨论劳动力商品定价基础问题，的确是马克思经济学逻辑结构中的疏忽或遗漏，是马克思经济学的一个谜。

（三）由马克思经济学理论元素给出谜底

本文开头设定：破解利润之谜的工具原则上是马克思经济学理论元素。事实上，马克思经济学的确具有（也只有马克思经济学才具有）破解劳动力商品定价基础之谜的理论元素。不过，或许有人说：前文说，马克思经济学没有直接提出和探讨劳动力商品定价基础问题，从其可能的间接研究也不能引出关于这一问题的必要内容，现在又说马克思经济学具有破解这一谜的理论元素，难道这一理论元素不是对这一问题的间接研究？这是一个疑问（下称“理论元素属性的疑问”）。我们先讨论正题，最后再回答这一疑问。

1. 马克思经济学理论元素

在《资本论》第一卷第十三章，马克思写道，“机器所费的劳动和它所节省的劳动之间的差额……只要机器所费的劳动，从而机器加到产品上的价值部分，小于工人用自己的工具加到劳动对象上的价值，这种差额就一直存在”[5]428 “如果只把机器看作使产品便宜的手段，那末使用机器的界限就在于：生产机器所费的劳动要少于使用机器所代替的劳动。可是对资本说来，这个界限表现得更为狭窄。由于资本支付的不是所使用的劳动，而是所使用的劳动力的价值，因此，对资本说来，只有在机器的价值和它所代替的劳动力的价值之间存在差额的情况下，才会使用机器”。[5]430-431 我们将此概括为马克思关于机器可替代活劳动和资本家投资机器的决策条件的论述。这就是可以给出劳动力商品定价基础之谜谜底的理论元素。

仔细分析，马克思的论述可归结为如下要点。

第一，存在投资机器的利润率。显然，所谓“生产机器所费的劳动”，指生产机器所需要的社会必要劳动量，亦即在市场上购买机器的市场价格（资本家投资机器的成本价格）；所谓“使用机器所代替的劳动”，指机器在其整个生命周期所能代替的活劳动总量，如果换算成市场价值，那么，指的是这一活劳动总量所对应的市场价值（资本家投资机器的收益）。这样，所谓“机器所费的劳动和它所节省的劳动之间的差额”，和“生产机器所费的劳动要少于使用机器所代替的劳动”，就可理解为：存在投资机器的利润率。据此，设 g_a 代表机器的市场价格，g_b 代表“使用机器所代替的劳动”所对应的市场价值，r_j 代表投资机器的利润率，我们有：

$$r_j = \frac{g_b - g_a}{g_a} \tag{1}$$

式（1）称为“投资机器的利润率表达式”。

第二，存在投资劳动力商品的利润率。当然，这并不是马克思论述明显的表达，但可通过分析引申出来。马克思说：“对资本说来，只有在机器的价值和它所代替的劳动力的价值之间存在差额的情况下，才会使用机器。”不难看出，这里说的是在机器与活劳动可相互替代的情况下，资本家投资机器行为的决策条件。显然，资本家唯一关心的是利润率。由此可知，通过投资机器的利润率与投资劳动力商品的利润率的比较，可以等价地再现马克思论述所阐发的原理。这里，仅讨论投资劳动力商品的利润率。设 g_c 代表工人的日工资，g_d 代表工人劳动一天所创造的价值，r_l 代表投资劳动力商品的利润率，我们有：

$$r_l = \frac{g_d - g_c}{g_c} \tag{2}$$

式（2）称为“投资劳动力商品的利润率表达式”。

第三，资本家投资行为（是投资机器还是投资劳动力商品）的决策条件的一般原理。虽然前面马克思论述说的只是资本家投资机器行为决策的条件，但是，显然可以由此引申出关于资本家投资行为（是投资机器还是投资劳动力商品）决策条件的一般原理。由式（1）和式（2），我们有：

$$r_j = r_l$$

亦即：

$$\frac{g_b - g_a}{g_a} = \frac{g_d - g_c}{g_c} \tag{3}$$

式（3）称为“资本家投资行为（是投资机器还是投资劳动力商品）决策条件的一般表达式”。该式表达的是投资机器与投资劳动力商品这两个行为可等价替代的平衡点。

如果仅就投资机器行为的决策条件而言，那么，由式（3）我们有：

$$\frac{g_b - g_a}{g_a} \geqslant \frac{g_d - g_c}{g_c} \tag{3.1}$$

式（3.1）称为“资本家投资机器决策条件的表达式”，其条件是：投资机器的利润率大于或等于投资劳动力商品的利润率。笔者以为，这与马克思有关“对资本说来，只有在机器的价值和它所代替的劳动力的价值之间存在差额的情况下，才会使用机器”的论述是等价的。

如果仅就投资劳动力商品行为的决策条件而言，那么，由式（3）我们又有：

$$\frac{g_d - g_c}{g_c} \geqslant \frac{g_b - g_a}{g_a} \tag{3.2}$$

式（3.2）称为“资本家投资劳动力商品决策条件的表达式”，其条件是：投资劳动力商品的利润率大于或等于投资机器的利润率。

综上所述，这就是资本家投资行为（是投资机器还是投资劳动力商品）决策条件的一般原理，亦即破解劳动力商品定价基础之谜的理论元素。

2. 给出谜底

显然，劳动力商品定价基础就是资本家投资劳动力商品所愿意支付的基础价格，它应当受其决策条件的制约。也就是说，由式（3.2）可算出劳动力商品定价基础的量化表达式。下面给出计算过程。

显然有 $g_a > 0$，$g_c > 0$，于是，将式（3.2）两边同乘以 $g_a g_c$，可得：

$$g_a(g_d - g_c) \geqslant g_c(g_b - g_a)$$

即有：

$$g_a g_d - g_a g_c \geqslant g_c g_b - g_a g_c$$

两边同时消除项 $g_a g_c$，得：

$$g_a g_d \geqslant g_c g_b$$

此外，显然有 $g_b > 0$，因此，两边同除以 g_b，得：

$$\frac{g_a g_d}{g_b} \geqslant g_c$$

亦即，

$$g_c \leqslant \frac{g_a}{g_b} g_d$$

再者，按照马克思的论述，显然有 $g_a < g_b$，从而有 $\frac{g_a}{g_b} < 1$。于是，就有：

$$g_c \leqslant \frac{g_a}{g_b} g_d < g_d \tag{4}$$

式（4）是劳动力商品定价基础的量化表达式，这表明劳动力商品定价基础 g_c 严格小于劳动力使用所创造的价值 g_d。

现在，可以回答问题1。问题1实际有两问：其一，如何刻画一个确切的价值额？其二，劳动力商品定价基础被确定为一个确切的价值额的原因是什么？对其一，回答是一个确切的价值额由式（4）刻画。对其二，回答是原因有二：第一，在生产过程中机器与劳动力之间存在替代关系；第二，资本是企业生产的组织方式，而追逐利润是资本的本质。这就是我们给出的谜底。

我们需要对上述讨论进行评估。首先，我们给出了一个客观现象，即机器与活劳动可相互替代，这是劳动力商品定价基础被确定为一个确切价值额的原因。显然，机器大工业是资本经济的生产力基础，因而机器与活劳动可相互替代是资本经济的普遍现象。其次，我们由机器与活劳动可相互替代及资本的本质导出了式（4），即劳动力商品定价基础的量化表达，其中，各量都是现实过程中的真实情况（不需要假定和假设），因此，这的确是工人工资问题的现象形态。再次，式（4）体现着“形式上平等而事实上不平等”这一劳动力商品交易机理。如前所述，所谓形式上平等应理解为在整个生产过程中工人心理感受到平等。显然，式（4）刻画的量化表达，其实质是将资本家购买劳动力商品与购买能够替代劳动力的机器放在同等“待遇”上考虑，这在工人的心理感受上来说是天经地义的（否则资本家宁愿使用机器而不使用工人）。此外，因为小业主或个体工商户的劳动效率明显低于以机器生产为基础的企业的劳动效率，因此，劳动力商品定价基础 g_c，尽管不是工人劳动所创造的价值 g_d，但也会与小业主或个体工商户的收入相当，这同样会使工人心理感受到平等。如前所述，“事实上不平等”，只能理解为本质的即理论分析所看到的不平等。然而，式（4）隐含着资本获取利润的可能性，这就为通过理论分析证明利润的本质是劳动者创造的剩余价值，从而揭示劳动力商品交易是“形式上平等而事实上不平等”留下了空间。综上所述，我们给出的谜底是可行的和正确的。

此外，容易看出，式（4）刻画的量化表达，其中的劳动力是能够为机器所替代的劳动力，不包括机器不可替代的劳动力。当然，后者与前者同是劳动力商品，因而后者的价格也会受到前者价格的影响，就此而言，式（4）刻画的是一切劳动力商品定价的“基础”。尽管如此，由式（4）毕竟可将这两类劳动力商品定价基础区分开来，从而可以回应学界关于马克思经济学“无法对雇佣工人工资分化的现象做出令人信服的解释”[13]的质疑。再者，众所周知，《资本论》有简单劳动和复杂劳动的概念，但是，马克思并没有给出二者严格的区分，由此引发学界持久的争论。由上面的讨论可以得出如下认识：机器可替代的劳动是简单劳动，机器不可替代的劳动是复杂劳动。这样，就在客观上将这两类劳动严格区分开来了。当然，随着科技发展，机器可替代的劳动也是动态演进的，因而这两类劳动的区分也是动态演进的。可见，我们给出的谜底更易于解释现实中劳动力商品定价问题的复杂性。

说到这里，有必要回到《资本论》第一卷第十七章关于工人工资问题的讨论。在那一章，马克思说“表面上，工人的工资表现为劳动的价格”，但“实际上……工人出卖的是他的劳动力”。由式（4）容易看出，劳动力商品定价基础 g_c 对应着机器的市场价格 g_a（资本家投资机器的成本价格），劳动力使用所创造的价值 g_d 对应着使用机器所替代的劳动换算的市场价值 g_b（资本家投资机器的收益），且有 $g_c \leqslant \frac{g_a}{g_b} g_d < g_d$，亦即劳动力商品定价基础 g_c 严格小于劳动力使用所创造的价值 g_d。由此，应当得出结论：劳动力商品定价基础 g_c 对应的是劳动力商品的生产成本（“劳动力价值”），而不是劳动力使用所创造的价值（“劳动的价格”）。这就证明了马克思论述的正确性。

3. 关于理论元素属性的讨论

现在，可以回应前文提到的理论元素属性的疑问。显然，间接研究与理论元素有区别——间接研究是一种研究，而理论元素只是一种可以用于研究的素材。不难看出，马克思关于机器可替代活劳动和资本家投资机器的决策条件的论述，相对于劳动力商品定价基础问题来说，只是可以用于研究的素材，而不是该问题的间接研究。这就是上述疑问的答案。

二、机器利润源泉之谜

深入马克思经济学逻辑结构，我们发现其中第二个疏忽或遗漏的内容是：机器利润源泉问题。也就是说，如果问题真的存在，那么，这是马克思经济学第二个利润之谜。

（一）利润概念和机器利润的性质

由前文知，在以机器大工业为基础的生产过程中，存在“机器所费的劳动和它所节省的劳动之间的差额”。显然，这一差额是资本利润的组成部分，因为其由投资机器所生成，因此称之为“机器利润”。将之设为 g_j，我们有：

$$g_j = g_b - g_a \tag{5}$$

式（5）称为“机器利润的表达式”。

我们需要明确利润的概念，并且由此判明机器利润的性质。逻辑学表明，明确一个概念，既要给出其内涵，也要给出其外延。

先说利润概念的内涵。这里，关键是给出利润概念与剩余价值概念的区分。马克思说，利润，指“商品价值超过资本家的支出的余额”；[12]47 而“剩余价值只是 v 这个变为劳动力的资本部分发生价值变动的结果”，[5]240 亦即工人创造的价值大于劳动力价值的差额。显然，这是马克思给出的利润概念与剩余价值概念在内涵上的区分。这里很明确，利润与“资本家的支出的余额”相联系，剩余价值与工人的剩余劳动相联系。也就是说：只有凝结在商品中的工人的剩余劳动才能称为“剩余价值”；而内含于商品中，不是工人的剩余劳动，而仅仅表现为“超过资本家的支出的余额”的等价物，则不能称为“剩余价值”，而只能称为“利润”。

再说利润概念的外延。这里的关键在于是否存在不属于剩余价值的利润。对此，马克思给出了否定的回答。首先，马克思明确说，“利润，和剩余价值是一回事，不过它具有一个神秘化的形式”“剩余价值，作为全部预付资本的这样一种观念上的产物，取得了利润这个转化形式”。[12]44 这就是说，利润与剩余价值是同一个量，只不过“观念上”的“形式”不同。其次，《资本论》给出的剩余价值率写为 m/v，利润率写为 m/c，它们的分子是同一个 m——这里利润与剩余价值也是同一个量。诚然，马克思说“在商品的价值和它的成本价格之间，显然会有无数的出售价格”，此时实现的利润量会与在销售前已内含于商品中的剩余价值量不相等，[12]45 但是，这里说的是利润即剩余价值的实现问题，并不是利润与剩余价值这两个量在外延上的区分。总之，马克思没有给出这两个概念外延上的区分，亦即否认存在不属于剩余价值的利润。

那么，如何评价马克思的这一论述？这要进行分析。有如下结论：就本质层面（即利润从生产到实现的完整过程，下同）而言，马克思的论述是正确的；但是，仅就现象层面（即利润直接生产过程，下同）而言，马克思的论述是值得商榷的。前者后文论述，这里仅讨论后者。我们的依据是：现实中存在机器利润，并且可以证明，仅就现象层面而言，机器利润不是剩余价值。

证：如前所述，机器利润 g_j 是“机器所费的劳动和它所节省的劳动之间的差额”，显然，机器所节省的劳动不属于工人投入的劳动，因此，在机器利润 g_j 中没有属于工人劳动的任何一个原子。由马克思关于利润与剩余价值这两个概念在内涵上的区分来判断，应当认定，仅就现象层面而言，机器利润 g_j 不是剩余价值。证毕。

（二）机器利润源泉之谜的提出

机器利润源泉之谜，实质是这样一个矛盾：一方面，由劳动价值论知，唯有生产商品的活劳动才是价值源泉，其他一切都不是价值源泉；另一方面，在现实中存在机器利润，且利润是一种市场价值，但是，前面已证，在机器利润中没有属于工人劳动的任何一个原子。那么，机器利润的源泉到底是什么？这是一个谜，称为“机器利润源泉之谜”。

应当指出，“活劳动是商品价值的唯一源泉”这一命题是毋庸置疑的。这不仅因为以此为核心的劳动价值论是马克思经济学的基础理论，如果否定这一命题，那么，也就从根本上否定了马克思经济学；而且，这一命题也是一般经济科学应有的基础，如果否定这一命题，那么，经济学最多只能叙述经济现象，不可能揭示任何深层次的问题。此外，也应指出，仅就现象层面而言，存在不是剩余价值的机器利润，也是毋庸置疑的。因为，这不仅是从马克思的论述引出的结论，而且是现实中的真实情况——不仅在马克思时代如此，当今更是如此。它不是个别现象，而是一个普遍现象。于是，上述被表达为机器利润源泉之谜的矛盾，同样是毋庸置疑的。这就是说，机器利润源泉问题，是经济学尤其是马克思经济学无可否认、不能回避的问题。

那么，马克思破解了机器利润源泉之谜吗？对此，需要引述和分析。应当指出，马克思尽管没有给出利润和剩余价值这两个概念外延上的区分，但是，他对机器利润的源泉问题却有所察觉并且进行了讨论。马克思写道：机器“在最初偶而被采用时，会把机器所有主使用的劳动变为高效率的劳动，把机器产品的社会价值提高到它的个别价值以上，从而使资本家能够用日产品中较小的价值部分来补偿劳动力的日价值”。但是，“随着机器在同一生产部门内普遍应用，机器产品的社会价值就降低到它的个别价值的水平，于是下面这个规律就会发生作用：剩余价值不是来源于资本家用机器所代替的劳动力，恰恰相反，是来源于资本家雇来使用机器的劳动力”。[5]445－446不难看出，“机器产品的社会价值提高到它的个别价值以上”所形成的差额，就是“机器所费的劳动和它所节省的劳动之间的差额”。由此再读马克思的上述论述，应当认为，马克思对机器利润的源泉问题有所察觉并且给出了回应。但遗憾的是，马克思忽略了如下事实：机器所节省的劳动不属于工人实际投入的劳动。在这种情况下，有什么理由认为机器利润源于工人投入的劳动？！诚然，马克思论证了，在劳动过程中，只有劳动力商品才具有“独特的使用价值，即它是价值的源泉，并且是大于它自身的价值的源泉”。这没有错。但是，这里谈论的不是“价值”，而是“机器利润”（机器利润中没有属于工人劳动的任何一个原子）。因此，即使马克思的论证是正确的，也仍然不能以此为据得出这样的结论：机器利润是由工人的劳动创造的。或许存在一种隐蔽过程（马克思的论述隐含此意），由此可证明机器利润在本质上是工人创造的剩余价值。但是，如果是这样，那么，就必须暴露这种隐蔽过程，从而给出证明。然而，通读马克思经济学著作，我们没有发现有这种证明。由此可见，马克思并没有令人信服地解答机器利润源泉问题。

众所周知，在马克思经济学中，利润是剩余价值的现象，剩余价值是利润的本质。然而，既然有现象与本质的区分，那么，就存在一个现象与本质之间的转化问题。诚然，马克思说过，“剩余价值，作为全部预付资本的这样一种观念上的产物，取得了利润这个转化形式”。就此而言，马克思讨论了利润与剩余价值之间的转化；但是，马克思明确说，他给出的转化是观念上的，而不是客观过程的。诚然，如果在现象层面利润与剩余价值是同一个量，在这种情况下，利润与剩余价值之间不存在属于客观过程的那种转化，那么，马克思仅仅给出观念上的转化无可厚非；但是，前面已证，仅就现象层面而言，机器利润并不是剩余价值，这样，在机器利润与剩余价值之间就存在属于客观过程的那种转化。遗憾的是，马克思没有讨论客观的转化过程。这不能不说是马克思经济学的一个疏忽或遗漏。

（三）由马克思经济学理论元素给出谜底

在《资本论》第三卷第三十九章，马克思写道：“关于级差地租，一般应当指出：市场价值始终超过产品总量的总生产价格……这是由在资本主义生产方式基础上通过竞争而实现的市场价值所决定的；这种决定产生了一个虚假的社会价值。”[12]744-745这里，马克思叙述了如下情况：在土地作为生产要素的商品生产中，内含于商品中的级差地租即“市场价值始终超过产品总量的总生产价格”所形成的差额，是“一个虚假的社会价值”。由劳动价值论，我们不难理解马克思的这一叙述。因为土地是一种自然资源，而自然资源不是价值的源泉，因而在土地作为生产要素的商品生产中所生成的级差地租不是价值，只是一种价值等价物，马克思将其称为“虚假的社会价值”，显然是正确的。

然而，在现实中，土地所有者获得的级差地租却是货真价实的价值。那么，在生产过程中所形成的“虚假的社会价值”何以转化为土地所有者所获得的货真价实的价值？马克思继续写道：“同种商品的市场价格的相同性，是价值的社会性质在资本主义生产方式的基础上，以及一般说来在一种以个人之间的商品交换为基础的生产基础上借以实现的方式。被看作消费者的社会对土地产品支付过多的东西，对社会劳动时间在农业生产上的实现来说原来是负数的东西，现在竟然对社会上的一部分人即土地所有者来说成为正数了。”[12]745显然，马克思说的是：在商品交易过程中，消费者用货真价实的价值购买了内含“虚假的社会价值”的商品，于是，“虚假的社会价值”这种“原来是负数的东西”，就转化为对“土地所有者来说成为正数”的货真价实的价值。

上述马克思的论述就是可以给出机器利润源泉之谜谜底的理论元素。诚然，马克思谈论的是级差地租，但是，机器利润与级差地租有相同的性质。首先，机器是物化劳动，它与土地这种自然资源一样不是价值的源泉，因而，它作为生产要素参与生产所生成的机器利润，与土地作为生产要素参与生产所生成的级差地租一样，也是一种“虚假的社会价值”。其次，资本家最终获得的机器利润却是货真价实的价值，因此，从“虚假的社会价值”到资本家最终获得的货真价实的价值，同样需要一种转化过程。这种转化过程就是机器产品的交易过程——在交易过程中，消费者支付了货真价实的价值，从而原来内含于机器产品中的“虚假的社会价值”就转化为资本家最终获得的货真价实的价值。可见，马克思关于级差地租的论述所内含的基本原理，完全适用于讨论机器利润源泉问题，因而就是给出谜底的理论元素。

现在，剩下的问题是：消费者支付的货真价实的价值源于何方？诚然，消费者并不都是生产工人，就此而言，还不能认为消费者所支付的货真价实的价值都源于工人的剩余劳动。但是，由《资本论》第三卷阐述的原理，可以证明，其他消费者所获取的货币收入，无一例外最终都源于工人的剩余劳动（通过租、息、税、费等再分配形式）。于是，表达为机器利润源泉之谜的矛盾被破解了：前面，我们说机器利润中没有属于工人劳动的任何一个原子，这当然是事实，但只是现象层面的事实；在本质层面，机器利润最终源于工人的剩余劳动，它是一种剩余价值。不过，需说明的是：前面所谓“在机器利润中没有属于工人劳动的任何一个原子”，其中的“工人劳动”指本企业工人在利润直接生产过程中投入的劳动。这里所谓的“机器利润最终源于工人的剩余劳动”，其中的“工人”指整个工人阶级（包括本企业工人），而“工人的剩余劳动”不仅包括名义为利润的那部分剩余价值（它是非工人消费者货币收入的来源），而且包括一部分名义为工人工资（通过购买机器产品）转化的剩余价值——由此可知，资本家付给工人的名义工资即“劳动力商品定价基础”与工人实际获得的价值收入即“劳动力价值”，二者的区别不仅表现在性质上（前者是现象，后者是本质），而且也表现在数量上（前者大于后者）。

然而，事情至此并没有结束。试问：由某一类机器所生成的机器利润始终存在吗？回答是否定的。马克思说，“随着机器在同一生产部门内普遍应用，机器产品的社会价值就降低到它的个别价值的水平”。显然，这是经济中不可否认的现象。由此并联系前面关于“虚假的社会价值”转化为“货真价实的价值”的讨论，就证明了如下事实：资本家通过销售机器产品获得的实实在在的机器利润即“货真价实的价值”，并非源于机器（因为如果说源于机器，那么随着机器在同一生产部门内普遍应用，机器产品的社会价值就不会降低到它的个别价值的水平），它最终源于整个工人阶级的剩余劳动。诚然，整个工人阶级不等于本企业工人，但是整个工人阶级是分属于各个企业的。此外，可以证明，尽管机器利润是一种“虚假的社会价值”，但是，其对应的使用价值则并不虚假，并且，即使随着该机器在同一生产部门内普遍应用该机器产品的社会价值降低到它的个别价值的水平，但此时该机器产品的使用价值也不会消失任何一个原子。因此，尽管如前文所证明的，资本家通过销售机器产品（使“虚假的社会价值”转化为“货真价实的价值”）最终剥削了工人阶级在生产中创造的剩余价值（包括工人购买机器产品而支付的部分工资收入），但是，工人所购买的使用价值并没有减少（只是机器利润及所对应的物质财富由资产阶级所独占）。这实际就是马克思所分析的相对剩余价值生产过程：使用机器只是增强了本企业工人的劳动效率，从而使其必要劳动缩短，剩余劳动相对延长，因此，机器利润应视为本企业工人创造的相对剩余价值。[5]347-357 于是，我们也就证明了前文所述马克思的结论：在本质上，机器利润“不是来源于资本家用机器所代替的劳动力，恰恰相反，是来源于资本家雇来使用机器的劳动力”。只不过，从“虚假的社会价值”到“货真价实的价值”的转化过程，在马克思的理论中处于隐含状态，因而还是一种隐蔽过程。由此可见，我们关于机器利润源泉之谜的讨论（以及关于劳动力商品定价基础之谜的讨论），不过只是将马克思理论中隐含的内容暴露出来而已，此外并没有增加什么。

说到这里，有必要对学界关于物化劳动创造价值的论点进行评价。应指出，这些学者的讨论有合理的地方。因为在现象层面，机器利润不是剩余价值，机器利润源泉问题在马克思经济学中是一个谜，因此，如果部分学者仅就此提出质疑无可厚非。但是，他们由此否定劳动价值论关于“活劳动是价值唯一源泉”的基本命题，提出物化劳动创造价值的论点，则是不正确的。问题的根源在于，部分学者没有区分现象和本质，而只是凭现象上的事实立论。他们的错误正好印证了本文前言的观点：马克思经济学的范式特征是透过现象看本质，而学者们列举的事实无非是现象，以这样的事实来质疑、否定或创新马克思经济学基本命题，那是不可能的，也是不正确的。

三、资本占有利润合理性之谜

深入马克思经济学逻辑结构，我们发现其中第三个疏忽或遗漏的内容是：资本占有利润的合理性问题。也就是说，如果问题真的存在，那么，这是马克思经济学第三个利润之谜。

（一）问题的提起、表述和概念界定

资本占有利润合理性之谜的提出，源于本文前言的如下判断：马克思关于社会主义社会可以用计划经济取代资本经济的预言与后来的社会主义实践有矛盾。这里，后来的社会主义实践，指苏联和东欧各国从计划经济到市场经济的转型以及我国从计划经济到社会主义市场经济的转型。显然，市场经济本质上是资本经济（资本经济≠资本主义经济即资本主义市场经济，因为还有社会主义市场经济）。可见，本文前言的判断成立。

应指出，马克思的预言与社会主义实践之间的矛盾不等于资本占有利润的合理性问题。诚然，也可直接以这一矛盾立论，然而，如此立论的问题属于理论与实践（事实）之间的矛盾，不属于理论结构内部的问题，这有违本文前言的约定——找到的利润之谜原则上是马克思经济学逻辑结构中的疏忽或遗漏。不过，可以有如下推论：马克思的预言源于他对资本占有利润合理性问题的研究，因此，如果这一预言真有问题，那么，马克思的研究可能有些内容被忽略。于是，符合本文前言约定的问题凸显出来：马克思经济学关于资本占有利润合理性理论忽略了什么？这就是“资本占有利润合理性之谜”。

本部分论题涉及三个基础概念，即资本、利润和资本占有利润的合理性。这需要加以明确。

先说资本。在马克思经济学中，“资本，绝不是一个简单的概念……而是一个超复杂结构的理论系统”。[14] 当然，即使如此，也可从中区分出最核心的内涵。笔者以为，其最核心的内涵有如下三个方面：一是资本的最初形式是预付货币。马克思说，“货币是资本的最初的表现形式……现在每一个新资本最初仍然是作为货币出现在舞台上，也就是出现在市场上……经过一定的过程，这个货币就转化为资本”。[5]167－168 二是资本追逐价值增殖的价值。马克思写道：“这个过程的完整形式是G—W—G′。其中的 $G' = G + \Delta G$，即等于原预付货币额加上一个增殖额。我把这个增殖额或超过原价值的余额叫作剩余价值。”[5]172 三是资本是体现在物上的生产关系。马克思指出：“资本不是物，而是一定的、社会的、属于一定历史社会形态的生产关系，它体现在一个物上，并赋予这个物以特有的社会性质。”[12]920

笔者注意到，关于资本概念的内涵，学界一般强调后两个方面，较少强调第一个方面。但是，第一个方面有特殊意义。这里，应强调如下要点：第一，资本这种生产关系并非悬在空中，而是“体现在一个物上”；然而，最能体现资本特性的“物”是一定量（超过最低限额）的货币，因为它是资本运动的起点和归宿。第二，“预付货币”所对应的实际内容是资本家通过购买生产资料和劳动力商品从而开办企业（货币转化为资本）的行为，这实际就是剩余价值生产的组织方式。显然，这两个要点是后两个方面所不能涵盖的，因而，资本是预付货币应成为资本概念的核心内涵之一。

次说利润。在马克思经济学中，利润有多种。除机器利润外，还有分工协作利

润、由市场垄断形成的超额利润和以级差地租形态而存在的超额利润，如此等等。显然，机器利润和分工协作利润属于正常利润，而其他两种则是超额利润；就其一般性而言，“资本占有利润的合理性”其中的“利润”应限于正常利润。因此，这里需要讨论的只是机器利润和分工协作利润，因为机器利润的概念前文已讨论，下面仅明确分工协作利润的概念。

要明确分工协作利润的概念，必须谈到分工协作的效率。关于此，亚当·斯密和马克思都有讨论，其中尤以亚当·斯密给出的实例最能说明问题。他观察到，在扣针制造业中，单一工人“再竭力工作，也许一天也制造不出一枚扣针”，而分工协作的“10 个工人每日就可成针 48000 枚，即一人一日可成针 4800 枚”。[15]3 由此计算，在劳动效率上，分工协作远远高于非分工协作。诚然，实施分工协作需要增加“管理、监督和调节”的劳动，[5]367 此外，工人从非分工协作进到分工协作需要培训，这也需要成本。但是，即使如此，在效率上分工协作与非分工协作相比仍然要高很多。显然，这一效率差额是“商品价值超过资本家的支出的余额”的构成部分，且它由分工协作的劳动所生成，因此称之为“分工协作利润”。据此，假设投入的是等量劳动，g_e 代表非分工协作条件下该等量劳动形成的市场价值，g_f 代表在分工协作条件下该等量劳动形成的市场价值，g_h 代表分工协作利润。我们有：

$$g_h = g_f - g_e \tag{6}$$

式（6）称为“分工协作利润的表达式”。

再说资本占有利润的合理性。一般来说，有如下区分。首先，在空间上，这概念有两个维度：一是在资本经济制度下资本家占有利润的合理性——这是个人行为的合法性；二是资本占有利润作为一种经济制度的合理性——这里不存在是否合法的问题，因为这是所有权法律赖以确立的逻辑前提。其次，在时间上，这概念有两个层面：一是历史的即资本经济替代封建经济的合理性；二是未来的即资本经济在社会主义社会存在的合理性。再次，资本占有利润合理性的评价准则有两种逻辑：一是作用逻辑，即仅考察资本对发展生产力的作用；二是比较逻辑，即将资本经济与计划经济相比较，综合考虑二者的优越性。在此说明，本文所要讨论的“资本占有利润的合理性”并不是这概念的一般，而是由“马克思的预言与社会主义实践之间的矛盾”规定的这概念的特殊。就此而言，我们需要讨论的是概念的第二个维度和第二个层面，而不是第一个维度和第一个层面；评价准则是第二种逻辑，而不是第一种逻辑。

（二）资本占有利润合理性之谜的存在性

我们需要证实资本占有利润合理性之谜的存在性，下面分为三个层次来讨论。

1. 马克思经济学关于资本占有利润合理性问题的基本思想

应指出，马克思经济学关于这一问题的理论是丰富的，但是，仅就前面界定的概念而言，其基本思想是：资本占有利润没有任何合理性。

我们注意到，马克思对资本带来社会生产力大发展给予了充分肯定。《共产党宣言》指出：“资产阶级在它的不到一百年的阶级统治中所创造的生产力，比过去一切世代创造的全部生产力还要多，还要大。”[16]277 马克思还说，“资本的文明面之一是，它榨取剩余价值的方式和条件，同以前的奴隶制、农奴制等形式相比，都更有利于生产力的发展，有利于社会关系的发展，有利于更高级的新形态的各种要素的创造”。[12]925-926但是，很明显，这里说的只是历史的即资本经济替代封建经济的合理性，而不是未来的即资本经济在社会主义社会存在的合理性，亦即并非前面所界定的“资本占有利润的合理性”。

我们注意到，马克思直接论证了资本家占有利润的合理性。在《评阿·瓦格纳的政治经济学教科书》中，马克思写道：“这个蠢汉偷偷地塞给我这样一个论断：只是由工人生产的‘剩余价值不合理地为资本主义企业主所得’。然而我的论断完全相反：商品生产发展到一定的时候，必然成为‘资本主义的’商品生产，按照商品生产中占统治地位的价值规律，‘剩余价值’归资本家，而不归工人。”[17]428在《哥达纲领批判》中，马克思还写道：“资本主义生产方式的基础是：生产的物质条件以资本和地产的形式掌握在非劳动者手中，而人民大众所有的只是生产的人身条件，即劳动力。既然生产的要素是这样分配的，那么自然就产生现在这样的消费资料的分配。”[16]306但是，很明显，这里说的是在“‘资本主义的’商品生产”制度下或者说“资本主义生产方式的基础”上，资本家占有利润的合理性，而不是资本占有利润作为一种经济制度的合理性，亦即并非前面所界定的“资本占有利润的合理性”。

我们还注意到，马克思论证了资本的生产性及其对促进人的全面发展的作用。他指出，“资本是生产的；也就是说，是发展社会生产力的重要的关系”，[18]287它“造成了社会生产过程的质的划分和量的比例，从而创立了社会劳动的一定组织，这样就同时发展了新的、社会的劳动生产力”。[5]403马克思还说，资本“培养社会的人的一切属性，并且把他作为具有尽可能丰富的属性和联系的人，因而具有尽可能广泛需要的人生产出来”“因此，如果说以资本为基础的生产，一方面创造出一个普遍的劳动体系……那么，另一方面也创造出一个普遍利用自然属性和人的属性的体系”。[18]392但是，应当指出：第一，在马克思经济学中，生产有形式（生产关系）与内容（生产力）的区分，然而，马克思说，“资本是生产的”，指的只是“发展社会生产力的重要的关系”即生产的形式，而不是生产的内容。诚然，资本是预付货币，就此来说，资本也有内容（预付了货币），但是，资本作为预付货币已经计入生产成本得到了等价补偿，正因为此，马克思说，生产力“提高不费资本分文；资本无偿地获得这种提高的劳动生产力”。[19]293第二，尽管资本是“发展社会生产力的重要的关系”，但是，这种关系有着与生俱来的严重弊病。“在资本主义体系内部，一切提高社会劳动生产力的方法都是靠牺牲工人个人来实现的；一切发展生产的手段都变成统治和剥削生产者的手段……这些手段使工人的劳动条件变得恶劣，使工人在劳动过程中屈服于最卑鄙的可恶的专制，把工人的生活时间变成劳动时间，并且把工人的妻子儿女都抛到资本的札格纳特车轮下”。[5]707-708而且，资本主义生产陷入无政府状态，从而导致周期性经济危机，这表明资本经济“达到了同它们的资本主义外壳不能相容的地步”。[5]831第三，马克思经济学认为，“一旦社会占有了生产资料，商品生产就将被消除，而产品对生产者的统治也将随之消除。社会生产内部无政府状态将为有计划的自觉的组织所替代”。[20]757这就是说，资本这种生产形式所具有的生产性及其对促进人的全面发展的作用，计划经济这种生产形式亦具有，不仅如此，后者也没有前者所固有的弊病，因此，资本经济完全可以由计划经济所替代。可见，在马克思经济学看来，资本经济与计划经济相比，没有任何优越性。

2. 学界的相关讨论

近年来，学界就生产要素按贡献参与分配的问题进行了热烈讨论，其中既有立足于用马克思经济学理论解释现实的尝试，也有企图用现实来否定马克思经济学理论的闹剧。在此说明，本文是马克思经济学视角，因此这里仅讨论前者。就前者来说，学者们的基本认识是：生产要素按贡献参与分配与马克思经济学理论之间并无矛盾。[21~23]显然，“生产要素按贡献参与分配”内含“资本占有利润的合理性”，由此推论，上述基本认识的“潜台词”是：马克思经济学没有否定在社会主义社会资本占有利润的合理性。诚然，学者们的探索精神是可贵的，用马克思经济学理论解释现实的出发点也无可非议，但是，应当强调，他们的基本认识并非事实——关于此，前面已有讨论，兹不赘述。这里需要商榷的是，学者们为论证其基本认识所提出的两种似是而非的论点。

先说第一种论点。一篇文章写道：“‘按生产要素分配’的理论依据是……一切生产要素的所有权都要求等价交换，而不能无偿使用。”[21]言下之意：资本占有利润的合理性源于“等价交换”，否定资本占有利润的合理性就是“无偿使用”资本。应指出，这既不符合马克思经济学理论，也不正确。《资本论》证明，利润并不是预付资本等价交换的结果，而是“商品价值超过资本家的支出的余额”，其本质是工人创造的剩余价值，因此，资本占有利润是对工人的剥削。从本源上说，资本（所对应的物质财富）是剩余劳动的积累，因而，通过所有制变革将其收归劳动者公有使用（=否定资本占有利润的合理性），那是物归原主。怎么能说资本占有利润的合理性源于“等价交换”?! 怎么能说否定资本占有利润的合理性就是“无偿使用”资本?!

再说第二种论点。有学者说，“劳动价值论……并不意味着只有参与价值的创造，才有参与分配的权利”，[22]甚至认为“劳动创造价值，因而也应该占有全部新创造的价值”是“李嘉图派社会主义者”的“庸俗化见解”。[23]提请注意，学者们谈论的是“权利”“应该”，而不是“权利”“应该”的实现条件。显然，这至少会导致如下误解：就权利而言，马克思主张的是“谁所有，谁占有”，而不是“谁创造，谁占有”。应当指出，在生产资料私有制条件下，且仅就权利而言，主张“谁所有，谁占有”等价于肯定剥削有理！显然，这绝不是马克思的主张。《共产党宣言》郑重宣布：“共产党人可以把自己的理论概括为一句话：消灭私有制。”[16]286在《法兰西内战》中，马克思高度赞赏：“公社是想要消灭那种将多数人的劳动变为少数人的财富的阶级所有权。它是想要剥夺剥夺者。”[20]59马克思的按劳分配思想，其中通行的原则是“每一个生产者，在作了各项扣除以后，从社会领回的，正好是他给予社会的。他给予社会的正好是他的劳动量”。[20]304诚然，这对劳动者个人来说并不是“不折不扣的劳动所得”，但是“从一个处于私人地位的生产者身上扣除的一切，又会直接或间接地用来为处于社会成员地位的这个生产者谋利益”。[20]303可见，按劳分配通行的原则就是劳动者整体获得“不折不扣的劳动所得”。由此可见，在权利问题上，马克思的主张并不是“谁所有，谁占有”，而是“谁创造，谁占有”。当然，就权利实现的条件而言，马克思深刻认识到，生产力决定生产关系（所有制），生产关系（所有制）决定分配关系。因此，第一，不能简单地用“谁创造，谁占有”的原则去否定处于历史过程中的“谁所有，谁占有”的分配制度，评价这些制度的合理性，而要依据生产力决定生产关系（所有制）、生产关系（所有制）决定分配关系的原理进行具体分析；第二，实现“谁创造，谁占有”的权利，需要在生产力发展基础上进行所有制变革，而不是单纯在分配制度上作文章。综上所述，马克思关于权利的主张与关于权利实现条件的理论既有区别也有联系，我们不能混淆二者的区别，更不能用后者否定前者。

如前所述，部分学者的本意是用马克思经济学理论解释现实，其出发点无可厚非。但是，应当强调，社会主义社会还不能否定资本占有利润的合理性，其根源不在权利，而在于权利的实现条件。道理是明显的：就权利而言，否定资本占有利润的合理性，社会主义社会既有充分的理由（资本所对应的物质财富是剩余劳动的积累，将其收归劳动者公有是完全合理的），也有足够的能力（劳动者已掌握政权，可以变革所有制），之所以现在还不能这样做，完全是权利的实现条件没有达到（改革开放前消灭资本曾使我们陷入贫穷落后的境地）。这就是说，尽管部分学者的出发点并不错，但功夫下错了地方，这样，不仅不能解释现实，反而会陷入背离马克思经济学理论的陷阱。这是不可取的。

3. 资本占有利润合理性之谜的存在性

由上述两个层次的讨论，可以证明资本占有利润合理性之谜的存在性。第一个层次的讨论表明，仅就前面界定的概念而言，马克思经济学的基本思想是：资本占有利润没有任何合理性。第二个层次的讨论表明，学界的相关讨论并不能否定我们在第一个层次得出的结论。然而，实践表明，社会主义社会（至少初期）还不能否定资本占有利润的合理性。于是，我们关于马克思的研究可能有些内容被忽略的论点成立，亦即“资本占有利润合理性之谜”成立。

（三）由马克思经济学理论元素给出谜底

1. 马克思经济学理论元素及由此对马克思基本思想再评价

给出资本占有利润合理性之谜谜底的理论元素，不必外求，就在（也只在）马克思经济学中。那么，其理论元素是什么？回答：就是隐含于马克思基本思想中的分析逻辑，内容包括：关于权利的主张与权利实现条件的区分和联系的分析逻辑；关于资本的性质和资本生命过程的分析逻辑（内含将资本经济制度下资本家占有利润的合理性与资本占有利润作为一种经济制度的合理性区分开来，将资本经济替代封建经济的合理性与资本经济在社会主义社会存在的合理性区分开来，将资本经济与计划经济相比较综合考察二者的优越性）；关于利润的现象和本质的分析逻辑。在此强调，马克思的分析逻辑是完全正确的，他由此得出的基本思想在原则上也是正确的，问题仅在于：他的分析有缺失的环节，因而其基本思想不够全面、完整。下面的讨论将证实这一点。

2. 资本在利润生产中的贡献分析及由此理解资本占有利润的合理性

显然，分工协作利润源于分工协作的劳动，当然不是源于资本；此外，即使在现象层面，机器利润也是源于机器，而不是源于资本（资本是一种生产关系，并不是机器）。因此，有结论：资本不是利润的源泉。但是，可以证明，机器只有与劳动者相结合才能生成机器利润，分散的劳动者只有组成企业才能进行分工协作从而生成分工协作利润。这就是说，如果机器不与劳动者相结合，如果分散的劳动者不组成企业，那么，机器利润和分工协作利润只具有可能性，不具有现实性。说到这里，有必要引进交易费用的概念。交易费用理论认为，将分散劳动者组成企业以及将属于不同所有者的机器与劳动力相结合进行生产，这本质上是一种所有权的交易过程，需要克服交易费用。试问：什么东西可以克服这些交易费用？回答：资本。资本通过预付货币购买生产资料（包括机器）和劳动力商品开办企业，从而克服其中的交易费用。这就是说，尽管资本不是利润的源泉，但是，资本通过克服相关交易费用使利润从可能变成现实——这就是资本在利润生产中的贡献。正因为此，资本占有利润具有合理性（否则利润不能从可能变成现实）。

当然，仅有上述讨论还不够，因为证明这一命题必须贯彻比较逻辑。然而，可以证明，计划经济不能替代资本在利润生产中的作用。不过，这里有一个问题需要先说明。笔者注意到，有学者通过“引入交易成本的概念”来论证生产要素按贡献参与分配的合理性，[24]此外，本文前面关于资本在利润生产中的贡献分析，也提到了交易费用，由此，有可能造成如下误解：交易费用理论是破解资本占有利润合理性之谜的理论元素。众所周知，交易费用由商品交易生成，然而，马克思设想的计划经济没有商品交易，因此，如果说到克服交易费用，那么，马克思设想的计划经济比起资本经济要优越得多——资本作为一种生产关系最多只能节约交易费用，而计划经济没有商品交易因而所有交易费用都将消解于无形。由此可知，引入交易费用的理论，绝不能否定马克思关于资本占有利润合理性问题的基本思想，当然也不是破解资本占有利润合理性之谜的理论元素。我们说计划经济不能替代资本在利润生产中的作用，其原因仅在于：只要劳动还是谋生的手段，只要人还停留在直接生产过程中成为机器的奴隶，那么，物质资料的生产就必须采取价值生产的形式，相应的社会积累就必须采取剩余价值的形式。然而，资本是追逐价值增殖后的价值，是价值生产的最高形式，在价值生产条件下，只有资本才能将劳动者的剩余劳动转化为剩余价值，从而实现社会积累，而计划经济在这方面的功能远弱于资本——改革开放前的实践充分证明这一点。于是，我们运用马克思的比较逻辑，进一步证明了资本占有利润的合理性。

不过，应当强调，资本在利润生产中克服交易费用并不费资本分文，因为资本为此而投入的预付货币通过计入成本而获得了等价补偿。资本克服交易费用完全是它作为一种生产关系使然，而这种生产关系本质上是一种自然力，仅就权利而言，这种自然力应当属于由劳动者构成的社会整体，正因为此，资本占有利润的性质仍然是对劳动者的剥削。但是，权利的实现还需要有条件，就此而言，还需要肯定资本占有利润的合理性，因为我们需要运用资本这种利润生产方式发展社会生产力，从而完成劳动者彻底解放的过程。

综上所述，这就是我们由马克思经济学的分析逻辑，考察现实的经济过程，所得到的资本占有利润合理性的完整看法。

3. 社会经济的层面分析及由此获得新理解并回应前文设定的问题

事情到此并没有完结。我们需要再进一步分析，由此获得两个新理解，即关于计划经济以及马克思计划经济预言的新理解和关于社会主义市场经济概念的新理解。此外，由前文知，破解资本占有利润合理性之谜，不仅要给出资本占有利润的合理性，而且还要回答如下问题：马克思经济学关于资本占有利润合理性理论忽略了什么？对此，我们需要做出回应。

为此，先进行社会经济的层面分析。应指出，社会经济并不是囫囵整体，至少可分析为如下两个层面：其一是微观层面（企业层面），其二是宏观层面（社会管理层面）。而且，在这两个层面，资本经济与计划经济的作用是对立而互补的。在微观层面，资本因为其是价值生产的最高形式，它能将劳动者的剩余劳动转化为剩余价值，从而实现社会积累，因此，它在这一层面具有计划经济所不具有的优越性（前面所说资本在利润生产中的贡献，说的就是也仅是资本在这一层面的作用）。然而，应当强调，资本并不是一切都好，如前所述，资本这种生产关系有着与生俱来的严重弊病。不过，这种弊病，只能在宏观层面通过社会主义计划引导和调节来克服，而不是也不能在微观层面通过废弃资本这种利润生产方式来克服。这就是说，在宏观层面，社会主义计划引导和调节可以消除资本这种生产关系所固有的弊病，因而具有资本经济所不具有的优越性。

由上面的分析，可以获得两个新理解。先说第一个新理解，它包括如下三个要点。第一，在社会主义社会初期，计划经济只能是社会经济的一种性质，即在宏观层面实行计划引导和调节，但不是社会经济的唯一性质，因为在微观层面还需要资本这种利润生产方式发展社会生产力。第二，在社会主义社会的成熟期，计划经济是社会经济的唯一性质。因为社会主义社会成熟期的标志是劳动不再是谋生的手段，从而旧式分工消亡，价值生产消亡，资本也随之消亡，到那时必然是完全的计划经济。第三，由上述两个要点，应当得出结论：马克思关于计划经济的预言在总体上和原则上是正确的，需要补充的只是社会经济的层面分析，以及由此看到计划经济从社会经济的一种性质到唯一性质的演化过程。

再说第二个新理解。显然，可得出如下结论：社会主义市场经济是社会主义社会初期的经济体制，它在微观层面是资本经济，在宏观层面则是社会主义计划经济，因此，从总体上说，它是社会主义计划引导和调节下的资本经济。这就是我们的新理解。不过，应说明，如此理解的“社会主义计划经济”与马克思预言的计划经济有着重大区别。显然，社会经济的微观层面是不能单独运行的，它需要社会经济宏观层面的支撑和保障。于是，在宏观层面实行社会主义计划引导和调节就将承担双重任务：一方面，它必须为微观层面的资本经济服务，从而支撑和保障资本这种利润生产方式顺利进行；另一方面，它必须不断地克服资本经济发展所必然重复呈现的固有弊病。容易看出，这两个任务之间存在深刻的矛盾，因而在社会主义市场经济中实行社会主义计划引导和调节，不仅无先例可循，而且必须克服和超越传统观念。显然，这是一个艰难的社会系统工程。要科学地把握和实施这一系统工程，需要对市场经济规律有更深入的认识——这是“利润之谜”另一视角的内容，我们将另文讨论。

现在，可以回应前文设定的问题。由上面的讨论可知，马克思是把社会经济看成了囫囵整体，因而没有预见到资本在微观层面（即使在社会主义社会）仍有不可废弃的作用。于是，问题的答案凸显出来：马克思经济学所忽略的环节，就是社会经济的层面分析。应当指出，上述所忽略的环节，尽管并不影响马克思预言在总体上和原则上的正确性，但是，将深刻影响人们关于社会主义社会以及从社会主义社会到共产主义社会演进过程的认识。当然，这是另一个具有重大意义的课题，我们将另文探讨。

参考文献

［1］郭京龙，李翠玲．聚焦：劳动价值论在中国理论界［M］．北京：中国经济出版社，2003.

［2］钱伯海．关于深化劳动价值认识的几点思考［J］．理论前沿，2001（11）：3－5.

［3］王莉霞，刘振彪，庞任平，等．确认物化劳动创造价值才能使我们坚信马克思的劳动价值论［J］．经济评论，2001（1）：7－11.

［4］彭清深．马克思的科学研究方法探赜——以文摘工作为中心［J］．西北民族学院学报，1996（3）：101－108.

［5］马克思．资本论（第1卷）［M］．北京：人民出版社，1975.

［6］张晨．马克思“劳动力商品”理论的缺憾——基于“默会知识与技术创新”的一个批评［J］．理论界，2007（8）：172－173.

［7］哈罗德·孔茨，海因茨·韦里克．管理学［M］．北京：经济科学出版社，1993.

［8］肖明．管理哲学纲要［M］．北京：红旗出版社，1987.

［9］官文娜．日本企业的信誉、员工忠诚与企业理念探源［J］．清华大学学报：哲学社会科学版，2012，27（4）：140－149，160.

［10］李珊珊．提高员工忠诚度，留人更要“留心”［J］．时代金融，2013（3）：167.

［11］保罗·萨缪尔森．微观经济学［M］．16版．北京：华夏出版社，1999.

［12］马克思．资本论（第3卷）［M］．北京：人民出版社，1975.

［13］徐士兵．对工资和劳动力商品价值理论若干问题的探讨［J］．商业时代，2012（19）：4－5.

［14］吴易风．马克思主义经济学与西方经济学比较研究（第2卷）［M］．北京：中国人民大学出版社，2009.

［15］亚当·斯密．国富论［M］．北京：中国商业出版社，2009.

［16］马克思恩格斯选集（第1卷）［M］．北京：人民出版社，1995.

［17］马克思恩格斯全集（第19卷）［M］．北京：人民出版社，1963.

［18］马克思恩格斯全集（第46卷上册）［M］．北京：人民出版社，1975.

［19］马克思恩格斯全集（第46卷下册）［M］．北京：人民出版社，1975.

［20］马克思恩格斯选集（第3卷）［M］．北京：人民出版社，1995.

［21］中国社会科学院经济研究所课题组．关于深入研究社会主义劳动和劳动价值论的几个问题［J］．经济研究，2001（12）：33－40，91.

［22］卫兴华．关于深化对劳动和劳动价值理论的认识问题［J］．经济学动态，2000（12）：9－17.

［23］孟捷．剥削、创新与价值增殖——创新型企业与资本主义占有规律的历史合法性［J］．当代经济研究，2001（7）：16－20，73.

［24］龚蔚红，贾可卿．价值创造、价值分配与交易成本［J］．学习论坛，2004（3）：22－24.

利润生产持续之谜①

——兼与孟捷、刘冠军教授商榷

[摘　要] 利润生产持续之谜是利润之谜的一个支谜，它是当代经济学的基本问题。文章首先运用马克思经济学理论成果对“利润生产持续”概念进行逻辑分析，引出利润生产持续所需要的条件；其次，以利润生产持续条件为指引，考察利润生产持续的历史过程，暴露利润生产持续的机制；最后，以马克思经济学手稿相关论述为指导，探索利润生产持续的本质和趋势。

[关键词] 利润生产持续之谜；利润生产持续条件；利润生产持续机制；利润生产持续的本质和趋势

利润生产持续之谜是利润之谜的一个支谜，因此，要说明利润生产持续之谜，必须谈到利润之谜。众所周知，马克思经济学主体著作名为《资本论》，由此可见，马克思毕生追问的就是资本问题，其实资本问题也就是利润问题。然而，利润问题可以也必须分解为两个相互关联的支谜，其一是利润源泉之谜，其二是利润生产持续之谜。

所谓利润源泉之谜，简单地说就是如下矛盾：一方面，现象观察表明，利润是资本家投资的收益；另一方面，深入考察表明，资本家的投资无非是预付货币，而单纯的货币不可能生出利润。于是，产生一个疑问：利润源于何方？这就是利润源泉之谜。马克思深入分析资本运动的全过程，揭示利润是由资本家所雇用的工人在生产过程中所创造的剩余价值，由此可见，马克思已成功破解利润源泉之谜。

马克思破解利润源泉之谜所生成的理论，揭示资本主义生产存在两大基本矛盾，即资本主义生产无限扩大的趋势和劳动人民有支付能力的需求相对缩小之间的矛盾，资本主义企业内部有组织性和社会生产无政府状态之间的矛盾。在马克思看来，这些基本矛盾表明，利润生产是不可持续的。正因为此，他预言以计划生产为特征的计划经济将取代以利润生产为特征的资本经济。但是，马克思以后已过百年，利润生产不仅在资本主义世界有顽强的生命力，而且原来实行计划生产的社会主义世界也恢复了利润生产。于是，产生如下疑问：利润生产何以持续？利润生产持续的最终结果是什么？这就是利润生产持续之谜。

马克思原则上没有提出和探讨利润生产持续之谜。首先，马克思经济学著作没有哪一处明确提到这一问题。其次，马克思关于计划经济的设想在逻辑上是以肯定

---

① 此文首载于《管理学刊》2014 年第 5 期。

利润生产不可持续为前提的，由此可反证我们的论点。提请注意，这里说的是马克思“原则上没有探讨利润生产持续之谜”。应指出，马克思经济学手稿有讨论利润生产持续之谜的内容，只不过这些内容没有写入《资本论》——这表明以《资本论》为载体的马克思经济学并不包括这些内容（详见本文第三部分）。不过，应强调，尽管马克思原则上没有提出和探讨利润生产持续之谜，但是，我们探讨利润生产持续之谜，必须以马克思经济学理论为基础。如前所述，利润生产持续之谜的提出，源于马克思理论所揭示的资本主义生产存在两大基本矛盾，因此，如果离开这一理论，那么，利润生产持续就是正常现象，而不是谜。这就是说，离开马克思经济学理论，不可能提出（当然更不可能科学探讨）这一谜。

利润生产持续之谜是当代经济学的基本问题。众所周知，当代西方经济学有一个重大课题即经济增长问题（也称发展问题），当代马克思主义经济学有一个重大课题即资本主义垂而不死问题，当代中国经济学也有一个重大课题即社会主义市场经济运行规律问题。显然，如下命题成立：如果利润生产持续进行，那么，经济必然增长；如果资本主义社会利润生产持续进行，那么，资本主义就垂而不死；利润生产持续是社会主义市场经济顺利推进的必要条件。由此可知，提出和探讨利润生产持续之谜有着重要意义。

在此说明，利润生产持续之谜是一个总课题，包括如下子课题：一是利润生产持续的条件，二是利润生产持续的机制，三是利润生产持续的本质和趋势。下面分别讨论。

一、利润生产持续的条件

探讨这一问题的意义在于：只有弄清利润生产持续的条件，才能科学地考察利润生产的历史过程，从而获得利润生产持续的机制。众所周知，科学研究需要对被研究对象进行观察。但是，科学观察绝不是凭空观察，而是由科学研究提出的问题所指引的观察。[1]73-75 就本文的课题来说，这个问题就是利润生产持续所需要的条件。

那么，何以知道利润生产持续所需要的条件？如前所述，利润生产持续之谜的提出以马克思关于利润源泉之谜的理论为基础，由此可知，运用马克思的理论成果对“利润生产持续”这一概念进行逻辑分析，可以推出利润生产持续所需要的条件。

（一）如果利润生产持续进行，那么市场必须不断毁灭重生

证：众所周知，利润（剩余价值）在生产中生成，但必须通过市场交易才得以实现，由此可知，市场的存在是利润生产得以持续的生命线。然而，马克思关于利润源泉之谜的理论揭示，利润生产过程存在生产无限扩大的趋势和劳动人民有支付能力的需求相对缩小之间的矛盾。这就是说，随着利润生产不断进行，有支付能力的需求市场将不断萎缩（毁灭）。因此，有结论：如果利润生产持续进行，那么市场必须不断毁灭重生。证毕。

（二）如果利润生产持续进行，那么相对剩余价值必须不断毁灭重生

证：马克思揭示，剩余价值（利润）生产有两种形式，即绝对剩余价值生产和相对剩余价值生产。尽管“第一种形式总是第二种形式的先驱”，但是，第二种则是“更发达的形式”，[2]5在劳动法普及的当代，后者是更主要的形式。相对剩余价值的生产方法是“通过提高劳动生产力来使商品便宜，并通过商品便宜来使工人本身便宜”。[3]355但是，这种办法并非一劳永逸。马克思说：机器“在最初偶而被采用时，会把机器所有主使用的劳动变为高效率的劳动，把机器产品的社会价值提高到它的个别价值以上，从而使资本家能够用日产品中较小的价值部分来补偿劳动力的日价值”。但是，“随着机器在同一生产部门内普遍应用，机器产品的社会价值就降低到它的个别价值的水平”。[3]445-446这就是说，由于市场竞争的存在，“通过提高劳动生产力来使商品便宜”而生成的相对剩余价值会不断消失（毁灭）。于是，有结论：如果利润生产持续进行，那么相对剩余价值必须不断毁灭重生。证毕。

（三）如果利润生产持续进行，那么社会生产的科学配比必须不断毁灭重生

证：社会各部门的生产必须按比例进行。但是，马克思关于利润源泉之谜的理论揭示，利润生产过程存在企业内部有组织性和社会生产无政府状态之间的矛盾。因此，随着利润生产不断进行，社会生产的科学配比将不断被破坏（毁灭）。于是，有结论：如果利润生产持续进行，那么社会生产的科学配比必须不断毁灭重生。证毕。

二、利润生产持续的机制

利润生产持续的机制存在于利润生产的历史过程中，但是，一篇简短的论文不可能对其进行全程研究，因此，我们需要首先明确本部分的论域。

就对利润问题（亦即资本问题）的研究而言，马克思的《资本论》问世是一个标志性事件。因此，以此为界，可以将利润生产的历史过程划分为两段，前段为“马克思及其以前时代”，后段为“马克思以后时代”。这样划分的意义在于，对前段的探讨可以充分运用《资本论》的成果。诚然，如前所述，《资本论》没有提出利润生产持续问题，因而没有这方面的明确结论，但是，其所研究的资本运动与利润生产是同一个客观过程（只不过其视角是利润源泉之谜），因此，对其理论成果从利润生产持续之谜视角进行再分析，可以引出必要的认识。当然，我们分析的重点是马克思以后的利润生产持续现象，不过，马克思以后已历经百年，我们也不能全面、完整地考察，而只能选取一个典型时期进行分析。

那么，马克思以后哪一个时段可以作为利润生产持续的典型时期？孟捷教授的研究为我们提供了线索。他写道：“自第二次世界大战结束到20世纪70年代，是发达资本主义经济史上的‘黄金年代’（the Golden Age）。根据麦迪逊提供的资料（见表1），黄金年代GDP和人均GDP的增长率几乎是1820年以来任何时期的两倍；

劳动生产率增长也是此前任何时期的两倍；投资出现了前所未有的高涨，资本积累速度大幅提高……表2给出了主要发达资本主义国家在1950—1973年、1973—1979年以及1979—2000年这三个不同时期的GDP增长率，在黄金年代结束后，所有国家的增长率都出现了显著下降。”[4]显然，GDP、人均GDP和劳动生产率增长是利润生产持续的基础和前提，而“投资出现了前所未有的高涨，资本积累速度大幅提高”则正是利润生产持续的表征。可见，孟捷教授所说的这一时段（下称“战后黄金年代”）就是利润生产持续的典型时期。

表1　　资本主义发展不同阶段的增长特征（16国算术平均数）：1820—1979年

阶段		GDP	（年平均复合增长率）人均GDP	非住宅固定资本存量	出口量
Ⅰ	1820—1870年	2.2[a]	1.0[a]	无数据	4.0[b]
	1870—1913年	2.5	1.4	2.9	3.9
Ⅱ	1913—1950年	1.9	1.2	1.7	1.0
Ⅲ	1950—1973年	4.9	3.8	5.5	8.6
Ⅳ	1973—1979年	2.5	2.0	4.4[c]	4.8

注：a：13个发达资本主义国家的平均。

b：10个发达资本主义国家的平均。

c：1973—1978年。

资料来源：A. Maddison，1982，Phases of Capitalist Development，OUP，p. 91，Table 4. 9.

表2　　主要发达资本主义国家实际GDP增长率（年均百分比增长率）

国家	1950—1973年	1973—1979年	1979—2000年
法国	5.0	2.8	2.1
德国	6.0	2.4	2.1
意大利	5.6	3.5	2.0
日本	9.2	3.5	2.7
英国	3.0	1.5	2.3
美国	4.0	3.0	3.1

资料来源：T. McDonough，et al，eds，Contemporary Capitalim and Its Crises，CUP，2010，p. 113，Table 4. 3.

下面，以前文证明的利润生产持续条件为指引，以上述时段划分为论域，探索利润生产持续的机制。

（一）利润生产持续所必需的市场不断毁灭重生的机制

在讨论正题之前，有两点说明。其一，全面来看，市场有两个层次，一是最终的消费市场，二是初级产品和中间产品的销售市场。这里所说的市场仅指前者。后者属于社会各部门生产按比例进行的问题，那是第三节即“社会生产科学配比不断毁灭重生的机制”的内容。其二，如前所述，关于利润生产持续机制的讨论，既要对马克思的理论成果进行再分析，也要对战后黄金年代的情况进行研究，但是，因为前者与“相对剩余价值不断毁灭重生的机制”问题相联系，我们将在后文中一并说明，这里仅讨论后者。

为此，先说战后黄金年代与利润生产持续相伴的一个重要现象。据资料，美籍经济学家库兹涅茨（Simon Smith Kuznets，1901—1985 年）“收集和整理了数十个国家近百年的庞大统计数字”，发现“发达国家高增长率和产业结构的高变换率是密不可分的”。[5]19-23 战后黄金年代也是如此。表 3 和表 4、表 5 和表 6、表 7 和表 8 分别给出了美国、英国和德国 20 世纪 50 年代至 80 年代产业结构和劳动力就业结构。[6] 由此容易看出，这些国家这两种结构的变化是同步的、一致的，并且，产业结构升级以及就业结构的变化，在黄金年代（1950—1980 年）明显加快，而在之后（1980 年以后）则明显放缓。这就是说，理论和实践都证明，产业结构升级以及就业结构变化是与利润生产持续相伴的。

表 3　　美国 1990 年以前国内生产总值的产业构成（亿美元，%）

类别	1950 年	1960 年	1965 年	1970 年	1975 年	1980 年	1985 年
国民生产总值	2862	5060	6881	9842	15288	27320	40103
第一产业金额	208	215	238	287	534	772	906
（%）	7.3	4.3	3.5	2.9	3.5	2.8	2.3
第二产业金额	1060	1797	2425	3159	4562	8260	11019
（%）	37.0	35.5	35.2	32.2	29.8	30.2	27.5
第三产业金额	1560	3032	4162	6353	1001	3178	1227780
（%）	54.5	59.9	60.5	64.7	65.5	65.2	69.3

资料来源：陈宝森：《美国经济与政府政策》，世界知识出版社，1988 年.

表 4　　1990 年以前美国劳动力的产业构成

年份	总就业人数（万人）	第一产业		第二产业		第三产业	
		人数（万人）	占比（%）	人数（万人）	占比（%）	人数（万人）	占比（%）
1900	2903.0	1149.7	39.6	651.5	22.4	1101.83	8.0
1910	3729.1	1231.4	33.1	1072.1	28.7	1425.6	38.2
1920	4217.6	1214.6	28.8	1337.7	31.7	1665.3	39.5
1930	4868.6	1098.1	22.6	1473.6	30.3	2296.9	47.2
1940	5173.2	955.9	18.5	1615.8	31.2	2601.5	50.3
1950	5899.9	755.1	12.8	1967.7	33.43	177.1	53.9
1960	7214.2	591.6	8.22	488.9	34.54	133.7	57.3
1970	7867.8	346.3	4.42	608.0	33.1	4913.5	62.5
1980	9930.3	336.4	3.42	913.6	29.3	6680.3	67.3
1985	10715.0	317.9	3.02	880.5	26.9	7516.6	70.2

资料来源：储玉坤，孙宪钧．美国经济［M］．北京：人民出版社，1990 年.

表5　　1950—1984年英国国内生产总值三次产业构成（%）

年份	第一产业	第二产业	第三产业
1950	5.7	48.0	6.3
1960	4.0	47.5	48.5
1970	2.8	42.7	54.5
1980	2.2	40.2	57.6
1984	2.1	41.44	56.5

资料来源：方甲．产业结构问题研究［M］．北京：中国人民大学出版社，1997年．

表6　　1950—1984年英国三次产业就业人数及比重（万人，%）

年份	第一产业		第二产业		第三产业	
	人数	百分比	人数	百分比	人数	百分比
1950	126.2	5.6	1140.0	50.6	987.7	43.8
1960	106.2	4.4	1174.9	48.6	1136.2	47.0
1970	45.4	2.1	1024.7	46.6	1129.3	51.3
1980	36.1	1.6	891.8	39.4	1336.0	59.0
1984	34.0	1.6	712.9	33.7	1368.5	64.7

资料来源：方甲．产业结构问题研究［M］．北京：中国人民大学出版社，1997年．

表7　　1950—1989年德国国内生产总值三次产业构成（%）

年份	第一产业	第二产业	第三产业
1950	10.4	48.9	40.7
1960	6.8	60.7	32.5
1970	3.4	53.1	43.5
1980	2.2	44.8	53.0
1984	2.1	42.6	55.3
1989	2.1	40.3	57.6

资料来源：方甲．产业结构问题研究［M］．北京：中国人民大学出版社，1997年．

表8　　1950—1989年德国三次产业就业人数比重（%）

年份	第一产业	第二产业	第三产业
1950	24.6	42.9	32.5
1960	14.0	48.3	37.7
1970	8.6	49.7	41.7
1980	5.5	44.2	50.3
1984	5.5	41.3	53.2
1989	3.9	39.7	56.4

资料来源：方甲．产业结构问题研究［M］．北京：中国人民大学出版社，1997年．

再说利润生产持续所需要的市场不断毁灭重生的机制。按照概念定义，最终消费市场就是劳动人民有支付能力的需求，而劳动人民有支付能力的需求源自劳动者就业，因此，市场从哪里来，等价于劳动者（就业）到哪里去。显然，劳动者就业变化，就是劳动者在原产业中失业——这等价于原市场毁灭，而后在新产业中再就业——这等价于新市场重生。于是，结论是：与利润生产持续相伴的产业结构更新换代，就是利润生产持续所必需的市场不断毁灭重生的机制。

（二）利润生产持续所必需的相对剩余价值不断毁灭重生的机制

我们首先讨论相对剩余价值毁灭重生的过程。

先说马克思及其以前时代。马克思揭示，相对剩余价值生产依次历经简单协作、工场手工业、机器和大工业等三个阶段。[3]347-553 显然，简单协作、工场手工业、机器和大工业是相对剩余价值三种不同的生产方式，因此，工场手工业对简单协作的替代，机器和大工业对工场手工业的替代，就是相对剩余价值毁灭重生的过程。这就是说，在马克思及其以前时代，与利润生产持续相伴已经发生了两次相对剩余价值毁灭重生过程。

再说马克思以后时代。沿着马克思的思路，并运用马克思关于两类劳动和两个体系划分的思想，深入分析战后黄金年代产业结构演化的情况，可以识别出第三次相对剩余价值毁灭重生的过程。

大家知道，马克思将社会劳动划分为两个大类，一类是生产物质商品的劳动（下称“生产性劳动”），另一类是不生产物质商品的劳动（下称“非生产性劳动”），并且认为，只有生产性劳动才创造价值，非生产性劳动不创造价值[7]。此外，马克思还给出两个体系的划分。马克思写道：“如果说以资本为基础的生产，一方面创造出一个普遍的劳动体系，即剩余劳动，创造价值的劳动，那么，另一方面也创造出一个普遍利用自然属性和人的属性的体系，创造出一个普遍有用性的体系。”[8]392-393 就此，学者陈一壮、罗月婵写道：“这样我们看到在资本主义社会中围绕资本主义生产同时形成了两个体系，一个是直接创造价值和剩余价值的生产体系，另一个是对直接创造价值和剩余价值起服务作用的社会体系，组成后者的要素不直接创造价值，但促进生产体系创造价值的效能。”[9] 容易看出，马克思关于两个体系的划分与关于两类劳动的划分逻辑是一致的，可见陈一壮、罗月婵的理解是准确的。显然，如果用马克思两类劳动和两个体系的划分来归结，那么，可以将第一产业、第二产业以及第三产业中属于第一产业和第二产业直接延伸的部分（下称第三产业较小部分）归为一个体系，即马克思所说的“普遍的劳动体系”，亦即陈一壮、罗月婵所理解的“直接创造价值和剩余价值的生产体系”（下称“价值生产体系”）；将第三产业的主体部分归为另一个体系即马克思所说的“普遍有用性的体系”，亦即陈一壮、罗月婵所理解的“对直接创造价值和剩余价值起服务作用的社会体系”（下称“社会服务体系”）。

现在讨论第三次相对剩余价值毁灭重生的过程。按照上述马克思关于两类劳动和两个体系的划分，可以认为，马克思及其以前时代相继存在的简单协作、工场手工业、机器和大工业属于价值生产体系。诚然，“市场交换本身是无法独立存在的，它要靠许多非市场的社会因素才能进行”，[10]7 就此而言，在马克思及其以前时代也存在为价值和剩余价值生产服务的社会因素。但是，在那时这种社会因素还比较简单，因而，应当认为，那时的相对剩余价值原则上是单一价值生产体系的产物。然而，由表4、表6和表8知，战后黄金年代劳动者就业结构发生了深刻的变化，从事物质商品（价值）生产（第一产业、第二产业和第三产业较小部分）的劳动者不断减少，为物质商品（价值）生产服务（第三产业主体部分）的劳动者不断增加。于是，在原有的价值生产体系之外，演化出一个庞大的社会服务体系。如前所述，相对剩余价值的生产方法是通过提高劳动生产力亦即降低商品成本来使商品便宜实现的。社会服务体系提供的社会服务是降低商品成本的利器。例如，由社会服务体系提供的科学技术和教育普及，是社会人力资本增进、企业工艺创新和产品创新的源泉，因而是降低商品生产成本的基础；又如，由政府宏观管理部门和众多的社会事业机构提供的信息（如统计信息、经济社会发展规划和政策信息、社会生活信息），对企业降低信息成本有重要意义；再如，现代金融和商贸物流体系，对加速资本流通和周转，降低价值和剩余价值生产和实现的成本有重要意义。据此，有结论：战后黄金年代及其以后，相对剩余价值已经不是单一价值生产体系的产物，而是社会服务体系与价值生产体系相互作用的系统的产物；后者对前者的替代，则是马克思以后发生的第三次相对剩余价值毁灭重生的过程。

说到这里，有一个情况需要说明。前面通过引用马克思的论述，明确了如下论点：社会服务体系（第三产业主体部分）属于不生产价值的非生产性劳动。然而，表3、表5和表7中的第三产业也有“国内生产总值”，并且其数值在不断增长，那么，这是怎么一回事呢？回答：追根溯源可以证实，现实中第三产业主体部分的收入源于第一产业和第二产业的剩余价值——或者通过购买有偿服务转移（例如，金融业、商贸业的收入），或者通过财政税收的形式转移（例如，政府和社会事业机构的收入）。可见，表3、表5和表7中第三产业主体部分的“国内生产总值”是由第一产业和第二产业生产的，而不是由第三产业生产的。

或许有人提出如下疑问：既然社会服务体系不生产价值和剩余价值，那么，何以分享剩余价值？回答：社会服务体系对相对剩余价值生产有贡献。社会服务体系的服务有两种情况，一种是有偿服务（例如，由金融业、商贸业提供的服务），另一种是无偿服务（例如，由科学技术、教育普及机构和政府宏观管理部门提供的服务）。① 尽管这两种服务不形成价值，但生产企业运用它们能够替代企业的活劳动并且产生替代剩余（因为社会服务体系提供的服务是专业化的，因而即使是有偿服务，生产企业为获取这种服务所支付的价值也要少于这种服务所替代的劳动价值），从而提高企业的劳动效率。然而，对生产企业来说，如下命题成立：效率提高≠增加价值，效率提高 = 降低成本 = 减少企业产品内含的价值（就产品的销售而言，等于增加产品的“虚假的社会价值”[11]744）。而马克思给出生产相对剩余价值的方法

① 这里所谓的“无偿服务”，是仅就服务的获取而言——这部分社会服务体系所提供的服务属于公共品，各经济主体都可无偿使用。但是，如果就包括服务生成在内的完整过程而言，并不存在无偿服务，因为这部分社会服务体系是政府通过财政税收方式建立起来的，而财政税收则是经济主体提供的。

是“通过提高劳动生产力来使商品便宜”，亦即减少企业产品内含的价值。于是，上述问题得到确切的回答：社会服务体系提供的服务，通过减少企业产品内含的价值从而使企业生产出相对剩余价值。这就是社会服务体系不生产价值和剩余价值但可以分享剩余价值的理由。

现在，可以对上述过程进行综合分析，由此引出相应的机制。不难看出，马克思谈到的简单协作、工场手工业、机器和大工业，以及我们考察战后黄金年代所看到的社会服务体系与价值生产体系相互作用的系统，无一例外，都是价值和剩余价值的生产方式。于是，工场手工业对简单协作的替代、机器和大工业对工场手工业的替代，以及社会服务体系与价值生产体系相互作用的系统对单一价值生产体系的替代，无一例外，都是价值和剩余价值生产方式的变革。据此，结论是：价值和剩余价值生产方式的变革，就是利润生产持续所需要的相对剩余价值不断毁灭重生的过程。

不过，这里有一个问题。上面的讨论表达了如下论点：简单协作、工场手工业、机器和大工业可归结为单一价值生产体系，这是马克思及其以前时代相对剩余价值的生产方式（下称“原生产方式”），而社会服务体系与价值生产体系相互作用的系统，则是马克思以后演化出来的相对剩余价值的生产方式（下称“新生产方式”）。显然，这是一个重大的理论问题，不能简单地认定，而必须说明理由。我们的理由是：新生产方式与原生产方式相比，无论是企业组织结构以及由此导致的生产流程，还是社会各种机构（含企业和非企业的社会组织）之间的交易方式，都发生了深刻的变化。就前者来说，在新生产方式中，不仅企业的劳动者越来越少（甚至出现无人工厂），而且越来越少的劳动者的分布也日益向管理层倾斜。这里的原因在于，一方面，机器日益替代操作工人（这是企业劳动者越来越少的原因）；另一方面，随着社会服务体系的建立和发展，企业获取与利用科技、教育和社会生产生活信息的工作日益增加（这是企业劳动者的分布日益向管理层倾斜的原因）。正因为如此，企业的生产流程发生了深刻的变化。就后者来说，原生产方式是单一价值生产体系，因而其构成元素（企业）之间的交易是单一的价值交易；然而，新生产方式是社会服务体系与价值生产体系相互作用的系统，因而其构成元素之间的交易就不是单一的价值交易，还有不生产价值的劳动（包括公务性劳动和非公务性劳动）与价值之间的交易——关于此，下文将专门讨论。显然，生产流程和交易方式的变化是生产方式演化的标志，因此，我们的论点可以确立。

说到这里，有必要对曲阜师范大学刘冠军教授提出的“科学价值库”论题进行简要的评价。刘教授写道：“基础性科学成果为人类提供了一个‘用之不尽、取之不竭’的‘科学价值库’”[12]“相对剩余价值实质是在科技并入生产过程使社会劳动生产率普遍提高的前提下，由科学价值库中的潜在价值显化或转化而来的。”[13]为此，刘教授撰写了数十篇论文进行论证。显然，刘教授的核心概念是“科学价值库”，因之我们将他的研究称为“科学价值库”论题。应当指出，刘教授看到，当代在价值和剩余价值生产上，属于社会服务体系的科学研究机构与属于价值生产体系的生产企业存在深刻的联系，这是应当肯定的。但是，他的论题值得商榷。如前所述，属于社会服务体系的基础性科学研究不生产价值，那么，何来“基础性科学成果为人类提供了一个‘取之不尽、用之不竭’的‘科学价值库’”?！众所周知，马克思经济学认为，价值并非永恒存在。由此，可以得出如下推论：随着生产力不断发展，价值将逐步消亡（相应的使用价值总量将不断增加）。就此而言，可以认为，生产力提高是价值逐步消亡的动力（前面关于社会服务体系与价值生产体系相互作用的讨论也印证了这一点），而基础性科研成果属于“第一生产力”，因而是价值逐步消亡的动力源泉。这样，对社会积累起来的基础性科研成果，如果一定要用“价值”“库”这些名词来称呼，那么，它也是“负价值库”（价值消亡的动力源泉库），而不是“价值库”。总之，刘教授提出的“科学价值库”论题是值得商榷的。

现在，回到前面悬置的问题。在讨论“利润生产持续所需要的市场不断毁灭重生的机制”时，我们谈到，对马克思理论成果的再分析，将放到本节一并说明。现在可以说明了。应当指出，简单协作、工场手工业、机器和大工业，既然是价值和剩余价值的生产方式，当然也是雇佣劳动者的就业方式。因此，工场手工业对简单协作的替代、机器和大工业对工场手工业的替代，也是劳动者失业和再就业的过程。由此，我们有如下补充结论：利润生产持续所需要的市场不断毁灭重生的机制，不仅是产业结构演变，而且包括价值和剩余价值生产方式的变革。这就是我们对马克思的理论成果进行再分析引出的关于市场不断毁灭重生机制问题的认识。

（三）利润生产持续所必需的社会生产科学配比不断毁灭重生的机制

社会生产科学配比不断毁灭重生的问题可分为两个层面，一是指利润生产持续的机制（指通过什么技术手段），二是指利润生产持续的实现形式（例如，是通过经济危机形式还是通过计划调节形式）。在此说明，第二个层面与另一个谜即“两极分化之谜”有关，我们将另文探讨，这里仅讨论第一个层面。

马克思说，“在社会劳动的联系体现为个人劳动产品的私人交换的社会制度下，这种按比例分配劳动所借以实现的形式，正是这些产品的交换价值”。[14]540 显然，马克思所说的“个人劳动产品的私人交换的社会制度”，等价于资本经济（市场经济）制度，亦即利润生产制度。于是，由马克思的这一论述，有结论：利润生产持续所需要的社会生产科学配比不断毁灭重生的机制，就是产品的交换价值的变化。

但是，应当指出，产品的交换价值的变化，作为利润生产持续所需要的社会生产科学配比不断毁灭重生的机制，只是马克思时代的情况，战后黄金年代有重大变化。

为此，我们先明确价值与劳动的区别，以及由此理解三次产业劳动的性质。马克思指出，“处于流动状态的人类劳动力或人类劳动形成价值，但本身不是价值。它在凝固的状态中，在物化的形式上才成为价值”。[3]65 由此可知，价值≠劳动（劳务）。于是，有结论：第一产业、第二产业和第三产业较小部分是生产商品的，因而其劳动形成价值，而第三产业主体部分并不生产商品，因而其劳务并不形成价值。

现在，再来看战后黄金年代交易形式的演化。显然，在这一时期，与产业结构演变相伴，经济过程逐步孳生出三类不同性质的交易。第一类，价值与价值的交易。其现象形态是物质商品之间的交易，其交易发生在生产商品的企业之间。第二类，劳动（劳务）与价值（剩余价值）的交易。其现象形态不是物质商品之间的交易，而是劳动（劳务）与物质商品之间的交易，其交易发生在提供劳务的企业（例如，银行和商贸企业）与生产商品的企业之间。第三类，公务与价值（剩余价值）、公务与劳务的交易。这里，公务指政府机构和社会事业机构的劳动。诚然，就其自然状态而言，公务也是一般劳动，但是，公务与社会公共权力的运作相关，因而其作为社会关系是一种特殊的劳动。因此，公务与价值（剩余价值）、公务与劳务之间通过财政税收形式进行的交易，与前两类交易有原则上的区别，因而是第三类交易。当然，严格说来，在马克思及其以前时代这三类交易已经存在，只不过后两类交易的量小，因而对实现社会生产科学配比的影响较小。笔者理解，正因为此，马克思及其以前时代，经济危机的主要形式是生产过剩，也正因此，马克思说，“按比例分配劳动所借以实现的形式”，只是“产品的交换价值”。然而，战后黄金年代及其以后，经济危机不仅表现为生产过剩而且伴有通胀，[15]249 笔者以为这与后两类交易成为主要交易形式相关。显而易见，三类不同性质的交易与战后黄金年代产业结构升级和劳动者就业结构的变化是相适应的，是在新的条件下实现利润生产持续所需要的社会生产科学配比的新形式。因此，有结论：上述从一类交易发展到三类交易，是战后黄金年代及其以后利润生产持续所需要的社会生产科学配比不断毁灭重生的新机制。

三、利润生产持续的本质和趋势

（一）马克思经济学手稿相关论述

本文前面谈到，马克思经济学手稿有关于利润生产持续之谜的讨论，只不过这些内容没有写入《资本论》。这里，所谓马克思经济学手稿相关论述，指的就是这些内容。在此说明，这些论述对本文来说具有双重意义：一方面，这是我们探讨利润生产持续的本质和趋势的指导思想；另一方面，也是我们明晰以《资本论》为载体的马克思经济学视角性质的一个证据。因此，我们将其作为一个重要内容进行探讨。

为此，有必要提到孟捷教授的相关讨论。孟捷教授发现：在《1857—1858 年经济学手稿》中，“马克思从相对剩余价值生产带来的生产过剩得出了产品创新的必要性”，但是，这些内容没有写入《资本论》（下称“孟捷发现”）。由此，他提出：“为什么马克思本人当初没有把这个思想写入《资本论》呢？”（下称“孟捷疑问”）接着，他写道：“是因为《资本论》是未完稿吗？还是因为这个思想一旦载入，会削弱对资本主义的批判的锋芒？不管出于什么原因，《1857—1858 年经济学手稿》里的天才论述，撼动了《资本论》中的资本积累理论的基础。”（下称“孟捷断言”）[16]

应指出，“孟捷疑问”是有趣的，这对认识马克思经济学手稿相关论述的视角性质有重要的启发作用，但是，“孟捷断言”则值得商榷，关于此，南开大学高峰教授已有分析评价，[17] 本文也要进行必要的讨论。只不过，为方便，本节对上述两个内容暂时搁置，放到第三节再说。这里仅讨论“孟捷发现”。

“孟捷发现”当然是事实，但并不全面。其实，没有写入《资本论》的马克思经济学手稿的论述，不仅是“产品创新的必要性”，而且还有其他内容。这里需要特别提到的是如下两个方面：一是关于“两个体系”的论述，二是关于“自动的机器体系”与“劳动获得解放的条件”关系的论述。前者，前文已引述，兹不重复，这里着重分析后者。

马克思说，“劳动资料经历了各种不同的形态变化，它的最后的形态是机器，或者更确切些说，是自动的机器体系”[18]207 “机器无论从哪一方面来看都不表现为单个工人的劳动资料。机器的特征决不是象［单个工人的］劳动资料那样，对工人的活动作用于劳动对象起中介作用；相反地，工人的活动表现为：它只是对机器的运转，对机器作用于原材料起中介作用——看管机器，防止它发生故障”。[18]208 这样，“工人不再是生产过程的主要当事者，而是站在生产过程的旁边”。[18]218 在这种情况下，“表现为生产和财富的宏大基石的，既不是人本身完成的直接劳动，也不是人从事劳动的时间……一旦直接形式的劳动不再是财富的巨大源泉，劳动时间就不再是，而且必然不再是财富的尺度，因而交换价值也不再是使用价值的尺度。群众的剩余劳动不再是发展一般财富的条件，同样，少数人的非劳动不再是发展人类头脑的一般能力的条件。于是，以交换价值为基础的生产便会崩溃，直接的物质生产过程本身也就摆脱了贫困和对抗性的形式。个性得到自由发展……那时，与此相适应，由于给所有的人腾出了时间和创造了手段，个人会在艺术、科学等等方面得到发展”[18]218-219 “资本在这里——完全是无意地——使人的劳动，使力量的支出缩减到最低限度。这将有利于解放了的劳动，也是使劳动获得解放的条件”。[18]214 这就是马克思关于“自动的机器体系”与“劳动获得解放的条件”关系的论述。

（二）利润生产持续本质和趋势的探讨

下面，运用马克思经济学手稿相关论述，联系本文第二部分的成果，探讨利润生产持续的本质和趋势，可概括为如下要点。

第一，利润生产持续，其本质是劳动资料的积累过程；其趋势是，形成自动的机器体系，从而人类退出直接生产过程，在艺术、科学等等方面自由发展。

第二，利润生产持续，其本质是成本化解过程；其趋势是，经济过程的成本趋于零，从而价值趋向消亡，但使用价值趋向极大地丰富。

第三，利润生产持续，其本质是社会机体生长过程；其趋势是，旧式分工消亡，阶级消亡，国家消亡，人类进入共产主义社会。

确立上述要点需要论证。前面引述的马克思经济学手稿相关论述，实际已展示了从“劳动资料”到“自动的机器体系”的演化所引起的社会变化。可将变化做如下概括：其一，伴随从“劳动资料”到“自动的机器体系”的演化，机器日益替代人的劳动（以至“工人不再是生产过程的主要当事者，而是站在生产过程的旁边”）；显然，其趋势就是，人类退出直接生产过程，社会所需要的物质生活资料的生产将全部或大部分由“自动的机器体系”承担。其二，一旦如此，那么，“以交换价值为基础的生产便会崩溃”，亦即价值趋于消亡。其三，一旦如此，那么，“直接的物质生产过程本身也就摆脱了贫困和对立的形式。个性得到自由发展……个人会在艺术、科学等方面得到发展”——显然，这是一幅旧式分工消亡，阶级消亡，国家消亡，人类进入共产主义社会的图景。[19]稍加对照，不难看出，上述三个方面变化与我们给出的三个要点的“趋势”是等价的。

当然，仅仅由马克思经济学手稿相关论述，还不能完全确立上述要点。这里有如下问题需要进一步讨论：其一，第二个要点涉及一个概念即成本化解，那么，何谓成本化解？它与价值消亡是什么关系？其二，第三个要点涉及一个概念即社会机体生长，那么，何谓社会机体生长？它与旧式分工消亡、阶级消亡、国家消亡、人类进入共产主义社会是什么关系？其三，我们给出的三个要点将“本质”和“趋势”的根源归结为利润生产持续，对此应当给出证明。

先说第一点。由劳动价值论知，所谓商品生产成本，归根结底就是物化在商品中的劳动，亦即商品内含的价值量；所谓成本化解，从根本上说，就是一劳永逸地减少物化在商品中人的劳动，亦即一劳永逸地减少商品内含的价值量[20]。马克思指出，“生产机器所费的劳动要少于使用机器所代替的劳动”“机器的价值和它所代替的劳动力的价值之间存在差额”。[3]430这就是说，机器替代劳动将使商品内含的成本（亦即价值）被化解，机器替代劳动所生成的价值“差额”，就是成本化解亦即价值消失的量化表达。[21]于是，一旦“劳动资料”发展到“自动的机器体系”，并最终替代直接生产过程中所有人的劳动（此时人类退出直接生产过程），那么，生产过程的成本也就化解殆尽，从而价值也就消亡了（但此时因为生产力水平达到很高的程度，因而使用价值趋向极大的丰富）。由此，可得出一个重要结论：由机器替代人的劳动而实现的成本化解，本质上就是价值消亡的路径。

再说第二点。列宁说，“按照马克思的理论，每一种这样的生产关系体系都是特殊的社会机体，它有自己的产生、活动和向更高形式过渡即转化为另一种社会机体的特殊规律”。[22]372由此可知，生产关系体系就是社会机体；所谓社会机体生长，就是较低形式的社会机体向较高形式的社会机体过渡的过程。那么，从资本主义的社会机体何以过渡到共产主义的社会机体？这就需要提到马克思关于“两个体系”的论述。笔者理解，马克思所说的“两个体系”实际也是一种生产关系体系，亦即一种“特殊的社会机体”。前文谈到，战后黄金年代劳动者就业结构发生了深刻的变化，从事物质商品（价值）生产的劳动者不断减少，为物质商品（价值）生产服务的劳动者不断增加，于是，在原有的价值生产体系之外，演化出一个庞大的社会服务体系。这就是说，社会服务体系是从单一价值生产体系（通过劳动者的转移）生长出来的。由马克思关于“自动的机器体系”与“劳动获得解放的条件”关系的论述可知，其（社会服务体系）生长的动因就是“劳动资料”到“自动的机器体系”的演化，从而机器不断替代价值生产体系中人的劳动，使得劳动者不断从直接生产过程（价值生产体系）转移到社会服务体系。显然，社会服务体系也可划分为从事生产生活服务的部分和从事艺术、科学的部分。然而，由上面的讨论不难得出这样的推论：既然可以发明替代直接生产过程（价值生产体系）中人的劳动的机器，当然也能发明替代生产生活服务过程中人的劳动的机器（今天这种机器已有很多），从而使这部分劳动者不断向艺术、科学部门转移；一旦人类全部或大部分从事艺术、科学这种“个性得到自由发展”的工作，到那时，旧式分工消亡，从而阶级、国家消亡，共产主义社会就来到了。由此可见，共产主义社会是也只能是马克思所说的“两个体系”这种“特殊的社会机体”（通过机器替代人的劳动）生长出来的。

最后说第三点。试问：“劳动资料”发展到“自动的机器体系”，并且推动“两个体系”发展演化，从而人类最终进入共产主义社会的具体条件是什么？回答：是利润生产持续。这是因为，“劳动资料”发展到“自动的机器体系”以及“两个体系”发展演化，必然是利润生产持续（从而资本积累）的结果。于是，我们就看到了利润生产持续的深刻本质，那就是：它是劳动资料的积累过程，是人类不断退出直接生产体系（进入“艺术、科学等方面”自由发展）的过程；是成本化解过程，是价值趋向消亡的过程；是“两个体系”发展演化的过程，是共产主义的社会机体生长的过程。

（三）比较利润生产持续的本质和趋势与《资本论》给出的资本积累的本质和规律，由此理解二者的视角性质和相互关系

显然，利润生产持续与资本积累密切相关。众所周知，《资本论》对资本积累的本质和规律进行了深入研究。于是，一个问题凸显出来：本部分给出的利润生产持续的本质和趋势与《资本论》给出的资本积累的本质和规律是什么关系？

为此，我们先看《资本论》给出的资本积累的本质和规律。在《资本论》中，马克思指出：“把剩余价值再转化为资本，叫做资本积累。”[3]635 马克思写道：“社会的财富即执行职能的资本越大，它的增长的规模和能力越大，产业后备军也就越大。……最后，工人阶级中贫苦阶层和产业后备军越大，官方认为需要救济的贫民也就越多。这就是资本主义积累的绝对的、一般的规律”[3]707 “这一规律制约着同资本积累相适应的贫困积累。因此，在一极是财富的积累，同时在另一极，即在把自己的产品作为资本来生产的阶级方面，是贫困、劳动折磨、受奴役、无知、粗野和道德堕落的积累”[3]708 “随着那些掠夺和垄断这一转化过程的全部利益的资本巨头不断减少，贫困、压迫、奴役、退化和剥削的程度不断加深，而日益壮大的、由资本主义生产过程本身的机构所训练、联合和组织起来的工人阶级的反抗也不断增长。资本的垄断成了与这种垄断一起并在这种垄断之下繁盛起来的生产方式的桎梏。生产资料的集中和劳动的社会化，达到了同它们的资本主义外壳不能相容的地步。这个外壳就要炸毁了。资本主义私有制的丧钟就要响了。剥夺者就要被剥夺了。”[3]831－832

综上所述，《资本论》给出的资本积累的本质就是剩余价值的资本化；《资本论》给出的资本积累的规律则是，在一极是财富的积累，在另一极是贫困的积累，其趋势是，剥夺者被剥夺，联合和组织起来的工人阶级将资本主义私有制埋葬，人类进入未来的新社会。

稍做比较，可以看出：《资本论》给出的资本积累的本质，暴露的是资本经济内在的生产关系对抗性矛盾，给出的资本积累的规律，揭示的是资本主义社会发展到未来社会（亦即人类彻底解放）的必然方向；而本节给出的利润生产持续的本

质，暴露的是资本经济外在的生产力发展潜力，给出的利润生产持续的趋势，则是资本主义社会发展到未来社会（亦即人类彻底解放）的可能路径。这里的“方向”和“路径”，反映的是同一个客观过程，只不过视角不同。这就是我们由比较所获得的二者视角性质的认识。显然，如果用平面图形来刻画，那么，方向是一条直线，而路径一般是曲线。然而，可以证明，曲线型路径的抽象（忽略实际过程的偶然因素）是直线型方向，而直线型方向（结合实际过程复杂情况）的展开则是曲线型路径，因此，二者尽管不同，但并不矛盾，是相互补充、相辅相成的。其实，马克思主义经济学就是关于无产阶级（亦即全人类）彻底解放的科学，因而揭示社会发展方向和揭示社会发展路径是这一理论的必备内容。这就是我们由比较而获得的二者相互关系的认识。

提请注意，上面给出的利润生产持续的本质和趋势用了“可能”这个限制词。这表明，尽管资本经济具有将生产力发展到未来社会所需要程度的潜力，但是，资本经济与资本主义之间不能画等号。因为受到“资产阶级狭隘眼界”[2]43的限制，资本主义只能“完全是无意地”发展社会生产力，而不可能自觉地发挥资本对生产力发展的最大潜力——这里凸显出实行社会主义市场经济的历史必然性。

说到这里，有必要对前面搁置的“孟捷疑问”和“孟捷断言”进行简略评价。先说“孟捷疑问”。从前面的讨论可知，本部分关于利润生产持续的本质和趋势的认识源于马克思经济学手稿相关论述，而且既揭示社会发展方向又揭示社会发展路径，是以无产阶级彻底解放为己任的马克思主义经济学理论的必备内容。那么，为什么马克思没有把手稿的相关论述写入《资本论》呢？显然，这就是内容扩展了的“孟捷疑问”。

如前所引述，对这一疑问，孟捷给出了两个试探性回答：“是因为《资本论》是未完稿吗？还是因为这个思想一旦载入，会削弱对资本主义的批判的锋芒？”我们有必要对此进行讨论。显然，第二个试探性回答，隐含着贬低马克思研究的科学性，因而是不可取的。那么，第一个试探性回答又怎样？诚然，马克思经济学六册写作计划并没有实现，[23]马克思也没有亲自出版《资本论》第二、第三卷，就此而言，“《资本论》是未完稿”这是事实。但是，马克思是在1867年亲自出版的《资本论》第一卷，而《1857—1858年经济学手稿》显然是在此之前；而且，如前所述，马克思经济学手稿相关论述与《资本论》第一卷给出的资本积累的本质和规律有着密切的关联。由此可见，孟捷给出的第一个试探性回答也不成立。

那么，原因到底是什么？笔者以为，这与马克思关于计划经济可取代资本经济的设想有关。由马克思关于“自动的机器体系”与“劳动获得解放的条件”关系的论述，可以看出，马克思对资本具有将生产力发展到未来社会所需要程度的潜力是肯定的。但是，诚如恩格斯所述：“一旦社会占有了生产资料，商品生产就将被消除，而产品对生产者的统治也将随之消除。社会生产内部无政府状态将为有计划的自觉的组织所替代。”[24]757这就是说，不仅资本经济所具有的发展生产力的作用计划经济同样具有，而且后者没有前者所固有的诸如“产品对生产者的统治”和“社会生产内部无政府状态”等弊病。马克思说，“一个社会即使探索到了本身运动的自然规律……它还是既不能跳过也不能用法令取消自然的发展阶段。但是它能缩短和减轻分娩的痛苦”。[3]11 显然，用计划经济取代资本经济符合上述思想，就此而言，马克思有此设想是可以理解的。但是，马克思忽略了社会经济的层面分析，没有预见到在微观层面计划调节不能取代资本经济，[21] 因此，尽管他科学地看到资本具有将生产力发展到未来社会所需要程度的潜力，从而写下关于“自动的机器体系”与“劳动获得解放的条件”的关系等的精彩论述，但最终没有将其写入主体著作《资本论》。然而，从根本上说，还在于：马克思没有发现和提出利润生产持续之谜的课题——这既是计划经济设想的深层原因，当然也是没有将这些论述写入《资本论》的深层原因。

再说“孟捷断言”。如前所引述，“孟捷断言”的实质是“马克思从相对剩余价值生产带来的生产过剩得出了产品创新的必要性”，这一论述“撼动了《资本论》中的资本积累理论的基础”。然而，这里很清楚：“产品创新”对解决“相对剩余价值生产带来的生产过剩”（利润生产持续所需要的市场毁灭重生）问题具有“必要性”——这无非是说，“产品创新”是利润生产持续进行的条件。然而，如前所述，本部分给出的利润生产持续的本质和趋势与《资本论》给出的资本积累的本质和规律，二者尽管不同，但并不矛盾，而是相互补充、相辅相成的。因此，即使由“产品创新”证明利润生产可持续进行，也仍然不能撼动“《资本论》中的资本积累理论的基础”。可见，“孟捷断言”不能成立。

参考文献

［1］记树立．科学知识进化论——波普尔科学哲学选集［M］．北京：生活·读书·新知三联书店，1987.

［2］马克思恩格斯全集（第 48 卷）［M］．北京：人民出版社，1985.

［3］马克思恩格斯全集（第 23 卷）［M］．北京：人民出版社，1972.

［4］孟捷．战后黄金年代是怎样形成的——对两种马克思主义解释的批判性分析［J］．马克思主义研究，2012（5）：35－46，159.

［5］李国强，陈明．产业结构论［M］．杭州：浙江教育出版社，1990.

［6］景跃军．战后美国产业结构演变及与欧盟比较研究［M］．长春：吉林人民出版社，2006.

［7］卫兴华．劳动价值论需要创新与发展［J］．经济学家，2004（1）：11－16.

［8］马克思恩格斯全集（第 46 卷上册）［M］．北京：人民出版社，1979.

［9］陈一壮，罗月婵．马克思两种劳动概念下的人的解放理论——从《1844 年经济学——哲学手稿》到《政治经济学批判（1857—1858 年草稿）》［J］．湖南师范大学社会科学学报，2011，40（1）：5－10.

［10］左大培，裴小革．世界市场经济概论［M］．北京：中国社会科学出版社，2009.

［11］马克思恩格斯全集（第 25 卷）［M］．北京：人民出版社，1974.

［12］刘冠军．论“科学价值库”——“科技第一生产力论”背景下劳动价值论的拓展［J］．北方论丛，1998（2）：12－17.

［13］刘冠军．科技创新与相对剩余价值生产——一种现代科技劳动价值论视

域的研究［J］. 郑州大学学报：哲学社会科学版，2006（3）：72－74.

［14］马克思恩格斯全集（第32卷）［M］. 北京：人民出版社，1974.

［15］高峰. 资本积累理论与现代资本主义：理论的和实证的分析［M］. 天津：南开大学出版社，1991.

［16］孟捷. 论马克思主义经济学的创造性转化［J］. 教学与研究，2002（3）：42－48.

［17］高峰. 产品创新与资本积累［J］. 当代经济研究，2004（4）：3－10，73.

［18］马克思恩格斯全集（第46卷下册）［M］. 北京：人民出版社，1980.

［19］安启念. 马克思关于“自动的机器体系”的思想及其当代意义——兼论马克思主义哲学时代化的文本依据问题［J］. 马克思主义与现实，2013（3）：23－28.

［20］曾永寿. 迂回经济学探索［M］. 北京：中国物资出版社，2012.

［21］曾永寿. 利润之谜——马克思经济学视角［C］//“马克思主义基本原理学科”2013年会论文集. 北京：中国社科院马研院原理部，2014.

［22］列宁全集（第1卷）［M］. 北京：人民出版社，1984.

［23］张钟朴. 马克思《资本论》续篇研究的重大意义——写在《〈资本论〉续篇探索》一书问世之后［J］. 马克思主义与现实，1996（2）：29－32.

［24］马克思恩格斯选集（第3卷）［M］. 北京：人民出版社，1995.

价格概念探析①

——兼与白暴力教授商榷

[摘　要] 价格理论是经济学的基础理论，但是，时至今日学界并没有形成公认的价格概念。文章首先探讨价格概念内涵，从公认的起点认识及其引出的概念逻辑给出价格一般定义；其次，明晰价格分类的可能性、依据、路径和转化形态等问题，从而为价格概念外延探讨准备理论方法；最后，探讨价格概念外延，给出价格的分类及其转化形态，并且对价格的错误归类做了分析。

[关键词] 价格；价格实体；概念逻辑；价值价格；租值价格

一本专著《价值与价格理论》中写道："价格理论是经济学中最古老又最现代、最基础又最现实的理论。"[1]8 另一本专著《价格理论及其应用》中写道："价格理论是经济学家注意的中心。"[2]3 可见，价格理论在经济学中有着十分重要的基础地位。但是，时至今日，学界并没有形成公认（马克思主义经济学和西方经济学都认可，下同）的价格概念，甚至少有对其专门研究的文献。可见，研究这一课题不易。

在此说明，对价格这一事物的认识有两个方面：一是"质"的方面，侧重探讨价格概念的内涵和外延；二是"量"的方面，侧重探讨价格的量值如何确定。这两个方面当然有联系，但也有区别。以往的研究往往将二者搅在一起，这容易造成混乱。有鉴于此，笔者决定将二者分开研究，本文仅讨论前者，后者将另文讨论。

顾名思义，在形式上，价格概念是一个概念，因此，对其的研究应当按照逻辑学关于概念研究的逻辑进行；在内容上，价格概念是对价格这一事物的理性认识，因此，对其的研究应当从学界公认的起点认识（基本事实）出发。这是价格概念探讨必须遵循的基本要求，本文遵循这些要求。

一、价格概念内涵探讨——起点认识、概念逻辑和价格一般定义

逻辑学表明，内涵和外延是概念的基本逻辑特征，揭示概念内涵的方法是定义，揭示概念外延的方法是分类。[3]15-34 本部分讨论价格概念内涵。我们的方法是：先明确学界公认的起点认识和概念逻辑，以此为基础，而后给出价格一般定义。

（一）起点认识

据资料，在西方经济学中，"价格被认为是用货币表示的一种产品和另一种产

---

① 此文首载于《经济与社会发展》2014 年第 12 期。

品的交换比率”。[4]5 显然，这是对价格这一事物的现象描述，而且，这一描述无非是说价格是交换价值的货币形式，这与马克思的相关界定是一致的，[5]86 因此，这可视为公认的起点认识。

（二）概念逻辑

概念逻辑，指价格概念必须具备的要件。它包含如下要点：第一，指明“一种产品和另一种产品的交换”这种交换关系所隐含的共同的东西（下称价格实体）；第二，证明价格实体具有同质不同量、可数学运算的特性。

上述概念逻辑是毋庸置疑的，因为这是由起点认识必然得出的结论。显然，起点认识的关键是“一种产品和另一种产品的交换比率”。例如，“1 尺棉布 =5 斤苹果”，这是一个特例。然而，妇孺皆知，尺与斤之间不可通约，因而以尺为量度单位的棉布与以斤为量度单位的苹果之间，不可能构成可通约的“交换比率”——就此而言，“1 尺棉布 =5 斤苹果”是不可理喻的。如果要理喻诸如“1 尺棉布 =5 斤苹果”所表达的“一种产品和另一种产品的交换比率”，那么，就必须找到隐含在被交换产品中共同的东西即价格实体，并且证明其具有同质不同量、可数学运算的特性。一般地，所谓理论，最起码的要求是，对被研究现象做出理性（无矛盾的）解释，价格理论也不例外。价格理论只有贯彻概念逻辑，才能对价格现象以理性解释，因此，无论怎么说，概念逻辑是价格理论必须无条件贯彻的。

上述讨论没有提到“价值”（指凝结在商品中的人类一般劳动——下同），这不是疏忽。之所以如此，有如下理由：首先，西方经济学认为，价值“在解释价格问题中，它被认为是可有可无的”。[6]169 其实，由起点认识可知，价格问题的关键是指明价格实体和证明价格实体具有同质不同量、可数学运算的特性，没有理由要求价格实体一定是价值，就此而言，西方经济学上述“认为”无可厚非。其次，尽管马克思有定义“价格是价值的货币表现”，[7]397 但是，马克思还指出：“价格可以完全不是价值的表现……没有价值的东西在形式上可以具有价格。”[5]120-121 可见，不将“价值”列入概念逻辑，并不违背马克思主义经济学。最后，诚然，不能否认价格与价值之间有联系，但是有联系以被联系的事物可区别为前提，价格与价值的联系也不例外。我们给出概念逻辑，其实质就在于将价格这一事物与其他事物（包括被称为“价值”的事物）区分开来，因此，既无必要也不允许将其他事物列入概念逻辑。综上所述，这样处理问题是恰当的。

（三）价格一般定义

由起点认识和概念逻辑，我们有：

定义 1　价格是 Θ 的货币表现。Θ 代表价格实体即产品交换关系所隐含的共同的东西；当且仅当，Θ 具有同质不同量、可数学运算的特性。

定义 1 称为价格一般定义。它可分解为两个层次，其中，“价格是 Θ 的货币表现”是一个层次，称为主定义；其余部分是另一层次，称为副定义。

我们有如下命题：定义 1 与起点认识等价，只不过，前者将后者隐含的概念逻辑暴露出来了而已。

证：起点认识是价格被认为是用货币表示的一种产品和另一种产品的交换比率。设Θ代表“一种产品和另一种产品的交换比率”，则起点认识可写为价格是用货币表示的Θ，亦即价格是Θ的货币表现。可见，定义1主定义与起点认识等价。诚然，定义1还有副定义，然而，副定义就是概念逻辑，前面的讨论表明，它从“一种产品和另一种产品的交换比率”这一现象中分析、引申得出，因而，概念逻辑与“一种产品和另一种产品的交换比率”这一现象所隐含的内容是一致的。于是，如下命题成立：定义1与起点认识等价，只不过，前者将后者隐含的概念逻辑暴露出来了而已。证毕。

二、价格概念外延问题预备研究——价格分类的可能性、依据、路径和形态转化

明确了价格概念内涵，接下来就要讨论它的外延。但是，价格概念外延问题比较复杂，我们要用两个部分来探讨。本部分明晰几个问题，为价格概念外延探讨准备理论方法。

（一）价格分类的可能性

如前所述，揭示概念外延的方法是分类。那么，价格能分类吗？这是需要明晰的第一个问题。

关于此，本文第一部分实际已作了肯定的回答。不过，这里有一情况须提出来讨论。前面提到白暴力教授的《价值与价格理论》，这是为数不多的对价格概念有专门研究的著作，其学术地位不容忽视，笔者由此受到启发。但是，从其给出“完整统一的价值价格理论”包括“六个层次”的论述[1]9来判断，在白教授看来，价格只有唯一的一种即以价值为价格实体的价格。对此，需要辨析。前面在讨论概念逻辑时对这一问题已有论及，但那是从逻辑视角所做的讨论，现在从现实的即经济社会演化视角再做一点分析。如前所引述，白教授说过，“价格理论是经济学中最古老又最现代、最基础又最现实的理论”，显然，这等价于说价格是“最古老又最现代、最基础又最现实”的经济现象。然而，经济社会是演化的，因此，如果说价格是“最古老又最现代、最基础又最现实”的经济现象，那么，经济社会演化必然包含价格的演化，随着经济社会更替，价格种类也会相应更替。由此可见，价格分类不仅是可能的，甚至是必然的。但是，白教授把属于经济社会发展不同历史时期丰富复杂的价格现象，一股脑儿地归结为同一价格的不同层次，这是值得商榷的。

（二）价格分类的依据

价格可以分类，那么，其分类依据是什么？这是需要明晰的第二个问题。

逻辑学表明，分类的依据是事物的本质属性。[3]35那么，什么是价格这一事物的本质属性？这就需要研究价格的内部结构。定义1的主定义写为：价格是Θ的货币表现。由此可知，价格作为整体有且仅有两个层次，其中一个层次是“Θ”即价格实体（亦即价格变量），另一层次是“Θ的货币表现”即价格取值（价格变量的取

值）。这就是价格的内部结构。显然，在这两个层次中，价格实体体现的是本质属性（因为它是货币表现的主体），价格取值体现的是非本质属性（因为它是主体的货币表现）。由此可知，价格分类的依据是也只能是价格实体，也就是说，不同的价格实体决定着不同的价格种类。

（三）价格分类的路径

对事物分类，不仅要有依据，还要有路径。那么，什么是价格分类的路径？这是需要明晰的第三个问题。

应指出，这是一个难点。或许有人说，既然价格分类的依据是价格实体，那么，找出不同类型的价格实体不就给出了价格分类吗？乍一听似乎有道理，细分析则是不行的。价格实体是本质不是现象。马克思说，“商品的价值对象性不同于快嘴桂嫂，你不知道对它怎么办……每一个商品不管你怎样颠来倒去，它作为价值物总是不可捉摸的”。[5]61 诚然，马克思说的是价值，但本文后面证明价值是价格实体之一，因此，马克思关于价值物认知学性质的论述对价格实体也适用。可见，通过找出不同类型的价格实体来直接给出价格分类是不可能的。据此，或许有人提出更直接的方法：价格实体在现象中找不到，那么，就直接考察价格现象，由此给出价格分类。但是，这方法更不可能。如前所述，价格现象是如“1 尺棉布 =5 斤苹果”那样的等式，仅仅是这种等式，人们甚至不能理喻，当然不可能分类（不能理喻何谈分类）。综上所述，价格分类，既不能直接从价格实体（本质）获得，更不能直接从价格现象获得。可见，这是一个疑难。

那么，怎么办？几经思虑，我们找到一条路径即实践路径，可表达为：考察实践中的交易方式，找出不同交易媒介，证明（或证伪）交易媒介是价格实体，由此获得价格分类。显然，这一路径可分为两段，前段是考察实践中的交易方式，找出不同交易媒介；后段是证明（或证伪）交易媒介是价格实体。下面讨论其可行性。

先说前段。定义 1 表明，价格实体隐含在产品交换关系中。考察易知，产品交换有不同交易方式，不同交易方式其交易媒介有区别。应指出，交易方式中的交易媒介与价格现象或价格实体不同，价格现象或价格实体是客观实在，而客观实在不能自动告诉我们什么。然而，交易方式是实践，是主观见之于客观的活动，交易媒介是人们在交易活动中意识到的内容（否则不可能有交易活动），因此，通过交易实践找到交易媒介并不困难。可见，前段是可行的。

再说后段。即使找到交易媒介，但是，交易媒介就是价格实体吗？对此，需要判定。那么，何以判定？回答：定义 1 内含的概念逻辑是对价格实体特性的刻画，这就是判定依据。由此，有如下准则：将交易媒介的性质与定义 1 内含的概念逻辑相对照，如果相符，那么，就说其是价格实体；如果不相符，那么，就说其不是价格实体。由第一部分知，定义 1 与公认的起点认识等价，以此为判定依据，学者们不应有异议；很明显，上述准则是可操作的。可见，后段也是可行的。

（四）价格分类的形态转化

由上述讨论，还可提出第四个问题：价格分类的形态转化。这也需要加以明晰。

定义1表明，价格实体隐含在产品交换关系中。但是，产品交换关系，不仅因不同的交易方式而有不同的性质，还会随着市场结构（市场主体及其关系）的变化而变化。众所周知，封建社会也有商品生产和产品交换，但那时的市场主体既是生产资料所有者也是生产劳动者，然而，进入资本主义社会，生产资料与劳动者分离，从而市场结构发生了重大变化。此外，资本主义社会还历经自由竞争（也称完全竞争）和垄断等不同时期，其中，市场结构也发生了变化。随着市场结构的变化，价格分类的形态也会发生变化，从而生成不同的转化形态。作为价格概念外延探讨，对此也要论及。

三、价格概念外延探讨——价格的分类及其转化形态与价格的错误归类

（一）价格的分类

我们的论点是：价格有且仅有两个基本类，即价值价格（售价）和租值价格（租价）。为简明直观，下面分四步讨论。

第一步：生成价格实体待定的两类定义（下称待定定义）。

由定义1，设价格实体分别为Θ_1和Θ_2，我们有：

待定定义1　存在一类价格，它们是Θ_1的货币表现。

待定定义2　存在另一类价格，它们是Θ_2的货币表现。

第二步：考察交易方式，证明存在两种不同的交易媒介。

证：实践中存在两种交易方式。一种俗称售卖，其特征是，卖方出让商品所有权，买方按等价支付货币。显然，所谓“等价”指的就是商品内含的价值，可见，其（售卖）交易媒介是价值。另一种俗称租赁，其特征是，出租方出让商品一定期限的使用权，到期他不仅要收回出租物，还要承租方支付一定的租金（租值）。可见，租赁的交易媒介是租值。显然，无论是就其“质”（所反映的交易关系）而言还是就其“量”（货币表现的数额）而言，租值都不同于价值，亦即租值是与价值不同的交易媒介。证毕。

第三步：证明两种交易媒介是两种价格实体。

证价值是价格实体。《资本论》证明，价值，指存在于商品中“人类劳动力耗费的单纯凝结”，是“在商品的交换关系或交换价值中表现出来的共同的东西”。[5]51 显然，这与概念逻辑第一要件相符。《资本论》还指出，价值量“是用它所包含的‘形成价值的实体’即劳动的量来计量。劳动本身的量是用劳动的持续时间来计量，而劳动时间又是用一定的时间单位如小时、日等作尺度”。[5]51-52 显然，由劳动时间为尺度计量的劳动量，具有同质不同量、可数学运算的特性。这与概念逻辑第二要件相符。综上所述，价值是价格实体。证毕。

证租值是价格实体。所谓租，大致包括如下子类：劳动力租（俗称工资）、技术租（例如，企业高管的收入，逻辑上可划分为两部分，一部分按劳动时间计算——这是劳动力租，另一部分按其投入的技术计算——这是技术租）、货币租（俗称利息，一般的物租可归于此）、地租（出租土地及其附属物的收入）、狭义资本租（企业主收入）、税收（国家收取的租）。《资本论》证明，在资本主义生产

中，劳动者的劳动可分为两部分，其中一部分称为必要劳动，另一部分称为剩余劳动。劳动力租是劳动力的价值，由劳动者的必要劳动生成，其他租是利润（广义资本租）的分割，由劳动者的剩余劳动生成。由此可见，租值，或者是价值的一部分（劳动力租），或者是剩余价值（价值另一部分）的转化形态（其他租），因而租值的本质是价值。前文已证明价值是价格实体，因为租值的本质是价值，因而租值也是价格实体。证毕。

第四步：生成两类价格的定义，并且证明本节的论点。

由两个待定定义并上述证明，我们有：

定义 2　存在一类价格，它们是价值的货币表现。

定义 3　存在另一类价格，它们是租值的货币表现。

证：定义 2 由“Θ = 价值”代入定义 1 生成，因而它是价格一个分类的定义，且因为其价格实体是价值，因此称之为价值价格。定义 3 由“Θ = 租值”代入定义 1 生成，因而它是价格另一个分类的定义，且因为其价格实体是租值，因此称之为租值价格。如前所述，商品所有权交易俗称售卖，因而价值价格亦称售卖价格（售价）——但不能反过来说，售价都是价值价格（详见下文）；商品使用权交易俗称租赁，因而租值价格亦称租赁价格（租价）。到目前为止，我们找不出内含其他交易媒介（价格实体）的交易方式，因此，如下命题成立：价格有且仅有两个基本类，即价值价格（售价）和租值价格（租价）。证毕。

（二）价格分类的转化形态

我们的论点是：第一，生产价格价格是价值价格的特殊转化形态；第二，土地售价是租值价格（地租）的特殊转化形态；第三，自由价格与垄断价格是租值价格和生产价格价格的一般转化形态。因为这里讨论的是转化形态，同时也为了简化，下面只用文字说明，不再给出形式定义和证明。

先说第一个论点。“生产价格”是马克思使用的术语，在马克思的分析中，“生产价格”这个词（不是“生产”和“价格”两个词）在价格概念中的逻辑位置与“价值”相当，因而它是一种价格实体的名称，不是一种价格的名称，也因此，以生产价格为价格实体的价格，必须称为“生产价格价格”，不能简单地称为“生产价格”。马克思给出的概念是：生产价格 = 商品的成本价格 + 平均利润，并且证明，就单一商品而言，商品生产价格 ≠ 商品内含的价值，但是，就全社会而言，生产价格总量 = 价值总量。[7]173-222 由此可知，尽管有生产价格价格 ≠ 价值价格，但是，就其源泉而言，生产价格本质上是价值，因此，生产价格价格是价值价格的转化形态。

应当指出，不能简单地认为生产价格价格由价值价格直接转化生成，因为其间有中间环节，而且其中间环节也不能简单地归结为利润（或利润率）平均化。这里涉及对调节商品生产活动主要价格发展演化过程的认识，也涉及对资本主义生产方式性质的界定，显然，这是一个事关重大而内容复杂的课题，这里只能做简略讨论。逻辑分析表明，租赁是售卖的派生形式，因而租值价格是价值价格的派生形式，然而，社会发展历史表明，在资本主义生产方式占统治地位以前，价值价格和租值价格就已存在，只不过，在那时，商品生产所需要的生产要素一般为自有，租赁不是主要方式，因而，调节商品生产活动的主要价格是价值价格，而不是租值价格。众所周知，马克思指出，资本主义生产方式是雇佣劳动方式。这当然是正确的（抓住了主要矛盾），但不够全面，全面的概括是：资本主义生产方式是租赁生产方式，其中最主要的方面是资本家租赁（雇用）工人。这样，在资本主义生产方式中，租值价格就上升为调节生产要素交易的主要价格，从而引起租赁各方内部（资本家内部、地产主内部、工人内部）和各方之间（资本家与工人之间、资本家与地产主之间）围绕租值而进行的市场竞争，致使租值或租价（不仅是利润或利润率）平均化，从而价值价格就转化为生产价格价格。这样，我们就从经济社会演化层面更深刻地理解生产价格价格是价值价格的转化形态了。

再说第二个论点。应指出，土地不仅有租价，而且有售价。关于后者，马克思有如下分析：“任何一定的货币收入都可以资本化，也就是说，都可以看作一个想象资本的利息。例如，假定平均利息率是5%，那末一个每年200镑的地租就可以看作一个4000镑的资本的利息。这样资本化的地租形成土地的购买价格或价值……土地不是劳动的产品，从而没有任何价值……实际上，这个购买价格不是土地的购买价格，而是土地所提供的地租的购买价格，它是按普通利息率计算的。”[7]702－703这里，马克思清楚地说明，土地售价（购买价格）不是价值价格，而是地租资本化的产物，是租值价格的转化形态。顾名思义，资本化＝资本主义生产方式化，可见，地租资本化是由资本主义生产方式所生成的特殊现象。

最后说第三个论点。所谓自由价格，指自由竞争条件下的价格；所谓垄断价格，指垄断条件下的价格。这两种价格形态，学界已有大量研究，因此，关于其存在性不需要再说什么。需要说明的是如下两点。第一，自由竞争和垄断是资本经济现象，因而，自由价格与垄断价格是租值价格和生产价格价格（而不是原始的价值价格）的转化形态。第二，从简单商品生产到资本主义生产的演化与从自由竞争到垄断的演化，二者的性质不可同日而语（前者是不同社会的更替，后者只是同一社会不同阶段的更替），因而，生产价格价格作为价值价格的转化形态和土地售价作为租值价格的转化形态，与自由价格与垄断价格作为租值价格和生产价格价格的转化形态，其性质是不同的，正因为如此，我们说，前两者是特殊转化形态，后者是一般转化形态。

（三）价格的错误归类

鉴于价格分类的复杂性，在逻辑上有可能给出错误归类。诚然，错误归类所谈论的价格不是现实价格，但是，正确与错误是相比较而存在的，明确错误归类及其性质，不仅可以澄清是非，而且对把握正确分类有重要意义。因此，作为价格概念外延问题的理论研究，对此也有必要进行讨论。就现有资料来看，价格的错误归类大致有如下三种。

1. 不可能价格

所谓不可能价格，指由一种错误归类所谈论的价格。它有如下特征：在形式上，它有价格实体，但其价格实体的性质与概念逻辑不符（亦即其作为价格实体是不可能的）。下面给出一个实例。

例如，西方经济学认为，使用价值即商品的自然属性与价值一样可以成为价格实体[6]184。由此及定义 1，我们有：

定义 4　存在一类价格，它们是使用价值的货币表现。

定义 4 由“Θ = 使用价值”代入定义 1 生成，因而在形式上可以视为价格一类的定义，因为其价格实体是使用价值，因此称之为使用价值价格。但是，可以证明，使用价值价格是不可能价格。

证：使用价值即商品的自然属性，其量度尺度只能是诸如尺和斤那样的单位，然而，尺和斤之间不可通约，这是妇孺皆知的常识，也就是说，商品的使用价值不具有同质不同量、可数学运算的特性，因此，使用价值价格即以使用价值为价格实体的价格与概念逻辑不符，因而是不可能价格。证毕。

2. 无价格实体价格

所谓无价格实体价格，指所给出的一类价格，它们没有价格实体。定义 1 表明，价格是价格实体的货币表现，因此，给出无价格实体价格显然是一种错误的价格归类。由定义 1 知，由此归类的价格不具有价格的形式，因此，这里不可能给出它的定义，只能举一个实例加以说明。

例如，有学者将西方经济学的价格理论归结为“供求价格论”（或“均衡价格论”）。[8][9]顾名思义，这种归结给人以如下假象：存在一种被称为“供求价格”的价格类。显然，供给和需求不是价格实体，只是价格取值的影响因素，因此，并不存在“供求价格”，所谓“供求价格”是一种错误的价格归类。

顺便说说，将西方经济学价格理论简单地归结为“供求价格论”（或“均衡价格论”），是不恰当的。众所周知，西方经济学教科书中有一个关于需求和供给决定价格的表述。[4]5-13笔者猜想，学者们将西方经济学价格理论归结为“供求价格论”（或“均衡价格论”），大约依据于此。如前所述，价格内在结构可以区分为价格实体（价格变量）和价格取值，显然，教科书中这一表述实际所表达的只是价格取值过程（这是价格理论应有的一个必要部分，但不是主要部分，更不是全部）。应指出，在教科书表述中，“价格”（价格变量）是供求函数的自变量；诚然，教科书中并没有指明作为供求函数自变量的“价格”（价格变量）所对应的价格实体（这是教科书的逻辑缺陷），但是，没有指明价格实体 ≠ 没有价格实体，因此，即使是这一表述，也不能将其归结为“供求价格论”（或“均衡价格论”），而应当归结为“未知价格（价格实体不明确的价格）的价格取值理论”。

3. 虚幻价格

这是一种因价格分类错位而谈论的价格。例如，将租值价格说成是价值价格是价格分类的错位。马克思说，“虚幻的价格形式——如未开垦的土地价格，这种土地没有价值”。[5]121显然，马克思这里所说的“土地价格”，指的是土地售价。由此可见，如果将土地售价说成价值价格，那么，将使价格实体虚幻，从而导致一种虚幻价格。但是，不能认为地租是虚幻价格，因为它作为租值价格是客观现实，并不虚幻。

参考文献

［1］白暴力．价值与价格理论［M］．北京：中国经济出版社，1999.

［2］D·S·沃森，M·A·霍尔曼．价格理论及其应用［M］．北京：中国财政经济出版社，1983.

［3］刘良琼．普通逻辑基础［M］．合肥：安徽大学出版社，2002.

［4］高鸿业，吴易风．现代西方经济学（下册）［M］．北京：经济科学出版社，1990.

［5］马克思．资本论（第1卷）［M］．北京：人民出版社，1975.

［6］樊纲．现代三大经济理论体系的比较与综合［M］．上海：上海三联书店，上海人民出版社，1994.

［7］马克思．资本论（第3卷）［M］．北京：人民出版社，1975.

［8］狄仁昆．均衡价格论的理由、限度、前提和设想［J］．江海学刊，2002（3）：79－83.

［9］董明堂．西方主流经济学中的两个伪问题——评均衡价格与经济均衡［J］．河北学刊，2003（5）：54－59.

资源租值理论探索①

——由马克思经济学著作引出

[摘　要] 马克思经济学著作中存在大量关于资源租值问题的论述（其中，租值计量原理和“塌缩新生”论题鲜为人知），可引申概括为“资源租值理论”。深入探讨这一理论，对完整理解马克思主义经济学理论体系有着十分重要的意义。

[关键词] 马克思经济学著作；资源租值理论；地租；其他资源租；租值的生成；租值的实现；租值的演化规律及其伴生规律；租值计量原理；“塌缩新生”论题

一、马克思关于瀑布租的分析及其推广——资源租值的概念和生成机制初探

现代社会的租不限于地租，但是，历史上最早发生的租是地租，马克思以“租”为名研究的也是地租。马克思说，“不管是为耕地、建筑地段、矿山、渔场、森林等等支付，统称为地租”，[1]698又说“水流等等……土地的附属物，我们也把它作为土地来理解”。[1]695可见，马克思所称土地泛指自然资源，所称地租泛指自然资源租。

科学研究由问题导引。综观马克思关于地租的研究，他关注的第一个问题是：地租的生成机制（“地租这个形式的一般性质”[1]721）是什么？《资本论》第三卷第三十七章（地租问题的开篇章），一开始写道：“对土地所有权的各种历史形式的分析，不属于本书的范围。我们只是在资本所产生的剩余价值的一部分归土地所有者的范围内，研究土地所有权问题。”[1]693之所以如此，原因在于资本主义社会的“土地所有权取得了纯粹经济的形式，因为它摆脱了它以前的一切政治的和社会的装饰物和混杂物”，[1]697从而有可能真正认识地租的生成机制。为此，马克思在这一章，着重对“以前的一切政治的和社会的装饰物和混杂物”以及由此导致人们对地租的认识陷入种种误解进行了说明和批判，从而排除了在地租生成机制问题上的种种错误认识。

那么，何以获得地租的生成机制？在排除种种错误认识之后，接着，马克思给出了一个实例。他写道：“为了表明地租这个形式的一般性质，我们假定，一个国家的工厂绝大多数是用蒸汽机推动的，少数是用自然瀑布推动的。我们假定，在这些工业部门，一个耗费资本 100 的商品量的生产价格是 115。15% 的利润……再假

① 此文首载于《管理学刊》2015 年第 2 期。

定，用水力推动的工厂的成本价格只是90，而不是100。因为这个商品量的调节市场的生产价格 =115，其中有利润15%，所以靠水力来推动机器的工厂主，同样会按115，也就是按调节市场价格的平均价格出售。因此，他们的利润是25，而不是15……这种超额利润，也就等于这个处于有利地位的生产者的个别生产价格和这整个生产部门的一般的、社会的、调节市场的生产价格之间的差额……瀑布是自然存在的，它和把水变成蒸汽的煤不同。煤本身是劳动的产物，所以具有价值，必须由一个等价物来支付，需要一定的费用。瀑布却是一种自然的生产要素，它的产生不需要任何劳动……如果有一种新的不用水力的生产方法，使那些用蒸汽机生产的商品的成本价格由100镑减低到90镑，那末，超额利润，从而地租，从而瀑布的价格就会消失。"[1]721-730

由马克思的叙述，我们知道：蒸汽机作为生产动力需要消耗"把水变成蒸汽的煤"，而"煤本身是劳动的产物"；"瀑布却是一种自然的生产要素，它的产生不需要任何劳动"；瀑布租就是瀑布替代劳动而生成的等价物；如果瀑布不能替代劳动或替代劳动无利可图，"那末，超额利润，从而地租，从而瀑布的价格就会消失"。由此，可获得一个重要结论：瀑布租源于瀑布对劳动的替代。这就是瀑布租的生成机制。

在此说明，对上述实例，马克思并没有明确给出上述结论，而是给出了五点分析。他指出，"第一，很明显，这种地租……不参加商品的一般生产价格的形成，而是以这种生产价格为前提……""第二，这种地租不是产生于所用资本或这个资本所占劳动的生产力的绝对增加……""第三，自然力不是超额利润的源泉，而只是超额利润的一种自然基础……""第四，瀑布的土地所有权本身，对于剩余价值（利润）部分的创造，从而对于借助瀑布生产的商品的价格的创造，没有任何关系……""第五……瀑布的这个价格，完全是一个不合理的表现……瀑布和土地一样，和一切自然力一样，没有价值……这种价格不外是资本化的地租……"。[1]728-730然而，深入分析不难看出，瀑布租源于瀑布对劳动的替代这一结论蕴含上述五点分析，或者说，上述五点分析可以由这一结论得到详尽的说明。这就表明，将瀑布租的生成机制归结为"瀑布对劳动的替代"，也是对马克思五点分析的归纳表达。

诚然，瀑布租只是一种具体地租，然而，可以将这种租的生成机制推广到一切地租。一般地，地租被区分为级差地租和绝对地租。马克思定义"级差地租，即质量较好的土地或位置较好的土地所享有的商品价格的余额部分"。[1]907显然，一个毋庸置疑的事实是：额外投入劳动可以使质量较差的土地变为质量较好的土地，并且，位置较差的土地与位置较好的土地的差别也可以由额外投入劳动来弥补。由此，应当得出结论：级差地租源于自然资源对劳动的替代。再说绝对地租。据资料，马克思曾经提出，资本主义农业中绝对地租的存在，是以农业资本有机构成低于工业为前提的，但是，当代一些发达的资本主义国家，农业资本有机构成已经接近或赶上了工业资本的有机构成，这样，绝对地租的来源成了问题。[2]其实，城市用地也存在绝对地租，这不可能用"农业资本有机构成低于工业"来解释，由此可见，马克思关于绝对地租生成机制的研究成果，或许对他所处时代农业用地的绝对地租适用，但对绝对地租一般并不适用。可见，绝对地租的来源是一个谜。笔者注意到，我国学者提出了解谜的方案，但是，可以证明，这些方案不能成立。有学者说，“现代绝对地租来源于对整个社会利润和工资的扣除，最终以价格体系和行政手段直接或间接转嫁到劳动人民身上”。[3]这一说法似是而非。提请注意，这里谈论的是“绝对地租来源”（不是它的转化机制），就此而言，地租的存在表明自然资源是人类财富的源泉，然而，这位学者却把自然资源说成是需要社会供养的累赘？！可见，这一说法值得商榷。还有学者说，“按照马克思的地租理论，绝对地租产生的直接原因是土地私有权的存在”。[4]这一说法是错误的。人们之所以要占有土地，亦即之所以有土地所有权，是因为土地能生成地租（有利可图），因此，土地能生成地租是土地所有权存在的原因，而不能颠倒地说土地所有权的存在是土地生成地租的原因。马克思明确说，“瀑布的土地所有权本身，对于剩余价值（利润）部分的创造，从而对于借助瀑布生产的商品的价格的创造，没有任何关系。即使没有土地所有权……这种超额利润也会存在”，土地所有权只是“使这一部分利润或这一部分商品价格被土地或瀑布的所有者占有的原因”。[1]729这一论述对绝对地租同样适用。可见，“绝对地租产生的直接原因是土地私有权的存在”的论点，绝不是马克思的理论。那么，绝对地租的生成机制到底是什么？回答：“自然资源对劳动的替代”是一个可能的方案。其实，经济活动利用自然资源或多或少会对自然资源产生影响（带来污染），而要消除这些影响从而恢复自然资源的天然性质就必须投入劳动，显然，这种情况只与自然资源（土地）本身有关，而与自然资源（土地）的质量或位置无关，因而，自然资源不属于级差地租，而属于绝对地租。于是，绝对地租应理解为恢复自然资源的天然性质所需要投入劳动量的等价物，亦即有如下归结：**绝对地租同样源于自然资源对劳动的替代**。综上所述，如下命题成立：**所有地租，无一例外，都源于自然资源对劳动的替代**。这就是地租一般的生成机制或者说地租这个形式的一般性质。

由上述讨论，可以推出租值的一种重要性质，即**租值不是价值，但可以用价值来计量**。证明如下。

证：马克思指出，价值是“无差别的人类劳动的单纯凝结”，[5]51然而，地租源于自然资源对劳动的替代，显然，被自然资源替代的劳动不是劳动者投入的劳动，因此，租值不是价值。但是，很明显，被自然资源所替代的劳动与劳动者投入的劳动同值，因而租值可以用价值来计量。证毕。

地租是一种经济学量，必须能够计量。那么，地租何以计量？众所周知，在马克思以前很早就有地租理论，但是没有人给出过地租的计量方法。“租值不是价值，但可以用价值来计量”表明，地租并不能直接计量，而只能通过自然资源替代的劳动量（价值量）来间接计量。这就是地租的计量原理。《资本论》指出：价值量“是用它所包含的‘形成价值的实体’即劳动的量来计量。劳动本身的量是用劳动的持续时间来计量，而劳动时间又是用一定的时间单位如小时、日等作尺度”。[5]51－52这里，价值量的计量方法是清楚明白和切实可行的。租值可以用价值来计量，因而租值的计量方法也是清楚明白和切实可行的。

由上面的认识，再来看租值概念。在数学中，“值”是精确的数，由此可以认为，“租值”的“值”也是精确的数。就此而言，马克思以前的地租理论，只能称为“租”理论（因为没有关于地租计量的说明，亦即没有“值”的因素），而只有马克思的地租理论才堪称“租值”理论。可见，“租值”与“租”的区别，是马克思地租理论与以前地租理论的重要区别，正因为如此，我们将由马克思经济学著作引出的理论称为“资源租值理论”。

二、马克思关于其他资源在价值生产中作用的分析——资源租值概念的扩展与生成机制再探

马克思所研究的租，尽管以“租”为名的只是地租，但由马克思关于其他资源在价值生产中作用的分析，可以引出一些认识，我们由此看到，资源租值不限于地租，而是由诸多类型构成的系列。这样，我们的资源租值概念将获得扩展，并且将更准确地认识其生成机制。

（一）马克思关于机器替代劳动的分析——机器租（人造资源租）

马克思写道：“如果生产一台机器所费的劳动，与使用该机器所节省的劳动相等，那末这只不过是劳动的变换，就是说，生产一个商品所需要的劳动总量没有减少，或者说，劳动生产力没有提高。但是，机器所费的劳动和它所节省的劳动之间的差额……只要机器所费的劳动，从而机器加到产品上的价值部分，小于工人用自己的工具加到劳动对象上的价值，这种差额就一直存在。因此，机器的生产率是由它代替人类劳动力的程度来衡量的……如果只把机器看作使产品便宜的手段，那末使用机器的界限就在于：生产机器所费的劳动要少于使用机器所代替的劳动。可是对资本说来，这个界限表现得更为狭窄。由于资本支付的不是所使用的劳动，而是所使用的劳动力的价值，因此，对资本说来，只有在机器的价值和它所代替的劳动力的价值之间存在差额的情况下，才会使用机器。”也正因此，“即使机器的所值和它所代替的劳动力的所值相等，物化在机器本身中的劳动，总是比它所代替的活劳动少得多”。[5]428－431

容易看出，马克思论述的要义是：机器替代劳动可以产生替代剩余。显然，在替代剩余中，并不存在劳动（活劳动或物化劳动）的任何一个原子，因而由机器替代劳动产生的替代剩余不是价值（机器不创造价值）。那么，它是什么呢？根据前文的研究，答案是：租值。

上述结论，也可由另一种分析得出。诚然，机器是劳动产品，因而其本身具有价值，但是，机器替代劳动并不是等价替代，而是产生替代剩余的替代。显然，可有如下理解：替代剩余还可对劳动进行再替代。因为替代剩余中不含任何劳动，因此它对劳动的再替代与自然资源对劳动的替代并无二致，因此，有结论：机器替代劳动产生的替代剩余生成一种租——我们称之为“机器租”。当然，机器是人造资源，这与自然资源不同，因而机器租是与地租（自然资源租）不同的另一类租，就其性质而言，这是人造资源租。

（二）由机器替代劳动引出的问题与运用马克思关于价值实体及其计量的论述所做的分析——技术租（知识资源租）

先说由机器替代劳动引出的问题。显然，现实中存在机器不能替代的劳动。分析可知，这部分劳动之所以不能为机器所替代，是因为它有机器所不能替代的劳动

技能，因此，我们将机器不能替代的劳动者称为“技术工人”。那么，“技术工人”投入的劳动具有怎样的性质?

为此，需要引用马克思的论述。马克思指出：价值的实体“只是无差别的人类劳动的单纯凝结”，价值量“是用它所包含的‘形成价值的实体’即劳动的量来计量。劳动本身的量是用劳动的持续时间来计量，而劳动时间又是用一定的时间单位如小时、日等作尺度”。[5]52-53笔者理解，这里的精要是：价值的实体是用“小时、日等作尺度”来计量的“无差别的人类劳动”。也就是说，某种劳动（或劳动成分)，如果不是用“小时、日等作尺度”来计量的“无差别的人类劳动”，那么，就不形成价值。

现在，再说“技术工人”投入劳动的性质。有如下结论：技术工人投入的劳动当然是劳动，但不完全是用“小时、日等作尺度”来计量的“无差别的人类劳动”。也就是说，“技术工人”投入的劳动可以也必须分析为两个部分：其一，这种劳动含有劳动时间，这是用“小时、日等作尺度”来计量的“无差别的人类劳动”，因而形成价值；其二，这种劳动含有技术，技术不能用“小时、日等作尺度”来计量，这不是“无差别的人类劳动”，因而不形成价值。但是，技术可以提高劳动效率，因而可视为对“无差别的人类劳动”的替代。于是，根据前文的研究成果，有如下结论：投入价值生产中的技术生成一种租，我们称之为“技术租”，因为技术是一种知识资源，因此这种租属于知识资源租。其实，考察“技术工人”收入的结构，也能证明这一点：“技术工人”的收入实际包含两个部分，其中一部分按其投入的劳动时间计量——这是劳动力的价值，另一部分按其投入的技术计量——这是技术租。于是，我们的论点得到印证。

（三）马克思关于两类劳动和两个体系划分的论述——社会服务租（社会资源租)

众所周知，马克思将所有劳动划分为两个大类，一类是生产商品的劳动，另一类是不生产商品的劳动，并且认为，前者创造价值，后者不创造价值。此外，马克思还给出了两个体系的划分。马克思写道：“如果说以资本为基础的生产，一方面创造出一个普遍的劳动体系，——即剩余劳动，创造价值的劳动，——那么，另一方面也创造出一个普遍利用自然属性和人的属性的体系，创造出一个普遍有用性的体系。”[6]392-393就此，学者陈一壮、罗月婵写道：“这样我们看到在资本主义社会中围绕资本主义生产同时形成了两个体系，一个是直接创造价值和剩余价值的生产体系，另一个是对直接创造价值和剩余价值起服务作用的社会体系，组成后者的要素不直接创造价值，但促进生产体系创造价值的效能。”[7]显然，马克思的两个体系划分与两类劳动划分是逻辑一致的，可见陈一壮、罗月婵的理解总体上是准确的。为了方便，下面将马克思所说的“普遍的劳动体系”亦即陈一壮、罗月婵所理解的“直接创造价值和剩余价值的生产体系”，简称为价值生产体系；将马克思所说的“普遍有用性的体系”亦即陈一壮、罗月婵所理解的“对直接创造价值和剩余价值起服务作用的社会体系”，简称为社会服务体系。对上述马克思的论述和学界的理解，可以从当今三次产业的划分得到印证。显然，可以将第一产业、第二产业以及第三产业中属于第一产业和第二产业直接延伸的部分归结为价值生产体系；将第三产业的主体部分归结为社会服务体系。可见，马克思在100多年前的论述仍然反映当今现实。

分析：社会服务体系不生产价值，但是，社会服务体系提供的服务是降低商品成本的利器。例如，由社会服务体系提供的科学技术和普及教育，是社会人力资本增进、企业工艺创新和产品创新的源泉，因而是降低商品生产成本的基础；又如，由政府宏观管理部门和众多社会事业机构提供的信息（统计信息、经济社会发展规划和政策信息、生产生活信息），对企业降低信息成本有重要意义；再如，现代金融和纯商业等服务机构提供的服务，对加速资本流通和周转，降低价值和剩余价值生产和实现的成本有重要意义。显然，降低商品成本等价于减少生产价值的劳动（被减少的部分由社会服务替代），因此，由前文的成果，应当认为，社会服务体系对价值生产体系提供的服务生成一种租，我们称之为“社会服务租”，因为社会服务体系是一种社会资源，因此这种租属于社会资源租。现实中，例如，生产企业支付金融业的利息和纯商业的销售费用，政府对企业征收的税，都是这种租的组成部分。

（四）马克思关于分工协作性质的分析——分工协作租（组织资源租）

马克思写道：分工协作“创造了一种生产力，这种生产力本身必然是集体力”[5]362 “生产过程中劳动的分工和结合，是不费资本家分文的机构。资本家支付报酬的，只是单个的劳动力，而不是他们的结合，不是劳动的社会力”[8]553。但是，“通过分工……通过协作……会产生出更多的剩余劳动，而预付在劳动上的资本却减少了”。[9]296

分析：马克思揭示，分工协作“创造了一种生产力”，它不能分解为“单个的劳动力”，而是一种“集体力”。由此可知，分工协作不是劳动（劳动者并没有为此额外付出劳动），而是一种资源，它可以替代劳动（“预付在劳动上的资本却减少了”），因而资本家由分工协作直接获得的“剩余劳动”不是价值，而是租，我们称之为“分工协作租”。因为分工协作是一种组织资源，因此，这种租属于组织资源租。

（五）归纳和比较——资源租值概念的扩展和生成机制再探

所谓归纳，指对本部分内容进行归纳。由此，我们看到，现实中的租绝不只是地租，而是由诸多类型构成的系列。应指出，机器租、技术租、社会服务租和分工协作租，只是相应的人造资源租、知识资源租、社会资源租和组织资源租这些大类中的个体或子类。其实，在马克思经济学著作中，关于资源在价值生产中作用的分析，其中的资源不仅不限于机器、技术、社会服务和分工协作这些具体形态，甚至也不限于人造资源、知识资源、社会资源和组织资源这些大类，而且还有其他更为广泛的对象。为了方便，以下将土地（自然资源）以外的资源统称为“其他资源”，将地租（自然资源租值）以外的租值统称为“其他资源租值”。这样，我们所称“资源”包括自然资源和其他资源，所称“租值”包括自然资源租值和其他资源租值。于是，我们的资源租值概念，就获得了切实的扩展。

所谓比较，指将本部分内容与上一部分内容进行比较。容易看出，这两部分都涉及三个关键词，但是，这三个关键词在这两部分中的内涵却有区别。一曰“资源”。上一部分涉及的自然资源与劳动无关，但本部分涉及的其他资源则与劳动有关（机器是劳动产品，分工协作是劳动形式），甚至其本身就是劳动（技术是一种劳动，社会服务也是一种劳动）。二曰“劳动”。上一部分所说的被自然资源替代的劳动是囫囵的劳动，但本部分所说的被其他资源替代的劳动，有的是一种特殊劳动（生产商品的劳动），有的是一种特殊劳动成分（形成价值的劳动成分）。三曰“替代”。上一部分所说的自然资源替代劳动是等价替代，但本部分所说的其他资源替代劳动不仅有等价替代，而且有替代剩余的再替代（如机器替代劳动）。

比较表明，本部分的讨论存在问题。在上一部分，我们获得如下结论：地租源于自然资源对劳动的替代，这是地租一般的生成机制；在本部分，我们多次提及根据前文研究——这给人以如下印象：我们将马克思关于其他资源在价值生产中的作用归结为租，其依据是上一部分获得的那个结论。然而，由上述三个关键词内涵的分析来评价，将上一部分的结论作为本部分的依据是不严谨的。这就是问题。

那么，怎么办？仔细分析，本部分所讨论的租值，其中通行的生成机制实际是：租值源于资源对生产价值的劳动的替代。这里的要义在于，以是否生产价值为准则，将投入价值生产的所有要素划分为两类：凡不生产价值的要素（既包括不是劳动的资源，也包括某些劳动或劳动成分），一律称为“资源”，于是，生产价值的要素，就不能简单地归结为劳动，而必须是生产价值的劳动。现在的问题是：上述关于租值生成机制的新表述，对上一部分是否也适用？回答是肯定的。因为自然资源是不生产价值的，这一点与上述“资源”的内涵一致；被自然资源替代的劳动，本质上也是生产价值的劳动（例如，被瀑布替代的煤，生产煤的劳动是生产价值的劳动），这一点与上述“生产价值的劳动”完全等同。这样，不仅消解了前面所说的问题，而且对租值生成机制有了统一和更准确的表述：租值源于资源对生产价值的劳动的替代。这就是我们关于资源租值生成机制再探获得的新结论。

说到这里，有必要对“资源创造价值”的论点进行简略评价。深入分析可以看出，“资源创造价值”的论点源于资源对价值生产作用的新认识（被传统理论所忽略的）：在价值生产中，资源并非只是转移自身原有的价值，并非没有积极贡献。就此而言，“资源创造价值”论者并非一无是处。但是，上面的讨论表明，资源在价值生产中的积极贡献，只是资源可以生成租值，但租值不是价值，“资源创造价值”是对“资源可以生成租值”的误解。可见，这种论点是错误的。

三、马克思关于租值生产方式的论述——资源租值实现形式探讨

一般地，事物的生成机制只表明事物具有生成的可能性，而从可能性到现实性其间有一个实现问题。资源租值也是如此。因此，在明确资源租值生成机制以后，接着就要讨论它的实现问题。

完整地说，资源租值的实现包括两个方面，即资源租值的实现形式与资源租值实现的矛盾和路径。本部分讨论第一个方面，下一部分再讨论第二个方面。

资源租值的实现形式是一个总称，它包括三种具体形式，即资源租值实现的组织形式、资源租值实现的分配形式、资源租值实现的计量形式。下面分别讨论。

（一）马克思关于地租生产方式的论述——资源租值实现的组织形式

马克思说，“资本主义生产方式的重要结果之一是……它一方面使土地所有权从统治和从属的关系下完全解放出来，另一方面又使作为劳动条件的土地同土地所有权和土地所有者完全分离，土地对土地所有者来说只代表一定的货币税……资本主义生产方式的前提是：实际的耕作者是雇佣工人，他们受雇于一个只是把农业作为资本的特殊使用场所，作为在一个特殊生产部门的投资来经营的资本家即租地农场主。这个作为租地农场主的资本家，为了得到在这个特殊生产场所使用自己资本的许可，要在一定期限内（例如每年）按契约规定支付给土地所有者即他所使用土地的所有者一个货币额……在这里我们看到了构成现代社会骨架的三个并存的而又互相对立的阶级——雇佣工人、产业资本家、土地所有者”。[1]696－698

由马克思的论述，我们知道：土地同土地所有权完全分离，土地所有者成为纯粹的食租者；土地的实际耕作者是雇佣工人，其投资经营者是资本家；资本家在租用的土地上雇用工人进行生产，将所获得利润的一部分（地租）支付给土地所有者。这就是资本主义地租的生产方式。就我们的课题来说，地租的生产方式也就是地租实现的组织形式。

然而，联系本文第二部分的成果，从马克思的论述不仅可以引出地租实现的组织形式，而且可以获得更多的东西。上面说到资本家将利润的一部分（地租）支付给土地所有者，但是利润还有资本家自己获得的部分。本文第二部分证明，资源租值，不仅是地租（自然资源租），还有机器租（人造资源租）、技术租（知识资源租）、社会服务租（社会资源租）和分工协作租（组织资源租），如此等等，这些租都是资本利润的组成部分，并且都是通过雇佣工人利用资源进行生产实现的。由此可见，马克思所揭示的地租实现的组织形式，也是资源租值一般实现的组织形式。

（二）马克思关于劳动的社会生产力好像是资本内在生产力的论述——资源租值实现的分配形式

马克思写道：“由协作和分工产生的生产力，不费资本分文。这是社会劳动的自然力。用于生产过程的自然力，如蒸汽、水等等，也不费分文……利用自然力是如此，利用科学也是如此……因此，大工业把巨大的自然力和自然科学并入生产过程，必然大大提高劳动生产率，这一点是一目了然的”[5]423－424 “因为劳动的社会生产力不费资本分文，另一方面，又因为工人在他的劳动本身属于资本以前不能发挥这种生产力，所以劳动的社会生产力好象是资本天然具有的生产力，是资本内在的生产力”。[5]370

如前所述，资源租值实现的组织形式是资本。俗话说，无利不起早。试问：是什么原因使得资本成为资源租值实现的组织形式？马克思的论述一语破的：生产过程的自然力，由协作和分工产生的生产力，大工业把巨大的自然力和自然科学并入生产过程，必然大大提高劳动生产率，如此等等，都“好像”是“资本内在的生产力”。也就是说，由自然资源、人工资源、社会资源、知识资源和组织资源替代生产价值的劳动所生成的租值，都是资本利润的组成部分。这就是资本成为资源租值实现的组织形式的动力机制。

不过，应指出，由土地替代劳动所生成的租值，尽管起初也是资本利润的组成部分，但是，最终并不由资本占有，而是以地租的形式归土地所有者（详见下文）。此外，技术租和社会服务租，资本也不能独占，而是要与其所有者分享。然而，即使如此，资本仍然有其独占的租，例如，机器租和分工协作租，它们是利息和企业主收入的组成部分。由此可引进一组概念，即广义资本租（由资本这种生产方式实现的租）和狭义资本租（由资本实际占有的租）。这就是资源租值实现的分配形式，亦即资源租值实现的动力机制的制度基础。

（三）马克思关于租值计量的实例及其通行规律的论述——资源租值实现的计量形式

在第一部分，我们引述了马克思给出的瀑布租实例，这既是瀑布（自然资源）租的生成机制实例，也是这种租的计量实例。在第二部分，我们引述了马克思关于其他资源在价值生产中作用的分析，这既可视为其他资源租的生成机制分析，也可视为这些租的计量分析。由此可得出结论：资本这种生产方式，不仅是租值实现的组织形式，而且是一台精巧的租值分离机或计量器，它在将各项租值统一生产出来的同时，也将各项租值一一分离出来，计量出来。这就是资源租值实现的计量形式。

此外，马克思还揭示了租值计量通行的规律，那就是：价值规律和利润率平均化规律。马克思关于这方面的论述是大量的，因为篇幅所限兹不一一引述。下面，仅引用他以土地所有者的口吻对资本家所说的一段话作为佐证（因为这段话生动地反映了两条规律）。

马克思说，“那末这第二类的生产条件所有者（指自然资源所有者——引者注）就对资本家说：如果我让你使用这些生产条件，那你将赚你的平均利润，占有正常的无酬劳动量。但是你的生产提供一个超过利润率的剩余价值余额，即无酬劳动余额。这个余额，你不应象你们资本家们通常做的那样，投进总库。这个余额我来占有，它是属于我的。这种交易会使你完全满意，因为你的资本在这个生产领域给你提供的，同在其他任何领域一样多，并且，这是一个十分稳定的生产部门。你的资本在这里除了给你提供构成平均利润的那 10% 的无酬劳动以外，还给你提供 20% 的超额无酬劳动。你要把这个付给我，为了能够这样做，你要把这 20% 的无酬劳动加在商品的价格上，但是不要把它算入你和其他资本家的总账。你对一种劳动条件——资本，物化劳动的所有权，使你能够占有工人的一定数量的无酬劳动，同样，我对另一种生产条件——土地等等的所有权，使我能够从你和整个资本家阶级那里扣下无酬劳动中超过你的平均利润的那个余额。你们的规律要求在正常情况下等量资本占有等量无酬劳动，你们资本家可以通过竞争彼此强制做到这一点。好吧！我正要把这个规律应用到你的身上。你从你的工人的无酬劳动中占有的，不要多于你用同一笔资本在其他任何生产领域所能占有的。但是，这个规律同你‘生产’的那个超过无酬劳动正常量的余额是毫无关系的。谁能阻止我占有这个‘余额’呢？我为什么要象你们那样，把它投入资本的大锅，供资本家阶级内部分配，使每个人按他在总资本中拥有的股份取得这个余额的一定部分呢？我不是资本家。我让你使用的生产条件不是物化劳动，而是自然的赐予。你们能制造土地、水、矿山或者煤层么？不能。因此，可以用到你身上、使你把你自己侵吞的剩余劳动吐出一部分来的那种强制手段，对我来说是不存在的！所以，拿来吧！你的资本家同伙能做的唯一事情，不是同我竞争，而是同你竞争。如果你付给我的超额利润，小于你占有的剩余劳动时间与依照资本的规律你应得的那份剩余劳动之间的差额，你的资本家同伙就会出面，通过竞争，逼你把我能从你那里挤出的全部数额老老实实支付给我”。[10]34－35

说到这里，有必要回到第一部分。在那里，我们由租值生成机制推出了租值的计量原理，即租值不是价值，但可以用价值来计量。现在，对这一原理可以给出进一步说明，那就是：第一，租值由价值来计量＝租值由价值规律和利润率平均化规律来计量；第二，租值的计量过程实际就是租值的生产方式本身（租值在被生产出来的同时也被精确地计量）。

说到这里，有必要谈到资本主义租值的特征。马克思指出：资本主义社会的“土地所有权取得了纯粹经济的形式，因为它摆脱了它以前的一切政治的和社会的装饰物和混杂物”。[1]697由此可知，“纯粹经济的形式”是资本主义租值的特征。那么，什么是“纯粹经济的形式”？由上面的讨论，答案是：所谓“纯粹经济的形式”，指的是租值的生产和计量完全、彻底地以价值规律和利润率平均化规律为基础，此外并无任何“政治的和社会的装饰物和混杂物”。

说到这里，也有必要对西方经济学的计量理论进行简略评价。可以证明，西方经济学计量理论的计量对象本质上是租值，显然，这是片面的，因为经济收入并不能简单地归结为租值（详见下文）。此外，西方经济学的计量理论还有计量方法，但其计量方法只是抽象的数学形式。由前面的讨论知，租值计量的本质是资源租值的生产方式，其计量原理是这一生产方式赖以运行的价值规律和利润率平均化规律，数学形式必须是对这些规律的理论反映。然而，西方经济学并没有对租值生产方式及其赖以运行的规律做透彻的研究。综上所述，西方经济学的计量理论，尽管其数学形式具有科学的成分，但其计量理论在总体上并不科学。

说到这里，还有必要回到本部分标题的概念。在马克思的理论中，生产方式的要害是所有制。但是，马克思指出，“私有制不是一种简单的关系，也绝不是什么抽象概念或原理，而是资产阶级生产关系的总和”[11]352“给资产阶级的所有权下定义不外是把资产阶级生产的全部社会关系描述一番”“要想把所有权作为一种独立的关系、一种特殊的范畴、一种抽象的和永恒的观念来下定义，这只能是形而上学或法学的幻想”。[11]180由此可见，资源租值实现形式，绝不仅仅是资源租值实现的组织形式，至少应当包括资源租值实现的分配形式和资源租值实现的计量形式。也因此，本部分引述的马克思论述，尽管不仅仅是关于资源租值生产方式的论述，而且还有其他论述，但本部分的标题将所有论述都归结为马克思关于资源租值生产方式的论述。

四、马克思关于级差地租是虚假的社会价值及其到真实的社会价值转化的论述及其推广——资源租值实现矛盾和路径探讨与资源租值概念的再定义

由马克思关于级差地租是虚假的社会价值及其到真实的社会价值转化的论述，可以引出如下结论：租值的实现过程既存在矛盾，也存在化解矛盾从而导致租值实现的路径。此外，一旦弄清了这些内容，我们还将获得资源租值概念的新认识。

（一）马克思关于级差地租是虚假的社会价值及其到真实的社会价值转化的论述——级差地租的实现矛盾和路径探讨

马克思写道："关于级差地租，一般应当指出：市场价值始终超过产品总量的总生产价格……这是由在资本主义生产方式基础上通过竞争而实现的市场价值所决定的；这种决定产生了一个虚假的社会价值……同种商品的市场价格的相同性，是价值的社会性质在资本主义生产方式的基础上，以及一般说来在一种以个人之间的商品交换为基础的生产基础上借以实现的方式。被看作消费者的社会对土地产品支付过多的东西，对社会劳动时间在农业生产上的实现来说原来是负数的东西，现在竟然对社会上的一部分人即土地所有者来说成为正数了。"[1]744－745

由马克思论述，有如下认识。第一，内含于土地产品中的级差地租，即"市场价值始终超过产品总量的总生产价格"的余额是"一个虚假的社会价值"。这里的依据是劳动价值论。按照劳动价值论，劳动是价值的唯一源泉；土地是自然资源（不是生产价值的劳动），因而，由土地级差因素替代生产价值的劳动所生成的级差地租，不是价值，而是虚假的社会价值。第二，级差地租的实现存在矛盾。显然，虚假的社会价值不是真实的社会价值，但是，资本家支付土地所有者的地租，决不能是虚假的社会价值。于是，矛盾产生了：虚假的社会价值何以变成真实的社会价值？第三，"被看作消费者的社会对土地产品支付过多的东西"是虚假的社会价值转化为真实的社会价值的路径。也就是说，通过商品交易，消费者用真实的社会价值（货币）购买了内含"虚假的社会价值"的土地产品，于是，"虚假的社会价值"这种"原来是负数的东西"就转化为对"土地所有者来说成为正数"的真实的社会价值。

（二）马克思论述的推广——资源租值一般的实现矛盾和路径探讨

诚然，马克思说的是级差地租，但是，上述结论可推广到所有租值。仔细分析，"虚假的社会价值"概念的要害是：被资源替代的生产价值的劳动≠生产价值的劳动。但是，并不是只有土地的级差因素可以替代生产价值的劳动，土地本身也可替代生产价值的劳动，机器（人造资源）、技术（知识资源）、社会服务（社会资源）和分工协作（组织资源）等亦可替代生产价值的劳动。于是，有结论：所有租，因为它们都是资源替代生产价值的劳动而生成的，因而，无一例外，都是虚假的社会价值，都需要通过商品交易，由"被看作消费者的社会"用真实的社会价值购买内含"虚假的社会价值"的产品，从而虚假的社会价值转化为真实的

社会价值。

现在，试问："被看作消费者的社会"购买内含"虚假的社会价值"的产品所用真实的社会价值源自何方？显然，"被看作消费者的社会"可以划分为两类，一类是生产工人，他们购买内含虚假的社会价值的产品所支付的是其工资的一部分，而这显然就是工人创造的价值；另一类可称为其他消费者，《资本论》第三卷证明，其他消费者所获取的货币收入最终都源于工人的剩余劳动（通过租、息、税、费等再分配形式）。可见，"被看作消费者的社会"购买内含"虚假的社会价值"的产品所用真实的社会价值（货币），最终必须归结为工人创造的价值和剩余价值。于是，如下命题成立：所有租，无一例外，最终都源于工人创造的价值和剩余价值。这就是我们关于资源租值实现路径的基本认识。

（三）资源租值概念的再定义

考察表明，资源租值这一事物可视为一个由若干阶段所组成的生命过程。在此说明，本文第一部分和第二部分探讨的是资源租值生命过程的第一阶段即生成阶段，由此获得的结论即"租值源于资源对生产价值的劳动的替代"，可视为资源租值概念的第一个分定义。本文第三部分和本部分探讨的是资源租值生命过程的第二阶段即实现阶段，其中本部分所探讨的资源租值实现矛盾和路径是这一阶段的核心内容。由此，可获得资源租值概念的第二个分定义，即租值由工人创造的价值和剩余价值的购买而实现。

五、马克思的"塌缩新生"论题与两类资源区分和地租演化趋势的论述——资源租值演化规律及其伴生规律探讨

前面说到，资源租值是一个生命过程，那么，其演化规律是什么？

（一）马克思的"塌缩新生"论题——机器租演化规律及其伴生规律探讨

马克思写道：机器"在最初偶而被采用时，会把机器所有主使用的劳动变为高效率的劳动，把机器产品的社会价值提高到它的个别价值以上，从而使资本家能够用日产品中较小的价值部分来补偿劳动力的日价值"。但是，"随着机器在同一生产部门内普遍应用，机器产品的社会价值就降低到它的个别价值的水平，于是下面这个规律就会发生作用：剩余价值不是来源于资本家用机器所代替的劳动力，恰恰相反，是来源于资本家雇来使用机器的劳动力"，因为"剩余价值只是来源于资本的可变部分……在工作日的长度已定时，剩余价值率取决于工作日分为必要劳动和剩余劳动的比例"。[5]445-446

应指出，马克思的论述实际给出了一个可概括为"塌缩新生"的论题。因为这一论题至今无人提及，所以需要详加说明。

所谓塌缩，指机器产品的社会价值塌缩。词典解释：塌，倒下或陷下……；缩，由大变小或由长变短，收缩……。由此综合，"塌缩"可理解为：被考察对象发生突发性的由大到小的变化过程。于是，"产品的社会价值塌缩"可定义为：产

品内含的社会价值量发生突发性的由大到小的变化过程。现在，再看马克思的论述。显然，其中有两个重要概念即产品的社会价值和产品的个别价值，为了方便，下面用 q 代表前者，用 p 代表后者。容易看出，这里实际涉及如下三种情况。第一，虽然马克思说的是机器产品社会价值的变化过程，但是显然还存在这样的情况：在采用机器生产之前该产品的生产就存在，且此时该产品也有一个社会价值量和一个个别价值量，分别记为 q_0 和 p_0，且有 $q_0 = p_0$。第二，马克思明确说，机器“在最初偶而被采用时，会把……机器产品的社会价值提高到它的个别价值以上”。这里，“机器产品”与前面所说的“该产品”是同一种产品，只不过采用机器生产而已，因此仍称“该产品”。此时，该产品的社会价值量比其个别价值量要大，联系第二部分的讨论知，其原因仅在于机器替代劳动产生了替代剩余，从而使其个别价值量降低了，因此，我们将此时该产品的个别价值量记为 p_1，且有 $p_1 < p_0$，显然，此时该产品的社会价值量仍为 q_0，且有 $q_0 = p_0 > p_1$。第三，马克思接着说，“随着机器在同一生产部门内普遍应用，机器产品的社会价值就降低到它的个别价值的水平”。可见，此时该产品的社会价值量不是 q_0，我们记为 q_1，且有 $q_1 = p_1 < q_0$。综上所述，由社会价值塌缩概念来判定，结论是：从第一种情况到第三种情况，该产品的社会价值发生了塌缩，其塌缩的量是 $q_{0-1} = q_0 - q_1$ 或 $p_{0-1} = p_0 - p_1$。

所谓新生，指机器产品的相对剩余价值新生。前面说到，量 q_{0-1} 或 p_{0-1} 即由机器替代劳动的替代剩余所生成的等价物被塌缩（消失）了。但是，一个毋庸置疑的事实是：此时机器替代劳动，不仅“在最初偶而被采用”的企业依然如故，而且“在同一生产部门内普遍应用”。这就是说，尽管机器替代劳动的替代剩余所生成的等价物被塌缩（消失），但是，机器对劳动的替代并没有废止，由此所提高的生产效率也没有被塌缩。然而，这样一来，“工作日分为必要劳动和剩余劳动的比例”发生了变化，必要劳动时间下降，剩余劳动时间相应延长，从而资本由此获得相对剩余价值的量有了新的增长。

由马克思的“塌缩新生”论题，可以引出机器租的演化规律及其伴生规律。先说机器租演化规律。由本文第二部分知，由机器替代劳动的替代剩余所生成的等价物即量 q_{0-1} 或 p_{0-1} 就是机器租。诚然，由上面的讨论知，机器租只存在于机器在个别企业“最初偶而被采用时”，一旦“机器在同一生产部门内普遍应用”，机器租就被塌缩（消失）。但是，经济史表明，随着生产不断进行，机器会不断更新换代。于是，新的机器租会在新机器“最初偶而被采用”的个别企业再产生，当然也会因新机器“在同一生产部门内普遍应用”后被再塌缩。这种现象将反复出现。这就是机器租的演化规律。

再说机器租演化规律的伴生规律。所谓伴生规律，亦即相对剩余价值不断新生规律。应当强调，不能认为机器租可直接变为相对剩余价值。提请注意，这里有一个基本区分，那就是：租值是虚假的社会价值，而相对剩余价值是真实的价值。诚然，在特定条件下（机器“在最初偶而被采用时”），由于“同种商品的市场价格的相同性”，内含于机器产品中的虚假的社会价值即租值可以充当真实的社会价值，但是，假的终究是假的，一旦“机器在同一生产部门内普遍应用”，它就不可避免地被塌缩。然而，相对剩余价值是真实的价值，它只能由工人投入的劳动时间生成，不可能由机器租直接变成。不过，事情还有另一面，即相对剩余价值的新生与机器租被塌缩毕竟是相伴的过程，这一点同样不可否认。此外，前面说到，机器租产生和被塌缩是一条反复出现的规律。显然，与此相伴，相应的相对剩余价值也将不断新生。这就是机器租演化规律的伴生规律，即相对剩余价值不断新生规律。

（二）马克思关于两类资源区分的论述——其他资源租一般的演化规律及其伴生规律探讨

虽然马克思的“塌缩新生”论题直接涉及的只是机器这一种资源，但是由马克思关于两类资源区分的论述，这一论题可推及所有其他资源。由此，我们将获得其他资源租一般的演化规律及其伴生规律。

马克思写道：“瀑布却是一种自然的生产要素，它的产生不需要任何劳动。但是，不仅如此。利用蒸汽机进行生产的工厂主，也利用那些不费他分文就会增加劳动生产率的自然力……这些自然力，和由协作、分工等引起的劳动的社会的自然力完全一样……会提高一般利润率，可是不会创造出超额利润……但是，那个利用瀑布的工厂主的超额利润，却不是这样。”[1]724-726

由马克思论述，结合本文前面的讨论，可获得如下认识。第一，瀑布“是一种自然的生产要素，它的产生不需要任何劳动”（由第一部分知，“瀑布”是马克思分析土地即自然资源在价值生产中作用的实例，因此，此处应将“瀑布”理解为土地即自然资源），然而，“利用蒸汽机进行生产的工厂主，也利用那些不费他分文就会增加劳动生产率的自然力……这些自然力，和由协作、分工等引起的劳动的社会的自然力完全一样”（“蒸汽机”亦即机器，它与“协作、分工”等共同构成自然资源以外的其他资源）。第二，其他资源“会提高一般利润率，可是不会创造出超额利润”。应指出，这是一种简化的说法，实际情况是，其他资源也会“创造出超额利润”（参见第二部分），只不过（下面将证明）这些“超额利润”存在的时间短暂、空间有限。综合上述情况，对马克思这一论断，完整的理解应是：其他资源只能短暂和个别地生成超额利润，其普及利用只能提高一般利润率。第三，马克思接着说，“但是，那个利用瀑布的工厂主的超额利润，却不是这样”。这就是说，由土地即自然资源所生成的超额利润可以长期存在。

现在，再说“塌缩新生”论题可以推及所有其他资源，由此窥视其他资源租一般的演化规律及其伴生规律。容易看出，由马克思关于两类资源区分的论述，可以引出如下结论：第一，是否会被塌缩（与此相伴，相应的相对剩余价值新生），是其他资源租与地租的区别点。深入研究可知，造成这一区别的原因在于：土地是天然的（“资本自己不能创造出瀑布”[1]727），具有自然垄断性质，因而，地租可以长期存在（不会被塌缩，也不会有相伴的相对剩余价值新生），然而，其他资源不是天然的，而是生产过程的创造物，各个资本都可利用，因此，尽管这些资源在个别企业“最初偶而被采用时”能够生成租值，但一旦这些资源“在同一生产部门内普遍应用”，这些租值即超额利润就不可避免地被塌缩（消失）——这就证明其他资源租即超额利润存在的时间短暂（“在最初偶而被采用时”）、空间有限（个别企业）——并且，与此相伴，会有相应的相对剩余价值新生。第二，马克思明确说，“利用蒸汽机……和由协作、分工等引起的劳动的社会的自然力完全一样”。由此可知，马克思的“塌缩新生”论题可以推及所有其他资源。第三，存在其他资源租一般的演化规律及其伴生规律。如前所述，其他资源不是天然的，而是生产过程的创造物。既然如此，那么，随着生产不断进行，这些资源的更新换代是不言而喻的。于是，其他资源租，由相应资源“在最初偶而被采用”的个别企业产生与该资源“在同一生产部门内普遍应用”后被塌缩，以及与此相伴相应的相对剩余价值新生，这种现象同样将反复出现。这就是其他资源租一般演化规律及其伴生规律。

（三）马克思关于地租演化趋势的论述——地租演化规律探讨

前面说到，地租可以长期存在（不会被塌缩），那么，地租是永恒的吗？回答是否定的。关于此，马克思有论述。

马克思写道：“如果我们设想资本主义的社会形式已被推翻，社会已被组成一个自觉的、有计划的联合体……土地所有者阶级存在的基础就会消失……因此，如果说，维持现在的生产方式，但假定级差地租转归国家，土地产品的价格在其他条件相同时就会保持不变，当然是正确的；但如果说，在资本主义生产由联合体代替以后，产品的价值还依旧不变，却是错误的。”[1]745

容易看出，马克思的论述可以归结为如下要点。第一，如果“资本主义的社会形式已被推翻，社会已被组成一个自觉的、有计划的联合体”，那么，“土地所有者阶级存在的基础就会消失”，从而地租消亡。第二，“如果说，维持现在的生产方式，但假定级差地租转归国家”，那么，尽管此时不可能有土地所有者阶级，但地租仍然存在，由国家占有。第三，马克思明确指出，“如果说，在资本主义生产由联合体代替以后，产品的价值还依旧不变，却是错误的”。这就是说，一旦“资本主义生产由联合体代替”，地租必然消亡。总之，地租绝不是永恒的。这就是马克思给出的地租演化规律。

当然，在马克思经济学中，所谓“资本主义生产由联合体代替”，也就是进入共产主义社会。到那时，不仅地租消亡，而且其他资源租也同时消亡。

参考文献

[1] 马克思．资本论（第3卷）[M]．北京：人民出版社，1975.

[2] 卫兴华．当代资本主义农业中的绝对地租问题 [C] //《农业经济经典著作选读》参考资料：地租问题论文集．北京：中国人民大学出版社，1982.

[3] 张德利．谈谈现代绝对地租的来源 [C] //《农业经济经典著作选读》参考资料：地租问题论文集．北京：中国人民大学出版社，1982.

[4] 张家庆．现代资本主义农业中的绝对地租问题 [C] //《农业经济经典著作选读》参考资料：地租问题论文集．北京：中国人民大学出版社，1982.

[5] 马克思．资本论（第1卷）[M]．北京：人民出版社，1975.

[6] 马克思恩格斯全集（第46卷上册）[M]．北京：人民出版社，1979.

[7] 陈一壮，罗月婵．马克思两种劳动概念下的人的解放理论——从《1844年经济学——哲学手稿》到《政治经济学批判（1857—1858年草稿）》[J]．湖南

师范大学社会科学学报，2011，40（1）：5－10.
［8］马克思恩格斯全集（第47卷）［M］．北京：人民出版社，1979.
［9］马克思恩格斯全集（第48卷）［M］．北京：人民出版社，1985.
［10］马克思恩格斯全集（第26卷第2册）［M］．北京：人民出版社，1973.
［11］马克思恩格斯全集（第4卷）［M］．北京：人民出版社，1972.

马克思经济学没有其他资源租的原因及其合理性探讨①

［摘　要］据查，在马克思的经济学理论中，只有地租，没有其他资源租。这是为什么？这合理吗？文章围绕这两个问题进行讨论。

［关键词］其他资源租；“塌缩新生”论题；“本质现象”论题；经济社会发展方向；经济社会演化路径

一、问题的提起和意义

本文所称其他资源，指土地（自然资源，下同）以外的资源；所称其他资源租，指地租（自然资源租，下同）以外的租。笔者此前的文章将马克思关于地租生成机制的分析和关于其他资源在价值生产中作用的分析结合起来，逻辑地引出如下结论：存在其他资源租，包括机器租（人造资源租）、技术租（知识资源租）、社会服务租（社会资源租）、分工协作租（组织资源租），如此等等。[1]但是，据查，在马克思经济学著作中，只有地租，没有其他资源租，甚至在马克思对庸俗经济学的批判中，也没有提到其他资源租。那么，这是为什么？这合理吗？这就是本文所要探讨的问题。

应指出，上述问题本质上是要回答其他资源在价值和剩余价值生产中是否有积极贡献，其与资源所有者追逐租值是否合理及“生产要素按贡献参与分配”的原则是否合理的问题相联系，因此，本文的课题有着重要的理论和实践意义。

二、为什么在马克思经济学著作中没有其他资源租

应指出，回答这样一个提问是困难的，因为马克思对此没有任何说明，我们无从知道他的真实想法。我们的方法是：先由相关资料给出若干猜测性回答，并对这些回答进行可行性分析，从而确定最终（最有可能的）答案。

（一）由“租”概念的扩展历程所做的回答

据资料，马克思以前的古典经济学所研究的“租”只是地租，将“租”概念加以扩展的“始作俑者”是阿弗里德·马歇尔（1842—1924 年）。马歇尔在 1890 年出版的《经济学原理》中，“提出了‘准地租’的概念”。他认为，“工资、利息、利润和地租在某种程度上是类似的，受和地租大致相同的原则支配……可称为准地租”。[2]295这样，“租”概念就从地租扩展到其他资源租。显然，《经济学原理》

① 此文首载于《管理学刊》2015 年第 4 期。

的出版在马克思以后。由此，可以有如下解释：在马克思经济学理论中，只有地租，没有其他资源租，甚至在马克思对庸俗经济学的批判中，也没有提到其他资源租，其原因是当时还没有其他资源租的概念。

那么，这解释可行吗？诚然，如果说这是在马克思对庸俗经济学的批判中没有提到其他资源租的原因是可行的，但是，如果说这是在马克思经济学理论中只有地租没有其他资源租的原因则不可行。因为，如前所述，我们把马克思关于地租生成机制的分析和关于其他资源在价值生产中作用的分析相结合，逻辑地引出存在其他资源租的结论，这就表明，如果有必要，马克思获得其他资源租的概念并不困难。可见，上述解释与事实不符，因而是不可行的。

（二）由马克思的“塌缩新生”论题和关于两大类资源区分的论述及其引出的结论所做的回答

先说马克思的“塌缩新生”论题及其引出的结论。塌缩，指产品内含的社会价值量突发性的由大到小的变化过程；新生，指产品内含的相对剩余价值的量获得新的增长。马克思指出：机器“在最初偶而被采用时，会把机器所有主使用的劳动变为高效率的劳动，把机器产品的社会价值提高到它的个别价值以上，从而使资本家能够用日产品中较小的价值部分来补偿劳动力的日价值”。但是，“随着机器在同一生产部门内普遍应用，机器产品的社会价值就降低到它的个别价值的水平，于是下面这个规律就会发生作用：剩余价值不是来源于资本家用机器所代替的劳动力，恰恰相反，是来源于资本家雇来使用机器的劳动力”，因为“剩余价值只是来源于资本的可变部分……在工作日的长度已定时，剩余价值率取决于工作日分为必要劳动和剩余劳动的比例”。[3]445-446 由前面给出的“塌缩”和“新生”概念来判定，马克思上述论述表明：在相对剩余价值生产中，机器的普遍应用会使机器产品的社会价值发生塌缩，其被塌缩的量为机器“在最初偶而被采用时……把机器产品的社会价值提高到它的个别价值以上”的差额，因为产品的社会价值塌缩会改变“工作日分为必要劳动和剩余劳动的比例”，因此，与此相伴，产品内含的相对剩余价值获得新的增长。这就是马克思的“塌缩新生”论题。在此说明，马克思并没有将“机器产品的社会价值提高到它的个别价值以上”的差额称为“机器租”。但是，笔者此前的文章证明这一差额就是机器租。[1] 于是，有如下认识：机器产品的社会价值发生塌缩，其被塌缩的量为机器租。这就是我们由马克思的“塌缩新生”论题引出的结论。

再说马克思关于两大类资源区分的论述及其引出的结论。马克思指出：在剩余价值生产中，利用机器和协作、分工等其他资源“会提高一般利润率，可是不会创造出超额利润”，但是，利用瀑布等自然资源的工厂主却会获得超额利润。[4]725-726 这是马克思给出的两大类资源（自然资源与其他资源）的区别点。深入分析可知，之所以如此，原因仅在于：土地是天然的（“资本自己不能创造出瀑布”[4]727），具有自然垄断性质，因而由土地所有权获取的收入即地租始终以超额利润的形式存在（不会被塌缩，也不会有相应的相对剩余价值新生）；然而，其他资源不是天然的，而是生产过程的创造物，不具有自然垄断性质，因而由其他资源所有权获取的收入具有与地租不同的性质。不过，应指出，所谓其他资源“不会创造出超额利润”，这只是一种简化的说法。实际情况是，其他资源也会“创造出超额利润”（例如，“机器产品的社会价值提高到它的个别价值以上”的差额显然就是超额利润），只是因为其他资源是生产过程的创造物，不具有自然垄断性质，因而所有企业都可利用。这样，就造成如下结果：这些资源由个别企业“在最初偶而被采用时”生成超额利润，但是，一旦这些资源“在同一生产部门内普遍应用”，超额利润就不可避免地被塌缩掉，与此相伴，相应的相对剩余价值新生。综合上述情况，完整的理解应是：其他资源只能短暂和个别地生成超额利润，其普及利用只能提高一般利润率。此外，如前所证，“机器产品的社会价值提高到它的个别价值以上”的差额就是机器租。同理亦可证明，其他资源由个别企业“在最初偶而被采用时”所生成的超额利润也是其他资源租。于是，前面由马克思的“塌缩新生”论题引出的结论对其他资源也适用，亦即有如下推论：在相对剩余价值生产中，其他资源“在最初偶而被采用时”也会生成其他资源租，一旦这些资源“在同一生产部门内普遍应用”，产品的社会价值就会发生塌缩，其被塌缩的量为其他资源租，与此相伴，相应的相对剩余价值新生。

现在回到正题。试问：为什么在马克思经济学著作中没有其他资源租？由上面的讨论，一个可能的回答是：其他资源租存在的时间短暂（“在最初偶而被采用时”）、空间有限（个别企业），而长久和普遍存在的则是其他资源租被塌缩后新生的相对剩余价值。因为相对剩余价值“不是来源于资本家用机器所代替的劳动力，恰恰相反，是来源于资本家雇来使用机器的劳动力”，所以它是真实的价值，不是租。

那么，上述回答可行吗？未必。首先，时间短暂毕竟有时间，空间有限毕竟也有空间，因此，不能因为其他资源租存在的时间短暂和空间有限就认为其不存在。其次，如前所述，其他资源不是天然的，而是生产过程的产物，因而可再生，例如，机器（人造资源）会更新换代，技术（知识资源）、社会服务（社会资源）和分工协作（组织资源）亦如此。于是，如果“存在其他资源租”这一判断是真的，那么，就有如下规律：随着其他资源不断更新换代，其他资源租在资源“最初偶而被采用时”生成，一旦这些资源“在同一生产部门内普遍应用”被塌缩，从而相应的相对剩余价值新生，这种现象将反复出现。这就是说，其他资源租并非可以忽略的一次性偶然现象，而是反复出现的规律性现象。众所周知，马克思是一位严谨的学者，甚至严谨到近乎苛求的程度，[5]他不可能不顾上述情况武断地做出不符实际的结论。可见，上述回答是不行的。

（三）由马克思的“本质现象”论题所做的回答

马克思说，“如果事物的表现形式和事物的本质会直接合而为一，一切科学就都成为多余的了”。[4]923 他指出：在资本主义社会，“一切都颠倒地表现出来。经济关系的完成形态，那种在表面上、在这种关系的现实存在中，从而在这种关系的承担者和代理人试图说明这种关系时所持有的观念中出现的完成形态，是和这种关系的内在的、本质的、但是隐蔽着的基本内容以及与之相适应的概念大不相同的，并且事实上是颠倒的和相反的”[4]232-233 “这是一个着了魔的、颠倒的、倒立着的世界……古典经济学……把上面那些虚伪的假象和错觉，把财富的不同社会要素互相间的这种独立化和硬化，把这种物的人格化和生产关系的物化，把日常生活中的这个宗教揭穿了。这是古典经济学的伟大功绩。然而，甚至古典经济学的最优秀的代表……也还或多或少地被束缚在他们曾批判地予以揭穿的假象世界里，因而，都或多或少地陷入不彻底性、半途而废和没有解决的矛盾中。另一方面，实际的生产当事人对资本—利息，土地—地租，劳动—工资这些异化的不合理的形式，感到很自在，这也同样是自然的事情，因为他们就是在这些假象的形式中活动的，他们每天都要和这些形式打交道。庸俗经济学无非是对实际的生产当事人的日常观念进行训导式的、或多或少教条式的翻译，把这些观念安排在某种合理的秩序中……这也同样是自然的事情”。[4]938-939

由上面的引述知，在马克思看来，科学研究就是透过现象探索本质，经济科学尤其如此。因为，资本主义社会是一个“着了魔的、颠倒的、倒立着的世界”，在这个世界，不仅存在与本质“颠倒的和相反的”现象，而且存在“虚伪的假象”。提请注意：第一，“着了魔的、颠倒的、倒立着的”是现实的“世界”，而不是反映这个世界的观念；就观念而言，例如，实际的生产当事人的观念，倒是这个“着了魔的、颠倒的、倒立着的世界”的真实反映（正因为如此，他们对“异化的不合理的形式，感到很自在”）。由此，我们深切体会到马克思理论分析的深刻性，以及要求在经济学研究中严格区分现象和本质的必要性。第二，从马克思的“本质现象”论题可以引出的重要概念，不仅是“本质”和“现象”，而且“现象”还可以再区分为“真现象”“次真现象”（半真半假现象）和“假象”（假现象）。显然，上述第一点是清楚明白的，用不着细说，但第二点比较复杂，需要详加说明。

为此，我们首先通过劳动概念的分析引出一个逻辑悖论，并且区分出相关的悖论命题和正常命题。众所周知，劳动有三要素，即劳动者、劳动资料和劳动对象（大致说来，土地即自然资源属于劳动对象，机器等其他资源属于劳动资料）。于是，有如下定义：劳动是劳动者运用劳动资料作用于劳动对象从而生产出产品的活动。就此，我们有：所谓土地即自然资源和机器等其他资源可分别替代劳动（这等价于说劳动的某一个元素可替代整体劳动），从而分别独立地生成地租和其他资源租（亦即“把财富的不同社会要素……独立化和硬化”），这是逻辑悖论。在此说明，认为存在资本利润（地租包含其中），与认为存在地租和其他资源租，这两种看法是不同的。前者视利润为资本的产物，尽管这是与本质“颠倒的和相反的”看法（因为利润本质上是劳动者创造的剩余价值），但仍然是将利润视为整体劳动的产物，不会陷入逻辑悖论，因而它在逻辑上仍是正常命题。然而，后者则以肯定土地和其他资源可分别替代劳动（亦即肯定劳动的某一个元素可替代整体劳动）为前提，这将陷入逻辑悖论，因而它是悖论命题。

现在，回到“本质”“真现象”“次真现象”和“假象”这些概念。由上面的讨论，我们有如下界定：第一，剩余价值是本质；第二，资本利润是真现象；第三，地租是次真现象；第四，其他资源租是假现象。在此说明，上述第一点和第二点两点是前面讨论的明显结论，用不着再讨论，而第三点和第四点两点则是前面讨论隐含的内容，需要详加分析。如前所述，认为存在地租和其他资源租，这是以肯定土地和其他资源可分别替代劳动为前提的，因而是悖论命题，就此而言，地租和其他资源租都不是真现象。但是，深入分析可知，地租和其他资源租之间有区别。诚然，土地也是整体劳动的一个元素（劳动对象），但土地本身是天然的，不是劳动的产物，就此而言，土地可以在“劳动”之外，因此，如果说土地可替代劳动，尽管这也是悖论，但多少还有一定的合理性。这就是说，地租尽管不是真现象，但也不是纯假现象，而是半真半假现象，我们称之为“次真现象”。然而，机器等其他资源，不仅是整体劳动的一个元素（劳动资料），而且其本身还是劳动的产物，就此而言，它们不在“劳动”之外，而在“劳动”之内，因此，如果说机器等其他资源可替代劳动，从而独立地生成其他资源租，那么，这是彻头彻尾的悖论。可见，其他资源租是彻头彻尾的假象（假现象）。

现在回到正题。显然，对科学研究即透过现象探索本质的活动而言，真现象和次真现象是必要的，因为它是探索本质必须透过的东西，因而科学理论应当反映；然而，假象则是不必要的，因为它会干扰透过现象探索本质的活动，因而必须用“奥卡姆剃刀”剔除。正因为如此，在马克思的经济学理论中，有资本利润，也有地租，却没有其他资源租。这就是我们由马克思的“本质现象”论题对前面提出的疑问所做的猜测性回答。

那么，这一回答可行吗？答案是肯定的。因为这是由马克思的“本质现象”论题逻辑地引出，符合马克思经济学的方法论特征。不仅如此，其可行性还可通过马克思关于“塌缩新生”现象的具体分析（这一行为）加以佐证。

仔细分析，“塌缩新生”现象的关键之处在于对机器“在最初偶而被采用”的性质及其结果的看法。分析可知，有两种在逻辑上都可能的看法：第一，其性质是机器替代劳动，其结果是可以产生替代剩余，因为替代剩余与劳动无关，因而它不是价值，而是租；第二，其性质是“把机器所有主使用的劳动变为高效率的劳动”，其结果是“使资本家能够用日产品中较小的价值部分来补偿劳动力的日价值”，从而产生超额剩余价值，而超额剩余价值是价值，不是租。显然，马克思选择了后者，其选择后者的根据就是“本质现象”论题所阐述的原理。由此可见，我们前面获得的猜测性回答，与马克思关于“塌缩新生”现象的具体分析是一致的，因而是可行的。

三、经济学没有其他资源租合理吗

应当指出，断定是否存在其他资源租，这不是一个单纯的概念问题，而本质上是断定资源所有者追逐租值是否合理的问题。于是，问题亦可转换为：资源所有者追逐租值合理吗？然而，考察可知，合理性概念可区分为两个层面，一是方向或终极的合理性，二是路径或过程的合理性。就此，对上述转换的问题，我们有如下回答：资源所有者追逐租值，具有路径或过程的合理性，不具有方向或终极的合理性。显然，作为完整的经济学理论，既要探索经济社会发展方向（一定生产方式发展演化所必然到达的终点状态，下同），也要探索经济社会演化路径（一定生产方式到达终点状态的演化过程，下同）；而且，用几何图形来刻画，方向是直线，路径一般是曲线，由此有：方向≠路径。于是，对本部分标题所表达的问题，我们有如下回答：完整的经济学理论不能没有其他资源租，亦即经济学没有其他资源租是不合理的。

在此说明，马克思已证明，资本主义生产方式发展演化所必然到达的终点状态是：资本主义生产方式消亡，人类进入共产主义社会。显然，在这一终点状态，价值消亡，租值当然一同消亡。这就是说，马克思已证明资源所有者追逐租值不具有方向或终极的合理性。这是完全正确的，兹不赘述。我们需要讨论的是，为什么说资源所有者追逐租值具有路径或过程的合理性。理由有如下几点。

理由之一：在生成机制层面，租值源于资源对生产价值的劳动的替代，而不是源于生产价值的劳动，就此而言，资源所有者追逐租值并不等同于无偿占有价值（剩余价值）。

笔者此前的文章，首先从马克思关于瀑布租的分析引出了如下结论：瀑布租源于瀑布对劳动的替代；并且将此推广到地租一般。接着，通过对马克思关于其他资源在价值生产中作用的分析进行深入探讨，进一步证明租值（租值一般）源于资源（资源一般）对生产价值的劳动的替代，并且证明，资源对生产价值的劳动的替代不是生产价值的劳动，因此，租值不是价值。[1]由此，应当得出如下结论：就生成机制层面而言，资源所有者追逐租值并不等同于无偿占有价值（剩余价值）。

提请注意，上述结论仅在生成机制层面适用。一般地，事物的生成机制只表明事物具有生成的可能性，而从可能性到现实性，其间有一个实现问题，资源租值也是如此。然而，笔者此前的文章有如下结论：所有租值都由工人创造的价值和剩余价值的购买而实现。[1]这就是说，就实现过程层面而言，资源所有者追逐租值就是无偿占有价值（剩余价值）。

理由之二：资源所有者追逐租值，是相对剩余价值生产不可废弃的必经阶段，因而对剩余价值生产具有不可忽略的积极贡献。

前面说到，就实现过程层面而言，资源所有者追逐租值就是无偿占有价值（剩余价值）。但是，即使如此，这里也有不可忽略的情况，那就是：资源所有者追逐租值，是相对剩余价值生产不可废弃的必经阶段，因而对剩余价值生产具有不可忽略的积极贡献。这就是说，即使（就实现过程而言）资源所有者追逐租值就是无偿占有价值（剩余价值），但那也并非纯粹的制度强制的结果，而是经济规律使然。下面，我们将马克思的“塌缩新生”论题与租值耗散理论成果和我国经济实践及其引出的结论结合起来，证明上述论点。

先说马克思的“塌缩新生”论题及其引出的结论。关于此，本文前面已有讨论，兹不赘述。这里，再将前面讨论隐含的两个要点补充说明如下：第一，被塌缩 = 已消失，因此不能认为被塌缩的其他资源租可直接变为新生的相对剩余价值，也因此，即使仅就现象而言（漫说在本质上所有租都是剩余价值的转化形态），也不能认为由其他资源所有权获取的收入都是租（因为还有租值被塌缩后新生的相对剩余价值）；第二，相对剩余价值新生与其他资源租被塌缩是相伴的过程，这一点同样无可否认。[1]

次说租值耗散理论研究成果及其引出的结论。据资料，租值耗散思想最早隐含在弗兰克·H. 奈特于 1924 年发表的《社会成本解释中的一些谬误》一文中，后来H. 斯科特·戈登、G. 哈丁、张五常、约拉·巴泽尔等学者对这一问题相继作了进一步的研究；这一理论的“核心是，本来有价值的资源或财产，由于产权安排方面的原因，其价值（或租金）下降，乃至完全消失”。[6]应指出，尽管租值耗散理论有缺陷（关于此，将另文讨论），但是，上述核心思想却反映着客观事实，是正确的。现在，回到马克思的论题及其引出的结论。试问：就马克思揭示的“塌缩新生”现象而言，租值耗散的后果是什么呢？回答：因为产权安排方面的原因，原本资源“在最初偶而被采用时”能够生成的租值不能生成（被耗散了），于是，相关产品社会价值的塌缩（其量为资源租）同样不能发生，从而“工作日分为必要劳动和剩余劳动的比例”不可能改变，亦即相应的相对剩余价值不可能新生。于是，我们给出的“理由之二”得以证实。

再说我国经济实践及其引出的结论。在改革开放前，我国实行的是计划经济，在那时，因为资源或财产公有，缺乏对生产当事人的激励机制，因而不仅已有资源的租值不能实现，而且其他资源（机器、技术等）的更新换代迟缓。如前所述，其他资源的更新换代是其他资源租不断产生的基础，因而也是相对剩余价值不断新生的基础。由此，如果用租值耗散理论的术语来描述，那么，有这样的结论：计划经济不仅使已有资源的租值被耗散，甚至生成租值的基础及相对剩余价值不断新生的基础也被耗散。改革开放后，我国实行社会主义市场经济，由于资源或财产的产权安排获得改进，不仅较好地实现了已有资源的租值，而且加快了其他资源（机器、技术等）更新换代的速度，从而加快了相对剩余价值不断新生（从而社会积累和社会进步）的速度。这就从正、反两方面验证和深化了租值耗散理论的结论，同时也进一步印证了“理由之二”。

理由之三：资源所有者追逐租值，是价值消亡的条件，因而也是无产阶级解放的促进因素。

分析可知，产品内含的社会价值量每一次塌缩，都是产品社会价值的部分消亡（其量 = 每一次被塌缩的其他资源租的量）。此外，如前所证，其他资源是生产过程的产物因而可再生，因此，马克思揭示的“塌缩新生”现象将反复出现。于是，有结论：随着“塌缩新生”不断进行，产品的社会价值最终将消亡殆尽，到那时，共产主义社会就来到了，无产阶级就彻底解放了。[7]然而，由“理由之二”的讨论知，资源所有者对租值的追逐是“塌缩新生”的起因和条件，因而也是产品社会价值消亡的条件，从而也是无产阶级解放的促进因素。于是，我们给出的“理由之三”得以证实。

说到这里，有必要回到本文第二部分引用马克思的“本质现象”论题所做的讨论。在那里，我们谈到，土地是天然的，不是劳动的产物，就此而言，土地可以在“劳动”之外，因此，地租是次真现象；然而，机器等其他资源是劳动的产物，它们不在“劳动”之外，而在“劳动”之内，因此，其他资源租是假象（假现象）。诚然，仅就透过现象探索本质的方法而言，上述说法没有问题，但是，诉诸现实的演化过程则有问题。试问：何谓在“劳动”之外？何谓在“劳动”之内？回答：这与资源所有制相关。显然，资源所有制的本质就是将原本属于整体劳动的资源（劳动对象和劳动资料）强行与劳动者分离，从而使得资源在“劳动”之外，于是，消灭资源所有制，资源也就回归整体劳动，从而资源在“劳动”之内。然而，如前所证，资源所有制是资源所有者追逐租值行为的制度基础，因而也是相对剩余价值生产（从而社会积累）赖以持续进行的制度基础，是价值消亡的条件和无产阶级解放的促进因素。就此而言，资源所有制的设置是经济演化过程所必需的，亦即其他资源租不能在“劳动”之内，而必须在“劳动”之外。综上所述，有如下结论：如果诉诸经济社会演化（从资本主义生产方式进到共产主义生产方式的）过程，那么，其他资源租不是（不能是）假象（假现象），其与地租一样是（必须是）次真现象，因而，经济学不能没有其他资源租。

说到这里，也有必要谈到对马克思本人完成的经济学理论的认识。前面说过，作为完整的经济学理论，既要探索经济社会发展方向，也要探索经济社会演化路径，如果用几何图形来刻画，那么，方向是直线，路径一般是曲线。就此，我们有如下认识：在原则上，马克思只完成了前者，并没有完成后者。诚然，马克思有计划经济的设想，而且，计划经济也是（也可视为）一条路径，就此而言，不能说马克思没有探索路径。但是，很明显，如果说计划经济是一条路径，那么，这是一条直线型路径，它与直线型方向是重合的。由此可知，实行计划经济等价于把方向当成了路径，这必然十分艰难（试想按照笔直的方向爬一座陡峭的山，这有多难）。笔者以为，这是计划经济不成功的基本原因。当然，路是人走出来的，不是纯粹的理论思维想出来的，在马克思时代，社会主义经济实践还没有发生，因此，路径探索的任务只能由后人来完成。中国共产党提出实行社会主义市场经济，这就是路径探索的重大成果，因为社会主义市场经济还在进行中，因此需要继续探索。应当强调，在新的探索中，绝不能忽视马克思已完成的理论。因为，马克思关于经济社会发展方向的理论是完全正确的，而正确的方向是找到恰当路径的指南。不仅如此，马克思已完成的理论对路径理论研究本身也有重要意义。因为，经济社会演化实际就是经济社会现象形态的演变，而马克思为探索经济社会发展方向深入研究过这些现象形态（只不过这些现象形态属于为探索本质而必须透过的东西），对马克思在这方面的研究成果（例如，马克思的“塌缩新生”论题），一旦我们从路径研究视角对其进行再认识，其就可以直接成为路径理论的组成部分。

参考文献

［1］曾永寿．资源租值理论探索——由马克思经济学著作引出［J］．管理学刊，2015，28（2）：22－31.

［2］姚开建．经济学说史［M］．北京：中国人民大学出版社，2003.

［3］马克思．资本论（第1卷）［M］．北京：人民出版社，1975.

［4］马克思．资本论（第3卷）［M］．北京：人民出版社，1975.

［5］彭清深．马克思的科学研究方法探赜——以文摘工作为中心［J］．西北民族学院学报：哲学社会科学版，1996（3）：101－108.

［6］张卫东，童睿．租值消散理论述评［J］．江西师范大学学报：哲学社会科学版，2005（3）：44－48.

［7］曾永寿．利润生产持续之谜——兼与孟捷、刘冠军教授商榷［J］．管理学刊，2014，27（5）：22－31，74.

转型论争问题真实性考察①

——兼与胡代光、马艳、白暴力、丁堡骏、余斌商榷

[**摘　要**] 转型问题历来是马克思主义经济学家热烈争论的问题，但一直未能达成共识。本文梳理了转型论争问题的由来和依据，归纳了若干代表性学者的观点，并且证明关于转型问题的论争是虚假的，其源于转型论争者对马克思转型理论的误解。

[**关键词**] 转型理论；转型论争；转型论争问题；真实性考察

本文所称转型理论，指马克思关于“商品价值转化为生产价格”[1]173的研究成果；所称转型论争，指国际国内学界针对转型理论持续百年的学术争论；所称转型论争问题，指转型论争所讨论的问题，其被概括为狭义转型问题和广义转型问题。[2]137

综观百年论争，有如下疑问：转型论争问题真实吗？显然，只有确认问题真实存在，才能进行解题。但是，我们看到的只是连篇累牍的解题，就是看不到问题的真实性讨论。参与论争的学者有两种，一种是质疑（质疑转型理论）者，另一种是辩护（辩护转型理论）者。上述现象，对前者尚属正常，对后者那就不合常理了——焉知转型论争问题不是质疑者对转型理论的误解，或者说质疑者对辩护者设置的陷阱？！

本文将证明转型论争问题是虚假的，其源于对转型理论的误解。

一、文献梳理——转型论争问题的由来和根据

（一）转型论争问题的提出——一个严重的误解

有一本著作写道：“西方经济学者一般认为，马克思提出的生产价格的决定模式‘在逻辑上是不严谨的’，因为商品的生产价格是通过增加那种与预付资本的价值项对比，而并非通过与其价格项对比的利润（按通行的平均利润率）来计算；而且，平均利润率也是作为以价值 $\frac{s}{c+v}$ 表示的，而不是以价格表示的数量比率计算的。即生产价格 = $(c+v)\left(1+\frac{s}{c+v}\right)$，这意指价值项成本加上按价值计算的平均利润率所分摊的利润就形成生产价格……英国进步经济学家米克（R. L. Meek，

① 此文首载于《管理学刊》2015 年第 6 期。

1917—1978 年）认为，以上议论都是针对技术上的问题……属于狭义的‘转形问题’。他指出，最近二十多年来，‘转形’的含义往往已被扩大到不仅包括这个技术上问题，而且还包括关于马克思的一般转化程序中更具有根本性质的其他许多问题，如：(a) 当马克思非常明白在资本主义下商品实际上几乎不是始终按照它们的价值出售时，但他却从价值出发这有什么意义呢？……这些方面的问题都是属于广义的‘转形问题’”。[2]136-137不过，上述“广义的‘转形问题’”还只是米克的说法，此外，美国经济学家保罗·A. 萨缪尔森另有说法。那本著作稍后写道，“萨缪尔森断定，马克思……提出的价值如何转化为价格的程序完全是‘不必要的迂回’”。[2]170

这就是学界关于转型论争问题及由来的介绍。但是，上述介绍令人费解。首先，引文说“西方经济学者一般认为，马克思提出的生产价格的决定模式‘在逻辑上是不严谨的’”，对此，笔者疑惑：马克思在何时何地“提出”了“生产价格的决定模式”？转型论争，难道不是针对转型理论而是针对“马克思提出的生产价格的决定模式”？其次，引文说“商品的生产价格是通过增加那种与预付资本的价值项对比，而并非通过与其价格项对比的利润（按通行的平均利润率）来计算”，这是什么意思？难道现实中存在两种转型，一种是“与预付资本的价值项对比”的转型，另一种是“与其价格项对比”的转型，而马克思只研究了前一种，没有研究后一种？再次，即使存在两种转型而马克思只研究了其中一种是事实，那么，这最多只说明转型理论“在逻辑上是不严谨的”，何来“当马克思非常明白在资本主义下商品实际上几乎不是始终按照它们的价值出售时，但他却从价值出发这有什么意义呢”的质疑（下称“米克质疑”）？又何来“萨缪尔森断定，马克思……提出的价值如何转化为价格的程序完全是‘不必要的迂回’”？

不过，“米克质疑”中有两个关键词即“商品”和“出售”，由此我们似乎明白了一点：引文所谓“生产价格的决定模式”，指的是商品出售价格定价计算。这样，前面悬置的疑问似乎也清楚了：第一，在转型论争者看来，商品出售价格定价计算，c 和 v 的计量标准既可以是价值也可以是生产价格，而马克思的计算只采用了前者，没有采用后者，因此，马克思这样做“在逻辑上是不严谨的”——这就是狭义转型问题。第二，现实中，资本家购买生产资料（c）和劳动力（v），其计价标准是生产价格（而不是价值），于是，就有“米克质疑”和“萨缪尔森断定”——这就是广义转型问题。

然而，众所周知，转型理论研究的是价值转型即“商品价值转化为生产价格”，并非“生产价格的决定模式”即商品出售价格定价计算。可见，**转型论争问题建立在一个严重误解的基础上**。这就是我们从相关介绍引出的结论。

（二）马艳归结——误解的渊源

即使不是“明眼人”也能看出，价值转型≠商品出售价格定价计算。转型论争者是经济学家，应是“明眼人”，那么，他们何以可能把转型理论误解为商品出售价格定价计算?! 由马艳教授的一篇论文可以看出问题的端倪。马艳写道：“根据马克思上述关于转型理论的基本假设，将马克思这一理论用数理逻辑可以表达为：

$$\begin{cases}(c_1+v_1)\cdot(1+r)=p_1\\(c_2+v_2)\cdot(1+r)=p_2\\\quad\vdots\\(c_n+v_n)\cdot(1+r)=p_n\\r=\sum m_i/\sum(c_i+v_i)\end{cases}\tag{1}$$

（其中 c_i、v_i、m_i、w_i、p_i 分别表示第 i 个部门按价值计算的不变资本、可变资本、剩余价值、价值以及生产价格；r 表示平均利润率）”。[3]

容易看出，式（1）可简写为 $p_i=(c_i+v_i)\cdot(1+r)$ $[i=1, 2, \cdots, n; r=\sum m_i/\sum(c_i+v_i)]$，即生产价格计算式，它对应马克思“两对总量相等”命题中的一个计算式（参见第二部分）。由此可见，上述引文隐含如下两个“归结”：其一，把转型理论归结为“两对总量相等”命题；其二，把“两对总量相等”命题进一步归结为生产价格计算。因为上述“归结”由马艳的论文引出，因此我们将其称为“马艳归结”。应指出，这不是马艳一个人的认识，从转型论争所使用的计量模型来看，所有转型论争者（包括国际国内，也包括质疑者和辩护者），无一例外，对转型理论的理解与“马艳归结”是一致的。

至此，疑问有了答案。试问：转型论争者何以可能将转型理论误解为商品出售价格定价计算？回答：他们先前对转型理论已有两个“归结”。既然如此，那么，当然就可以有第三个“归结”，即把生产价格计算进一步归结为商品出售价格定价计算。这就是我们追溯到的转型论争者发生误解的渊源。

（三）逻辑链——转型论争问题的一个根据

由前面的讨论，可以引出一条逻辑链。这是转型论争问题的一个根据。下面，先给出逻辑链，接着证明逻辑链隐含的必然性，最后再说逻辑链对转型理论（以至马克思经济学）意味着什么。

1. 逻辑链

如前所述，转型论争者对转型理论有一脉相承的三个“归结”，并且，转型论争问题包括狭义转型问题和广义转型问题，由此可生成两条逻辑链即逻辑链 α 和逻辑链 β。设符号→代表“可归结为”，符号 ⊢ 代表“推出”，那么，

逻辑链 α 写为：

转型理论→“两对总量相等”命题→生产价格计算→商品出售价格定价计算 ⊢ 狭义转型问题 （2）

逻辑链 β 写为：

转型理论→“两对总量相等”命题→生产价格计算→商品出售价格定价计算 ⊢ 广义转型问题 （3）

2. 逻辑链隐含的必然性

容易看出，在逻辑链中，⊢ 的前面是“事实”，后面是结论。所谓逻辑链隐含的必然性，就是“事实”与结论之间的逻辑关系。下面给出证明。

证：首先，转型理论→“两对总量相等”命题→生产价格计算→商品出售价格

定价计算。其次，在转型论争者看来，商品出售价格定价计算其中 c 和 v 的计量标准有两种，即价值和生产价格，而转型理论只采用了前者，没有采用后者。因此，有结论：转型理论“在逻辑上是不严谨的”。这就是狭义转型问题。证毕。

证：首先，转型理论→“两对总量相等”命题→生产价格计算→商品出售价格定价计算。其次，现实中，资本家购买生产资料（c）和劳动力（v），其计价标准是生产价格（而不是价值）。因此，有结论：转型理论与价值无关。于是，“米克质疑”和“萨缪尔森断定”成立。这就是广义转型问题。证毕。

3. 逻辑链对转型理论（以至马克思经济学）意味着什么

可以证明，如果逻辑链成立，那么，转型理论（以至马克思经济学）将“万劫不复”。因为，在这种情况下，辩护者即使能证明 c 和 v 采用生产价格计算转型理论依然成立，亦即破解了狭义转型问题，那也无济于事，因为后面还有广义转型问题即“米克质疑”和“萨缪尔森断定”等着呢！而且，不难看出，在逻辑链的框架内，广义转型问题是不可解的。综上所述，只要逻辑链成立，那么，无论怎样，转型理论（以至马克思经济学）都将“万劫不复”。

（四）锁定锁——转型论争问题的另一个根据

在此指出，马克思对转型理论的有关计算有两处重要的说明，其中一处可概括为“生产价格……要从商品的价值引申出来”的论述（详见第二部分），另一处可概括为“这一点没有进一步考察的必要”的论述（详见第三部分）。据介绍，转型论争者关注了后者。但是，考察可知，他们对后者的理解构成了一把锁定锁，从而把由逻辑链生成的转型论争问题锁定了。这是转型论争问题的第二个根据。下面，先引述相关资料，而后分析转型论争者对马克思论述的理解，最后再说这一理解的逻辑后果。

1. 有关资料

一本著作在介绍转型论争者（米克）对马克思论述的理解之前，有一大段铺垫，其中重要的是“西方一些经济学者便认定，马克思的这种转型方法要具有适当意义，必须具备如下任何一个假定条件……还必须明确解决如下三个问题……（3）所有总量必须合计，即是，就每种商品来说，用于生产该商品的投入品的最终（转化了的）价格，加上按平均利润率计算的资本利润，必须等于商品本身的最终（转化了的）‘价格’”。[2]142-143

在上述铺垫之后，那本著作写道：“米克认为，马克思当然意识到这个问题的存在。他指出，在《资本论》第三卷中，有三个值得注意的说明……第二，马克思说，当我们考虑到成本价格时，我们应当记住，‘如果在一个特殊生产部门把商品的成本价格看作和生产该商品时所消费的生产资料的价值相等，那就总可能有误差’。然后，马克思不考虑这一问题，只说道：‘对我们现在的研究来说，这一点没有进一步考察的必要。’……”。[2]143-144

2. 转型论争者对马克思论述的理解

现在，对上述资料进行分析。首先，提请注意，第一段引文中有如下文字“所有总量必须合计，即是，就每种商品来说，用于生产该商品的投入品的最终

(转化了的)价格，加上按平均利润率计算的资本利润，必须等于商品本身的最终(转化了的)‘价格’”。显然，如果忽略其中“(转化了的)”文字，那么，这段引文表达的意思是：商品出售价格定价计算应当如何如何——这表明转型论争者对马克思论述的理解，是以把转型理论归结为商品出售价格定价计算为前提的。其次，引文接着说，“米克认为，马克思当然意识到这个问题的存在”。试问：这里，米克所认为的“马克思当然意识到”的“问题”是什么呢？联系转型论争者的“归结”，可以看出，这“问题”就是：在商品出售价格定价计算中 c 和 v 的计量标准可以是生产价格，但马克思没有按此标准计算。最后，引文才提到“在《资本论》第三卷中，有三个值得注意的说明”，也就是本文所称“马克思关于‘这一点没有进一步考察的必要’的论述”。综上所述，转型论争者对马克思论述的理解是：马克思意识到他关于商品出售价格定价计算，存在“作为投入品的商品的价格与价值之间的偏离”，但马克思认为，“这一点没有进一步考察的必要”。

3. 转型论争者对马克思论述理解的逻辑后果

可以证明，转型论争者对马克思论述的理解，就如一把锁定锁，把由逻辑链生成的转型论争问题锁定了。证明如下。

证：在转型论争者看来，马克思意识到他关于商品出售价格定价计算存在“作为投入品的商品的价格与价值之间的偏离”，只是认为“这一点没有进一步考察的必要”——这意味着：转型论争者把转型理论归结为商品出售价格定价计算和指出其计算中存在的错误，这些内容已为马克思的论述所印证。因此，结论是：人们对转型论争问题不应有任何疑义。这样，转型论争问题就被锁定了。证毕。

二、转型论争问题真实性考察——破解逻辑链

如上文所述，逻辑链和锁定锁是转型论争问题的两个根据。因此，只要破解了逻辑链和锁定锁，也就证明了转型论争问题的虚假性。本部分破解逻辑链，下一部分再破解锁定锁。

逻辑链的关键是转型论争者对转型理论的三个“归结”，一旦破解了这三个“归结”，也就破解了逻辑链。

(一) 转型理论鸟瞰——破解“转型理论→‘两对总量相等’命题”

转型理论内容丰富，本文不能详加叙述，只能鸟瞰式地列举其主要部分。

1. 转型理论的对象和性质

进行理论研究，首先必须明确理论研究的对象和性质，转型理论也是如此。在《资本论》第三卷开头，马克思写道：“我们在本卷中将要阐明的资本的各种形式，同资本在社会表面上，在各种资本的互相作用中，在竞争中，以及在生产当事人自己的通常意识中所表现出来的形式，是一步一步地接近了。”[1]30 在该卷第九章，马克思又说，“我们在第一卷和第二卷只是研究了商品的价值。现在，一方面，成本价格作为这个价值的一部分而分离出来了，另一方面，商品的生产价格作为价值的一个转化形式而发展起来了”。[1]183

由引述知，“商品的生产价格作为价值的一个转化形式”，是“同资本在社会表面上……一步一步地接近了”的“资本的各种形式”之一。这就是转型理论的对象。提请注意，这里有一个关键词“形式”。由此可得出一个重要结论：转型理论属于形式及其演化的理论。这就是转型理论的性质。众所周知，转型理论中有一些计算。应指出，只有明确转型理论的对象和性质，才能准确理解其中的计算（详见下文）。可见，明确转型理论的对象和性质很重要。

2. 转型理论的基础概念

概念是知识的细胞，任何理论研究都要从基础概念开始，转型理论也不例外。鸟瞰可知，《资本论》第三卷第一章至第八章，甚至第九章，其内容都是转型理论的基础概念及其生成过程。用符号 ⇒ 代表生成，其内容可简略地表达为：所费资本 ⇒ 成本价格；剩余价值 ⇒ 利润 ⇒ 平均利润；剩余价值率 ⇒ 利润率 ⇒ 平均利润率；商品价值 ⇒ 商品生产价格。

笔者注意到，有学者将上述内容概括为“马克思……分析了商品价值的转型”或“马克思价值转型过程的逻辑结构”。[4][5]55 众所周知，马克思的研究方法是历史和逻辑的统一，他给出基础概念也是如此（不是纯粹的逻辑定义）。就此而言，上述理解无可厚非。但是，这容易使人误以为基础概念的生成就是转型过程。其实，这只是马克思所做的概念准备，他关于价值转型过程的研究则可归结为“转型过程的理论证明”，属于转型理论第三个主要部分。

3. 转型过程的理论证明

理论证明是课题成果的主体，转型理论亦如此。就《资本论》第三卷而言，它主要体现在第九章和第十章（第九章既是相关基础概念的研究，其中“关于一般利润率形成的例解”[1]181 以及由此引出的结论，也是转型过程理论证明的一个内容）。仔细阅读可知，这部分内容可概括为如下三个方面。

（1）历史转型证明

马克思指出：“商品按照它们的价值或接近于它们的价值进行的交换，比那种按照它们的生产价格进行的交换，所要求的发展阶段要低得多。而按照它们的生产价格进行的交换，则需要资本主义的发展达到一定的高度……撇开价格和价格变动受价值规律支配不说，把商品价值看作不仅在理论上，而且在历史上先于生产价格，是完全恰当的。这适用于生产资料归劳动者所有的那种状态；这种状态，无论在古代世界还是近代世界，都可以在自耕农和手工业者那里看到……”[1]197－198 这就是马克思给出的历史转型证明。不过，恩格斯认为，马克思这方面的论述不够充分，为此进行了补充研究，进一步充实了这一证明。[1]1015－1028

（2）现实转型证明

现实转型与历史转型不同：后者实际是生产方式转型，即从简单商品生产方式进到资本主义生产方式的转型；前者则是在资本主义生产方式中几乎天天都在进行的转型。情况是这样的：在资本主义条件下，商品生产，在本质上是价值、剩余价值的生产，但在现象上却表现为生产价格、平均利润的生产。显然，本质转化为现象也是转型，这就是现实转型。那么，这种转型是怎样进行的？其机制是什么？其内在规律是什么？马克思说，“竞争首先在一个部门内实现的，是使商品的各种不同的个别价值形成一个相同的市场价值和市场价格。但只有不同部门的资本的竞争，才能形成那种使不同部门之间的利润率平均化的生产价格”。[1]201 这就是转型过程。马克思说，“商品不只是当作商品来交换，而是当作资本的产品来交换。这些资本要求从剩余价值的总量中，分到和它们各自的量成比例的一份，或者在它们的量相等时，要求分到相等的一份”，[1]196 又说“竞争会把社会资本这样地分配在不同的生产部门中，以致每个部门的生产价格，都按照这些中等构成部门的生产价格来形成，也就是说，它们 = k + kp′（成本价格加上成本价格乘以平均利润率所得之积）”。[1]193 这就是转型机制。马克思指出：价值转型为生产价格之后，尽管就个量而言，产品的平均利润与其内含的剩余价值不一定相等，产品的生产价格与其内含的价值不一定相等，但是，“一切不同生产部门的利润的总和，必然等于剩余价值的总和；社会总产品的生产价格的总和，必然等于它的价值的总和”。[1]193 这就是马克思给出的“两对总量相等”命题，亦即转型过程的内在规律。

（3）转型理论唯一性证明

如上文所述，转型理论是用本质（价值）解释现象（生产价格）。然而，西方经济学也有解释现象的理论即供求价格理论。这就凸显出一个问题：凭什么说马克思用本质解释现象的转型理论比西方经济学用供求解释同一个现象的理论更科学？对这一问题的回答，我们称之为“转型理论唯一性证明”。在此说明，与唯一性证明相对的是必然性证明。由此可知，前两项证明属于必然性（转型过程的历史必然性和现实必然性）证明。显然，对转型理论来说，必然性证明和唯一性证明是一个问题的两个面，缺一不可，否则很难说这一理论是完成了的理论。

应指出，转型理论有唯一性证明。这方面的论述是大量的，因为篇幅所限，这里仅举两例。马克思说，“要理解供求之间的不平衡，以及由此引起的市场价格同市场价值的偏离，是再容易不过的了。真正的困难在于确定，供求一致究竟是指什么”。[1]211 马克思在引述一段引文后，接着写道：“这就是承认，当同一商品在不同时期有两个不同的‘自然价格’时，供求在每个场合都能够互相一致，并且必须互相一致，以便商品在两个场合都按照它的‘自然价格’出售。既然在这两个场合，供求关系没有差别，而‘自然价格’本身的量有差别，那就很明显，‘自然价格’的决定同供求无关，因此也极少可能由供求来决定。”[1]214-215 这就证明，西方经济学用供求解释价格现象是不行的，从而证明只有用价值（本质）解释生产价格（现象）的转型理论才是唯一可行的理论。

现在，再说转型论争者的第一个“归结”，即由表达式“转型理论→‘两对总量相等’命题”所刻画的归结。如前所述，“两对总量相等”命题只是“现实转型证明”中的一个内容，由此可知，转型论争者的第一个“归结”至少犯了以偏概全的错误。因为这一归结由马艳的论文引出，因此，我们这样说，马艳或许有异议。马艳的论文表明，她在给出式（1）之前叙述了转型理论的基本假设，而式（1）正是“根据……转型理论的基本假设”给出的，因此，马艳会说，她并没有以偏概全。应指出，转型理论≠转型理论的基本假设，马艳仅仅提到转型理论的基本假设，就将转型理论归结为式（1），至少是不严谨的。此外，马艳没有谈到转型理论的对象和性质，这是马艳（以至所有转型论争者）对转型理论的有关计算产生严重误解的重要原因。再者，马艳没有提到转型理论的一系列证明，这是更为严重的疏忽。总之，无论怎么说，转型论争者的第一个“归结”是对转型理论的误解。

（二）“两对总量相等”命题刻画——破解“‘两对总量相等’命题→生产价格计算”

“两对总量相等”命题的文字表述，前面已有引述，兹不重复。笔者以为，刻画这一命题至少要有相互联系的三个表达式。下面，先给出三个表达式，而后说明理由，最后再破解转型论争者的第二个“归结”。

第一个表达式是价值概念的定义。根据《资本论》第一卷相关论述，[6]238 设 w_i 代表第 i 个部门商品的价值，c_i代表其中的不变资本价值，v_i代表其中的可变资本价值，m_i代表其中的剩余价值，则有：

$$w_i = c_i + v_i + m_i \tag{4}$$

式中，$i = 1, 2, \cdots, n$。

式（4）是价值概念的定义式。在《资本论》第三卷的开头，马克思再一次确认了这一表达式。[1]30

第二个表达式是生产价格概念的定义。马克思在给出相关假设的基础上，以“五个不同的生产部门”为例进行数据分析，而后给出了生产价格概念。[1]173-176 以此为依据，设 p_i代表第 i 个部门商品的生产价格，r 代表平均利润率，其他符号同上，为简化，假定生产过程中不变资本转移全部价值。由此有：

$$P_i = c_i + v_i + r\ (c_i + v_i) \tag{5}$$

式中，$r = \sum m_i / \sum\ (c_i + v_i)\ (i = 1, 2, \cdots, n)$。

式（5）是生产价格概念的定义式。

第三个表达式是“两对总量相等”命题。由马克思关于“两对总量相等”命题的文字表述并式（4）和式（5），我们有

$$\begin{cases} \sum r\ (c_i + v_i) = \sum m_i \\ \sum P_i = \sum w_i \end{cases} \tag{6}$$

式中，$w_i = c_i + v_i + m_i$，$P_i = c_i + v_i + r\ (c_i + v_i)$，$r = \sum m_i / \sum\ (c_i + v_i)$ （$i = 1, 2, \cdots, n$）。

式（6）是“两对总量相等”命题的表达式。

上面就是“两对总量相等”命题完整的刻画。显然，式（6）是“两对总量相等”本身的表达，因而式（6）是必须有的。问题在于式（4）和式（5）。试问：为什么要有式（4）和式（5）？理由有如下两点。第一，马克思关于“两对总量相等”命题的表述，其中有两个基础概念即价值和生产价格，这表明命题以两个基础概念为基础，因此，式（4）和式（5）是命题的必备内容。第二，马克思所说的“两对总量相等”以“两对个量不一定相等”为前提，后者可表示为：产品的平均利润与其内含的剩余价值不一定相等，产品的生产价格与其内含的价值不一定相等。由此可知，完整的“两对总量相等”命题隐含如下三个比较：一是个量比较，

由此显示“两对个量不一定相等”；二是总量比较，由此显示“两对总量相等”；三是个量与总量的比较，由此显示“两对个量不一定相等”与“两对总量相等”之间的关系。显然，个量比较是基础，没有个量比较，就不可能有总量比较，从而也就不可能有个量与总量比较。然而，个量比较就是由式（4）和式（5）刻画的两个基础概念之间的比较，因此，准确反映“两对总量相等”命题完整的内容，就不能没有式（4）和式（5）。

现在，再说转型论争者的第二个“归结”即由表达式“‘两对总量相等’命题→生产价格计算”所刻画的归结。容易看出，马艳给出的式（1）与式（5）是等价的，这里没有问题。但是，马艳没有给出与式（4）和式（6）相类的表达式。可见，马艳（以至所有转型论争者）并没有全面完整地理解命题。应指出，关于式（5）的计量，马克思有明确说明。他说，“生产价格……要从商品的价值引伸出来。没有这种引伸，一般利润率（从而商品的生产价格），就是一个没有意义、没有内容的概念”。[1]176显然，如果忽略式（4），那么，孤立的式（5）就不是“从商品的价值引伸出来”，从而其刻画的“生产价格”“就是一个没有意义、没有内容的概念”了。此外，更为明显的是，刻画“两对总量相等”命题不能没有式（6）。总之，用孤立的式（5）表达“两对总量相等”命题，从而将这一命题归结为一个无根无据、“没有意义、没有内容”的生产价格计算式，是严重误解。

（三）关联生产价格概念的两种计算的性质分析——破解“生产价格计算→商品出售价格定价计算”

为方便，先给出转型论争者所说的“生产价格的决定模式”即商品出售价格定价计算式。由式（5），设下标 P 表示 c_i 和 v_i 按生产价格计量，我们有：

$$P_{Pi} = c_{Pi} + v_{Pi} + r\ (c_{Pi} + v_{Pi}) \tag{7}$$

式中，$r = \sum m_i / \sum\ (c_{Pi} + v_{Pi})$（$i = 1, 2, \cdots, n$）。

式（7）是商品出售价格定价计算式。

现在讨论本节的主题。可以证明，与式（4）相匹配的式（5）与式（7）是不同性质、分属于科学不同形态的计算式。一旦证明了这一点，也就破解了“生产价格计算→商品出售价格定价计算”。下面分三个要点来讨论。

1. 引理：自然科学的两种形态和两种计算

先说自然科学的两种形态。据考察，自然科学最早研究的对象是单体（牛顿力学的对象是单一物体运动）和单质（最初的化学只是从混合物中分离出单一物质）。然而，“现代科学已经证实，一切物质都是由大量微观粒子组成的。它们在特定温度和压力下相互集聚，构成一定的稳定结构，这就是物质的一种状态，简称‘物态’”。[7]51据资料，人类最初知道的物态是气态、液态和固态，后来，量子力学诞生后，科学发现还有“超”物态（超导态、超流态、超固态、中子态、黑洞），甚至还有被称为“反物质”的物态。[7]57-61其实，构成万物基石的原子也是“由大量微观粒子……相互集聚”而生成的，因而按照概念的定义，原子也是一种物态；星系（天体系统）也是由星体（与星系相比，星体也是“微观粒子”）相互集聚而生成的，因而星系也是一种物态。这样，所有物质即现代自然科学的所有对象，无一例外，都是物态，而单体或单质只是内含其中的元素。此外，系统科学有定义："系统是'相互作用的多元素的复合体'"。[8]17对比易知，系统概念的定义与物态概念的定义是等价的，于是，我们有：物态科学 = 系统科学。然而，系统最深刻的特征是"整体涌现性"，"整体涌现性的通俗表述，就是'整体大于部分之和'，从整体中必定可以发现某些在部分中看不到的属性和特征"。[8]21由此可知，系统即物态不等于单体或单质的简单和，因而研究物态的科学不能简单地从研究单体或单质的科学导出。于是，我们就区分出了科学的两种形态，其一可称为"物态科学"（以物态为对象的科学），其二可称为"单体或单质科学"（以单体或单质为对象的科学）。

再说自然科学的两种计算。与科学不同形态相对应，自然科学也有两种不同性质的计算。

一种可称为"物态解析计算"（也称"物态方程"[9]）。限于篇幅，这里只说最简单的物态。例如，水有固态、液态、气态。物理学揭示，物态变化，物质本身（水分子及其数量）并不变化，在外界压力一定时，物态变化仅与物质的温度变化相关，物质加热过程变化如图 1 所示：

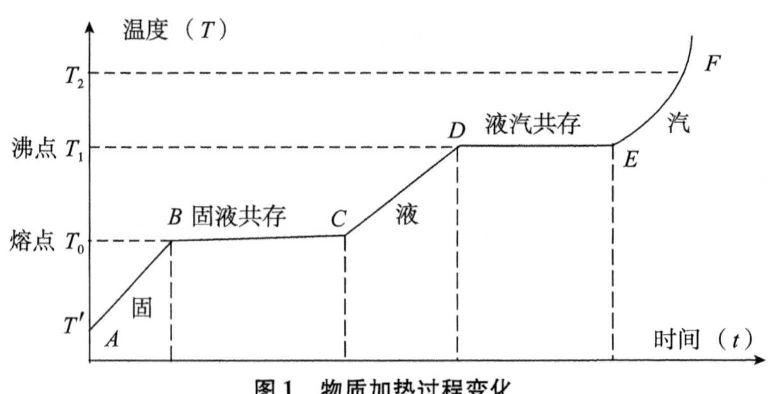

图 1　物质加热过程变化

下面，选取 AB 和 BC 段进行分析。如图 1，在"AB 段，物质处于固态。固体吸热，温度升高并随之热膨胀直到熔点，分子的动能和势能增加"，即有：

$$Q_1 = C_{固} m\ (T_0 - T') \tag{8}$$

式（8）是固态吸热过程的表达式。在"BC 段，物质（晶体）吸热处于熔解过程。从 B 点开始熔解，中间固液共存，到 C 点全部熔解完毕。温度保持在熔点不变，分子的势能增大"，即有：

$$Q_2 = \lambda m \tag{9}$$

式（9）刻画的是物质全部熔解处于液态时的能量状态。[10]209－210比较式（8）和式（9），容易看出，其中的物质 m（水分子及其数量）没有变化，变化的只是水分子的能量和相应的物态（由固态变为液态）。因此，式（8）和式（9）刻画的是物态解析计算，它属于物态科学的研究方法。

另一种可称为"单质增减计算"。例如，一棵植物，在对其浇水前后，这棵植物中的含水量有所不同，即有：

$$水量_{浇水后}=水量_{浇水前}+吸水量 \quad (10)$$

显然，式（10）刻画的是单质（水分子）增减（数量变化）计算，它属于单质科学的研究方法。

2. 与式（4）相匹配的式（5）和式（7）的性质分析

先说与式（4）相匹配的式（5）。马克思明确说，“商品的生产价格作为价值的一个转化形式”。由此可知，从式（4）到式（5）表达着从商品价值到商品生产价格这种形式转化的机制和过程。显然，“形式”与“形态”相通。由历史唯物论知，人的劳动也是物质（客观实在）的，由此推论，价值和生产价格这些形式（价值和生产价格实际是凝结在产品中的抽象劳动在不同社会条件下的形式）也是一种物态（社会物态）。因而，刻画形式转化机制和过程的计算式即式（4）和式（5），是与式（8）和式（9）相类的物态解析计算式。应强调，“商品的生产价格作为价值的一个转化形式”表明，式（5）必须源于式（4），亦即式（5）与式（4）一样，其中的 c_i 和 v_i 的计量标准只能是价值（而不能是生产价格），否则，式（5）就不是“作为价值的一个转化形式”的“商品的生产价格”这种物态的解析计算式。

再说式（7）。将其与式（10）相对照，容易看出，式（7）是单质增减计算式。其中，“单质”就是生产价格，“增减”表现为从 $c_{Pi}+v_{Pi}$ 到 $P_{Pi}=c_{Pi}+v_{Pi}+r(c_{Pi}+v_{Pi})$ 的过程。

上述讨论表明，式（7）与式（5）是分属于不同科学形态、性质完全不同的计算式。不过，对此还可进行更深层次的分析，从而进一步看清其不同的性质。显然，由式（7）刻画的商品出售价格定价计算，实际就是企业的投入产出核算，这是资本家的账房先生所从事的工作。此外，社会演化实际就是社会形式的演变，因而，可以认为，由式（4）和式（5）刻画的社会物态解析计算就是社会演化的研究方法。众所周知，马克思是社会革命家（社会改造工程师），不是资本家的账房先生，因此，转型理论中的有关计算，只能是社会物态解析计算（社会改造工程师所从事的工作），绝不是商品出售价格定价计算（资本家的账房先生所从事的工作）。

3. 破解“生产价格计算→商品出售价格定价计算”

上述讨论表明，“两对总量相等”命题中的生产价格概念的计算，是与价值概念相关联的生产价格这种社会物态的解析计算，其与商品出售价格定价计算是性质完全不同的两种计算。转型论争者把命题中的生产价格概念计算归结为商品出售价格定价计算，是严重误解。

现在回到本部分的主题，考察转型论争问题的真实性。本文第一部分证实，转型论争问题的一个根据是以三个“归结”为“事实”的逻辑链。本部分证明，三个“归结”是转型论争者对转型理论一脉相承的三层误解，可见，支撑逻辑链的“事实”是虚假的。既然如此，那么，逻辑链必然是虚假的，由逻辑链生成的转型论争问题同样是虚假的。这就是本部分的结论。

三、转型论争问题真实性考察——破解锁定锁

如第一部分所述，锁定锁源于转型论争者对马克思关于“这一点没有进一步考察的必要”论述的理解，因此，我们首先引述马克思的相关论述。马克思在给出

“一般利润率形成的例解”，并且证明“如果把社会当作一切生产部门的总体来看，社会本身所生产的商品的生产价格的总和等于它们的价值的总和”[1]179之后，紧接着写道：“这个论点好象和下述事实相矛盾：在资本主义生产中，生产资本的要素通常要在市场上购买，因此，它们的价格包含一个已经实现的利润，这样，一个产业部门的生产价格，连同其中包含的利润一起，会加入另一个产业部门的成本价格，就是说，一个产业部门的利润会加入另一个产业部门的成本价格。但是，如果我们把全国商品的成本价格的总和放在一方，把全国的利润或剩余价值的总和放在另一方，那末很清楚，我们就会得到正确的计算……这一切总是这样解决的：加入某种商品的剩余价值多多少，加入另一种商品的剩余价值就少多少，因此，商品生产价格中包含的偏离价值的情况会互相抵销……当然，以上所说，对商品成本价格的定义是一种修改。我们原先假定，一个商品的成本价格，等于该商品生产时所消费的各种商品的价值。但一个商品的生产价格，对它的买者来说，就是成本价格，并且可以作为成本价格加入另一个商品的价格形成……必须记住成本价格这个修改了的意义，因此，必须记住，如果在一个特殊生产部门把商品的成本价格看作和生产该商品时所消费的生产资料的价值相等，那就总可能有误差。对我们现在的研究来说，这一点没有进一步考察的必要。”[1]179-185

现在，以马克思论述为依据来破解锁定锁。在第一部分中，我们谈到，转型论争者对马克思论述的理解是：马克思意识到他关于商品出售价格定价计算，存在“作为投入品的商品的价格与价值之间的偏离”，但马克思认为，“这一点没有进一步考察的必要”。由马克思论述可以确切地证明，转型论争者的上述理解是误解。下面分三个要点讨论。

第一，马克思明确说“这个论点好象和下述事实相矛盾”。显然，这里“下述事实”指的是：现实中，资本家购买不变资本（c_i）和可变资本（v_i）是按生产价格计量的；“相矛盾”表明，资本家购买不变资本（c_i）和可变资本（v_i）按生产价格计量，这种情况并不属于马克思“关于一般利润率形成的例解”亦即“两对总量相等”命题在逻辑上应有的计算（否则就不能说“相矛盾”）——其原因前面已有讨论，那就是：转型理论属于形式及其演化的理论，其计算属于物态解析计算，因而其中的 c_i 和 v_i 的计量标准只能是价值（而不能是生产价格）。由此可见，马克**思绝没有肯定 c_i 和 v_i 按生产价格计量是转型理论所必须有的计算，绝没有认为“两对总量相等”命题可以归结为商品出售价格定价计算**。西方学者（米克）所谓马克思“意识到”这一命题有关计算可归结为商品出售价格定价计算，那是他对马克思论述的严重误解。

第二，马克思论述中有计算，但其计算只是“加入某种商品的剩余价值多多少，加入另一种商品的剩余价值就少多少”，结论是“商品生产价格中包含的偏离价值的情况会互相抵销”——以下简称“马克思破解表面矛盾的计算”。应指出，马克思这一计算已经证明，即使 c 和 v 按生产价格计算，“两对总量相等”命题（从而转型理论）依然正确（对此的详细论证，我们将另文探讨）。由此可见，转型理论并不存在“技术上的问题”，亦即并不存在“在逻辑上是不严谨的”问题。

说到这里，有一个问题需要说明。前面说到，资本家购买不变资本（c_i）和可变资本（v_i）是按生产价格计量，这种情况并不属于马克思“关于一般利润率形成的例解”亦即“两对总量相等”命题在逻辑上应有的计算。既然如此，那么，马克思还什么还要有破解表面矛盾的计算？这里的原因仅在于：资本家购买不变资本（c_i）和可变资本（v_i）是按生产价格计量，这种情况就是“在生产当事人自己的通常意识中所表现出来的形式”，而转型理论所要研究的“商品的生产价格作为价值的一个转化形式”是“同资本在社会表面上……一步一步地接近了”的“资本的各种形式”之一，因此，对这种表面矛盾必须加以解决。但是，很明显，为解决表面矛盾所需要的计算≠转型理论在逻辑上应有的计算。因此，尽管马克思进行了破解表面矛盾的计算，但仍然不能得出马克思意识到转型理论就是商品出售价格定价计算这种结论。

第三，马克思论述的最后一段。因为这一段较长，下面分四个层次来分析。首先，马克思说，“我们原先假定，一个商品的成本价格，等于该商品生产时所消费的各种商品的价值”。这里所说的“原先假定”，指的应是马克思“关于一般利润率形成的例解”中的假定。其次，马克思说，“当然，以上所说，对商品成本价格的定义是一种修改”。这说的是：马克思破解表面矛盾计算中成本价格的计量标准，对他的“一般利润率形成的例解”中的假定是一种修改。再次，马克思接着说，“必须记住成本价格这个修改了的意义，因此，必须记住，如果在一个特殊生产部门把商品的成本价格看作和生产该商品时所消费的生产资料的价值相等，那就总可能有误差”。联系前后文来解读，这句话的意思应是：如果按“成本价格这个修改了的意义”进行“一般利润率形成的例解”计算［亦即如果“两对总量相等”命题中的生产价格个量按式（7）计算］，“那就总可能有误差”。提请注意，“误差”不仅是“差”，还有“误”，也就是说，如果这样计算，那么，就会发生错误。最后，马克思说，“对我们现在的研究来说，这一点没有进一步考察的必要”。因为这句话是紧接着前一句说的，因此，其意义是：这种“总可能有误差”（会发生错误）的计算，“对我们现在的研究来说”（对转型理论研究来说），“没有进一步考察的必要”（因为它不是“我们现在的研究”在逻辑上所应有的计算）。这里丝毫找不到转型论争者所理解的“马克思意识到他关于商品出售价格定价计算，存在‘作为投入品的商品的价格与价值之间的偏离’，但马克思认为，‘这一点没有进一步考察的必要’”的踪迹。

说到这里，有必要谈到“赞同和同情马克思观点的学者”为破解转型论争问题而给出的计算模型。这包括西方学者的“古典解法”“新李嘉图主义”“新解主义”等各种解释转型问题的解法，[3]也包括国内学者的模型，例如，白暴力的“生产价格精确量的计算”，[11]3-25丁堡骏的“扩大的马克思价值转化模型”，[12]余斌的“二次价值转型”。[13]147-161因为篇幅所限，这里对上述模型不能逐一分析，仅指出其如下共性：上述模型，尽管其细节有所不同，但原则上都属于马克思所说的“那就总可能有误差”（错误）的计算，亦即马克思认为“没有进一步考察的必要”（转型理论在逻辑上所不应有）的计算。诚然，如果学者们清楚地说明，他们的计算不属于转型理论在逻辑上应有的计算，而是“总可能有误差”的计算，他们计算的目的只是知道“误差”的情况，那么，这无可厚非，但是，这些学者并没有上述说明。应指出，认为上述模型是转型理论在逻辑上应有的计算式，等价于认可存在转型论争问题，而转型论争问题的根据是逻辑链和锁定锁，因而，认可转型论争问题存在等价于认可逻辑链和锁定锁，然而，如前文所证明的，如果逻辑链和锁定锁成立，那么，转型理论（以至马克思经济学）将“万劫不复”。可见，部分学者们的行为不仅错误，而且将导致严重的后果，因而是“赞同和同情马克思观点的学者”所不认同的。

现在对本部分进行小结。如前所述，锁定锁源于转型论争者对马克思论述的理解，本部分已证明转型论争者对马克思论述的理解是严重误解，因此，锁定锁就被破解了。

现在，将第二部分和第三部分的讨论综合起来，给出本文的结论。如前所述，转型论争问题的根据有且仅有两个，即逻辑链和锁定锁。通过上述两部分讨论，我们已破解了逻辑链和锁定锁，因此，结论是：转型论争问题的确是虚假的。

参考文献

[1] 马克思．资本论（第3卷）[M]．北京：人民出版社，1975.

[2] 胡代光，魏埙，宋承先，等．评当代西方学者对马克思《资本论》的研究[M]．北京：中国经济出版社，1990.

[3] 马艳，严金强．转形问题的理论分析及动态价值转形模型的探讨[J]．马克思主义研究，2010（9）：22－30，159.

[4] 丁堡骏．马克思价值转形理论新探[J]．当代经济研究，1994（6）：18－26.

[5] 严金强，马艳．价值转形理论研究[M]．上海：上海财经大学出版社，2011.

[6] 马克思．资本论（第1卷）[M]．北京：人民出版社，1975.

[7] 王群善，曹秀吉．工程物理——现代工程技术物理基础[M]．沈阳：辽宁科学技术出版社，1993.

[8] 许国志．系统科学[M]．上海：上海科技教育出版社，2000.

[9] 汤文辉，张若棋．物态方程理论及计算概论[M]．长沙：国防科技大学出版社，1999.

[10] 福州市教师进修学院．新编高中数理化复习参考书：物理（上册）[M]．天津：天津科学技术出版社，1990.

[11] 白暴力．政治经济学若干重大争论问题研究[M]．西安：西北大学出版社，2000.

[12] 丁堡骏．转形问题研究[J]．中国社会科学，1999（5）：21－34，204－205.

[13] 余斌．《资本论》正义：怎样理解资本主义[M]．南宁：广西人民出版社，2014.

超额剩余价值之谜①

——以部门内为论域和运用公理法所做的破解

［摘　要］在现象层面，超额剩余价值的性质是超额利润而不是价值。存在价值从落后企业到先进企业的转移，渠道是商品购买支付行为，机制是同种商品价格的相同性，性质是先进企业对落后企业部分价值的无偿占有，因此，在本质层面，先进企业超额剩余价值的性质是价值、剩余价值。生产者追逐超额剩余价值，会引发商品基础价格塌缩和相对剩余价值新生，因而是相对剩余价值生产的机制。

［关键词］超额剩余价值；现象本质二重性；超额利润；价值；剩余价值；塌缩新生；价值转移渠道和机制；相对剩余价值生产机制

据资料，本课题研究始于20世纪60年代，其间几经高潮，至今仍在继续。[1]为方便，我们将此前的研究统称为“以往研究”。据介绍，以往研究论争的焦点是超额剩余价值来源，共有三种论点：一曰“自创论”，② 认为超额剩余价值源于本企业自创；二曰“转移论”，认为先进（生产率较高）企业的超额剩余价值源于落后（生产率较低）企业转移；三曰“二重来源说”，其以劳动生产率影响因素分析为基础，从而认为先进企业的超额剩余价值既可能源于本企业自创，也可能源于落后企业转移。[2]

超额剩余价值可分类，以部门内为论域只是最简单、最基础的一类。本文研究这一类，其他类将另文探讨。以往研究没有关于对象分类的讨论，并且大多没有论域的说明，这不妥。笔者注意到，卫兴华说，“同一部门内部不存在企业间价值转移的机制，价值转移只存在于部门之间”。[3]可见，他意识到所谈论对象的论域，仅此而已，我们没有看到他有关于分类的研究。

以往研究论争的焦点表明，以往研究的学者将课题所要探明的问题界定为超额剩余价值来源，这不准确。当然，即使如此，以往研究也没有取得实质性成果，这从三种论点相互矛盾并且至今尚无定论可以证明。究其原因，以往研究没有审题或审题不准，从而题意不明、元概念选择不当和定义不准，致使研究成果充斥歧义。鉴于此，本文课题研究，从审题开始，并且运用公理法进行。公理系统可区分为两种，一曰形式公理系统，二曰实质公理系统，其区别在于描写对象，前者全部使用人工语言，后者允许使用自然语言。根据本课题特点，我们采用后者。

马克思原则上已破解了超额剩余价值之谜（包括全部分类），只不过其成果不

---

① 此文首载于《管理学刊》2016年第1期。

② 对此，朱殊洋表为“创造论”，卫兴华表为“自创论”。显然，后者更准确，因此采用后者。

是独立表述（更没有分类表述），而是（以综合形式）内含于以资本主义生产方式演化为主线的理论体系中，因而后人不易理解而已。可见，所谓超额剩余价值之谜，在今天只是对马克思理论成果的理解之谜。本文实际也是对马克思理论成果的解读。为简洁明晰，本文课题研究的论点，大致分为如下三层：第一层，论点表述；第二层，论点的说明或证明；第三层，原理注记（马克思有关论述或思想）。

以往研究的学者为数众多，限于篇幅，本文不能一一提到。卫兴华于 20 世纪 60 年代初提出并论证了“自创论”，[4]今天仍持这一论点。[5]崔战利于 20 世纪 80 年代初参与课题研究，并将成果汇集出版了专著，[4]尽管其实际论点是“转化论”，而不是“转移论”（详见下文），但他对“转移论”的对立论点进行了较深入的反驳。孟捷不仅有论文阐述“二重来源说”，[6]而且与其他学者共同出版了相关专著，[7]其对论点的理论基础进行了深入讨论。可见，这三位分别是三种论点的代表，因此，本文将其列为与之商榷的学者。三位学者的研究其实际论域不限于部门内，但本文论域有限定，我们对其评价也以此为限。

一、审题——对象的性质和特征、基础量概念内涵，研究方法、检验判据和元概念选择原则

（一）对象性质、研究方法和检验判据

1. 对象性质

有如下结论：

超额剩余价值具有现象本质二重性。

原理注记。马克思说，“只有了解了资本的内在本性，才能对竞争进行科学的分析，正象只有认识了天体的实际的、但又直接感觉不到的运动的人，才能了解天体的表面运动一样”。[8]352提请注意，这段话出自《资本论》第一卷首次给出超额剩余价值概念的第十章，因此，应理解为马克思以天体运动为例类比地给出对象的性质。马克思还说，“如果事物的表现形式和事物的本质会直接合而为一，一切科学就都成为多余的了”。[9]923诚然，这句话并非专对本课题而发，但其表述的科学研究一般原理对本课题适用。

2. 研究方法

方法 1：严格区分现象和本质。

方法 2：如实完整反映现象。

方法 3：从现象背后揭示本质。

说明：超额剩余价值具有现象本质二重性，因此，必须严格区分现象和本质。现象是可感觉的“表面运动”，本质是“直接感觉不到的运动”，因此，所谓课题研究就是（不能不是）如实完整反映现象。本质“直接感觉不到”表明，不可能从现象直接获得本质，只能从现象背后揭示本质。

原理注记。上述方法实际就是辩证法的基本原理，马克思明确说《资本论》（从而超额剩余价值课题）的研究方法就是辩证法。[8]23

3. 检验判据

检验判据可表达如下：如实完整反映现象，其必要条件是，严格区分现象和本质；其充分条件是，从现象背后揭示本质。

说明：研究方法的关键是方法2，因此，必须也只能给出这一判据。判据是形式的，不用诉诸实质理论，仅凭判据本身就能断定，其可行性不言而喻。

总说明：明确对象性质是审题环节的重要内容，研究方法和检验判据是其逻辑推论。提请注意，这里没有给出超额剩余价值现象和本质的具体内容。其原因：一是不能如此，因为这是需要证明的东西，不能将其预设为研究的出发点；二是不必如此，因为只要遵从研究方法，其具体内容就能逻辑地揭示出来。

（二）对象特征、基础量概念内涵和元概念选择原则

1. 对象特征

前面讨论的对象性质与这里要讨论的对象特征有区别，前者需要通过理论研究揭示，后者仅凭观察就能获得，因此，我们对二者分开讨论。

明确对象特征，目的是为构造公理系统做准备。公理系统构造从必不可少的元概念出发。其中的原理在于：元概念内涵实际就是公理系统所反映对象的特征；一般地，人们对对象的观察角度有很多个，因而可能获取的元概念（对象特征）也有很多个；但是，公理系统构造崇尚简单性，以准确反映对象为目的，其元概念选择的总原则是必不可少——少则不能，多则不仅无益而且有害（会干扰对对象的准确认识）。

以“必不可少”为总原则，本文对象有且仅有如下三个特征。

特征1：超额剩余价值内含于商品个体。

说明：诚然，超额剩余价值可以是某企业的总量，但是，其总量必等于该企业商品个体超额剩余价值的加和。可见，超额剩余价值内含于商品个体，这是观察所获得的基本认识之一。这表明对象的基本载体可归结为商品个体，对象的计量以此为基础。显然，基本载体和计量基础是重要的，可见，这是对象必不可少的特征之一。

特征2：超额剩余价值是由两个基础量生成的差额量。

说明：以往研究有定义，超额剩余价值 = 社会价值 - 个别价值。这里有三个量，其中，社会价值和个别价值是生成超额剩余价值的基础量，而超额剩余价值则是由两个基础量生成的差额量。可见，对象的“要害”是差额量。于是，所谓观察到超额剩余价值，其实质观察到的是一个差额量。这就是说，特征2刻画了对象被观察到的标志，或者说，定义了对象被观察到的概念。显然，是否被观察到是重要的，可见，这是对象另一个必不可少的特征。

特征3：超额剩余价值≠0。

说明：“≠0”，其意义是不恒等于0或不一定等于0。特征3是对象可观察和课题成立的条件。试想，如果超额剩余价值≡0（恒等于0），那么，它不可观察，从而人们不可能提出这一课题。可见，这是对象第三个必不可少的特征。

不过，实践表明，超额剩余价值的取值范围是：

$$\text{超额剩余价值}\begin{cases} >0 \\ =0 \\ <0 \end{cases}$$

比较易知，两式内涵相近，但后者比前者更全面。试问：既然如此，特征 3 为什么不用后者而要用前者？回答："≠0"突出了">0"和"<0"，只是忽略（并不否定）"=0"，这里隐含一个简化原则：超额剩余价值 =0 不重要，在构造公理系统时可忽略，从而使公理系统更简洁。

总体说明，基本载体和计量基础、被观察到的标志与可观察条件，已包含了准确反映对象全部必要的信息。诚然，对象还有其他信息，例如，超额剩余价值可以是某企业的总量，其取值包含"=0"的表式，但是，如上所分析，其可由三个特征推论得出。可见，其他信息对把握对象并不是必不可少的，必须用奥卡姆剃刀剔除。

原理注记。马克思说，"如果采用新方法的资本家按 1 先令这个社会价值出售自己的商品，那末他的商品的售价就超出它的个别价值 3 便士，这样，他就实现了 3 便士的超额剩余价值"。[8]353 这表明对象具有特征 1 和特征 2。马克思说，"如果满足通常的需求的，是按平均价值，也就是按两端之间的大量商品的中等价值来供给的商品，那末，个别价值低于市场价值的商品，就会实现一个额外剩余价值或超额利润，而个别价值高于市场价值的商品，却不能实现它们所包含的剩余价值的一部分"。[9]199 这表明对象具有特征 3。

2. 基础量概念内涵

特征 2 表明，社会价值和个别价值是生成超额剩余价值的基础量。试问：这两个基础量概念的内涵是什么？

命题 1：个别价值，指商品个体的生产耗费。

命题 2：社会价值，指商品的基础价格，由市场竞争形成，在理论上，它是该种商品所有个体的生产耗费加和平均计算的结果。

命题 3：社会价值，也指商品按基础价格销售所获取的销售收入。

说明：商品生产耗费，用公式表达即 $w=c+v+m$；基础价格，指"价格围绕着运动的重心"，或"市场价格波动的中心"。[9]199 我们的根据是：第一，生产者是个人或企业，个别价值是生产者生产商品所发生的耗费。第二，并不存在被称为"社会"的生产者，因此并不存在被生产出来的"社会价值"。第三，从形成过程知，商品基础价格的性质是"社会"的，因此，所谓社会价值只能或者是商品基础价格或者是商品按基础价格销售所获取的销售收入。

原理注记。马克思说，"商品的现实价值不是它的个别价值，而是它的社会价值，就是说，它的现实价值不是用生产者在个别场合生产它所实际花费的劳动时间来计量，而是用生产它所必需的社会劳动时间来计量"[8]353 "必须始终把市场价值……与不同生产者所生产的个别商品的个别价值区别开来。……市场价值……应看作是一个部门所生产的商品的平均价值"[9]199 "社会价值，即上述市场价值"。[9]201 这里很明白："个别价值"就是"生产者在个别场合生产它所实际花费的劳动时间"；社会价值即市场价值"应看作是一个部门所生产的商品的平均价值"，它也是商品按

"它的社会价值"出售所获取的"现实价值"。可见，上述命题完全符合马克思的思想。

3. 元概念选择原则

由前面的讨论，公理系统元概念的选择需要确立如下原则。

原则1：对象载体，选择商品，而不是企业。

说明：特征1及其讨论表明，超额剩余价值可以是某企业的总量，就此而言，载体是可选择的，或者选取商品，或者选取企业；但是，对象的基本载体是商品，对象的计量以此为基础。可见，选取商品具有其他选择所不具有的优越性。

原则2：基础量概念名称，第一个选择"销售收入"，而不是"社会价值"；第二个选择"生产耗费"，而不是"个别价值"。

说明：命题1表明，名词"个别价值"和"生产耗费"的内涵等价；命题3表明，名词"社会价值"和"销售收入"的内涵等价。就此而言，概念名称无论选取内涵相互等价的哪一个都可以。但是，如果追问基础量是否源于生产，那么，使用名词"社会价值"和"个别价值"来指称两个基础量会产生矛盾。如前所述，并不存在被称为"社会"的生产者，因此并不存在被生产出来的"社会价值"——这是一种认识；但是，有学者认为，任一商品都是生产出来的，且任一商品既有社会价值也有个别价值，因此，两个基础量都是生产出来的（详见下文）——这是另一种认识。显然，两种认识是矛盾的。然而，使用"销售收入"和"生产耗费"为名称，已经清楚地显示出二者不同的来源，因而可无矛盾地表达它们的内涵。综上所述，原则2成立。

原则3：对象取值域，选择">0"和"<0"，而不仅是">0"，也不必是">0""$=0$"和"<0"全域。

说明：原则3的根据是特征3。

二、解题——公理系统构造，研究结论及其检验

一般地，公理系统由元概念、公理和定理组成。其中，元概念和公理是定理的依据，定理是元概念和公理的推论；元概念和公理的区别，前者是词义解释，后者是事实认定。元概念和公理无须证明，必要时可给出说明；定理则要证明，证明该定理与元概念或公理之间的必然性。本公理系统也如此。

（一）元概念

定义1　商品A，指一种商品。

说明：这表明公理系统的论域是商品A这个部门内。

定义2　商品A_{I}，指商品A一个类，它是商品$A_{\mathrm{I}1}$，商品$A_{\mathrm{I}2}$，…，商品$A_{\mathrm{I}n}$的集合。

定义3　商品$A_{\mathrm{I}i}$，指商品A_{I}中的任一个商品。

定义4　商品A_{II}，指商品A另一个类，它是商品$A_{\mathrm{II}1}$，商品$A_{\mathrm{II}2}$，…，商品$A_{\mathrm{II}n}$的集合。

定义5　商品$A_{\mathrm{II}i}$，指商品A_{II}中的任一个商品。

定义6 生产耗费，指商品生产实际消耗的抽象劳动。

定义7 销售收入，指商品按其价格销售所获得的价值或价值等价物。

定义8 如果存在商品超额剩余价值 >0 和商品超额剩余价值 <0，那么，设商品 $A_{Ⅰi}$的超额剩余价值 >0，商品 $A_{Ⅱi}$的超额剩余价值 <0。

定义9 超额利润，指商品销售收入扣除生产耗费之后的余额。

定义10 价值，既具有价值实体规定性，又具有价值源泉规定性。前者，指价值是商品的社会必要劳动量；后者，指价值最终是商品的生产耗费。

原理注记。马克思说，“只是社会必要劳动量……决定该使用价值的价值量”；[8]52 又说，“一个物可以是使用价值而不是价值。在这个物并不是由于劳动而对人有用的情况下就是这样。例如，空气、处女地、天然草地、野生林等等”。[8]54

定义11 价值转移，指价值所有权变更。

定义12 价值无偿占有，指价值所有权变更通过非等价交换实现。

定义13 剩余价值，指商品中体现无酬劳动的价值部分。

原理注记。马克思说，“剩余价值，即商品产品中体现无酬劳动或剩余劳动的价值部分”。[9]964

定义14 相对剩余价值生产，指在劳动时间不变条件下，通过缩短必要劳动时间相应延长剩余劳动时间的生产过程。

原理注记。马克思说，“我把通过缩短必要劳动时间、相应地改变工作日的两个组成部分的量的比例而生产的剩余价值，叫做相对剩余价值”。[8]350

定义15 塌缩新生，指塌缩与新生相伴的过程。塌缩，指商品基础价格突发性的由大到小的变化；新生，指商品内含的相对剩余价值获得新的增长。

定义16 现象，当且仅当，由观察获得。

定义17 本质，不可观察获得，只能理论把握。

特别说明：超额剩余价值是课题对象，不属于元概念（因而没有列入）。应指出，名词“超额剩余价值”，在出发点只是一个不含意义的符号，其意义由公理系统逐步赋予，读者对其的理解也应如此，否则会陷入矛盾。特别强调，马克思使用“超额剩余价值”作为概念名称是从本质视角立论的，这不表明其指称的实体只有本质一重性质，不能因为马克思从本质视角立论使用名称，就望文生义地认为对象实体的性质在任何条件下都是价值和剩余价值。

（二）公理

公理1：商品 $A_{Ⅰi}$的超额剩余价值 = 商品 $A_{Ⅰi}$的销售收入 - 商品 $A_{Ⅰi}$的生产耗费 >0；商品 $A_{Ⅱi}$的超额剩余价值 = 商品 $A_{Ⅱi}$的销售收入 - 商品 $A_{Ⅱi}$的生产耗费 <0。

说明：公理1主体部分与以往研究给出的定义等价但表述不同——关于此，前文已有讨论，其取值和分类设定源于特征3和定义8。

公理2：存在商品A的购买者，商品A的购买者 $\notin$ 商品A的生产者；购买者购买商品A支付价值。

说明：生产者不购买自己生产的同类商品；购买商品支付价值，这是市场交易规则。

公理3：商品A的基础价格＝商品A中等条件的生产耗费；其等价于商品A_{I1}，商品A_{I2}，…，商品A_{In}和商品A_{II1}，商品A_{II2}，…，商品A_{IIn}的生产耗费加和平均计算的结果。

说明：公理3的依据是前文给出的命题2。

公理4：假定价格为基础价格，商品A_{Ii}的价格≡商品A_{IIi}的价格。

说明：诚然，现实价格是波动的，由此，商品A_{Ii}的价格≠商品A_{IIi}的价格。但是，假定价格为基础价格，那么，必有：商品A_{Ii}的价格≡商品A_{IIi}的价格。

原理注记。马克思说，“不同生产部门的商品按照它们的价值来出售这个假定，当然只是意味着：它们的价值是它们的价格围绕着运动的重心，而且价格的不断涨落也是围绕这个重心来拉平的……市场价值，一方面，应看作是一个部门所生产的商品的平均价值，另一方面，又应看作是在这个部门的平均条件下生产的、构成该部门的产品很大数量的那种商品的个别价值……不过市场价格对同类商品来说是相同的”。[9]199又说，“社会价值，即上述市场价值”。[9]201

公理5：假定商品A的购买量≡商品A的生产量。

说明：学界有供给和需求均衡的假设。本公理与此相当。

公理6：商品A的生产者对超额剩余价值的追逐，会引发商品A的塌缩新生。

说明：塌缩新生现象是普遍存在的。例如，计算机从发明到现在，其性能不断提高，但价格不断下降（塌缩）；尽管价格不断下降，但生产者仍可获得剩余价值（相对剩余价值在不断新生）。

原理注记。马克思指出：机器“在最初偶而被采用时，会把机器所有主使用的劳动变为高效率的劳动，把机器产品的社会价值提高到它的个别价值以上，从而使资本家能够用日产品中较小的价值部分来补偿劳动力的日价值”。但是，“随着机器在同一生产部门内普遍应用，机器产品的社会价值就降低到它的个别价值的水平，于是下面这个规律就会发生作用：剩余价值不是来源于资本家用机器所代替的劳动力，恰恰相反，是来源于资本家雇来使用机器的劳动力”，因为“剩余价值只是来源于资本的可变部分……在工作日的长度已定时，剩余价值率取决于工作日分为必要劳动和剩余劳动的比例”。[8]445－446笔者此前的文章证明马克思的上述论述给出了塌缩新生论题，并且证明塌缩新生现象不限于机器产品，可推及运用自然资源以外的其他资源所生产的所有产品。[10]此外，公理3表明，马克思所说的“社会价值”亦即本文的“基础价格”。综上所述，由定义15判定，公理6得以印证。

（三）定理

定理1：生成商品A_{Ii}或商品A_{IIi}超额剩余价值的基础量有且仅有一个生产耗费。

证：由公理1知，生成商品A_{Ii}或商品A_{IIi}超额剩余价值的基础量有两个，一个是销售收入，另一个是生产耗费，由定义6和定义7来判定，销售收入∉生产耗费。证毕。

定理2：在现象层面，商品A_{Ii}的超额剩余价值不具有价值源泉规定性，商品A_{IIi}的超额剩余价值不具有价值实体规定性。

证：由定义16知，公理1给出的超额剩余价值属于现象。于是，由公理1并定义10，定理2得证。证毕。

定理3：在现象层面，商品$A_{Ⅰi}$或商品$A_{Ⅱi}$的超额剩余价值$\in$超额利润。

证：定理3的依据是公理1和定义9。证毕。

定理4：在现象层面，商品$A_{Ⅰi}$或商品$A_{Ⅱi}$的超额剩余价值$\notin$价值。

证：定理4的依据是定理2和定义10。证毕。

原理注记。《资本论》第一卷第十章给出的实例，说的是“采用改良的生产方式的资本家比同行业的其余资本家，可以在一个工作日中占有更大的部分作为剩余劳动”；[8]354而“采用改良的生产方式”，其结果只是降低“生产者在个别场合生产它所实际花费的劳动时间”。[8]353由定义9和定义10来判定，资本家由此获取的“剩余劳动”（超额剩余价值），其性质不是价值而是利润。诚然，《资本论》后续篇章证明这种“剩余劳动”最终源于商品的生产耗费，因而其在本质上是价值，但是，在这一章并没有给出这种证明。

定理5：商品$A_{Ⅰ}$的超额剩余价值总量绝对值$\equiv$商品$A_{Ⅱ}$的超额剩余价值总量绝对值。

证：由公理1、公理3和公理4有如下推论：如果将商品A中的所有商品按其超额剩余价值量的大小排列在数轴上，那么，属于商品$A_{Ⅱ}$的商品个体处于0点的左边（小于0方向），属于商品$A_{Ⅰ}$的商品个体处于0点的右边（大于0方向），并且0点两边超额剩余价值绝对值的加和恒等。证毕。

定理6：存在超额剩余价值（绝对值）从商品$A_{Ⅱi}$到商品$A_{Ⅰi}$的转移，其渠道是商品$A_{Ⅱi}$和商品$A_{Ⅰi}$的购买支付行为，机制是商品$A_{Ⅰi}$的价格$\equiv$商品$A_{Ⅱi}$的价格。

证：由公理2和公理4知，购买者购买商品$A_{Ⅰi}$和商品$A_{Ⅱi}$，支付的是价值，并且价格相同。这样，在现象背后就造成如下结果：第一，就商品$A_{Ⅰi}$而言，其超额剩余价值由原来不具有价值源泉规定性变成了具有价值源泉规定性；第二，就整个过程而言，相当于将商品$A_{Ⅱi}$具有价值源泉规定性但不具有价值实体规定性的超额剩余价值（绝对值）转移到商品$A_{Ⅰi}$。证毕。

原理注记。马克思没有直接讨论部门内的价值转移，但讨论了与级差地租相关的价值转移。[9]744-745容易看出，其一般原理是：第一，“商品交换”是价值转移的渠道；第二，“同种商品的市场价格的相同性”是价值转移的机制。本文前言说过，马克思关于超额剩余价值的成果不是独立表述（更没有分类表述），而是（以综合形式）内含于以资本主义生产方式演化为主线的理论体系中。因此，上述原理对本课题适用。

定理7：在本质层面，商品$A_{Ⅰi}$的超额剩余价值$\in$价值。

证：由定义17知，定理6揭示的超额剩余价值（绝对值）转移过程不属于现象，而属于现象背后的本质。此外，公理5和定理5保证了在本质层面商品$A_{Ⅰi}$的超额剩余价值的任何一个原子都具有价值源泉规定性。于是，由定义10来判定，定理7得证。证毕。

定理8：超额剩余价值（绝对值）从商品$A_{Ⅱi}$到商品$A_{Ⅰi}$的转移，其性质不是等价交换，而是商品$A_{Ⅰi}$的生产者对商品$A_{Ⅱi}$部分生产耗费的无偿占有。

证：由定理6及其证明知，尽管存在超额剩余价值（绝对值）从商品$A_{Ⅱi}$到商品$A_{Ⅰi}$的转移，但并不存在商品$A_{Ⅱi}$与商品$A_{Ⅰi}$之间的交换；超额剩余价值（绝对值）从商品$A_{Ⅱi}$转移到商品$A_{Ⅰi}$，是通过商品A的购买者（由公理2知，商品A的购买者$\notin$商品A的生产者）的传递实现的。由此并定义12，定理8得证。证毕。

定理9：在本质层面，商品$A_{Ⅰi}$的超额剩余价值$\in$剩余价值。

证：定理9的依据是定理8和定义13。证毕。

定理10：生产者对商品A超额剩余价值的追逐，是商品A相对剩余价值生产的机制。

证：定理10的依据是公理6和定义14。证毕。

（四）研究结论及其检验

由公理系统，有何结论？结论可靠吗？

1. 超额剩余价值二重性的具体内容

由审题，我们知道对象具有现象本质二重性，但是，并不知道其具体内容。由公理系统构造，其具体内容就“暴露”出来了：定理3和定理4表明，在现象层面，超额剩余价值$\in$超额利润，超额剩余价值$\notin$价值；定理7和定理9表明，在本质层面，商品$A_{Ⅰi}$的超额剩余价值$\in$价值，商品$A_{Ⅰi}$的超额剩余价值$\in$剩余价值。这就是对象二重性的具体内容。

2. 超额剩余价值过程的性质

超额剩余价值与超额剩余价值过程不同，前者是对象的静态，后者是对象的动态。前面说到，超额剩余价值具有现象本质二重性——这是对象静态的性质。由定理10知，生产者对商品A超额剩余价值的追逐，是商品A相对剩余价值生产的机制——这是对象动态的性质。

现在回到本文前言。在那里，我们说过，以往研究将课题所要探明的问题界定为超额剩余价值来源不准确，但是，并没有说明其不准确的表现。现在可以说明了。应指出，以往研究的界定并非一无是处。由定义10知，如果“超额剩余价值具有价值实体规定性”这一点为已知，那么，“超额剩余价值是否属于价值”的问题，就可简化为“超额剩余价值的来源”的问题。就此而言，以往研究的界定有其合理性。但是，以往研究大多没有上述说明，这不妥。此外，更为重要的是，由前文的讨论知，课题所要探明的问题，不仅是对象的性质，还包括其过程的性质，显然，后者不是“超额剩余价值来源”所能概括的。这就是以往研究界定不准确的表现。

原理注记。《资本论》提出超额剩余价值问题始于第一卷第十章，这一章名为“相对剩余价值的概念”，它是第四篇“相对剩余价值的生产”的开篇章。由此可见，在马克思的理论结构中，超额剩余价值课题属于相对剩余价值生产理论，所要探明的问题，最终必须归结为相对剩余价值生产的机制。

3. 研究过程和成果检验

前文讨论了课题结论，现在再说研究过程和成果检验。第一部分通过审题给出了三个方法，并且给出了如实完整反映现象的判据。对照易知，本部分的解题是严格遵从三个方法进行的。此外，由上文的讨论知，我们获得的成果，不仅严格区分了现象和本质、从现象背后揭示出本质，而且探明了相对剩余价值生产的机制。由判据来判定，结论是：本部分的研究如实完整反映了现象。综上所述，课题研究过程是严谨的，结论是可靠的。

三、以往研究评价——与卫兴华、崔战利、孟捷教授商榷

（一）本文结论的通俗表述与以往研究论点的评价

所谓通俗表述，指用以往研究的语言表述。由前文讨论知，元概念选择，本文与以往研究不同，最主要的区别是：对象载体，本文选择商品，并区分为商品 $A_{\mathrm{I}i}$ 和商品 $A_{\mathrm{II}i}$；以往研究选择企业，并区分为先进企业和落后企业。现设：

$$商品\ A_{\mathrm{I}i} \in 先进企业；商品\ A_{\mathrm{II}i} \in 落后企业$$

于是，本文结论可通俗表述如下：第一，在现象层面，无论先进企业还是落后企业，其超额剩余价值的性质都是超额利润（正超额利润或负超额利润），不是价值；第二，存在价值从落后企业到先进企业的转移，渠道是商品购买支付行为，机制是同种商品价格的相同性，性质是先进企业对落后企业部分价值（其量 = 落后企业超额剩余价值的绝对值）无偿占有，因此，在本质层面，先进企业超额剩余价值的性质不但是价值而且是剩余价值；第三，生产者追逐超额剩余价值，会引发商品基础价格塌缩和相对剩余价值新生，因而是相对剩余价值生产的机制。

由此，对以往研究的论点有如下评价。

1. “自创论”不正确

“自创论”认为超额剩余价值源于本企业自创。卫兴华说，“价值寓于使用价值之中，如果从产量来看，优劣不同土地上的产品量高低不同，优等地上的高产量显然没有一斤是从劣等地上转移过来的”。[3] 言下之意：商品（产量）是企业生产的，商品既有社会价值也有个别价值，因此，超额剩余价值是本企业自创的。诚然，卫兴华的说法并非一无是处。公理 1 表明，超额剩余价值 = 销售收入 - 生产耗费，且很明显，销售收入和生产耗费是本企业生产的商品所具有的，就此而言，说超额剩余价值由本企业自创，并非不合理，但是，卫兴华忽略了一个基本事实：超额剩余价值具有现象本质二重性，而他所要证明的超额剩余价值来源，指的不是现象层面，而是本质层面。由定理 3 和定理 4 知，可以由本企业自创的，只是属于现象层面的超额利润，而不是属于本质层面的价值和剩余价值。因此，“自创论”不正确。

2. “转移论”不完整

“转移论”认为先进企业的超额剩余价值源于落后企业转移。这是正确的。但是，据查，所有“转移论”者，无一例外地，均没有给出价值转移的渠道和机制，没有回应卫兴华对“转移论”所提出的“价值转移的机制”的质疑。[3] 可见，“转移论”不完整。

笔者注意到，崔战利“在说明超额剩余价值源泉时的用语是‘超额劳动转化为超额剩余价值’”，[1]25 且他所说的“转化”指的是“社会必要劳动时间决定社会价值的过程”，[1]52-53 亦即本文公理 3 所表述的商品基础价格形成过程，诚然，崔战利

由此规避了“价值转移的机制”难题，但是，这样一来，他也远离了“为劳动价值论辩护”的初衷。前文的分析表明，超额剩余价值来源问题实际就是其是否具有价值源泉规定性的问题，这是证明在现象层面的超额利润在本质上是价值、剩余价值所不可回避的问题。应强调，对超额剩余价值而言，商品基础价格形成过程所显示的只是其价值实体规定性，而不是价值源泉规定性，企图以此来证明超额剩余价值具有价值源泉规定性，从而“为劳动价值论辩护”，那是没有说服力的。可见，崔战利的做法不可取。

3. “二重来源说”既不正确也不完整

“二重来源说”认为先进企业的超额剩余价值，既可能源于本企业自创，也可能源于落后企业转移。但是，前文已证先进企业的超额剩余价值源于本企业自创的论点不正确；此外，“二重来源说”也没有给出价值转移的渠道和机制。因此，这一论点既不正确也不完整。

（二）马克思的“自乘说”考察与以往研究理论依据的评价

文献梳理表明，马克思的“自乘说”在以往研究中占有重要地位，因此，需要对马克思的“自乘说”进行考察，以此为基础，然后再对以往研究的理论依据进行评价。

应指出，马克思的“自乘说”有两个层次。一个层次是指处于生产过程中的活劳动之间的换算。例如，马克思说，“比较复杂的劳动只是自乘的或不如说多倍的简单劳动，因此，少量的复杂劳动等于多量的简单劳动”；[8]58资本家“迫使工人在同样的时间内增加劳动消耗，提高劳动力的紧张程度，更紧密地填满劳动时间的空隙……现在，计量劳动时间的，除了它的‘外延量’以外，还有它的密度”。[8]449显然，这里说的是：在生产过程中，少量的复杂劳动或劳动密度时间可“自乘”为多量的简单劳动或劳动自然时间。另一个层次是指凝结在商品中属于物化劳动的生产耗费（个别价值）与销售收入（社会价值）之间的换算。在《资本论》第一卷第十章，马克思首先举例分析，“我们的资本家现在是生产 24 件商品，每件卖 10 便士，或者说，一共卖 20 先令……一个十二小时工作日的产品价值是 20 先令。其中 12 先令属于只是再现的生产资料的价值。因此，剩下的 8 先令是体现一个工作日的价值的货币表现。这个货币表现比同类社会平均劳动的货币表现要多，因为 12 小时的同类社会平均劳动只表现为 6 先令”。紧接着，马克思说，“生产力特别高的劳动起了自乘的劳动的作用，或者说，在同样的时间内，它所创造的价值比同种社会平均劳动要多”。[8]354显然，这里说的是：凝结在商品中的 18 先令（12 先令 + 6 先令）生产耗费（物化劳动）可以“自乘”为 20 先令销售收入。

现在，再对以往研究的理论依据进行评价。

1. 卫兴华主张“自创论”的理论依据不成立

卫兴华说，“马克思在说明超额剩余价值的来源时明确提出：‘生产力特别高的劳动，起了自乘的劳动的作用，或者说，在同样的时间内，它所创造的价值比同种社会平均劳动要多’”；[5]“马克思明确地讲，超额剩余价值来源于先进企业增加了的剩余劳动”。[3]这就是卫兴华主张“自创论”的依据。如前所述，“自创论”所要证明的是超额剩余价值的源泉规定性，这就必须证明凝结在商品中的生产耗费可“自乘”为与之不相等的另一个生产耗费。然而，很明显，卫兴华所引用的马克思论述属于第二个层次的“自乘说”，其内涵是商品中的生产耗费可“自乘”为与之不相等的销售收入，而不是与之不相等的另一个生产耗费。因此，卫兴华主张“自创论”的理论依据不成立。

2. 孟捷主张“二重来源说”的理论依据不成立

孟捷认为，“先进企业在劳动的紧张程度上更甚、劳动的复杂程度上更高和科研劳动量上更多”，因此，先进企业的超额剩余价值（至少有一部分）源自本企业自创。[7]25 由此可知，孟捷主张“二重来源说”的依据是马克思第一个层次的“自乘说”。① 诚然，如前所述，这个层次的“自乘说”指处于生产过程中的活劳动之间的换算，且处于生产过程中的活劳动属于生产耗费，就此而言，孟捷引用的“自乘说”能证明一个生产耗费可“自乘”为与之不相等的另一个生产耗费。但是，孟捷忽略了如下事实：超额剩余价值内含于商品个体，商品中的劳动量属于凝结状态的物化劳动量；超额剩余价值是由两个基础量生成的差额量。显然，处于生产过程中的活劳动，无论能否“自乘”换算，无论以何种比例“自乘”换算，都不能改变其作为生产结果的、凝结在商品中的物化劳动量，尤其不能使凝结在商品中的一个物化劳动量变成两个不相等的物化劳动量，从而生成超额剩余价值这个差额量。可见，孟捷引用的“自乘说”对他所要证明的问题是不适用的，因而以其作为理论依据不成立。

3. 崔战利对“自乘说”的理解是误解

诚然，“自乘说”不是崔战利论点的依据，但他在反驳对立论点时也谈到“自乘说”。可以证明，崔战利对“自乘说”的理解是误解。他认为，马克思“承认先进生产者的个别劳动可以在同一时间创造出更多的社会价值”“马克思对超额剩余价值源泉的这一说明并不清晰”，并说“因为马克思在解释超额剩余价值源泉时所作的解释模糊，致使中国的学者在解析‘价值决定悖论’时发生了争论，并使‘自乘说’占据了主导地位”。[1] 由前文的讨论容易看出，所谓马克思“承认先进生产者的个别劳动可以在同一时间创造出更多的社会价值”，指的是马克思第二个层次的“自乘说”；所谓“致使中国的学者在解析‘价值决定悖论’时发生了争论，并使‘自乘说’占据了主导地位”，意即马克思第二个层次的“自乘说”是“自创论”或“二重来源说”的理论依据。然而，如前所述，马克思这个层次的“自乘说”说的是商品中的生产耗费可“自乘”为与之不相等的销售收入，这里没有错误，也并不证明超额剩余价值的源泉规定性，怎么能说“马克思对超额剩余价值源泉的这一说明并不清晰”?! 怎么能说这是“自创论”或“二重来源说”的理论依据?! 可见，崔战利产生了误解，即误以为马克思“自乘说”说的是商品中的生产耗费可“自乘”为与之不相等的另一个生产耗费，误以为马克思“自乘说”是超额剩余价

---

① 从孟捷的著述知，其实际引用的“自乘说”包括第二个层次，只不过他将其误解为第一个层次而已。顺便说，没有将马克思“自乘说”区分为两个层次，从而将第二个层次误解为第一个层次，这是以往研究的通病。

值的源泉规定性的证明。

（三）有关审题的再讨论与以往研究方法的评价

本文前言说过，以往研究没有审题或审题不准，从而题意不明、元概念选择不当和定义不准，致使研究成果充斥歧义。但是，在那里没有详细分析。下面进行分析。

1. 没有审题或审题不准

以往研究大多没有审题，这是事实，这没有什么好说的。笔者注意到，崔战利起先把超额剩余价值问题归结为“价值决定悖论”，[4]23 后来又以“马克思的‘价值决定悖论’解析”为题发表论文。[1] 这可以视为崔战利所作的审题。对此，需要分析。

应强调，马克思关于价值决定的理论是逻辑严谨的，并不存在“价值决定悖论”。那么，所谓“马克思的‘价值决定悖论’”从何说起呢？从崔战利的论文知，他把马克思关于价值决定的理论归结为“‘价值决定’的规定性”和“‘价值源泉’的规定性”。[1] 应当指出，尽管崔战利的表述不准确（参见定义 10），但仍不失为一个创见（定义 10 受此启发），这里没有问题。崔战利紧接着说，“价值形成的这种‘双重规定性’并非在每一场合都能吻合”，于是“由社会必要劳动时间决定的商品价值量都会与生产者实际耗费的个别劳动量发生背离，‘价值决定悖论’也就出现了”。[1] 分析易知，崔战利后面这段话有问题。很明显，既然价值这一事物有“双重规定性”，因此，如果某一客体仅仅具有其中一个规定性，那么，这一客体就不是（不能称为）价值。这就是说，仅仅是“由社会必要劳动时间决定的”量或仅仅是“生产者实际耗费的个别劳动量”都不是价值，① 何来“由社会必要劳动时间决定的商品价值量都会与生产者实际耗费的个别劳动量发生背离，‘价值决定悖论’也就出现了”?! 当然，“价值形成的这种‘双重规定性’”的确会引发矛盾，但不是价值概念本身的逻辑矛盾（不是“价值决定悖论”），而是与之相关的现象本质二重性（超额剩余价值二重性只是其中一种）之间的现实矛盾。然而，崔战利的分析发生了错误，他先验地把超额剩余价值问题归结为“价值决定悖论”，当然也就不可能深入一步获得正确的结论。可见，崔战利的审题不准。

2. 元概念选择不当

关于元概念的选择，本文第一部分已有说明，兹不赘述。下面仅举对象载体选择一例来分析。显然，如果选择商品，那么，容易看出，生成超额剩余价值的两个基础量是销售收入和生产耗费，且生产耗费属于凝结在商品中的物化劳动，从而也能看出，马克思的“自乘说”并不证明超额剩余价值的源泉规定性，从而也就知道“自创论”和“二重来源说”不正确。但是，学者们选择的是企业，这容易使人陷入超额剩余价值脱离商品而存在的幻觉，这样，前文所分析的种种

① 诚然，在马克思著作中，这种情况也往往被称为“价值”。但是，如前所述，马克思从本质视角立论使用概念名称，并不表明对象只有本质一重性质。再次强调，对马克思著作用名词“价值”指称的对象的具体性质，必须根据所描述的事实来把握，不能凭概念名称望文生义地读取。

误解就应运而生。

3. 元概念定义不准

在以往研究中，元概念定义不准的实例不在少数，关于此，本部分前面已有涉及，兹不重复。这里再举一例。如前所述，卫兴华对“转移论”提出了“价值转移的机制”的质疑。这是卫兴华的深刻之处。但是，他并没有弄清“价值转移”的内涵，或许他将其理解为“商品交换”了。本文第二部分证明，部门内生产者之间不存在商品交换，但存在价值转移，并且其性质不是等价交换而是无偿占有。

参考文献

[1] 崔战利．马克思的“价值决定悖论”解析——论劳动价值论与物质技术生产力统一的逻辑耦合点 [J]．教学与研究，2008 (12)：31－38.

[2] 朱殊洋．超额剩余价值是转移来的吗 [J]．当代经济研究，2011 (7)：30－35.

[3] 卫兴华．价值理论研究中的热点难点问题探讨（上）[J]．南京财经大学学报，2004 (1)：1－8.

[4] 崔战利．我为劳动价值论辩护 [M]．南京：东南大学出版社，2005.

[5] 胡若痴，卫兴华．从马克思的分析方法把握劳动价值论的拓展性和科学性——兼对某些相关争论问题的辨析 [J]．学术月刊，2014 (10)：75－82，156.

[6] 孟捷．技术创新与超额利润的来源——基于劳动价值论的各种解释 [J]．中国社会科学，2005 (5)：4－15，204.

[7] 程恩富，马艳，孟捷．劳动生产率与价值量关系新探 [M]．上海：上海财经大学出版社，2012.

[8] 马克思．资本论（第1卷）[M]．北京：人民出版社，1975.

[9] 马克思．资本论（第3卷）[M]．北京：人民出版社，1975.

[10] 曾永寿．资源租值理论探索——由马克思经济学著作引出 [J]．管理学刊，2015，28 (2)：22－31.

超额剩余价值之谜①

——以全产业为论域及由此对转型理论补充研究

[摘　要] 文章以全产业为论域，探讨超额剩余价值的静态分布规律和动态演化过程，并且由此对马克思转型理论进行补充研究，从而进一步证明其正确性和对转型过程解释的唯一性。

[关键词] 全产业；超额剩余价值；静态分布规律；动态演化过程；转型理论；补充研究

关于超额剩余价值之谜，笔者此前已有文章探讨，论域是部门内。[1]本文论域是全产业。所谓全产业，指实物产品生产部门的集合，不包括商业、金融业等社会服务业；以全产业为论域的超额剩余价值也不涉及地租、税收和垄断利润。虽然全产业由部门组成，但是以全产业为论域的超额剩余价值不等于以部门内为论域的超额剩余价值的加和，这方面的研究至今是学术界的空白。

转型理论，指马克思关于"商品价值转化为生产价格"[2]173的研究成果。西方学者对转型理论提出了质疑，这些质疑被概括为狭义转型问题和广义转型问题[3]137——下称转型论争问题。笔者此前证明，转型论争问题是虚假的，转型理论在总体上是正确的。[4]但是，这里仍有问题需要讨论：第一，李仁君和史哉书教授对转型理论另有（与转型论争问题不同的）误解，这需要澄清。第二，一方面，转型理论中的"两对总量相等"命题存在证明不足的问题，尽管这并不影响转型理论的正确性，也不表明转型理论存在源于西方学者由误解而提出的转型论争问题，但是，这毕竟是一个缺陷，有必要进行补充证明；另一方面，通过本文的研究，我们对转型理论有新认识，由此可进一步证明转型过程的实在性和马克思转型理论的必要性，并且对西方经济学提出挑战。这就是转型理论补充研究的内容。

考察可知，转型理论所称生产价格，其构成要素不包含商业利润、利息、地租、税收和垄断利润，可见，转型理论的论域与本文论域一致。据查，马克思并没有明确论及本论域的超额剩余价值，但是，他的论述却隐含着关于这一问题的几乎所有结论。本文的论点原则上从马克思论述引出，因此，所谓对转型理论的补充研究，并非外在的补充研究，而是把马克思论述所隐含的内容揭示出来。

一般地，超额剩余价值课题有一个价值转移渠道和机制问题，本文也不例外。下文表明，本论域的超额剩余价值可区分为商品超额剩余价值和部门超额剩余价值，因而价值转移必须分为部门内转移和部门间转移两个层面。显然，部门间商品

---

① 此文首载于《管理学刊》2017 年第 2、3 期。

存在交易，其价值转移可通过商品交易进行，因而并不存在疑难。诚然，部门内商品不存在交易，因而存在价值转移渠道和机制疑难，但是，笔者此前已破解了这一疑难[1]，本文对这一问题不再讨论。

一、对象概念，基本假设，本文课题内涵、结构及说明

（一）对象概念

1. 马克思的初始论述——商品超额剩余价值的一般定义和以部门内为论域的具体定义

在《资本论》第一卷第十章，马克思说，“假定在一定的劳动生产力的条件下，在这 12 个劳动小时内制造 12 件商品……每件商品花费 1 先令，即 6 便士是生产资料的价值，6 便士是加工时新加进的价值。现在假定有一个资本家使劳动生产力提高一倍，在一个十二小时工作日中不是生产 12 件这种商品，而是生产 24 件。在生产资料的价值不变的情况下，每件商品的价值就会降低到 9 便士，即 6 便士是生产资料的价值，3 便士是最后的劳动新加进的价值……因此，如果采用新方法的资本家按 1 先令这个社会价值出售自己的商品，那末他的商品的售价就超出它的个别价值 3 便士，这样，他就实现了 3 便士的超额剩余价值”。[5]352-353

可以看出，引文中有三个量：一是“1 先令这个社会价值”，它是“商品的售价”——实际是“价格围绕着运动的重心”或“市场价格波动的中心”[2]199（下称商品基础价格）；二是“9 便士”“个别价值”，它是“采用新方法的资本家”的商品生产耗费；三是“3 便士的超额剩余价值”，它是“1 先令这个社会价值”减去“9 便士”“个别价值”的差额。由此，有：

$$\text{商品超额剩余价值} = \text{商品基础价格} - \text{商品生产耗费} \quad (1)$$

$$\text{商品超额剩余价值} = \text{商品社会价值} - \text{商品个别价值} \quad (2)$$

此前笔者的文章证明，商品个别价值与商品生产耗费这两个概念是等价的；[1]然而，下文表明，商品基础价格与商品社会价值这两个概念并不等同，前者是基础价格一般，后者是基础价格具体；此外，马克思谈论的是“这种商品”即一个部门。由此，有结论：式（1）是商品超额剩余价值的一般定义，式（2）是以部门内为论域的商品超额剩余价值的具体定义。

2. 马克思关于商品生产价格的论述——以全产业为论域的商品超额剩余价值的具体定义

在《资本论》第三卷，马克思说，“我们在第一卷和第二卷只是研究了商品的价值。现在，一方面，成本价格作为这个价值的一部分而分离出来了，另一方面，商品的生产价格作为价值的一个转化形式而发展起来了”[2]183“竞争首先在一个部门内实现的，是使商品的各种不同的个别价值形成一个相同的市场价值和市场价格。但只有不同部门的资本的竞争，才能形成那种使不同部门之间的利润率平均化的生产价格”[2]201（下称马克思“两个层次竞争”论述），“生产价格……又是一个中心，日常的市场价格就是围绕着这个中心来变动，并且在一定时期内围绕这个中心来拉平的”。[2]200

将马克思的论述与前文的讨论对比可知，以部门内为论域，商品价格“围绕着运动的重心”是社会价值，即“一个部门所生产的商品的平均价值”，[2]199 然而，当论域从部门内扩展到全产业时，商品价格“围绕着运动的重心”则演化为“使不同部门之间的利润率平均化的生产价格”。由此并式（1），有：

商品超额剩余价值 = 商品生产价格 - 商品个别价值 （3）

式（3）是以全产业为论域的商品超额剩余价值的具体定义。

上述讨论表明，以全产业为论域和以部门内为论域，商品超额剩余价值的概念是不同的。于是，有结论：尽管全产业由部门组成，但是，以全产业为论域的商品超额剩余价值不等于以部门内为论域的商品超额剩余价值的加和。此外，尽管式（3）由马克思的论述引出，但是，遍查马克思的著作，没有发现其中有明确讨论由式（3）定义的商品超额剩余价值。这印证了本文前言的论点。

3. 深入讨论——商品超额剩余价值概念的实质内涵

严格地说，上面的讨论并不到位，因此，讨论还须深入。此前拙文证明，商品基础价格与商品按基础价格销售所获取的收入，二者在量上相等；商品超额剩余价值实际是商品销售收入与商品生产耗费的差额。[1] 马克思的初始论述也能印证这一点。由此，又有：

商品超额剩余价值 = 商品销售收入 - 商品生产耗费 （4）

式（4）表达的是商品超额剩余价值一般概念的实质内涵。于是，式（2）和式（3）的意义就必须归结为：特定论域的商品超额剩余价值等于商品按特定论域的基础价格销售所获取的销售收入与商品生产耗费之间的差额。这就是深入讨论所获得的结论。请记住这一点，否则可能在超额剩余价值源泉问题上陷入“幻觉”。

上文的讨论表明，超额剩余价值这一概念可分论域；此外，下文有时需要提及两个论域的同名概念。为简化，以下约定：本论域的相关概念可简称，例如，本论域的超额剩余价值可直呼为“超额剩余价值”；而以部门内为论域的相关概念则必须使用全称。

4. 对象的外延——超额剩余价值的层次、类型和演化周期

前面明确了概念的内涵，现在讨论它的外延。考察表明，对象概念的外延是丰富的，包括层次、类型和演化周期。首先，马克思“两个层次竞争”的论述表明，既存在部门内（商品间）竞争，也存在部门间竞争，由此，超额剩余价值可区分为商品超额剩余价值和部门超额剩余价值两个层次，前者是基础，后者是前者的派生物（总量或平均值）。其次，马克思“两个层次竞争”的论述还表明，商品超额剩余价值与商品价值平均化和利润率平均化相关，由此，商品超额剩余价值又可区分为常态和暂态，前者在商品价值平均化和利润率平均化之内生成，后者在商品价值平均化和利润率平均化之外生成——这表明，商品价值平均化和利润率平均化会发生周期性更替，商品暂态超额剩余价值产生并存在于周期性更替的间隙，并且是导致周期性更替的直接原因。需要说明的是，部门超额剩余价值只有一个类，它只能由商品常态超额剩余价值派生。再者，因为存在商品暂态超额剩余价值及其引发的商品价值平均化和利润率平均化周期性更替，因而商品常态超额剩余价值及部门超额剩余价值的量值也会周期性更替，从而本文对象可划分为不同的演化周期。

综上所述，对象分类是丰富复杂的。为简化，对这些类型，这里不给出文字定义，将随研究进程逐步给出形式刻画。

（二）基本假设——兼与马艳教授商榷

假设是科学研究的重要环节，经济学也不例外。[6]就本文而言，假设还具有如下特别意义：本文探讨的内容是马克思经济学的子课题，因此，必须将马克思经济学基础理论的要点以假设方式列出，作为本文研究的依据。

假设1：商品价值等于商品成本价格加剩余价值，用公式表达即 $w=c+v+m$。

假设2：商品社会价值等于部门所有商品的平均价值。

假设3：商品生产价格等于商品成本价格加平均利润。

假设4：商品价值量与体现在商品中的劳动量成正比，与这一劳动的生产力成反比。

假设5：社会总劳动量和社会总价值量在各部门按比例分配。

假设6：同类商品市场价格相同。

假设7：资本主义生产是剩余价值生产，追逐超额剩余价值是其重要手段。

假设8：剩余价值由活劳动创造，各企业各部门的剩余价值率（m/v）相同。

假设9：等量资本要求获取等量利润。

假设10：商品价值平均化更替和利润率平均化更替需要时间。

假设11：各部门各商品资本有机构成（c/v）存在明显差异。

假设12：不考虑垄断、生产过剩和生产不足。

假设13：劳动生产率由资本有机构成唯一决定。

假设14：采用改良的生产方式可提高劳动生产率。

假设15：某一个部门利润率下降对一般利润率量值的影响可忽略不计。

假设16：不存在联合生产并且不变资本转移全部价值。

上述假设分为三类。第一类即前10个假设，它们是马克思给出的基础概念和详加证明了的基本规律。具体说，假设1、2、3是基础概念，假设4、5、6是价值规律，假设7、8、9、10是剩余价值规律。第二类即假设11和12，它们与论域的限定相联系。本论域不是简单商品经济时期，也不是资本主义原始积累时期，它对应着“资本主义的发展达到一定的高度”，[2]198而假设11是其表征；此外，可以证明，如果考虑垄断、生产过剩和生产不足，那么，论域将突破全产业（关于此，将另文讨论），假设12正好在这方面表达了论域的限定。第三类即后4个假设，它们属于为简便而设立的。应强调，前两类的假设不可改变，因为如果改变第一类，那么我们的研究就脱离了马克思经济学，如果改变第二类，那么我们的研究就不是以全产业为论域了；第三类可改变，因为它仅与问题的复杂度相关，与问题的性质无关。

笔者注意到，马艳教授在叙述转型理论的假设时，将“剩余价值率相同”假设归结为“为了分析方便”而设立。[7]这既不符合马克思的思想，也是不正确的。诚然，马克思说过，“剩余价值率相等……是我们为了理论上的简便而假定的”，但是，他紧接着说“实际上，它也确实是资本主义生产方式的前提”。[2]195应强调，剩余价值率的水平与劳动力价值相联系，然而，要降低劳动力价值，必须降低生活资料的价格，这不是某一个企业或某一个部门可以单独做到的——关于此，马克思有详细说明。[5]350-351由此可见，“剩余价值率相同”假设属于马克思详加证明了的基本规律，不仅仅是“为了分析方便”而设立的。需要说明的是，剩余价值率相同≠剩余价值率不变，然而，其变化不需要假设，可由资本竞争内生决定（详见第三部分）。

此外，对假设5有如下说明。第一，它不是独立规律，而是商品（使用价值）配比规律的表现。马克思说，“商品按照它们的价值来交换或出售是理所当然的，是商品平衡的自然规律”。[2]209显然，“商品平衡的自然规律”亦即商品配比规律，只不过，“在一定的劳动生产率的基础上，每个特殊生产部门制造一定量的物品，都需要一定量的社会劳动时间”，[2]208并且，在商品经济条件下，这一定量的社会劳动时间表现为社会价值量，因此，商品配比规律就演化为社会总劳动量和总价值量在各部门按比例分配的规律。第二，这一假设有两个要点，即社会总劳动量在各部门按比例分配和社会总价值量在各部门按比例分配。应指出，在假设9表述的规律作用下，这两个比例并不总是相等的，它们的差额就是部门超额剩余价值。第三，商品（使用价值）配比是稳定的，而社会总劳动量和社会总价值量在各部门按比例分配的比率则随着劳动生产率的变化而变化。这是商品价值平均化和利润率平均化周期性更替从而商品常态超额剩余价值及部门超额剩余价值的量值周期性更替的深层原因。认识到上述各点是重要的，由此才能确切地理解对象的机制和规律。

（三）本文课题内涵、结构及说明

1. 本文课题内涵

本文主课题是破解（以全产业为论域的）超额剩余价值之谜，次课题是对转型理论补充研究。前者的内涵前文已讨论，兹不赘述；下文着重讨论后者的内涵。

（1）本文课题内含转型过程，因而是另一视角的转型理论研究

以⇒代表“转型为”，那么，由马克思“两个层次竞争”的论述，转型过程可表述为（或者说“商品价值转化为生产价格”的概念可展开为）：商品个别价值⇒商品社会价值⇒商品生产价格。然而，式（3）可等价变形为：商品超额剩余价值=商品生产价格-商品社会价值+商品社会价值-商品个别价值。不难看出，这里，“商品社会价值-商品个别价值”对应着“商品个别价值⇒商品社会价值”，而“商品生产价格-商品社会价值”对应着“商品社会价值⇒商品生产价格”。可见，本文课题内含转型过程，是另一视角（超额剩余价值视角）的转型理论研究。

（2）本文课题内含成本价格按生产价格计量与按价值计量之间差额的生成过程，由此可对“两对总量相等”命题进行补充证明

转型理论中有一个“两对总量相等”命题，其中涉及成本价格按生产价格计量与按价值计量的一致性问题。对此，尽管马克思提供了证明，但证明不充分。下文表明，成本价格按生产价格计量与按价值计量之间的差额就是部门超额剩余价值。然而，如前所述，部门超额剩余价值是本论域商品超额剩余价值的一个层次。可

见，本文课题内含成本价格按生产价格计量与按价值计量之间差额的生成过程，由此可对“两对总量相等”命题进行补充证明。

（3）本文课题内含转型过程实在性内容，由此可进一步证明马克思转型理论的必要性和对转型过程解释的唯一性，并且对西方经济学提出挑战

研究表明，马克思给出了大量的可重复观察的表征转型过程的现象，由此可证明转型理论的必要性和对转型过程解释的唯一性。此外，既然现实中存在表征转型过程的现象，那么，是否内涵并逻辑地解释这些现象是检验经济学是否科学的根据之一，由此可提出如下问题：西方经济学是否内涵并逻辑地解释与转型过程实在性相对应的可重复观察的现象？——由此可理解为我们对西方经济学提出的挑战。

2. 本文结构

综上所述，本文课题既有独立的内容，又与转型理论紧密相关。据此，本文分为如下四个部分：第一部分是预备研究；第二部分和第三部分探讨超额剩余价值规律（含澄清李仁君和史哉书对转型理论的误解）；第四部分讨论转型理论的补充证明，由此对西方经济学提出挑战。

应指出，第二部分和第三部分是本文的主体，因此，有必要对这两部分的内容做进一步说明。如前所述，对象可分为不同的演化周期，但是，窥一斑而知全豹，我们研究其中一个周期足矣。由此，对象可区分为静态和动态。所谓对象静态，指对象在被研究周期起点的状态，其内容是商品常态超额剩余价值和部门超额剩余价值的分布规律，我们安排在第二部分探讨。所谓对象动态，指对象从被研究周期起点进到终点的演化过程，其内容是商品暂态超额剩余价值的生成、扩展与由此引发的商品价值平均化和利润率平均化周期性更替以及商品常态超额剩余价值和部门超额剩余价值量值周期性更替，我们安排在第三部分研究。

3. 有关说明

首先，根据常态和暂态的性质，也为了简化，以下约定：商品常态超额剩余价值可直呼为“商品超额剩余价值”，商品暂态超额剩余价值则必须使用全称。

其次，本文给出的公式，后面的将由前面的导出，为了简化，以下约定：如果后面公式的附式与前面公式的附式或主式相同则从略。

二、对象静态分布规律与马克思关于决定市场价值三种模式论述的考察

（一）对象静态形式刻画

1. 基础量的形式刻画

基础量，指对象即超额剩余价值得以生成的更基本的量。式（3）写为：商品超额剩余价值 = 商品生产价格 - 商品个别价值。研究表明，对商品超额剩余价值进行有效的形式刻画，需要运用商品社会价值的概念。由此可知，超额剩余价值是差额量，而商品生产价格、商品社会价值和商品个别价值则是生成超额剩余价值的基础量。

下面讨论基础量的形式刻画。方法是：以 $w = c + v + m$ 为出发点，由 $c + v$ 引出部门平均成本价格，由 m 引出商品利润率，进而再引出部门利润率和一般利润率，

由此刻画三个基础量，并将其与马克思给出的基础概念逐一对比，从而证明它们的等价性。

（1）出发点

前文说过，出发点是 $w=c+v+m$，考虑到研究的需要，公式须增设下标。设 w_{ki} 代表第 k 个部门第 i 个商品个别价值，c_{ki} 代表其中的不变资本价值，v_{ki} 代表其中的可变资本价值，m_{ki} 代表其中的剩余价值，有：

$$w_{ki} = c_{ki} + v_{ki} + m_{ki} \tag{5}$$

式中：

$$k = -n, \cdots, -2, -1, 0, 1, 2, \cdots, n$$
$$i = -q(k), \cdots, -2, -1, 0, 1, 2, \cdots, q(k)$$

式（5）是出发点公式。下文表明，超额剩余价值的量值存在大于零、等于零和小于零三种情况，附式如此设定是为了方便刻画这三种情况。附式中，$q(k)$ 是与部门产品产量相关的函数，各部门产品产量不可能齐一，不能简单地表达为确定值，只能表达为函数，其值随 k 的取值而确定。

（2）部门平均成本价格

设 $\overline{c_k}$ 和 $\overline{v_k}$ 分别代表第 k 个部门平均不变资本价值和平均可变资本价值，由式（5），有：

$$\overline{c_k} + \overline{v_k} = \frac{\sum_{i=-q(k)}^{q(k)} (c_{ki} + v_{ki})}{2q(k) + 1} \tag{6}$$

式（6）是部门平均成本价格定义式。式中，$2q(k)+1$ 是部门产品产量。

（3）商品利润率

设 r_{ki} 代表第 k 个部门第 i 个商品的利润率，由式（5），有：

$$r_{ki} = \frac{m_{ki}}{c_{ki} + v_{ki}} \tag{7}$$

式（7）是商品利润率定义式。

（4）部门利润率

设 $\overline{r_k}$ 代表第 k 个部门利润率，由式（5）和式（6），有：

$$\overline{r_k} = \frac{\sum_{i=-q(k)}^{q(k)} m_{ki}}{[2q(k)+1](\overline{c_k} + \overline{v_k})} \tag{8}$$

式（8）是部门利润率定义式。式中，$\sum_{i=-q(k)}^{q(k)} m_{ki}$ 是部门剩余价值总量，$[2q(k)+1](\overline{c_k} + \overline{v_k})$ 是部门成本价格总量。

（5）一般利润率

设 $\bar{r}$ 代表一般利润率，由式（5）和式（6），有：

$$\bar{r} = \frac{\sum_{k=-n,i=-q(k)}^{n,q(k)} m_{ki}}{\sum_{k=-n}^{n} [2q(k)+1](\overline{c_k} + \overline{v_k})} \tag{9}$$

式（9）是一般利润率定义式。式中，$\sum_{k=-n,i=-q(k)}^{n,q(k)} m_{ki}$ 是全产业剩余价值总量，$\sum_{k=-n}^{n}[2q(k)+1](\overline{c_k}+\overline{v_k})$ 是全产业成本价格总量。

（6）商品个别价值

由式（5）和式（7），有：

$$w_{ki} = c_{ki} + v_{ki} + r_{ki}(c_{ki} + v_{ki}) \tag{10}$$

式（10）是商品个别价值定义式。由式（7）知：

$$r_{ki}(c_{ki} + v_{ki}) = m_{ki}$$

可见，式（10）与式（5）相比，尽管形式不同，但内涵等价。

（7）商品社会价值

设 $\overline{w_k}$ 代表第 k 个部门商品的社会价值，由式（6）和式（8），有：

$$\overline{w_k} = \overline{c_k} + \overline{v_k} + \overline{r_k}(\overline{c_k} + \overline{v_k}) \tag{11}$$

式（11）是商品社会价值定义式。该式右边有两部分，前一部分是部门平均成本价格 $\overline{c_k}+\overline{v_k}$，它是商品个别成本价格 $c_{ki}+v_{ki}$ 的算术平均值；后一部分是部门平均利润 $\overline{r_k}(\overline{c_k}+\overline{v_k})$，它是商品个别利润 $r_{ki}(c_{ki}+v_{ki})$ 的算术平均值；两部分的加和等于“一个部门所生产的商品的平均价值”。可见，式（11）与马克思的商品社会价值概念相比，尽管形式不同，但内涵等价。

（8）商品生产价格

设 $\overline{p_k}$ 代表第 k 个部门商品的生产价格，由式（6）和式（9），有：

$$\overline{p_k} = \overline{c_k} + \overline{v_k} + \bar{r}(\overline{c_k} + \overline{v_k}) \tag{12}$$

式（12）是商品生产价格定义式。可以看出，该式就是马克思给出的商品生产价格概念的形式化。

对基础量的计算，有如下说明：第一，马克思的商品生产价格概念其成本价格是按价值计量的；不过，他指出，成本价格也可按生产价格计量。本文对成本价格原则上按价值计量，局部也要考虑按生产价格计量。为了简化且不导致混乱，设以下约定：对成本价格，如果按价值计量无须说明，如果按生产价格计量则必须说明。第二，马克思说，“因为剩余价值率和利润率通常都用百分比来表示，所以一般地说，假定 $c+v$ 之和也为100，也就是用百分比来表示 c 和 v，是比较方便的”，但是，“在我们考察同一个资本的变化时，百分比形式就很少应用，因为这个形式几乎总是把这些变化掩盖起来”。[2]64 可见，使用“百分比来表示 c 和 v”这种“比较方便”的方法是有界限的，其界限在于是否涉及“资本的变化”。据此并谨慎起见，我们约定：如果同一公式中成本价格上下标（含取值）一致，这表明其不涉及“资本的变化”，可以使用 $c_{ki}+v_{ki}=100$ 或 $\overline{c_k}+\overline{v_k}=100$ 的方法；如果同一公式中成本价格上下标（含取值）不一致，则不能使用 $c_{ki}+v_{ki}=100$ 或 $\overline{c_k}+\overline{v_k}=100$ 的方法。第三，成本价格采用 $c_{ki}+v_{ki}=100$ 或 $\overline{c_k}+\overline{v_k}=100$ 的方法计算，由此获得的商品个别价值、商品社会价值和商品生产价格只是按百分比计算的商品价值和商品基础价格。为此，我们约定：如果需要追溯现实的商品价值或商品基础价格，那么，c_{ki}、v_{ki} 和 $\overline{c_k}$、$\overline{v_k}$ 必须还原为现实数据。

2. 商品超额剩余价值的形式刻画

商品超额剩余价值由式（3）表达。研究表明，由该式可引出形式不同但内涵等价的两个公式，即常规公式和结构公式，下面分别给出两式并讨论其计算特性和应用方法。

（1）常规公式

设 e_{ki} 代表第 k 个部门第 i 个商品的超额剩余价值，由式（3）、式（10）和式（12），有：

$$\begin{aligned} e_{ki} &= \overline{p_k} - w_{ki} \\ &= \overline{c_k} + \overline{v_k} + \bar{r}(\overline{c_k} + \overline{v_k}) - c_{ki} - v_{ki} - r_{ki}(c_{ki} + v_{ki}) \end{aligned} \tag{13}$$

相比较而言，式（13）的特征是常规，因此称为常规公式。

（2）结构公式

式（3）可等价变形为：商品超额剩余价值 = 商品生产价格 - 商品社会价值 + 商品社会价值 - 商品个别价值。于是，令 $\overline{e_k}$ = 商品生产价格 - 商品社会价值，e_{ki}^* = 商品社会价值 - 商品个别价值，有：

$$e_{ki} = \overline{e_k} + e_{ki}^* \tag{14}$$

式（14）的特征在于 e_{ki} 是 $\overline{e_k}$ 和 e_{ki}^* 的结构，因此称为结构公式。

$\overline{e_k}$ 和 e_{ki}^* 可进一步量化。由式（12）和式（11），有：

$$\begin{aligned} \overline{e_k} &= \overline{p_k} - \overline{w_k} \\ &= \overline{c_k} + \overline{v_k} + \bar{r}(\overline{c_k} + \overline{v_k}) - [\overline{c_k} + \overline{v_k} + \overline{r_k}(\overline{c_k} + \overline{v_k})] \\ &= \bar{r}(\overline{c_k} + \overline{v_k}) - \overline{r_k}(\overline{c_k} + \overline{v_k}) \\ &= (\bar{r} - \overline{r_k})(\overline{c_k} + \overline{v_k}) \end{aligned} \tag{14.1}$$

由式（11）和式（10），有：

$$\begin{aligned} e_{ki}^* &= \overline{w_k} - w_{ki} \\ &= \overline{c_k} + \overline{v_k} + \overline{r_k}(\overline{c_k} + \overline{v_k}) - c_{ki} - v_{ki} - r_{ki}(c_{ki} + v_{ki}) \end{aligned} \tag{14.2}$$

现在讨论 $\overline{e_k}$ 和 e_{ki}^* 的意义和性质。前文证明，商品生产价格 $\overline{p_k}$ 和商品社会价值 $\overline{w_k}$ 是商品在不同论域的基础价格。由此可知，$\overline{e_k} = \overline{p_k} - \overline{w_k}$ 是同一种商品不同基础价格之间的差额，因而为同一部门商品所共有。也就是说，$\overline{e_k}$ 是第 k 个部门商品超额剩余价值的**公共部分**，在部门内各商品这部分量值**相等**。此外，很明显，商品个别价值 w_{ki} 的取值随商品个体（i 的取值）不同而不同，因而，由 $e_{ki}^* = \overline{w_k} - w_{ki}$ 计算出的具体值也各不相同。也就是说，e_{ki}^* 是第 k 个部门商品超额剩余价值的**个性化部分**，各商品这部分量值各**不相同**。

（3）两式计算特性和应用方法的讨论

为方便，先说式（14）。式（14）由式（14.1）和式（14.2）构成。先考察式（14.1）。$\bar{r}$ 和 $\overline{r_k}$ 是利润率，一般用百分数表达，因而 $\bar{r} - \overline{r_k}$ 是可计算的；式中（$\overline{c_k} + \overline{v_k}$）只有一个，如果下标 k 的取值一致，那么，这不涉及资本的变化，可适用 $\overline{c_k} + \overline{v_k} = 100$ 的简便方法。由此可知，式（14.1）是可计算的。再考察式（14.2）。诚然，式中的 $\overline{c_k} + \overline{v_k}$ 和 $c_{ki} + v_{ki}$ 上下标不一致，不能使用 $\overline{c_k} + \overline{v_k} = 100$ 和 $c_{ki} + v_{ki} = 100$ 的方法，就此而言，式（14.2）似乎不可计算，但是，式（14.2）中的式 e_{ki}^* =

$\overline{w_k} - w_{ki}$，其中 $\overline{w_k}$ 是 w_{ki} 的算术平均值，可利用平均数的数学性质计算。可见，式（14）是可计算的。

再说式（13）。显然，式中的 $\overline{c_k} + \overline{v_k}$ 和 $c_{ki} + v_{ki}$ 上下标不一致，不能使用 $\overline{c_k} + \overline{v_k} = 100$ 和 $c_{ki} + v_{ki} = 100$ 的方法。诚然，该式可用现实数据计算，但是，第一，$\overline{c_k}$、$\overline{v_k}$ 和 c_{ki}、v_{ki} 是属于本质层面的价值，而本质不可观察，只能理论把握，[1] 因而要收集到这种数据几乎是不可能的；第二，即使能收集到这种数据，这种数据必是个性（随下标 i 的取值不同而不同）的，因而以此为基础的计算必然繁复不堪，从而不易窥视对象静态分布规律。诚然，式（13）也有式 $e_{ki} = \overline{p_k} - w_{ki}$，但是，由前文的讨论知，$\overline{p_k}$ 不能简单地归结为 w_{ki} 的算术平均值，因而不能用平均数的数学性质计算。可见，式（13）不可计算。

综上所述，式（14）优于式（13），因此，式（14）是主公式；不过，其中式（14.2）可用的只是式 $e_{ki}^* = \overline{w_k} - w_{ki}$［以下式（14.2）均指此式］。此外，式（13）也不可废弃，其中的式 $e_{ki} = \overline{p_k} - w_{ki}$［以下式（13）均指此式］可作为辅助公式。

3. 部门超额剩余价值的形式刻画

先给出式（14.2）的计算，分两步进行。第一步。首先，将 $i = -q(k), \cdots, -2, -1, 0, 1, 2, \cdots, q(k)$ 分别代入 w_{ki}，得到 $w_{k[-q(k)]}, \cdots, w_{k(-2)}, w_{k(-1)}, w_{k0}, w_{k1}, w_{k2}, \cdots, w_{kq(k)}$。其次，由假设 4、11、13 知，这些量之间必然存在明显差异。再次，由式（11）知，$\overline{w_k}$ 是 w_{ki} 的算术平均值，因而，由平均数的数学性质[8]73，可设 $\overline{w_k} = w_{k0}$，$\overline{w_k} > w_{kq(k)} > \cdots > w_{k2} > w_{k1}$ 和 $\overline{w_k} < w_{k[-q(k)]} < \cdots < w_{k(-2)} < w_{k(-1)}$。将此分别代入式（14.2），可得：

$$\begin{cases} \text{当}\overline{w_k} = w_{k0}\text{，则 } e_{ki}^* = 0; \\ \text{当}\overline{w_k} > w_{kq(k)} > \cdots > w_{k2} > w_{k1}\text{，则 } e_{kq(k)}^* > \cdots > e_{k2}^* > e_{k1}^* > 0; \\ \text{当}\overline{w_k} < w_{k[-q(k)]} > \cdots > w_{k(-2)} > w_{k(-1)}\text{，则 } e_{k[-q(k)]}^* \\ < \cdots < e_{k(-2)}^* < e_{k(-1)}^* < 0 \end{cases} \tag{15}$$

由式（15），有：

$$e_{k[-q(k)]}^* < \cdots < e_{k(-2)}^* < e_{k(-1)}^* < e_{ki}^* = 0 < e_{k1}^* < e_{k2}^* < \cdots < e_{kq(k)}^* \tag{16}$$

由式（16），又有：

$$\begin{cases} e_{ki}^* \neq 0 & ① \\ \sum_{i=-q(k)}^{q(k)} e_{ki}^* = 0 & ② \end{cases} \tag{17}$$

式（16）和式（17）是 e_{ki}^* 的取值在部门内的分布规律。式中，≠代表不恒等于或不一定等于。于是，式（17）的意义是：个量 e_{ki}^* 不一定等于零，但其部门总量 $\sum_{i=-q(k)}^{q(k)} e_{ki}^*$ 等于零。

现在给出部门超额剩余价值的形式刻画。设 E_k 代表第 k 个部门的超额剩余价值。由式（14），有：

$$E_k = \sum_{i=-q(k)}^{q(k)} e_{ki} = \sum_{i=-q(k)}^{q(k)} \overline{e_k} + \sum_{i=-q(k)}^{q(k)} e_{ki}^*$$

$$= [2q(k)+1]\overline{e_k} + \sum_{i=-q(k)}^{q(k)} e_{ki}^*$$

然而，式（17）的②分式写为 $\sum_{i=-q(k)}^{q(k)} e_{ki}^* = 0$，于是：

$$E_k = [2q(k)+1]\overline{e_k} \qquad (18)$$

式（18）是部门超额剩余价值的形式刻画。

这里有一个有趣现象。前文证明，$\overline{e_k}$ 是第 k 个部门商品超额剩余价值的公共部分，然而，由式（18），又有：

$$\overline{e_k} = E_k / [2q(k)+1] \qquad (19)$$

式（19）是第 k 个部门商品平均超额剩余价值的形式刻画。比较可知，式（14.1）与式（19）是形式不同但内涵等价的表达式，从而有结论：量 $\overline{e_k}$ 既是部门商品超额剩余价值的公共部分，也是部门商品平均超额剩余价值。这就是说，“部门商品超额剩余价值的公共部分”和“部门商品平均超额剩余价值”这两个概念是等价的。据此，也为了统一，下面对这两个名词不做区分，将其视为等价可替换的概念。

（二）对象静态分布规律

因为公式的计算有诸多限制，我们不能给出对象静态完整的分布规律，但可以也只能给出其主要部分。

1. 部门商品平均超额剩余价值率的分布规律

设 $\overline{\Delta r_k}$ 代表第 k 个部门商品平均超额剩余价值率，由式（14.1），有：

$$\overline{\Delta r_k} = \bar{r} - \overline{r_k} \qquad (20)$$

式（20）是部门商品平均超额剩余价值率的形式刻画。研究表明，存在 $\overline{\Delta r_k}$ 的分布规律，并且这一规律有重要意义，因此需要讨论。

先分析量 $\overline{r_k}$。式（8）写为 $\overline{r_k} = \dfrac{\sum_{i=-q(k)}^{q(k)} m_{ki}}{[2q(k)+1](\overline{c_k}+\overline{v_k})}$。由假设 4、8、11、13 知，式中 m_{ki} 的取值必然存在明显差异，从而将 $k=-n$，…，-2，-1，0，1，2，…，n 分别代入式（8），所得到的 $\overline{r_{-n}}$，…，$\overline{r_{-2}}$，$\overline{r_{-1}}$，$\overline{r_0}$，$\overline{r_1}$，$\overline{r_2}$，…，$\overline{r_n}$ 也一定存在明显差异。

再计算式 $\bar{r} - \overline{r_k}$。对比式（9）和式（8）知，$\bar{r}$ 是 $\overline{r_k}$ 的算术平均值，因而，由平均数的数学性质，可设 $\bar{r} = \overline{r_0}$，$\bar{r} > \overline{r_n} > \cdots > \overline{r_2} > \overline{r_1}$ 和 $\bar{r} < \overline{r_{-n}} < \cdots < \overline{r_{-2}} < \overline{r_{-1}}$。将此分别代入式（20），有：

$$\begin{cases} \text{当 } \bar{r} = \overline{r_0}\text{，则 } \overline{\Delta r_0} = 0\text{；} \\ \text{当 } \bar{r} > \overline{r_n} > \cdots > \overline{r_2} > \overline{r1}\text{，则 } \overline{\Delta r_n} > \cdots > \overline{\Delta r_2} > \overline{\Delta r_1} > 0\text{；} \\ \text{当 } \bar{r} < \overline{r_{-n}} < \cdots < \overline{r_{-2}} < \overline{r_{-1}}\text{，则 } \overline{\Delta r_{-n}} < \cdots < \overline{\Delta r_{-2}} < \overline{\Delta r_{-1}} < 0\text{。} \end{cases} \qquad (21)$$

由式（21），有：

$$\overline{\Delta r_{-n}} < \cdots < \overline{\Delta r_{-2}} < \overline{\Delta r_{-1}} < \overline{\Delta r_0} = 0 < \overline{\Delta r_1} < \overline{\Delta r_2} < \cdots < \overline{\Delta r_n} \qquad (22)$$

式（22）是 $\overline{\Delta_{rk}}$ 的取值在全产业的分布规律。

2. 部门超额剩余价值的分布规律

先计算式（14.1）。因为 $\overline{c_k}+\overline{v_k}$ 是部门平均成本价格，因而必有 $\overline{c_k}+\overline{v_k}>0$，于是，将式（21）各项分别代入式（14.1），有：

$$\begin{cases}\text{当}\overline{\Delta r_0}=0,\ \text{则}\overline{e_0}=0;\\ \text{当}\overline{\Delta r_n}>\cdots>\overline{\Delta r_2}>\overline{\Delta r_1}>0,\ \text{则}\overline{e_n}>0,\ \cdots,\ \overline{e_2}>0,\ \overline{e_1}>0;\\ \text{当}\overline{\Delta r_{-n}}<\cdots<\overline{\Delta r_{-2}}<\overline{\Delta r_{-1}}<0,\ \text{则}\overline{e_{-n}}<0,\ \cdots,\ \overline{e_{-2}}<0,\ \overline{e_{-1}}<0。\end{cases}\tag{23}$$

提请注意，式（23）没有写为 $\overline{e_{-n}}<\cdots<\overline{e_{-2}}<\overline{e_{-1}}<\overline{e_0}=0<\overline{e_1}<\overline{e_2}<\cdots<\overline{e_n}$。试问，这是为什么？回答：给出 $\overline{e_{-n}}<\cdots<\overline{e_{-2}}<\overline{e_{-1}}<\overline{e_0}=0<\overline{e_1}<\overline{e_2}<\cdots<\overline{e_n}$ 需要比较各量的大小，这等价于对式 $\overline{e_k}=(\bar{r}-\overline{r_k})(\overline{c_k}+\overline{v_k})$ 中的下标 k 一一取值并进行比较计算，但是，按前文的约定，这不能适用 $\overline{c_k}+\overline{v_k}=100$ 的简便方法，从而这种计算实际是不可行的。然而，确定这些值 =0、>0、<0 的计算则不同，它仅基于（$\bar{r}-\overline{r_k}$）并考虑 $\overline{c_k}+\overline{v_k}>0$ 的性质即可，前面已证（$\bar{r}-\overline{r_k}$）是可计算的，$\overline{c_k}+\overline{v_k}>0$ 的性质是清楚明白的，因此，式（23）只能如此。

再计算式（18）。因为 $2q(k)+1$ 是产品产量，因而必有 $2q(k)+1>0$。于是，将式（23）各量分别代入式（18），有：

$$\begin{cases}\text{当}\overline{e_0}=0,\ \text{则}\ E_0=0;\\ \text{当}\overline{e_n}>0,\ \cdots,\ \overline{e_2}>0,\ \overline{e_1}>0,\ \text{则}\ E_n>0,\ \cdots,\ E_2>0,\ E_1>0;\\ \text{当}\overline{e_{-n}}<0,\ \cdots,\ \overline{e_{-2}}<0,\ \overline{e_{-1}}<0,\ \text{则}\ E_{-n}<0,\ \cdots,\ E_{-2}<0,\ E_{-1}<0。\end{cases}\tag{24}$$

最后，给出 E_k 的分布规律。显然，式（18）源于式（14.1），式（14.1）源于式（9）。式（9）写为 $\bar{r}=\dfrac{\sum\limits_{k=-n,i=-q(k)}^{n,q(k)} m_{ki}}{\sum\limits_{k=-n}^{n}[2q(k)+1](\overline{c_k}+\overline{v_k})}$，由此，用统计学术语，$\sum\limits_{k=-n,i=-q(k)}^{n,q(k)} m_{ki}$ 是标志总量，$\sum\limits_{k=-n}^{n}[2q(k)+1](\overline{c_k}+\overline{v_k})$ 是总体单位数，而 $\bar{r}$ 是用标志总量除以总体单位数所得出的算术平均数。于是，由式（9）、式（14.1）、式（18）并式（24），必有：

$$\begin{cases}E_k\neq 0 & ①\\ \sum\limits_{k=-n}^{n}E_k=0 & ②\end{cases}\tag{25}$$

式（25）是部门超额剩余价值 E_k 取值的分布规律，其意义是：部门个量 E_k 不一定等于零，但全产业的总量 $\sum\limits_{k=-n}^{n}E_k$ 等于零。

3. 特殊商品超额剩余价值分布规律

所谓特殊商品，指其超额剩余价值是特殊量值并且具有特殊性质的商品。因为计算方面的原因，我们不能给出商品超额剩余价值完整的分布规律，但可以给出特殊商品超额剩余价值的分布规律。

（1）存在且仅存在一个商品，其特征是：

$$\begin{cases}e_{00}=\overline{e_0}+e_{00}^{*}=0 & ①\\ w_{00}=\overline{p_0}=\overline{w_0} & ②\end{cases}\tag{26}$$

式（26）刻画的是一种特殊商品。其特殊量值是超额剩余价值等于零；其特殊性质是个别价值等于它的生产价格并且等于它的社会价值；其分布规律是这种商品在全产业有且仅有一个。

证：首先，由式（23）知，全产业有且仅有一个部门 $\overline{e_0}=0$；由式（16）知，任一部门总有 $e_{k0}^*=0$，因此，令 $k=0$，则 $e_{00}^*=0$。于是，将 $\overline{e_0}=0$ 和 $e_{00}^*=0$ 代入式（14），有：

$$e_{00}=\overline{e_0}+e_{00}^*=0$$

其次，式（13）写为 $e_{ki}=\overline{p_k}-w_{ki}$，因此，$e_{00}=0$ 可写为：

$$e_{00}=\overline{p_0}-w_{00}=0$$

亦即：

$$w_{00}=\overline{p_0}$$

再次，式（14.1）写为 $\overline{e_k}=\overline{p_k}-\overline{w_k}$，因此，$\overline{e_0}=0$ 可写为：

$$\overline{e_0}=\overline{p_0}-\overline{w_0}=0$$

亦即：

$$\overline{p_0}=\overline{w_0}$$

综上所述，有：

$$\begin{cases}e_{00}=\overline{e_0}+e_{00}^*=0 & ①\\ w_{00}=\overline{p_0}=\overline{w_0} & ②\end{cases}$$

即式（26）。证毕。

（2）存在若干个商品，其特征是：

$$\begin{cases}e_{\alpha\beta}=\overline{e_\alpha}+e_{\alpha\beta}^*=0 & ①\\ w_{\alpha\beta}=\overline{p_\alpha}>\overline{w_\alpha} & ②\end{cases} \tag{27}$$

式中：

$$\alpha=1,\ 2,\ \cdots,\ a;\ a\leqslant n$$
$$\beta=1,\ 2,\ \cdots,\ a;\ a<q\ (k)$$

式（27）刻画的是第二种特殊商品。其特殊量值是超额剩余价值等于零；其特殊性质是个别价值等于它的生产价格但大于它的社会价值；其分布规律是这种商品在全产业有若干个（a 个）。

证：首先，由式（23）知，全产业存在 $\overline{e_n}>0$，…，$\overline{e_2}>0$，$\overline{e_1}>0$；由式（16）知，任一部门总有 $e_{k[-q(k)]}^*<\cdots<e_{k(-2)}^*<e_{k(-1)}^*<0$；将上述各项分别代入式（14），而后从中选取两个绝对值相等的项（显然，这不只有一对，而是有 a 对），并用下标 α 和 β 标识它们，可以得到：

$$e_{\alpha\beta}=\overline{e_\alpha}+e_{\alpha\beta}^*$$

因为所选取的 $\overline{e_\alpha}$ 和 $e_{\alpha\beta}^*$ 其绝对值相等、方向相反（前者大于零，后者小于零），因此必有：

$$e_{\alpha\beta}=\overline{e_\alpha}+e_{\alpha\beta}^*=0$$

其次，式（13）写为 $e_{ki}=\overline{p_k}-w_{ki}$，因此，$e_{\alpha\beta}=0$ 可写为：

$$e_{\alpha\beta}=\overline{p_\alpha}-w_{\alpha\beta}=0$$

亦即：

$$w_{\alpha\beta} = \overline{p_{\alpha}}$$

再次，$\overline{e_{\alpha}}$ 选自 $\overline{e_{n}}>0$，…，$\overline{e_{2}}>0$，$\overline{e_{1}}>0$，因此必有 $\overline{e_{\alpha}}>0$。此外，式（14.1）写为 $\overline{e_{k}} = \overline{p_{k}} - \overline{w_{k}}$，因此，$\overline{e_{\alpha}}>0$ 可写为：

$$\overline{e_{\alpha}} = \overline{p_{\alpha}} - \overline{w_{\alpha}} > 0$$

亦即：

$$\overline{p_{\alpha}} > \overline{w_{\alpha}}$$

综上所述，有：

$$\begin{cases} e_{\alpha\beta} = \overline{e_{\alpha}} + e^{*}_{\alpha\beta} = 0 & \text{①} \\ w_{\alpha\beta} = \overline{p_{\alpha}} > \overline{w_{\alpha}} & \text{②} \end{cases}$$

即式（27）。证毕。

（3）存在若干个商品，其特征是：

$$\begin{cases} e_{\Phi\varphi} = \overline{e_{\Phi}} + e^{*}_{\Phi\varphi} = 0 & \text{①} \\ w_{\Phi\varphi} = \overline{p_{\Phi}} < \overline{w_{\Phi}} & \text{②} \end{cases} \tag{28}$$

式中：

$$\Phi = 1,\ 2,\ \cdots,\ b;\ b \leqslant n$$
$$\varphi = 1,\ 2,\ \cdots,\ b;\ b < q\ (k)$$

式（28）刻画的是第三种特殊商品。其特殊量值是超额剩余价值等于零；其特殊性质是个别价值等于它的生产价格但小于它的社会价值；其分布规律是这种商品在全产业有若干个（b 个）。

证：首先，由式（23）知，全产业存在 $\overline{e_{-n}}<0$，…，$\overline{e_{-2}}<0$，$\overline{e_{-1}}<0$；由式（16）知，任一部门总有 $e^{*}_{kq(k)} > \cdots > e^{*}_{k2} > e^{*}_{k1} > 0$。将上述各项分别代入式（14），而后从中选取两个绝对值相等的项（显然，这不只有一对，而是有 b 对），并用下标 Φ 和 φ 标识它们，就得到：

$$e_{\Phi\varphi} = \overline{e_{\Phi}} + e^{*}_{\Phi\varphi}$$

因为所选取的 $\overline{e_{\Phi}}$ 和 $e^{*}_{\Phi\varphi}$ 其绝对值相等、方向相反（前者小于零，后者大于零），因此必有：

$$e_{\Phi\varphi} = \overline{e_{\Phi}} + e^{*}_{\Phi\varphi} = 0$$

其次，式（13）写为 $e_{ki} = \overline{p_{k}} - w_{ki}$，因此，$e_{\Phi\varphi}=0$ 可写为：

$$e_{\Phi\varphi} = \overline{p_{\varphi}} - w_{\Phi\varphi} = 0$$

亦即：

$$w_{\Phi\varphi} = \overline{p_{\varphi}}$$

再次，$\overline{e_{\Phi}}$ 选自 $\overline{e_{-n}}<0$，…，$\overline{e_{-2}}<0$，$\overline{e_{-1}}<0$，因此必有 $\overline{e_{\Phi}}<0$。此外，式（14.1）写为 $\overline{e_{k}} = \overline{p_{k}} - \overline{w_{k}}$，因此，$\overline{e_{\varphi}}<0$ 可写为：

$$\overline{e_{\Phi}} = \overline{p_{\varphi}} - \overline{w_{\Phi}} < 0$$

亦即：

$$\overline{p_{\Phi}} < \overline{w_{\Phi}}$$

综上所述，有：

$$\begin{cases} e_{\Phi\varphi} = \overline{e_{\varphi}} + e^{*}_{\Phi\varphi} = 0 & ① \\ w_{\Phi\varphi} = \overline{p_{\Phi}} < \overline{w_{\Phi}} & ② \end{cases}$$

即式（28）。证毕。

（三）马克思关于决定市场价值三种模式论述的考察——与李仁君教授商榷

在《资本论》第三卷第十章，马克思给出了决定市场价值的三种模式，李仁君教授对此有误解。因为这与本部分内容相关，因而在此讨论。

马克思的论述有两段。他说，“市场价值，一方面，应看作是一个部门所生产的商品的平均价值，另一方面，又应看作是在这个部门的平均条件下生产的、构成该部门的产品很大数量的那种商品的个别价值。只有在特殊的组合下，那些在最坏条件下或在最好条件下生产的商品才会调节市场价值，而这种市场价值又成为市场价格波动的中心”[2]199 “如果需求非常强烈，以致当价格由最坏条件下生产的商品的价值来调节时也不降低，那末，这种在最坏条件下生产的商品就决定市场价值……最后，如果所生产的商品的量大于这种商品按中等的市场价值可以找到销路的量，那末，那种在最好条件下生产的商品就调节市场价值……生产价格是在每个部门中调节的，并且是按照特殊的情况调节的”。[2]200

对上述论述，李仁君给出如下评价：马克思前一段论述“不违背马克思在第一卷中提出的价值决定的加权平均原则……日本学者把这一定义称为‘市场价值的技术平均理论’”；马克思后一段论述，“又把市场价值的因素归之于需求……这种市场价值理论和‘技术平均理论’是矛盾的”。由此，李仁君认为这是“马克思转形理论中真正的问题”。[9]

那么，李仁君的评价正确吗？答案是否定的。这里，马克思所说的“市场价值”应理解为商品价格“围绕着运动的重心”，亦即本文所称“基础价格”。此外，如前所述，商品基础价格有两种即社会价值和生产价格；且，上文的引述表明，马克思明确说他所说的“市场价值”指生产价格。再者，马克思指出，商品社会价值是“一个部门所生产的商品的平均价值”，[2]199商品生产价格是“不同部门之间的利润率平均化”的结果。[2]201可见，商品生产价格的决定涉及其与商品社会价值之间的关系。由前文给出的特殊商品超额剩余价值分布规律知，二者的关系可概括为如下三种情况：其一，存在且仅存在一个部门，其生产价格等于它的社会价值（$\overline{p_0} = \overline{w_0}$）——这对应着马克思所说的第一种模式，即在该部门“市场价值……应看作是一个部门所生产的商品的平均价值”；其二，存在若干个部门，其生产价格大于它的社会价值（$\overline{p_\alpha} > \overline{w_\alpha}$）——这对应着马克思所说的第二种模式，即在这些部门“最坏条件下生产的商品就决定市场价值”；其三，存在若干个部门，其生产价格小于它的社会价值（$\overline{p_\Phi} < \overline{w_\Phi}$）——这对应着马克思所说的第三种模式，即在这些部门“最好条件下生产的商品就调节市场价值”。可见，马克思的论述是正确的，而李仁君的评价是错误的。

那么，李仁君何以作出错误评价？或许，他以为商品基础价格只是商品社会价值；或许，他知道商品基础价格有两种，但误以为马克思所谈论的“市场价值”指商品社会价值。因为商品社会价值是“一个部门所生产的商品的平均价值”，在这种情况下，如果认为市场价值（社会价值）既等于又偏离“一个部门所生产的商品的平均价值”，那么，这是逻辑矛盾。但是，商品市场价值即商品基础价格并非只有一种而是有两种，而且马克思明确说他所谈论的是商品生产价格；因为商品生产价格是“不同部门之间的利润率平均化”的结果，所以商品生产价格与商品社会价值之间的关系就必有二者相等、前者大于后者、前者小于后者三种情况，亦即存在决定市场价值的三种模式。这再一次证明，陷入错误的不是马克思，而是李仁君自己。

三、对象动态演化过程与马克思关于一般利润率形成机理论述的考察

（一）马克思的论述、论题及其论域分析和引申——关于本论域对象动态演化基础过程的认识

应指出，关于对象动态演化，马克思有论述和论题。诚然，马克思没有明确论及本论域的超额剩余价值，当然也没有明确论及本论域的对象动态演化过程，但是，由他的论述和论题，可以引出关于本论域对象动态演化基础过程的认识。

1. 马克思关于商品超额剩余价值的若干论述——商品暂态超额剩余价值的概念

马克思说：“市场价值……是一个部门所生产的商品的平均价值……如果满足通常的需求的，是按平均价值，也就是按两端之间的大量商品的中等价值来供给的商品，那末，个别价值低于市场价值的商品，就会实现一个额外剩余价值或超额利润，而个别价值高于市场价值的商品，却不能实现它们所包含的剩余价值的一部分。”[2]199马克思又说：“采用改良的生产方式的资本家比同行业的其余资本家，可以在一个工作日中占有更大的部分作为剩余劳动……当新的生产方式被普遍采用……这个超额剩余价值也就消失。”[5]354马克思还说：“一个采用经过改良的但尚未普遍推广的生产方法的资本家，可以低于市场价格，但高于他个人的生产价格出售产品；因此，他的利润率会提高，直到竞争使它平均化为止。”[2]257

分析可知，马克思前一段论述与后两段论述所谈论的商品超额剩余价值是有区别的。先说前一段。首先，这里所说的商品超额剩余价值，包括“个别价值低于市场价值”的差额和“个别价值高于市场价值”的差额两种情况，这是第一个特征。其次，“市场价值……是一个部门所生产的商品的平均价值”表明，这里的商品个别价值参与了商品价值平均化。这是第二个特征。再说后两段。首先，这里说的是“采用改良的生产方式的资本家比同行业的其余资本家”多获得的超额剩余价值，显然，这只能是个别价值低于市场价值的差额，不可能是个别价值高于市场价值的差额（否则该资本家不能多获得超额剩余价值），这是第一个特征。其次，只有“一个采用经过改良的但尚未普遍推广的生产方法的资本家”才能获取这种超额剩余价值，由此可知，这里的个别价值并没有参与商品价值平均化。这是第二个特征。再者，马克思说“当新的生产方式被普遍采用……这个超额剩余价值也就消失”，不过，这种“消失”并非无影无踪，而是“竞争使它平均化”。这是第三个特征。综上所述，结论是：马克思实际区分了两种商品超额剩余价值，一种生成于

商品价值平均化之内，是常态；另一种生成于商品价值平均化之外，是暂态。

2. 马克思的“塌缩新生”论题——商品价值平均化和与此相关的商品超额剩余价值量值周期性更替过程

马克思给出了“塌缩新生”论题。这里，“塌缩”指产品的社会价值量值突发性地由大到小的变化；“新生”指产品内含的相对剩余价值量值获得新的增长（剩余价值率获得提高）。可以证明，马克思给出的塌缩新生过程实际就是一种对象动态演化过程，即商品价值平均化和与此相关的商品超额剩余价值量值周期性更替过程。

马克思说：机器“在最初偶而被采用时，会把机器所有主使用的劳动变为高效率的劳动，把机器产品的社会价值提高到它的个别价值以上，从而使资本家能够用日产品中较小的价值部分来补偿劳动力的日价值”。但是，“随着机器在同一生产部门内普遍应用，机器产品的社会价值就降低到它的个别价值的水平，于是下面这个规律就会发生作用：剩余价值不是来源于资本家用机器所代替的劳动力，恰恰相反，是来源于资本家雇来使用机器的劳动力”，因为“剩余价值只是来源于资本的可变部分……在工作日的长度已定时，剩余价值率取决于工作日分为必要劳动和剩余劳动的比例”。[5]445-446笔者此前的文章证明，马克思的上述论述给出了“塌缩新生”论题，并且塌缩新生是反复出现的规律性现象。[10]

现在，再证明塌缩新生过程是一种对象动态演化过程，即商品价值平均化和与此相关的商品超额剩余价值量值周期性更替过程。首先，商品社会价值是商品价值平均化的产物，由此并“塌缩”和“新生”的概念知，塌缩新生过程就是在商品个别价值普遍下降从而劳动力价值下降和剩余价值率相应提高的条件下，商品价值新的平均化过程。而且，如前所述，塌缩新生是反复出现的规律性现象，因此，有结论：反复出现的塌缩新生过程，就是商品价值平均化周期性更替过程。其次，式（2）写为：商品超额剩余价值 = 商品社会价值 - 商品个别价值。由此可知，商品价值平均化（从而社会价值量值）周期性更替，必然导致商品超额剩余价值量值周期性更替，也就是说，塌缩新生过程也是商品超额剩余价值量值周期性更替过程。

3. 马克思论述、论题的论域分析和引申——关于本论域对象动态演化基础过程的认识

如前文所述，存在以部门内为论域和以全产业为论域，论域不同，对象概念也不同。由此推论，对象动态演化过程也如此。为此，需要对暂态超额剩余价值概念和“塌缩新生”论题进行论域分析，进而引出关于本论域对象动态演化基础过程的认识。

先说论域分析，有如下结论。第一，两个论域的商品暂态超额剩余价值相同。如第一节所述，两个论域商品超额剩余价值定义的区别仅在于商品基础价格不同。然而，商品暂态超额剩余价值的生成仅涉及商品个别价值的变化，与商品基础价格无关，因而商品暂态超额剩余价值在两个论域并无区别。第二，马克思的“塌缩新生”论题，只是以部门内为论域的论题，而不是以全产业为论域的论题。首先，马克思明确说“随着机器在同一生产部门内普遍应用，机器产品的社会价值就降低到它的个别价值的水平”——这里只是产品的社会价值，并不涉及产品的生产价格。

其次，可以证明，与产品社会价值塌缩相伴的相对剩余价值新生，这以部门内为论域是可能的，而以全产业为论域则不可能。因为以部门内为论域，部门即全产业，于是有：部门内产品社会价值塌缩 = 全产业产品价格塌缩，从而才有生活资料商品价格塌缩，才有劳动力价值塌缩，也才有相对剩余价值获得新生（剩余价值率提高），但是，以全产业为论域，部门≠全产业，在这种情况下，某一个部门产品社会价值塌缩不能降低劳动力价值，亦即不可能使剩余价值率提高。这就印证了上述结论。

现在，再引出关于本论域对象动态演化基础过程的认识。首先，商品暂态超额剩余价值在两个论域并无区别，可见，其生成过程也是本论域对象动态演化的一个基础过程。其次，尽管马克思的“塌缩新生”论题只是以部门内为论域的论题，而不是以全产业为论域的论题，但是，以此为指导，并结合马克思“两个层次竞争”论述，可以证明，塌缩新生过程也是本论域对象动态演化的基础过程，只不过它必须展开为与两个层次竞争相联系的两个分过程。

（二）对象动态演化过程

以下谈论的对象动态演化过程，以全产业为论域。由前文的研究成果，其可归结为如下三个分过程。

1. 商品暂态超额剩余价值的生成分过程

先给出分过程描述。以马克思论述为导引，由假设 4、6、7、10、14，有如下推论：在商品价值和利润率平均化更替的间隙，个别资本通过采用改良生产方式提高劳动生产率，从而使其商品个别价值下降，但是，因为同类商品市场价格相同，所以采用新方法所生产的商品仍可按原来的生产价格销售，于是，其商品个别价值下降额就转化为一个没有被平均化的超额利润即商品暂态超额剩余价值。

现在，对这一分过程进行形式刻画。为此，我们假设，在某一轮商品价值和利润率平均化更替的间隙，在全产业中，只有第 θ 个部门中的第 σ 个商品采用了改良生产方式，其他部门以及第 θ 个部门中的其他商品仍然沿用原生产方式。因为这涉及第 θ 个部门中的第 σ 个商品个别价值量值在采用改良生产方式前后的变化，所以形式刻画需要分为如下三步进行：

第一步，设 $w_{\theta\sigma}$ 代表第 θ 个部门中的第 σ 个商品在采用改良生产方式前的个别价值，$c_{\theta\sigma}$ 代表其中的不变资本价值，$v_{\theta\sigma}$ 代表其中的可变资本价值，$m_{\theta\sigma}$ 代表其中的剩余价值，由此并式（5），有：

$$w_{\theta\sigma} = c_{\theta\sigma} + v_{\theta\sigma} + m_{\theta\sigma} \tag{29}$$

式中：

$$\theta \in k,\ \sigma \in i$$

式（29）是商品在采用改良生产方式前的个别价值的定义式，它是式（5）的一个特例（商品特例）。

第二步，设 $w'_{\theta\sigma}$ 代表第 θ 个部门中的第 σ 个商品在采用改良生产方式后的个别价值，$c'_{\theta\sigma}$ 代表其中的不变资本价值，$v'_{\theta\sigma}$ 代表其中的可变资本价值，$m'_{\theta\sigma}$ 代表其中的剩余价值，参照式（29）的形式并与之比较，有：

$$w'_{\theta\sigma} = c'_{\theta\sigma} + v'_{\theta\sigma} + m'_{\theta\sigma} \tag{30}$$

式中：

$$w'_{\theta\sigma} < w_{\theta\sigma}$$

式（30）是商品在采用改良生产方式后的个别价值的定义式。

第三步，设 $\Delta e_{\theta\sigma}$ 代表第 θ 个部门中的第 σ 个商品通过采用改良生产方式所生成的暂态超额剩余价值，由式（29）和式（30），有：

$$\begin{aligned}\Delta e_{\theta\sigma} &= w_{\theta\sigma} - w'_{\theta\sigma} \\ &= c_{\theta\sigma} + v_{\theta\sigma} + m_{\theta\sigma} - (c'_{\theta\sigma} + v'_{\theta\sigma} + m'_{\theta\sigma}) \\ &= (c_{\theta\sigma} - c'_{\theta\sigma}) + (v_{\theta\sigma} - v'_{\theta\sigma}) + (m_{\theta\sigma} - m'_{\theta\sigma})\end{aligned} \tag{31}$$

式（31）表明，第 θ 个部门中的第 σ 个商品暂态超额剩余价值，由该商品在采用改良生产方式前后个别价值的差额生成。这是因为商品仍可按原来的生产价格销售，所以采用改良生产方式前后商品个别价值的差额就转化为一个没有被平均化的超额利润即暂态超额剩余价值。

为了对比，有必要给出第 θ 个部门中的第 σ 个商品在采用改良生产方式后完整的超额剩余价值量化公式。设 $e'_{\theta\sigma}$ 代表其完整的超额剩余价值量值，$\overline{p_\theta}$ 代表第 θ 个部门的生产价格（其表式后面将给出，由此易知，$\overline{p_\theta}$ 中不包含量 $\Delta e_{\theta\sigma}$ 的任何一个原子），由此并式（13）和式（31），有：

$$e'_{\theta\sigma} = e_{\theta\sigma} + \Delta e_{\theta\sigma} = \overline{p_\theta} - w_{\theta\sigma} + w_{\theta\sigma} - w'_{\theta\sigma} = \overline{p_\theta} - w'_{\theta\sigma} \tag{32}$$

式（32）表明，第 θ 个部门中的第 σ 个商品在采用改良生产方式后，其完整的商品超额剩余价值 $e'_{\theta\sigma}$ 等于其常态超额剩余价值 $e_{\theta\sigma}$ 和暂态超额剩余价值 $\Delta e_{\theta\sigma}$ 之和，它也是第 θ 个部门的生产价格 $\overline{p_\theta}$ 与第 θ 个部门中的第 σ 个商品采用改良生产方式后的个别价值 $w'_{\theta\sigma}$ 之间的差额。

2. 商品暂态超额剩余价值在部门内扩展和部门塌缩跃迁分过程

首先，明确“部门塌缩跃迁”概念。所谓部门，指全产业中的一个（任一个）部门；所谓塌缩，指产品的社会价值量值突发性的由大到小的变化；所谓跃迁，指部门商品平均超额剩余价值率在全产业中的排位跃迁（从而该部门超额剩余价值量值获得新的增长）。显然，“部门”是明白的概念，“塌缩”前文已明确，而“跃迁”则需要进一步说明。为此回到式（22），该式是在周期起点（静态）部门商品平均超额剩余价值率的排列式，写为 $\overline{\Delta r_{-n}} < \cdots < \overline{\Delta r_{-2}} < \overline{\Delta r_{-1}} < \overline{\Delta r_0} = 0 < \overline{\Delta r_1} < \overline{\Delta r_2} < \cdots < \overline{\Delta r_n}$。这里，所谓部门商品平均超额剩余价值率跃迁，指某一个部门在商品社会价值塌缩的同时其商品平均超额剩余价值率在式（22）中的排列由低位向高位变化（例如，从 $\overline{\Delta r_1}$ 的位置跃迁到 $\overline{\Delta r_2}$ 的位置）。由式（18）知，这必然使该部门超额剩余价值的量值获得新的增长。

其次，给出分过程描述。前文说到，采用改良生产方式可获取商品暂态超额剩余价值。由假设 7 知，这将诱使同部门的其余资本家竞相采用改良生产方式，从而使商品暂态超额剩余价值在部门内扩展。然而，由马克思“塌缩新生”论题所揭示的基本原理知，改良生产方式在部门内扩展，将使该部门个别价值在原来的基础上普遍下降，通过部门内资本的竞争，其社会价值就降低到已普遍下降的个别价值水平，亦即发生部门商品社会价值塌缩。诚然，前面的分析表明，以全产业为论域，部门≠全产业，在这种情况下，某一个部门商品社会价值塌缩并不能降低劳动力价值，从而不能使剩余价值率提高，但是，其社会价值也不可能是无影无踪的塌缩，而是与此相伴，部门商品平均超额剩余价值率发生跃迁（从而该部门超额剩余价值量值获得新的增长）。

现在，对这一分过程进行形式刻画。我们假设改良生产方式在第 θ 个部门内扩展，亦即第 θ 个部门所有商品生产者普遍采用改良生产方式。因为这涉及该部门在普遍采用改良生产方式前后相关量值的变化，所以形式刻画需要分为如下五个层次进行：

（1）刻画第 θ 个部门在普遍采用改良生产方式前的有关量值。这些量值，实际就是第 θ 个部门在被研究周期起点的状态，因此，对其刻画实际就是给出基础量定义式的部门（第 θ 个部门）特例。下面分五步讨论。

第一步，设 $w_{\theta i}$ 代表第 θ 个部门第 i 个商品在普遍采用改良生产方式前的个别价值，$c_{\theta i}$ 代表其中的不变资本价值，$v_{\theta i}$ 代表其中的可变资本价值，$m_{\theta i}$ 代表其中的剩余价值，由此并式（5），有：

$$w_{\theta i} = c_{\theta i} + v_{\theta i} + m_{\theta i} \tag{33}$$

式中：

$$i = -q(\theta), \cdots, -2, -1, 0, 1, 2, \cdots, q(\theta)$$

式（33）是式（5）的另一个特例（部门特例）。

第二步，设 $\overline{c_\theta} + \overline{v_\theta}$ 分别代表第 θ 个部门在普遍采用改良生产方式前的平均不变资本价值和平均可变资本价值，由式（33）并式（6），有：

$$\overline{c_\theta} + \overline{v_\theta} = \frac{\sum_{i=-q(\theta)}^{q(\theta)} (c_{\theta i} + v_{\theta i})}{2q(\theta) + 1} \tag{34}$$

式（34）是式（6）的一个特例。

第三步，设 $\overline{r_\theta}$ 代表第 θ 个部门在普遍采用改良生产方式前的部门利润率，由式（33）、式（34）并式（8），有：

$$\overline{r_\theta} = \frac{\sum_{i=-q(\theta)}^{q(\theta)} m_{\theta i}}{[2q(\theta) + 1](\overline{c_\theta} + \overline{v_\theta})} \tag{35}$$

式（35）是式（8）的一个特例。

第四步，设 $\overline{w_\theta}$ 代表第 θ 个部门在普遍采用改良生产方式前的商品社会价值，由式（34）、式（35）并式（11），有：

$$\overline{w_\theta} = \overline{c_\theta} + \overline{v_\theta} + \overline{r_\theta}(\overline{c_\theta} + \overline{v_\theta}) \tag{36}$$

式（36）是式（11）的一个特例。

第五步，设 $\overline{p_\theta}$ 代表第 θ 个部门在普遍采用改良生产方式前的商品生产价格，由式（34）、式（9）和式（12），有：

$$\overline{p_\theta} = \overline{c_\theta} + \overline{v_\theta} + \bar{r}(\overline{c_\theta} + \overline{v_\theta}) \tag{37}$$

式（37）是式（12）的一个特例。

（2）给出第 θ 个部门普遍采用改良生产方式后的有关量值。这些量值，实际就

是第 θ 个部门从被研究周期起点开始的演化状态，因此，对其刻画实际就是将上文给出的第 θ 个部门在普遍采用改良生产方式前的有关量值上标“ ′ ”重述一遍。下面分四步讨论。

第一步，设 $w'_{\theta i}$ 代表第 θ 个部门第 i 个商品在普遍采用改良生产方式后的个别价值，$c'_{\theta i}$ 代表其中的不变资本价值，$v'_{\theta i}$ 代表其中的可变资本价值，$m'_{\theta i}$ 代表其中的剩余价值，由此并参照式（33）的形式，有：

$$w'_{\theta i} = c'_{\theta i} + v'_{\theta i} + m'_{\theta i} \tag{38}$$

第二步，设 $\overline{c'_\theta}$ 和 $\overline{v'_\theta}$ 分别代表第 θ 个部门在普遍采用改良生产方式后的平均不变资本价值和平均可变资本价值，由式（38）并参照式（34）的形式，有：

$$\overline{c'_\theta} + \overline{v'_\theta} = \frac{\sum_{i=-q(\theta)}^{q(\theta)} (c'_{\theta i} + v'_{\theta i})}{2q(\theta) + 1} \tag{39}$$

第三步，设 $\overline{r'_\theta}$ 代表第 θ 个部门在普遍采用改良生产方式后的部门利润率，由式（38）、式（39）并参照式（35）的形式，有：

$$\overline{r'_\theta} = \frac{\sum_{i=-q(\theta)}^{q(\theta)} m'_{\theta i}}{[2q(\theta) + 1](\overline{c'_\theta} + \overline{v'_\theta})} \tag{40}$$

第四步，设 $\overline{w'_\theta}$ 代表第 θ 个部门在普遍采用改良生产方式后的社会价值，由式（38）、式（39）并参照式（36）的形式，有：

$$\overline{w'_\theta} = \overline{c'_\theta} + \overline{v'_\theta} + \overline{r'_\theta}(\overline{c'_\theta} + \overline{v'_\theta}) \tag{41}$$

（3）由前面给出的描述知，改良生产方式在第 θ 个部门内扩展将导致该部门社会价值塌缩，因此，需要给出这一塌缩过程。设 $\overline{\Delta w_\theta}$ 代表第 θ 个部门商品社会价值被塌缩的量值。由此并式（36）和式（41），有：

$$\begin{aligned}\overline{\Delta w_\theta} &= \overline{w_\theta} - \overline{w'_\theta} = \overline{c_\theta} + \overline{v_\theta} + \overline{r_\theta}(\overline{c_\theta} + \overline{v_\theta}) - \\ &\quad [\overline{c'_\theta} + \overline{v'_\theta} + \overline{r'_\theta}(\overline{c'_\theta} + \overline{v'_\theta})] \\ &= (\overline{c_\theta} - \overline{c'_\theta}) + (\overline{v_\theta} - \overline{v'_\theta}) + \\ &\quad [\overline{r_\theta}(\overline{c_\theta} + \overline{v_\theta}) - \overline{r'_\theta}(\overline{c'_\theta} + \overline{v'_\theta})]\end{aligned} \tag{42}$$

式（42）的意义是：第 θ 个部门商品社会价值被塌缩量值，等于其商品平均不变资本价值被塌缩量值、平均可变资本价值被塌缩量值和部门平均利润被塌缩量值的加和。

（4）给出第 θ 个部门商品社会价值塌缩后的商品生产价格表达式。如第一节所述，以全产业为论域，商品价格“围绕着运动的重心”不是商品社会价值，而是“使不同部门之间的利润率平均化的生产价格”。这就是说，第 θ 个部门社会价值塌缩后，其商品并非按塌缩后的社会价值销售，当然也不能按社会价值塌缩前的生产价格销售，而只能按社会价值塌缩后的生产价格销售，因此，需要刻画第 θ 个部门社会价值塌缩后的商品生产价格。

设 $\overline{p'_\theta}$ 代表第 θ 个部门社会价值塌缩后的商品生产价格，诚然，式（42）表明，第 θ 个部门社会价值塌缩包括其部门利润率塌缩，且由式（9）知这将影响一般利润率的量值，但是，假设 15 约定，某一个部门利润率下降对一般利润率量值的影响可忽略不计，因此，此时一般利润率仍写为 $\bar{r}$。由此并式（39）及参照式（37）的形式，有：

$$\overline{p'_\theta} = \overline{c'_\theta} + \overline{v'_\theta} + \bar{r}\left(\overline{c'_\theta} + \overline{v'_\theta}\right) \tag{43}$$

式（43）刻画的是社会价值塌缩后的商品生产价格。

（5）给出第 θ 个部门与社会价值塌缩相伴而生的商品平均超额剩余价值率跃迁过程。下面分三步讨论。

第一步，给出第 θ 个部门在普遍采用改良生产方式前的商品平均超额剩余价值率表达式。由第二节知，在周期起点（静态）部门（一般）商品平均超额剩余价值率由式（20）刻画，写为 $\overline{\Delta r_k} = \bar{r} - \overline{r_k}$。显然，就第 θ 个部门而言，所谓周期起点（静态）也就是第 θ 个部门在普遍采用改良生产方式前的状态，其部门利润率由式（35）具体刻画。于是，由式（9）、式（35）并参照式（20）的形式，有：

$$\overline{\Delta r_\theta} = \bar{r} - \overline{r_\theta} \tag{44}$$

第二步，给出第 θ 个部门在普遍采用改良生产方式后的商品平均超额剩余价值率表达式。此时，其部门利润率由式（40）具体刻画。于是，由式（9）、式（40）并参照式（20）的形式，有：

$$\overline{\Delta r'_\theta} = \bar{r} - \overline{r'_\theta} \tag{45}$$

第三步，比较 $\overline{\Delta r'_\theta}$ 与 $\overline{\Delta r_\theta}$。由式（42），显然有 $\overline{r'_\theta} < \overline{r_\theta}$，因而必有：

$$\overline{\Delta r'_\theta} > \overline{\Delta r_\theta} \tag{46}$$

这意味着第 θ 个部门在普遍采用改良生产方式后，其部门商品平均超额剩余价值率在式（22）刻画的排位发生了跃迁。显而易见，该部门商品平均超额剩余价值率跃迁是与该部门商品社会价值塌缩相伴而生的现象。

综上所述，这就是商品暂态超额剩余价值在部门内扩展与部门塌缩跃迁分过程完整的形式刻画。

在此说明，如第一部分所述，假设 15 是为简便而设立的其实际情况应是，部门利润率发生塌缩后，一般利润率必然改变（尽管其改变的量是微小的），亦即此时一般利润率仍然是各部门利润率的算术平均值，因而算术平均数的数学性质在这里仍然适用。也就是说，即使第 θ 个部门商品平均超额剩余价值率发生跃迁，但此时就部门超额剩余价值在全产业的分布而言，式（25）刻画的规律（部门超额剩余价值，其个量不一定等于零，但全产业的总量等于零）仍然适用。

3. 资本对商品暂态超额剩余价值的普遍追逐和全产业塌缩新生分过程

首先，明确“全产业塌缩新生”概念。“全产业”本文前言已明确，兹不赘述；与全产业相联系的“塌缩”，指商品生产价格量值突发性的由大到小的变化；“新生”指商品内含的相对剩余价值量值获得新的增长（剩余价值率获得提高）。

其次，给出分过程描述。由前文研究成果并假设 7，有如下推论：各部门资本都可能通过采用改良生产方式追逐商品暂态超额剩余价值，亦即发生资本对商品暂态超额剩余价值普遍追逐的局面。然而，以马克思关于“不同部门的资本的竞争……形成那种使不同部门之间的利润率平均化的生产价格”的论述和马克思“塌缩新生”论题所揭示的基本原理为指引，我们就看到如下图景：资本对商品暂态超额剩余价值的普遍追逐，必然使全产业的商品个别价值在原来的基础上普遍下降，从而各部门商品社会价值也普遍塌缩，通过部门间资本的竞争，全产业商品生产价格塌缩；而全产业商品生产价格塌缩，必然包括生活资料商品价格塌缩，从而劳动力价值塌缩，于是，与全产业商品生产价格塌缩相伴，商品的相对剩余价值就获得了新生（剩余价值率获得提高）。

现在，讨论分过程的形式刻画。显然，这一分过程，实际就是在全产业商品个别成本价格普遍下降和剩余价值率相应提高的情况下，商品价值和利润率新的平均化过程，因此，这一分过程的形式刻画就是将第二部分的各公式加上标“′”重述一遍。为节省篇幅，这里从略。须强调的是，重述的各公式，尽管其中的量值（与第二部分相比）发生了变化，但是，公式的形式和体现的规律并不变化，特别是，由式（17）和式（25）表达的规律并不变化。

（三）马克思关于一般利润率形成机理论述的考察——与史哉书教授商榷

马克思有关于一般利润率即商品生产价格形成机理的论述，史哉书教授对此有误解，因为这与本部分内容相关，因而在此讨论。

为方便，先看史教授怎么说，他写道：“马克思说：只有‘不同部门之间的竞争，能形成那种使不同部门之间的利润率平均化的生产价格。’又说：‘但是资本会从利润率较低的部门抽走，投入利润率较高的其他部门，通过这种不断的流出和流入，总之，通过资本在不同部门之间根据利润率的升降进行的分配，供求之间就会形成这样一种比例，以致不同的生产部门都有相同的平均利润，因而价值也就转化为生产价格。’……这就是马克思的平均利润与生产价格形成理论。”接着，史教授对所谓“马克思的平均利润理论与生产价格形成理论的问题”进行分析，而后继续写道：“马克思认为，平均利润与生产价格是通过不同部门之间的竞争和供求改变形成的。在我们证明通过不同部门之间的竞争和供求改变不能形成平均利润与生产价格后，还能说马克思关于平均利润与生产价格是通过不同部门之间竞争和供求改变形成的观点没有问题吗？”[11]24-31

那么，史教授的上述言论正确吗？答案是否定的。显然，上面的引述表明，史教授将马克思给出的平均利润与生产价格形成机理仅仅归结为资本根据利润率的升降所进行的转投——下称“史哉书归结”。诚然，如果史哉书归结是事实，那么，他的分析及结论并不错。但是，可以证明，史哉书归结不是事实，而是对马克思的误解，因此，他据此得出的结论并不正确。

为此，需要引述马克思关于一般利润率形成机理的完整论述。诚然，马克思的确说过，“资本会从利润率较低的部门抽走，投入利润率较高的其他部门……因而价值也就转化为生产价格”。[2]218但是，他还说，“一般利润率的变化只能是这样发生：或者由于劳动力的价值降低或提高……或者由于所占有的剩余价值的总额和预付社会总资本的比率发生变化”。[2]228又说，“我们已经说过，竞争使不同生产部门的利润率平均化为平均利润率，并由此使这些不同部门的产品的价值转化为生产价格……但是，竞争所没有表明的，是支配着生产运动的价值规定，是在生产价格背后的、归根到底决定生产价格的价值……一旦资本主义生产发展到一定的程度，各个部门的不同利润率平均化为一般利润率，也就决不只是通过市场价格对资本的吸引作用和排斥作用来实现了"。[2]231-233

仔细分析不难看出，马克思的论述至少包括如下两个层面：一是现象层面，即"竞争使不同生产部门的利润率平均化为平均利润率，并由此使这些不同部门的产品的价值转化为生产价格"；二是本质层面，即"竞争所没有表明的，是支配着生产运动的价值规定，是在生产价格背后的、归根到底决定生产价格的价值""一般利润率的变化只能是这样发生：或者由于劳动力的价值降低或提高……或者由于所占有的剩余价值的总额和预付社会总资本的比率发生变化"。由此，马克思特别强调"各个部门的不同利润率平均化为一般利润率，也就决不只是通过市场价格对资本的吸引作用和排斥作用来实现"（着重号为引者所加）。然而，史哉书归结的根据只是马克思关于现象层面的论述。可见，史哉书归结是以偏概全，由此导致他对马克思的理论产生了严重误解，因而他据此得出的结论是错误的。

联系本部分前面的讨论，可以证明马克思论述是正确的，并进一步证明史哉书归结及其结论是错误的。本部分前面以马克思论述和论题为指引所做的研究表明，对象动态演化，始于个别资本为追逐商品暂态超额剩余价值偶而"采用改良的生产方式"，从而提高了劳动生产率——第一分过程；继而，才有同部门的其余资本家竞相采用改良生产方式，使商品暂态超额剩余价值在部门内扩展，通过部门内资本的竞争，使部门商品社会价值塌缩和部门商品平均超额剩余价值率跃迁——第二分过程；最后，资本对商品暂态超额剩余价值的普遍追逐，使商品个别成本价格普遍下降和剩余价值率相应提高，并发生商品价值和利润率新的平均化——第三分过程。这就是对象演化（一个周期）的完整过程，它隐含着一般利润率形成机理，而这一机理与马克思的完整论述所阐明的机理是一致的。提请注意，本节引述的马克思关于一般利润率形成机理的完整论述与第一节引述并指导第二节研究的马克思论述和论题并不重复，但是，很明显，二者所隐含的机理是一致的。由此可见，马克思不仅有关于一般利润率形成机理的完整论述，而且这一完整论述贯穿于马克思对具体问题的研究。这再一次证明，马克思给出的一般利润率形成机理绝不是史哉书归结的内容，从而也就证明史哉书归结是对马克思的误解，他由此得出的结论是错误的。

四、转型理论补充证明与挑战西方经济学

本文前言说过，转型理论补充研究的内容有两个。前面讨论了前一个，本部分讨论后一个。

（一）"两对总量相等"命题的补充证明

1. 问题的提出

马克思指出：价值转型为生产价格后，尽管产品的利润与其剩余价值不一定相等，产品的生产价格与其价值不一定相等，但是，"一切不同生产部门的利润的总和，必然等于剩余价值的总和；社会总产品的生产价格的总和，必然等于它的价值的总和"。[2]193这就是"两对总量相等"命题。

诚然，马克思的商品生产价格概念，其成本价格是按价值计量的，但是，他指出，成本价格也可按生产价格计量，因此，“两对总量相等”命题应当有两种计量的证明。应指出，马克思有两种计量的证明，只是其证明不足。首先，马克思给出了“一般利润率形成的例解”。[2]181 显然，例解中的成本价格是按价值计量的。可见，这就是成本价格按价值计量的证明。但是，例解≠全域分析，亦即例解仅“着重总量分析……并未寻求总量在各个部门间分解的具体情况”。[3]144 可见，马克思给出的这种证明不足。其次，马克思指出，“加入某种商品的剩余价值多多少，加入另一种商品的剩余价值就少多少，因此，商品生产价格中包含的偏离价值的情况会互相抵销”。[2]181 这可视为成本价格按生产价格计量的证明。但是，第一，严格地说，这只是一种说明，马克思并没有给出以全域分析为基础的具体计算过程；第二，这一说明的本身也不完整。仔细分析，成本价格所对应的商品（生产资料和劳动力）与成本价格按生产价格计量所生产的商品是两个有区别的概念，成本价格按生产价格计量的证明，所要证明的是后者的生产价格与其价值在总量上的一致性，但是，马克思的说明只是前者两种计量在总量上的一致性。也就是说，即使是说明，其内容与应当说明的内容也有距离。可见，马克思给出的这种证明同样不足。

上述分析表明，对“两对总量相等”命题，必须以全域分析为基础，并且有两种计量的补充证明。在此说明，本文第二部分和第三部分研究了对象演化的一个周期，且第一部分第三节证明本课题是另一视角的转型理论研究。可见，第二和第三部分就是转型过程（一个周期）的全域分析。因此，这里需要做的只是以此为基础给出两种计量的补充证明。

2. “两对总量相等”命题成本价格按价值计量的补充证明

因为演化周期包括起点和终点，所以本补充证明分为两个层次进行。

（1）“两对总量相等”命题成本价格按价值计量在周期起点成立的补充证明

①相关概念的明确和定义

首先，资本家购买生产资料和劳动力所支付的是基础价格，且社会价值是一种基础价格，而个别价值不是基础价格，因此，所谓成本价格按价值计量所生产的商品价值，指的是由式（11）定义的商品社会价值，写为 $\overline{w_k} = \overline{c_k} + \overline{v_k} + \overline{r_k}(\overline{c_k} + \overline{v_k})$，式中 $\overline{r_k}(\overline{c_k} + \overline{v_k})$ 是商品平均利润；所谓成本价格按价值计量所生产的商品生产价格由式（12）定义，写为 $\overline{p_k} = \overline{c_k} + \overline{v_k} + \bar{r}(\overline{c_k} + \overline{v_k})$，式中 $\bar{r}(\overline{c_k} + \overline{v_k})$ 是商品平均利润。

其次，由式（11），有：

$$[2q(k)+1]\overline{w_k} = [2q(k)+1](\overline{c_k} + \overline{v_k}) + [2q(k)+1]\overline{r_k}(\overline{c_k} + \overline{v_k}) \tag{47}$$

$$\sum_{k=-n}^{n}[2q(k)+1]\overline{w_k} = \sum_{k=-n}^{n}[2q(k)+1](\overline{c_k} + \overline{v_k}) + \sum_{k=-n}^{n}[2q(k)+1]\overline{r_k}(\overline{c_k} + \overline{v_k}) \tag{48}$$

式（47）是成本价格按价值计量所生产的部门商品价值总量定义式，式中 $[2q(k)+1]\overline{r_k}(\overline{c_k} + \overline{v_k})$ 是其利润总量。式（48）是相应的全产业商品价值总量定义式，式中 $\sum_{k=-n}^{n}[2q(k)+1]\overline{r_k}(\overline{c_k}+\overline{v_k})$ 是其利润总量。

再次，由式（12），有：

$$[2q(k)+1]\overline{p_k}=[2q(k)+1](\overline{c_k}+\overline{v_k})+[2q(k)+1]\bar{r}(\overline{c_k}+\overline{v_k}) \tag{49}$$

$$\sum_{k=-n}^{n}[2q(k)+1]\overline{p_k}=\sum_{k=-n}^{n}[2q(k)+1](\overline{c_k}+\overline{v_k})+\sum_{k=-n}^{n}[2q(k)+1]\bar{r}(\overline{c_k}+\overline{v_k}) \tag{50}$$

式（49）是成本价格按价值计量所生产的部门商品生产价格总量定义式，式中 $[2q(k)+1]\bar{r}(\overline{c_k}+\overline{v_k})$ 是其利润总量。式（50）是相应的全产业商品生产价格总量定义式，式中 $\sum_{k=-n}^{n}[2q(k)+1]\bar{r}(\overline{c_k}+\overline{v_k})$ 是其利润总量。

②成本价格按价值计量所生产的商品生产价格与商品价值在个量层次、部门总量层次和全产业总量层次的比较

首先，在个量层次的比较。式（14.1）写为：

$$\overline{e_k}=\overline{p_k}-\overline{w_k}$$

由此有：

$$\overline{p_k}=\overline{w_k}+\overline{e_k} \tag{51}$$

式（51）是（基于与商品价值比较的）成本价格按价值计量所生产的商品生产价格的量化公式，它与式（12）相比，尽管形式不同但内涵等价。

然而，式（23）表明，$\overline{e_k}$ 的取值存在 >0、=0、<0 三种情况，亦即有 $\overline{e_k}\neq 0$，将此代入式（51），有：

$$\overline{p_k}\neq\overline{w_k} \tag{52}$$

其次，在部门总量层次的比较。由式（51），有：

$$[2q(k)+1]\overline{p_k}=[2q(k)+1]\overline{w_k}+[2q(k)+1]\overline{e_k}$$

此外，式（18）写为 $E_k=[2q(k)+1]\overline{e_k}$，于是，上式可写为：

$$[2q(k)+1]\overline{p_k}=[2q(k)+1]\overline{w_k}+E_k \tag{53}$$

式（53）是（基于与部门价值总量比较的）成本价格按价值计量所生产的部门生产价格总量的量化公式，它与式（49）相比，尽管形式不同但内涵等价。

此外，式（25）的①分式表明 $E_k\neq 0$，将此代入式（53），有：

$$[2q(k)+1]\overline{p_k}\neq[2q(k)+1]\overline{w_k} \tag{54}$$

再次，在全产业总量层次的比较。由式（53），有：

$$\sum_{k=-n}^{n}[2q(k)+1]\overline{p_k}=\sum_{k=-n}^{n}[2q(k)+1]\overline{w_k}+\sum_{k=-n}^{n}E_k \tag{55}$$

式（55）是（基于与全产业价值总量比较的）成本价格按价值计量所生产的全产业生产价格总量的量化公式，它与式（50）相比，尽管形式不同但内涵等价。

此外，式（25）的②分式表明 $\sum_{k=-n}^{n}E_k=0$，将此代入式（55），有：

$$\sum_{k=-n}^{n}[2q(k)+1]\overline{p_k}=\sum_{k=-n}^{n}[2q(k)+1]\overline{w_k} \tag{56}$$

综上所述，就有：

$$\begin{cases}\overline{p_k}\neq\overline{w_k} & ① \\ [2q(k)+1]\overline{p_k}\neq[2q(k)+1]\overline{w_k} & ② \\ \sum_{k=-n}^{n}[2q(k)+1]\overline{p_k}=\sum_{k=-n}^{n}[2q(k)+1]\overline{w_k} & ③\end{cases} \tag{57}$$

式（57）表明：成本价格按价值计量所生产的商品，其生产价格与价值相比，个量和部门总量不一定相等，但全产业总量相等。

③成本价格按价值计量所生产的商品生产价格中的利润与其剩余价值，在个量层次、部门总量层次和全产业总量层次的比较

首先，在个量层次的比较。由式（12）知，成本价格按价值计量所生产的商品生产价格中的利润写为 $\bar{r}(\overline{c_k}+\overline{v_k})$；由式（5）知，商品剩余价值写为 m_{ki}。此外，式（9）写为：

$$\bar{r}=\frac{\sum_{k=-n,i=-q(k)}^{n,q(k)}m_{ki}}{\sum_{k=-n}^{n}[2q(k)+1](\overline{c_k}+\overline{v_k})}$$

由此可知，$\bar{r}$ 是全产业剩余价值总量 $\sum_{k=-n,i=q(k)}^{n,q(k)}m_{ki}$ 相对全产业成本价格总量 $\sum_{k=-n}^{n}[2q(k)+1](\overline{c_k}+\overline{v_k})$ 的平均值。于是，由平均数的数学性质，必有 $\bar{r}(\overline{c_k}+\overline{v_k})>m_{ki}$、$\bar{r}(\overline{c_k}+\overline{v_k})=m_{ki}$ 和 $\bar{r}(\overline{c_k}+\overline{v_k})<m_{ki}$ 三种情况，亦即有：

$$\bar{r}(\overline{c_k}+\overline{v_k})\neq m_{ki} \tag{58}$$

其次，在部门总量层次的比较。由式（8）知 $\sum_{i=-q(k)}^{q(k)}m_{ki}=[2q(k)+1]\overline{r_k}(\overline{c_k}+\overline{v_k})$。由式（49）知，成本价格按价值计量所生产的部门生产价格总量中的利润总量写为 $[2q(k)+1]\bar{r}(\overline{c_k}+\overline{v_k})$。此外，如前所述，$\bar{r}$ 是 $\overline{r_k}$ 的加权平均值，由加权平均数的数学性质，必有如下三种情况：$[2q(k)+1]\bar{r}(\overline{c_k}+\overline{v_k})>[2q(k)+1]\overline{r_k}(\overline{c_k}+\overline{v_k})$，亦即 $[2q(k)+1]\bar{r}(\overline{c_k}+\overline{v_k})>\sum_{i=-q(k)}^{q(k)}m_{ki}$；$[2q(k)+1]\bar{r}(\overline{c_k}+\overline{v_k})=[2q(k)+1]\overline{r_k}(\overline{c_k}+\overline{v_k})$，亦即 $[2q(k)+1]\bar{r}(\overline{c_k}+\overline{v_k})=\sum_{i=-q(k)}^{q(k)}m_{ki}$；$[2q(k)+1]\bar{r}(\overline{c_k}+\overline{v_k})<[2q(k)+1]\overline{r_k}(\overline{c_k}+\overline{v_k})$，亦即 $[2q(k)+1]\bar{r}(\overline{c_k}+\overline{v_k})<\sum_{i=-q(k)}^{q(k)}m_{ki}$。将这三种情况归纳起来，即：

$$[2q(k)+1]\bar{r}(\overline{c_k}+\overline{v_k})\neq\sum_{i=-q(k)}^{q(k)}m_{ki} \tag{59}$$

再次，在全产业总量层次的比较。由式（9），有：

$$\sum_{k=-n}^{n}[2q(k)+1]\bar{r}(\overline{c_k}+\overline{v_k})=\sum_{k=-n,i=q(k)}^{n,q(k)}m_{ki} \tag{60}$$

综上所述，就有：

$$\begin{cases} \bar{r}(\overline{c_k}+\overline{v_k}) \neq m_{ki} & ① \\ [2q(k)+1]\bar{r}(\overline{c_k}+\overline{v_k}) \neq \sum_{i=-q(k)}^{q(k)} m_{ki} & ② \\ \sum_{k=-n}^{n}[2q(k)+1]\bar{r}(\overline{c_k}+\overline{v_k}) = \sum_{k=-n,i=q(k)}^{n,q(k)} m_{ki} & ③ \end{cases} \quad (61)$$

式（61）表明：成本价格按价值计量所生产的商品生产价格中的利润与其剩余价值相比，个量和部门总量不一定相等，但全产业总量相等。

④证明

证：对照易知，式（57）和式（61）所表明的内容与马克思“两对总量相等”命题的内涵等价，可见，该命题成本价格按价值计量在周期起点成立。证毕。

（2）“两对总量相等”命题成本价格按价值计量在周期终点成立的补充证明

前文已证该命题成本价格按价值计量在周期起点成立，因而这里可简化，即不用全程分析，只证明前面的结论在周期终点同样成立即可。

证：本文第三部分表明，演化周期终点是资本对商品暂态超额剩余价值的普遍追逐和全产业塌缩新生分过程，其形式刻画就是将第二部分的各公式加上标“′”重述一遍；重述的各公式，尽管其中的量值（与第二部分相比）发生了变化，但是，公式的形式和体现的规律并不变化，特别是，由式（17）表达的规律和由式（25）表达的规律并不变化。由此可见，前面关于“两对总量相等”命题成本价格按价值计量在周期起点成立的证明可推及周期终点，也就是说，该命题成本价格按价值计量在周期终点同样成立。证毕。

3. “两对总量相等”命题成本价格按生产价格计量的补充证明

如前所述，转型过程（一个周期）的全域分析包括起点和终点，就此而言，本补充证明也应当分为两个层次进行。但是，前文表明，成本价格按价值计量在周期起点的结论对周期终点同样成立，显然，这一推论对本补充证明同样适用。因此，也为了简化，这里只证明命题在周期起点成立，其在周期终点的推论从略。

（1）有关问题的讨论

①成本价格按生产价格计量与按价值计量，在个量层次、部门总量层次和全产业总量层次的比较

先说在个量层次的比较。显然，成本价格所对应的实物（生产资料和与劳动力价值对应的生活资料）也是商品。此外，式（20）写为 $\overline{\Delta r_k}=\bar{r}-\overline{r_k}$，其中的 $\overline{\Delta r_k}$ 是商品平均超额剩余价值率，其实，它也是商品按生产价格计量相对按价值计量的偏离率。式（14.1）写为 $\overline{e_k}=(\bar{r}-\overline{r_k})(\overline{c_k}+\overline{v_k})=\overline{\Delta r_k}(\overline{c_k}+\overline{v_k})$，其中的 $\overline{e_k}$ 是商品平均超额剩余价值，其实，它也是商品按生产价格计量相对按价值计量的偏离量。于是，设 $\bar{c}_k^p$ 和 $\bar{v}_k^p$ 分别代表第 k 个部门商品按生产价格计量的平均不变资本和平均可变资本，由式（6）、式（20）和式（14.1），有：

$$\bar{c}_k^p+\bar{v}_k^p=\overline{c_k}+\overline{v_k}+\overline{\Delta r_k}(\overline{c_k}+\overline{v_k})=\overline{c_k}+\overline{v_k}+\overline{e_k} \quad (62)$$

式（62）是成本价格按生产价格计量的定义式。

此外，式（23）表明，$\overline{e_k}$ 的取值存在 >0、$=0$、<0 三种情况，亦即有 $\overline{e_k}\neq 0$，

将此代入式（62），有：

$$\overline{c}_k^p + \overline{v}_k^p \neq \overline{c_k} + \overline{v_k} \tag{63}$$

次说在部门总量层次的比较。式（18）写为 $E_k = [2q(k)+1]\overline{e_k}$，由此并式（62），有：

$$\begin{aligned}[2q(k)+1](\overline{c}_k^p + \overline{v}_k^p) &= [2q(k)+1](\overline{c_k} + \overline{v_k}) + [2q(k)+1]\overline{e_k} \\ &= [2q(k)+1](\overline{c_k} + \overline{v_k}) + E_k \end{aligned} \tag{64}$$

此外，式（25）的①分式表明 $E_k \neq 0$。将此代入式（64），有：

$$[2q(k)+1](\overline{c}_k^p + \overline{v}_k^p) \neq [2q(k)+1](\overline{c_k} + \overline{v_k}) \tag{65}$$

再说在全产业总量层次的比较。由式（64），有：

$$\sum_{k=-n}^{n}[2q(k)+1](\overline{c}_k^p + \overline{v}_k^p) = \sum_{k=-n}^{n}[2q(k)+1](\overline{c_k} + \overline{v_k}) + \sum_{k=-n}^{n}E_k \tag{66}$$

式（66）是全产业成本价格总量按生产价格计量的定义式。

此外，式（25）的②分式表明 $\sum_{k=-n}^{n}E_k = 0$。将此代入式（66），有：

$$\sum_{k=-n}^{n}[2q(k)+1](\overline{c}_k^p + \overline{v}_k^p) = \sum_{k=-n}^{n}[2q(k)+1](\overline{c_k} + \overline{v_k}) \tag{67}$$

综上所述，就有：

$$\begin{cases} \overline{c}_k^p + \overline{v}_k^p \neq \overline{c_k} + \overline{v_k} & ① \\ [2q(k)+1](\overline{c}_k^p + \overline{v}_k^p) \neq [2q(k)+1](\overline{c_k} + \overline{v_k}) & ② \\ \sum_{k=-n}^{n}[2q(k)+1](\overline{c}_k^p + \overline{v}_k^p) = \sum_{k=-n}^{n}[2q(k)+1](\overline{c_k} + \overline{v_k}) & ③ \end{cases} \tag{68}$$

式（68）表明：成本价格按生产价格计量与按价值计量相比，其个量和部门总量不一定相等，但其全产业总量相等。

②成本价格按生产价格计量所生产商品的剩余价值的概念

由式（5）知，成本价格按价值计量所生产商品的剩余价值写为 m_{ki}。然而，现在讨论的是成本价格按生产价格计量，于是，产生一个问题：此时商品剩余价值是否仍为 m_{ki}？

对此，回答是肯定的。笔者此前的文章证明，转型理论的实质是用本质（价值）解释现象（生产价格）[4]。可见，商品价值转化为生产价格，指的是同一个商品的生产过程（而不是两个不同商品的生产过程，也不涉及商品的再生产过程），只不过这一过程在本质上是价值、剩余价值的生产，但在现象上却表现为生产价格、平均利润的生产。既然如此，那么，成本价格无论是按生产价格计量还是按价值计量，都不能改变生产过程的劳动时间以及必要劳动和剩余劳动的比例，从而不可能改变商品剩余价值量值。也就是说，商品剩余价值总是 m_{ki}。

③成本价格按生产价格计量所生产的商品一般利润率的概念

式（9）写为：

$$\overline{r} = \frac{\sum_{k=-n,i=-q(k)}^{n,q(k)} m_{ki}}{\sum_{k=-n}^{n}[2q(k)+1](\overline{c_k} + \overline{v_k})}$$

这是成本价格按价值计量所生产的商品的一般利润率。然而，现在讨论的是成本价格按生产价格计量，于是，产生一个问题：此时，一般利润率是否仍为 $\bar{r}$？

诚然，如前所述，成本价格按生产价格计量写为 $\bar{c}_k^p+\bar{v}_k^p$（而不是 $\overline{c_k}+\overline{v_k}$），就此而言，此时的商品一般利润率不能写为 $\bar{r}$。我们不妨设为 $\bar{r}^p$。此外，前文已证，成本价格按生产价格计量所生产商品的剩余价值仍为 m_{ki}，因此，此时全产业剩余价值总量仍为 $\sum\limits_{k=-n,i=q(k)}^{n,q(k)} m_{ki}$。于是，由式（9）的形式，有：

$$\bar{r}^p=\frac{\sum\limits_{k=-n,i=-q(k)}^{n,q(k)} m_{ki}}{\sum\limits_{k=-n}^{n}[2q(k)+1](\bar{c}_k^p+\bar{v}_k^p)} \tag{69}$$

式（69）是成本价格按生产价格计量所生产的商品一般利润率定义式。然而，可以证明：

$$\bar{r}^p=\bar{r} \tag{70}$$

证：式（67）表明，$\sum\limits_{k=-n}^{n}[2q(k)+1](\bar{c}_k^p+\bar{v}_k^p)=\sum\limits_{k=-n}^{n}[2q(k)+1](\overline{c_k}+\overline{v_k})$，因此，有：

$$\frac{\sum\limits_{k=-n,i=-q(k)}^{n,q(k)} m_{ki}}{\sum\limits_{k=-n}^{n}[2q(k)+1](\bar{c}_k^p+\bar{v}_k^p)}=\frac{\sum\limits_{k=-n,i=-q(k)}^{n,q(k)} m_{ki}}{\sum\limits_{k=-n}^{n}[2q(k)+1](\overline{c_k}+\overline{v_k})}$$

亦即：

$$\bar{r}^p=\bar{r}$$

即式（70）。证毕。

在此说明，为统一，以下成本价格按生产价格计量所生产的商品一般利润率仍写为 $\bar{r}$。

（2）成本价格按生产价格计量所生产的商品生产价格及其利润、部门商品生产价格总量及其利润总量和全产业商品生产价格总量及其利润总量的概念

设 $\overline{p_k^p}$ 代表成本价格按生产价格计量所生产的商品生产价格，由前面的讨论并参照式（12）的形式，有：

$$\overline{p_k^p}=\bar{c}_k^p+\bar{v}_k^p+\bar{r}(\bar{c}_k^p+\bar{v}_k^p) \tag{71}$$

式（71）是成本价格按生产价格计量所生产的商品生产价格的定义式，式中，$\bar{r}(\bar{c}_k^p+\bar{v}_k^p)$ 是其利润。

由式（71），有：

$$[2q(k)+1]\overline{p_k}=[2q(k)+1](\bar{c}_k^p+\bar{v}_k^p)+[2q(k)+1]r(\bar{c}_k^p+\bar{v}_k^p) \tag{72}$$

式（72）是成本价格按生产价格计量所生产的部门生产价格总量定义式，式中 $[2q(k)+1]r(\bar{c}_k^p+\bar{v}_k^p)$ 是其利润总量。

由式（72），有：

$$\sum_{k=-n}^{n}[2q(k)+1]\bar{p}_k^p=\sum_{k=-n}^{n}[2q(k)+1](\bar{c}_k^p+\bar{v}_k^p)+\sum_{k=-n}^{n}[2q(k)+1]\bar{r}(\bar{c}_k^p+\bar{v}_k^p) \quad (73)$$

式（73）是成本价格按生产价格计量所生产的全产业生产价格总量定义式，式中 $\sum_{k=-n}^{n}[2q(k)+1]\bar{r}(\bar{c}_k^p+\bar{v}_k^p)$ 是其利润总量。

（3）成本价格按生产价格计量所生产商品的生产价格与其价值，在个量层次、部门总量层次和全产业总量层次的比较

首先，在个量层次比较。由式（71）、式（12）和式（62），有：

$$\begin{aligned}\bar{p}_k^p-\overline{p_k}&=\bar{c}_k^p+\bar{v}_k^p+\bar{r}(\bar{c}_k^p+\bar{v}_k^p)-[\overline{c_k}+\overline{v_k}+\bar{r}(\overline{c_k}+\overline{v_k})]\\&=\overline{c_k}+\overline{v_k}+\overline{e_k}+\bar{r}(\overline{c_k}+\overline{v_k}+\overline{e_k})-\overline{c_k}-\overline{v_k}-\bar{r}(\overline{c_k}+\overline{v_k})\\&=\overline{e_k}+\bar{r}(\overline{c_k}+\overline{v_k}+\overline{e_k})-\bar{r}(\overline{c_k}+\overline{v_k})\\&=\bar{r}(\overline{c_k}+\overline{v_k}+\overline{e_k}-\overline{c_k}-\overline{c_k})+\overline{e_k}\\&=\bar{r}\overline{e_k}+\overline{e_k}\\&=(1+\bar{r})\overline{e_k}\end{aligned}$$

上面的计算表明：

$$\bar{p}_k^p-\overline{p_k}=(1+\bar{r})\overline{e_k}$$

亦即：

$$\bar{p}_k^p=\overline{p_k}+(1+\bar{r})\overline{e_k}$$

此外，式（51）写为 $\overline{p_k}=\overline{w_k}+\overline{e_k}$，将此代入上式，得：

$$\bar{p}_k^p=\overline{w_k}+\overline{e_k}+(1+\bar{r})\overline{e_k}=\overline{w_k}+(2+\bar{r})\overline{e_k} \quad (74)$$

式（74）是（基于与商品价值比较的）成本价格按生产价格计量所生产的商品生产价格量化公式。显然，式（74）与式（71）相比，虽然形式不同但内涵等价。

如前所述，$\overline{e_k}$ 的取值存在 >0、$=0$、<0 三种情况，此外，$\bar{r}$ 可能是任意实数，于是，将其分别代入式（74），有：

当 $\overline{e_k}=0$ 或 $\bar{r}=-2$，则 $\overline{p_k}=\overline{w_k}$；

当 $\overline{e_k}>0$ 并 $\bar{r}>-2$，则 $\overline{p_k}>\overline{w_k}$；

当 $\overline{e_k}<0$ 或 $\bar{r}<-2$，则 $\overline{p_k}<\overline{w_k}$。

其他情况可不予考虑。综上所述，有：

$$\bar{p}_k^p\neq\overline{w_k} \quad (75)$$

其次，在部门总量层次比较。由式（74）和式（18），有：

$$\begin{aligned}[2q(k)+1]\bar{p}_k^p&=[2q(k)+1]\overline{w_k}+[2q(k)+1]\times(2+\bar{r})\overline{e_k}\\&=[2q(k)+1]\overline{w_k}+(2+\bar{r})\times[2q(k)+1]\overline{e_k}\\&=[2q(k)+1]\overline{w_k}+(2+\bar{r})E_k\end{aligned} \quad (76)$$

式（76）是（基于与部门商品价值总量比较的）成本价格按生产价格计量所生产的部门商品生产价格总量的量化公式。显然，式（76）与式（72）相比，尽管形式不同但内涵等价。

如前所述，E_k 的取值存在 >0、=0、<0 三种情况，此外，$\bar{r}$ 可能是任意实数。于是，将其分别代入式（76），有：

当 $E_k=0$ 或 $\bar{r}=-2$，则 $[2q(k)+1]\bar{p}_k^p=[2q(k)+1]\overline{w_k}$；

当 $E_k>0$ 并 $\bar{r}>-2$，则 $[2q(k)+1]\bar{p}_k^p>[2q(k)+1]\overline{w_k}$；

当 $E_k<0$ 或 $\bar{r}<-2$，则 $[2q(k)+1]\bar{p}_k^p<[2q(k)+1]\overline{w_k}$。

其他情况可不予考虑。综上所述，有：

$$[2q(k)+1]\bar{p}_k^p\neq[2q(k)+1]\overline{w_k} \tag{77}$$

再次，在全产业总量层次比较。由式（76），有：

$$\sum_{k=-n}^{n}[2q(k)+1]\bar{p}_k^p=\sum_{k=-n}^{n}[2q(k)+1]\overline{w_k}+(2+\bar{r})\sum_{k=-n}^{n}E_k \tag{78}$$

式（78）是（基于与全产业商品价值总量比较的）成本价格按生产价格计量所生产的全产业商品生产价格总量的量化公式。显然，式（78）与式（73）相比，尽管形式不同但内涵等价。

如前所述，$\sum_{k=-n}^{n}E_k=0$，将此代入式（78），得：

$$\sum_{k=-n}^{n}[2q(k)+1]\bar{p}_k^p=\sum_{k=-n}^{n}[2q(k)+1]\overline{w_k} \tag{79}$$

综上所述，就有：

$$\begin{cases}\bar{p}_k^p\neq\overline{w_k} & ①\\ [2q(k)+1]\bar{p}_k^p\neq[2q(k)+1]\overline{w_k} & ②\\ \sum_{k=-n}^{n}[2q(k)+1]\bar{p}_k^p=\sum_{k=-n}^{n}[2q(k)+1]\overline{w_k} & ③\end{cases} \tag{80}$$

式（80）表明：成本价格按生产价格计量所生产的商品生产价格与其价值相比，个量和部门总量不一定相等，但全产业总量相等。

（4）成本价格按生产价格计量所生产的商品利润与其剩余价值，在个量层次、部门总量层次和全产业总量层次的比较

首先，在个量层次比较。由式（71）知，成本价格按生产价格计量所生产的商品利润写为 $\bar{r}(\bar{c}_k^p+\bar{v}_k^p)$。此外，前已证明，$\bar{r}^p=\bar{r}$，因此，式（69）可参照式（9）的形式写为：

$$\bar{r}=\frac{\sum_{k=-n,i=-q(k)}^{n,q(k)}m_{ki}}{\sum_{k=-n}^{n}[2q(k)+1](\bar{c}_k^p+\bar{v}_k^p)}$$

由此可知，$\bar{r}$ 是全产业商品剩余价值总量 $\sum_{k=-n,i=q(k)}^{n,q(k)}m_{ki}$ 相对全产业成本价格总量 $\sum_{k=-n}^{n}[2q(k)+1](\bar{c}_k^p+\bar{v}_k^p)$ 的平均值。于是，由平均数的数学性质，必有 $\bar{r}(\bar{c}_k^p+\bar{v}_k^p)>m_{ki}$、$\bar{r}(\bar{c}_k^p+\bar{v}_k^p)=m_{ki}$ 和 $\bar{r}(\bar{c}_k^p+\bar{v}_k^p)<m_{ki}$ 三种情况，亦即有：

$$\bar{r}(\bar{c}_k^p+\bar{v}_k^p)\neq m_{ki} \tag{81}$$

其次，在部门总量层次比较。由式（72）知，成本价格按生产价格计量所生产

的部门利润总量写为 $[2q(k)+1]r(\bar{c}_k^p+\bar{v}_k^p)$。此外，由式（62）并式（8）的形式，成本价格按生产价格计量所生产的部门利润率可写为：

$$\overline{r_k}=\frac{\sum_{i=-q(k)}^{q(k)}m_{ki}}{[2q(k)+1](\bar{c}_k^p+\bar{v}_k^p)} \tag{82}$$

由此，成本价格按生产价格计量所生产的部门剩余价值总量可写为 $\sum_{i=-q(k)}^{q(k)}m_{ki}=[2q(k)+1]\overline{r_k}(\bar{c}_k^p+\bar{v}_k^p)$。再者，因为 $\bar{r}^p=\bar{r}$，且 $\bar{r}$ 是 $\overline{r_k}$ 的加权算术平均值，于是，由加权平均数的数学性质，必有如下三种情况：$[2q(k)+1]\bar{r}(\bar{c}_k^p+\bar{v}_k^p)>[2q(k)+1]\overline{r_k}(\bar{c}_k^p+\bar{v}_k^p)$，亦即 $[2q(k)+1]\bar{r}(\bar{c}_k^p+\bar{v}_k^p)>\sum_{i=-q(k)}^{q(k)}m_{ki}$；$[2q(k)+1]\bar{r}(\bar{c}_k^p+\bar{v}_k^p)=[2q(k)+1]\overline{r_k}(\bar{c}_k^p+\bar{v}_k^p)$，亦即 $[2q(k)+1]\bar{r}(\bar{c}_k^p+\bar{v}_k^p)=\sum_{i=-q(k)}^{q(k)}m_{ki}$；$[2q(k)+1]\bar{r}(\bar{c}_k^p+\bar{v}_k^p)<[2q(k)+1]\overline{r_k}(\bar{c}_k^p+\bar{v}_k^p)$，亦即 $[2q(k)+1]\bar{r}(\bar{c}_k^p+\bar{v}_k^p)<\sum_{i=-q(k)}^{q(k)}m_{ki}$。将上述情况归纳起来，即：

$$[2q(k)+1]\bar{r}(\bar{c}_k^p+\bar{v}_k^p)\neq\sum_{i=-q(k)}^{q(k)}m_{ki} \tag{83}$$

再次，在全产业总量层次比较。如前所述，式（69）也可写为：

$$\bar{r}=\frac{\sum_{k=-n,i=-q(k)}^{n,q(k)}m_{ki}}{\sum_{k=-n}^{n}[2q(k)+1](\bar{c}_k^p+\bar{v}_k^p)}$$

由此有：

$$\sum_{k=-n}^{n}[2q(k)+1]r(\bar{c}_k^p+\bar{v}_k^p)=\sum_{k=-n,i=-q(k)}^{n,q(k)}m_{ki} \tag{84}$$

综上所述，就有：

$$\begin{cases}\bar{r}(\bar{c}_k^p+\bar{v}_k^p)\neq m_{ki} & ①\\ [2q(k)+1]\bar{r}(\bar{c}_k^p+\bar{v}_k^p)\neq\sum_{i=-q(k)}^{q(k)}m_{ki} & ②\\ \sum_{k=-n}^{n}[2q(k)+1]r(\bar{c}_k^p+\bar{v}_k^p)=\sum_{k=-n,i=-q(k)}^{n,q(k)}m_{ki} & ③\end{cases} \tag{85}$$

式（85）表明：成本价格按生产价格计量所生产的商品，其利润与剩余价值相比，个量和部门总量不一定相等，但全产业总量相等。

（5）证明

证：对照易知，式（80）和式（85）所表明的内容与“两对总量相等”命题的内涵等价，可见，该命题成本价格按生产价格计量成立。证毕。

（二）转型过程实在性和转型理论必要性补充证明

1. 问题的提起

在此说明，这里的补充证明，不是针对转型理论不足（转型理论在这方面不存在不足)，而是针对我们对转型理论的认识不足。为此，需要谈到此前的文章。

笔者此前的文章通过文献梳理证明，转型论争者（包括转型理论的质疑者和辩护者）对转型理论有一脉相承的三个归结：首先，把转型理论归结为“两对总量相等”命题；其次，把“两对总量相等”命题归结为生产价格计算；最后，把生产价格计算归结为商品出售价格定价计算。显然，这反映出学界有一个基础性认识：转型理论 = “两对总量相等”命题。笔者此前的文章证明，转型理论至少包括“转型理论的对象和性质”“转型理论的基础概念”和“转型过程的理论证明”三个部分（“两对总量相等”命题只是第三个部分中的一个具体内容），从而证明学界的基础性认识是片面的。[4]诚然，笔者此前的文章对转型理论的概括（从而对学界的批评）并无错误，但是，通过本文的研究，我们对转型理论有了新的认识，由此，可以看出笔者此前的文章对转型理论的概括并不完整。这里的补充证明就是以新认识为基础所做的补充证明。

2. 实在性概念和对转型理论的新认识

对转型理论的新认识涉及实在性概念，有必要加以明确。一般地，实在性概念有如下两个层面：其一，本体论层面，指事物在人的意识之外存在；其二，认知学层面，指表征事物的现象为人们普遍重复观察到。应指出，后者是物理学等自然科学确认实在性的准则。伽利略（1564—1642 年）说过，“如果当一个科学观察是有效的，那么对于任何一个合格的科学家，只要有足够的时间和金钱设备，他应该可以重复这一实验，可以观察到同样的现象得到同样的结论”。[12]118在此说明，这里所谓的实在性是认知学层面的，其与伽利略阐明的原理是一致的。

现在，再说对转型理论的新认识。由前文的讨论，可以证明，马克思的转型理论至少包括如下两个层面：其一，指出现实中存在可重复观察的表征转型过程的现象；其二，逻辑地给出解释表征转型过程现象的理论。这就是我们关于转型理论的新认识。对照可知，笔者此前的文章对转型理论的概括只是第二个层面的内容。这就印证了前文的论点。

如上所述，转型理论的第二个层面，笔者此前的文章已有讨论，兹不赘述，但是，第一个层面则需要进一步说明。应指出，马克思给出的表征转型过程的可重复观察的现象是大量的，但最重要的是如下三个方面：第一，当“资本主义的发展达到一定的高度”，商品价格“围绕着运动的重心”是“使不同部门之间的利润率平均化的生产价格”。第二，在既定的商品生产价格基础上，“一个采用经过改良的但尚未普遍推广的生产方法的资本家，可以低于市场价格，但高于他个人的生产价格出售产品；因此，他的利润率会提高，直到竞争使它平均化为止”——这表明商品价值平均化和利润率平均化从而“使不同部门之间的利润率平均化的生产价格”的量值会发生周期性更替。第三，工业产品普遍存在周期性的塌缩新生现象。

3. 补充证明

证：首先，由实在性概念知，所谓转型过程实在性，指可重复观察的表征转型过程的现象。然而，如前所述，马克思给出的可重复观察的表征转型过程的现象是大量的，其最重要的有三个方面。由此，转型过程实在性得以证实。其次，由本文前面的讨论可知，要逻辑地解释可重复观察的表征转型过程的现象，就必须有马克思的“商品价值转化为生产价格”的理论。由此，转型理论必要性得以证明。证毕。

（三）转型理论唯一性补充证明，挑战西方经济学

所谓转型理论唯一性，说的是唯有转型理论才是也才可能是科学解释表征转型过程现象的理论。在此说明，此前的文章讨论了转型理论唯一性证明。[4]下面，由新认识再给出补充证明。

证：如前所述，马克思给出的表征转型过程的现象是可重复观察的，因而是不可否认的。因此，是否内涵并逻辑地解释这些现象，是检验经济学是否科学的根据之一。本文表明，只有以劳动价值论和剩余价值论为基础的经济学才能内涵并逻辑地解释这些现象。但是，综观所有经济学，唯有马克思经济学是以劳动价值论和剩余价值论为基础的经济学，因而，有结论：唯有马克思的转型理论才可能是科学解释表征转型过程现象的理论。证毕。

显然，上述证明隐含如下结论：西方经济学不能内涵并逻辑地解释表征转型过程的现象，因而其科学性是可疑的。对此，西方经济学的学者可能不服气。倘若如此，那么，他们就应当或者证明马克思给出的表征转型过程的现象不存在，或者由西方经济学基础理论对这些现象做出符合逻辑的解释。这就是笔者对西方经济学提出的挑战。

参考文献

［1］曾永寿．超额剩余价值之谜——以部门内为论域和运用公理法所做的破解［J］．管理学刊，2016（1）：1－9.

［2］马克思．资本论（第3卷）［M］．北京：人民出版社，1975.

［3］胡代光，魏埙，宋承先，等．评当代西方学者对马克思《资本论》的研究［M］．北京：中国经济出版社，1990.

［4］曾永寿．转型论争问题真实性考察——兼与胡代光、马艳、白暴力、丁堡骏、余斌等商榷［J］．管理学刊，2015（6）：1－9.

［5］马克思．资本论（第1卷）［M］．北京：人民出版社，1975.

［6］程恩富．理论假设的分类与马克思主义经济学的创新［J］．云南财经大学学报，2007（6）：5－8.

［7］马艳，严金强．转形问题的理论分析及动态价值转形模型的探讨［J］．马克思主义研究，2010（9）：22－30，159.

［8］楼裕胜．统计原理与实务［M］．杭州：浙江大学出版社，2003.

［9］李仁君．关于转形问题争论中三种基本态度的评述［J］．中国特色社会主义研究，2002（1）：59－62.

［10］曾永寿．资源租值理论探索——由马克思经济学著作引出［J］．管理学刊，2015，28（2）：22－31.

［11］史哉书．里嘉图难题的再解决［M］．北京：社会科学文献出版社，2009.

［12］金观涛．我的哲学探索［M］．上海：上海人民出版社，1988.

当代经济系列研究综述、点评及由马克思经济学所做的深层追问①

——兼与周振华、王国平、伍业锋、胡亦盛、朱凤涛、罗珉商榷

［摘　要］当代经济正在发生深刻变化，学界对这一变化从多个层面展开了系列研究，即有关服务经济的研究、有关业态的研究和有关分工协作新模式的研究。诚然，系列研究及其成果的科学价值是毋庸置疑的，但其中也存在诸多局限。文章对系列研究及其成果进行综述、点评以及从马克思经济学视角进行深层追问，由此得出一系列有意义的结论。

［关键词］服务经济；业态；分工协作；综述；点评；马克思经济学；深层追问

21世纪初，有学者在论文中写道，“最近几十年来，世界发展日新月异，现代化步伐不断加快，与此相适应，各样新术语、新名词也大量涌现……如‘知识经济时代’‘信息时代’‘后工业时代’‘消费时代’，以及‘服务经济时代’，甚至‘劳务经济时代’，等等”。[1]岂止如此！最近几十年涌现出来的新术语、新名词远比这位学者所述的多得多。例如，基于服务的制造、服务增强型制造、服务导向型制造、服务制造……；零售业态、行业业态、产业业态、服务业态、……业态；产业链、供应链、价值链、价值链解构、价值链管理、价值链分配、价值链会计……；产业间分工、产业内分工、产品内分工、国际工序分工、产业链分工、价值链分工……；业务模块化、能力要素模块化、组织结构模块化、模块化组织、模块化簇群、模块化分工……；外包、转包、零部件生产外包、服务外包、加工产品贸易、服务贸易……；公司网络、供应商网络、产业网络、贸易网络、全球生产网络、网络社会……；全球商品链、全球价值链、生产者驱动型价值链、采购者驱动型价值链、全球价值链治理、国家价值链……；跨组织大规模协作、概念市集、同侪生产方式、价值共享体系、价值星系……；如此等等。这种情况，可以用“术语井喷”来形容。

检索表明，上述众多术语可归属于三类研究，即有关服务经济的研究，有关业态的研究，有关分工协作新模式的研究。这些研究所涉及的都是当代（从20世纪中期至今）经济现象，因此我们将其统称为当代经济系列研究，简称系列研究。那么，系列研究取得了什么成果？其深入研究的方向何在？这就是本文所要探讨的问题。

---

① 此文首载于《上海商业》2017年第8、9期。

一、系列研究综述

（一）有关服务经济的研究

据资料，服务经济理论的渊源可追溯到古典经济学和马克思关于服务的论述、19世纪中期的“泛服务”理论与20世纪前期的“三次产业划分”理论，然而，真正属于服务经济课题研究的文献，则首推维克多·富克斯（Victor R. Fuchs）于1968年出版的《服务经济学》，继而有丹尼尔·贝尔（Daniel Bell）于1973年出版的《后工业社会的来临，一个大胆的社会预言》和乔纳森·格沙尼（Jonathan Gershuny）于1978年出版的《工业社会之后——自我服务经济的兴起》，最近有詹森（Jan Owen Jansson）于2006年出版的《服务经济学：发展与政策》。[2][3]在我国，这方面的研究，早期有白仲尧的著作，[4]稍后有苏允琴和李相合的论文，[1,5]近来文献日益增多，内容日益丰富，其中，值得关注的是周振华、邱灵、林文进、高传胜等人的文章。[3,6~8]

这方面的成果，有如下几个方面。第一，服务经济的概念。文献一致认为，服务经济是继农业经济、工业经济之后一种新的社会经济形态。富克斯给出的定义是：“服务业增加值占比50%以上、服务业就业占比50%以上的经济形态为服务经济。”[9]周振华强调，服务经济是以提供服务产品为核心的经济形态，其内涵不但包括服务业，也涵盖了成熟发展的制造业和农业。第二，服务经济的特征。周振华认为，“服务化”“融合化”“网络化”“高端化”“两极化”是服务经济的形态特征，服务业占主导地位是服务经济的结构特征，稳定增长是服务经济的运行特征，集聚发展是服务经济的布局特征，对制度环境和综合配套环境要求更高是服务经济发展的环境特征。邱灵将服务经济的特征归纳为四个方面，即产业结构服务化、中间投入服务化、价值创造服务化和最终需求服务化。此外，林文进等学者就有关服务型制造研究的文献进行了综述，这也可视为对服务经济突出特点的表征。第三，服务经济时代已经到来。富克斯于1968年指出，美国已经进入服务经济社会，同时认为服务经济在所有发达国家都已出现。苏允琴认为，自20世纪70年代以来，世界服务业占世界GDP的比例已经高达61%，而农业占5%，工业占34%，从世界经济一体化的观点看，人类开始进入服务经济社会。第四，服务经济生成的动因。周振华从需求、供给和市场竞争三方面做了论证，从而将服务经济生成的动因归结为技术变革、由收入增长而导致的消费结构变动和企业为破解产品同质化和利润率不断下降困境而进行的创新等。邱灵将服务经济生成的动因，归结为国民收入水平提高、社会分工深化、城市化进程、市场经济制度完善和人力资本积累五个方面。第五，李相合就运用马克思经济学理论解释当代服务经济现象做了探讨；高传胜探讨了“经济服务化的世界趋势与中国悖论”，并且就促进我国服务经济发展提出了若干建议。

（二）有关业态的研究

据资料，“业态”一词最早出现于20世纪60年代的日本，主要用于表征零售业不同经营形态。后来，我国学者将这一概念应用到其他服务业，进而拓展到制造业、农业等领域。目前，这方面文献大多是对各种具体业态的研究，在一般性层面探讨的文献不多，值得提到的是王国平和伍业锋的论文。[10][11]

梳理王国平和伍业锋的论文，可获得如下认识。第一，业态概念。王国平说，"'业态'，可从'业'和'态'两个视角去观察：前者为产业，后者为形态。因此，业态的理性判断应视为产业活动的存在形式"。据此，伍业锋认为唯有"产业业态"才是表征这一现象的一般概念。第二，业态的层次和类型。王国平谈到，"在日常经济生活中，人们通常比较熟悉农业、工业、商业或服务业等概念，但稍做细分，农业还可分为种植业、林业、养殖业，工业可分为轻工业、重工业或称轻纺工业、重化工业、装备工业，服务业则可分解为消费性或生活性服务业、生产性服务业，它们都是与'业'相联系的'态'；其实，情况远不止如此，例如，我国商务部颁布的《零售业态分类》，将零售业（商业的子类）分为 17 种业态"。由此可见，在当今，业态的层次和类型是丰富复杂的。第三，业态兴起的成因。王国平认为，"业态兴起的基础性原因有三个，即专业化与社会化水平提升、企业利益追求和外在竞争压力。此外，业态兴起还有三大促进因素，即科技进步、经济全球化和信息化（网络）应用"。第四，业态兴起的意义。王国平认为，"业态兴起将使业态变革、业态重组、业态创新逐渐成为现代商业模式竞争的主要手段"。伍业锋认为，"业态兴起为产业经济相关的理论和实证研究开启了一个新的视角"。

（三）有关分工协作新模式的研究

文献梳理表明，学者们关于分工协作新模式的研究有一个相同的基础理论，那就是价值链或产业链理论①，但是，他们对分工协作新模式的认识和表述却有不同的三种。

1. 基础理论：价值链和产业链理论

价值链概念最早由美国学者迈克尔·波特（Michael Porter）首创。波特写道："每一个企业都是用来进行设计、生产、营销、交货以及对产品起辅助作用的各种活动的集合。所有这些活动都可以用一个价值链表示出来……价值用总收入来衡量，总收入则是企业产品得到的价格与所销售的数量的反映。"[12]36这就是波特给出的价值链概念。以此为基础，波特进一步提出"价值链重构"概念，由此说明，通过"竞争景框""成本""标歧立异来源""技术与替代"等分析，"重新构造整个价值链来降低成本或是提高歧异性"，从而获取"竞争优势"。[12]109-525据检索，在国内，这方面的研究始于 20 世纪末，值得关注的有如下两个方面：一是有关"价值链解构"的研究，这是波特"价值链重构"理论在我国的应用，张文贤、尹美群的论文是其中的代表作；[13,14]二是有关"价值链会计"的研究，其开创者是阎达五教授[15]，目前这一研究尚处于起步阶段，值得提到的是张林和羊艳的论文。[16][17]

据考证，产业链概念由我国学者姚齐源和宋武生于 1985 年提出，西方学者很少使用这一名词，"产业链"是比较具有中国特色的经济学概念。[18]据李平等人检索统计，截至 2012 年 12 月，我国有关产业链的文献高达 36037 篇，可见研究者众

---

① 有关服务经济研究的文献和有关业态研究的文献也频频提到"价值链"或"产业链"，可见，价值链和产业链理论实际也是所有系列研究的基础理论。

多。李平等人的分析表明，尽管学者们给出的产业链概念并不一致，但其核心内涵都是由原材料到最终产品各个环节组成的链网式组织结构。[19]在我国，产业链理论研究起步于农业，目前已经扩展到包括能源、移动通信、文化、建筑、服装、高新技术、生物医药、会展旅游、现代物流等在内的广泛领域，此外，一些学者还对产业链的基础理论进行了探讨，其内容包括产业链内涵、产业链类型、产业链运行机制、产业链纵向关系、产业链优化整合、区域产业链六个方面。[18]

2. 三种不同的认识和表述

（1）产品内分工及其贸易模式理论

这是对分工协作新模式的一种认识和表述。据介绍，国外这方面的研究最早可追溯到20世纪60年代；20世纪90年代以后，这方面的理论开始盛行；到21世纪则进入了一个比较规范的发展时期[20]。从21世纪初开始，国内这方面的文献日益增多，其中比较重要的是曾铮和卢锋的论文。[20~22]

这方面的成果可概括为如下要点。第一，文献普遍认为，产品内分工及其贸易模式，指原来存在于企业内的产品生产工序和服务环节在空间上分离，从而形成在不同地区以至全球铺展的分工和贸易体系，它是继产业间分工、产业内分工之后的第三种分工形态。第二，文献普遍认为，产品内分工与产品生产工序和服务环节外包相联系，因而其类型由外包的性质和所涉及的范围来划分。就外包的性质而言，可分为制造外包和服务外包；就外包所涉及的范围而言，可分为国内外包和国际外包。第三，产品内分工及其贸易模式的成因。卢锋将其归结为“技术进步与制度变迁”，前者表现为“国际运输成本尤其是航空运输成本大幅下降”和“信息技术革命”使得“远距离信息交流成本不断下降”，后者表现为由于“经济自由化取向的政策和制度调整作用，产品内分工的边际成本大幅度向下移动”。第四，产品内分工及其贸易模式对世界经济格局的影响。卢锋认为，由这种模式所导致的“分工深化和贸易扩张，如车之两轮、鸟之两翼，在生生不息的互动作用下，推动国际经济联系深化和全球化进程”，尤其是“服务外包及与其相伴的服务全球化，对改变全球经济版图产生深远的影响”。

（2）全球价值链理论

这是对分工协作新模式的另一种认识和表述。据陈柳钦综述，这一理论有如下要点。第一，全球价值链概念。联合国工业发展组织给出的定义是“全球价值链是指在全球范围内为实现商品或服务价值而连接生产、销售、回收处理等过程的全球性跨企业网络组织”。第二，全球价值链的驱动机制。这是该理论的核心内容，其驱动机制有两种类型，即生产者驱动型和采购者驱动型。第三，全球价值链中经济租的产生和分配。全球价值链可分为技术、生产、营销三大环节，就增值能力而言，以上三个环节呈现由高向低再转向高的“U”形，或曰“微笑曲线”状①，各

---

① 据资料，“微笑曲线”由中国台湾宏碁公司总裁施正荣于1992年提出；后来人们发现，随着时间的推移，“微笑曲线”进一步演化为“大笑曲线”（余建形，徐维祥，楼杏丹：《“微笑曲线”和高技术产业发展》，载《经济问题探索》2005年第9期）。此外，近来有学者认为，由于“互联网的跨界融合”，“微笑曲线已死”，取而代之的是“全程协同”模式（孙会峰：《微笑曲线已死》，载《现代国企研究》2014年第15期）。

环节获利的源泉是基于“进入壁垒”或者垄断条件而产生的“经济租”。第四，全球价值链治理。价值链治理，指通过价值链中公司之间的关系安排和制度机制，实现价值链内不同经济活动和不同环节间的非市场化协调。价值链的驱动者也是价值链的治理者，治理本身就是“租”的重要来源。[23]据马海燕综述，国内这方面的文献在2007年以前不多，其内容主要是该理论在产业集群方面的应用研究。[24]据检索，2007年以后这方面的文献日益增多，理论研究不断深化，值得关注的是李晓华的论文。[25]近来，有学者就“构建国家价值链”，对我国企业摆脱在全球价值链中被“俘获”与被“压榨”的地位进行了研究。[26]此外，崔向阳和崇燕以“马克思的价值链分工思想与我国国家价值链的构建”为题进行了探讨。[27]

（3）模块化分工和价值星系理论

这是对分工协作新模式的第三种认识和表述。据资料，国外模块化研究的代表人物是美国的卡丽斯·鲍德温（Carliss Y. Baldwin）、金·克拉克（Kim B. Clark）和日本的池田信夫、国领二郎以及青木昌彦等学者。价值星系概念的提出，可追溯到美国的拉米雷兹（Normann and Ramirez，1993）、汤姆·邓肯（Duncan and Moriarty，1997）和古拉提（Gulati et al.，2000）等人的研究。在我国，进入21世纪后，这方面的文献日益增多，比较重要的是胡晓鹏、李春田和罗珉的文章。[28~32]

在这方面，如下观点值得关注。胡晓鹏认为，“模块是指具有某种确定独立功能的半自律性的子系统，它可以通过标准的界面结构与其他功能的半自律性子系统按照一定的规则相互联系而构成更加复杂的系统”“如果将分工看成是系统分解的话，那么模块化就是在分工的基础上进一步将各个细分部分按照功能原则重新聚合的过程”。李春田强调，模块化是建设创新型国家的标准化利器，它对整个产业的发展有着广泛而深远的影响。罗珉认为，与模块化分工对应的协作模式是价值星系，“‘企业在价值链上定位’在今天已经过时”，新的分工和协作模式可以由恒星、行星与其卫星构成的系统来类比，这就是价值星系：“这个系统的各成员，包括作为‘恒星’企业的经纪人公司、模块生产企业、供应商、经销商、合伙人、顾客等，共同‘合作创造’价值，通过‘成员组合’方式进行角色与关系的重塑，经由新的角色，以新的协同关系再创价值”“价值星系的出现标志着企业组织形态和价值创造机制的发展正进入一个新的阶段”，值得我们在“战略上”重视。

二、系列研究点评

所谓系列研究点评，指就系列研究现状进行点评。这是对本部分点评的层次所加的限制。在此说明，下一部分将由马克思经济学对系列研究深层追问，显然，深层追问也是点评，但那是更深层次的点评。

应指出，系列研究及其成果的科学价值是毋庸置疑的。由上一部分的综述，有如下感受：系列研究所展示的当代经济的深刻变化令人震撼，所提炼的新概念、新特征、新模式以及所总结的规律性认识，对人们已有的经济学知识形成强烈冲击，笔者由此深受启发。但是，系列研究也存在局限，本部分点评重点指出其局限。

（一）有关服务经济研究的局限

我们从周振华的一个界定说起。周振华说，“‘服务经济’是以提供服务产品为核心的经济形态”。[3]然而，一般地，服务产品指无形的使用价值。显然，无论什么时代，人们都不可能仅靠无形的使用价值生活，因而任何经济形态都不可能是以提供服务产品为核心的经济形态。诚然，在当代，劳动者就业比率以及和增加值的构成比率日益向服务业偏离。但是，究其原因，仅在于“随着现代化机器设备和各种自动生产线的广泛采用，制造业中的加工制造装配等环节会变得相对简单，而更多的就业岗位和增加值则来自于其中的生产者服务环节”。[8]这就是说，在当代，人们赖以生活的物质产品及其生产并没有减少，只不过在这一领域机器替代了人的劳动，从而人的劳动以及增加值的创造日益向服务业倾斜。据此，如果仍用周振华的表述结构，那么，正确的说法应当是：服务经济是以提供服务劳动为核心的经济形态，而不是以提供服务产品为核心的经济形态。可见，周振华的界定值得商榷。

现在，再说有关服务经济研究一般的局限。上述讨论表明，物质产品生产日益机器化与人的劳动以及增加值的创造日益服务化，是当代经济两个不同的面，就如钱币有两个不同的面一样。但是，如前文所述，学者们仅仅将后者视为当代经济的一个特征，并没有将前者也视为当代经济的另一个特征。这就是局限。当然，经济活动的主要内容是人的劳动，就此而言，把当代经济界定为“服务经济”无可厚非，在本部分讨论的层次内，笔者赞同这种界定；笔者批评的只是学者们没有将物质产品生产日益机器化概括为“服务经济”必不可少的特征。应指出，这一局限正好是周振华给出错误界定的根源。试想，如果周振华认识到物质产品生产日益机器化也是“服务经济”必不可少的特征，那么，就不会得出“‘服务经济’是以提供服务产品为核心的经济形态”的错误结论。

（二）有关业态研究的局限

我们从王国平和伍业锋的一个论点说起。如前文所引述，王国平认为，业态的理性判断应视为产业活动的存在形式；伍业锋认为，唯有“产业业态”才是表征这一现象的一般概念。这是值得商榷的。词典解释，产业，构成国民经济的行业和部门，包括工业、农业、交通运输业、通信业等。但是，如前文所述，“业态”最初是表征零售业不同经营形态的概念，此外，王国平也认为，业态“可分为研发业态、生产业态和营销业态”。[10]对比易知，零售业经营形态和营销业态并不属于“产业”。再者，伍业锋以“相关文献述评”为题所提到的业态共有12种，其中包括“文化创意”“旅游业”“银行业”“图书馆业”“传媒业”“竞争情报业”“服务业”等业态。[11]由词典的解释来判定，上述业态也不属于“产业”。由此可知，“业态”中的“业”不限于产业，还包括非产业（服务业）。这就证明王国平和伍业锋的论点不准确。诚然，在日常用语中，“产业”也可理解为一般经济活动，然而，“业”的内涵就是一般经济活动，就此而言，“产业业态”是同义反复。其实，“业态”原本是各种具体业态的共性，就是业态一般，没有必要再用累赘的“产业业态”来表征。这就是说，即使对“产业”取日常用语的理解，“产业业态”也不是表征这一现象的合适概念。

应指出，王国平和伍业锋的论点绝不仅仅是用词不当的问题，还是他们理论分析存在偏颇的反映。阅读他们的论文，我们看到，他们谈论的只是“业”的“态”

在变化（“态”的层次和种类增多了），并没有论及“业”本身也在变化的情况。然而，由前文的综述知，有关服务经济研究的明显结论是：在当代，劳动者就业比率以及增加值的构成比率日益向服务业偏离。显然，这一结论源于统计，因而是可信的；此外，这一点正是有关服务经济研究的立论依据，因而是不可否认的。然而，这样一来，就必然得出如下推论：在当代，绝不仅仅是“业”的“态”在变化，“业”本身也在变化，即原本存在于一体化产业内作为产品生产附属物的服务环节日益分化出来，成为独立的服务业态。考察现实，也能证实这一点。这就证明，王国平和伍业锋的理论分析有失偏颇，他们的论点是其理论分析有失偏颇的表现。

上面还仅是就王国平和伍业锋的论点所做的分析，下面由概念的演化过程及其与现实过程的联系做进一步讨论。如前文所述，“业态”这个词，最早出现在20世纪60年代，但是，一个毋庸置疑的事实是，“产业”这个词早已有之。试问：这里隐含着什么信息？回答：业态的兴起是对产业的替代。其实，这一结论也可由“业态”概念的逻辑分析并与现实过程对照加以证明。如前所述，“业”的内涵就是一般经济活动；“态”，即形态。据此并联系现实过程，那么，业态兴起就必须理解为一般经济活动形态的演化，即业态（独立的产业与独立的服务业相互作用的系统）对产业（原始的一体化的产业，服务环节内含其中）的替代。这才是既符合逻辑也符合现实的认识，然而，有关业态的研究并没有看到这一点。可见，他们的研究的确存在局限。

（三）有关分工协作新模式研究的局限

1. 价值链概念不清晰

应指出，企业的经营活动存在诸多环节，这些环节构成一条与价值相关的链，这是事实；波特由此提炼出一个概念，这是一个创见。但是，波特说，“价值用总收入来衡量，总收入则是企业产品得到的价格与所销售的数量的反映”。[12]36这句话浓缩起来就是：价值是价格。显然，这是概念混淆！不仅如此，而且这样一来一个疑问便应运而生，即波特所说的“链”到底是价值链还是价格链？可见，波特的概念并不清晰。

或许有人说，在西方经济学中价值和价格这两个概念本来就是不区分的，因此，不能说波特陷入概念混淆，也不能说波特的概念不清晰。对此，笔者不敢苟同。首先，“价值”和“价格”明明是两个不同的词语，在表述概念内涵的一句话中，说其中一个就是另一个，这不符合语言学和逻辑学规则。其次，尽管价值和价格（生产价格）这些概念在西方经济学中没有区别，但在马克思经济学中则有明确区别，而且，即使不诉诸马克思的理论，仅由事实（可重复观察的现象）和逻辑亦可证明它们之间有区别。[33]于是，“波特所说的‘链’到底是价值链还是价格链”这一疑问就凸显出来了。综上所述，无论怎么说，波特的价值链概念总存在局限。

2. 产业链概念不准确

如前文所述，学者们普遍认可的产业链概念的内涵是：由原材料到最终产品各个环节组成的链网式组织结构。然而，由有关业态研究的成果知，在当代，从原材料到最终产品的各个环节就是各种业态，并且，前文已明确，“业态”的“业”不限于产业，还包括非产业（服务业）。据此，应当认为，由原材料到最终产品各个环节组成的链是业态链，不是产业链。可见，产业链概念对现实的反映不准确，是对现实存在的业态链的误读。

或许有人说，前文的讨论表明，业态的兴起并不否定存在产业（产品生产活动），因此，确认存在业态链也并不否定还存在产业链。此外，产品可分解为诸多部件，并且诸多部件的生产也构成“链”。这种“链”就是产业链，因此，不能轻言产业链概念不准确。诚然，仅就物质产品（不论其是不是商品）生产而言，上述说法不无道理。但是，系列研究的论域是当代，当代的产品必是商品；在商品生产条件下，纯粹的生产活动是不存在的，例如，它必须有商品销售环节，否则商品生产不可能进行。据此，结论是：在当代，只存在业态链（产品生产环节内含其中），不存在独立的产业链。可见，无论怎么说，产业链概念总是不准确的。

3. 产业链与价值链的关系不明

前文已证明价值链概念不清晰和产业链概念不准确，但是，因为本部分是仅就系列研究现状作点评，因此，为叙述方便，下面仍然沿用这两个概念。

应指出，存在这一局限，已有学者谈到。例如，胡亦盛等学者指出“产业链……与价值链、供应链之间处于一种混淆状态”；[34]朱凤涛等学者说“当人们在面对价值链、供应链、产业链研究领域极其丰硕的研究成果的同时，往往陷入一堆难以分别的概念之中，迷茫于它们之间的关系和作用，困惑于它们之间的区别和联系”。[35]可见，存在产业链与价值链关系不明的问题①，并非笔者孤立的感觉，而是受到许多学者关注的事实。

笔者注意到，上述学者对产业链与价值链的关系进行了“辨析”或“辨识”。但是，并没有取得实质性成果。为此，先进行审题，弄清“明晰产业链与价值链的关系”的含义，而后证明我们的论点。

那么，何谓“明晰产业链与价值链的关系”？逻辑分析表明，这里有且仅有如下两种情况：第一，产业链与价值链可能是互不相关的两种链，如果是这样，那么，所谓明晰二者的关系，当且仅当，证明产业链与价值链是互不相关的两种链；第二，产业链与价值链可能是同一种客观过程两种不同的性质，如果是这样，那么，所谓明晰二者的关系，当且仅当，证明产业链与价值链是同一种客观过程两种不同的性质。

现在回到我们的论点。阅读胡亦盛和朱凤涛等学者的论文，我们没有发现其中有关于“明晰产业链与价值链的关系”含义的讨论，可见，他们并不知道问题的含义，那么，他们又怎么可能明晰二者的关系?！此外，将他们讨论的内容与上文明确的含义相对照，也证明他们并没有真正明晰二者的关系。可见，我们的论点成立。

---

① 供应链实际就是系列研究所称“产业链”，因此，产业链、价值链、供应链三者间的关系可归结为产业链与价值链的关系。

4. 分工协作新模式之间的关系不明

如前文所综述，有关分工协作新模式研究所给出的模式有不同的三种。显然，如果学者们给出的三种模式是有意义的成果，那么，这三种模式之间必有关系，因而明晰这一关系就是该理论研究的必备内容。

那么，何谓明晰三种模式之间的关系？如前文所述，这里同样有且仅有如下两种情况：第一，三种模式可能是互不相关的模式，如果是这样，那么，所谓明晰三种模式之间的关系，当且仅当，证明三种模式是互不相关的模式；第二，三种模式可能是同一种客观模式三种不同的性质，如果是这样，那么，所谓明晰三种模式之间的关系，当且仅当，证明三种模式是同一种客观模式三种不同的性质。

现在，证明我们的论点。遍查相关文献，没有发现有哪一篇提出过“三种分工协作新模式关系”的论题，更没有看到有关这方面的讨论。可见，在系列研究中，三种分工协作新模式的关系的确是不明的。

不过，以现有文献为依据，可以证明，“产品内分工”实际是产业链分工，“全球价值链”和“价值星系”可归结为价值链分工，从而三种分工协作新模式可归结为两种，即产业链分工和价值链分工。

先说“产品内分工”实际是产业链分工。为此，需要提到魏后凯的有关讨论。诚然，魏后凯并不赞同把当代分工协作新模式归结为“产品内分工”，但其理由只是“从术语的准确性看，使用‘产品内分工’的概念容易引起歧义”。而后，魏后凯认为“从规范的角度看，使用产业链分工概念将更为科学”。[36]可见，在魏后凯看来，所谓“产品内分工”实际就是产业链分工。此外，如前文所述，持产品内分工论点的学者也普遍认为，产品内分工，指原来存在于企业内的产品生产工序和服务环节在空间上分离，形成在不同地区以至全球铺展的分工和贸易体系。显然，产品生产工序和服务环节也就是产业链的环节，这也表明“产品内分工”实质就是产业链分工。

再说“全球价值链”和“价值星系”可归结为价值链分工。为此，需要就罗珉的一个论点提出商榷。罗珉说，“‘企业在价值链上定位’在今天已经过时”，新的分工和协作模式是“价值星系”。[32]显然，罗珉这是把“全球价值链”与“价值星系”的区别绝对化，这是值得商榷的。如前文所述，全球价值链理论中有一个要点即“全球价值链的驱动机制”，对比易知，罗珉所谓“恒星”企业就是全球价值链中的“驱动”企业，罗珉所谓“行星”企业就是全球价值链中的被“驱动”企业，就此而言，“价值星系”与“全球价值链”并无不同。可见，罗珉的上述论点值得商榷。

在此说明，我们并不否定“价值星系”理论相对“全球价值链”理论有“认识增加值”（“认识增加值”概念参见卢锋的论文[21]）。显然，全球价值链的生成过程是：通过分工，原本存在于一个企业内的价值链（波特所说的价值链）解构，从而价值链各环节在全球范围内配置。由波特给出的概念知，企业价值链实际就是企业的组织结构，因而充当价值链各环节的各类机构（从事“设计、生产、营销、交货以及对产品起辅助作用的各种活动”的机构）是固定不变的。但是，顾名思义，全球价值链的各环节必然是分布在全球的不同企业，因而，尽管环节本身不变（正因为如此，它仍然是价值链），但充当这些环节的企业则是通过竞争可替换的。如第一节所述，“价值星系”的要义是构成“星系”的“各成员，包括作为‘恒星’企业的经纪人公司、模块生产企业、供应商、经销商、合伙人、顾客……通过‘成员组合’方式进行角色与关系的重塑”。显然，所谓“角色与关系的重塑”，指的就是构成“星系”的“各成员”（充当全球价值链各环节的企业）是通过竞争可替换的。可见，“价值星系”理论并不否定全球价值链，只不过强调了全球价值链与原来的企业价值链的区别点（这正是“价值星系”理论相对“全球价值链”理论的“认识增加值”）。这就证明，“价值星系”和“全球价值链”无非是对同一价值链分工（企业价值链解构从而价值链各环节由不同企业分别承担这一现象）的不同表述。

现在回到我们的论题。尽管上面以现有文献为依据证明三种分工协作新模式可归结为两种即产业链分工和价值链分工，但是，问题依然存在，只是换了形式，因为产业链分工和价值链分工之间仍然存在关系，而有关分工协作新模式的研究对此并没有明晰，这就是局限。

现在，有必要将本节第三和第四要点综合起来，对所讨论的问题进行归纳，并且进行深入一步的讨论。

首先，对所讨论的问题进行归纳。显然，产业链分工和价值链分工之间的关系，其基础是产业链与价值链之间的关系。这就是说，本节第三和第四要点所提出的问题，可以统一地归结为产业链与价值链关系不明的问题。

其次，对归结的问题进行深入一步的讨论。前文说过，产业链与价值链的关系有且仅有如下两种情况：一是产业链与价值链可能是互不相关的两种链；二是产业链与价值链可能是同一种客观过程的两种不同的性质。如前文所述，那只是逻辑分析的结论。如果诉诸现实，那么，可以证明，产业链与价值链不可能是互不相关的两种链。学界有一个重要概念，那就是“经济全球化”，这表明当代经济是统一的、一体化的，并不存在相互隔绝的两个经济体系，因此，不可能存在互不相关的两种链。这就是说，产业链与价值链只能是同一种客观过程的两种不同的性质。这就是深入一步讨论的结论。

然而，问题至此并没有彻底解决。因为由上述结论仍然可以引出如下问题：何以证明产业链与价值链是同一种客观过程的两种不同性质？应指出，证明这一问题，在系列研究本身层面是不可能的，必须诉诸马克思经济学理论，具体讨论将在下一部分进行。

三、由马克思经济学对系列研究进行深层追问

恩格斯在谈到马克思的研究与前人研究的区别时指出：“在前人认为已有答案的地方，他却认为只是问题所在。”[37]今天，运用马克思经济学理论来考察，同样可以看出，在系列研究已有答案的地方却只是问题之所在。这就是本节所要讨论的内容。

（一）对系列研究性质（或范式）的深层追问

由前文综述知，在系列研究的学者看来，他们所研究的对象是当代经济过程。

这似乎就是答案。但是，由马克思经济学理论来考察，这只是问题之所在。

马克思认为，经济过程存在现象与本质的区分。[38]923据此，有如下推论：存在两种不同性质（或范式）的经济学研究，其中一种仅仅研究现象，另一种不仅研究现象，还要透过现象深入本质。于是，产生一个疑问：系列研究对当代经济过程的研究，属于哪种研究？这就是由马克思经济学对系列研究性质（或范式）所做的深层追问。

应指出，存在现象与本质的区分，并不是经济过程所特有的，所有客观过程都如此；不仅研究现象还要透过现象深入本质，这绝不是马克思经济学别出心裁的要求，而是所有科学研究都必须遵循的一般规律。例如，天体的表面运动是现象，天体的实际的但又不能直接感受到的运动是本质，天文学的发展过程就是从现象深入本质的过程。又如，热是现象，分子运动是本质，物理学热学的发展过程也是从现象深入本质的过程。其他科学莫不如此。可见，我们对系列研究的追问并不为过。

然而，遍查系列研究文献，无一例外，所讨论的都只是经济现象，并没有论及本质，甚至没有关于现象与本质区分的讨论。据此，结论是：系列研究对当代经济过程的研究，都是、也只是停留在现象层面，没有实施透过现象深入本质的研究。这就是答案。

（二）对系列研究基本结论的深层追问

1. 当代经济形态仅仅是继农业经济、工业经济之后的服务经济吗

如前文所述，有关服务经济的研究，把当代经济界定为服务经济，并且认为服务经济是继农业经济、工业经济之后一种新的社会经济形态。这就是他们的基本结论。诚然，前文说过，把当代经济界定为“服务经济”无可厚非，但那是仅就有关服务经济研究本身给出的论点。这里提出的疑问，则是由马克思经济学对其基本结论的深层追问。

我们的答案是：当代经济，不但是继农业经济、工业经济之后一种新的社会经济形态，即服务经济形态，而且是继协作、分工和工场手工业、机器和大工业之后一种新的相对剩余价值生产形态，即价值生产体系与社会服务体系相互作用的系统形态。

对上述答案，有如下说明。第一，在马克思经济学中，社会经济形态的划分有两个维度，一是生产力和经济发展维度，二是生产关系和社会制度维度。[39]1这是经济形态划分的总原则。第二，诚然，马克思没有提出“服务经济”的概念，也没有给出农业经济、工业经济和服务经济的形态划分，但是，马克思有生产劳动和非生产劳动（服务劳动）的区分，并且，他从经济过程的内在联系出发，概括和预测了如下发展趋势：随着劳动生产率不断提升以及资本有机构成不断提高，大批劳动力从农业和工业生产领域中游离出来成为服务劳动者，从而原来依附于农业和工业的服务环节日益分化出来，成为独立的服务业态。[5]可见，答案的前半段与马克思上述思想相符。然而，即使如此，由社会经济形态划分的总原则来判断，那也只是从生产力和经济发展维度划分社会经济形态所得出的结论。第三，答案的后半段需要详加讨论，下面分三步进行。

第一步，马克思有关论述及其分析。首先，马克思说："大体说来，亚细亚的、古代的、封建的和现代资产阶级的生产方式可以看作是经济的社会形态演进的几个时代。"[40]33由社会经济形态划分的总原则来判断，这是从生产关系和社会制度维度对经济形态所做的划分。其次，马克思还揭示，相对剩余价值生产依次历经"协作""分工和工场手工业""机器和大工业"三个阶段。[41]358-553此外，据赵学清教授的考证，"在马克思、恩格斯著作中，经济社会形态、社会生产方式、社会生产关系、社会经济结构、经济发展阶段、经济形态、社会形态、社会状态、社会制度、历史时代、历史时期等概念是经济的社会形态的别称"。[42]据此，上述马克思关于相对剩余价值生产依次历经三个阶段的论述也可视为对经济形态的划分，只不过，这是从生产关系和社会制度维度对经济形态所做的第二层级的划分，即对"现代资产阶级的生产方式"这一形态的再划分。

第二步，明确几个基础概念。众所周知，马克思将社会劳动划分为两个大类，一类是生产物质商品的劳动，另一类是服务性劳动，并且认为，前者创造价值，后者不创造价值。据此，有如下定义：从事物质商品生产的企业集合是价值生产体系，仅仅提供社会服务的企业集合是社会服务体系，由二者构成的社会经济整体是价值生产体系与社会服务体系相互作用的系统。

第三步，证明答案的后半段。如上所述，马克思所说的"协作""分工和工场手工业""机器和大工业"三个阶段，也可理解为相对剩余价值生产的三种形态。诚然，"市场交换本身是无法独立存在的，它要靠许多非市场的社会因素才能进行"，[43]7就此而言，在马克思时代也存在为价值和剩余价值生产服务的社会因素。但是，在那时这种社会因素还比较简单，因而应当认为，那时的相对剩余价值原则上是单一价值生产体系的产物。然而，在当代，在原有的价值生产体系之外衍生出一个庞大的社会服务体系（正因为如此，学者们才认为当代是服务经济时代）。此外，深入分析表明，有关分工协作新模式研究给出的三种模式，无一例外，在本质上都是价值生产体系与社会服务体系的分工协作。据此，应当得出如下结论：在当代，相对剩余价值不是单一价值生产体系的产物，而是价值生产体系与社会服务体系相互作用的系统的产物。也就是说，价值生产体系与社会服务体系相互作用的系统，是继协作、分工和工场手工业、机器和大工业之后一种新的相对剩余价值生产形态。①

2. 业态的兴起仅仅是对产业的替代吗

如前文所述，王国平认为，业态的理性判断应视为产业活动的存在形式；伍业锋认为，"产业业态"才是表征这一现象的一般概念。此外，前文通过分析证明，业态的兴起是一般经济活动形态的演化，即业态对产业的替代；诚然，那是对王国平和伍业锋论点的深化，但仍然是仅就系列研究现状得出的结论。这里提出的疑问，则是由马克思经济学对有关业态研究基本结论的深层追问。

我们的答案是：业态兴起，不但是一般经济活动形态的演化，即业态（独立的产业与独立的服务业相互作用的系统）对产业（原始的一体化的产业，服务环节内

---

① 参见曾永寿著《利润生产持续之谜》（载《管理学刊》2014 年第 5 期）。

含其中）的替代，而且是资本形态的演化，即业态资本（独立的产业资本和独立的服务业资本相互作用的系统）对产业资本（原始的一体化的产业资本，服务环节内含其中）的替代。

下面证明上述答案，分三步进行：

第一步，证明答案两个层次的等价性。首先，当代企业的经营形式无一例外都是资本。其次，容易看出，上述答案存在如下对应关系："独立的产业"对应"独立的产业资本"，"独立的服务业"对应"独立的服务业资本"，"原始的一体化的产业"对应"原始的一体化的产业资本"。据此，有如下结论：如果说业态兴起是一般经济活动形态的演化即业态（独立的产业与独立的服务业相互作用的系统）对产业（原始的一体化的产业，服务环节内含其中）的替代这一结论是正确的，那么，业态兴起也是资本形态的演化即业态资本（独立的产业资本和独立的服务业资本相互作用的系统）对产业资本（原始的一体化的产业资本，服务环节内含其中）的替代这一结论同样是正确的。

第二步，因为本节是由马克思经济学对系列研究进行深层追问，所以仅仅证明答案两个层次的等价性是不够的，还要证明答案符合马克思的思想。下面给出这一证明。马克思指出，资本主义生产既是"劳动过程"，又是"价值增殖过程"。[41]201－224诚然，这是马克思在《资本论》第一卷的论述，因此，这里所说的"资本"指的是原始的一体化的产业资本，但是，这一原理对后来演化生成的业态资本也原则上适用。显然，"劳动过程"对应的是一般经济活动形态，而"价值增殖过程"对应的是资本形态。由此可见，答案的两个层次完全符合马克思的思想。

第三步，由马克思的具体研究对上述证明加以印证。应指出，业态资本（业态）对原始的一体化的产业资本（原始的一体化的产业）的替代这一演化过程在马克思时代就已开始（并非从20世纪中期才开始），而且马克思对此进行了成功的研究。在《资本论》第二卷，马克思说，"资本的循环过程经过三个阶段……第一阶段……完成G—W这个流通行为。第二阶段……完成生产过程……。第三阶段……完成W—G这个流通行为"。[44]31容易看出，此处所说的资本，是原始的一体化的产业资本（"流通行为"这种服务环节内含其中）。在《资本论》第三卷，马克思说，"处在流通过程中的资本的这种职能独立起来，成为一种特殊资本的特殊职能，并且固定下来，成为一种由分工给予特殊种类资本家的职能，商品资本就成为商品经营资本或商业资本"。[38]298应指出，此处的"商品经营资本或商业资本"是独立的资本，而不是原始的一体化的产业资本的附属部分，而且，此时产业（产品生产）资本依然存在，只不过原来内含其中的"流通行为"这种服务环节已分化出去了。由此可见，马克思研究了从原始的一体化的产业资本分化出独立的产业资本和独立的商业资本的演化过程。不仅如此，马克思还研究了"生息资本""信用资本"或"银行资本"从"货币资本"衍生出来的过程，[38]297－692很明显，后者是一体化产业资本的附属物，而前者则是从一体化产业资本分化出来的独立资本。此外，马克思还研究了从封建土地所有制到资本主义土地所有制（自然资源业态）的演化过程。[38]881－917诚然，马克思没有给出"业态"这一概念，从而没有明确谈到业态对产业的替代；在当代，从一体化产业分化出来的独立业态也不限于商业、银行业和自然资源业。这里的原因仅在于，在马克思时代这一分化过程才刚刚开始。然而，由此也就证明了马克思是经济演化研究真正的鼻祖，并且，马克思的研究方法是科学的，所取得的成果至今仍然正确。这就进一步印证了我们的答案。

3. 当代分工协作新模式的演化仅仅是业务环节分工协作模式的演化吗

深入分析可知，有关分工协作新模式研究所给出的三种模式实质都是：原来存在于企业内的产品生产工序和服务环节在空间上分离，从而形成在不同地区以至全球铺展的分工和贸易体系。显然，生产工序和服务环节可统称为业务环节。可见，他们所说的当代分工协作新模式的演化，是也只是业务环节分工协作模式的演化。这就是有关分工协作新模式研究（或者说考察这些研究应当得出）的基本结论。然而，这里提出的疑问则是由马克思经济学对上述基本结论进行的深层追问。

我们的答案是：当代分工协作新模式的演化，不但是业务环节分工协作模式的演化，即业务环节在全球不同企业之间分工协作替代业务环节在一个企业内分工协作，而且是剩余价值分配方式的演化，即业态资本分享剩余价值方式替代一体化的产业资本利润率平均化方式。

显然，答案的前半段是明白的结论，用不着多说，而答案的后半段则需要详加讨论。

先说一体化的产业资本的剩余价值分配方式。在马克思经济学中，产业资本既生产价值也生产剩余价值，只不过因为各部门的资本有机构成不同，所以各部门的利润率不同，但是，通过部门间竞争，各部门不同的利润率会趋向平均化，从而形成全产业的平均利润率（也称一般利润率）。[38]173-179 由此可见，在一体化的产业资本条件下，剩余价值的分配方式是一体化的产业资本利润率平均化方式①。

再说业态兴起后剩余价值分配方式发生的变化。马克思说，“商人资本既不创造价值，也不创造剩余价值”，但“能间接地有助于产业资本家所生产的剩余价值的增加”，因而也“分享剩余价值和剩余产品”。[38]312-316 显然，这一论述对所有服务业态资本都适用。据此，应当得出如下结论：业态兴起后，剩余价值分配方式会发生变化，从原来的一体化的产业资本利润率平均化方式，演变为新的业态资本分享剩余价值方式。

综上所述，我们的答案得以证明。

（三）对系列研究“链”理论的深层追问

1. 与价值相关的链，逻辑上有几种？当代现实中又有几种？波特给出的概念实质是价值链还是价格链？

在第二部分，我们有如下疑问：波特所说的“链”到底是价值链还是价格链？

---

① 在此说明，“一体化的产业”可区分为两个层次：一是抽象层次的一体化的产业（内含其中的服务环节被抽象掉了）；二是具体层次的一体化的产业（服务环节内含其中）。因此，一体化的产业资本利润率平均化方式实际有两种，一种是抽象层次的一体化的产业资本利润率平均化方式，另一种是具体层次的一体化的产业资本利润率平均化方式。应指出，《资本论》第三卷第173—179页所讨论的“一般利润率”实际是前者，但其原理显然可推及后者。

然而，在那里，并没有解答这一疑问（在系列研究本身层面不可能解答）。诚然，在本部分可以解答这一疑问，但是，必须换成现在的问题。显然，现在的问题有三问，下面分别讨论。

（1）在逻辑上，与价值相关的链有几种？

我们的答案是：在马克思经济学中，与价值相关的概念至少有四个层次，即个别价值、社会价值、生产价格和价格，但是，可以证明，在逻辑上，不存在个别价值链，但存在社会价值链、生产价格链和价格链。

首先，不存在个别价值链。如第二节所述，在当代，只存在业态链，不存在独立的产业链。此外，如上文所述，“商人资本既不创造价值，也不创造剩余价值”，这一论点对所有服务业态的资本都适用。可见，业态链中的服务环节并不生产价值，因而，在当代并不存在与业态链对应的个别价值链。

其次，存在社会价值链和生产价格链。如前所述，尽管“商人资本既不创造价值，也不创造剩余价值”，但因为商人资本“能间接地有助于产业资本家所生产的剩余价值的增加”，因而也“分享剩余价值和剩余产品”，这一论点适用于所有服务业态的资本。于是，有如下推论：尽管业态链中的服务环节并不生产价值（个别价值），却可以有社会价值和生产价格（由分享的剩余价值转化形成），因此，存在与业态链对应的社会价值链和生产价格链。

最后，存在价格链。在马克思经济学中，社会价值（在价值转化为生产价格的条件下，生产价格）是“价格围绕着运动的重心”或“市场价格波动的中心”（从而价格是社会价值或生产价格的货币表现）。[38]199-200由此有如下推论：如果存在与业态链对应的社会价值链和生产价格链，那么，必然存在与业态链对应的价格链。

（2）在当代现实中，与价值相关的链有几种？

我们的答案是：在当代现实中，与价值相关的链有且仅有两种，即生产价格链和价格链。

上述答案的要害是：社会价值链不可能是现实存在，但可以是逻辑存在。只要证明了这两点，答案就得以证明。下面分别讨论。

先说社会价值链不可能是现实存在。马克思说：“商品按照它们的价值或接近于它们的价值进行的交换，比那种按照它们的生产价格进行的交换，所要求的发展阶段要低得多。而按照它们的生产价格进行的交换，则需要资本主义的发展达到一定的高度。”[38]197-198显而易见，在当代，资本主义发展的高度比马克思所说的“资本主义的发展达到一定的高度”还要高很多。据此，结论是：在当代，商品不可能按社会价值交换，只能按生产价格交换，亦即在当代现实中，只存在商品生产价格链，不可能存在商品社会价值链。

再说社会价值链可以是逻辑存在。马克思说：“竞争首先在一个部门内实现的，是使商品的各种不同的个别价值形成一个相同的市场价值和市场价格。但只有不同部门的资本的竞争，才能形成那种使不同部门之间的利润率平均化的生产价格。”[38]201应指出，马克思这一论述并不肯定在现实中商品交换可以同时既按社会价值交换又按生产价格交换，而只是说商品社会价值是商品生产价格生成的中间环节。由此可见，社会价值链，尽管不可能是现实存在，却可以是商品生产价格生成的一个逻辑环节。

（3）波特给出的概念实质是价值链还是价格链？

前已证明，不存在个别价值链，在现实中不存在社会价值链，但存在生产价格链和价格链。这实际在理论上证明了波特给出的概念不可能是价值链（包括个别价值链和社会价值链）。于是，上述问题只能是：波特给出的概念实质是生产价格链还是价格链？

对此，我们的答案是：波特所说的“链”实质是价格链。如前文所引述，波特给出的界定是“价值用总收入来衡量，总收入则是企业产品得到的价格与所销售的数量的反映”。显然，“总收入”即产品销售收入，而产品销售收入是用货币来计量的。由此可见，波特所说的“价值”就是生产价格的货币表现亦即价格，因此，波特所说的“链”实质是价格链。

应指出，生产价格链与价格链，尽管有相同的本质（都是劳动价值的转化形态），却有不同的应用性质。有如下结论：生产价格链是经济学的基础概念（分析框架），而价格链是企业管理（或企业会计）学的基础概念（分析框架）。这里的原因仅在于：就其关系而言，价格是现象，而生产价格是本质。显然，企业管理必须关注现象，而不必关注本质；企业会计计量的只是现象层面的量，不是也不可能是本质层面的量。但是，经济学研究旨在把握一般规律，而一般规律必然与本质相联系。于是，上述结论得以证明。由此可知，波特给出的“链”只是企业管理（企业会计）学的基础概念（分析框架），不是经济学的基础概念（分析框架）。其实，波特的《竞争优势》是管理学著作，而不是经济学著作，这也印证了我们的论点。

2. 何以证明业态链与生产价格链、价格链是同一种客观过程的两种不同性质？

前文表明，产业链与价值链只能是同一种客观过程的两种不同的性质。然而，前文还证明，在当代，只存在业态链，不存在独立的产业链，并且本节前面证明，不存在价值链，但存在生产价格链和价格链。据此，前文所谓“产业链与价值链只能是同一种客观过程的两种不同的性质”，就必须转换为“业态链与生产价格链、价格链是同一种客观过程的两种不同性质”。于是，何以证明这一点，就成为对系列研究“链”理论深层追问的第二个问题。

为此，需要请教马克思。马克思证明：商品具有使用价值和价值二因素；[41]47-54生产商品的劳动具有具体劳动和抽象劳动二重性；[41]54-60资本主义生产过程具有劳动过程和价值增殖过程二重性。[41]201-224显然，上述二重性分析可推及“资本的循环过程”。[44]31据此，有如下结论：对同一个“资本的循环过程”，从“使用价值”或“具体劳动”或“劳动过程”视角来观察，它是业态链；从“交换价值”或“抽象劳动”或“价值增殖过程”视角来观察，它是生产价格链和价格链。这就是我们的答案。

3. “微笑曲线”的深层根源何在？

前文说到，据陈柳钦综述，全球价值链可分为技术、生产、营销三大环节，就增值能力而言，以上三个环节呈现由高向低再转向高的“U”形，或曰“微笑曲线”状。显然，这是当代经济的一个重要特征。由此可引出如下疑问：“微笑曲线”的深层根源何在？这是对系列研究“链”理论深层追问的第三个问题。

前已证明，不存在价值链，只存在生产价格链和价格链，因此，在这里，正确的表述应当是：“微笑曲线”是生产价格或价格的量值在生产价格链或价格链中的分布曲线，不是价值的量值在价值链中的分布曲线。但是，因为本题讨论需要与系列研究的论述相衔接，为简便，下面仍然沿用系列研究的称谓。

笔者通过中国期刊全文数据库检索，发现以“微笑曲线”为题的论文有很多，但仅有一篇有以“‘微笑曲线’的成因分析”为二级标题的讨论。该文写道，“为什么会形成‘微笑曲线’？一般的解释是因为产业链上不同环节的工作附加价值不同”。[45]对比易知，所谓“附加价值不同”，就是陈柳钦综述中的“增值能力”不同，也就是说，上述论文关于“‘微笑曲线’的成因”的解释，实质是陈柳钦综述所给出的“微笑曲线”概念的同义反复。可见，“‘微笑曲线’的成因”问题，亦即“微笑曲线”的深层根源问题，系列研究并不清楚。

要澄清这一疑问，仍然要请教马克思。如前文所述，物质产品生产日益机器化与人的劳动以及增加值的创造日益服务化，是当代经济两个不同的面。应指出，尽管这是当代经济的重要特征，但是，这一演化过程在马克思时代就已开始，并且马克思对此进行了深入研究，由此不难窥视当今“微笑曲线”的深层根源。

首先，马克思揭示，利用机器替代生产过程中人的劳动是资本“生产剩余价值的手段”。[41]408诚然，这会提高剩余价值率，但也会使剩余价值源泉相对枯竭。因为“很明显，不管机器生产怎样提高劳动生产力，靠减少必要劳动来扩大剩余劳动，它只有减少一定资本所使用的工人人数，才能产生这样的结果……但是，例如从两个工人身上榨不出从 24 个工人身上同样多的剩余价值。24 个工人每人只要在 12 小时中提供一小时剩余劳动，总共就提供 24 小时剩余劳动，而两个工人的全部劳动只不过是 24 小时”。[41]446这就是说，资本家在生产环节利用机器替代人的劳动来追逐剩余价值，其结果会使生产环节剩余价值源泉相对枯竭。这就是今天“价值链”中的“生产”环节增值能力处于“微笑曲线”低端的深层根源。

其次，如前文所述，在原始的一体化的产业中，服务环节只是其中的附属物。这是一片有待开发的内含利润源泉的处女地。于是，当产品生产环节剩余价值源泉相对枯竭后，资本就转向服务环节，从而使服务环节从原来的一体化产业资本中分化出来，成为独立的服务业态。因为独立出来的服务业态是专业化的并且采用集约化经营，所以既可因专业化分工而增加使用价值，也可因集约化经营而大量减少成本（关于此，马克思有深入分析，例如，关于“商人资本”作用的分析[38]307-309）。在一定条件下，这些增加的使用价值和减少的成本就转化为利润。这就是今天“价值链”中的“技术”和“营销”环节增值能力处于“微笑曲线”高端的深层根源。

综上所述，“微笑曲线”的深层根源就在于资本对剩余价值的持续追逐。这就是从马克思经济学理论引出的答案。

参考文献

[1] 苏允琴．服务经济理论的若干热点问题［C］//江小涓．中国经济运行与

政策报告 No. 2：中国服务业的增长与结构．北京：社会科学文献出版社，2004：326－334.

［2］“服务经济发展与服务经济理论研究”课题组．西方服务经济理论回溯［J］．财贸经济，2004（10）：89－92.

［3］周振华．服务经济的内涵、特征及其发展趋势［J］．科学发展，2010（7）：3－14.

［4］白仲尧．服务经济论［M］．北京：东方出版社，1991.

［5］李相合．马克思服务经济理论及其启示［J］．当代经济研究，2005（8）：11－15.

［6］邱灵．服务经济：概念内涵、本质特征和影响因素［J］．工业经济论坛，2015（1）：23－30.

［7］林文进，江志斌，李娜．服务型制造理论研究综述［J］．工业工程与管理，2009，14（6）：1－6，32.

［8］高传胜，汪德华，李善同．经济服务化的世界趋势与中国悖论：基于 WDI 数据的现代实证研究［J］．财贸经济，2008（3）：110－116，128.

［9］VICTOR R F. The Service Economy［M］. New York：National Bureau of Economic Research，1968.

［10］王国平．业态与现代经济发展［J］．科学发展，2012（5）：3－11.

［11］伍业锋．产业业态：始自零售业态的理论演进［J］．产经评论，2013，4（3）：27－38.

［12］迈克尔·波特．竞争优势［M］．陈小悦，译．北京：华夏出版社，1997.

［13］张文贤，韩兆林，张晓燕．价值链解构与层级选择——高科技企业的一种有效经营战略［C］//万解秋．公司制与国有企业再生．上海：复旦大学出版社，2004：288－294.

［14］尹美群．价值链的价值剖析及其解构［J］．科研管理，2006（1）：46，152－155.

［15］阎达五．价值链会计研究：回顾与展望［J］．会计研究，2004（2）：3－7，96.

［16］张林，于富生，王加灿．关于价值链会计理论结构的探讨［J］．财会通讯，2005（5）：45－47.

［17］羊艳．价值链会计的计量及主要内容探析［J］．财会通讯：学术版，2006（3）：39－41，45.

［18］魏然．产业链的理论渊源与研究现状综述［J］．技术经济与管理研究，2010（6）：140－143.

［19］李平，陈计芳，郭洋．基于内容分析法的产业链概念分析综述［J］．江苏商论，2013（12）：77－82.

［20］曾铮，王鹏．产品内分工理论的历史沿承及共范式嬗变［J］．首都经济贸易大学学报，2007（1）：86－91.

［21］卢锋．产品内分工［J］．经济学（季刊），2004（4）：55－82.

[22] 卢锋. 当代服务外包的经济学观察：产品内分工的分析视角 [J]. 世界经济，2007 (8)：22－35.

[23] 陈柳钦. 全球价值链：一个关于文献的综述 [J]. 兰州商学院学报，2009，25 (5)：22－32.

[24] 马海燕. 全球价值链理论研究述评 [J]. 华中农业大学学报：社会科学版，2007 (5)：94－98.

[25] 李晓华. 价值链的片断化及其对国际分工的影响 [J]. 河北经贸大学学报，2007 (5)：54－61.

[26] 刘志彪，张杰. 从融入全球价值链到构建国家价值链：中国产业升级的战略思考 [J]. 学术月刊，2009，41 (9)：59－68.

[27] 崔向阳，崇燕. 马克思的价值链分工思想与我国国家价值链的构建 [J]. 经济学家，2014 (12)：5－13.

[28] 胡晓鹏. 从分工到模块化：经济系统演进的思考 [J]. 中国工业经济，2004 (9)：5－11.

[29] 李春田. 现代标准化前沿——"模块化"研究报告 (1) [J]. 世界标准化与质量管理，2007 (2)：1，4－9.

[30] 李春田. 迎接"模块时代"的挑战——模块化研究报告结束语 [J]. 企业标准化，2007 (12)：8－10.

[31] 罗珉. 大型企业的模块化：内容、意义与方法 [J]. 中国工业经济，2005 (3)：68－75.

[32] 罗珉. 价值星系：理论解释与价值创造机制的构建 [J]. 中国工业经济，2006 (1)：80－89.

[33] 曾永寿. 超额剩余价值之谜——以全产业为论域及由此对转型理论的补充研究 (上) [J]. 管理学刊，2017，30 (2)：10－25.

[34] 胡亦盛，楼儒铠，章豪锋. 价值链、供应链与产业链的概念辨析 [J]. 现代物业 (中旬刊)，2010，9 (6)：22－23，105.

[35] 朱凤涛，李仕明，杜义飞. 关于价值链、产业链和供应链的研究辨识 [J]. 管理学家：学术版，2008，1 (4)：373－380，402.

[36] 魏后凯. 大都市区新型产业分工与冲突管理——基于产业链分工的视角 [J]. 中国工业经济，2007 (2)：28－34.

[37] 马克思. 资本论 (第2卷) [M]. 北京：人民出版社，1975.

[38] 马克思. 资本论 (第3卷) [M]. 北京：人民出版社，1975.

[39] 陈宪，殷凤，韩太祥. 服务经济与贸易 [M]. 北京：清华大学出版社，2011.

[40] 马克思恩格斯选集 (第2卷) [M]. 北京：人民出版社，1995.

[41] 马克思. 资本论 (第1卷) [M]. 北京：人民出版社，1975.

[42] 赵学清. "经济的社会形态"的不同表述与本质属性 [J]. 观察与思考，2014 (10)：8－15.

[43] 左大培，裴小革. 世界市场经济概论 [M]. 北京：中国社会科学出版

社，2009.

［44］马克思．资本论（第2卷）［M］．北京：人民出版社，1975.

［45］刘篪．对“微笑曲线”理论的再认识［J］．成功（教育），2013（23）：285.

论商品生产价格链[①]

——由马克思的资本循环和商品生产价格完成形态理论引出

[摘　要] 商品生产价格链是资本循环过程的剩余价值生产和分配循环分过程的计量形式，也是商品生产价格完成形态的计量形式，并且是当代经济及其演化深入研究的分析框架。提出并研究商品生产价格链这一课题，对深入理解马克思经济学相关理论和把握当代经济运行规律具有重要意义。

[关键词] 资本循环；资本职能分工循环链；剩余价值生产和分配循环链；商品基础价格；非完成形态；完成形态

笔者此前的文章[1]证明，存在商品生产价格链和商品价格链。但是，在那里，只有简略讨论，并没有深入研究。此前拙文还证明，商品生产价格链是经济学的基础概念，商品价格链是企业管理学的基础概念。本文作为经济学课题研究，只讨论商品生产价格链。

一、对象概念

我们的论点是：商品生产价格链是资本循环过程的剩余价值生产和分配循环分过程的计量形式。其要旨在于：资本循环过程具有二层态和二重性（内含二重链），商品生产价格链（也有二层态）只是这一过程一重性质（一个分过程）的计量形式。

（一）资本循环过程的二层态

在《资本论》第二卷，马克思给出了资本循环过程“详细的形式”，[2]49写为：

$$G—W\left\langle\begin{matrix}A\\P_m\end{matrix}\right.\cdots P\cdots W'(W+w)—G'(G+g)$$

由表达式及马克思的解释知，资本循环过程分为三个环节。第一，采购环节。在这一环节，企业完成$G—W\left\langle\begin{matrix}A\\P_m\end{matrix}\right.$这个流通行为，实线“——”代表采购这种流通过程，G代表货币资本，W（劳动力A＋生产资料P_m）代表生产要素商品。第二，生产环节。在这一环节，企业完成“…P…W′（W＋w）”这个生产过程，虚线

① 此文首载于《中共青岛市委党校学报》2017年第6期。

“…”代表流通过程的中断（也代表生产过程），P（=W）代表生产资本，W′（W+w）代表生产结果即由剩余价值增大了的W。第三，营销环节。在这一环节，企业完成“W′（W+w）——G′（G+g）”这个流通行为，实线“——”代表营销这种流通过程，G′(G+g)代表由剩余价值增大了的G。表达式总的意义是：企业经过采购、生产和营销三个环节，使其价值得以增殖，而后回到原来的出发点，开始新的循环。此外，企业生产经营要正常进行，需要满足如下条件：一是企业总资本必须进行职能分工，即分为货币资本、生产资本和商品资本三种职能形式；二是职能分工必须是循环的，即全部资本都要依次采取上述所有三种职能形式。综上所述，有如下结论：资本循环过程实际是资本职能分工循环过程。不过，有一个情况须要注意。马克思明确说，“在这里，货币资本，商品资本，生产资本，并不是指这样一些独立的资本……只是指产业资本的特殊的职能形式”。[2]63可见，马克思在这里所说的过程只是产业资本内（企业内）资本职能分工循环过程。这是这一过程的第一层态。

在《资本论》第三卷，马克思研究了从“商品资本”到“商品经营资本”以及从“货币资本”到“货币经营资本”的演化过程。[3]297-376从马克思的论述可知，商品经营资本和货币经营资本是独立的资本（不是产业资本的附属部分），与此相应，原来存在于产业资本内的生产资本也就演化为独立的生产资本。显然，此时资本循环过程依然存在，但不是产业资本内的货币资本、生产资本、商品资本之间的分工（企业内分工）循环过程，而是独立的货币经营资本、独立的生产资本和独立的商品经营资本之间的分工（企业间社会分工）循环过程。这是这一过程的第二层态。

（二）资本循环过程的二重性（二重链）

对照表明，马克思的公式所刻画的，实际就是由“$G——W<\begin{matrix}A\\P_m\end{matrix}$”“…P…W′（W+w）”和“W′（W+w）—G′（G+g）”三个环节连套而成的链。根据前面的分析，它是资本职能分工循环链。不过，应指出，这只是资本循环过程的一重性质（一重链），因为它还隐含着另一重性质（另一重链）。

马克思指出“剩余价值的出生地是生产领域，不是流通领域”，[2]399只不过，“在商品生产中，流通和生产本身一样必要”，[2]144因此，尽管货币资本（货币经营资本）和商品资本（商品经营资本）“既不创造价值，也不创造剩余价值”，[3]312也要“分享剩余价值和剩余产品”。[3]316可见，资本循环过程还隐含着另一重链，即剩余价值生产和分配循环链（商品生产价格链）。这就是这一过程所具有的另一重性质。须说明的是，它也有二层态，其区别在于：第一层态的环节在企业内集中配置，第二层态的环节在全社会（企业间）分散配置。

至此，我们的论点得以证实。这一论点并不是孤立的。众所周知，马克思证明：商品具有使用价值和价值二因素，[4]47-54生产商品的劳动具有具体劳动和抽象劳动二重性，[4]54-60资本主义生产过程具有劳动过程和价值增殖过程二重性。[4]201-224对照易知，资本循环过程二重性（二重链）是上述二因素或二重性的逻辑延伸。

（三）当代经济系列研究成果的合理内容及其对资本循环过程二层态和二重性（二重链）分析的印证

所谓当代经济系列研究，指有关服务经济的研究、有关业态的研究和有关分工协作新模式研究的统称。[1]系列研究成果丰富，下面引用的只是其中一部分，即迈克尔·波特的价值链概念和有关分工协作新模式研究所给出新模式。所谓合理内容，指笔者此前文章对其分析研究的结论。

先说波特价值链概念的合理内容。波特说："每一个企业都是用来进行设计、生产、营销、交货以及对产品起辅助作用的各种活动的集合。所有这些活动都可以用一个价值链表示出来。"[5]36对此，我国学者尹美群有如下分析"波特所给出的价值链就是我们所说的业务活动或作业链，只是他更强调作业后面的价值创造与价值增值"。[6]可见，波特所说的"链"实际也是二重的，即：一方面，它是作业链；另一方面，它是价值链。此外，波特所说的作业环节（"设计、生产、营销、交货以及对产品起辅助作用的各种活动"）属于"每一个企业"，因此，他所说的作业链是企业内业务分工链。然而，第一，对照易知，波特所说的作业链，其本质就是资本职能分工循环链的第一层态；第二，联系笔者此前文章的研究成果，可以证明并不存在与作业链对应的商品价值链，只存在与之对应的商品生产价格链。

再说有关分工协作新模式研究成果的合理内容。笔者此前文章证明，学者们给出的新模式可归结为两种，即产业链分工（产品内分工）和价值链分工（全球价值链分工）。所谓产业链分工，实际就是作业链解构，从而一些环节从企业内分化出来成为独立的业态，于是，原本存在于企业内的作业链就演化为环节在全社会以至全球分散配置的业态链。然而，第一，对照易知，所谓业态链，其本质就是资本职能分工循环链的第二层态；第二，笔者此前文章证明，并不存在与业态链对应的商品价值链，只存在与之对应的商品生产价格链。

现在回到我们的论点。系列研究成果的合理内容表明，当代经济内含二重链，并且它们也有二层态。其中，一重是作业链（第一层态）或业态链（第二层态），另一重是存在于企业内（第一层态）或环节分布于全社会以至全球（第二层态）的商品生产价格链。此外，笔者此前文章证明，系列研究所研究的当代经济过程实际是马克思揭示的资本循环过程演化的结果，或者更明白地说，当代经济过程就是当代的资本循环过程。由此可见，存在二层态的资本职能分工循环链与商品生产价格链，不但是从马克思经济学理论引出的结论，而且为当代相关研究成果的合理内容所印证。

二、对象的计量形式

前文表明，商品生产价格链是资本循环过程的剩余价值生产和分配循环分过程的计量形式，但是，在那里并没有讨论其具体的计量形式。据查，在马克思著作中，根本就没有"商品生产价格链"这一名词，当然也不可能有以此命名的计量形式。这是本文的难点。然而，马克思有关于商品生产价格的理论，并且他所定义的商品生产价格有两种形态，由此深入探讨，可以获得对象的计量形式。

（一）马克思关于商品生产价格两种形态的论述

在《资本论》第三卷第二篇，马克思说，“商品的生产价格……等于商品的成本价格加上平均利润”。[3]176在该卷第四篇，马克思说，“在阐明一般利润率时，我们必须从这个前提出发，第一，因为商业资本本身，那时对我们来说还不存在；第二，因为平均利润，从而一般利润率，首先必须作为不同生产部门的产业资本实际生产的利润或剩余价值的平均化来说明。但是，说到商人资本，我们考察的却是一种不参加利润生产而只分享利润的资本。所以，现在必须对以前的说明进行补充……这样一来，关于生产价格也就出现一个更确切的有限制的规定。我们仍然要把生产价格理解为商品的价格，即＝商品的成本（商品中包含的不变资本＋可变资本的价值）＋平均利润。但是，这个平均利润现在是由另外的方法决定的。它是由总生产资本所生产的总利润决定的；但不是按这个总生产资本来计算的，而是按总生产资本＋商业资本来计算的”。[3]317－318在该卷第五篇，马克思说，“在最初考察一般利润率或平均利润率时（本卷第二篇），这个利润率还不是在它的完成形态上出现在我们面前，因为平均化还只表现为投在不同部门的产业资本之间的平均化。这种情况已经在上一篇得到补充。在那里，我们说明了商业资本如何参加这个平均化……以后凡是说到一般利润率或平均利润的地方，要注意我们总是就后一种意义而言，即只是就平均利润率的完成形态而言”。[3]377

引文很明白“商品的生产价格……等于商品的成本价格加上平均利润”，或者更确切地说，“＝商品的成本（商品中包含的不变资本＋可变资本的价值）＋平均利润”，但是，“一般利润率或平均利润率”有非完成形态（“不是在它的完成形态上出现在我们面前”）和“完成形态”之分，因此，“商品的生产价格”也就有两种形态，这两种形态的“平均利润”都是“由总生产资本所生产的总利润决定的”，区别仅在于，非完成形态的“一般利润率……按这个总生产资本来计算”，完成形态的“一般利润率……按总生产资本＋商业资本来计算”。这就是马克思区分的商品生产价格的两种形态。

（二）商品生产价格两种形态的计量形式

由马克思上述论述以及资本循环理论，可以引出商品生产价格两种形态的计量形式。为此回到第一部分。在那里，我们知道，资本循环过程分为采购、生产和营销三个环节，尽管采购环节的货币资本（下称“商品货币资本”）和营销环节的商品资本（下称“商品资本”）“既不创造价值，也不创造剩余价值”，但也要分享剩余价值。不过，这里有一个情况需要注意。马克思说过，他给出的一般利润率完成形态的计量形式是以“商品在买进以后卖出以前……没有任何这种费用加入”为假设条件的；[3]315稍后，马克思说，“可是正如我们在考察流通费用时（第二卷第六章）看到的，事实并不是这样”，商人“除了向生产者购买商品而必须预付货币资本以外”，还要支付“纯粹的流通费用”，[3]321这些费用连同其应分享的利润都要“加到这个价格中”。[3]332由此可知，第一，马克思所说的“商业资本”（它“分为两个形式或亚种，即商品经营资本和货币经营资本”，[3]297因此，在这里，“商业资本”应理解为“商品资本＋商品货币资本”）并不包括“纯粹的流通费用”；第二，如果考虑“纯粹的流通费用”，那么，前面所说的完成形态的“一般利润率……按总生产资本＋商业资本来计算”这种计量形式，必须加以修改。综上所述，我们有：

商品生产价格非完成形态的量值＝商品成本（商品中包含的不变资本＋可变资本的价值）＋非完成形态一般利润率·商品生产资本　　(1)

式（1）是商品生产价格非完成形态的计量形式。式中，非完成形态一般利润率＝总生产资本所生产的总利润/总生产资本①。

商品生产价格完成形态的量值＝商品成本（商品中包含的不变资本＋可变资本的价值）＋商品采购纯粹流通费用＋商品营销纯粹流通费用＋完成形态一般利润率·商品生产资本＋完成形态一般利润率·（商品货币资本＋商品采购纯粹流通费用）＋完成形态一般利润率·（商品资本＋商品营销纯粹流通费用）　　(2)

式（2）是商品生产价格完成形态的计量形式。式中，完成形态一般利润率＝（总生产资本所生产的总利润－总采购纯粹流通费用－总营销纯粹流通费用）/（总生产资本＋总货币资本＋总采购纯粹流通费用＋总商品资本＋总营销纯粹流通费用）。② 这里，“总……”指全社会所有商品相应量的加总。

（三）式（2）是商品生产价格链计量形式的证明

可以证明，式（2）就是剩余价值生产和分配循环链即商品生产价格链的计量形式。下面分两步讨论。

首先，式（2）表明，“商品货币资本＋商品采购纯粹流通费用”和“商品资本＋商品营销纯粹流通费用”与商品生产资本以平等权力分享剩余价值，而被分享的剩余价值源自总生产资本所生产的总利润。由此可见，式（2）就是剩余价值生产和分配循环链的计量形式。

其次，如前文所述，商品生产价格链（剩余价值生产和分配循环链）与资本职能分工循环链是同一过程的二重链，因此，其环节应当具有对应关系。然而，容易看出，前者的环节也只有三个，即商品生产环节（商品生产资本是其投入的成本）、

① 笔者此前另有文章《超额剩余价值之谜——以全产业为论域》（载《管理学刊》2017 年第 2、3 期）给出了表达式$\overline{p_k}=\overline{c_k}+\overline{v_k}+\bar{r}\ (\overline{c_k}+\overline{v_k})$。在此说明，此式与本文的式（1）等价。

② 式中，纯粹流通费用的补偿和纯粹流通费用利润的补偿是区别对待的。理由是：纯粹流通费用的性质是“成本”，它与生产成本具有同等权利，因此，必须从总利润中直接扣除［提请注意，此处所说的“成本”与商品生产成本即马克思所说的“商品的成本（商品中包含的不变资本＋可变资本的价值）”不同，后者实际是成本价格，而前者是商品利润的一部分］；然而，纯粹流通费用利润的性质是“利润”，它只能与其他资本的利润具有同等权利，因而只能与其他资本一道分享（扣除纯粹流通费用之后剩下的）总利润。此外，因为货币资本和商品资本在商品的购买阶段由商业资本家支付给产业资本家，而在商品的销售阶段商业资本家又通过销售价格收回，因而它本身并不存在补偿问题，但它们必须分享利润。正因为如此，我们没有把商品货币资本和商品资本作为“成本”列入公式，而只是将二者应分享的利润列入公式。

商品采购环节（商品货币资本 + 商品采购纯粹流通费用是其投入的成本）和商品营销环节（商品资本 + 商品营销纯粹流通费用是其投入的成本），这与后者的三个环节（参见第一节）是严格对应的。这里，从二重性对应视角再次印证了我们的命题。

说到这里，有必要对两个概念的名称加以规范。前文的引述表明，“商品生产价格非完成形态”的对象，马克思最初（在《资本论》第三卷第二篇）给出的名称是“商品的生产价格”；这里，我们又证明，商品生产价格完成形态就是商品生产价格链。据此，也为了简化，我们约定：除非必要，以下不再使用商品生产价格非完成形态和商品生产价格完成形态的名称，而将它们所指称的对象规范称为商品生产价格和商品生产价格链。

三、对象的形式刻画

商品生产价格链，包括商品个别生产价格链和商品一般生产价格链，所谓对象的形式刻画，指这两种链的符号化表达。应指出，式（2）只是商品一般生产价格链的通俗表达式。当然，由式（2）可以引出商品个别生产价格链的通俗表达式，但是，因为后文要给出其形式刻画，同时，也为了简化，所以这里从略。

（一）链的载体和单位的设定与直接生产资本和生产服务资本的区分

商品生产价格链的形式刻画涉及两个技术问题，在给出刻画之前有必要加以讨论。

第一个技术问题：链的载体和单位的设定。乍一看，这似乎不是问题——我们所要刻画的是商品生产价格链，这表明链的载体和单位就是商品。其实不然。首先，在当今的日常用语中，有形的物质实体被称为商品，无形的服务也被称为商品。那么，链的载体是前者还是后者？此外，无论是物质商品还是服务商品，都可以分解为若干部分，这些部分也被称为商品。那么，链的单位是不可再分的基元商品还是由基元商品组合而成的复合商品？

对此，我们有如下设定：链的载体是物质商品，链的单位是不可再分的基元物质商品。理由是：第一，“剩余价值的出生地是生产领域，不是流通领域”，因此，应当确立如下原则：从源头上说，剩余价值是（只能是）物质商品的剩余价值，并不存在脱离物质商品而存在的剩余价值。可见，载体必须设定为物质商品（以下简称“商品”，与此相应，服务商品则一律称为“服务”）。第二，从技术角度说，我们构造的链必须设定为不可再分的基元商品的链，从而复合商品的链可视为基元商品链的加和。

第二个技术问题：直接生产资本和生产服务资本的区分。容易看出，式（2）有一个商品生产环节。由前文知，它实际包含直接生产和生产服务两个部分。所谓直接生产，指直接生产商品的活动；所谓生产服务，指商品生产向前和向后延伸的活动（例如，波特所说的产品“设计”，这是向前延伸活动的例；又如马克思所说的商品“保管、运送、运输、分类、散装”等，这是向后延伸活动的例）。诚然，式（2）的处理方法是：不区分直接生产和生产服务，将它们统称为商品生产。但是，现在讨论的是对象的形式刻画，从技术上说，需要将直接生产资本和生产服务资本区分开来。这是因为，商品的生产服务内含前后相继的多个活动（参见上述实例），这表明生产服务是一个环节类，它由前后相继的若干环节个体组成。然而，如上所述，我们所要构造的链是不可再分的基元商品的链，这表明直接生产只有一个环节个体。可见，直接生产资本和生产服务资本的刻画方法是不同的，因此必须将二者区分开来。

（二）职能资本的设定和定义

职能资本可区分为个别和一般，前者指投入商品个别生产、采购和营销中的资本，后者指前者的部门或环节平均值。前文的讨论表明，职能资本是商品生产价格链的构成基础，因此，必须先给出它们的设定和定义（具体说，职能资本个别只能设定，职能资本一般则可由前者加以定义）。

由式（2）知，职能资本共有三项，它们分别是商品生产资本、商品采购资本（商品货币资本+商品采购纯粹流通费用）和商品营销资本（商品资本+商品营销纯粹流通费用）。前文说过，因为形式刻画的需要，商品生产资本必须区分为直接生产资本和生产服务资本，因此，这里需要设定和定义的职能资本共有四项。在此说明，因为式（2）中的商品成本（=商品生产资本）被表述为不变资本和可变资本之和，因此，在这里，直接生产资本和生产服务资本也将如此表述。诚然，严格地说，这种表述对纯粹流通费用不适用，但在类比的意义上，我们也如此处理。[7]此外，下面给出的形式公式，后面的将从前面的导出。据此，也为了简化，我们约定：如果后面公式的附式与前面公式的附式或主式相同，则从略。

1. 商品直接生产资本的设定和定义

如前所述，商品直接生产环节只有一个环节个体，但是，部门产品产量有很多个，它们可能分别由不同企业生产，从而所投入的个别资本量可能不同。据此，设 $c_{ki}^{\#}$ 和 $v_{ki}^{\#}$ 代表第 k 个部门第 i 个商品直接生产环节个别不变资本和可变资本价值，$\overline{c_k^{\#}}$ 和 $\overline{v_k^{\#}}$ 代表第 k 个部门直接生产环节平均不变资本和可变资本价值，我们有：

$$\overline{c_k^{\#}} + \overline{v_k^{\#}} = \frac{\sum_{i=-q(k)}^{q(k)} (c_{ki}^{\#} + v_{ki}^{\#})}{2q(k) + 1} \tag{3}$$

式中：

$$k = -n, \cdots, -2, -1, 0, 1, 2, \cdots, n$$

$$i = -q(k), \cdots, -2, -1, 0, 1, 2, \cdots, q(k)$$

式（3）是商品直接生产资本一般的定义式。附式表明，全产业的部门有 $2n+1$ 个，第 k 个部门的产品产量有 $2q(k)+1$ 个。

2. 商品生产服务资本的设定和定义

如前所述，商品生产服务环节是一个类，它由前后相继的若干环节个体组成。因此，其形式刻画需要分两步进行。

第一步，环节个体个别资本的设定与环节个体平均资本的定义。例如，产品设计是生产服务环节的一个环节个体，尽管每一个产品只有一个设计，但是，一个部

门有 $2q(k)+1$ 个产品，其设计可能由不同的服务商提供，从而所投入的资本量可能不同。其他环节个体亦如此。因此，作为第一步，必须先设定环节个体的个别资本，并且由此定义环节个体的平均资本。于是，设 c_{kiA}^* 和 v_{kiA}^* 代表第 k 个部门第 i 个商品生产服务环节第 A 个环节个体个别不变资本和可变资本价值，$\overline{c_{kA}^*}$ 和 $\overline{v_{kA}^*}$ 代表第 k 个部门生产服务环节第 A 个环节个体平均不变资本和可变资本价值，我们有：

$$\overline{c_{kA}^*}+\overline{v_{kA}^*}=\frac{\sum_{i=-q(k)}^{q(k)}(c_{kiA}^*+v_{kiA}^*)}{2q(k)+1} \tag{4}$$

式中：

$$A=-a(k),\ \cdots,\ -2,\ -1,\ 0,\ 1,\ 2,\ \cdots,\ a(k)$$

式（4）是商品生产服务环节的环节个体平均资本的定义式。附式表明，第 k 个部门生产服务环节的环节个体共有 $2a(k)+1$ 个。

第二步，环节个别资本总量的设定和环节平均资本总量的定义。因为第 A 个环节个体个别资本前面已设定为 $c_{kiA}^*+v_{kiA}^*$，所以环节个别资本总量应写为 $\sum_{A=-a(k)}^{a(k)}(c_{kiA}^*+v_{kiA}^*)$。因为第 A 个环节个体平均资本前面已设定为 $\overline{c_{kA}^*}+\overline{v_{kA}^*}$，所以环节平均资本总量应写为 $\sum_{A=-a(k)}^{a(k)}(\overline{c_{kA}^*}+\overline{v_{kA}^*})$，并且由式（4），我们有：

$$\sum_{A=-a(k)}^{a(k)}(\overline{c_{kA}^*}+\overline{v_{kA}^*})=\sum_{A=-a(k)}^{a(k)}\frac{\sum_{i=-q(k)}^{q(k)}(c_{kiA}^*+v_{kiA}^*)}{2q(k)+1} \tag{5}$$

式（5）是商品生产服务环节平均资本总量的定义式。

3. 商品采购资本的设定和定义

商品采购资本包括商品货币资本和商品采购纯粹流通费用。

先说商品货币资本的设定和定义。诚然，同类产品所需要的生产要素商品（w）相同，但是，因为部门产品产量有 $2q(k)+1$ 个，它们可能由不同的企业生产，且各个企业采购 W 的渠道可能不同，从而所要支付的价格（货币资本量）可能不同。据此，设 G_{ki} 代表第 k 个部门第 i 个商品个别货币资本，$\overline{G_k}$ 代表第 k 个部门商品平均货币资本，我们有：

$$\overline{G_k}=\frac{\sum_{i=-q(k)}^{q(k)}G_{ki}}{2q(k)+1} \tag{6}$$

式（6）是商品货币资本的定义式。

再说商品采购纯粹流通费用的设定和定义。纯粹流通费用“归结为计算、簿记、市场、通讯等方面的开支”。[3]322 由此可见，纯粹流通费用是一个类——这里应理解为，采购环节是一个环节类，它由前后相继的若干环节个体组成。因此，其纯粹流通费用的形式刻画分两步进行。

第一步，环节个体个别费用的设定与环节个体平均费用的定义。设 h_{kiB} 和 L_{kiB} 代表第 k 个部门第 i 个商品采购环节第 B 个环节个体个别不变资本和可变资本价值，$\overline{h_{kB}}$ 和 $\overline{L_{kB}}$ 代表该环节个体平均不变资本和可变资本价值，我们有：

$$\overline{h_{kB}} + \overline{L_{kB}} = \frac{\sum_{i=-q(k)}^{q(k)} (h_{kiB} + L_{kiB})}{2q(k) + 1} \tag{7}$$

式中：

$$B = -b\ (k),\ \cdots,\ -2,\ -1,\ 0,\ 1,\ 2,\ \cdots,\ b\ (k)$$

式（7）是商品采购环节的环节个体平均纯粹流通费用的定义式。附式表明，第 k 个部门商品采购环节的环节个体共有 $2b\ (k)\ +1$ 个。

第二步，环节个别费用总量的设定和环节平均费用总量的定义。因为第 B 个环节个体个别费用前面已设为 $h_{kiB} + L_{kiB}$，所以环节个别费用总量应写为 $\sum_{B=-b(k)}^{b(k)} (h_{kiB} + L_{kiB})$。因为第 B 个环节个体平均费用前面已设为 $\overline{h_{kB}}$ 和 $\overline{L_{kB}}$，所以环节平均费用总量应写为 $\sum_{B=-b(k)}^{b(k)} (\overline{h_{kB}} + \overline{L_{kB}})$，并且由式（7），我们有：

$$\sum_{B=-b(k)}^{b(k)} (\overline{h_{kB}} + \overline{L_{kB}}) = \sum_{B=-b(k)}^{b(k)} \frac{\sum_{i=-q(k)}^{q(k)} (h_{kiB} + L_{kiB})}{2q(k) + 1} \tag{8}$$

式（8）是商品采购环节平均纯粹流通费用总量的定义式。

4. 商品营销资本的设定和定义

商品营销资本包括商品资本和商品营销纯粹流通费用。

先说商品资本的设定和定义。马克思说，“市场价格对同类商品来说是相同的”。[3]199 尽管如此，每一个商品的营销渠道可能不同，因而所用的时间可能不同，从而所占用的个别资本量可能不同。据此，设 B_{ki} 代表第 k 个部门第 i 个商品的个别商品资本，$\overline{B_k}$ 代表第 k 个部门平均商品资本，我们有：

$$\overline{B_k} = \frac{\sum_{i=-q(k)}^{q(k)} B_{ki}}{2q(k) + 1} \tag{9}$$

式（9）是商品资本一般的定义式。

再说商品营销纯粹流通费用的设定和定义。与上同理，该费用的形式刻画也要分两步进行。

第一步，环节个体个别费用的设定与环节个体平均费用的定义。设 $S_{kiD} + T_{kiD}$ 代表第 k 个部门第 i 个商品营销环节第 D 个环节个体个别费用，$\overline{S_{kD}} + \overline{T_{kD}}$ 代表第 k 个部门营销环节第 D 个环节个体平均费用，我们有：

$$\overline{S_{kD}} + \overline{T_{kD}} = \frac{\sum_{i=-q(k)}^{q(k)} (S_{kiD} + T_{kiD})}{2q(k) + 1} \tag{10}$$

式中：

$$D = -d\ (k)\ \cdots,\ -2,\ -1,\ 0,\ 1,\ 2,\ \cdots,\ d\ (k)$$

式（10）是商品营销环节的环节个体平均纯粹流通费用的定义式。附式表明，第 k 个部门营销环节的环节个体共有 $2d\ (k)\ +1$ 个。

第二步，环节个别费用总量的设定和环节平均费用总量的定义。因为第 D 个环节个体个别费用前面已设为 $S_{kiD}+T_{kiD}$，所以环节个别费用总量应写为 $\sum_{D=-d(k)}^{d(k)}(S_{kiD}+T_{kiD})$。因为第 D 个环节个体平均费用前面已设为 $\overline{S_{kD}}+\overline{T_{kD}}$，所以环节平均费用总量应写为 $\sum_{D=-d(k)}^{d(k)}(\overline{S_{kD}}+\overline{T_{kD}})$，并且由式（10），我们有：

$$\sum_{D=-d(k)}^{d(k)}(\overline{S_{kD}}+\overline{T_{kD}})=\sum_{D=-d(k)}^{d(k)}\frac{\sum_{i=-q(k)}^{q(k)}(S_{kiD}+T_{kiD})}{2q(k)+1} \tag{11}$$

式（11）是商品营销环节平均纯粹流通费用总量的定义式。

（三）引出商品生产价格链的商品价值形式

马克思说，“生产价格……要从商品的价值引申出来。没有这种引申，一般利润率（从而商品的生产价格），就是一个没有意义、没有内容的概念”。[3]176 商品生产价格链的形式刻画也应如此。

马克思给出的商品价值公式是 $w=c+v+m$，式中，w 代表商品价值，$c+v$ 代表商品的成本价格即商品的生产资本，m 代表商品的剩余价值。然而，因为形式刻画的需要，前文已将商品的生产资本区分为商品直接生产资本和商品生产服务资本，并且代表它们的符号增加了下标。由此，我们有：

$$w_{ki}=c_{ki}^{\#}+v_{ki}^{\#}+\sum_{A=-a(k)}^{a(k)}(c_{kiA}^{*}+v_{kiA}^{*})+m_{ki}^{\#}+\sum_{A=-a(k)}^{a(k)}m_{kiA}^{*} \tag{12}$$

式（12）是引出商品生产价格链的商品价值形式。式中，$c_{ki}^{\#}+v_{ki}^{\#}+\sum_{A=-a(k)}^{a(k)}(c_{kiA}^{*}+v_{kiA}^{*})$ 是商品的成本价格，$m_{ki}^{\#}+\sum_{A=-a(k)}^{a(k)}m_{kiA}^{*}$ 是商品的剩余价值。对比可知，式（12）与马克思给出的商品价值公式相比，尽管形式略有不同，但内涵是相同的。

（四）商品个别生产价格链的形式刻画

设 $\overline{p_{ki}}$ 代表第 k 个部门第 i 个商品个别生产价格链的量值，$\overline{r_{ki}}$ 代表该商品完成形态的个别利润率，由式（12）并职能资本个别的设定，我们有：

$$\begin{aligned}\overline{p_{ki}}=&c_{ki}^{\#}+v_{ki}^{\#}+\sum_{A=-a(k)}^{a(k)}(c_{kiA}^{*}+v_{kiA}^{*})+\sum_{B=-b(k)}^{b(k)}(h_{kiB}+L_{kiB})+\\&\sum_{D=-d(k)}^{d(k)}(S_{kiD}+T_{kiD})+\overline{r_{ki}}(c_{ki}^{\#}+v_{ki}^{\#})+\overline{r_{ki}}\sum_{A=-a(k)}^{a(k)}(c_{kiA}^{*}+v_{kiA}^{*})+\\&\overline{r_{ki}}G_{ki}+\overline{r_{ki}}\sum_{B=-b(k)}^{b(k)}(h_{kiB}+L_{kiB})+\overline{r_{ki}}B_{ki}+\\&\overline{r_{ki}}\sum_{D=-d(k)}^{d(k)}(S_{kiD}+T_{kiD})\end{aligned} \tag{13}$$

式中：

$$\overline{r_{ki}}=\frac{m_{ki}^{\#}+\sum_{A=-a(k)}^{a(k)}m_{kiA}^{*}-\sum_{B=-B(k)}^{b(k)}(h_{kiB}+L_{kiB})-\sum_{D=-d(k)}^{d(k)}(S_{kiD}+T_{kiD})}{c_{ki}^{\#}+v_{ki}^{\#}+\sum_{A=-a(k)}^{a(k)}(c_{kiA}^{*}+v_{kiA}^{*})+G_{ki}+\sum_{B=-b(k)}^{b(k)}(h_{kiB}+L_{kiB})+B_{ki}+\sum_{D=-d(k)}^{d(k)}(S_{kiD}+T_{kiD})}$$

式（13）是商品个别生产价格链的定义式，其意义是：商品个别生产价格链的量值 $\overline{p_{ki}}$ 等于商品的成本价格 $c_{ki}^{\#}+v_{ki}^{\#}+\sum_{A=-a(k)}^{a(k)}(c_{kiA}^{*}+v_{kiA}^{*})$ 加上由四项职能资本分享的商品剩余价值 $m_{ki}^{\#}+\sum_{A=-a(k)}^{a(k)}m_{kiA}^{*}$。将 $\overline{p_{ki}}$ 与 w_{ki} 相比，很明显，就其数值而言，二者是相等的，不同的只是后者仅仅包含这个量的生产过程，前者不仅包含这个量的生产过程，还包含其中的剩余价值的分配过程。可见，式（13）的确是由式（12）引出的。

（五）商品一般生产价格链的形式刻画

商品一般生产价格链，指商品个别生产价格链的平均化。设 $\overline{\overline{p_k}}$ 代表第 k 个部门商品一般生产价格链的量值，$\overline{\overline{r}}$ 代表完成形态的一般利润率，于是，由式（2）并前面给出的职能资本一般的定义，我们有：

$$
\begin{aligned}
\overline{\overline{p_k}} = {} & \overline{c_k^{\#}}+\overline{v_k^{\#}}+\sum_{A=-a(k)}^{a(k)}(\overline{c_{kA}^{*}}+\overline{v_{kA}^{*}})+\sum_{B=-b(k)}^{b(k)}(\overline{h_{kB}}+\overline{L_{kB}})+ \\
& \sum_{D=-d(k)}^{d(k)}(\overline{S_{kD}}+\overline{T_{kD}})+\overline{\overline{r}}(\overline{c_k^{\#}}+\overline{v_k^{\#}})+\overline{\overline{r}}\sum_{A=-a(k)}^{a(k)}(\overline{c_{kA}^{*}}+\overline{v_{kA}^{*}})+ \\
& \overline{\overline{r}}\,\overline{G_k}+\overline{\overline{r}}\sum_{B=-b(k)}^{b(k)}(\overline{h_{kB}}+\overline{L_{kB}})+\overline{\overline{r}}\,\overline{B_k}+\overline{\overline{r}}\sum_{D=-d(k)}^{d(k)}(\overline{S_{kD}}+\overline{T_{kD}})
\end{aligned}
\tag{14}
$$

式中：

$$
\overline{\overline{r}}=\frac{\begin{aligned}&\sum_{k=-n,i=-q(k)}^{n,q(k)}(m_{ki}^{\#}+\sum_{A=-a(k)}^{a(k)}m_{kiA}^{*})-\sum_{k=-n}^{n}[2q(k)+1]\sum_{B=-b(k)}^{b(k)}(\overline{h_{kB}}+\overline{L_{kB}})- \\ &\sum_{k=-n}^{n}[2q(k)+1]\sum_{D=-d(k)}^{d(k)}(\overline{S_{kD}}+\overline{T_{kD}})\end{aligned}}{\begin{aligned}&\sum_{k=-n}^{n}[2q(k)+1][\overline{c_k^{\#}}+\overline{v_k^{\#}}+\sum_{A=-a(k)}^{a(k)}(\overline{c_{kA}^{*}}+\overline{v_{kA}^{*}})+ \\ &\overline{G_k}+\sum_{B=-b(k)}^{b(k)}(\overline{h_{kB}}+\overline{L_{kB}})+\overline{B_k}+\sum_{D=-d(k)}^{d(k)}(\overline{S_{kD}}+\overline{T_{kD}})]\end{aligned}}
$$

式（14）是商品一般生产价格链的形式刻画。式中，$\overline{c_k^{\#}}+\overline{v_k^{\#}}+\sum_{A=-a(k)}^{a(k)}(\overline{c_{kA}^{*}}+\overline{v_{kA}^{*}})$ 为第 k 个部门商品的平均成本价格，$\sum_{k=-n,i=-q(k)}^{n,q(k)}(m_{ki}^{\#}+\sum_{A=-a(k)}^{a(k)}m_{kiA}^{*})$ 是总生产资本（总直接生产资本＋总生产服务资本）所生产的总利润（全产业剩余价值总量）。显然，式（14）就是式（2）的形式化表达。

参考文献

[1] 曾永寿．当代经济系列研究综述、点评及由马克思经济学所做的深层追问——兼与周振华、王国平、伍业锋、胡亦盛、朱凤涛、罗珉商榷［J］．上海商业，2017（9）：31－35.

[2] 马克思．资本论（第2卷）［M］．北京：人民出版社，1975.

[3] 马克思．资本论（第3卷）［M］．北京：人民出版社，1975.

［4］马克思．资本论（第1卷）［M］．北京：人民出版社，1975.

［5］迈克尔·波特．竞争优势［M］．陈小悦，译．北京：华夏出版社，1997.

［6］尹美群．价值链的价值剖析及其解构［J］．科研管理，2006（1）：46，152－155.

［7］胡钧，蔡万焕．资本主义生产的总过程：商品资本和货币资本转化为商品经营资本和货币经营资本［J］．改革与战略，2013，29（11）：22－29.

虚假的社会价值论争评析①

［摘 要］马克思给出的工业品级差地租和农产品级差地租的计量形式、前提基础和量值性质是一致的，学界普遍持有的农产品级差地租特殊论是误解。马克思给出的虚假社会价值的含义和来源是明确的，学界在这方面的论争令人费解。马克思相关论述表明，级差地租与商品生产价格从基形到变形的演化相关，但马克思对此没有给出足够说明，致使其理论存在疑难。马克思相关论述还表明，级差地租具有现象本质二重态和二重性，但马克思对此论述不足，致使其理论隐含了现象本质二重性之间的形式矛盾。蔡继明教授由此提出并探讨了马克思理论中的“难题”和“矛盾”——这是他的深刻之处，但他关于“难题”的表述有偏差。关于“矛盾”的表述也不准确，其研究结论值得商榷。

［关键词］虚假的社会价值；范围之争；含义和来源之争；蔡继明研究

马克思给出了“虚假的社会价值”论题。[1]744-745学界对此有不同理解，在我国自20世纪60年代初就论争不断。本文对此进行评析，以期推进相关研究。

一、范围之争评析——一个普遍的误解

文献梳理表明，学界论争的一个焦点是：虚假的社会价值的适用范围。[2][3]据此，我们把围绕这一焦点的论争简称为“范围之争”。

据检索，所有文献（包括论文、专著以及大学教材和《〈资本论〉导读》[4]）都有如下论点：在马克思的级差地租理论中，工业品一般生产价格由平均生产条件决定，农产品一般生产价格由劣等生产条件决定，因此，虚假的社会价值是农产品级差地租的特殊现象（下称“农产品级差地租特殊论”）②。这是一个误解。下面，由马克思给出的两个实例对比分析证明这一点。

在《资本论》第三卷第三十八章，马克思说，“为了表明地租这个形式的一般性质，我们假定，一个国家的工厂绝大多数是用蒸汽机推动的，少数是用自然瀑布

① 此文首载于《经济问题》2018年第1期。

② 这里有两点说明。第一，文中所说“所有文献”包括蔡继明的著述，但是，蔡继明与其他学者有所不同（详见第三部分）。第二，笔者注意到，许兴亚说，“虚假的社会价值……适用于工业品的价值决定”，但他所指的是“在市场供求不平衡的条件下，市场价值就有可能与实际价值相偏离”这种情况（下称“许兴亚关于虚假的社会价值的具体论点”）。他并没有认识到，在级差地租问题上，工业品一般生产价格也是由劣等生产条件决定的——就此而言，他与学界的论点并无区别。当然，许兴亚关于虚假的社会价值的具体论点也是错误的——关于此，曹英耀给出了正确的评价；为节省篇幅，本文对此不再讨论。

推动的。我们假定，在这些工业部门，一个耗费资本100的商品量的生产价格是115……再假定，用水力推动的工厂的成本价格只是90，而不是100。因为这个商品量的调节市场的生产价格=115，其中有利润15%，所以靠水力来推动机器的工厂主，同样会按115，也就是按调节市场价格的平均价格出售。因此，他们的利润是25，而不是15……他们赚到10%的超额利润……这种超额利润……等于商品的一般生产价格超过它的个别生产价格的余额……现在，我们假定瀑布连同它所在的土地，属于那些被认为是这一部分土地的所有者的人……在这种情况下，超额利润就转化为地租，也就是说，它落入瀑布的所有者手中”。[1]721-727

在同卷第三十九章，马克思说，“关于级差地租，一般应当指出：市场价值始终超过产品总量的总生产价格。例如，拿第I表来说，总产量10夸特会卖到600先令，因为市场价格是由A的生产价格决定的，每夸特等于60先令。但实际的生产价格是：

A	1夸特=60先令	1夸特=60先令
B	2夸特=60先令	1夸特=30先令
C	3夸特=60先令	1夸特=20先令
D	4夸特=60先令	1夸特=15先令
	10夸特=240先令	平均1夸特=24先令

10夸特的实际生产价格是240先令；但它们要按600先令的价格出售，贵250%。实际平均价格是每夸特24先令；但市场价格是60先令，也贵250%。

这是由在资本主义生产方式基础上通过竞争而实现的市场价值所决定的；这种决定产生了一个虚假的社会价值”。[1]744-745

这就是马克思给出的两个实例。很明显，第一个发生在“工厂”，因而是工业品级差地租的实例；第二个其产品计量单位是“夸特”（农产品计量单位），因而是农产品级差地租的实例。将其对比分析，可以证明，两种级差地租的计量形式、前提基础和量值性质都是一致的。

首先，计量形式。马克思说，“用自然瀑布推动”的工厂所获取的超额利润即工业品级差地租，“等于商品的一般生产价格超过它的个别生产价格的余额”。据此，有：

$$\text{工业品级差地租} = \text{商品一般生产价格} - \text{商品个别生产价格} \tag{1}$$

此外，马克思又说，“关于级差地租，一般应当指出：市场价值始终超过产品总量的总生产价格”。据此，又有：

$$\text{农产品级差地租} = \text{商品市场价值} - \text{商品生产价格} \tag{2}$$

现在，证明两种计量形式的等价性。由马克思论述知，首先，式（1）中的商品一般生产价格指“商品量的调节市场的生产价格”，式（2）中的商品市场价值指商品“出售”的“市场价格”。对比可知，两式右边的前一项，尽管文字表述略有不同，但其实质内涵是等同的。其次，式（1）中的商品个别生产价格指“用自然瀑布推动”的产品生产耗费，式（2）中的商品生产价格指产品的“实际生产价格”亦即产品生产耗费。可见，两式右边的后一项，尽管文字表述略有不同，但其实质内涵是等同的。综上所述，两种级差地租的计量形式是一致的。

为方便后文的讨论，我们将式（1）和式（2）综合起来，给出统一的计量形式。显然，两式相比，式（1）的表述更规范。据此，有：

级差地租 = 商品一般生产价格 - 商品个别生产价格　　　　(3)

式（3）是由马克思论述引出的级差地租统一的计量形式。

其次，前提基础。先明确“前提基础”的概念。马克思说，“级差地租……不参加商品的一般生产价格的形成，而是以这种生产价格为前提”。[1]728（着重号是引者加的）此外，商品一般生产价格有一个决定基础，即它是由平均生产条件决定还是由劣等生产条件决定。综上所述，所谓前提基础，指级差地租形成的前提即商品一般生产价格的决定基础。

现在回到正题。这里有两点需要明确。一是两个实例所利用的土地都有级差。这一点，就第二个实例来说，马克思说得很明白，需要说明的只是第一个实例。提请注意，“用蒸汽机推动”的工厂也需要有土地（场地），只不过是最差等级（相当于第二个实例中的 A 级）土地，而“用自然瀑布推动”则相当于第二个实例中的利用 B、C、D 级（较优等级）土地，可见，其中同样存在级差。二是实例中的商品一般生产价格都由劣等生产条件决定。这一点，就第二个实例来说，马克思说得很清楚，需要解释的只是第一个实例。提请注意，马克思明确说，工业品“调节市场”的“商品的一般生产价格”是“用蒸汽机推动”所生产的产品生产价格，而不是“用自然瀑布推动”所生产的产品生产价格。可见，工业品一般生产价格也由劣等条件决定，它与农产品一般生产价格的决定基础并无区别。综上所述，两种级差地租的前提基础是一致的。

再次，量值性质。所谓量值性质，指级差地租的性质是否为虚假的社会价值。诚然，马克思没有特别说明工业品级差地租是虚假的社会价值，但是，他在给出“虚假的社会价值”概念的前面明确说，“关于级差地租，一般应当指出”。可见，级差地租性质是虚假的社会价值这一结论，对级差地租一般都适用，并非只对农产品级差地租个别适用。此外，马克思的具体论述也能证明这一点。他说，“煤本身是劳动的产物，所以具有价值，必须由一个等价物来支付，需要一定的费用。瀑布却是一种自然的生产要素，它的产生不需要任何劳动”。[1]724 由此可知，“用自然瀑布推动”所生产的产品价值量小于“用蒸汽机推动”所生产的产品价值量，由此形成的级差地租也是虚假的社会价值。总之，两种级差地租的性质都是虚假的社会价值，这里并无区别。

现在回到学界的论点。前文证明，两种级差地租的计量形式、前提基础和量值性质都是一致的，可见，农产品级差地租特殊论既不正确，也不符合马克思的思想。那么，他们何以会得出该错误论点呢？如上文所述，关于级差地租，马克思有两个实例，但是，学界大多关注的只是第二个实例，并没有同时关注两个实例，更没有对它们进行对比分析。这是学界陷入错误的一个根源。当然，学界陷入错误还有另一个根源，因为这与第三部分的内容相关，我们将在那里说明。

二、含义和来源之争评析——令人费解的论争

文献梳理表明，学界论争的另两个焦点是虚假的社会价值的含义和来源。[2,5,6]据此，我们把围绕这两个焦点的论争简称为“含义和来源之争”。关于此，有三个依次递进的命题，其中，命题3就是本部分标题所表明的论点。

命题1：马克思给出的虚假的社会价值的含义是明确的。

首先，明确问题的判定准则。显然，“虚假的社会价值”是马克思给出的概念。逻辑学表明，明确概念，当且仅当，给出它的内涵和外延，并且无歧义。据此，有：所谓马克思给出的虚假的社会价值含义是明确的，当且仅当，马克思给出了这一概念的内涵和外延，并且无歧义。这就是问题的判定准则。

其次，说明马克思给出了虚假的社会价值概念的内涵，并且无歧义。我们的根据有二。第一，马克思以两个实例为例证，实际给出了级差地租的量化表达。其中，以第一个实例为例证给出的量化表达写为：利用“自然瀑布”产生的超额利润即级差地租（10单位）=商品一般生产价格（115单位）-商品个别生产价格（105单位=成本价格90单位+一般利润15单位）。以第二个实例为例证给出的量化表达写为：利用“自然肥力”产生的总超额利润即总级差地租（360先令=10夸特×36先令）=总产品的市场价格（600先令=10夸特×60先令）-实际生产价格（240先令=10夸特×24先令）。第二，马克思明确说，第二个实例中的级差地租是“虚假的社会价值”；此外，前文已证，马克思这一论述可推及第一个实例。可见，马克思不但给出了级差地租的量化表达，而且指明了级差地租的性质。综上所述，这就是马克思给出的概念内涵。这里是清楚明白的，并不存在歧义。

再次，说明马克思给出了虚假的社会价值概念的外延，并且无歧义。如上所述，马克思给出概念的内涵是以两个实例为例证的，这两个实例，一是工业品，二是农产品，这就是这一概念的外延。这里同样是清楚明白的，并不存在歧义。

现在，给出命题1的证明。

证：将上述两个说明与前文明确的判定准则相对照，结论是：马克思给出的虚假的社会价值的含义是明确的。证毕。

命题2：马克思给出的虚假的社会价值的来源是明确的。

先由马克思给出的两个实例引出虚假的社会价值的生成机制即替代转化规律，而后再证明命题2。

首先，由第一个实例引出这一规律。这一规律有两个关键词。一曰“替代”，即用自然资源替代部分生产资本。由前文的引述知，第一个实例的要害在于：“用自然瀑布推动”替代“用蒸汽机推动”。其中，“用蒸汽机推动”需要有“把水变成蒸汽的煤”，“煤本身是劳动的产物，所以具有价值，必须由一个等价物来支付”（亦即需要投入资本）；“瀑布却是一种自然的生产要素，它的产生不需要任何劳动”（亦即不需要投入资本）。可见，“用自然瀑布推动”替代“用蒸汽机推动”，其实质是用自然资源替代部分生产资本。二曰“转化”，即超额利润转化为地租。因为“瀑布连同它所在的土地，属于那些被认为是这一部分土地的所有者的人”，

所以“用自然瀑布推动”替代“用蒸汽机推动”所生成的“超额利润就转化为地租”。这就是由第一个实例引出的替代转化规律。

其次，上述规律可推及第二个实例。马克思说，“等量资本在等面积的各级土地上使用时所产生的不同结果……是由下面两个和资本无关的一般原因造成的：1. 肥力……2. 土地的位置”。[1]732（着重号是引者加的）稍后，马克思说，“我们先不考察位置这一点，只考察自然肥力”。[1]733众所周知，农作物生长需要肥力，这里有两种不同的情况：如果是比较肥沃的土地，可以少施肥或不施肥；如果是比较贫瘠的土地，则必须人工施肥。显然，人工施肥需要投入资本，而土地的自然肥力是自然资源，不需要投入资本，因而，利用比较肥沃的土地替代比较贫瘠的土地，实际是用自然资源替代部分生产资本。此外，因为土地属于地主，所以用自然资源替代部分生产资本所生成的超额利润就转化为地租。由此可见，替代转化规律也是第二个实例中的虚假的社会价值的生成机制。

现在，给出命题 2 的证明。

证：上文由马克思的论述引出的规律表明，虚假的社会价值来源于自然资源对部分生产资本的替代。这里是清楚明白的，并不存在歧义。证毕。

说到这里，有必要谈到学界关于虚假的社会价值来源的两种论点，即“生产说”和“流通说”。由王海鸿的综述（后文有引述）知，所谓“生产说”，其具体论点是“虚假的社会价值……是雇佣劳动创造的剩余价值”；所谓“流通说”，其具体论点是“虚假的社会价值是流通中产生的”。试问：这两种论点有根据吗？答案是否定的。如上文所述，由马克思论述引出的结论是：虚假的社会价值来源于自然资源对部分生产资本（亦即生产劳动包括物化劳动和活劳动）的替代，而不是来源于生产资本亦即生产劳动。这就证明，“生产说”是没有根据的。此外，上面的讨论表明，自然资源对部分生产资本的替代发生在生产过程中，与产品的流通过程无关。这就证明，“流通说”也是没有根据的。

命题 3：含义和来源之争令人费解。

首先，如上所述，学界论争的焦点是虚假的社会价值的含义和来源——这表明，在学者们看来，马克思给出的虚假的社会价值的含义和来源是不明确的。但是，命题 1 表明，马克思给出的虚假的社会价值的含义是明确的；命题 2 表明，马克思给出虚假的社会价值的来源是明确的。可见，学者们论争的焦点问题并不存在，那么，他们为什么要争论，又何以能争论？——此称为“论争行为令人费解”。

其次，退一步说，或许学者们并不赞同命题 1 和命题 2，亦即假设在他们看来马克思给出的虚假的社会价值的含义和来源确有不明之处，这表明存在论争问题从而有论争的必要，那么，其论争问题所对应的概念（虚假的社会价值）就应该是马克思表述的概念，但是，学者们论争问题所对应的概念却另有所指，并且各不相同——此称为“论争问题表述令人费解”。

再次，学者们所使用的语言也是令人费解的——此称为“论争语言令人费解”。

显然，上述第一点根据是明白的，但是，第二和第三点根据则需要进一步讨论。为此，下面先引述王海鸿教授关于这一论争的综述，而后再进行分析说明。

王海鸿写道，“首先，关于其含义，主要有两种不同意见。第一种意见以骆耕漠先生为代表，他认为：虚假的社会价值是垄断价格和农产品的真正的社会价值之差。垄断价格是劣等土地产品的个别价值，真正的或实际的社会价值是中等土地的社会平均劳动决定的农产品价值。第二种意见以卫兴华先生为代表，他认为虚假的社会价值等于级差地租的总和，即等于社会价值大于平均价值，社会价值总和大于个别价值总和，从而产生了价值以上的差额。这里的‘社会价值’不同于骆耕漠先生提到的‘真正的社会价值’，它是指由劣等地的生产条件来决定，而不是由平均生产条件来决定的农产品价值。很多学者表述观点时，虽然在具体用词上存在差异，但基本上持第二种意见。其次，关于其来源，这个领域的争议更大，也主要有两种意见。第一种意见是‘生产说’，大多数学者认为虚假的社会价值就价值实体看是真实存在的，它是优等土地的较高劳动生产力所产生的超过平均利润以上的利润，是雇佣劳动创造的剩余价值。第二种意见是‘流通说’，个别学者认为虚假的社会价值是流通中产生的，它是由农产品的消费者负担，是从工业部门创造的价值转移来的”。[6]

由引述知，在我国，发起论争的始作俑者是卫兴华和骆耕漠，此外后来还有“很多学者”。据检索，在这“很多学者”中，值得关注的是许涤新、陈征、洪远朋、许兴亚和曹英耀①。对照这些学者的原文，[2,7~12]可以看出，王海鸿的综述是符合事实的。

现在讨论正题。将本文前面的讨论与王海鸿的综述联系起来，我们看到如下两种情况。第一，马克思表述的概念，或者是虚假的社会价值“等于商品的一般生产价格超过它的个别生产价格的余额”，或者是虚假的社会价值等于“市场价值始终超过产品总量的总生产价格”的余额（参见第一部分）。然而，学者们论争问题所对应的概念，或者是“虚假的社会价值是垄断价格和农产品的真正的社会价值之差”（骆耕漠），或者是“虚假的社会价值……等于社会价值大于平均价值，社会价值总和大于个别价值总和，从而产生了价值以上的差额”（卫兴华）。对比可知，学者们论争问题所对应的概念不是马克思表述的概念，并且各不相同。第二，由王海鸿的综述知，卫兴华所说的“社会价值”还不同于骆耕漠所说的“真正的社会价值”。这句话浓缩起来就是：社会价值不是真正的社会价值——这是令人费解的。此外，王海鸿综述“生产说”的具体论点中有一句话：“虚假的社会价值就价值实体看是真实存在的”。显然，这句话包含如下论点：虚假的社会价值的实体是价值(真实的价值)② ——这同样是令人费解的。综上所述，我们给出的第二点第三点根据成立。

至此，命题3得以证明。当然，事情并不如此简单。哲学有名言“凡是现实的

---

① 值得关注的学者还有蔡继明，但是，蔡继明与王海鸿所说的“很多学者”有所不同（详见第三部分），因此，这里没有列入。

② 在陈征的论文中，这种令人费解的表述比比皆是。应指出，“虚假的社会价值”与“价值”（真实的价值）的关系，与数学中的“虚数”与“实数”的关系相当。在数学中，说虚数是真实存在的，是正确的；说虚数是实数，则是错误的。同理，说虚假的社会价值是真实存在的，这是正确的；说虚假的社会价值是真实的价值，则是错误的。

都是合理的",① 况且，参与论争的是这一领域的著名学者。因此，我们需要对令人费解的论争给出合理解释，否则很难说我们的评价是准确的。不过，这与下一部分的内容相关，我们将在那里一并讨论。

三、蔡继明研究评析——有关“难题”和“矛盾”的探讨及由此对前两部分悬置问题的回应

蔡继明当然是论争的参与者，他对（在他之前）论争的各种论点提出了批评。但是，蔡教授与其他学者有所不同，其不同点在于，他提出并研究了“难题”和“矛盾”。尽管他关于“难题”和“矛盾”的表述及其研究结论值得商榷，但是，他的研究有启发意义。因此，我们要对他的研究单独评析。

（一）蔡继明研究综述及简略评价与本部分需要探讨的问题

1. 蔡继明研究综述

蔡继明研究包括他提出的“难题”和“矛盾”与他关于“难题”的答案和破解“矛盾”的方案。为此，他出版了专著，[13]发表了论文。[5,14,15]不过，其专著和论文在这方面的内容大同小异，相比较而言，论文《试解马克思级差地租理论与劳动价值论的矛盾》更具代表性，我们的引述以此文为基础。应指出，蔡教授的论点（尤其是关于“难题”的答案和破解“矛盾”的方案）并不清晰，甚至互相矛盾，不能简单地直接引出。为此，下面分三个层面详加引述和分析。

（1）蔡继明提出的“难题”和“矛盾”

蔡教授写道，“马克思在‘地租篇’以前论述价值与生产价格时，所依据的是平均数原理。即认为价值决定于社会平均必要劳动时间，生产价格则等于部门平均成本加平均利润……而在‘地租篇’中，马克思则运用边际分析方法，认为农产品市场生产价格决定于最劣等产品的个别生产价格 = 最劣等地产品的个别成本 ×（1 + 平均利润率）……那么，虚假社会价值究竟是从哪儿来的？边际分析与平均数原理能否统一起来？按照劣等地产品的个别生产价格决定的市场生产价格，是原来意义上的生产价格呢，抑或是马克思所说的生产价格的变形呢？对于这些问题，在《资本论》第三卷这部未完成的手稿中，一概找不出明确的答案。这就给后人留下了一个谜，成为《资本论》研究中的一个难题”。接着，他继续写道，“马克思级差地租理论中的上述疑难，首先引起日本经济学界的重视……反对派的批评主要集中在两点：①在马克思的价值论中，存在着‘平均原理’和‘限界原理’的矛盾；②级差地租是‘虚假的社会价值’，它不是农业部门内生产的剩余价值，所以，马克思的所谓劳动价值学说，在这里已经崩溃。应该承认，尽管第二点批评未免失之武断，但第一点批评还是有一定道理的。因为在价值决定问题上，必须坚持一元论原则。如果把工业品的价格归结为社会平均必要劳动时间，而把农产品的价格归结为劣等地的个别劳动时间，那势必产生无法克服的矛盾”。[5]

---

①　这句话出自黑格尔《法哲学原理》序言，参见《马克思恩格斯选集》第四卷（北京：人民出版社 1972 年版）第 211、551 页。

仔细分析可以看出，上述引文内含如下两方面的内容。第一，蔡教授认为马克思级差地租理论存在“难题”。这方面包含如下三个要点。一是叙述了一个情况，即马克思给出的商品生产价格的概念有两种，其中一种在“地租篇”以前，“所依据的是平均数原理”，另一种在“地租篇”中，“运用”的是“边际分析方法”（下称“蔡继明叙述的情况”）。二是以叙述的情况为依据，提出三个疑问（下称“蔡继明难题”）。三是断言“对于这些问题，在《资本论》第三卷这部未完成的手稿中，一概找不出明确的答案”（下称“蔡继明断言”）。第二，蔡教授认为存在“马克思级差地租理论与劳动价值论的矛盾”，并且是“无法克服的矛盾”（下称“蔡继明提出的‘矛盾’”）。这里有如下三点需要关注。一是他提出“矛盾”的依据是日本学者反对派的两个论点（详见下文）。二是他用评价日本学者反对派论点的口吻，对马克思关于两种商品生产价格区分的论述给出了一个理解，即认为马克思区分的要点是“把工业品的价格归结为社会平均必要劳动时间，而把农产品的价格归结为劣等地的个别劳动时间”（下称“蔡继明对马克思关于两种商品生产价格区分的理解”）。对比可知，他的理解与前文提到的“在马克思的级差地租理论中，工业品一般生产价格由平均生产条件决定，农产品一般生产价格由劣等生产条件决定”论点是一致的。三是蔡教授以他的理解为基础，对马克思关于两种商品生产价格区分的论述提出批评——这表明蔡教授并不赞同“把工业品的价格归结为社会平均必要劳动时间，而把农产品的价格归结为劣等地的个别劳动时间”，就此而言，他的论点与前文提到的“农产品级差地租特殊论”略有不同。

（2）蔡继明关于“难题”的答案

由引述知，蔡继明难题包括三个疑问，因此，他的答案也就有三个。但是，他的答案是相互矛盾的，不过，通过分析，可以推出他关于“难题”统一的真实答案。据此，下面分四个层次来讨论。

为方便，先说第三个疑问的答案。蔡教授说，“农产品的垄断生产价格可以理解为马克思在地租篇导论中所说的，在社会分工按比例进行的情况下，‘由一般规律决定的这些价值或生产价格的变形’”。[5] 显然，这句话浓缩起来就是：农产品垄断生产价格可以理解为商品生产价格变形。这就是他关于第三个疑问的答案。

次说第二个疑问的答案。如上文所引述，蔡教授一方面说，“马克思给出的商品生产价格概念有两种，其中一种在‘地租篇’以前，‘所依据的是平均数原理’，另一种在‘地租篇’中，‘运用’的是‘边际分析方法’”；另一方面又说，“如果把工业品的价格归结为社会平均必要劳动时间，而把农产品的价格规定为劣等地的个别劳动时间，那势必产生无法克服的矛盾”。将这两种说法综合起来，可以看出，在蔡教授看来，“平均数原理”与“边际分析方法”（从而马克思的两种商品生产价格概念）是矛盾的——这就是他关于第二个疑问的答案。

再说第一个疑问的答案。对这一疑问，蔡教授给出了相互矛盾的两个答案。首先，他说，“农产品垄断生产价格高于农产品价值的差额，就是所谓‘虚假的社会价值’”。这是一个答案。显然，这答案的倾向是肯定级差地租是虚假的社会价值。其次，在“对工农业级差地租进行综合的分析”并给出表Ⅵ之后，他说，“也仅仅是在第Ⅵ表所表示的情况下，作为工农业级差地租实体的超额利润才分别是由工农业部门内投入较优等土地的劳动创造的，但这里面不包含任何虚假社会价值的原子”。[5]（着重号是引者加的）这是另一个答案。显然，这答案的实质是否定级差地租是虚假的社会价值。

最后，由上述答案内含的矛盾，推出蔡教授关于“难题”统一的真实答案。前面说到，蔡教授认为农产品的垄断生产价格可以理解为商品生产价格的变形（第三个疑问的答案）——就此而言，他似乎并不否定马克思的两种生产价格概念。但是，他关于第二个疑问的答案，又认为“平均数原理”与“边际分析方法”（从而马克思的两种商品生产价格概念）是矛盾的——这实际是否定马克思的两种生产价格概念。这是一对矛盾。此外，前面还说到，关于第一个疑问，蔡教授给出了两个相互矛盾的答案。这是另一对矛盾。就此试问：蔡教授关于“难题”的真实答案到底是什么？笔者注意到，他在谈到“农产品的垄断生产价格”与“生产价格的变形”的关系时，使用的是“可以理解为”这个词，然而，他在谈到“平均数原理”与“边际分析方法”（从而两种商品生产价格）的关系时，使用的是“那势必产生无法克服的矛盾”的语句。这表明，在蔡教授看来，如果一定要有两种商品生产价格的概念，那么，农产品的垄断生产价格可以理解为商品生产价格变形，而实际上马克思的两种商品生产价格概念（因为内含矛盾，因而）没有必要都有。此外，笔者还注意到，蔡教授在肯定级差地租是虚假的社会价值时，在“虚假的社会价值”前面加了“所谓”这个词；而在否定级差地租是虚假的社会价值时，所使用的是“这里面不包含任何虚假社会价值的原子”的语句。这表明，蔡教授的真实答案是后者而不是前者。综上所述，结论是：在蔡教授看来，垄断生产价格可取代商品生产价格变形，从而马克思的两种商品生产价格概念没有必要，马克思的“虚假的社会价值”论题可以取消（从而他所说的“难题”也就消解了）。这就是蔡继明关于“难题”统一的真实答案。

（3）蔡继明破解“矛盾”的方案

应指出，蔡教授并没有明确给出破解方案，我们只能根据他的论述推出他的方案。如上文所述，他提出“矛盾”的依据是日本学者反对派的两个论点。诚然，他批评其中第二个论点“未免失之武断”，但那是针对“级差地租是‘虚假的社会价值’”与“马克思的所谓劳动价值学说”的关系而言的——也就是说，在蔡教授看来，日本学者反对派的第二个论点实际是：如果“级差地租是‘虚假的社会价值’”，那么，“马克思的所谓劳动价值学说，在这里已经崩溃”；然而，如上所述，蔡教授认为级差地租“不包含任何虚假社会价值的原子”，正因为如此，他才说日本学者反对派第二个论点“未免失之武断”。据此，有如下推论：第一，蔡教授尽管批评日本学者反对派第二个论点“未免失之武断”，但并不改变他提出“矛盾”以日本学者反对派的两个论点为依据；第二，蔡教授破解“矛盾”的方案的实质是：否定或取消马克思的“虚假的社会价值”论题（由此消解“级差地租是‘虚假的社会价值’”与“马克思的所谓劳动价值学说”之间的矛盾）。这就是我们由蔡教授的论述所得出的推论。对比可知，上述推论与他关于“难题”统一的真实答案是一致的。可见，我们的推论得到双重的证实。

2. 蔡继明研究的简略评价

以上述分析为基础，我们对蔡继明研究有如下评价。第一，他叙述的情况是事实。第二，他对马克思关于两种商品生产价格区分的理解是误解。第三，他提出的第一个疑问并不存在，而第二个和第三个疑问的确是《资本论》（包括级差地租理论）研究的难题。第四，他的断言值得商榷。第五，他关于“矛盾”的表述值得商榷。第六，他关于“难题”的答案和破解“矛盾”的方案不正确。

3. 本部分需要探讨的问题

现在，引出本部分需要探讨的问题，可归结为如下四个方面。第一，上述评价涉及多项内容，这需要加以证实。第二，上述评价说到，蔡教授提出的后两个疑问的确是《资本论》（包括级差地租理论）研究的难题，这需要破解。第三，本文前两部分有两个悬置的问题，它们与本部分探讨的内容相关，这需要回应。第四，本部分的主标题是“蔡继明研究评析”，因此，有必要在有关“难题”和“矛盾”探讨的基础上对蔡继明研究进行总体评价。在此说明，本节第二要点实际也是对蔡继明研究的总体评价，但那是简略的，因为这里还没有展开我们有关“难题”和“矛盾”的探讨。

上面的讨论涉及三个概念，为方便后续研究，对它们的内涵和关系需要加以明确。首先，如上所述，蔡继明提出了“难题”和“矛盾”，这是一个概念。其次，本部分标题中有“有关‘难题’和‘矛盾’的探讨”，这是第二个概念。此外，本节的标题中还有“本部分需要探讨的问题”，这是第三个概念。就此，我们有：本部分需要探讨的问题 = 有关“难题”和“矛盾”的探讨 + 前两部分悬置问题的回应 + 对蔡继明研究的总体评价；有关“难题”和“矛盾”的探讨 = 证明我们对蔡继明研究的简略评价 + 破解蔡继明提出的后两个疑问。

（二）有关“难题”和“矛盾”的探讨及由此对前两部分悬置问题的回应

本节分为六个要点。其中，大部分要点以马克思的相关论述或思想为主标题，将相关问题的探讨作为副标题——这表明对相关问题的探讨以马克思相关论述或思想为依据。

1. 马克思关于商品生产价格基形与变形的区分——考察蔡继明叙述的情况和蔡继明难题的真实性，回应第一部分悬置的问题，证明蔡继明对马克思关于两种商品生产价格区分的理解是误解

在《资本论》第三卷第九章（该章在“地租篇”以前），马克思说，“商品的生产价格……等于商品的成本价格加上平均利润”。[1]176-177 在第三十七章（该章是“地租篇”的开篇章），马克思说，农产品“按照这样一种价格出售，这种价格是由一般规律决定的这些价值或生产价格的变形”。[1]716 显然，在逻辑上，变形与基形相对。然而，马克思明确说，他在第三十七章所说的生产价格是其变形，那么，他在第九章所定义的生产价格就必须理解为是其基形。这就是马克思关于商品生产价格基形与变形的区分——这里已证明蔡继明叙述的情况是事实。

现在，考察蔡继明难题的真实性。为此，回到第二部分。在那里，我们证明马克思给出的虚假的社会价值的含义和来源是明确的——这里已表明蔡继明提出的第一个疑问并不存在。但是，联系这里的讨论可以看出，马克思对其中的两个问题没有给出清楚明白的说明。这两个问题，一是“商品一般生产价格”和“商品个别生产价格”或者商品“市场价值”和商品“生产价格”属于商品生产价格的哪一种（这实质就是蔡继明提出的第三个疑问）；二是两种生产价格之间的关联是什么（是否矛盾）（蔡继明认为，马克思给出两种生产价格所运用的分析方法不同，一是“平均数原理”，二是“边际分析方法”，因此，这问题实质就是蔡继明提出的第二个疑问）。这里已证明蔡继明提出的后两个疑问的确是《资本论》（包括级差地租理论）研究的难题。

我们有必要进一步明确商品生产价格基形与变形的判定准则及其隐含的两种分析方法适用对象的区分，从而为后续讨论打下基础。将《资本论》第三卷的第二篇与第六篇相对照，可以看出，商品生产价格的基形与变形的区别点仅在于商品生产条件是否考虑土地。据此，有如下判定准则（其中隐含着两种分析方法适用对象的区分）：商品生产条件，如果只考虑资本不考虑土地（把土地抽象掉，这只适用于工业品生产的分析），那么，由此形成的是商品生产价格基形；如果既考虑资本也考虑土地（对农产品生产的分析必须这样，因为土地是农业生产不能抽象掉的要素），那么，由此形成的是商品生产价格变形。这就是商品生产价格基形与变形的判定准则及其隐含的两种分析方法适用对象的区分。

现在回应第一部分悬置的问题，并且证明蔡继明对马克思关于两种商品生产价格区分的理解是误解。第一部分的最后谈到，学界陷入农产品级差地租特殊论还另有根源——这就是第一部分悬置的问题，现在可以讨论了。笔者注意到，马克思在多处说过，对工业品生产的分析与对农产品生产的分析应当有所区别，持农产品级差地租特殊论的学者正是以此为依据的。[2]502,[4]496-499但是，学者们的依据不能成立。提请注意，上面引出的判定准则以及两种分析方法适用对象的区分，说的是“如果只考虑资本不考虑土地（把土地抽象掉，这只适用于工业品生产的分析）”“如果既考虑资本也考虑土地（对农产品生产的分析必须这样，因为土地是农业生产不能抽象掉的要素）”——这表明，只考虑资本不考虑土地（把土地抽象掉）这种方法，只适用于工业品生产分析，既考虑资本也考虑土地这种方法，是农产品分析必须使用的方法；而不表明，作为农产品级差地租前提的商品一般生产价格的决定与作为工业品级差地租前提的商品一般生产价格的决定有区别。这里再一次证明学者们的论点值得商榷，也证明蔡继明对马克思关于两种商品生产价格区分的理解是误解。

2. 马克思构造级差地租计量形式的基础概念范畴属性考察——破解蔡继明提出的第三个疑问

首先，明确概念。前文由两个实例引出了级差地租统一的计量形式即式（3），为简化，下面的讨论以此为据，不再引述式（1）和式（2）。显然，式（3）中的“商品一般生产价格”和“商品个别生产价格”是这一计量形式的基础概念——我们称之为“马克思构造级差地租计量形式的基础概念”，简称“计量形式的基础概念”。前已证明，商品生产价格有基形和变形之分。于是，产生如下问题：计量形式的基础概念，是属于商品生产价格的基形还是属于商品生产价格的变形？对这一问题的讨论，我们称为“马克思构造级差地租计量形式的基础概念范畴属性考察”。

其次，进行考察。有如下结论：计量形式的基础概念，属于商品生产价格变形范畴，不属于商品生产价格基形范畴。应指出，一旦证明了这一结论，那么，也就破解了蔡教授提出的第三个疑问（为简化，下面对此不再讨论）。

为方便，先说计量形式的基础概念不属于商品生产价格基形范畴。马克思说，“商品的生产价格……等于商品的成本价格加上平均利润”。[1]176 前文已证，这是商品生产价格基形的定义。此外，马克思还说，“竞争首先在一个部门内实现的，是使商品的各种不同的个别价值形成一个相同的市场价值和市场价格。但只有不同部门的资本的竞争，才能形成那种使不同部门之间的利润率平均化的生产价格”。[1]201 由此可知，商品生产价格基形是商品个别价值和利润率平均化的产物。然而，很明显，在平均化之前（可理解为在“个别”层面），商品只有个别价值，不可能有个别生产价格；在平均化之后（可理解为在“一般”层面），商品只有生产价格，不可能有（与个别生产价格相对的）一般生产价格。总之，无论怎样，以商品生产价格基形为分析框架，只能有商品生产价格和商品个别价值的区分，不可能有商品一般生产价格和商品个别生产价格的区分。[16] 于是，我们的论点得证。

再说计量形式的基础概念属于商品生产价格变形范畴。前面，我们得出了如下准则：商品生产条件，如果只考虑资本不考虑土地，那么，由此形成的是商品生产价格基形；如果既考虑资本也考虑土地，那么，由此形成的是商品生产价格变形。显然，马克思关于地租（从而级差地租）的研究，其商品生产条件既考虑了资本也考虑了土地。因此，结论是：计量形式的基础概念属于商品生产价格变形范畴。

3. 商品生产价格基形与商品生产价格变形的关系考察——破解蔡继明提出的第二个疑问，回应蔡继明断言

关于商品生产价格基形与商品生产价格变形的关系，我们有如下命题：二者不是矛盾并列关系，而是演化叠加（即后者是前者的演化叠加）关系。下面从三个方面证明这一命题。

首先，由判定准则所做的证明。如前文所述，准则是：商品生产条件，如果只考虑资本不考虑土地，那么，由此形成的是商品生产价格的基形；如果既考虑资本也考虑土地，那么，由此形成的是商品生产价格的变形。显然，“只考虑资本不考虑土地”与“既考虑资本也考虑土地”相比，后者是对前者的演化叠加。这里已证明我们的命题。

其次，由马克思关于“分析地租”赖以出发的“前提”的论述及其提问所做的证明。马克思说，“在分析地租时，我们首先要从下面这个前提出发：……土地和矿山的产品，象一切其他商品一样，是按照它们的生产价格出售的……现在要问，在这个前提下，地租怎么能够发展起来，就是说，利润的一部分怎么能够转化为地租，因而商品价格的一部分怎么能够落到土地所有者手中”。[1]721

仔细阅读，上述引文可划分为两层。第一层，马克思给出了一个说明，即“土地和矿山的产品，象一切其他商品一样，是按照它们的生产价格出售的”。由前面的讨论知，这里所说的“生产价格”指商品生产价格的基形。马克思明确说，这是一个前提，地租是以这个前提为基础发展起来的。第二层，马克思提出了一个问题，即“在这个前提下，地租怎么能够发展起来”。联系到马克思给出的商品生产价格变形概念，有如下推论：如果考虑地租，商品生产价格就要发生演化，即由商品生产价格基形演化为商品生产价格变形（这实际就是马克思上述提问的答案）。这里又一次证明了我们的命题。

最后，由马克思给出的两个假定对比分析所做的证明。为此，回到第一部分所引述的第一个实例。其中，马克思说，“我们假定，在这些工业部门，一个耗费资本100的商品量的生产价格是115。15%的利润”。这是第一个假定。从前、后文知，这一假设的实质是假设工厂的资本有机构成和周转速度相等。一般来说，各个工厂的资本有机构成和周转速度是有差别的，因而其产品个别生产价格是不同的，但是，马克思假定它们的生产价格都是115——显然，这只有假设各个工厂资本有机构成和周转速度相等才会如此。稍后马克思又说“我们要再假定，用水力推动的工厂的成本价格只是90，而不是100……他们的利润是25，而不是15”。这是第二个假定。现在，试问：两个假定在资本有机构成和周转速度这方面是否一致？答案是肯定的。因为，尽管用水力推动的工厂的成本价格减少了10（100－90），但是，其减少并不是因为资本有机构成和周转速度发生了变化，而只是因为土地级差因素替代了投入的资本，因此，此时两种工厂的资本有机构成和周转速度仍然相等，从而资本利润率也仍然相等（不同的只是土地级差因素替代投入的资本所产生的效益转化为地租）。那么，再问：既然如此，马克思为什么还要有第二个假定？回答：为了说明引入土地级差因素后商品生产价格会发生演化，即由商品生产价格基形演变为商品生产价格变形，从而也说明，商品生产价格基形与商品生产价格变形（从而资本利润率平均化规律与级差地租归地主所有）不是矛盾并列关系，而是演化叠加（后者是前者的演化叠加）关系。这里再一次证明了我们的命题。

现在回到蔡继明提出的第二个疑问。由引述知，他提出的第二个疑问是：边际分析与平均数原理能否统一起来？本节第一要点已证明这一疑问的实质是：两种生产价格之间的关联是什么（是否矛盾）。然而，本要点前面证明：商品生产价格变形与商品生产价格基形不是矛盾并列关系，而是演化叠加关系。可见，商品生产价格变形与商品生产价格基形（从而贯彻其中的边际分析方法与平均数原理）是统一（不矛盾）的。于是，这就破解了蔡继明的第二个疑问。

现在对蔡继明断言进行评价。诚然，如果说后两个疑问不能在《资本论》“地租篇”找到明确的答案，这是事实，因为马克思在这里并没有给出清楚明白的说明（参见第一要点），但是，蔡继明断言是，“对于这些问题（三个疑问），在《资本论》第三卷这部未完成的手稿中，一概找不出明确的答案”，这就值得商榷了。本文第二部分表明，马克思对虚假的社会价值的来源有清楚明白的说明，本节前面的讨论表明，我们破解后两个疑问所引述的马克思的论述均出自《资本论》第三卷。可见，蔡继明断言不符合事实。

4. 马克思关于级差地租二重性的论述及其充分性考察——澄清蔡继明提出的“矛盾”

（1）马克思关于级差地租二重性的论述

首先，马克思揭示级差地租是“虚假的社会价值”。[1]744-745这是他关于级差地租第一重性质的论述。关于此，第一部分已有引述分析，兹不重复。这里需要指出的是：其中的基本原理是清楚明白的，论证是充分的：一方面，马克思证明，因为“同种商品的市场价格的相同性”，所以通过产品销售，内含于产品中的级差地租表现为价值；另一方面，马克思揭示级差地租来源于自然资源对部分生产资本的替代，而不是来源于生产劳动，由此并劳动价值论来判定，它不是真实的价值。于是，结论是：级差地租是虚假的社会价值。

其次，由马克思关于地租来自劳动的论述，可以推出级差地租还有另一重性质。马克思在这方面的论述是大量的，这里仅举一例。马克思说，“如果对**地租**有正确的理解，自然首先会认识到，地租不是来自土地，而是来自**农产品**，也就是来自劳动，来自**劳动产品**（例如，小麦）**的价格**，即来自农产品的**价值**，来自投入土地的劳动，而不是来自土地本身”。[17]158诚然，马克思说的是地租，但地租显然包含级差地租，这里仅考虑级差地租，从而把这段论述理解为“马克思关于级差地租来自劳动的论述”。很明显：如果级差地租来自劳动，那么由劳动价值论来判定，级差地租是真实的价值；如果说“级差地租是虚假的社会价值”刻画着级差地租的第一重性质，那么“级差地租是真实的价值”就刻画着级差地租的第二重性质。可见，马克思关于级差地租来自劳动的论述，实际也是他关于级差地租第二重性质的论述。

（2）马克思关于级差地租二重性论述的充分性考察

上面已证，马克思关于级差地租是虚假的社会价值的论述是充分的，兹不赘述，这里需要考察的只是他关于级差地租是真实的价值的论述。关于此，有如下论点：马克思对后者的论述是不充分的。我们的根据有如下两点。

首先，马克思关于级差地租来自劳动的论述不足以证明级差地租是真实的价值的命题。如前文所述，马克思已然揭示级差地租来源于自然资源对部分生产资本的替代，而不是来源于生产劳动，显然，这一点与级差地租来自劳动的论述，至少在形式上是矛盾的，因此，如果要切实证明级差地租来自劳动，从而切实证明级差地租是真实的价值的命题，那么，就不仅要给出级差地租来自劳动的具体过程和机制，还要说明其过程和机制与“级差地租来源于自然资源对部分生产资本的替代，而不是来源于生产劳动”之间的关联，从而化解形式上的矛盾。但是，马克思这一论述并没有这样的内容。于是，结论是：这一论述不足以证明级差地租是真实的价值的命题。

其次，应指出，仅仅说级差地租具有二重性，这还不是科学准确的界定。科学准确的界定是：级差地租具有现象本质二重态，其现象态的性质是虚假的社会价值，其本质态的性质是真实的价值。提请注意，“二重态”和“二重性”是既相互关联又有区别的两个概念，前者是可以用数值刻画的状态，后者是这些状态的特征。如前文所述，马克思给出了式（3）（特征是：级差地租的量值=虚假的社会价值的量值），这表明他既揭示了级差地租的现象态，又揭示了级差地租现象态的性质。诚然，马克思有关于级差地租来自劳动的论述，这表明他原则上揭示了级差地租本质态的性质，但是，遍查马克思著作，没有发现有级差地租本质态的计量形式（特征是：级差地租的量值=真实的价值的量值），这表明他没有揭示级差地租本质态。显然，状态的实质是实体，而性质无非是实体的特征，没有揭示实体，何论其特征！这就证明马克思关于级差地租是真实的价值的论述是不充分的。

（3）澄清蔡继明提出的“矛盾”

所谓澄清蔡继明提出的“矛盾”，包括如下两方面的内容：其一，说明马克思的理论隐含着级差地租二重性之间的形式矛盾；其二，证明蔡继明关于“矛盾”的表述不准确。

先说其一。应指出，同一个实体存在现象本质二重态（二重性），绝不是经济领域特有的情况，而是一切领域都存在的普遍规律；同一个实体的二重态（二重性）之间可能存在形式上的矛盾，但并不存在无法克服的矛盾。例如，天体的表面运动是现象态，天体的实际的但又直接感觉不到的运动是本质态，天文学最终证明二者并不矛盾，而是统一的。又如，热是现象态，分子运动是本质态，物理学最终证明二者并不矛盾，而是统一的。级差地租的现象本质二重态（二重性）也是如此。然而，问题在于：马克思只提示了级差地租的现象态，并没有揭示级差地租的本质态，从而没有说明级差地租二重性之间的关联。于是，在马克思的理论中就隐含着级差地租二重性之间的形式矛盾。

再说其二。可以判定蔡继明的表述有两点不准。第一，矛盾本身表述不准。前文证明，隐含在马克思理论中的矛盾是级差地租二重性之间的矛盾，而蔡继明所说的是“马克思级差地租理论与劳动价值论的矛盾”。第二，矛盾性质表述不准。前文证明，隐含在马克思理论中的是形式上的矛盾，而蔡继明所说的是“无法克服的矛盾”。

5. 令人费解论争的合理解释——回应第二部分悬置的问题

第二部分的最后说到，对令人费解的论争需要给出合理解释——这就是悬置的问题。现在可以讨论了。

为此，先明确“合理解释”的要求。由第二部分知，论争令人费解的表现有三，即论争行为令人费解、论争问题表述令人费解、论争语言令人费解，据此，有给出令人费解论争的合理解释，当且仅当，给出上述三种表现的合理解释。下面具体讨论。

先说第一种表现的合理解释。如上所述，马克思的理论隐含级差地租二重性之间的形式矛盾。此外，本节第一要点证明，尽管马克思给出的虚假的社会价值的含义和来源是明确的，但他对其中两个问题并没有给出清楚明白的说明，可见，即使级差地租现象态，马克思的研究也存在不足。显然，形式矛盾需要破解，研究不足需要补充完善——这是可以争论的问题。但是，学者们对此并不清楚，而是错误地把虚假的社会价值的含义和来源当作问题进行论争。可见，学界的论争并非不必要，只是论争问题错位，从而他们的行为难以理喻。

次说第二种表现的合理解释。上述讨论表明，一方面，马克思给出的虚假的社会价值的含义和来源是明确的——这决定了学者们论争问题所对应的概念不能是马克思表述的概念；另一方面，马克思的理论又的确存在形式矛盾和研究不足之处，而且学者们对此并不清楚。于是，其论争问题是马克思给出的虚假的社会价值的含义和来源，但其论争问题所对应的概念却不是马克思表述的概念，而是另有所指，并且各不相同，这种令人费解的情况就应运而生。

再说第三种表现的合理解释。论争语言令人费解，这当然与论争问题错位和问题表述错位有关，但更直接的原因是：级差地租具有现象本质二重态（二重性），而马克思只揭示了它的现象态及其性质，没有揭示它的本质态，从而没有证明级差地租是真实的价值。在这种情况下，一方面，学者们从劳动价值论直觉到，级差地租最终必须是劳动创造的价值（真实的价值）；另一方面，学者们在理论上并不知道级差地租具有现象本质二重态，从而错误地把级差地租等同于虚假的社会价值。于是，“社会价值不是真正的社会价值”和“虚假的社会价值的实体是价值（真实的价值）”之类含混的语言就应运而生。

6. 证明蔡继明关于“难题”的答案和破解“矛盾”的方案不正确

为方便，先说蔡继明破解“矛盾”的方案不正确。一般地，破解“矛盾”的方案以准确表述“矛盾”为前提，然而，前文已证，蔡教授关于“矛盾”的表述不准确——这里已证明其方案不可能正确。但是，这里仍有问题需要讨论。如第一节所述，蔡教授的方案是：否定或取消马克思的“虚假的社会价值”论题。就此试问：这一论题可以否定和取消吗？——这就是需要讨论的问题。

对上述问题，我们的回答是：马克思的论题不可否定或取消。如上所述，马克思论题揭示的是级差地租现象态，此外，马克思还有级差地租来自劳动的论述，这一论述揭示的是级差地租的本质态性质。再者，马克思认为，现象是可感觉的“表面运动”，本质是“直接感觉不到的运动”（只有透过现象深入本质的理论研究才能把握的运动）[18]352——由此可知，研究现象是深入本质的前提和基础。据此，有如下结论：如果否定或取消马克思的论题（这等价于否定或取消马克思关于现象的研究），那么，马克思关于级差地租本质的论述就成为无本之木、无源之水。这就证明马克思的论题不可否定或取消。

再说蔡继明关于“难题”的答案不正确。由第一节知，他关于“难题”的真实答案，其要害在于：垄断生产价格可取代商品生产价格变形。笔者注意到，马克思在《资本论》第四卷说过，“这里提供地租的产品的价格也是垄断价格，不过这种垄断在一切生产领域都有，它只是在这个生产领域才固定下来，因而采取了不同于超额利润的地租形式”。[17]179蔡教授认为垄断生产价格可取代商品生产价格变形，正是以此为依据的。[5]但是，据查，马克思上述论述没有写进《资本论》第三卷有关级差地租的篇章，马克思也没有把垄断价格作为级差地租计量形式的基础概念。试问：这说明了什么？这说明马克思最终得出的结论应是：用垄断价格作为级差地租的成因不够准确。这里的原因有如下两点：第一，如前所述，自然资源替代部分生产资本是级差地租的生成机制，但是，可以证明（将另文讨论），只有商品生产价格变形的概念才能反映这一机制，垄断价格不能反映这一机制。第二，如上文所述，级差地租的现象态是虚假的社会价值，这是级差地租不可或缺的性质，然而，垄断价格的实质是价值（真实的价值）的转移，它不能反映“级差地租现象态是虚假的社会价值”的内涵。综上所述，蔡教授关于垄断生产价格可取代商品生产价格变形的论点不成立，从而他关于“难题”的答案不正确。

（三）对蔡继明研究的总体评价

首先，由前文的讨论知，在众多学者中，只有蔡继明看到了马克思的级差地租理论与马克思给出的两种生产价格概念相关联，并且由此提出“难题”和“矛盾”。这表明蔡教授意识到在学界争论问题的背后还另有问题（这是有意义的，因为由此才能对学界令人费解的论争给出合理解释）。这是他的深刻之处。

其次，尽管蔡教授意识到在学界争论问题的背后还另有问题，但是，如前文所证明的，第一，他对马克思关于商品生产价格基形和变形区分的理解是误解，并且他对“难题”的理解有偏差，他关于“矛盾”的表述不准确；第二，更为重要的是，蔡教授关于“难题”的答案和破解“矛盾”的方案不正确，从而他对虚假的社会价值含义和来源的理解也不正确。由第二部分的引述知，骆耕漠早有如下论点：虚假的社会价值是垄断价格和农产品真正的社会价值之差。[6]显然，蔡教授关于“农产品垄断生产价格高于农产品价值的差额，就是所谓‘虚假的社会价值’”的论点，与骆耕漠的论点是一致的。当然，蔡教授还另有一些与此相矛盾的论点（参见本部分第一节），然而，这只能说明他陷入了混乱。综上所述，蔡教授并没有因为意识到在学界论争问题的背后还另有“难题”和“矛盾”而有所前进，他最终深陷于混乱的泥沼。

参考文献

［1］马克思．资本论（第3卷）［M］．北京：人民出版社，1975.

［2］洪远朋．《资本论》难题探索［M］．济南：山东人民出版社，1985.

［3］马艳．现代政治经济学数理分析［M］．上海：上海财经大学出版社，2011.

［4］《〈资本论〉导读》编写组．《资本论》导读［M］．北京：高等教育出版社，2012.

［5］蔡继明．试解马克思级差地租理论与劳动价值论的矛盾［C］//南开经济研究所年刊．天津：南开大学出版社，1989：124－138.

［6］王海鸿．论虚假的社会价值与级差地租的关系［J］．当代经济研究，2016（4）：51－56，97.

［7］卫兴华．关于价值和“虚假的社会价值”［J］．新建设，1962（4）．

［8］骆耕漠．关于如何正确理解“虚假的社会价值”问题［J］．经济研究，1964（6）：43－50.

［9］许涤新．论社会主义的生产、流通与分配［M］．北京：人民出版社，1979.

［10］陈征．有关虚假的社会价值的几个争论问题［J］．学术月刊，1984（12）：1－8.

［11］许兴亚．论虚假的社会价值［J］．价格理论与实践，1990（8）：44－48.

［12］曹英耀．如何理解“虚假的社会价值”［J］．价格理论与实践，1992（4）：11－16，21.

［13］蔡继明．垄断足够价格论［M］．天津：南开大学出版社，1992.

［14］蔡继明．论垄断足够价格——关于地租理论和生产价格的变形问题［J］．经济研究，1991（2）：58－68.

［15］蔡继明．虚假的社会价值与级差地租之谜的解［J］．中国经济问题，1993（6）：52－58.

［16］曾永寿．超额剩余价值之谜（上）——以全产业为论域及由此对转型理论的补充研究［J］．管理学刊，2017（2）：10－25.

［17］马克思恩格斯全集（第26卷）［M］．北京：人民出版社，1972.

［18］马克思．资本论（第1卷）［M］．北京：人民出版社，1975.

级差地租探析①

[**摘　要**] 马克思的级差地租理论成果丰富，并且原则上是正确的，诚然，其中也存在缺陷，但这只表明其成果不够完善，并不影响其正确性。存在商品生产价格从基形到变形系列的演化，它是级差地租形成的基础过程。级差地租具有现象本质二重态，其现象态的生成机制是替代转化规律，性质是虚假的社会价值，其本质态的生成机制是塌缩新生放大转化规律，性质是真实的价值。级差地租生成规律与劳动价值规律和资本利润率平均化规律并不矛盾，而是相容的。在市场经济中，级差地租既有合理性，也有不合理性。

[**关键词**] 商品生产价格演化；商品生产价格量值决定定理和利润分配定理；商品生产价格基形；商品生产价格变形系列；级差地租；现象态；本质态；替代转化规律；塌缩新生放大转化规律

本文所称级差地租，指生产资本利用自然存在的土地及其附属物的丰度和位置所形成超额利润的转化形态。马克思说，“不管是为耕地、建筑地段、矿山、渔场、森林等等支付，统称为地租”，[1]698 又说，“水流等等……土地的附属物，我们也把它作为土地来理解”，[1]695 还说，“凡是有地租存在的地方，都有级差地租，而且这种级差地租都遵循着和农业级差地租相同的规律”。[1]871 由此可知，级差地租包括农产品级差地租、建筑产品级差地租、矿产品级差地租、水产品级差地租、林产品级差地租以及利用“水流”为动力的工业品级差地租，并且它们的形成规律相同。应指出，此外还存在非生产资本利用建筑的位置（例如，“商人资本”利用“店铺的位置”[1]351）所形成的级差地租。马克思认为，地租最终必须归结为劳动创造的剩余价值，[2]158 并说“剩余价值的出生地是生产领域，不是流通领域”。[3]399 由此可知，前者是原生的级差地租，后者是前者的派生形态。本文仅研究前者，后者将另文讨论。据此，本文所称级差地租，如无特别说明，均指前者。

诚然，马克思将级差地租区分为级差地租Ⅰ和级差地租Ⅱ，但是，他说，“级差地租Ⅱ只是级差地租Ⅰ的不同的表现，而实质上二者是一致的”[1]763（着重号是引者加的）。在此说明，本文旨在探讨级差地租的“实质”层面，因此对二者不做区分（不讨论它们的区别）。

本文课题是马克思经济学的子课题，因此，马克思在《资本论》“地租篇”以前给出的基础概念（商品个别价值、商品社会价值和商品生产价格）和基本规律（价值规律和剩余价值规律）是本文的基础假设（详见笔者此前的文章[4]）。此外，

① 此文定稿于2017年11月。

本文的分析涉及劳动生产率以及资本有机构成和资本周转速度的变化，为简化，以下假设：采用改良的生产方式可提高劳动生产率，并且，不变资本转移全部价值，劳动生产率由资本有机构成唯一决定（不考虑资本周转速度的影响）。再者，本文涉及商品生产价格量值的比较，在此说明，文中凡被比较的商品均为同种商品（同种使用价值），从而它们之间的差别可归结为资本有机构成的差别。最后，本文的公式，后面的将从前面的导出，据此，也为简化，以下约定：如果后面公式的附式与前面公式的附式或主式相同则从略。

一、马克思的研究探析及由此明确本文的思路和方法

关于级差地租，马克思有深入研究。本节对此探析，由此明确本文的思路和方法。在此说明，笔者此前的文章[5]有这方面的讨论，只是因为论题所限讨论没有到位。为简化，凡此前已讨论的内容，这里只给出结论，论证从略。

（一）马克思的研究成果

马克思的研究成果丰富，但是，本文旨在探讨级差地租的“实质”层面，据此，其最重要的成果可归结为以下六个方面。

1. 马克思给出了级差地租的两个实例，由此可引出“虚假的社会价值”的论题

一些学者根据一段论述（下面有引述），认为马克思给出了“虚假的社会价值”的“概念”或“范畴”。[6][7]诚然，仅就这段论述而言，这无可厚非，但是，这段论述并不是孤立的，而是与其他论述相联系的，就此而论，这值得商榷。

情况是这样的：“为了表明地租（实际是级差地租——引者注）这个形式的一般性质”，[1]721马克思给出了两个实例，即工业品级差地租实例和农产品级差地租实例，由此可引出如下三项成果。

第一，级差地租的生成规律——替代转化规律。其中，替代指自然资源替代部分生产资本，转化指替代所形成的超额利润转化为地租。

第二，级差地租的计量形式，写为：

$$\text{级差地租} = \text{商品一般生产价格} - \text{商品个别生产价格} \tag{1}$$

式（1）是马克思给出的唯一的级差地租计量形式。①

第三，级差地租的性质。马克思在详细研究两个实例并给出数值分析之后，写道，“这是由在资本主义生产方式基础上通过竞争而实现的市场价值所决定的；这种决定产生了一个虚假的社会价值”。[1]744－745可见，马克思判定级差地租的性质是“虚假的社会价值”。

应指出，上述三项成果相互关联、相互支撑构成一个系统。首先，级差地租生成规律表明，级差地租源于自然资源对生产资本的替代，不是源于生产资本（亦即

---

① 诚然，马克思分别给出了工业品级差地租的计量形式和农产品级差地租的计量形式，但是，笔者此前的文章《虚假的社会价值论争评析》证明它们是一致的，可以统一地表为式（1）。因此，我们说这是马克思给出的唯一的级差地租计量形式。

生产劳动，包括物化劳动和活劳动）。据此，由劳动价值论判定，级差地租的性质是“虚假的社会价值”。可见，第一和第三项成果是相互关联的。其次，由马克思的论述知，式（1）中的商品个别生产价格与商品一般生产价格的区别，仅在于前者“用自然瀑布推动”替代后者“用蒸汽机推动”，因为“用蒸汽机推动”需要有“把水变成蒸汽的煤”“煤本身是劳动的产物，所以具有价值”，然而，“瀑布却是一种自然的生产要素，它的产生不需要任何劳动”，[1]721-724所以商品个别生产价格的量值严格小于商品一般生产价格的量值，从而它们的差额即级差地租的性质是虚假的社会价值。可见，第二项与第一项、第三项成果是相互支撑的。综上所述，结论是：马克思给出的不仅仅是“虚假的社会价值”的“概念”或“范畴”，而是内含三项成果的“虚假的社会价值”论题。

2. 马克思有级差地租来自劳动的论述，由此并联系他关于级差地租源于自然资源对生产资本替代的论述，可引出级差地租具有现象本质二重态（二重性）的命题

马克思在这方面的论述是大量的，这里仅举一例。他说，“如果对**地租**有正确的理解，自然首先会认识到，地租不是来自土地，而是来自**农产品**，也就是来自劳动，来自**劳动产品**（例如，小麦）**的价格**，即来自农产品的**价值**，来自投入土地的劳动，而不是来自土地本身”。[2]158诚然，马克思说的是地租，但地租显然包含级差地租。这里仅考虑级差地租，从而把这段论述理解为关于级差地租来自劳动的论述。

马克思这一论述与他关于级差地租源于自然资源对生产资本替代的论述是完全不同的——由劳动价值论来判定，后者表明级差地租的性质是虚假的社会价值，而前者表明级差地租的性质是真实的价值。据此，可引出如下命题：级差地租具有现象本质二重态，其现象态的性质是虚假的社会价值，其本质态的性质是真实的价值。

3. 马克思给出了商品生产价格基形与变形的区分，据此并联系他的其他理论成果，可引出商品生产价格演化假说及商品生产价格量值决定定理和利润分配定理

在《资本论》第三卷第九章（该篇在“地租篇”以前），马克思说，“商品的生产价格……等于商品的成本价格加上平均利润”。[1]176-177在同卷第三十七章（“地租篇”开篇章），马克思说，农产品“按照这样一种价格出售，这种价格是由一般规律决定的这些价值或生产价格的变形”。[1]716显然，变形与基形相对。马克思明确说，第三十七章所说的生产价格是其变形，那么，第九章所定义的生产价格就必须理解为是其基形。此外，将“地租篇”以前的篇章与“地租篇”对比可知，商品生产价格基形与变形的区别点仅在于商品生产条件是否考虑土地。据此，有如下判定准则：商品生产条件，如果只考虑资本不考虑土地，那么，由此形成的是商品生产价格基形；如果既考虑资本也考虑土地，那么，由此形成的是商品生产价格变形。再者，一个明显的事实是：研究地租从而级差地租，其商品生产条件既要考虑资本也要考虑土地。综上所述，结论是：商品生产价格变形由商品生产价格基形（引入土地作为生产条件）演化生成，并且，这一演化是地租从而级差地租形成的基础过程。这就是商品生产价格演化假说。

不过，这里有一个问题。显然，生产至少要有场地，可见，土地是生产不可剔除的要素。既然如此，那么，马克思凭什么以商品生产条件是否引入土地而区分商品生产价格的基形与变形？对此需要说明，否则演化假说难以成立。

为此，先引出两个定理。在马克思经济学中，土地不创造价值和剩余价值，并且本身没有价值，但参与商品剩余价值的分配；生产价格源于价值，利润源于剩余价值。据此，有如下推论：土地不创造生产价格并且本身不是商品生产价格量值的组成部分，但参与商品利润的分配。由此，可引出两个定理。首先，“土地不创造生产价格并且本身不是商品生产价格量值的组成部分”表明，商品生产价格的量值与土地无关。这一结论称为“商品生产价格量值决定定理”。其次，土地参与商品利润的分配，因此，商品生产条件是否引入土地，商品生产价格有不同的利润分配形式。具体说，有如下结论：商品生产条件，如果只考虑资本不考虑土地，那么，由此形成的商品生产价格基形其参与利润分配的主体只是生产资本；如果既考虑资本也考虑土地，那么，由此形成的商品生产价格变形其参与利润分配的主体不仅有生产资本还有土地所有者。这一结论称为“商品生产价格利润分配定理”。应指出，这两个定理是马克思经济学最基本的原理，因而是检验我们对马克思具体论述的理解以及我们由马克思论述引出的新结论正确与否的准则。本文的讨论将遵循这一准则。

现在，回到正题。首先，商品生产价格量值决定定理表明，商品生产价格的量值与土地无关。为此，必须（也可能）有以商品生产条件只考虑资本不考虑土地的商品生产价格基形。其次，商品生产价格利润分配定理表明，商品生产条件是否引入土地，商品生产价格有不同的利润分配形式。为此，又必须（也可能）有与商品生产价格基形相区别的商品生产价格变形。这就是马克思以商品生产条件是否引入土地而区分商品生产价格的基形与变形的根据。

4. 马克思有“塌缩新生”论题，其原理对级差地租研究适用

马克思说，机器“在最初偶而被采用时，会把机器所有主使用的劳动变为高效率的劳动，把机器产品的社会价值提高到它的个别价值以上，从而使资本家能够用日产品中较小的价值部分来补偿劳动力的日价值”。但是，“随着机器在同一生产部门内普遍应用，机器产品的社会价值就降低到它的个别价值的水平，于是下面这个规律就会发生作用：剩余价值不是来源于资本家用机器所代替的劳动力，恰恰相反，是来源于资本家雇来使用机器的劳动力”，因为“剩余价值只是来源于资本的可变部分……在工作日的长度已定时，剩余价值率取决于工作日分为必要劳动和剩余劳动的比例”。[8]445-446笔者此前的文章证明，上述论述给出了“塌缩新生”论题，其中，“塌缩”指产品的社会价值量值突发性的由大到小的变化，“新生”指产品的剩余价值率获得提高。[9]此外，笔者此前另有文章证明，上述论题可推广到商品生产价格，其中，“塌缩”指产品的生产价格量值突发性的由大到小的变化，“新生”指产品的利润率获得提高。[4]诚然，马克思论题和笔者此前文章对其推广的基础（“塌缩新生”的直接原因）是“机器”对“劳动力”的替代，但是，马克思揭示的级差地租生成规律表明自然资源能替代部分生产资本（亦即生产劳动），因此，这一论题的基本原理对本课题适用。

5. 马克思给出了地主与资本家对商品利润的分割原理，这是级差地租赖以实现的一条规律

马克思说，“如果存在这样一些生产领域，那里的某些自然生产条件，如耕地、煤层、铁矿、瀑布等……不是掌握在物化劳动的所有者或占有者资本家的手里，而是掌握在其他人的手里，那末这第二类的**生产条件所有者**就对资本家说：如果我让你使用这些生产条件，那你将赚你的平均利润，占有正常的无酬劳动量。但是……你的资本在这里除了给你提供构成平均利润的那10%的无酬劳动以外，还给你提供20%的**超额无酬**劳动。你要把这个付给我……你们的规律要求在正常情况下等量资本占有等量无酬劳动，你们资本家可以通过竞争彼此强制做到这一点。好吧！我正要把这个规律应用到你的身上……拿来吧！你的资本家同伙能做的唯一事情，不是同我竞争，而是同你竞争。如果你付给我的超额利润，小于你占有的**剩余劳动时间**与依照资本的规律你应得的那份剩余劳动之间的差额，你的资本家同伙就会出面，通过竞争，逼你把我能从你那里挤出的**全部数额**老老实实支付给我"。[2]34-35 这就是马克思阐明的分割原理，其要点是：资本获得"平均利润"，地主攫取"超额利润"。显然，这一规律的背后是土地所有制，并且它实际是级差地租赖以实现的一条规律（下称"分割规律"）。

6. 马克思给出了"同种商品的市场价格的相同性"规律，这是级差地租赖以实现的另一条规律

马克思说，"同种商品的市场价格的相同性，是价值的社会性质在资本主义生产方式的基础上，以及一般说来在一种以个人之间的商品交换为基础的生产基础上借以实现的方式"，于是，"被看作消费者的社会对土地产品支付过多的东西，对社会劳动时间在农业生产上的实现来说原来是负数的东西，现在竟然对社会上的一部分人即土地所有者来说成为正数了"。[1]745 显然，"同种商品的市场价格的相同性"实际就是市场竞争通行的规律，但是，由引述知，它也是级差地租赖以实现的另一条规律（下称"竞争规律"）。①

（二）马克思研究存在的缺陷

1. 级差地租理论不完整

首先，前文说到，级差地租具有现象本质二重态（二重性）。应指出，"二重态"和"二重性"是有区别的概念，前者是可以用计量形式刻画的状态，后者是这些状态的性质。如前文所述，马克思给出了式（1）（特征是：级差地租的量值=虚假的社会价值的量值），这表明他既揭示了级差地租的现象态，又揭示了级差地租现象态的性质。诚然，马克思有级差地租来自劳动的论述，这表明他揭示了级差地租本质态的性质，但是，遍查马克思著作，没有发现有级差地租本质态的计量形式（特征是：级差地租的量值=真实的价值的量值），这表明他没有揭示级差地租本质态，从而没有说明级差地租二重性之间的关联。于是，他的理论隐含着级差地租二重性之间的形式矛盾。

其次，前文还说到，马克思给出了替代转化规律。应指出，替代转化规律只是级差地租现象态的生成规律；此外，还有级差地租本质态的生成规律（详见下文）。

---

① 请注意正文中的措辞：替代转化规律是级差地租现象态的生成规律，而分割规律和竞争规律则是级差地租的实现规律。

但是，马克思没有给出后者。

2. 级差地租现象态理论需要深化和完善

如上所述，马克思给出了“虚假的社会价值”论题——这就是级差地租现象态理论。诚然，这一理论是相对完整的，并且原则上是正确的，但是，其中也存在缺陷，需要深化和完善。

（1）级差地租现象态的定义需要深化

前文的讨论表明，式（1）是马克思给出的唯一的级差地租计量形式，并且它是级差地租现象态的定义式。容易看出，“商品一般生产价格”和“商品个别生产价格”是构成式（1）的两个基础概念。但是，据查，马克思没有给出它们的理论定义，就此而论，他所谈论的级差地租只是一个没有意义、没有内容的概念。诚然，稍后的讨论表明，马克思给出了两个基础概念的操作型定义，就此而论，他所谈论的级差地租有了意义和内容，但是，由此引出的只是式（1）的操作型解释（特征是：其内涵由特例引出，其外延只概括对象的部分信息）。诚然，马克思将这种解释推广到“为耕地、建筑地段、矿山、渔场、森林等等支付”的级差地租，[1]698据此，式（1）的操作型解释似乎就是理论定义。其实不然。本文第三部分将引出级差地租现象态的理论定义（特征是：其内涵由商品生产价格演化分析引出，其外延概括了对象的全部信息），由此可以证明，式（1）操作型解释是正确的，但它与级差地租现象态理论定义相比有差距，需要进一步深化（详见下文）。

（2）马克思给出的概念名称“商品个别生产价格”与其操作型定义的内涵不一致

马克思所谈论的“商品个别生产价格”，其操作型定义是以“用水力推动的”商品生产为实例给出的。可以证明（稍后给出），他所定义的“商品个别生产价格”并不是“用水力推动的”商品个别生产价格，而只是其中的一个组成部分。但是，他将其称为“商品个别生产价格”。可见，马克思给出的概念名称与其操作型定义的内涵不一致。诚然，逻辑学表明，概念的内涵由其定义明确，不能凭概念名称望文生义地读取——就此而论，这并无错误。但是，这样做的后果容易使人陷入概念混淆——就此而论，这是一个缺陷。

（3）级差地租计算有误

①马克思的论述及由此引出的计算

马克思说，“为了表明地租这个形式的一般性质，我们假定，一个国家的工厂绝大多数是用蒸汽机推动的，少数是用自然瀑布推动的。我们假定，在这些工业部门，一个耗费资本 100 的商品量的生产价格是 115……再假定，用水力推动的工厂的成本价格只是 90，而不是 100。因为这个商品量的调节市场的生产价格 = 115，其中有利润 15%，所以靠水力来推动机器的工厂主，同样会按 115，也就是按调节市场价格的平均价格出售。因此，他们的利润是 25，而不是 15……他们赚到 10% 的超额利润……这种超额利润……等于商品的一般生产价格超过它的个别生产价格的余额……现在，我们假定瀑布连同它所在的土地，属于那些被认为是这一部分土地的所有者的人……在这种情况下，超额利润就转化为地租，也就是说，它落入瀑布的所有者手中”。[1]721－727

由引述知，马克思利用假设的数值给出了级差地租的计算，其算式是：级差地租“等于商品的一般生产价格超过它的个别生产价格的余额”。显然，这就是式(1)。据此，可引出如下计算过程：

首先，马克思假设，“用蒸汽机推动的”商品生产价格即“商品的一般生产价格”“是115”，其中“耗费资本100”“15%的利润”。由此可得：

商品一般生产价格
=“用蒸汽机推动的”商品耗费资本 + 利润率 × 商品耗费资本
= 100 + 15% × 100
= 115　　(2)

式（2）是马克思给出的商品一般生产价格的计算式。显然，该式由“用蒸汽机推动的”商品生产这一特例引出，因此，它就是商品一般生产价格的操作型定义式。

其次，马克思假设，“用水力推动的工厂的成本价格只是90，而不是100”，但其产品“同样会按115，也就是按调节市场价格的平均价格出售”“其中有利润15%”。此外，由马克思最终得出的结果来判断，此处的利润应是15% ×100。据此，有：

商品个别生产价格
=“用水力推动的”商品成本价格 + 利润率 × 商品成本价格
= 90 + 15% × 100
= 105　　(3)

式（3）是马克思给出的商品个别生产价格的计算式。显然，该式由“用水力推动的”商品生产这一特例引出，因此，它就是商品个别生产价格的操作型定义式。

再次，马克思明确说：“用水力推动的”商品内含“10%的超额利润”，这种“超额利润就转化为地租”。由此可见，马克思所谈论的级差地租实际是“用水力推动的”商品内含的级差地租。于是，由式（1）并式（2）和式（3），有：

“用水力推动的”商品内含的级差地租
= 商品一般生产价格 - 商品个别生产价格
=“用蒸汽机推动的”商品耗费资本 + 利润率 × 商品耗费资本 -
（“用水力推动的”商品成本价格 + 利润率 × 商品成本价格）
= 100 + 15% × 100 - (90 + 15% × 100)
= 115 - 105
= 10　　(4)

式（4）是马克思给出的级差地租计算式。因为式（2）和式（3）是操作型定义，所以式（4）就是式（1）的操作型解释。

最后，马克思说，“靠水力来推动机器的工厂主……他们的利润是25，而不是15……他们赚到10%的超额利润”。据此，有：

“用水力推动的”商品超额利润率
=超额利润/成本价格

= （25 - 15）/100

= 10%　　(5)

式（5）是马克思给出的“用水力推动的”商品超额利润率计算式。

②正确的计算

应指出，式（2）没有问题，但式（3）、式（4）、式（5）是错误的。下面给出正确的计算。

首先，马克思说，“用水力推动的工厂的成本价格只是90，而不是100”，并且其产品仍然“按调节市场价格的平均价格出售”，“其中有利润15%”。据此，应有：

商品个别生产价格

= “用水力推动的”商品成本价格 + 利润率 × 商品成本价格

= 90 + 15% × 90

= 103.5　　(6)

式（6）是商品个别生产价格的正确计算式，亦即其操作型定义的正确表达式。

其次，由式（1）并式（2）和式（6），有：

“用水力推动的”商品内含的级差地租

= 商品一般生产价格 - 商品个别生产价格

= “用蒸汽机推动的”商品耗费资本 + 利润率 × 商品耗费资本 -（“用水力推动的”商品成本价格 + 利润率 × 商品成本价格）

= 100 + 15% × 100 -（90 + 15% × 90）

= 115 - 103.5

= 11.5　　(7)

式（7）是级差地租的正确计算式，亦即式（1）操作型解释的正确表达式。

再次，马克思给出的算式是：超额利润率 = 超额利润/成本价格。此外，上述正确计算表明，“用水力推动的”商品超额利润（算式的分子）是11.5。再者，计算的对象是“用水力推动的”商品的超额利润率，因此，算式的分母应是“用水力推动的工厂的成本价格”，即90。据此，有：

“用水力推动的”商品超额利润率

= 11.5/90

≈ 12.78%　　(8)

式（8）是“用水力推动的”商品超额利润率的正确计算式。

③证明

证：式（7）表明，“用水力推动的”商品内含的级差地租 = 11.5，但马克思算出的是25 - 15 = 10。此外，式（8）表明“用水力推动的”商品超额利润率≈12.78%，但马克思算出的是“10%”。可见，马克思的计算有误。证毕。

前文说到，马克思所谈论的“商品个别生产价格”并不是“用水力推动的”商品个别生产价格，只是其中的一个组成部分。现在可以证明了。我们的方法是：先由马克思的相关论述并上面的讨论给出“用水力推动的”商品个别生产价格的计算式，而后证明我们的论点。

马克思明确说，“用水力推动的”商品“利润是25，而不是15”其中有“10%

的超额利润”。诚然，马克思所说的具体数值不完全正确，但他说“用水力推动的”商品总利润可区分为利润和超额利润两个部分，这一点则是肯定的。据此并式（6）和式（8），有：

“用水力推动的”商品个别生产价格

$$=90+15\%\times 90+12.78\%\times 90$$

$$=103.5+11.5$$

$$=115 \tag{9}$$

式（9）是“用水力推动的”商品个别生产价格的计算式。

证：式（9）表明，“用水力推动的”商品个别生产价格的量值是115，然而，式（6）表明，马克思所谈论的“商品个别生产价格”（正确计算）的量值是103.5。显然，103.5只是115的一部分。证毕。

说到这里，有两种情况需要提请注意。首先，式（2）和式（9）表明，“用蒸汽机推动的”商品生产价格与“用水力推动的”商品个别生产价格的量值相等（都是115），那么，其中的原因何在？因为马克思研究的是级差地租，所以马克思所说的“用蒸汽机推动的”商品生产与“用水力推动的”商品生产，其生产条件实际都引入了土地，只不过前者引入的土地是生产场地，后者引入的土地是自然资源——这表明二者的区别仅在于引入土地的等级不同（参见下文）。但是，商品生产价格量值决定定理表明，商品生产价格的量值与土地无关，因此，尽管二者引入土地的等级不同，但二者的量值仍然相等。这是二者的共性，这一共性印证了商品生产价格量值决定定理。

其次，式（2）和式（9）相比，尽管两式的结果都是115，但是，两式的结构不同：前者的量值仅与资本家相关（100是资本家回收的成本价格，15%×100=15是资本家独享的利润）；后者的量值则被区分为两个部分——其中，一部分即90+15%×90=103.5，这是仅与生产资本有关的量值（90是资本家回收的成本价格，15%×90=13.5是资本家分享的利润）；另一部分即12.78%×90=11.5构成级差地租。这是二者的区别，这一区别印证了商品生产价格利润分配定理。

3. 研究方法有局限

前文引出了如下结论：商品生产价格演化是级差地租形成的基础过程。既然如此，那么，正确方法应是：有关级差地租的所有论题和结论都由商品生产价格演化分析引出。但是，据查，马克思并没有这样做。这就是局限。

不过，事情并不如此简单。如上所述，马克思有级差地租现象态的理论。显然，这一理论也要运用一定方法得出——这表明他有自己的方法。于是，要确认马克思研究方法有局限的命题，必须将他采用的方法与正确方法进行比较。否则，很难说我们的判断是准确的。

可以证明，马克思采用的方法是：实例研究+商品生产价格基形的定义。我们的根据有如下两点。第一，式（1）是马克思级差地租现象态理论的关键内容，它由两个实例引出，这表明马克思采用的方法就是实例研究方法。第二，单纯的实例研究不足以引出理论，因为单纯的实例研究无非是对实际情况的观察，然而，观察渗透理论，实施有效的观察必须有用以归纳实际情况的理论概念（下称“归纳概念”）先在为条件。[10]74由式（1）两个基础概念的实质内涵知，马克思所运用的归纳概念就是商品生产价格基形的定义。可见，我们关于马克思采用方法的判断是准确的。

现在回到正题。诚然，由马克思采用的方法可以得出理论，但其得出的理论必然不完整。首先，实例研究只能给出操作型定义，不可能给出理论定义。其次，下文将证明，由商品生产价格基形演化生成的商品生产价格变形，内含一般和个别两个层次，其个别又内含现象本质二重态——这是级差地租具有现象本质二重态的逻辑基础。然而，商品生产价格基形只有一种（并不存在现象本质二重态），因此，以商品生产价格基形为归纳概念的实例研究，绝不可能区分级差地租现象本质二重态。综上所述，马克思研究方法的局限是其理论存在缺陷的根源。这就证明马克思研究方法有局限的命题成立。

（三）本文的思路和方法

先说思路。应指出，马克思的成果原则上是正确的。诚然，他的研究存在缺陷，但这只表明其成果不够完善，并不影响其正确性。本文后面的研究将证明这一点。此外，上述讨论表明，只有把六个方面的成果作为一个整体，才能看出马克思的研究存在缺陷——这表明看出其缺陷，以肯定其成果正确性为前提（也表明上述缺陷只是马克思理论自身的缺陷，并不是相对其他经济学理论而言的缺陷）。综上所述，马克思的成果原则上是正确的，这一论点是毋庸置疑的。据此，本文的思路是：以马克思的成果为基础，将其不完善之处补充完善。须说明的是，尽管马克思的成果不够完善，但是，他的成果却隐含着将其补充完善所需要的全部元素，因此，本文的结论原则上由马克思论述引出。

再说方法。如上文所述，商品生产价格演化是级差地租生成的基础过程。据此，本文的方法是演化方法，即本文所有论题及结论都由商品生产价格演化生成。

二、商品生产价格演化探析

（一）演化始点探析——商品生产价格基形的形式定义

前文表明，商品生产价格基形是商品生产价格演化的始点，并且，马克思在《资本论》第三卷第九章已给出了商品生产价格基形的定义。就此而论，演化始点似乎是简单的（将马克思的定义形式化即可）。其实不然。马克思说，“生产价格……要从商品的价值引伸出来。没有这种引伸，一般利润率（从而商品的生产价格），就是一个没有意义、没有内容的概念”。[1]176因此，商品生产价格基形的形式定义，不能简单地由马克思的定义直接得出，必须从商品价值引申出来。这就是演化始点探析的内容。

1. 商品个别价值

马克思给出的商品价值公式是 $w = c + v + m$。[1]30考虑到研究的需要，公式须增设下标。设 w_{ki} 代表第 k 个部门第 i 个商品的个别价值，c_{ki} 代表其中的不变资本价值，v_{ki} 代表其中的可变资本价值，m_{ki} 代表其中的剩余价值，有：

$$w_{ki} = c_{ki} + v_{ki} + m_{ki} \tag{10}$$

式中；

$$k = -n, \cdots, -2, -1, 0, 1, 2, \cdots, n$$
$$i = -q(k), \cdots, -2, -1, 0, 1, 2, \cdots, q(k)$$

式（10）是商品个别价值定义式。式中，$c_{ki} + v_{ki}$是个别成本价格，其实质是生产资本个别；[1]30 $q(k)$ 是与部门产品产量相关的函数，其值随 k 的取值而确定。

2. 部门平均成本价格

设 $\overline{c_k}$ 和 $\overline{v_k}$ 分别代表第 k 个部门平均不变资本价值和平均可变资本价值，由式（10），有：

$$\overline{c_k} + \overline{v_k} = \frac{\sum_{i=-q(k)}^{q(k)} (c_{ki} + v_{ki})}{2q(k) + 1} \tag{11}$$

式（11）是部门平均成本价格定义式。式中，$2q(k) + 1$ 是第 k 个部门的产品产量。

3. 一般利润率

设 $\bar{r}$ 代表一般利润率，由式（10）和式（11），有：

$$\bar{r} = \frac{\sum_{k=-n, i=-q(k)}^{n, q(k)} m_{ki}}{\sum_{k=-n}^{n} [2q(k) + 1](\overline{c_k} + \overline{v_k})} \tag{12}$$

式（12）是一般利润率定义式。式中，$\sum_{k=-n, i=q(k)}^{n, q(k)} m_{ki}$ 是全产业剩余价值总量，$\sum_{k=-n}^{n} [2q(k) + 1](\overline{c_k} + \overline{v_k})$ 是全产业成本价格总量。

4. 商品生产价格基形

设 $\overline{p_k}$ 代表第 k 个部门商品生产价格基形的量值，由式（11）和式（12），有：

$$\overline{p_k} = \overline{c_k} + \overline{v_k} + \bar{r}(\overline{c_k} + \overline{v_k}) \tag{13}$$

式（13）是商品生产价格基形的定义式，亦即演化始点表达式。对比可知，它就是马克思定义的形式化。

（二）生产资本演化探析——生产资本系统和生产资本演化系统的概念

前文探讨了演化始点，现在探讨演化过程。演化可区分为生产资本演化和商品生产价格演化两个层面，本节仅讨论前者，下一节再讨论后者。

1. 生产资本基形与变形的区分，生产资本演化的概念

如上所述，$c_{k_i} + v_{k_i}$实质是生产资本个别，由此推论，$\overline{c_k} + \overline{v_k}$就是部门平均生产资本。由式（13）知，$\overline{c_k} + \overline{v_k}$ 是商品生产价格基形中的生产资本，因此，它就是生产资本基形。再者，商品生产价格变形也有生产资本，它就是生产资本变形。这就是两个概念的区分。

土地是生产资料，其性质是不变资本——由此可知，土地作为生产条件引入可能导致生产资本的变化。此外，如前所述，存在生产资本基形和生产资本变形的区分。再者，由式（13）知，生产资本基形 $\overline{c_k}+\overline{v_k}$ 是商品生产价格基形的构成基础，由此推论，生产资本变形也是商品生产价格变形的构成基础。综上所述，结论是：存在生产资本从基形（引入土地作为生产条件）到变形的演化过程，它是商品生产价格从基形（引入土地作为生产条件）到变形演化过程内部更深层面的基础过程。这就是生产资本演化的概念。

2. 生产资本演化初探——土地等级假设，土地一般与个别的区分，生产资本变形一般与个别的区分

（1）土地等级假设

级差地租赖以生成的因素可归结为土地的丰度和位置（以下统称“自然资源”）。据此，假设土地被区分为如下两个等级：一是最差等级，其特征是生产可利用的自然资源 =0，其功能是提供生产场地（最差等级土地实质是生产场地，据此可直呼为“生产场地”）；二是较优等级，其特征是生产可利用的自然资源 >0，其功能是不但提供生产场地而且能替代生产资本（较优等级土地实质是自然资源，据此可直呼为“自然资源”）。

上述假设是合理的。诚然，就土地本身来说，并不存在自然资源 =0 的情况，但是，假设并不是就土地本身而言，而是就土地在生产中可利用的内容而言——现实中存在这样的工厂，土地的作用仅限于提供生产场地，可见，最差等级土地的假设是合理的。诚然，较优等级土地可划分为诸多次生等级，但我们将其归为一个等级，这是为简化而假设。这不失一般性，因而也是合理的。

（2）土地一般与个别的区分

任何土地都可以是生产场地（依假设，自然资源包含生产场地），但并不是任何土地都是自然资源（依假设，生产场地不是自然资源）。据此，有如下区分：生产场地是土地一般，自然资源是土地个别。

（3）生产资本变形一般与个别的区分

如前所述，生产资本变形由其基形（引入土地作为生产条件）演化生成，并且，生产场地是土地一般，自然资源是土地个别。据此，有如下界定：如果引入的是生产场地，那么，由生产资本基形演化生成的是生产资本变形一般；如果引入的是自然资源，那么，由生产资本基形演化生成的是生产资本变形个别。

这里有一个情况需要说明。第一要点表明，$c_{ki}+v_{ki}$ 实质是生产资本个别，于是，$\overline{c_k}+\overline{v_k}$ 可理解为生产资本一般——这是一对概念。此外，这里又引出了生产资本变形一般和生产资本变形个别——这是另一对概念。应指出，这两对概念有原则区别，不能混淆。首先，生产资本一般与个别的区别是生产资本本身的区别，生产资本变形一般与个别的区别并不是生产资本本身的区别，而是在生产资本一般 $\overline{c_k}+\overline{v_k}$ 的基础上引入土地等级不同而形成的区别。其次，由式（11）知，生产资本一般源于其个别的平均化——此处的一般是平均意义上的一般，然而，生产资本变形一般并非源于其个别的平均化，二者的区别仅在于引入土地的等级不同——此处的一般不是平均意义上的一般，而是与特殊（土地个别可理解为土地特殊）相区别的一般。最后，如前所述，生产资本变形一般和个别都由生产资本基形（亦即生产资本一般）演化生成，可见，后者是前两者共有的基础。综上所述，决不能将生产资本变形一般混同于生产资本一般，将生产资本变形个别混同于生产资本个别。请记住这一点。因为这是将商品生产价格变形一般和商品生产价格变形个别与《资本论》第三卷第九章所谈论的商品生产价格与商品个别价值区分开来的基础，[5]并且，其中隐含着构造商品生产价格变形（含一般和个别）定义式必须把握的原则。

3. 生产资本演化再探——替代量、嵌入量和剩余量的定义，生产资本变形个别的计量形式及其现象本质二重态的区分

前文说到自然资源能替代生产资本，但是，前文对此没有展开讨论，因此，生产资本演化探析还须继续。

（1）替代量的定义

所谓替代，指自然资源对生产资本基形 $\overline{c_k}+\overline{v_k}$ 部分量值的替代。通过替代，新生成的生产资本变形个别的量值相对 $\overline{c_k}+\overline{v_k}$ 减少了。于是，所谓替代量，指生产资本基形被替代的部分量，它也是演化生成的生产资本变形个别被减少的量。

现在讨论它的定义。首先，自然资源包括耕地、建筑地段、矿山、渔场、森林、水流等具体形态。但是，它们都是对生产资本基形 $\overline{c_k}+\overline{v_k}$ 部分量值的替代，因此，替代量的设定对这些具体形态可不予区分。其次，尽管自然资源本身是不变资本，但是，自然资源并非只替代不变资本，还可以替代可变资本。例如，在肥沃的耕地种植，既可减少所施的肥料（不变资本），也可减少施肥的劳动力（可变资本）。又如，利用位置优越的场地所减少的成本，既有不变资本（例如，运输设备）也有可变资本（例如，运输的劳动力）。因此，替代量仍然要区分为不变资本和可变资本两个部分。最后，替代量大于零（否则，自然资源不可能被利用）。综上所述，设 $\overline{\Delta c_k}+\overline{\Delta v_k}$ 代表替代量，有：

$$\overline{\Delta c_k}+\overline{\Delta v_k}>0 \tag{14}$$

式（14）是替代量定义式。

（2）剩余量的定义

如前所述，自然资源替代的只是生产资本基形 $\overline{c_k}+\overline{v_k}$ 的部分量，因而演化生成的生产资本变形个别仍然还有没有被替代的量——这就是剩余量。可见，剩余量是生产资本变形个别的存量。

设 $\overline{c_k}^{\eta}+\overline{v_k}^{\eta}$ 代表剩余量，由此并式（13）和式（14），有：

$$\overline{c_k}^{\eta}+\overline{v_k}^{\eta}=\overline{c_k}+\overline{v_k}-(\overline{\Delta c_k}+\overline{\Delta v_k}) \tag{15}$$

式（15）是剩余量定义式。

（3）嵌入量的定义

嵌入量，指自然资源被引入所形成的生产资本变形个别的增量。应指出，嵌入量具有现象本质二重态。其原因在于：对作为生产条件引入的自然资源，存在现象本质两种不同看法。按照马克思划分，现象是可感觉的“表面运动”，本质是“直接感觉不到的运动”[8]352（通过理论分析才能把握的运动）。这里，所谓可感觉的“表面运动”，应理解为“生产当事人”（资本家和地主）直接感知的状态；[1]929所谓通过理论分析才能把握的运动，应理解为运用马克思的理论才能把握的状态。显然，对资本家而言，利用土地所支付的地租与为生产而投入的资本是同样的真金白银；就地主来说，提供土地获取的地租必须是货真价实的货币。因此，在他们看来，自然资源与被其替代的生产资本同值——由此有：嵌入量现象态=替代量。然而，马克思说，“土地没有价值”，[8]121其作为生产条件也不会有价值“转移到产品上去”。[8]239-240可见，在马克思看来，自然资源的价值计量=0，由此有：嵌入量本质态=0。综上所述，结论是：对引入的自然资源，从现象上看与从本质上看有不同的结论，从而嵌入量具有现象本质二重态。

根据上述讨论，设 $\overline{\Delta c_k}^{\beta}$ 代表嵌入量，由此并式（14），有：

$$\overline{\Delta c_k}^{\beta}\begin{cases}=\overline{\Delta c_k}+\overline{\Delta v_k}(\text{现象态})\\=0(\text{本质态})\end{cases}\tag{16}$$

式（16）是嵌入量定义式。

（4）生产资本变形个别的计量形式及其现象本质二重态区分

首先，前面的讨论表明，剩余量和嵌入量分别是生产资本变形个别的存量和增量。据此，有：

$$\text{生产资本变形个别}=\text{剩余量}+\text{嵌入量}\tag{17}$$

式（17）是生产资本变形个别（统一）的计量形式。①

其次，嵌入量具有现象本质二重态。据此并式（17）和式（16），有：

$$\begin{aligned}\text{生产资本变形个别现象态}&=\overline{c_k}^{\eta}+\overline{v_k}^{\eta}+\overline{\Delta c_k}^{\beta}\\&=\overline{c_k}^{\eta}+\overline{v_k}^{\eta}+\overline{\Delta c_k}+\overline{\Delta v_k}\end{aligned}\tag{17.1}$$

$$\begin{aligned}\text{生产资本变形个别本质态}&=\overline{c_k}^{\eta}+\overline{v_k}^{\eta}+\overline{\Delta c_k}^{\beta}\\&=\overline{c_k}^{\eta}+\overline{v_k}^{\eta}\end{aligned}\tag{17.2}$$

式（17.1）和式（17.2）分别是生产资本变形个别现象态和本质态的计量形式。

4. 演化探析综合——生产资本系统和生产资本演化系统的概念

第一要点表明，存在生产资本基形与变形的区分；第二要点表明，生产资本变形可区分为一般和个别；第三要点表明，生产资本变形个别具有现象本质二重态。综上所述，生产资本是一个系统，它内含两形（基形和变形），其变形内含两层（一般和个别），而变形个别内含现象本质二重态。这就是生产资本系统的概念。

第一要点还表明，存在生产资本从基形（引入土地作为生产条件）到变形的演化。此外，由式（13）知，生产资本基形只有一种。如前所述，生产资本变形内含一般和个别两个层次，而变形个别内含现象本质二重态，于是，生产资本从基形到变形的演化是一个系统，它内含如下具体过程：一是从生产资本基形（引入生产场地作为生产条件）到生产资本变形一般的演化过程；二是从生产资本基形（引入自

① 式（17）表明，剩余量和嵌入量是生产资本变形个别的构成元素。但是，由设定的符号知，剩余量和嵌入量不是个别量，而是平均量。这似乎是一个矛盾。其实不然。如正文所述，生产资本变形一般和个别的区别不是生产资本本身的区别，而是在生产资本一般 $\overline{c_k}+\overline{v_k}$ 的基础上引入土地等级不同而形成的区别，并且 $\overline{c_k}+\overline{v_k}$ 是平均量，因此，剩余量和嵌入量必然是平均量。

然资源作为生产条件，由此生成的嵌入量为现象态）到生产资本变形个别现象态的演化过程；三是从生产资本基形（引入自然资源作为生产条件，由此生成的嵌入量为本质态）到生产资本变形个别本质态的演化过程。这就是生产资本演化系统的概念。

（三）商品生产价格演化探析——商品生产价格系统和商品生产价格演化系统的概念，商品生产价格变形一般的定义

如前文所述，生产资本演化是商品生产价格演化的基础，因此，有了前者的讨论，后者的讨论可简化，即由前者的结论直接推出后者的结论。

1. 商品生产价格系统的概念

第二节第一要点表明，生产资本是商品生产价格的构成基础；第二节第四要点表明，生产资本是一个系统，它内含两形（基形和变形），其变形内含两层（一般和个别），而变形个别内含现象本质二重态。于是，结论是：商品生产价格也是一个系统，它同样内含两形（基形和变形），其变形内含两层（一般和个别），而变形个别内含现象本质二重态。这就是商品生产价格系统的概念。

2. 商品生产价格演化系统的概念

由式（13）知，商品生产价格基形只有一种，但是，如前所述，商品生产价格变形内含一般和个别两个层次，而变形个别又有现象本质二重态（下称“商品生产价格变形系列”）。于是，商品生产价格从基形到变形的演化是一个系统，它内含如下具体过程：一是从商品生产价格基形（引入生产场地作为生产条件，由此生成生产资本变形一般）到商品生产价格变形一般的演化过程；二是从商品生产价格基形（引入自然资源作为生产条件，由此生成生产资本变形个别现象态）到商品生产价格变形个别现象态的演化过程；三是从商品生产价格基形（引入自然资源作为生产条件，由此生成生产资本变形个别本质态）到商品生产价格变形个别本质态的演化过程。这就是商品生产价格演化系统的概念。

3. 商品生产价格变形一般的定义

上面已引出了商品生产价格系统的概念。应指出，其中的商品生产价格变形系列是级差地租的生成基础。按说，接着应当给出它们的定义。但是，本文的基本论点是级差地租具有现象本质二重态，下文表明它们分别由商品生产价格变形个别的现象态和本质态生成，因此，这两个概念的定义将在那里一并讨论。然而，商品生产价格变形一般有所不同，下文表明，它实际是级差地租二重态计量都要（都可）应用的一个参量，因此，商品生产价格变形一般的定义须在本部分讨论。

应指出，商品生产价格变形一般可分论域（以级差地租为论域和以绝对地租为论域），本文仅讨论级差地租，因此，以下所称商品生产价格变形一般，如无特别说明，仅以级差地租为论域。

设 $\overline{p_k}^{\mu'}$ 代表商品生产价格变形一般的量值，$\bar{r}^{\mu'}$ 代表其中的利润率，$\overline{\Delta c_k}^{\mu'}$ 代表引入生产场地所形成的生产资本变形一般的增量，由此并式（13），有：

$$\overline{p_k}^{\mu'} = \overline{c_k} + \overline{\Delta c_k}^{\mu'} + \overline{v_k} + \bar{r}^{\mu'}\left(\overline{c_k} + \overline{\Delta c_k}^{\mu'} + \overline{vk}\right) \tag{18}$$

式中：

$$\overline{\Delta c_k}^{\mu'} = 0;\ \bar{r}^{\mu'} = \bar{r}$$

式（18）是商品生产价格变形一般的定义式。式中，$\overline{c_k} + \overline{\Delta c_k}^{\mu'} + \overline{v_k}$ 是生产资本变形一般的量值。因为“土地没有价值”，所以有 $\overline{\Delta c_k}^{\mu'} = 0$。此外，引入生产场地并不改变资本的有机构成，据此并本文前言明确的假设，我们有 $\bar{r}^{\mu'} = \bar{r}$。

下面将式（18）与式（13）对比，引出必要的结论。因为 $\overline{\Delta c_k}^{\mu'} = 0$，并且 $\bar{r}^{\mu'} = \bar{r}$，所以有：

$$\overline{c_k} + \overline{\Delta c_k}^{\mu'} + \overline{v_k} = \overline{c_k} + \overline{v_k} \tag{19}$$

$$\bar{r}^{\mu'}\left(\overline{c_k} + \overline{\Delta c_k}^{\mu'} + \overline{v_k}\right) = \bar{r}\left(\overline{c_k} + \overline{v_k}\right) \tag{20}$$

$$\overline{p_k}^{\mu'} = \overline{p_k} \tag{21}$$

式（19）、式（20）、式（21）表明，生产资本变形一般的量值与生产资本基形的量值相等，商品生产价格变形一般的利润量与商品生产价格基形的利润量相等，从而商品生产价格变形一般的量值与商品生产价格基形的量值相等。这印证了**商品生产价格量值决定定理**。①

应指出，上述三式所表达的只是两种对象用**生产价格**（它源于**价值**）计量所表现的性质。然而，马克思说，土地“作为使用**价值**，它仍然具有它的自然的效用”。[1]728（着重号是引者加的）这里，土地的自然效用就是提供生产场地。因此，尽管有 $\overline{\Delta c_k}^{\mu'} = 0$ 和 $\bar{r}^{\mu'} = \bar{r}$，从而有 $\overline{p_k}^{\mu'} = \overline{p_k}$，甚至（在不致误解的情况下）式（18）可简写为式（13），但不能由此认为式（18）与式（13）是内涵相同的表达式。

三、级差地租现象态探析

（一）商品生产价格变形个别现象态的定义

根据前文给出的概念，设 $\overline{p_k}^{\alpha}$ 代表商品生产价格变形个别现象态的量值，$\bar{r}^{\alpha}$ 代表其中的利润率，由式（17.1）并式（18）和式（13），有：

$$\overline{p_k}^{\alpha} = \overline{c_k}^{\eta} + \overline{v_k}^{\eta} + \overline{\Delta c_k} + \overline{\Delta v_k} + \bar{r}^{\alpha}\left(\overline{c_k}^{\eta} + \overline{v_k}^{\eta} + \overline{\Delta c_k} + \overline{\Delta v_k}\right) \tag{22}$$

式中：

$$\bar{r}^{\alpha} = \bar{r}^{\mu'} = \bar{r}$$

式（22）是商品生产价格变形个别现象态的定义式。前文表明，从 $\overline{c_k} + \overline{v_k}$ 演变为 $\overline{c_k}^{\eta} + \overline{v_k}^{\eta} + \overline{\Delta c_k} + \overline{\Delta v_k}$ 并不涉及资本有机构成的变化，据此并本文前言明确的假设，我们有 $\bar{r}^{\alpha} = \bar{r}$。此外，因为式（18）有 $\bar{r}^{\mu'} = \bar{r}$，所以就有 $\bar{r}^{\alpha} = \bar{r}^{\mu'} = \bar{r}$。

下面将式（22）与式（18）和式（13）对比，引出必要的结论。将式（15）等价变形，有：

$$\overline{c_k}^{\eta} + \overline{v_k}^{\eta} + \overline{\Delta c_k} + \overline{\Delta v_k} = \overline{c_k} + \overline{v_k} \tag{23}$$

由式（19）并式（23），有：

---

① 这里不能印证商品生产价格利润分配定理。因为商品生产价格变形一般的两个论域是一个整体，所以商品生产价格利润分配定理只能在以绝对地租为论域时印证。

$$\overline{c_k}^{\eta} + \overline{v_k}^{\eta} + \overline{\Delta c_k} + \overline{\Delta v_k} = \overline{c_k} + \overline{\Delta c_k}^{\mu'} + \overline{v_k} = \overline{c_k} + \overline{v_k} \tag{24}$$

由式（24）和式（22）的附式，有：

$$\bar{r}^{\alpha}\left(\overline{c_k}^{\eta} + \overline{v_k}^{\eta} + \overline{\Delta c_k} + \overline{\Delta v_k}\right) = \bar{r}^{\mu'}\left(\overline{c_k} + \overline{\Delta c_k}^{\mu'} + \overline{v_k}\right) = \bar{r}\left(\overline{c_k} + \overline{v_k}\right) \tag{25}$$

$$\overline{p_k}^{\alpha} = \overline{p_k}^{\mu'} = \overline{p_k} \tag{26}$$

式（24）、式（25）、式（26）表明，生产资本变形个别现象态的量值、生产资本变形一般的量值和生产资本基形的量值三者相等，商品生产价格变形个别现象态的利润量、商品生产价格变形一般的利润量和商品生产价格基形的利润量三者相等，从而商品生产价格变形个别现象态的量值、商品生产价格变形一般的量值和商品生产价格基形的量值三者相等。这是式（22）、式（18）、式（13）的共性，这一共性印证了商品生产价格量值决定定理。

不过，三式还有区别，因为这与下一节的内容相关，所以在那里一并说明。

（二）级差地租现象态的理论定义

这里之所以要将讨论的对象称之为理论定义，是为了与式（1）相区别。前文表明，就实质内涵而言，式（1）只是级差地租现象态的操作型定义。然而，这里所要给出的定义则不同，它由式（22）引出。上面的讨论表明式（22）由商品生产价格演化分析生成，因此，按照前文给出的概念的特征，它就是级差地租现象态的理论定义。

级差地租现象态的理论定义有三种，下面分别给出并讨论它们的关联。

1. 本真理论定义

将式（22）右边分离为两个部分，并设 $\overline{p_k}^{\alpha 1}$ 代表商品生产价格变形个别现象态中的生产资本生产价格（在不致误解的情况下，可简称“生产资本生产价格”）的量值，$\overline{p_k}^{\alpha 2}$ 代表商品生产价格变形个别现象态中的自然资源生产价格亦即级差地租现象态（在不致误解的情况下，可简称“级差地租现象态”）的量值。由此，有：

$$\begin{aligned}\overline{p_k}^{\alpha} &= \overline{p_k}^{\alpha 1} + \overline{p_k}^{\alpha 2} \\ &= \left[\overline{c_k}^{\eta} + \overline{v_k}^{\eta} + \bar{r}^{\alpha}(\overline{c_k}^{\eta} + \overline{v_k}^{\eta})\right] + \left[\overline{\Delta c_k} + \overline{\Delta v_k} + \bar{r}^{\alpha}(\overline{\Delta c_k} + \overline{\Delta v_k})\right]\end{aligned} \tag{27}$$

从而有：

$$\overline{p_k}^{\alpha 1} = \overline{c_k}^{\eta} + \overline{v_k}^{\eta} + \bar{r}^{\alpha}\left(\overline{c_k}^{\eta} + \overline{v_k}^{\eta}\right) \tag{28}$$

$$\overline{p_k}^{\alpha 2} = \overline{\Delta c_k} + \overline{\Delta v_k} + \bar{r}^{\alpha}\left(\overline{\Delta c_k} + \overline{\Delta v_k}\right) \tag{29}$$

式（27）是式（22）的分离表达式，两式是等价的。式（28）是生产资本生产价格的定义式，式（29）是级差地租现象态本真理论定义式。

上述讨论涉及三个概念，下面给出说明。

先说本真理论定义。前文由马克思论述引出了级差地租现象态生成规律，即替代转化规律。据此，有如下界定：反映替代转化规律的定义是级差地租现象态的本真理论定义。显然，式（29）的意义是：级差地租 $\overline{p_k}^{\alpha 2}$ 等于替代量 $\overline{\Delta c_k} + \overline{\Delta v_k}$ 与其应分享的利润 $\bar{r}^{\alpha}(\overline{\Delta c_k} + \overline{\Delta v_k})$ 之和。可见，式（29）反映了替代转化规律，因此，它就是级差地租现象态本真理论定义式。

再说生产资本生产价格和自然资源生产价格。首先，自然资源尽管不创造生产价格并且本身不是商品生产价格量值的组成部分，但自然资源却可以有生产价格——这就是自然资源生产价格，也称级差地租。因为级差地租具有二重态，所以其量值生成过程须分两种情况来说明：就现象态来说，其量值由商品中被自然资源替代的部分生产资本及其分享的利润转化生成［由式（29）刻画］；就本质态来说，其量值由商品中的超额利润转化生成（详见下文）。其次，商品生产价格变形个别（包括现象本质二重态）的量值，除去级差地租，剩下的量值就是生产资本生产价格［在这里，它由式（28）刻画］。①

前面说到，式（22）、式（18）、式（13）还有区别。现在可以说明了，其区别在于：式（18）中的 $\overline{c_k} + \overline{\Delta c_k}^{\mu'} + \overline{v_k}$ 和式（13）中的 $\overline{c_k} + \overline{v_k}$ 是本质态生产资本，式（18）中的 $\bar{r}^{\mu'}(\overline{c_k} + \overline{\Delta c_k}^{\mu'} + \overline{v_k})$ 和式（13）中的 $\bar{r}(\overline{c_k} + \overline{v_k})$ 是由生产资本独享的利润，但是，式（27）表明，式（22）的相应量值可分离为性质不同的两个部分。首先，式（22）中的 $\overline{c_k}^{\eta} + \overline{v_k}^{\eta} + \overline{\Delta c_k} + \overline{\Delta v_k}$ 可分离为两部分：其中一部分即剩余量 $\overline{c_k}^{\eta} + \overline{v_k}^{\eta}$，其性质是本质态生产资本；另一部分即嵌入量现象态 $\overline{\Delta c_k} + \overline{\Delta v_k}$，其性质是现象态生产资本。其次，式中的 $\bar{r}^{\alpha}(\overline{c_k}^{\eta} + \overline{v_k}^{\eta} + \overline{\Delta c_k} + \overline{\Delta v_k})$ 也可分离为两部分，其中一部分即 $\bar{r}^{\alpha}(\overline{c_k}^{\eta} + \overline{v_k}^{\eta})$，是资本平均利润（它加上生产资本 $\overline{c_k}^{\eta} + \overline{v_k}^{\eta}$ = 生产资本生产价格），另一部分即 $\bar{r}^{\alpha}(\overline{\Delta c_k} + \overline{\Delta v_k})$，是被自然资源替代的部分生产资本分享的利润（它加上嵌入量现象态 $\overline{\Delta c_k} + \overline{\Delta v_k}$ = 级差地租）。这就是式（22）、式（18）、式（13）的区别，这一区别印证了商品生产价格量值分配定理。

2. 本真理论定义两个层次的等价变形

首先，利用式（27）和式（28），式（29）可写为：

$$\begin{aligned}\overline{p_k}^{\alpha 2} &= \overline{p_k}^{\alpha} - \overline{p_k}^{\alpha 1} \\ &= [\overline{c_k}^{\eta} + \overline{v_k}^{\eta} + \bar{r}^{\alpha}(\overline{c_k}^{\eta} + \overline{v_k}^{\eta})] + [\overline{\Delta c_k} + \overline{\Delta v_k} + \bar{r}^{\alpha}(\overline{\Delta c_k} + \overline{\Delta v_k})] - \\ &\quad [\overline{c_k}^{\eta} + \overline{v_k}^{\eta} + \bar{r}^{\alpha}(\overline{c_k}^{\eta} + \overline{v_k}^{\eta})] \\ &= \overline{\Delta c_k} + \overline{\Delta v_k} + \bar{r}^{\alpha}(\overline{\Delta c_k} + \overline{\Delta v_k})\end{aligned} \tag{30}$$

式（30）的意义：级差地租现象态 $\overline{p_k}^{\alpha 2}$ 是商品生产价格变形个别现象态 $\overline{p_k}^{\alpha}$ 与其中的生产资本生产价格 $\overline{p_k}^{\alpha 1}$ 的差额。显然，式（30）与式（29）的结果相等，只是计算式不同，可见，式（30）是式（29）（第一层）的等价变形。

其次，式（26）表明 $\overline{p_k}^{\alpha} = \overline{p_k}^{\mu'}$，于是，将此代入式（30），得：

$$\begin{aligned}\overline{p_k}^{\alpha 2} &= \overline{p_k}^{\mu'} - \overline{p_k}^{\alpha 1} \\ &= \overline{\Delta c_k} + \overline{\Delta v_k} + \bar{r}^{\alpha}(\overline{\Delta c_k} + \overline{\Delta v_k})\end{aligned} \tag{31}$$

式（31）的意义：级差地租现象态 $\overline{p_k}^{\alpha 2}$ 可等价地理解为商品生产价格变形一般

---

① 深入研究表明，生产资本生产价格和自然资源生产价格属于业态生产价格。业态，指一般经济活动，包括产业、服务业和资源业及其延伸形态。据此，业态生产价格不止上述两种，而是一个庞大的家族。应强调，商品生产价格和业态生产价格是两个不同的范畴，不能混淆，二者的关系原则上由下式刻画：商品生产价格 = 相关业态生产价格的加和（详见《当代经济系列研究综述、点评及由马克思经济学所做的深层追问》和《论商品生产价格链》）。

$\overline{p_k}^{\mu'}$ 与商品生产价格变形个别现象态中的生产资本生产价格 $\overline{p_k}^{\alpha 1}$ 的差额。显然，式（31）和式（30）的结果相等，只是计算式不同，可见，式（31）是式（30）的等价变形。因为前文证明式（30）是式（29）的第一层等价变形，所以式（31）就是式（29）的第二层等价变形。

3. 式（29）、式（30）、式（31）的关联分析

先说共性。上述讨论表明，三式由商品生产价格演化分析引出，据此并前文给出的概念特征来判定，它们都是级差地租现象态的理论定义。这是它们的共性。

再说个性。前文已证，式（29）是本真理论定义式，式（30）、式（31）则是式（29）的等价变形。这是它们的形式区别。此外，它们还有实质区别，那就是：三式反映的规律有所不同。前文已证，式（29）反映的是级差地租现象态的生成规律，这里需要说明的只是式（30）和式（31）反映的规律。下面另用两段来讨论。

首先，前面说过，马克思给出了资本家和地主对商品利润的分割原理，它是级差地租赖以实现的一条规律（分割规律）。如前所述，式（30）的意义是：级差地租现象态 $\overline{p_k}^{\alpha 2}$ 是商品生产价格变形个别现象态 $\overline{p_k}^{\alpha}$ 与其中的生产资本生产价格 $\overline{p_k}^{\alpha 1}$ 的差额。对照可知，式（30）反映的规律就是分割规律。

其次，前面说过，马克思给出了“同种商品的市场价格的相同性”规律，这是级差地租赖以实现的另一条规律（竞争规律）。如前所述，式（31）由 $\overline{p_k}^{\mu'}$（商品生产价格变形一般）替换式（30）中的 $\overline{p_k}^{\alpha}$（商品生产价格变形个别现象态）而生成——这表明，$\overline{p_k}^{\alpha}$ 和 $\overline{p_k}^{\mu'}$ 所对应的商品，尽管其生产过程及耗费的生产资本不同，但是，它们作为使用价值则是“同种商品”，因而有相等的销售价格（从而可用 $\overline{p_k}^{\mu'}$ 替换 $\overline{p_k}^{\alpha}$）。可见，式（31）反映的规律就是竞争规律。

（三）回应第一节悬置的问题——级差地租现象态理论定义与式（1）操作型解释的比较分析

第一部分给出了如下论点：式（1）操作型解释是正确的，但它与级差地租现象态理论定义相比有差距。然而，在那里对此没有展开讨论，现在可以讨论了。

证明上述论点需要比较分析，但是，理论定义和操作型解释不在一个逻辑层面，不能直接比较。这需要变通。如第一部分所述，式（1）操作型解释的对象实际是“用水力推动的”商品内含的级差地租。据此，有如下推论：如果级差地租现象态理论定义是正确的，并且式（1）操作型解释也正确，那么，就可以给出“用水力推动的”商品内含的级差地租现象态理论计算式和式（1）操作型解释的理论解释，进而通过二者的比较证明上述论点。这就是变通的办法。显然，同一个对象的理论计算式与理论解释可比较分析。可见，上述办法可行。

1. “用水力推动的”商品内含的级差地租现象态理论计算式

如前所述，式（29）、式（30）、式（31）是级差地租现象态的理论定义。据此，所谓给出“用水力推动的”商品内含的级差地租现象态理论计算式，实质就是将该商品内含的级差地租现象态解释为上述三式所定义对象的实例。然而，前面的讨论表明，上述三式由式（27）、式（22）引出，并且与式（18）相关联。因此，上述理论计算式不能简单地直接给出，必须仿照前文的研究过程迂回地给出。

（1）证明存在“用蒸汽机推动的”商品生产价格变形一般，它是式（18）所定义对象的特例，并且利用马克思假设的数值给出其计算式

证：第二部分由商品生产价格基形（引入生产场地为生产条件）引出了商品生产价格变形一般的理论定义，即式（18）。显然，“用蒸汽机推动的”商品生产也需要土地，不过其引入的土地只是生产场地，并且，它只是引入生产场地为生产条件的商品生产的一个特例（因为还有其他特例，例如，用马力推动的商品生产）。由此可知，存在“用蒸汽机推动的”商品生产价格变形一般，它是式（18）所定义对象的特例。证毕。

下面给出计算式。设 $\overline{p_k}^{\mu'\sigma}$ 代表“用蒸汽机推动的”商品生产价格变形一般的量值，$\overline{c_k}^{\sigma}+\overline{\Delta c_k}^{\mu'\sigma}+\overline{v_k}^{\sigma}$ 代表其中的生产资本变形一般的量值，$\bar{r}^{\mu'\sigma}$ 代表其中的利润率。此外，马克思假设“用蒸汽机推动的”商品生产“耗费资本 100”“15% 的利润”。由此并式（18），有：

$$
\begin{aligned}
\overline{p_k}^{\mu'\sigma} &= \overline{c_k}^{\sigma}+\overline{\Delta c_k}^{\mu'\sigma}+\overline{v_k}^{\sigma}+\bar{r}^{\mu'\sigma}(\overline{c_k}+\overline{\Delta c_k}^{\mu'\sigma}+\overline{v_k}) \\
&= 100+15\%\times 100 \\
&= 115
\end{aligned}
\tag{32}
$$

式中：

$$
\begin{gathered}
\overline{p_k}^{\mu'\sigma} \in \overline{p_k}^{\mu'} \\
\overline{c_k}^{\sigma}+\overline{v_k}^{\sigma} \in \overline{c_k}+\overline{v_k} \\
\overline{\Delta c_k}^{\mu'\sigma} \in \overline{\Delta c_k}^{\mu'},\ \overline{\Delta c_k}^{\mu'\sigma}=0 \\
\bar{r}^{\mu'\sigma} \in \bar{r}^{\mu'}
\end{gathered}
$$

式（32）是“用蒸汽机推动的”商品生产价格变形一般的计算式，亦即式（18）的一个特例。

（2）证明存在“用水力推动的”商品生产价格变形个别现象态，它是式（22）所定义对象的特例，并且利用马克思假设的数值给出其计算式

证：前文由商品生产价格基形（引入自然资源为生产条件，由此生成的生产资本变形个别为现象态）引出了商品生产价格变形个别现象态的理论定义，即式（22）。显然，水力是且仅是一种自然资源（因为还有其他自然资源，例如，风力）。由此可知，存在“用水力推动的”商品生产价格变形个别现象态，它是式（22）所定义对象的特例。证毕。

下面给出计算式。设 $\overline{p_k}^{\alpha\sigma}$ 代表“用水力推动的”商品生产价格变形个别现象态的量值，$\overline{c_k}^{\eta\sigma}+\overline{v_k}^{\eta\sigma}$ 和 $\overline{\Delta c_k}^{\sigma}+\overline{\Delta v_k}^{\sigma}$ 分别代表其中的生产资本变形个别现象态的存量和增量，$\bar{r}^{\alpha\sigma}$ 代表其中的利润率。此外，马克思假设“用水力推动的工厂的成本价格只是 90，而不是 100”。据此并前文关于自然资源对生产资本部分量值的替代分析，应有 $\overline{c_k}^{\eta\sigma}+\overline{v_k}^{\eta\sigma}=90$，$\overline{\Delta c_k}^{\sigma}+\overline{\Delta v_k}^{\sigma}=100-90=10$。再者，很明显，生产资本从基形演化为变形个别现象态并不涉及资本有机构成的变化，因此有 $\bar{r}^{\alpha\sigma}=\bar{r}^{\mu'\sigma}=15\%$。由此并式（22）和式（18），有：

$$
\begin{aligned}
\overline{p_k}^{\alpha\sigma} &= \overline{c_k}^{\eta\sigma}+\overline{v_k}^{\eta\sigma}+\overline{\Delta c_k}^{\sigma}+\overline{\Delta v_k}^{\sigma}+\bar{r}^{\alpha\sigma}(\overline{c_k}^{\eta\sigma}+\overline{v_k}^{\eta\sigma}+\overline{\Delta c_k}^{\sigma}+\overline{\Delta v_k}^{\sigma}) \\
&= 90+10+15\%\times(90+10)
\end{aligned}
$$

$$= 100 + 15$$
$$= 115 \qquad (33)$$

式中：

$$\overline{p_k}^{\alpha\sigma} \in \overline{p_k}^{\alpha}$$
$$\overline{c_k}^{\eta\sigma} + \overline{v_k}^{\eta\sigma} \in \overline{c_k}^{\eta} + \overline{v_k}^{\eta}$$
$$\overline{\Delta c_k}^{\sigma} + \overline{\Delta v_k}^{\sigma} \in \overline{\Delta c_k} + \overline{\Delta v_k}, \ \overline{\Delta c_k}^{\sigma} + \overline{\Delta v_k}^{\sigma} > 0$$
$$\bar{r}^{\alpha\sigma} \in \bar{r}^{\alpha}, \ \bar{r}^{\alpha\sigma} = \bar{r}^{\mu'\sigma}$$

式（33）是“用水力推动的”商品生产价格变形个别现象态的计算式，亦即式（22）的一个特例。

（3）给出“用水力推动的”商品内含的生产资本生产价格和级差地租现象态的计算式，并且证明它们分别是式（28）和式（29）的特例

将式（33）右边分离为两部分，并设 $\overline{p_k}^{\alpha\sigma 1}$ 和 $\overline{p_k}^{\alpha\sigma 2}$ 分别代表“用水力推动的”商品内含的生产资本生产价格和级差地租现象态的量值。由此并式（28）和式（29），有：

$$\begin{aligned}\overline{p_k}^{\alpha\sigma} &= \overline{p_k}^{\alpha\sigma 1} + \overline{p_k}^{\alpha\sigma 2}\\ &= [\overline{c_k}^{\eta\sigma} + \overline{v_k}^{\eta\sigma} + \bar{r}^{\alpha\sigma}(\overline{c_k}^{\eta\sigma} + \overline{v_k}^{\eta\sigma})] + [\overline{\Delta c_k}^{\sigma} + \overline{\Delta v_k}^{\sigma} + \bar{r}^{\alpha\sigma}(\overline{\Delta c_k}^{\sigma} + \overline{\Delta v_k}^{\sigma})]\\ &= (90 + 15\% \times 90) + (10 + 15\% \times 10)\\ &= 103.5 + 11.5\\ &= 115 \end{aligned} \qquad (34)$$

从而，有：

$$\begin{aligned}\overline{p_k}^{\alpha\sigma 1} &= \overline{c_k}^{\eta\sigma} + \overline{v_k}^{\eta\sigma} + \bar{r}^{\alpha\sigma}(\overline{c_k}^{\eta\sigma} + \overline{v_k}^{\eta\sigma})\\ &= 90 + 15\% \times 90\\ &= 103.5\end{aligned} \qquad (35)$$

式中，

$$\overline{p_k}^{\alpha\sigma 1} \in \overline{p_k}^{\alpha 1}$$

和

$$\begin{aligned}\overline{p_k}^{\alpha\sigma 2} &= \overline{\Delta c_k}^{\sigma} + \overline{\Delta v_k}^{\sigma} + \bar{r}^{\alpha\sigma}(\overline{\Delta c_k}^{\sigma} + \overline{\Delta v_k}^{\sigma})\\ &= 10 + 15\% \times 10\\ &= 11.5\end{aligned} \qquad (36)$$

式中，

$$\overline{p_k}^{\alpha\sigma 2} \in \overline{p_k}^{\alpha 2}$$

式（34）是式（33）的分离式，两式是等价的。式（35）和式（36）分别是“用水力推动的”商品内含的生产资本生产价格和级差地租现象态的计算式。由式（33）的附式知，式（35）必有 $\overline{p_k}^{\alpha\sigma 1} \in \overline{p_k}^{\alpha 1}$ ——这里已证明式（35）是式（28）的特例，式（36）必有 $\overline{p_k}^{\alpha\sigma 2} \in \overline{p_k}^{\alpha 2}$ ——这里已证明式（36）是式（29）的特例。

（4）给出式（36）两个层次的等价变形，并且证明它们分别是式（30）和式（31）的特例

①给出式（36）的第一层等价变形

利用式（34）和式（35），式（36）可写为：

$$\begin{aligned}\overline{p_k}^{\alpha\sigma2} &= \overline{p_k}^{\alpha\sigma} - \overline{p_k}^{\alpha\sigma1} \\ &= 115 - 103.5 \\ &= 11.5 \end{aligned} \tag{37}$$

式（37）的意义是："用水力推动的"商品内含的级差地租现象态 $\overline{p_k}^{\alpha\sigma2}$ 是该商品生产价格变形个别现象态 $\overline{p_k}^{\alpha\sigma}$ 与其中的生产资本生产价格 $\overline{p_k}^{\alpha\sigma1}$ 的差额。显然，式（37）与式（36）的结果相等（都是11.5），只是计算式不同。可见，式（37）是式（36）的（第一层）等价变形。

②给出式（36）的第二层等价变形

首先，证明下式：

$$\overline{p_k}^{\alpha\sigma} = \overline{p_k}^{\mu'\sigma} \tag{38}$$

证：式（32）表明 $\overline{p_k}^{\mu'\sigma}=115$，式（33）表明 $\overline{p_k}^{\alpha\sigma}=115$，可见 $\overline{p_k}^{\alpha\sigma}=\overline{p_k}^{\mu'\sigma}$。证毕。

其次，将式（38）代入式（37），可得：

$$\begin{aligned}\overline{p_k}^{\alpha\sigma2} &= \overline{p_k}^{\mu'\sigma} - \overline{p_k}^{\alpha\sigma1} \\ &= 115 - 103.5 \\ &= 11.5 \end{aligned} \tag{39}$$

式（39）的意义："用水力推动的"商品内含的级差地租现象态 $\overline{p_k}^{\alpha\sigma2}$ 可等价地理解为"用蒸汽机推动的"商品生产价格变形一般 $\overline{p_k}^{\mu'\sigma}$ 与"用水力推动的"商品内含的生产资本生产价格 $\overline{p_k}^{\alpha\sigma1}$ 的差额。显然，式（39）与式（37）的结果相等（都是11.5），只是计算式不同。可见，式（39）是式（37）的等价变形。此外，前面证明式（37）是式（36）的第一层等价变形，从而式（39）就是式（36）的第二层等价变形。

③证明式（37）是式（30）的特例，式（39）是式（31）的特例

证：式（37）写为 $\overline{p_k}^{\alpha\sigma2}=\overline{p_k}^{\alpha\sigma}-\overline{p_k}^{\alpha\sigma1}$，式（30）写为 $\overline{p_k}^{\alpha2}=\overline{p_k}^{\alpha}-\overline{p_k}^{\alpha1}$，然而，式（33）表明 $\overline{p_k}^{\alpha\sigma}\in\overline{p_k}^{\alpha}$，式（35）表明 $\overline{p_k}^{\alpha\sigma1}\in\overline{p_k}^{\alpha1}$，因此，结论是：式（37）是式（30）的特例。证毕。

证：式（39）写为 $\overline{p_k}^{\alpha\sigma2}=\overline{p_k}^{\mu'\sigma}-\overline{p_k}^{\alpha\sigma1}$，式（31）写为 $\overline{p_k}^{\alpha2}=\overline{p_k}^{\mu'}-\overline{p_k}^{\alpha1}$，然而，式（32）表明 $\overline{p_k}^{\mu'\sigma}\in\overline{p_k}^{\mu'}$，式（35）表明 $\overline{p_k}^{\alpha\sigma1}\in\overline{p_k}^{\alpha1}$，因此，结论是：式（39）是式（31）的特例。证毕。

2. 式（1）操作型解释的理论解释

前文表明，式（7）是式（1）操作型解释的正确表达式。此外，上面引出了式（39）。据此，有如下命题：式（39）就是式（7）的理论解释。显然，一旦证明了这一命题，也就给出了式（1）操作型解释的理论解释。

证：将式（39）与式（7）对比可知，两式计算过程相同并且计算结果相等，不同的只是计算式的解释。式（7）将其解释为："用水力推动的"商品内含的级

差地租等于“用蒸汽机推动的”商品生产价格与“用水力推动的”商品个别生产价格一个组成部分的差额（参见第一部分的证明）。式（39）将其解释为：“用水力推动的”商品内含的级差地租现象态 $\overline{p_k}^{\alpha\sigma 2}$ 等于“用蒸汽机推动的”商品生产价格变形一般 $\overline{p_k}^{\mu'\sigma}$ 与“用水力推动的”商品内含的生产资本生产价格 $\overline{p_k}^{\alpha\sigma 1}$ 的差额。然而，本文前面的讨论表明，后者所使用的基础概念是由商品生产价格演化分析引出的理论概念。综上所述，结论是：式（39）是式（7）的理论解释。证毕。

3. 论点的证明

（1）证明式（1）操作型解释是正确的

证：前文表明，式（31）是级差地租现象态的一个理论定义式，此外，本节证明式（39）是式（31）的特例，这表明式（39）作为“用水力推动的”商品内含的级差地租现象态理论计算式是正确的。然而，本小节还证明，式（39）也是式（1）操作型解释的理论解释。据此，结论是：式（1）操作型解释也是正确的。证毕。

（2）证明式（1）操作型解释与级差地租现象态理论定义相比有差距

研究表明，其差距可归结为三个方面，下面分别证明。

①在揭示对象普遍性方面存在差距

证：如上文所述，式（1）操作型解释的对象实际是“用水力推动的”商品内含的级差地租现象态，诚然，马克思将这种操作型解释推广到“为耕地、建筑地段、矿山、渔场、森林等等支付”的级差地租，但是，即使如此，这仍然只是实例枚举。级差地租现象态理论定义则不同，它是由商品生产价格演化分析所生成的抽象定义。显然，就揭示对象的普遍性而言，实例枚举与抽象定义是不可比的。证毕。

②在反映对象规律方面存在差距

证：前文表明，级差地租现象态的理论定义式（以下简称“理论定义式”）有三个，它们分别反映级差地租现象态的三条规律。这里证明“用水力推动的”商品内含的级差地租现象态的理论计算式同样有三个（以下简称“三个计算式”），并且它们分别是三个理论定义式的特例。据此，有如下推论：三个计算式同样反映了“用水力推动的”商品内含的级差地租现象态的三条规律。然而，上面还证明，式（1）操作型解释的理论解释只是式（39），它只是三个计算式之一，亦即它只反映了其中一条规律。证毕。

③在预留理论发展空间方面存在差距

证：前文的讨论表明，级差地租现象态理论定义由商品生产价格变形个别现象态的定义式生成，此外，前文表明还存在商品生产价格变形个别本质态，它是级差地租本质态的生成基础，由此可见，级差地租现象态理论定义实际预留了级差地租本质态理论定义的发展空间。然而，式（1）操作型解释则不然。显然，马克思用操作型解释所定义的“商品一般生产价格”和“商品个别生产价格”，其中，引入土地的价值计量 =0。由此可见，马克思给出的两个基础概念是从本质态视角立论的。于是，出现如下情况：用属于本质态的基础概念构造级差地租现象态的定义式。显然，这是一对矛盾。然而，事情不仅如此，因为这一矛盾会引起一个严重后果，那就是：何以揭示级差地租本质态?！这就是说，式（1）操作型解释不但没有预留级差地租本质态理论的发展空间，而且堵死了揭示级差地租本质态的可能通路。这就证明，在预留理论发展空间方面，式（1）操作型解释与级差地租现象态理论定义相比存在差距。证毕。

四、级差地租本质态探析

（一）商品生产价格变形个别本质态的定义及其货币表现计量形式

1．商品生产价格变形个别本质态的定义

根据前文给出的概念，设 $\overline{p_k}^{\beta}$ 代表商品生产价格变形个别本质态的量值，$\bar{r}^{\beta\varpi}$ 代表一般利润率，$\bar{r}^{\beta\theta}$ 代表超额利润率，由此并式（17.2）和式（22）、式（18）、式（13），有：

$$\overline{p_k}^{\beta} = \overline{c_k}^{\eta} + \overline{\Delta c_k}^{\beta} + \overline{v_k}^{\eta} + \bar{r}^{\beta\varpi}\left(\overline{c_k}^{\eta} + \overline{\Delta c_k}^{\beta} + \overline{v_k}^{\eta}\right) + \bar{r}^{\beta\theta}\left(\overline{c_k}^{\eta} + \overline{\Delta c_k}^{\beta} + \overline{v_k}^{\eta}\right) \tag{40}$$

式中，

$$\bar{r}^{\beta\varpi} = \bar{r}^{\alpha} = \bar{r}^{\mu'} = \bar{r}$$

$$\bar{r}^{\beta\theta} > 0$$

式（40）是商品生产价格变形个别本质态的定义式。式中，$\overline{c_k}^{\eta} + \overline{\Delta c_k}^{\beta} + \overline{v_k}^{\eta}$ 是生产资本变形个别本质态的量值，$\bar{r}^{\beta\varpi}\left(\overline{c_k}^{\eta} + \overline{\Delta c_k}^{\beta} + \overline{v_k}^{\eta}\right)$ 是一般利润，$\bar{r}^{\beta\theta}\left(\overline{c_k}^{\eta} + \overline{\Delta c_k}^{\beta} + \overline{v_k}^{\eta}\right)$ 是超额利润。

这里涉及两个概念，即一般利润率和超额利润率，下面给出说明。

先说一般利润率。马克思说，“不同生产部门的等量资本，由于它们的有机构成不同，会生产出不等的利润”；[1]167 “利润率的不等还有另一个源泉，即不同生产部门资本的周转时间不同”。[1]169但是，马克思还说，资本获得“平均利润”是一条规律，即“等量资本占有等量无酬劳动”的规律。[2]35正因为如此，资本通过竞争会生成一般利润率即资本平均利润率。在此说明，本文给出的式（12）所定义的商品生产价格基形的利润率是一般利润率，此外，式（40）有附式 $\bar{r}^{\beta\varpi} = \bar{r}^{\alpha} = \bar{r}^{\mu'} = \bar{r}$，可见，商品生产价格变形一般和变形个别现象态的利润率以及变形个别本质态利润率中的 $\bar{r}^{\beta\varpi}$，也都是一般利润率。

再说超额利润率。其计量形式是：它等于商品个别利润率与一般利润率（资本平均利润率）的差额。应指出，以商品生产价格基形为论域，商品也有超额利润，但那种超额利润仅与资本有关，而与土地无关（因为那时还没有引入土地）。[4]此外，如果引入土地，那么，超额利润可区分为两种，其中一种是资本个别享有的超额利润，另一种是转化为级差地租的超额利润。这里的原因在于，资本有机构成实际可区分为不同的两种，一种是与“被资本垄断”的生产资料（例如，机器）相关的资本有机构成，另一种是与被地主垄断的生产资料（土地）相关的资本有机构成。[1]725前者是容易理解的，需要说明的是后者。马克思说，“土地没有价值”，[8]121但是，土地“作为使用价值，它仍然具有它的自然的效用”。[1]728这里的“土地”指自然资源，其“自然的效用”指它能提高资本技术构成从而使得资本有机构成。于

是，引入自然资源作为生产条件，就能生产出转化为级差地租的超额利润。在此说明，为简化，本文对前一种超额利润存而不论，这里所谈论的超额利润仅指后者。须说明的是，如第三部分所述，生产资本变形个别现象态尽管引入了自然资源，但因为嵌入量 = 替代量，从而它与生产资本基形（从而生产资本变形一般）相比，其有机构成并没有改变，因此，式（22）有 $\bar{r}^{\alpha} = \bar{r}^{\mu'} = \bar{r}$。然而，生产资本变形个别本质态则不同，因为其嵌入量 = 0，所以自然资源“作为使用价值”的“自然的效用”必须通过资本有机构成的变化来体现，从而所生产的商品在一般利润率 $\bar{r}^{\beta\varpi}$ 的基础上会新增一个超额利润率 $\bar{r}^{\beta\theta}$。

现在，有必要将式（40）与式（22）、式（18）、式（13）中的相关量值进行对比分析，以明确其中的差异。

首先，生产资本比较分析。式（16）表明 $\overline{\Delta c_k}^{\beta} = 0$，据此，有：

$$\overline{c_k}^{\eta} + \overline{\Delta c_k}^{\beta} + \overline{v_k}^{\eta} = \overline{c_k}^{\eta} + \overline{v_k}^{\eta} \tag{41}$$

此外，由式（41）并式（24），有：

$$\overline{c_k}^{\eta} + \overline{v_k}^{\eta} + \overline{\Delta c_k} + \overline{\Delta v_k} - (\overline{c_k}^{\eta} + \overline{\Delta c_k}^{\beta} + \overline{v_k}^{\eta}) = \overline{\Delta c_k} + \overline{\Delta v_k} \tag{42}$$

$$\overline{c_k} + \overline{\Delta c_k}^{\mu'} + \overline{v_k} - (\overline{c_k}^{\eta} + \overline{\Delta c_k}^{\beta} + \overline{v_k}^{\eta}) = \overline{\Delta c_k} + \overline{\Delta v_k} \tag{43}$$

$$\overline{c_k} + \overline{v_k} - (\overline{c_k}^{\eta} + \overline{\Delta c_k}^{\beta} + \overline{v_k}^{\eta}) = \overline{\Delta c_k} + \overline{\Delta v_k} \tag{44}$$

式（42）、式（43）、式（44）表明，生产资本变形个别本质态的量值小于生产资本其他形态的量值，其差额均为 $\overline{\Delta c_k} + \overline{\Delta v_k} > 0$。

其次，利润率比较分析。由式（40）的附式，有：

$$\bar{r}^{\beta\varpi} + \bar{r}^{\beta\theta} - \bar{r}^{\alpha} = \bar{r}^{\beta\theta} \tag{45}$$

$$\bar{r}^{\beta\varpi} + \bar{r}^{\beta\theta} - \bar{r}^{\mu'} = \bar{r}^{\beta\theta} \tag{46}$$

$$\bar{r}^{\beta\varpi} + \bar{r}^{\beta\theta} - \bar{r} = \bar{r}^{\beta\theta} \tag{47}$$

式（45）、式（46）、式（47）表明，商品生产价格变形个别本质态的利润率大于商品生产价格其他形态的利润率，其差额均为 $\bar{r}^{\beta\theta} > 0$。

再次，利润量比较分析。我们有：

$$\bar{r}^{\beta\varpi}(\overline{c_k}^{\eta} + \overline{\Delta c_k}^{\beta} + \overline{v_k}^{\eta}) + \bar{r}^{\beta\theta}(\overline{c_k}^{\eta} + \overline{\Delta c_k}^{\beta} + \overline{v_k}^{\eta}) < \bar{r}^{\alpha}(\overline{c_k}^{\eta} + \overline{v_k}^{\eta} + \overline{\Delta c_k} + \overline{\Delta v_k}) \tag{48}$$

$$\bar{r}^{\beta\varpi}(\overline{c_k}^{\eta} + \overline{\Delta c_k}^{\beta} + \overline{v_k}^{\eta}) + \bar{r}^{\beta\theta}(\overline{c_k}^{\eta} + \overline{\Delta c_k}^{\beta} + \overline{v_k}^{\eta}) < \bar{r}^{\mu'}(\overline{c_k} + \overline{\Delta c_k}^{\mu'} + \overline{v_k}) \tag{49}$$

$$\bar{r}^{\beta\varpi}(\overline{c_k}^{\eta} + \overline{\Delta c_k}^{\beta} + \overline{v_k}^{\eta}) + \bar{r}^{\beta\theta}(\overline{c_k}^{\eta} + \overline{\Delta c_k}^{\beta} + \overline{v_k}^{\eta}) < \bar{r}(\overline{c_k} + \overline{v_k}) \tag{50}$$

式（48）、式（49）和式（50）表明，商品生产价格变形个别本质态的利润量小于商品生产价格其他形态的利润量。

应指出，仅由上面的讨论并不能证明上述三式，下面以式（50）为例予以说明。诚然，式（44）表明 $\overline{c_k}^{\eta} + \overline{\Delta c_k}^{\beta} + \overline{v_k}^{\eta} < \overline{c_k} + \overline{v_k}$，据此，如果再有 $\bar{r}^{\beta\varpi} + \bar{r}^{\beta\theta} \leqslant \bar{r}$，那么，式（50）成立。但是，式（47）表明 $\bar{r}^{\beta\varpi} + \bar{r}^{\beta\theta} > \bar{r}$，于是，$\bar{r}^{\beta\varpi}(\overline{c_k}^{\eta} + \overline{\Delta c_k}^{\beta} + \overline{v_k}^{\eta}) + \bar{r}^{\beta\theta}(\overline{c_k}^{\eta} + \overline{\Delta c_k}^{\beta} + \overline{v_k}^{\eta}) < \bar{r}(\overline{c_k} + \overline{v_k})$ 是否成立是不确定的。显然，上述分析对式（48）和式（49）同样适用。可见，要证明上述三式必须提供新的论据。

为此，需要请教马克思。马克思说，“很明显，不管机器生产怎样提高劳动生产力，靠减少必要劳动来扩大剩余劳动，它只有减少一定资本所使用的工人人数，才能产生这样的结果……但是，例如从两个工人身上榨不出从 24 个工人身上同样多的剩余价值。24 个工人每人只要在 12 小时中提供一小时剩余劳动，总共就提供 24 小时剩余劳动，而两个工人的全部劳动只不过是 24 小时”。[8]446 这就是说，尽管使用机器替代工人能提高商品利润率，但使用机器替代工人的商品利润量比没有用机器替代工人时的商品利润量仍然会减少。诚然，马克思说的是机器替代劳动力所显现的规律，但是，这一规律显然对自然资源替代生产资本同样适用。还以式（50）为例进行分析。因为自然资源替代的生产资本包括替代生产工人，所以尽管有 $\bar{r}^{\beta\varpi}+\bar{r}^{\beta\theta}>\bar{r}$，但仍然有 $\bar{r}^{\beta\varpi}(\overline{c_k}^{\eta}+\overline{\Delta c_k}^{\beta}+\overline{v_k}^{\eta})+\bar{r}^{\beta\theta}(\overline{c_k}^{\eta}+\overline{\Delta c_k}^{\beta}+\overline{v_k}^{\eta})<\bar{r}(\overline{c_k}+\overline{v_k})$。显然，上述分析对式（48）和式（49）同样适用。这就证明上述三式成立。

最后，商品生产价格量值比较分析。由式（42）、式（43）、式（44）和式（48）、式（49）、式（50），必有：

$$\overline{p_k}^{\beta}<\overline{p_k}^{\alpha} \tag{51}$$

$$\overline{p_k}^{\beta}<\overline{p_k}^{\mu'} \tag{52}$$

$$\overline{p_k}^{\beta}<\overline{p_k} \tag{53}$$

式（51）、式（52）、式（53）表明，商品生产价格变形个别本质态的量值小于商品生产价格其他形态的量值。

2. 商品生产价格变形个别本质态货币表现的计量形式

（1）有关概念

在马克思经济学中，在“商品价值转化为生产价格”的条件下，生产价格是市场价格的本质，市场价格是生产价格的货币表现。[1]200 此外，如第一节所述，马克思给出了“同种商品的市场价格的相同性”规律，这是级差地租赖以实现的一条规律。据此，有如下界定：商品生产价格变形个别本质态按生产价格计量［式（40）正是如此］；商品生产价格变形个别本质态的货币表现按市场价格（排除偶然波动）计量。

（2）商品生产价格变形个别本质态货币表现的计量分析

我们有如下命题。

命题 1：商品生产价格变形个别本质态货币表现的量值与商品生产价格其他形态的量值相等。即有：

$$\overline{p_k}^{\beta'}=\overline{p_k}^{\alpha}=\overline{p_k}^{\mu'}=\overline{p_k} \tag{54}$$

式（54）是命题 1 的表达式。式中，$\overline{p_k}^{\beta'}$ 代表商品生产价格变形个别本质态货币表现的量值。由本文前言的说明知，$\overline{p_k}^{\beta'}$、$\overline{p_k}^{\alpha}$、$\overline{p_k}^{\mu'}$、$\overline{p_k}$ 所对应的商品是“同种商品”，可见，式（54）直接源于“同种商品的市场价格的相同性”规律，因而其正确性是显然的。

命题 2：商品生产价格变形个别本质态货币表现与商品生产价格变形个别本质态的差额大于 0。即有：

$$\overline{\Delta p^{\beta}}=\overline{p_k}^{\beta'}-\overline{p_k}^{\beta}>0 \tag{55}$$

式（55）是命题2的表达式。式中，$\overline{\Delta p^{\beta}}$代表二者的差额。式（55）的根据是式（51）、式（52）、式（53）、式（54），前面已证四式成立，因此，式（55）也成立。

命题3：商品生产价格变形个别本质态货币表现与商品生产价格变形个别本质态的差额，等于商品生产价格变形个别本质态超额利润的货币表现与商品生产价格变形个别本质态超额利润的差额。即有：

$$\overline{\Delta p^{\beta}}=\bar{r}^{\beta\theta'}(\overline{c_k}^{\eta}+\overline{\Delta c_k}^{\beta}+\overline{v_k}^{\eta})-\bar{r}^{\beta\theta}(\overline{c_k}^{\eta}+\overline{\Delta c_k}^{\beta}+\overline{v_k}^{\eta})>0 \tag{56}$$

式（56）是命题3的表达式。式中，$\bar{r}^{\beta\theta'}(\overline{c_k}^{\eta}+\overline{\Delta c_k}^{\beta}+\overline{v_k}^{\eta})$是商品生产价格变形个别本质态超额利润的货币表现。

式（56）并不是自明的，这需要证明。为此，先通过分析明确证明的路径。由式（40）知，$\overline{p_k}^{\beta}$由如下三部分组成，一是生产资本变形个别本质态即$\overline{c_k}^{\eta}+\overline{\Delta c_k}^{\beta}+\overline{v_k}^{\eta}$，二是一般利润即$\bar{r}^{\beta\varpi}(\overline{c_k}^{\eta}+\overline{\Delta c_k}^{\beta}+\overline{v_k}^{\eta})$，三是超额利润即$\bar{r}^{\beta\theta}(\overline{c_k}^{\eta}+\overline{\Delta c_k}^{\beta}+\overline{v_k}^{\eta})$，由此推论，$\overline{p_k}^{\beta'}$也由同样的三部分组成，只是其中的量值有所不同。于是，$\overline{p_k}^{\beta}$与$\overline{p_k}^{\beta'}$相比，可能存在的差额只有如下三种：第一种是$\overline{c_k}^{\eta}+\overline{\Delta c_k}^{\beta}+\overline{v_k}^{\eta}$与其货币表现的差额；第二种是$\bar{r}^{\beta\varpi}(\overline{c_k}^{\eta}+\overline{\Delta c_k}^{\beta}+\overline{v_k}^{\eta})$与其货币表现的差额；第三种是$\bar{r}^{\beta\theta}(\overline{c_k}^{\eta}+\overline{\Delta c_k}^{\beta}+\overline{v_k}^{\eta})$与其货币表现的差额。于是，结论是：证明式（56），等价于证明不可能存在前两种差额。

证：由第二节知，生产资本变形个别本质态由生产资本基形$\overline{c_k}+\overline{v_k}$演化生成，因为$\overline{c_k}+\overline{v_k}$中有部分生产资本（其量值为$\overline{\Delta c_k}+\overline{\Delta v_k}>0$）为自然资源所替代，从而资本家生产商品所投入的生产资本是也只是$\overline{c_k}^{\eta}+\overline{\Delta c_k}^{\beta}+\overline{v_k}^{\eta}$，所以在生产终了时，在$\overline{p_k}^{\beta'}$中可能存在的只是（亦即商品销售后资本家回收的只能是）$\overline{c_k}^{\eta}+\overline{\Delta c_k}^{\beta}+\overline{v_k}^{\eta}$。这就是说，在$\overline{p_k}^{\beta}$中生产资本和它的货币表现相等，都是$\overline{c_k}^{\eta}+\overline{\Delta c_k}^{\beta}+\overline{v_k}^{\eta}$，从而并不存在第一种差额。此外，由马克思给出的分割规律知，资本家只能获得一般利润——资本家当然想获取超过一般利润的利润，但如果那样，“资本家同伙就会出面，通过竞争”逼迫他将多占有的利润“老老实实支付给”地主。这就是说，在$\overline{p_k}^{\beta'}$中一般利润和它的货币表现相等，都是$\bar{r}^{\beta\varpi}(\overline{c_k}^{\eta}+\overline{\Delta c_k}^{\beta}+\overline{v_k}^{\eta})$，从而并不存在第二种差额。于是，式（56）成立。证毕。

（3）商品生产价格变形个别本质态货币表现的计量形式

由式（40）和式（56），必有：

$$\overline{p_k}^{\beta'}=\overline{c_k}^{\eta}+\overline{\Delta c_k}^{\beta}+\overline{v_k}^{\eta}+\bar{r}^{\beta\varpi}(\overline{c_k}^{\eta}+\overline{\Delta c_k}^{\beta}+\overline{v_k}^{\eta})+\bar{r}^{\beta\theta'}(\overline{c_k}^{\eta}+\overline{\Delta c_k}^{\beta}+\overline{v_k}^{\eta}) \tag{57}$$

式中，

$$\bar{r}^{\beta\theta'}>\bar{r}^{\beta\theta}$$

式（57）是商品生产价格变形个别本质态货币表现的计量形式。

3. 商品生产价格量值决定定理和利润分配定理的印证

首先，前文的分析表明，商品生产价格变形个别本质态中的量$\overline{c_k}^{\eta}+\overline{\Delta c_k}^{\beta}+\overline{v_k}^{\eta}+\bar{r}^{\beta\varpi}(\overline{c_k}^{\eta}+\overline{\Delta c_k}^{\beta}+\overline{v_k}^{\eta})$与被引入的自然资源无关。此外，前面证明，

$\bar{r}^{\beta\theta}(\overline{c_k}^{\eta}+\overline{\Delta c_k}^{\beta}+\overline{v_k}^{\eta})$ 源于较高效率的生产劳动，并非源于自然资源。综上所述，结论是：商品生产价格变形个别本质态印证了商品生产价格量值决定定理。

其次，前文的分析表明，$\overline{p_k}$ 即商品生产价格基形的量值与土地无关，然而，式（54）表明 $\overline{p_k}^{\beta'}=\overline{p_k}$，这说明 $\overline{p_k}^{\beta'}$ 即商品生产价格变形个别本质态货币表现的量值也与土地被引入无关。这里同样印证了商品生产价格量值决定定理。

再次，上文的讨论表明，无论是商品生产价格变形个别本质态还是它的货币表现，都可区分为两个部分。下面的讨论将证明，其中一个部分是生产资本生产价格，另一个部分是与级差地租相关的超额利润。可见，这里印证了商品生产价格量值利润分配定理。

（二）级差地租本质态的计量形式和生成规律

先说级差地租本质态的计量形式。在现实中，资本家所支付的级差地租必须是货币，而不是本质态的生产价格，因此，级差地租本质态的计量形式只能由式（57）引出，而不能由式（40）引出。

设 $\overline{p_k}^{\beta1}$ 代表商品生产价格变形个别本质态货币表现中的生产资本生产价格（在不致误解的情况下，可简称“生产资本生产价格”）的量值，$\overline{p_k}^{\beta2}$ 代表商品生产价格变形个别本质态货币表现中的自然资源生产价格亦即级差地租本质态（在不致误解的情况下，可简称“级差地租本质态”）的量值，由此并式（57），有：

$$\overline{p_k}^{\beta1}=\overline{c_k}^{\eta}+\overline{\Delta c_k}^{\beta}+\overline{v_k}^{\eta}+\bar{r}^{\beta\varpi}(\overline{c_k}^{\eta}+\overline{\Delta c_k}^{\beta}+\overline{v_k}^{\eta}) \tag{58}$$

$$\overline{p_k}^{\beta2}=\bar{r}^{\beta\theta'}(\overline{c_k}^{\eta}+\overline{\Delta c_k}^{\beta}+\overline{v_k}^{\eta}) \tag{59}$$

式（58）和式（59）分别是生产资本生产价格和级差地租本质态的计量形式。

再说级差地租本质态的生成规律。前文给出了如下论点：替代转化规律只是级差地租现象态的生成规律，此外还有级差地租本质态的生成规律。但是，在那里对后者没有展开讨论。现在可以讨论了。我们的结论是：级差地租本质态的生成规律是塌缩新生放大转化规律。这里，“塌缩”指商品生产价格变形个别本质态的量值突发性的由大到小的变化——式（51）、式（52）、式（53）证明了这一点；“新生”指商品生产价格变形个别本质态的利润率获得了提高——式（45）、式（46）、式（47）证明了这一点；“放大”指在“同种商品的市场价格的相同性”规律作用下，商品生产价格变形个别本质态中的超额利润被放大了——式（56）证明了这一点；“转化”指被放大的超额利润转化为地租——式（59）证明了这一点。

（三）研究成果检验——级差地租本质态是真实的价值和级差地租二重态量值相等的证明

上面已给出了级差地租本质态的计量形式和生成规律，这是我们研究的成果。那么，这一成果正确吗？对此，需要提供证明。

1. 级差地租本质态是真实的价值的证明

第一部分给出如下命题：级差地租本质态的性质是真实的价值。显然，这是检验研究成果的正确性所必须证明的命题。

分析：如前所述，超额利润 $\bar{r}^{\beta\theta}(\overline{c_k}^{\eta}+\overline{\Delta c_k}^{\beta}+\overline{v_k}^{\eta})$ 是（自然资源被引入所导致的）资本技术构成从而使得资本有机构成提高的结果。显然，这等价于说，它是效率提高了的生产劳动创造的超额剩余价值——这里已证明 $\bar{r}^{\beta\theta}(\overline{c_k}^{\eta}+\overline{\Delta c_k}^{\beta}+\overline{v_k}^{\eta})$ 是真实的价值。但是，问题在于，级差地租的量值是 $\bar{r}^{\beta\theta'}(\overline{c_k}^{\eta}+\overline{\Delta c_k}^{\beta}+\overline{v_k}^{\eta})$；由式（56）知，在“同种商品的市场价格的相同性”规律作用下，$\bar{r}^{\beta\theta'}(\overline{c_k}^{\eta}+\overline{\Delta c_k}^{\beta}+\overline{v_k}^{\eta})$ 相对 $\bar{r}^{\beta\theta}(\overline{c_k}^{\eta}+\overline{\Delta c_k}^{\beta}+\overline{v_k}^{\eta})$ 被放大了，其被放大的量值为 $\overline{\Delta p^{\beta}}$。由此可知，判定 $\bar{r}^{\beta\theta'}(\overline{c_k}^{\eta}+\overline{\Delta c_k}^{\beta}+\overline{v_k}^{\eta})$ 的性质，其关键是明确 $\overline{\Delta p^{\beta}}$ 的性质。然而，由马克思的相关论述知，$\overline{\Delta p^{\beta}}$ 的性质须分为两个层面来考察。下面分别考察。

首先，马克思说，“生产力特别高的劳动起了自乘的劳动的作用，或者说，在同样的时间内，它所创造的价值比同种社会平均劳动要多”。[8]354（下称马克思的“自乘说”）。前文的分析表明，商品生产价格变形个别本质态的生产劳动是一种“生产力特别高的劳动”。据此，应当认为，$\overline{\Delta p^{\beta}}$ 是 $\bar{r}^{\beta\theta}(\overline{c_k}^{\eta}+\overline{\Delta c_k}^{\beta}+\overline{v_k}^{\eta})$“自乘”的结果，从而它是真实的价值。

其次，仔细阅读可知，马克思的“自乘说”是就生产过程而言的，因此，上面给出的结论只是级差地租本质态在生产过程这一层面的性质。此外，还有另一个层面，那就是：“社会劳动时间”即社会商品价值总量的实现层面。诚然，在这一层面，$\overline{\Delta p^{\beta}}$ 是一个“负数”[1]746（因为由“自乘”而放大的社会价值并不是真实的劳动时间），但是，即使如此，级差地租仍然是真实的价值，这是因为 $\overline{\Delta p^{\beta}}$ 是由“被看作消费者的社会”支付的，[1]746显然，消费者所支付的是真实的价值（“正数”），于是，原来的“负数”就被“正数”所替换，从而就有：社会商品价值总量 = 社会劳动时间总量。这就证明，即使在这一层面，级差地租仍然是真实的价值，只不过，这样一来，社会商品价值总量的分配就发生了变化，原本属于消费者的真实的价值就被地主攫取了。

综上所述，无论从哪个层面说，$\overline{\Delta p^{\beta}}$ 的性质都是真实的价值。这就证明，$\bar{r}^{\beta\theta'}(\overline{c_k}^{\eta}+\overline{\Delta c_k}^{\beta}+\overline{v_k}^{\eta})$ 的性质是真实的价值。

不过，这里有两种情况需要说明。

首先，有学者引用马克思的“自乘说”证明虚假的社会价值也是真实的价值。[11]这是值得商榷的。显然，“自乘说”有两个关键词，即“劳动”和“自乘”，由此可知，必须先有“劳动”，而后才有（才能）“自乘”。然而，如第一部分所述，马克思揭示虚假的社会价值来源于自然资源对部分生产资本的替代，而不是来源于生产劳动。既然如此，那么，何以“自乘”?！其实，虚假的社会价值与真实的价值的关系与数学中的虚数与实数的关系相当，而“自乘”的意思无非是说，某个数自乘一个倍数或系数，它只能使这个数放大或缩小，而不可能改变这个数的性质（不能使虚数变成实数）。可见，引用马克思的“自乘说”决不能证明虚假的社会价值是真实的价值。应指出，我们上文的证明是完全不同的。我们证明“$\overline{\Delta p^{\beta}}$ 是真实的价值”的命题，其论据是 $\overline{\Delta p^{\beta}}$ 是 $\bar{r}^{\beta\theta}(\overline{c_k}^{\eta}+\overline{\Delta c_k}^{\beta}+\overline{v_k}^{\eta})$“自乘”的结果——这里，$\bar{r}^{\beta\theta}(\overline{c_k}^{\eta}+\overline{\Delta c_k}^{\beta}+\overline{v_k}^{\eta})$ 是高效率的生产劳动创造的，因而它是真实的价值（剩余价值），从而 $\bar{r}^{\beta\theta}(\overline{c_k}^{\eta}+\overline{\Delta c_k}^{\beta}+\overline{v_k}^{\eta})$“自乘”的结果即 $\overline{\Delta p^{\beta}}$ 当然也是真实的价值。

其次，上面的讨论表明，我们给出的命题在“社会劳动时间”即社会商品价值总量实现层面的证明，引用了马克思关于“负数”转化为“正数”的论述。或许有人就此认为，我们的证明是对马克思论述的重复。其实不然。仔细阅读可知，马克思那段论述实际说的是：消费者用真实的价值（正数）购买了资本家的产品，从而原来存在于资本家产品中的虚假的社会价值（负数）被转移到了消费者手中，从而资本家支付给地主的地租变成了真实的价值（正数）。诚然，这作为对级差地租实现机制的说明而言，无可厚非，但是，如果说这是对级差地租真实的价值的证明，那就值得商榷了。因为就整个社会而言，虚假的社会价值仍然存在（只是从资本家手中转移到消费者手中），并没有变成真实的价值。此外，更为严重的是：说虚假的社会价值是“负数”，真实的价值是“正数”，从而虚假的社会价值可以变成真实的价值，这是违背逻辑的。如上所述，虚假的社会价值与真实的价值的关系与数学中的虚数与实数的关系相当。在数学中，“虚数”和“实数”与“负数”和“正数”是不同的范畴，二者之间具有交叉关系（“虚数”和“实数”都有“负数”和“正数”）。既然如此，那么，有什么理由认定虚假的社会价值是“负数”，真实的价值是“正数”?！此外，在数学中，“虚数”和“实数”不可通约（不能抵消），既然如此，那么，又有什么理由认为真实的价值可以抵消虚假的社会价值?！然而，我们这里的证明则完全不同——前面已证 $\overline{\Delta p^{\beta}}$ 是真实的价值（在这里，它是真实价值的“负数”），此外，很明显，消费者支付的也是真实的价值（真实价值的“正数”），因此，真实价值的“正数”可以抵消真实价值的“负数”。这就说明，我们的证明并不是对马克思论述的简单重复。

2. 级差地租二重态量值相等的证明

我们有：

$$\overline{p_k}^{\beta 2} = \overline{p_k}^{\alpha 2} \tag{60}$$

式（60）是级差地租二重态量值相等的表达式。

在现实中，资本家支付给地主的级差地租只有一个量，并没有不相等的两个量。此外，如第二节所述，按照马克思的划分，现象是可感觉的“表面运动”，本质是“直接感觉不到的运动”[8]352（亦即通过理论分析才能把握的运动）。这就是说，级差地租现象态量值才是现实的量，而级差地租本质态量值是潜藏在现象态背后（需要理论分析才能发现）的量。因此，必须证明级差地租本质态量值与其现象态量值相等，否则很难说我们的研究结论是正确的。

下面给出证明，分三步进行。

第一步，给出式（59）的等价变形。利用式（57）和式（58），有：

$$\begin{aligned}\overline{p_k}^{\beta 2} &= \overline{p_k}^{\beta'} - \overline{p_k}^{\beta 1}\\ &= \overline{c_k}^{\eta} + \overline{\Delta c_k}^{\beta} + \overline{v_k}^{\eta} + \bar{r}^{\beta\varpi}(\overline{c_k}^{\eta} + \overline{\Delta c_k}^{\beta} + \overline{v_k}^{\eta}) + \bar{r}^{\beta\theta'}(\overline{c_k}^{\eta} + \overline{\Delta c_k}^{\beta} + \overline{v_k}^{\eta}) -\\ &\quad [\overline{c_k}^{\eta} + \overline{\Delta c_k}^{\beta} + \overline{v_k}^{\eta} + \bar{r}^{\beta\varpi}(\overline{c_k}^{\eta} + \overline{\Delta c_k}^{\beta} + \overline{v_k}^{\eta})]\\ &= \bar{r}^{\beta\theta'}(\overline{c_k}^{\eta} + \overline{\Delta c_k}^{\beta} + \overline{v_k}^{\eta})\end{aligned} \tag{61}$$

式（61）是式（59）的等价变形。

第二步，证明下式：

$$\overline{p_k}^{\beta1} = \overline{p_k}^{\alpha1} \tag{62}$$

证：式（40）的附式表明 $\bar{r}^{\beta\varpi} = \bar{r}^{\alpha}$，式（41）写为 $\overline{c_k}^{\eta} + \overline{\Delta c_k}^{\beta} + \overline{v_k}^{\eta} = \overline{c_k}^{\eta} + \overline{v_k}^{\eta}$。据此，有：

$$\overline{c_k}^{\eta} + \overline{\Delta c_k}^{\beta} + \overline{v_k}^{\eta} + \bar{r}^{\beta\varpi}(\overline{c_k}^{\eta} + \overline{\Delta c_k}^{\beta} + \overline{v_k}^{\eta}) = \overline{c_k}^{\eta} + \overline{v_k}^{\eta} + \bar{r}^{\alpha}(\overline{c_k}^{\eta} + \overline{v_k}^{\eta})$$

亦即 $\overline{p_k}^{\beta1} = \overline{p_k}^{\alpha1}$，即式（62）。证毕。

第三步，证明式（60）。

证：式（54）表明 $\overline{p_k}^{\beta'} = \overline{p_k}^{\alpha}$，据此并式（62），有：

$$\overline{p_k}^{\beta'} - \overline{p_k}^{\beta1} = \overline{p_k}^{\alpha} - \overline{p_k}^{\alpha1}$$

此外，式（30）写为 $\overline{p_k}^{\alpha2} = \overline{p_k}^{\alpha} - \overline{p_k}^{\alpha1}$。据此并上式和式（61），有 $\overline{p_k}^{\beta2} = \overline{p_k}^{\alpha2}$，亦即式（60）。证毕。

五、级差地租生成规律与劳动价值规律和资本利润率平均化规律相容性探析

一些学者认为，“马克思的级差地租理论与劳动价值论”与“平均利润理论”存在矛盾。[12]对此，有必要予以回应。

为此，先澄清一个概念。应指出，“平均利润”（利润率平均化）这一名称不准确，准确的名称应是：资本平均利润（资本利润率平均化）。所谓资本利润率平均化，指按照资本主义生产方式的逻辑，社会商品利润总量中属于资本分享的那一部分利润对总资本的平均化，而不是社会商品利润总量对总资本的平均化——因为还存在“某些生产部门……不把它们的利润化为平均利润”的情况。[1]222 诚然，在不致发生误解的情况下，“资本利润率平均化”可简写为“利润率平均化”，但“利润率平均化”绝不是这一概念的准确内涵。

现在回到正题。前文每一步的研究结果都印证了商品生产价格量值决定定理——这里已证明级差地租生成规律与劳动价值规律是完全相容的。此外，由前文知，无论是商品生产价格变形个别现象态还是商品生产价格变形个别本质态，其量值都被逻辑地分割为两个部分，即一部分是生产资本生产价格，另一部分是级差地租。这表明级差地租生成规律与资本利润率平均化规律也是完全相容的。其实，鸟瞰《资本论》可以得出如下结论：劳动价值规律、资本利润率平均化规律和级差地租生成规律，它们之间并不是矛盾并列关系，而是演化叠加关系，即资本利润率平均化规律由劳动价值规律演化生成（前者叠加在后者之上），级差地租生成规律由劳动价值规律、资本利润率平均化规律演化生成（前者叠加在后二者之上）。综上所述，无论怎么说，马克思的级差地租理论与劳动价值论以及资本利润率平均化理论之间并不存在矛盾，一些学者认为它们之间存在矛盾是误解。

六、级差地租的合理性探析

应指出，“级差地租合理性”这一概念有两个层面：其中一个层面，指源泉意义上（或者说按照“谁创造谁占有”的规则来判定）的合理性；另一个层面，指按资本逻辑（形式上的平等交换——它也是市场经济运行规则）判定的合理

性。应强调，就前者而言，马克思已证明级差地租没有任何合理性，本文前面的讨论也充分体现了这一点——因为篇幅所限，兹不赘述。这里所要探析的只是后者。

首先，级差地租具有合理性。前文证明，级差地租现象态源自自然资源对生产资本的替代，而不是源自生产资本。就此而言，级差地租是合理的。诚然，级差地租本质态源自工人高效率的劳动，但工人劳动效率的提高则源于对自然资源的利用。就此而言，级差地租也是合理的。此外，前文还证明，就“社会劳动时间”即社会商品价值总量的实现层面而言，级差地租中仍然有“负数”，它由“被看作消费者的社会”所支付。就此而言，这似乎不合理。其实不然。因为前文还证明，内含级差地租的商品市场价格 $\overline{p_k}^{\beta'}$ 与不含级差地租的同类商品的市场价格 $\overline{p_k}$ 相等——这表明尽管消费者在购买内含级差地租的商品时支付了那个内含“负数”的级差地租，但他们购买这种商品（与购买不含级差地租的同类商品相比）并没有多支付货币。就此，由资本逻辑来判定，级差地租仍然是合理的。

其次，级差地租具有不合理性。为此，先对级差地租生成规律进行补充讨论。第二部分说过，自然资源既替代不变资本也替代可变资本，这是级差地租生成规律的基础。应指出，这只是就单个商品生产而言的。显然，某一个商品生产所使用的不变资本（物化劳动）实际是相关联的另一个商品中的活劳动（对应可变资本）。因此，如果就全社会所有商品生产而言，那么，自然资源所替代的都是可变资本。然而，一个严重的情况是：自然资源替代可变资本的结果是被替代的工人失业。由此可知，级差地租的每一个原子都以工人失业（从而丧失生活基础）为代价。这就是对级差地租生成规律补充讨论得出的结论。

现在回到正题。上文的讨论表明，工人利用自然资源所生产的果实，工人不但不能分享，而且要为此付出丧失生活基础的代价。诚然，按资本逻辑来判定，工人不能分享是合理的。但是，被替代的工人还要为此付出丧失生活基础的代价，这即使按资本逻辑来判定，也是不合理的。这就是级差地租所具有的不合理性。

参考文献

［1］马克思．资本论（第3卷）［M］．北京：人民出版社，1975.

［2］马克思恩格斯全集（第26卷）［M］．北京：人民出版社，1972.

［3］马克思．资本论（第2卷）［M］．北京：人民出版社，1975.

［4］曾永寿．超额剩余价值之谜——以全产业为论域及由此对转型理论的补充研究（上，下）［J］．管理学刊，2017（2/3）：10－25/10－29.

［5］曾永寿．虚假的社会价值论争评析［J］．经济问题，2018（1）：118－129.

［6］洪远朋．《资本论》难题探索［M］．济南：山东人民出版社，1985.

［7］曹英耀．如何理解“虚假的社会价值”［J］．价格理论与实践，1992（4）：11－16，21.

［8］马克思．资本论（第1卷）［M］．北京：人民出版社，1975.

［9］曾永寿．资源租值理论探索——由马克思经济学著作引出［J］．管理学

刊，2015，28（2）：22－31.

［10］纪树立．科学知识进化论——波普尔科学哲学选集［M］．北京：生活·读书·新知三联书店，1987.

［11］陈征．有关虚假的社会价值的几个争论问题［J］．学术月刊，1984（12）：1－8.

［12］蔡继明．试解马克思级差地租理论与劳动价值论的矛盾［C］//南开经济研究所年刊．天津：南开大学出版社，1989：124－138.

绝对地租论争述评及若干疑难问题探讨①

［摘　要］学界关于绝对地租的论争是一场焦点多变、是非难断、近乎悲壮的运动。走出这种困境的唯一出路，是回到马克思研究地租的立论原则，即研究对象的立论原则、研究内容的立论原则和研究路径的立论原则。本文运用这些原则并结合实际，就学界论争中的若干疑难问题进行了深入讨论。

［关键词］马克思；绝对地租；研究地租的立论原则

绝对地租理论是马克思经济学的重要内容。我国学界对此有不同理解，从而论争不断。那么，论争的过程和结果怎样？其中有哪些疑难问题需要澄清？本文对此进行探讨。

一、论争述评——一场焦点多变、是非难断、近乎悲壮的运动

学界对这场论争已有述评。诚然，这有启发意义，但是，这些述评，或者谈论的只是前期的论争，因而并不全面，[1~4]或者尽管比较全面，但评价流于表面，没有揭示其间的逻辑关联。[5]文献梳理表明，论争的焦点发生了三次改变，以此为据，我们将论争划分为三个阶段，下面先分阶段述评，而后再综合给出本部分标题明确的论点。在此说明，这里的“评”仅限于揭示各阶段学界论点的关联，从而证明论争的是非难断，至于这些论点的对错将放在第三部分讨论。

（一）第一阶段论争述评

其时间从20世纪70年代末至80年代前期。文献梳理表明，那时尽管有论争，但如下几点却是学者们的共识：第一，马克思给出的绝对地租存在的条件有两种，一种是土地所有权的垄断，另一种是农业资本有机构成低于社会资本平均有机构成；第二，在马克思时代，这两种条件都存在，此时的绝对地租源于农业资本有机构成低于社会资本平均有机构成所形成的价值差额；第三，马克思曾预见随着科学技术的发展，会出现农业资本有机构成赶上甚至超过社会资本平均有机构成的情况，那时的绝对地租将与马克思时代的绝对地租有所不同（上述各点统称“马克思绝对地租理论的基本要点”）。此时论争的焦点是现代（标志是农业资本有机构成等于或超过社会资本平均有机构成——下同）资本主义农业绝对地租是否存在，如果存在其来源和性质是什么。论争的性质是如何完善马克思的绝对地租理论，使之适用于现代。

---

① 此文定稿于2017年12月。

据资料，这一阶段参与论争的学者有很多，[2]但值得关注的是三位学者的论点。一是罗节礼，他认为在现代“绝对地租消失了”，存在的只是“来自垄断价格”的垄断地租。[6]二是卫兴华，他认为在现代虽然租种土地还要支付租金，但它“来自利润和工资的扣除”，其性质“已经不是范畴意义上的绝对地租”，而只是“形式意义上的绝对地租或租金”。[7]三是陈征，他认为在现代仍然存在范畴意义上的绝对地租，并且也来自垄断价格，只不过他认为此时的垄断价格仍然有两种，一种是形成绝对地租的垄断价格，一种是形成垄断地租的垄断价格。[8]

文献检索表明，卫兴华和陈征的论点有较多学者赞同，而罗节礼的论点少有人认同，就此而论，似乎后者不可取。但是，后者并非无根据。首先，顾名思义，源于垄断价格的地租是垄断地租，然而，许多学者又认为，现代绝对地租也源于垄断价格，诚然，这些学者证明马克思所说的“垄断价格”有多种不同含义，由此说明绝对地租所源于的垄断价格不同于垄断地租所源于的垄断价格，[4]108,[8~10]但是，将两种不同地租的根源归结为同一个“垄断价格”，至少是一个形式矛盾。其次，三位学者的论点尽管不同，但他们对如下事实的断定则是一致的：在现代，农业资本有机构成低于社会资本平均有机构成这一条件并不存在，存在的唯一条件是土地所有权的垄断。就此而言，罗节礼的论点没有问题，但对陈征的论点，却有如下疑问：同一个条件何以生成不同的两种垄断价格?！综上所述，罗节礼的论点不能简单地否定了事。当然，这并不表明罗节礼的论点就是正确的，我们所要说明的只是：论争是非难断。

（二）第二阶段论争述评

其时间从20世纪80年代中期至90年代前期。论争始于蔡继明、郭玮和孙剑平对罗节礼、卫兴华和陈征的批评。显然，后三位是第一阶段论争的学者，于是这里产生一个疑问：凭什么说这一时期的论争属于第二阶段（而不属于第一阶段）？理由有如下两点。第一，此时论争的焦点发生了改变。前面说过，第一阶段论争的焦点是：现代资本主义农业绝对地租是否存在，如果存在其来源和性质是什么。然而，下文表明，此时论争的焦点则是：绝对地租（指绝对地租一般，并非特指现代农业的绝对地租）存在的条件和量的规定是什么。第二，此时论争的性质发生了改变。在本阶段，蔡继明、郭玮和孙剑平表面上是对罗节礼、卫兴华和陈征关于现代资本主义农业绝对地租存在条件、来源和性质论点的批评，但实际是对“传统的地租理论”（第一阶段学者们所肯定的马克思绝对地租理论的基本要点）的批评。[11]这表明，此时论争的性质是马克思绝对地租理论的基本要点是否正确，这与第一阶段论争的性质是不同的。

现在对双方的论点进行梳理。第一阶段学者们所肯定的马克思绝对地租理论的基本要点，前有说明，兹不赘述。需要梳理的只是蔡继明、郭玮和孙剑平的论点。据资料，起初三位学者的看法略有分歧，[12~14]后来通过商榷基本趋同。蔡继明和孙剑平对其论点有集中表述，核心内容有如下两个方面。第一，绝对地租存在的条件。在这方面，两位学者的论点略有区别。蔡继明认为“土地所有权的垄断是绝对地租存在的唯一条件”，[4]117并且，他批评马克思“把绝对地租存在的原因或条件归结为土地所有权的垄断，这无疑是正确的……但是，当马克思具体分析绝对地租的来源时，却又对绝对地租存在的条件做出了显然与上述观点相矛盾的规定”。[4]98 孙剑平认为“绝对地租存在的决定性条件，是存在着土地所有权”。[15] 第二，绝对地租量的决定。在这方面，两位学者的论点基本相同。首先，他们以部门生产价格与价值的比率取决于部门资本有机构成和资本周转速度两个因素为论据，证明工农产品价值与生产价格间的差额量，同农业或工业某部门资本与社会资本在有机构成上的相对量，并不存在一一对应关系，进而认为绝对地租的量不可能由农业资本有机构成低于社会资本平均有机构成所形成的价值差额决定。[15][4]131－137 其次，蔡继明认为“绝对地租的量决定于劳动的边际自然生产力”，[4]112 孙剑平认为“绝对地租的量与土地的边际生产力有关”。[15]

提请注意，对蔡继明和孙剑平的论点，学界至今无人反驳。之所以如此，原因在于其论点实际是卫兴华和陈征关于现代资本主义农业绝对地租存在条件的论点（这为学界所普遍赞同）的逻辑推论。如前所述，卫兴华和陈征认为现代农业绝对地租存在的唯一条件是土地所有权的垄断。既然如此，那么，凭什么说在马克思时代需要有农业资本有机构成低于社会资本平均有机构成这一条件?！此外，既然如此，那么，凭什么认为绝对地租的量由这一条件决定?！综上所述，结论是：如果卫兴华和陈征的上述论点成立，那么，蔡继明和孙剑平的论点同样成立。当然，这并不表明我们赞同蔡继明和孙剑平的论点，这里所要说明的仍然是：此时论争的是非依然难断。

（三）第三阶段论争述评

其时间从 20 世纪 90 年代中期至今。1994 年，黄贤金发表了一篇论文——《绝对地租：理论的赘瘤》，[16] 由此引发论争。应指出，此时论争的焦点和性质又一次改变，即论争焦点变为绝对地租范畴是否必要论争性质变为要不要全盘否定马克思的绝对地租理论。前者从黄贤金论文的标题就可以看出，这里需要说明的只是后者，我们的理由有如下两点。第一，绝对地租范畴是绝对地租理论的基础，因此，如果否定绝对地租范畴，那么，必然否定绝对地租理论。第二，诚然，蔡继明和孙剑平对马克思绝对地租理论的基本要点提出了质疑，但是，从孙剑平一篇论文的标题[17] 和蔡继明给出的“绝对地租新论”[4]117 可知，他们并没有否定绝对地租范畴，没有全盘否定马克思的绝对地租理论。黄贤金则不然，他所要否定的是绝对地租范畴。综上所述，我们的论点得证。

对这一阶段论争，乔志敏给出了述评，其中有两个论点值得商榷。第一，他说，“黄贤金先生没有详细论证自己的地租理论观点，不过，王易俊先生关于这方面的论述似乎恰好为其作较好的补充”。[5] 此说不全面，实际情况是黄贤金的论证有两个方面。第一个方面，通过对“绝对地租绝对论”和“绝对地租条件论”提出质疑来论证其论点。第二个方面，他认为“劣等地必然支付地租，但不是绝对地租，而是级差地租”“地租就是级差地租，而不存在绝对地租这一问题”，由此论证其论点。的确，黄贤金第二个方面的论证是不充分的，这一点乔志敏的评价是准确的。但是，乔志敏没有看到黄贤金还有第一个方面的论证，就此而言，他的评价不全面。第二，乔志敏说“有四位学者（指黄贤金、尹云松、王文举和孙剑平——引者注）就绝对地租是否是科学的地租理论展开论争”，[5]此说不准确。因为黄贤金所质疑的“绝对地租绝对论”和“绝对地租条件论”实际是参与前两个阶段论争的学者所普遍持有的正面论点，所以第三阶段的论争实际是以黄贤金和王易俊为一方，以参与前两个阶段论争的学者以及后来的尹云松和王文举为另一方的论争。这就证明乔志敏的评价不准确。

据查，尹云松、王文举对黄贤金的论点进行了反驳，[18][19]但其反驳并没有针对黄贤金的论证。其实，在现有理论成果的基础上，根本就不能驳倒黄贤金的论点。首先，黄贤金第一个方面的论证实际是蔡继明关于绝对地租存在条件论点的逻辑推论，从而也是卫兴华和陈征关于现代资本主义农业绝对地租存在条件论点的进一步推论（详见下文）。这就证明在现有理论成果的基础上，不可能驳倒黄贤金第一个方面的论证。其次，黄贤金第二个方面的论证涉及一个更为基本的问题，因而更不容易驳倒。为此，先说王易俊的论述。据查，王易俊首先叙述了“传统理论”的如下论点：由于土地所有权的存在，最差等级土地也要交纳地租，因此，存在绝对地租。接着，他说，“事实上，马克思的级差地租Ⅱ已经很好地解释了最差土地上的土地地租的来源……所有的地租都解释为级差地租。解释最低等级土地地租……不需要绝对地租的概念”。[20]91 现在，再说黄贤金第二个方面的论证不易被驳倒的理由。众所周知，马克思把土地分成 ABCD 四个等级，它们的区别只是级差，此外，学界至今还没有人给出过与此不同的土地分类。于是，有两个问题凸显出来。第一，四个等级土地的区别只是级差，凭什么说 BCD 级土地的地租是级差地租，A 级土地的地租不是级差地租而是（或者说决定着）绝对地租?! 第二，土地级差是相比较而存在的，在马克思论述中，A 级土地也不是绝对最差的土地，也就是说，随着社会对农产品需求的增加，比 A 级更差的土地（可设定为 A_{-1}，A_{-2}，…，A_{-n}）也可能被租种，从而绝对地租的量值就要依次以 A_{-1}，A_{-2}，…A_{-n}土地的生产条件来决定，试问，在这种情况下，绝对地租何以定义?! 综上所述，如果土地的区别只是级差，那么，黄贤金的论点就是必然的结论。不过，须说明的是，这里并不证明黄贤金的论点就是正确的，我们所要说明的是：此时论争的是非同样难断。

（四）证明标题明确的论点

本部分标题给出了如下判断：学界关于绝对地租的论争是一场焦点多变、是非难断、近乎悲壮的运动。现在可以证明了。

前文表明，论争的焦点发生了三次改变，并且三个阶段论争的是非难断。于是，上述判断的前两个要点得证。此外，前文还表明，最初学者们对马克思绝对地租理论的基本要点是肯定的，论争的性质是如何完善马克思的绝对地租理论，使之适用于现代。然而，到了第三阶段，黄贤金尖锐地提出“绝对地租是地租的赘瘤”，并且，学界至今还没有人（甚至在现有理论成果的基础上根本就不能）驳倒黄贤金的论点。再者，进入 21 世纪，关于绝对地租，学界仍有文章探讨，但大多远离马克思绝对地租理论的基本要点。[21][22]综上所述，结论是：论争从肯定和完善马克思的绝对地租理论开始，但却以毁灭这一理论为终结。可见，这是一场近乎悲壮的运动。

二、溯源返基——马克思研究地租的立论原则探析

前文表明，学界关于绝对地租的研究进入了死胡同。常识告诉我们，走出死胡同的唯一出路是退回到原来的出发点。那么，什么是绝对地租研究的出发点？《资本论》“地租篇”的结构是先有导论，而后依次有级差地租和绝对地租的研究，其中的关系是前者为后者提供指导思想。我们将这些指导思想称为“马克思研究地租的立论原则”（下称“马克思的立论原则”）。本部分对此进行探析，从而为后续研究奠定基础。

（一）研究对象是资本主义地租，必须把资本主义地租与以前地租区分开来

在“地租篇”开篇，马克思给出了如下界定：所要研究的不是“土地所有权的各种历史形式”，而是资本主义土地所有权。[23]694 因此，必须把资本主义地租与以前地租区分开来。这是一条立论原则，即研究对象的立论原则。

那么，资本主义地租与以前地租的区别何在？马克思在这方面的论述有很多，但最能说明问题的是如下一段。他说，“那些离封建时期比较近的著作家们，都把地租看成是一般剩余价值的正常形式……他们是从下述状态出发的：……土地所有者还是这样的人，他凭对土地所有权的垄断，能够把直接生产者的剩余劳动直接占为己有，土地所有权因此也还表现为生产的主要条件。因此对这些经济学家来说，还不可能这样提出问题，即反过来从资本主义生产方式的观点去研究，土地所有权怎么能把资本所生产的（也就是从直接生产者手里夺取的）、并且已经由资本直接占有的剩余价值的一部分再从资本手里夺走”。[23]883 显然，这里有两个要点。第一，在资本主义以前，土地所有权是生产的主要条件，地租是一般剩余价值的正常形式，因此，“凭对土地所有权的垄断，能够把直接生产者的剩余劳动直接占为己有”——这表明土地所有权的垄断是以前地租的唯一条件。第二，进入资本主义以后，资本是生产的主要条件，利润是一般剩余价值的正常形式，因此，“从资本主义生产方式的观点去研究”，土地所有权的垄断不可能是地租存在的唯一条件，因为它还需要有另一条件，从而“能把资本……占有的剩余价值的一部分再从资本手里夺走”。这就是资本主义地租与以前地租的基本区别。

（二）研究内容是地租“纯粹经济的形式”，必须摆脱和排除与此无关的杂质

如上所述，马克思把资本主义地租确定为地租理论的对象。试问，这是为什么？一般认为，这是《资本论》研究对象所使然。这种看法当然是对的，但不够全面。马克思说资本主义土地所有权“取得了纯粹经济的形式”。[23]697 可见，马克思把资本主义地租确定为地租理论的对象，其原因不仅在于《资本论》的研究对象，更为重要的是只有资本主义地租才“取得了纯粹经济的形式”。

稍后，马克思说，“为了科学地分析地租，即土地所有权在资本主义生产方式基础上的独立的特有的经济形式，摆脱一切使地租歪曲和混杂的附属物，纯粹地考察地租，是很重要的；另一方面，为了理解土地所有权的实际影响，甚至为了从理论上了解同地租概念和性质相矛盾但仍然表现为地租的存在方式的大量事实，认识造成这种理论混乱的因素，也是同样重要的”。[23]704 显然，这段论述与前面的论述有所不同，其不同点在于：尽管资本主义地租“取得了纯粹经济的形式”，但现实的资本主义地租并不“纯粹”。这是因为，一方面，它由以前地租演化而来，因而仍然残留“使地租歪曲和混杂的附属物”；另一方面，它本身也会产生“同地租概念和性质相矛盾但仍然表现为地租的存在方式的大量事实”。因此，研究资本主义地租，其内容必须限定为地租“纯粹经济的形式”，从而摆脱和排除上述两方面的杂质。这是第二条立论原则，即研究内容的立论原则。

应指出，第二条原则是科学研究和马克思经济学研究的一般原则在地租理论中的应用。马克思说，“物理学家是在自然过程表现得最确实、最少受干扰的地方考察自然过程的，或者，如有可能，是在保证过程以其纯粹形态进行的条件下从事实验的。我要在本书研究的，是资本主义生产方式以及和它相适应的生产关系和交换关系。到现在为止，这种生产方式的典型地点是英国。因此，我在理论阐述上主要用英国作为例证”。[24]8 这里有两个要点。第一，马克思以物理学为例，说明把握对象的“纯粹形态”是自然科学（从而科学一般）研究的原则。第二，马克思说他的研究也遵循这一原则。显然，地租理论是马克思经济学的组成部分。这里印证了前面讨论确立的论点。

我们有必要从形式和实质两个方面进一步明确地租的纯粹经济形式与非纯粹经济形式的区别。首先，马克思说，级差地租和绝对地租“这两个地租形式，是唯一正常的地租形式。除此以外，地租只能以真正的垄断价格为基础，这种垄断价格既不是由商品的生产价格决定，也不是由商品的价值决定，而是由购买者的需要和支付能力决定”。[23]861 与前面的引述对比可知，这里所说的“正常的地租形式”就是地租“纯粹经济的形式”，而“以真正的垄断价格为基础”的地租即垄断地租，则是地租的非纯粹经济形式。这就是两个概念在形式上的区别。其次，马克思说，“为投入土地的资本以及作为生产工具的土地由此得到的改良而支付的利息，可能形成租地农场主支付给土地所有者的地租的一部分，但这种地租不构成真正的地租。真正的地租是为了使用土地本身而支付的，不管这种土地是处于自然状态，还是已被开垦”。[23]698 显然，马克思所说的“真正的地租”就是地租“纯粹经济的形式”，而地租中“不构成真正的地租”的部分，则属于地租的非纯粹经济形式。于是，由马克思论述有如下结论：地租的纯粹经济形式，指“为了使用土地本身而支付的”量值，此外，地租中还存在不是“为了使用土地本身而支付的”部分，那是地租的非纯粹经济形式。这就是两个概念在实质上的区别。

上述概念在形式上的区别是清楚明白的，用不着再讨论，然而，其在实质上的区别还需要进一步明晰；一旦明晰了后者，我们对确立第二条立论原则的意义就有了更深入的理解。为此，需要谈到资本经济即市场经济实际存在的剩余价值分配机制。对此，有学者进行了考察，结论是：实际存在两种不同的剩余价值分配机制，其中一种是生产要素按贡献分配，另一种是生产要素按实力分配。[25]为简化，这里仅讨论土地要素参与分配的机制。显然，生产资本之所以要租用土地，是因为土地要素对生产有贡献。由此可知，“为了使用土地本身而支付的”量值亦即地租“纯粹经济的形式”的量值，以土地要素对生产的贡献为限。此外，试问：租地农场主为什么甘愿把原本属于“投入土地的资本”的利息作为“地租的一部分”支付给土地所有者？回答：这是竞争实力使然。这里的原因在于，资本的量可以无限增加，而土地的量不能随意增加。[26]于是，生产资本与土地所有者之间的竞争，后者的实力大于前者，正因为如此，才出现上述结果。由此可知，地租中“不构成真正的地租”的部分，即非纯粹经济形式的量值，实际就是土地要素按实力分配的结果。可以证明（将另文探讨），生产要素按贡献分配与生产要素按实力分配，二者的性质是不同的：前者是市场经济的生理机制，为市场经济健康生长所必需；后者是市场经济的病理机制，是导致经济危机的根源。可见，第二条立论原则不但是经济学研究的原则，而且对市场经济（包括社会主义市场经济）具有重要的实践意义。

（三）存在商品生产价格从基形到变形的演化，地租必须由这一演化过程来说明

在此说明，马克思并没有明确说存在这一演化，也没有明确讨论这一演化过程。存在这一演化，是我们从马克思的相关论述分析、引申得出的结论。

在《资本论》第三卷第九章（该章在“地租篇”以前），马克思说，“商品的生产价格……等于商品的成本价格加上平均利润”。[23]176-177在第三十七章（该章是“地租篇”的开篇章），马克思说，农产品“按照这样一种价格出售，这种价格是由一般规律决定的这些价值或生产价格的变形”。[23]716显然，变形与基形相对。马克思明确说，第三十七章所说的生产价格是其变形，那么，第九章所定义的生产价格就必须理解为是其基形。此外，将“地租篇”以前的篇章与“地租篇”对比可知，商品生产价格基形与变形的区别点仅在于商品生产条件是否考虑土地。据此，有如下判定准则：商品生产条件，如果只考虑资本不考虑土地，那么，由此形成的是商品生产价格基形；如果既考虑资本也考虑土地，那么，由此形成的是商品生产价格变形。再者，一个明显的事实是：研究地租，其商品生产条件既要考虑资本也要考虑土地。综上所述，有如下结论：商品生产价格变形由商品生产价格基形（引入土地作为生产条件）演化生成，并且，这一演化是资本主义地租（含级差地租和绝对地租）形成的基础过程。

此外，马克思还说，“在分析地租时，我们首先要从下面这个前提出发：……土地和矿山的产品，象一切其他商品一样，是按照它们的生产价格出售的……现在要问，在这个前提下，地租怎么能够发展起来，就是说，利润的一部分怎么能够转化为地租，因而商品价格的一部分怎么能够落到土地所有者手中”。[23]721将这一论述与前面的讨论联系起来，有如下推论：如果考虑地租，商品生产价格就要发生演化，即由商品生产价格基形演化为商品生产价格变形——这实际就是上述提问的答案。这里印证了前面引述分析所得出的论点。

现在回到正题。由上述讨论有如下结论：地租必须由商品生产价格从基形到变形的演化过程来说明。这是第三条立论原则，即研究路径的立论原则。

有必要谈到马克思的一个研究成果，从中窥视商品生产价格从基形到变形的演化过程及其隐含的规律，并且通过对比分析，进一步明确确立第三条立论原则的理由。前文说到，马克思没有明确讨论商品生产价格从基形到变形的演化过程，但是，他在级差地租研究中给出了“用自然瀑布推动”替代“用蒸汽机推动”的实例。[23]721-730显然，“用自然瀑布推动”替代“用蒸汽机推动”，其实质是引入土地（自然资源）作为生产条件，因而就是商品生产价格从基形到变形演化的一个实例。可以证明，马克思给出的实例隐含着级差地租的生成规律即替代转化规律。马克思说，“用蒸汽机推动”需要有“把水变成蒸汽的煤”“煤本身是劳动的产物，所以具有价值，必须由一个等价物来支付”（亦即需要投入资本），然而，“瀑布却是一种自然的生产要素，它的产生不需要任何劳动”（亦即不需要投入资本）。可见，“用自然瀑布推动”替代“用蒸汽机推动”，其实质是用自然资源替代部分生产资本。马克思还说，因为“瀑布连同它所在的土地，属于那些被认为是这一部分土地的所有者的人”，所以“用自然瀑布推动”替代“用蒸汽机推动”所形成的“超额利润就转化为地租”。这就是替代转化规律。据此，有级差地租纯粹经济形式的量值=被自然资源替代的部分生产资本及其分享的利润。[27]对比可知，自然资源替代部分生产资本就是土地要素对生产的贡献，被自然资源替代的部分生产资本及其分享的利润就是“为了使用土地本身而支付的”量值。这表明第三条立论原则与第二条立论原则是一致的，不同的只是前者比后者更具体。诚然，马克思给出的是级差地租的实例，而绝对地租不同于级差地租，但是，绝对地租和级差地租都是地租的纯粹经济形式，因此，后者的生成过程及其规律对前者的研究有借鉴作用。综上所述，结论是：商品生产价格从基形到变形的演化是揭示地租纯粹经济形式的必由之路。这就是确立第三条原则的理由。

三、重塑初步——若干疑难问题探讨

所谓重塑，指运用马克思立论原则重塑马克思的绝对地租理论。之所以提出这样的课题，是基于如下判断：马克思关于绝对地租的具体论述并没有全面贯彻他的立论原则，这实际就是学界论争是非难断的根源。不过，囿于本文主题，这里只是重塑初步，其范围仅限于前文由论争是非难断的讨论引出的疑难问题，至于重塑的深入研究，将另文进行。

（一）正常地租与垄断地租的区分

前文表明，第一阶段论争是非难断的根源在于绝对地租与垄断地租的区分。然而，上文证明，绝对地租属于“正常的地租形式”（简称“正常地租”）。于是，问题归结为正常地租与垄断地租的区分。这是第一个疑难问题。

关于此，我们有：

$$\text{正常地租（级差地租+绝对地租）=地租纯粹经济形式}$$
$$\text{=商品生产价格变形内含的地租=土地要素按贡献分配的量值} \quad (1)$$

垄断地租 = 地租非纯粹经济形式 = “真正的垄断价格” 内含的地租
= 土地要素按贡献分配的量值 + 土地要素按实力分配的量值 (2)

式（1）和式（2）实际是第二部分内容的浓缩，其正确性毋庸置疑，这里需要讨论的只是前文悬置的与此相关的几个问题。

1. 排除一个形式矛盾

前文有如下论点：将两种不同地租（绝对地租和垄断地租）的根源归结为同一个“垄断价格”，至少是一个形式矛盾。那么，何以排除这一形式矛盾？

应指出，矛盾的根源在于马克思谈论的“垄断价格”有多重含义。据蔡继明的归纳，马克思在《资本论》中区分了四种农产品垄断价格，其中，前两种垄断价格内含级差地租和绝对地租，后两种垄断价格（“真正的垄断价格”）内含垄断地租。[4]108－109对比可知，蔡继明的归纳是事实。应指出，就其内涵而言，这里没有矛盾，问题在于概念的名称。既然马克思将后两种垄断价格称为“真正的垄断价格”，那么，前两种垄断价格就应当称为“非真正的垄断价格”，于是，产生如下判断：非真正的垄断价格是垄断价格。这就是形式矛盾。不过，式（1）和式（2）表明，商品生产价格变形内含级差地租和绝对地租，也就是说，马克思所谈论的前两种垄断价格实际是商品生产价格变形的两种形态。于是，形式矛盾就被排除了。

2. 回应一个疑问

前文针对陈征的论点提出如下疑问：同一个条件何以生成不同的两种垄断价格?! 对此，现在可以讨论了。

首先，有如下一般命题：同一个条件不可能生成两种不同的事物。我们的根据是：事物与其生成条件具有对应关系，这是因果规律的实质。也就是说，如果认为同一个条件可以生成两种不同事物，那么，必然否定因果规律，然而，因果规律是不能否定的，于是，命题得证——这里从一般角度证明上述疑问成立。

其次，有如下具体命题：如果土地所有权的垄断是唯一条件，那么，只能生成一种极端形态的垄断价格，即内含资本主义以前地租的垄断价格；如果要生成两种（一种内含级差地租和绝对地租，一种内含垄断地租）垄断价格，那么，必须要有两个条件，即在土地所有权的垄断之外还需要有另一个条件。应指出，本文第二部分实际已证明了上述命题，兹不赘述。这里需要进一步讨论的是，资本主义地租存在的另一个条件具体是什么。结合前文关于资本经济实际存在的剩余价值分配机制的讨论，可以看出，这另一个条件就是生产要素按贡献分配的机制。这里的原因在于，资本主义生产方式存在两种所有权即资本所有权和土地所有权，这两种权力需要合理划分，否则生产不能正常进行。显然，生产要素按贡献分配体现着两种权力的平等，因而是其合理划分的准则。当然，这只是一种理想状态，在现实中（因为竞争实力不同）往往会发生一种权力侵占另一种权力的现象，垄断地租就是土地要素的权力侵占资本（甚至雇佣劳动）要素权力的结果。正因为如此，资本主义地租既可以有级差地租和绝对地租（它们源于土地要素按贡献分配，并且内含于商品生产价格变形，亦即马克思所称非真正的垄断价格），也可以有垄断地租（它源于土地要素按贡献分配 + 土地要素按实力分配，并且内含于“真正的垄断价格”）。综上所述，上述具体命题得证——这里从具体角度再次证明上述疑问成立。

现在回到第一部分，在那里有如下论点：可以证明，黄贤金第一方面的论证实际是蔡继明关于绝对地租存在条件论点的逻辑推论，从而也是卫兴华和陈征关于现代资本主义农业绝对地租存在条件论点的进一步推论。现在可以证明了。上述讨论表明，如果土地所有权的垄断是唯一条件，那么只能产生资本主义以前的地租，此外，很明显，这种地租的量值存在级差，因而也可称之为级差地租。这样，绝对地租就是“理论的赘瘤”，必须用奥卡姆剃刀剔除。于是，我们的论点得证。

3. 断定第一阶段论争的是非

所谓断定第一阶段论争的是非，实际就是断定罗节礼、卫兴华和陈征论点的对错。前文说过，陈征论点的论据是：土地所有权的垄断作为唯一条件可以生成两种不同的垄断价格。前文已证，这是不正确的。下面需要讨论的只是罗节礼和卫兴华的论点。

为方便，先说卫兴华的论点，分两步进行。第一步，有如下命题：垄断地租有两种，“来自利润和工资的扣除”是其中一种。前文说过，马克思在《资本论》中区分了四种垄断价格，其中后两种内含垄断地租——这里已表明存在两种不同的垄断地租。实际情况是这样的：马克思多次指出，租地农场主支付的租金有可能来源于正常平均利润和正常工资的扣除。[23]698-699,852前文已证，这是土地要素按实力分配使然，因而属于垄断地租（下称“垄断地租1”）。此外，马克思说，“一个葡萄园在它所产的葡萄酒特别好时……就会提供一个垄断价格。由于这个垄断价格（它超过产品价值的余额，只决定于高贵的饮酒者的财富和嗜好），葡萄种植者将实现一个相当大的超额利润。这种在这里由垄断价格产生的超额利润，由于土地所有者对这块具有独特性质的土地的所有权而转化为地租，并以这种形式落入土地所有者手中”。[23]873-874应指出，这同样是土地要素按实力分配使然，因而属于垄断地租（下称“垄断地租2”）。分析表明，垄断地租1和垄断地租2是不同的，其不同点在于：前者是商品内土地要素的垄断分配，此时仍有工资（被扣除后的）+平均利润（被扣除后的）+垄断地租=商品的价值。然而，后者的价格“超过产品价值”，即有正常工资+正常平均利润+垄断地租>商品的价值，其大于部分必须由其他商品的价值来支付。综上所述，我们的命题得证。第二步，评价卫兴华的论点。上面证明，“来自利润和工资的扣除”的地租是一种垄断地租，但是，卫兴华认为这是“形式意义上的绝对地租或租金”，可见，卫兴华的论点不正确。

再说罗节礼的论点。如前所述，罗节礼论点隐含的命题是：唯一条件只能产生一种垄断价格即内含垄断地租的垄断价格。这是正确的。但是，他认为在现代“绝对地租消失了”，这值得商榷。下文将证明，在今天绝对地租依然存在。不过，须说明的是，下文所说的绝对地租，在概念上不同于马克思所说的绝对地租；但它由马克思的立论原则结合实际推论得出，因而仍然是马克思地租理论中应有的绝对地租。

（二）级差地租与绝对地租的区分

前文表明，第三阶段论争是非难断的根源在于绝对地租与级差地租的区分。这是第二个疑难问题，下面分三个要点来讨论。

1. 土地分层假说和商品生产价格变形一般和个别的区分

首先，级差地租赖以生成的因素可归结为土地的丰度和位置（以下统称“自然资源”）。以此为据，假设土地被区分为如下两个层级：一个层级的特征是生产可利用的自然资源 =0，其功能是提供生产场地（此层级的实质是生产场地，据此，以下直呼“生产场地”）；另一个层级的特征是生产可利用的自然资源 >0，其功能是不但提供生产场地，而且能替代生产资本（此层级的实质是自然资源，据此，以下直呼“自然资源”）。应指出，上述假说与马克思的土地分类不同，其不同点在于马克思的分类实际只是自然资源这一个层级的内部分类。

其次，由上述假设有如下推论：任何土地都可以是生产场地（依假设，自然资源内含生产场地），但并不是任何土地都是自然资源（依假设，生产场地不是自然资源）。据此，有如下区分：生产场地是土地一般，自然资源是土地个别。

最后，前文表明，商品生产价格变形由商品生产价格基形（引入土地作为生产条件）演化生成。此外，上面证明土地可区分为生产场地（土地一般）和自然资源（土地个别）两个层级。于是，有结论：如果引入的是生产场地，那么，由商品生产价格基形演化生成的是商品生产价格变形一般；如果引入的是自然资源，那么，由商品生产价格基形演化生成的是商品生产价格变形个别。

2. 级差地租和绝对地租的界定及其证明

我们有：

级差地租 = 商品生产价格变形个别内含的地租
= 自然资源在价值增殖过程中的贡献 (3)

绝对地租 = 商品生产价格变形一般内含的地租
= 生产场地在价值增殖过程中的贡献 (4)

先证式（3）。首先，如前所述，自然资源的特征是生产可利用的自然资源 >0（在数学中，大于0 的数值可以是一个无穷系列），这表明自然资源存在级差，于是，有：以自然资源为基础的地租是级差地租。其次，如前所述，如果引入的是自然资源，那么，由商品生产价格基形演化生成的是商品生产价格变形个别，于是又有：商品生产价格变形个别内含的地租是级差地租。最后，马克思证明，资本主义生产过程具有“劳动过程和价值增殖过程”二重性。[24]201-204 此外，前文由马克思给出的实例引出如下结论：自然资源可替代部分生产资本，级差地租的量值 = 被自然资源替代的部分生产资本及其分享的利润。显然，自然资源可替代部分生产资本表明自然资源对价值增殖过程有贡献，而级差地租就是与此相当的量值。证毕。

后证式（4）。首先，生产场地的可持续利用需要维护（例如，农业生产需要有水利条件，工业生产需要管控和治理生产污染），这需要投入资本（下称“生产场地维护资本”）。应指出，生产场地维护资本，并不是生产产品所必须直接投入的资本，因而它不属于马克思定义的“成本价格”；在实践中，生产场地维护资本是在产品生产过程之外由国家投入的，因而它属于社会资本（最终由总产品的剩余价值支付）。据此，有如下结论：生产场地在价值增殖过程中的作用，不仅提供着生产所占用的地皮，更重要的是替代了生产场地维护资本，从而这部分资本及其应分享的利润构成绝对地租。其次，如前所述，如果引入的是生产场地，那么，由商品生产价格基形演化生成的是商品生产价格变形一般。于是，又有：商品生产价格变形一般内含的地租就是绝对地租。证毕。

3. 回应前文悬置的一个问题

前文提到，尽管黄贤金第二个方面的论证在现有理论成果（指传统的土地分类）的基础上不易驳倒，但是，这并不证明黄贤金的论点就是正确的。对此，现在可以说明了。上述讨论表明，土地可区分为生产场地和自然资源两个层级，以自然资源为基础的地租是级差地租，以生产场地为基础的地租是绝对地租。可见，黄贤金所谓“绝对地租是地租的赘瘤”的论点并不正确。

（三）绝对地租的来源

这是第三个疑难问题。应指出，式（4）已表明了绝对地租的来源。不过，这里仍有问题需要讨论。如第一部分所述，蔡继明和孙剑平对马克思关于绝对地租来源于农业资本有机构成低于社会资本平均有机构成所形成的价值差额的论点（下称“马克思关于绝对地租来源的论点”）提出质疑。此外，蔡继明的正面论点是“绝对地租的量决定于劳动的边际自然生产力”，孙剑平的正面论点是“绝对地租的量与土地的边际生产力有关”，那么，两位学者的质疑成立吗？他们的正面论点正确吗？下面分别讨论。

先说第一问。对此，回答是肯定的。不过，应指出，蔡继明和孙剑平给出的论据并没有真正证明他们的论点，因为无论怎么说，资本有机构成的差别都是产品存在价值差额的一个原因。我们这里说他们的质疑成立，其根据是前面给出的第二条立论原则。诚然，土地所有权“能够攫取、拦截和扣留”商品中的价值差额，[28]30但是，以第二条立论原则为视域，土地所有者不是（不能是）强盗，不能对任何价值差额都拦截，其只能拦截利用土地生产所形成的价值差额，否则，资本主义的分配制度不可理喻。然而，马克思所说的“资本有机构成”只与资本有关，与土地无关，[29]342因而由此形成的价值差额并不是利用土地生产所形成的价值差额。可见，马克思的这一论点违背第二条立论原则，因而不正确。这就真正证明两位学者的质疑成立。

再说第二问。显然，两位学者的正面论点隐含一个原理，即地租必须由土地对生产的贡献来说明。这是应当肯定的。但是，前已证明，资本主义生产过程具有“劳动过程和价值增殖过程”的二重性，且地租是剩余价值的一部分。因此，地租只能由土地在价值增殖过程中的贡献来说明，而不能由土地在劳动过程中的贡献来说明。据查，两位学者所谓的“劳动的边际自然生产力”或“土地的边际生产力”，所谈论的是土地在劳动过程中的作用（劳动力与土地量的配比）。这就证明他们的正面论点不正确。

（四）绝对地租存在的条件

这是第四个疑难问题。下面分三个要点来讨论。

1. 问题的答案

前文的讨论实际证明绝对地租的存在需要有三个条件：一是土地所有权；二是

生产要素按贡献分配的制度和机制；三是土地可区分为生产场地和自然资源。这就是问题的答案。

2. 回应蔡继明对马克思的批评

前文说到，蔡继明对马克思关于绝对地租存在的原因或条件的论述提出了批评。分析表明，其中内含如下要点：第一，断言马克思把绝对地租存在的原因或条件归结为土地所有权的垄断（下称“蔡继明断言”）；第二，认为马克思关于绝对地租来源的论述等价于肯定绝对地租的存在还需要另一个条件，这与马克思把绝对地租存在的原因或条件归结为土地所有权的垄断构成矛盾（下称“蔡继明所说的矛盾”）。那么，这正确吗？

先说第一点。据查，蔡继明断言的依据是马克思关于“土地所有权本身已经产生地租”的论述。[4]98 然而，马克思这段论述实际说明的是如下两点：就级差地租而言，“土地所有权并不是创造这个价格组成部分的原因，也不是作为这个组成部分的前提的价格上涨的原因”；就绝对地租而言，“土地所有权就是引起这个价格上涨的原因。土地所有权本身已经产生地租”。[23]851 显然，这不是专门讨论绝对地租存在的条件，而只是说明内含两种地租的商品价格所具有的不同特点，这不能证明蔡继明断言。

应指出，关于绝对地租存在的条件，马克思另有论述。在上一段论述的稍后，马克思说，“单纯法律上的土地所有权，不会为土地所有者创造任何地租。但这种所有权使他有权不让别人去经营他的土地，直到经济关系能使土地的利用给他提供一个余额”。[23]853 提请注意，这里实际区分了绝对地租存在所需要的两个条件：第一，“土地的利用……提供一个余额”，并且，“单纯……的土地所有权”不能创造这个“余额”——此称为“余额生成条件”（对应绝对地租存在的第二个条件）。第二，土地“所有权使他有权不让别人去经营他的土地”，从而据此能够占有这个“余额”——此称为“余额转化条件”（对应绝对地租存在的第一个条件）。应指出，马克思这一论述与前文引述的马克思关于资本主义地租与以前地租相区别的论述以及由马克思给出的实例引出的替代转化规律是一致的。这就证明蔡继明的断言不正确。

再说第二点。应指出，马克思关于绝对地租来源的论点可从两个层面来理解：一是具体（来源）层面，在此说明，前文证明马克思的这一论点违背第二条立论原则，那是就具体层面而言的；二是抽象（条件）层面，就此而言，马克思的上述论点表明绝对地租的存在需要有“价值差额”（余额生成条件），它与土地所有权的垄断即余额转化条件之间并不存在矛盾。可见，蔡继明所说的矛盾是对马克思的误解。

3. 回应蔡继明和孙剑平关于绝对地租存在条件的正面论点

前文谈到，蔡继明认为“土地所有权的垄断是绝对地租存在的唯一条件”，孙剑平认为“绝对地租存在的决定性条件，是存在着土地所有权”，这就是他们的正面论点。

首先，前面实际已证明蔡继明的正面论点不正确，兹不赘述。这里要说明的是，他的这一论点与他关于绝对地租来源的正面论点之间构成矛盾。前文说过，对马克思关于绝对地租来源的论点，可从具体（来源）和抽象（条件）两个层面来理解。显然，这对蔡继明关于绝对地租来源的正面论点同样适用，也就是说，就抽象（条件）层面而言，他关于绝对地租来源的正面论点实际也是对“余额生成条件”的肯定。既然如此，蔡继明何以断言“土地所有权的垄断是绝对地租存在的唯一条件”?! 可见，在绝对地租存在条件问题上，真正陷入矛盾的不是马克思，而是蔡继明自己。

其次，孙剑平的正面论点与蔡继明的正面论点有所不同。因为“决定性条件”并不排除“次要条件”。前文说过，孙剑平也有关于绝对地租来源的正面论点，显然，就抽象（条件）层面而言，这同样是对“余额生成条件”的肯定（可理解为孙剑平论点所隐含的“次要条件”）。这表明孙剑平意识到土地所有权的垄断不是绝对地租存在的唯一条件，这是他（与蔡继明相比）的高明之处。但是，可以证明，土地所有权的垄断这一条件与“余额生成条件”相比，后者更根本。我们的根据是：在资本生产方式中，土地所有权的存在本身也需要条件，那就是资本租用土地能够“提供一个余额”，否则，资本不会租用土地，人们也不会占有土地，土地所有权也就不可能存在。这就证明，土地所有权的垄断不可能是绝对地租存在的决定性条件。可见，孙剑平的正面论点在总体上也不正确。

最后，两位学者都没有认识到，绝对地租的存在还需要有第三个条件，即土地可区分为生产场地和自然资源，这是他们的共有缺陷。

（五）绝对地租理论重塑的路径

这是第五个疑难问题。关于此，前文引出的第三个立论原则就是答案。为简化，这里不再讨论。

参考文献

［1］蒋学模，蒋维新．现代资本主义农业中绝对地租的来源［J］．社会科学研究，1982（5）：15－19.

［2］洪远朋．《资本论》难题探索［M］．济南：山东人民出版社，1985.

［3］伍柏麟．政治经济学（资本主义部分）争论问题与统计资料［M］．上海：上海人民出版社，1989.

［4］蔡继明．垄断足够价格论［M］．天津：南开大学出版社，1992.

［5］乔志敏．关于绝对地租的论争［J］．农业经济问题，1996（10）：34－36.

［6］罗节礼．当前资本主义农业中的非级差地租［J］．教学与研究，1980（6）：61－62.

［7］卫兴华．当代资本主义农业中的绝对地租问题［J］．教学与研究，1980（5）：77－80.

［8］陈征．要区分两种不同意义上的绝对地租［J］．学术月刊，1982（6）：36－41.

［9］卫兴华．绝对地租与垄断价格——兼评对《资本论》中有关论述的误解［J］．经济研究，1982（4）：45－51.

［10］朱剑农．论绝对地租与农业资本有机构成高低之间的关系［J］．中国社

会科学，1982（6）：77-88.

［11］蔡继明．绝对地租存在的条件、来源和量的规定［J］．价格理论与实践，1988（2）：3-7.

［12］蔡继明．社会主义地租问题探索［J］．农业经济问题，1985（4）：8-15.

［13］郭玮．关于绝对地租来源问题——与蔡继明同志商榷［J］．农业经济问题，1986（4）：57-59.

［14］孙剑平．论农产品价值与生产价格之间差额存在的条件——兼与蔡继明、郭玮同志商榷［J］．农业经济问题，1988（2）：48-49.

［15］孙剑平．广义绝对地租初探［J］．价格理论与实践，1989（9）：27-30.

［16］黄贤金．绝对地租：理论的赘瘤［J］．农业经济问题，1994（3）：31-34.

［17］孙剑平．绝对地租：包容颇多误区的科学理论——兼与王文举等商榷［J］．农业经济问题，1995（3）：47-50.

［18］尹云松．绝对地租：有条件存在的地租的特殊形态——与黄贤金同志商榷［J］．农业经济问题，1994（8）：41-43.

［19］王文举．绝对地租：科学的地租理论之精髓——与黄贤金同志商榷［J］．农业经济问题，1994（10）：31-37.

［20］清华大学建筑与城市研究所．城市规划理论·方法·实践［M］．北京：地震出版社，1992.

［21］裴宏．马克思的绝对地租理论及其在当代的发展形式［J］．经济学家，2015（7）：13-20.

［22］李济广．马克思的地租理论与利润平均化［J］．宁夏社会科学，2015（5）：69-73.

［23］马克思．资本论（第3卷）［M］．北京：人民出版社，1975.

［24］马克思．资本论（第1卷）［M］．北京：人民出版社，1975.

［25］王中汝．收入分配的尺度及其现实价值——马克思主义经典作家收入分配尺度思想的四维解读［J］．理论导刊，2011（11）：33-36.

［26］顾士明，孙剑平．个别生产价格与社会生产价格的二项差额及其现实意义［J］．价格探讨，1988（6）.

［27］曾永寿．虚假的社会价值论争评析［J］．经济问题，2018（1）：118-129.

［28］马克思恩格斯全集（第26卷）［M］．北京：人民出版社，1972.

［29］马克思恩格斯全集（第34卷）［M］．北京：人民出版社，2008.

超额剩余价值之谜①

——以全业态为论域，兼探价值和剩余价值分割自然率

［摘　要］以全业态为论域的超额剩余价值有两个大类，即均分差额型超额剩余价值和替代转化型超额剩余价值，它们分别由商品生产价格基形转化生成的商品生产价格链和商品生产价格变形引出。综合商品生产价格链和商品生产价格变形，可进一步引出商品生产价格链变形，从而得出均分差额型超额剩余价值的准确计量和替代转化型超额剩余价值的完备形态。由商品生产价格及其转化形态，还可引出商品生产价格各组成部分的正常比率，即价值和剩余价值分割自然率，它们是市场经济的生理机制。

［关键词］全业态；均分差额型超额剩余价值；替代转化型超额剩余价值；商品生产价格链；业态生产价格；商品生产价格变形；商品生产价格链变形；价值和剩余价值分割自然率

笔者此前对这一课题已有探讨，论域分别是部门内和全产业。[1][2]本文论域是全业态。所谓全业态，指由商品直接生产业态、商品生产服务业态、商品经营业态、货币经营业态②、土地经营业态和公务业态构成的系统。学界对业态概念有研究，[3][4]但上述全业态的构成比学界给出的概念外延小，之所以如此，原因在于本课题是马克思经济学的子课题，作为本文论域的全业态以此为限。本文假设所论全业态是“以纯粹的形式展开的”，[5]196所论超额剩余价值不涉及垄断利润，所论地租不涉及垄断地租。

马克思没有明确提出以全业态为论域的超额剩余价值概念，但他关于资本循环及其演化态的研究成果（对应《资本论》第二卷和第三卷第四篇）和关于地租的研究成果（对应《资本论》第三卷第六篇），为探讨本论域对象提供了基础理论。笔者此前对上述内容已有详细讨论，[6~10]本文是此前文章的综合和深化。

所谓价值和剩余价值分割自然率，指商品生产价格各组成部分的正常比率，它们是市场经济处于健康状态的标志，类似血压、甘油三酯正常值等是人体健康的标志。马克思经济学是关于资本生命过程的学说，价值和剩余价值分割自然率是其中的重要内容，因此，本文将其作为一个论题。

因为本文是此前文章的综合和深化，所以凡此前已讨论的内容，本文根据需要

---

① 此文定稿于2018年9月。

② 货币经营业态≠以信用制度为基础的金融业态，前者是“纯粹形式的货币经营业，即与信用制度相分离的货币经营业”（《资本论》第三卷第359页）；后者是前者的垄断形式。

择要叙述。为对比，本文需要提及不同论域的对象，为简化，以下约定：本论域对象可简称“对象”；前两个论域的对象，或者使用全称或者统称“此前对象”。再者，本文所论对象将采用形式化表述①，并且后面的公式从前面公式导出，为简化，以下约定：如果后面公式的附式与前面公式的附式或主式相同则从略。

一、均分差额型超额剩余价值初探

所谓均分，是说该型对象的生成与资本对剩余价值的均分（利润率平均化）过程相关；所谓差额，是说该型对象的量值等于两个基本量的差额。这是本论域对象一个型（大类）。应指出，此前对象也是均分差额型的，只不过在那里并不存在其他型，因而没有给出这一名称。本论域该型对象是此前对象的引申和推广。

（一）此前对象研究简略回顾

1. 生成此前对象的基本量

首先，由马克思给出的公式，[5]30设 w_{ki} 代表第 k 个部门第 i 个商品个别价值，c_{ki} 代表不变资本，v_{ki} 代表可变资本，m_{ki} 代表剩余价值，有：

$$w_{ki} = c_{ki} + v_{ki} + m_{ki} \tag{1}$$

式中，$k = -n, \cdots, -2, -1, 0, 1, 2, \cdots, n$；$i = -q(k), \cdots, -2, -1, 0, 1, 2, \cdots, q(k)$。式（1）是商品个别价值定义式。附式表明，全产业的部门有 $2n+1$ 个，第 k 个部门的产品产量有 $2q(k)+1$ 个。

其次，由式（1）并马克思给出的概念，[5]199设 $\overline{w_k}$ 代表第 k 个部门商品社会价值，$\overline{c_k} + \overline{v_k}$ 代表该部门平均成本价格，$\overline{r_k}$ 代表部门利润率，有：

$$\overline{w_k} = \overline{c_k} + \overline{v_k} + \overline{r_k}(\overline{c_k} + \overline{v_k}) \tag{2}$$

式中：

$$\overline{c_k} + \overline{v_k} = \frac{\sum_{i=-q(k)}^{q(k)} (c_{ki} + v_{ki})}{2q(k) + 1}$$

$$\overline{r_k} = \frac{\sum_{i=-q(k)}^{q(k)} m_{ki}}{[2q(k) + 1](\overline{c_k} + \overline{v_k})}$$

式（2）是商品社会价值定义式。

最后，由式（1）和式（2）并马克思给出的概念，[5]176-177设 $\overline{p_k}$ 代表第 k 个部门商品生产价格，$\bar{r}$ 代表全产业一般利润率，有：

$$\overline{p_k} = \overline{c_k} + \overline{v_k} + \bar{r}(\overline{c_k} + \overline{v_k}) \tag{3}$$

式中：

$$\bar{r} = \frac{\sum_{k=-n, i=-q(k)}^{n, q(k)} m_{ki}}{\sum_{k=-n}^{n} [2q(k) + 1](\overline{c_k} + \overline{v_k})}$$

① 因为研究的需要，本文的符号设置与此前文章的符号设置有所不同。

式（3）是商品生产价格定义式。

2. 此前对象的定义

首先，由式（2）和式（1），有：

$$e_{ki}^{*} = \overline{w_k} - w_{ki} \tag{4}$$

式（4）是以部门内为论域的商品超额剩余价值定义式。e_{ki}^{*} 是对象的量值。

其次，由式（3）和式（1），有：

$$e_{ki} = \overline{p_k} - w_{ki} \tag{5}$$

式（5）是以全产业为论域的商品超额剩余价值定义式。e_{ki} 是对象的量值。

3. 此前对象的性质

上述回顾表明，第一，e_{ki}^{*} 的生成与 $\overline{r_k}$ 的平均化过程相关，e_{ki} 的生成与 $\bar{r}$ 的平均化过程相关；第二，e_{ki}^{*} 等于 $\overline{w_k}$ 与 w_{ki} 的差额，e_{ki} 等于 $\overline{p_k}$ 与 w_{ki} 的差额。可见，此前对象属于均分差额型超额剩余价值。

（二）生成本论域该型对象的基本量

1. 马克思关于商品生产价格两种形态的论述——生成本论域该型对象的基本量的概念

在《资本论》第三卷第二篇，马克思说，“商品的生产价格……等于商品的成本价格加上平均利润”。[5]176-177在该卷第四篇，马克思说，“在阐明一般利润率时，我们必须从这个前提出发，第一，因为商业资本本身，那时对我们来说还不存在；第二，因为平均利润，从而一般利润率，首先必须作为不同生产部门的产业资本实际生产的利润或剩余价值的平均化来说明。但是，说到商人资本，我们考察的却是一种不参加利润生产而只分享利润的资本。所以，现在必须对以前的说明进行补充……这样一来，关于生产价格也就出现一个更确切的有限制的规定。我们仍然要把生产价格理解为商品的价格，即 = 商品的成本（商品中包含的不变资本 + 可变资本的价值）+ 平均利润。但是，这个平均利润现在是由另外的方法决定的。它是由总生产资本所生产的总利润决定的；但不是按这个总生产资本来计算的，而是按总生产资本 + 商业资本来计算的”。[5]317-318在该卷第五篇开头，马克思说，“在最初考察一般利润率或平均利润率时（本卷第二篇），这个利润率还不是在它的完成形态上出现在我们面前，因为平均化还只表现为投在不同部门的产业资本之间的平均化。这种情况已经在上一篇得到补充。在那里，我们说明了商业资本如何参加这个平均化……以后凡是说到一般利润率或平均利润的地方，要注意我们总是就后一种意义而言，即只是就平均利润率的完成形态而言”。[5]377

引文很明白：《资本论》第三卷第二篇所说的“一般利润率或平均利润率”是非完成形态，从而“商品的生产价格”也是非完成形态；通过第四篇“说明了商业资本如何参加这个平均化”以后，“一般利润率或平均利润”则是“完成形态”，从而“商品的生产价格”也是“完成形态”。二者可统一定义为：“商品的生产价格……等于商品的成本价格加上平均利润”，并且其“平均利润”都是“由总生产资本所生产的总利润决定的”。区别仅在于，非完成形态的“一般利润率……按这个总生产资本来计算”，完成形态的“一般利润率……按总生产资本 + 商业资本来计算”。这就是马克思论述的要点。

对照可知，式（3）定义的对象就是商品生产价格非完成形态。笔者此前由马克思的资本循环及其演化态理论和当代经济系列研究成果的合理内容，引出了商品生产价格链（职能业态生产价格内含其中），并且证明这就是商品生产价格完成形态在当代的表征。[7]在此说明，商品生产价格链和职能业态生产价格就是生成本论域该型对象的基本量。

2. 商品生产价格链的定义

（1）职能资本的设定和定义

马克思说，完成形态“一般利润率……按总生产资本 + 商业资本来计算”，并说“商业资本分为两个形式或亚种，即商品经营资本和货币经营资本”。[5]297 此外，在当代，生产资本又分化为商品直接生产资本和商品生产服务资本。[7]于是，构造商品生产价格链所要设定和定义的职能资本有且仅有如下四类：

首先，商品直接生产资本。商品直接生产指物质商品的制造活动，它是商品生产价格链的载体（基础环节）。设 $c_{ki}^{\#'}$ 和 $v_{ki}^{\#'}$ 代表第 k 个部门第 i 个商品直接生产环节的个别不变资本和可变资本价值，$\overline{c_k^{\#'}}$ 和 $\overline{v_k^{\#'}}$ 是其部门平均值，有：

$$\overline{c_k^{\#'}} + \overline{v_k^{\#'}} = \frac{\sum_{i=-q(k)}^{q(k)} (c_{ki}^{\#'} + v_{ki}^{\#'})}{2q(k) + 1} \tag{6}$$

式（6）是商品直接生产资本一般定义式。

其次，商品生产服务资本。商品生产服务指商品生产向前向后延伸的活动，它是商品生产价格链的环节，由若干环节个体（二层业态——下同）组成。设 $c_{kiA}^{*'}$ 和 $v_{kiA}^{*'}$ 代表第 k 个部门第 i 个商品生产服务第 A 个环节个体个别不变资本和可变资本价值［环节总量写为 $\sum_{A=-a(k)}^{a(k)} (c_{kiA}^{*'} + v_{kiA}^{*'})$］，$\overline{c_{kA}^{*'}}$ 和 $\overline{v_{kA}^{*'}}$ 是其部门平均值［环节总量写为 $\sum_{A=-a(k)}^{a(k)} (\overline{c_{kA}^{*'}} + \overline{v_{kA}^{*'}})$］，有：

$$\sum_{A=-a(k)}^{a(k)} (\overline{c_{kA}^{*'}} + \overline{v_{kA}^{*'}}) = \sum_{A=-a(k)}^{a(k)} \frac{\sum_{i=-q(k)}^{q(k)} (c_{kiA}^{*'} + v_{kiA}^{*'})}{2q(k) + 1} \tag{7}$$

式中，$A = -a(k), \cdots, -2, -1, 0, 1, 2, \cdots, a(k)$。式（7）是商品生产服务资本一般定义式。附式表明，该环节有 $2a(k) + 1$ 个环节个体。在此说明，现实中的商品生产服务（可推及商品经营和货币经营）环节不止两个层次，但为简化，这里仅追溯到二层环节。

再次，商品经营资本。商品经营是商品生产价格链的环节，由若干环节个体组成。商品经营资本包括商品资本（商品经营占用时间所代表的资本≠商品内含的价值量）和商品经营纯粹流通费用（以下简称“费用”）。设 B'_{kiB} 代表第 k 个部门第 i 个商品经营第 B 个环节个体的个别商品资本［环节总量写为 $\sum_{B=-b(k)}^{b(k)} B'_{kiB}$］，$\overline{B'_{kB}}$ 是其部门平均值［环节总量写为 $\sum_{B=-b(k)}^{b(k)} \overline{B'_{kB}}$］，$h'_{kiB} + l'_{kiB}$ 代表该环节个体个别费用［环节总量

写为 $\sum_{B=-b(k)}^{b(k)}(h'_{kiB}+l'_{kiB})$]，$\overline{h'_{kB}}+\overline{l'_{kB}}$ 是其部门平均值［环节总量写为 $\sum_{B=-b(k)}^{b(k)}(\overline{h'_{kB}}+\overline{l'_{kB}})$]，有：

$$\sum_{B=-b(k)}^{b(k)}\overline{B'_{kB}}=\sum_{B=-b(k)}^{b(k)}\frac{\sum_{i=-q(k)}^{q(k)}B'_{kiB}}{2q(k)+1} \tag{8}$$

$$\sum_{B=-b(k)}^{b(k)}(\overline{h'_{kB}}+\overline{l'_{kB}})=\sum_{B=-b(k)}^{b(k)}\frac{\sum_{i=-q(k)}^{q(k)}(h'_{kiB}+l'_{kiB})}{2q(k)+1} \tag{9}$$

式中，$B=-b(k),\ \cdots,\ -2,\ -1,\ 0,\ 1,\ 2,\ \cdots,\ b(k)$。式（8）、式（9）是商品资本和商品经营费用一般定义式。附式表明，该环节有 $2b(k)+1$ 个环节个体。

最后，货币经营资本。货币经营是商品生产价格链的环节，由若干环节个体组成。货币经营资本包括货币资本（货币经营占用时间所代表的资本≠货币本身所代表的资本）和货币经营通费用。设 G'_{kiD} 代表第 k 个部门第 i 个商品货币经营第 D 个环节个体个别货币资本［环节总量写为 $\sum_{D=-d(k)}^{d(k)}G'_{kiD}$]，$\overline{G'_{kD}}$ 是其部门平均值［环节总量写为 $\sum_{D=-d(k)}^{d(K)}\overline{G'_{kD}}$]，$S'_{kiD}+f'_{kiD}$ 代表该环节个体个别费用［环节总量写为 $\sum_{D=-d(k)}^{d(k)}(S'_{kiD}+f'_{kiD})$]，$\overline{S'_{kD}}+\overline{f'_{kD}}$ 是其部门平均值［环节总量写为 $\sum_{D=-d(k)}^{d(k)}(\overline{S'_{kD}}+\overline{f'_{kD}})$]，有：

$$\sum_{D=-d(k)}^{d(k)}\overline{G'_{kD}}=\sum_{D=-d(k)}^{d(k)}\frac{\sum_{i=-q(k)}^{q(k)}G'_{kiD}}{2q(k)+1} \tag{10}$$

$$\sum_{D=-d(k)}^{d(k)}(\overline{S'_{kD}}+\overline{f'_{kD}})=\sum_{D=-d(k)}^{d(k)}\frac{\sum_{i=-q(k)}^{q(k)}(S'_{kiD}+f'_{kiD})}{2q(k)+1} \tag{11}$$

式中，$D=-d(k)\ \cdots,\ -2,\ -1,\ 0,\ 1,\ 2,\ \cdots,\ d(k)$。式（10）、式（11）是货币资本和货币经营费用一般定义式。附式表明，该环节有 $2d(k)+1$ 个环节个体。

（2）引出商品生产价格链的商品个别价值

马克思说，“生产价格……要从商品的价值引伸出来”。[5]176这对商品生产价格链同样适用。应指出，式（1）刻画的是引出商品生产价格的商品个别价值。然而，引出商品生产价格链的商品个别价值有所不同，其区别在于，前者中的商品生产资本在后者中被分化为商品直接生产资本和商品生产服务资本（从而剩余价值也分为两个部分）。于是，设 w'_{ki} 代表引出商品生产价格链的商品个别价值，$m^{\#'}_{ki}$ 代表商品直接生产资本所生产的剩余价值，$\sum_{A=-a(k)}^{a(k)}m^{*'}_{kiA}$ 代表商品生产服务资本所生产的剩余价值，由式（6）、式（7）并与式（1）相对照，有：

$$w'_{ki}=c^{\#'}_{ki}+v^{\#'}_{ki}+\sum_{A=-a(k)}^{a(k)}(c^{*'}_{kiA}+v^{*'}_{kiA})+m^{\#'}_{ki}+\sum_{A=-a(k)}^{a(k)}m^{*'}_{kiA} \tag{12}$$

式中：

$$c_{ki}^{\#'} + v_{ki}^{\#'} + \sum_{A=-a(k)}^{a(k)} (c_{kiA}^{*'} + v_{kiA}^{*'}) = c_{ki} + v_{ki}$$

$$m_{ki}^{\#'} + \sum_{A=-a(k)}^{a(k)} m_{kiA}^{*'} = m_{ki}$$

$$w'_{ki} = w_{ki}$$

式（12）是引出商品生产价格链的商品个别价值定义式。

（3）商品生产价格链的定义

商品生产价格链包括商品个别生产价格链和商品一般生产价格链。

首先，设$\overline{p_{ki}}'$代表第 k 个部门第 i 个商品个别生产价格链量值，$\overline{r_{ki}}'$代表商品个别利润率，由式（12）和职能资本个别的设定，有：

$$\begin{aligned}\overline{p_{ki}}' = {} & c_{ki}^{\#'} + v_{ki}^{\#'} + \sum_{A=-a(k)}^{a(k)} (c_{kiA}^{*'} + v_{kiA}^{*'}) + \sum_{B=-b(k)}^{b(k)} (h'_{kiB} + l'_{kiB}) + \\ & \sum_{D=-d(k)}^{d(k)} (S'_{kiD} + f'_{kiD}) + \overline{r_{ki}}'[c_{ki}^{\#'} + v_{ki}^{\#'} + \sum_{A=-a(k)}^{a(k)} (c_{kiA}^{*'} + v_{kiA}^{*'}) + \\ & \sum_{B=-b(k)}^{b(k)} (B'_{kiB} + h'_{kiB} + l'_{kiB}) + \sum_{D=-d(k)}^{d(k)} (G'_{kiD} + S'_{kiD} + f'_{kiD})]\end{aligned} \tag{13}$$

式中：

$$\overline{r_{ki}}' = \frac{m_{ki}^{\#'} + \sum_{A=-a(k)}^{a(k)} m_{kiA}^{*'} - \sum_{B=-B(k)}^{b(k)} (h'_{kiB} + l'_{kiB}) - \sum_{D=-d(k)}^{d(k)} (S'_{kiD} + f'_{kiD})}{c_{ki}^{\#'} + v_{ki}^{\#'} + \sum_{A=-a(k)}^{a(k)} (c_{kiA}^{*'} + v_{kiA}^{*'}) + \sum_{B=-b(k)}^{b(k)} (B'_{kiB} + h'_{kiB} + l'_{kiB}) + \sum_{D=-d(k)}^{d(k)} (G'_{kiD} + S'_{kiD} + f'_{kiD})}$$

式（13）是商品个别生产价格链定义式。

其次，设$\overline{\overline{p_k}}'$代表第 k 个部门商品一般生产价格链量值，$\overline{\overline{r}}'$代表一般利润率。由式（13）并职能资本一般定义，有：

$$\begin{aligned}\overline{\overline{p_k}}' = {} & \overline{c_k^{\#'}} + \overline{v_k^{\#'}} + \sum_{A=-a(k)}^{a(k)} (\overline{c_{kA}^{*'}} + \overline{v_{kA}^{*'}}) + \sum_{B=-b(k)}^{b(k)} (\overline{h'_{kB}} + \overline{l'_{kB}}) + \sum_{D=-d(k)}^{d(k)} (\overline{S'_{kD}} + \overline{f'_{kD}}) + \overline{\overline{r}}'[\overline{c_k^{\#'}} + \\ & \overline{v_k^{\#'}} + \sum_{A=-a(k)}^{a(k)} (\overline{c_{kA}^{*'}} + \overline{v_{kA}^{*'}}) + \sum_{B=-b(k)}^{b(k)} (\overline{B'_{kB}} + \overline{h'_{kB}} + \overline{l'_{kB}}) + \sum_{D=-d(k)}^{d(k)} (\overline{G'_{kD}} + \overline{S'_{kD}} + \overline{f'_{kD}})]\end{aligned} \tag{14}$$

式中

$$\overline{\overline{r}}' = \frac{\sum_{k=-n,i=-q(k)}^{n,q(k)} (m_{ki}^{\#'} + \sum_{A=-a(k)}^{a(k)} m_{kiA}^{*'}) - \sum_{k=-n}^{n} [2q(k)+1][\sum_{B=-b(k)}^{b(k)} (\overline{h'_{kB}} + \overline{l'_{kB}}) + \sum_{D=-d(k)}^{d(k)} (\overline{S'_{kD}} + \overline{f'_{kD}})]}{\sum_{k=-n}^{n} [2q(k)+1][\overline{c_k^{\#'}} + \overline{v_k^{\#'}} + \sum_{A=-a(k)}^{a(k)} (\overline{c_{kA}^{*'}} + \overline{v_{kA}^{*'}}) + \sum_{B=-b(k)}^{b(k)} (\overline{B'_{kB}} + \overline{h'_{kB}} + \overline{l'_{kB}}) + \sum_{D=-d(k)}^{d(k)} (\overline{G'_{kD}} + \overline{S'_{kD}} + \overline{f'_{kD}})]}$$

式（14）是商品一般生产价格链定义式。

对式（13）、式（14）有如下说明：第一，商品内含的价值量在购买阶段由商业资本家支付给产业资本家，而在销售阶段商业资本家又通过销售价格收回。此外，在正常情况下，作为经营对象的货币所代表的资本并不灭失。因此，上述二者并不存在补偿问题，但由经营占用时间所代表的资本必须分享利润。因此，我们没有把商品资本和货币资本作为“成本”列入公式，而只是将二者应分享的利润列入公式。第二，式中的费用和费用利润的计算是有区别的。前者的性质是“成本”，它们与生产成本具有同等“权利”，必须从商品总利润中扣除（因为纯商业劳动不创造价值），并且作为商品成本（商品成本≠成本价格）项列入公式；后者的性质是“利润”，因而它们通过分享（扣除费用之后的）商品总利润生成，并且作为商品利润项列入公式。

3. 职能业态生产价格和商品生产价格链结构表达式

本文前言所述六类业态都有生产价格，按其性质来划分，前四类是职能业态生产价格，由商品生产价格链引出，后两类是资源业态生产价格，将在下一部分讨论。职能业态生产价格可区分为个别和一般。此外，在引出职能业态生产价格定义之后，还可给出商品生产价格链的结构表达式。

（1）职能业态个别生产价格

设$\overline{p_{ki}}^{\#'}$、$\overline{p_{ki}}^{a'}$、$\overline{p_{ki}}^{b'}$、$\overline{p_{ki}}^{d'}$分别代表第 k 个部门第 i 个商品的直接生产业态、生产服务业态、商品经营业态、货币经营业态个别生产价格量值，由式（13），有：

$$\overline{p_{ki}}^{\#'} = c_{ki}^{\#'} + v_{ki}^{\#'} + \overline{r_{ki}}'\left(c_{ki}^{\#'} + v_{ki}^{\#'}\right) \tag{15}$$

$$\overline{p_{ki}}^{a'} = \sum_{A=-a(k)}^{a(k)} \left(c_{kiA}^{*'} + v_{kiA}^{*'}\right) + \overline{r_{ki}}' \sum_{A=-a(k)}^{a(k)} \left(c_{kiA}^{*'} + v_{kiA}^{*'}\right) \tag{16}$$

$$\overline{p_{ki}}^{b'} = \sum_{B=-b(k)}^{b(k)} \left(h_{kiB}' + l_{kiB}'\right) + \overline{r_{ki}}' \sum_{B=-b(k)}^{b(k)} \left(B_{kiB}' + h_{kiB}' + l_{kiB}'\right) \tag{17}$$

$$\overline{p_{ki}}^{d'} = \sum_{D=-d(k)}^{d(k)} \left(S_{kiD}' + f_{kiD}'\right) + \overline{r_{ki}}' \sum_{D=-d(k)}^{d(k)} \left(G_{kiD}' + S_{kiD}' + f_{kiD}'\right) \tag{18}$$

式（15）、式（16）、式（17）、式（18）是四类职能业态个别生产价格定义式。

（2）职能业态一般生产价格

设$\overline{\overline{p_k}}^{\#'}$、$\overline{\overline{p_k}}^{a'}$、$\overline{\overline{p_k}}^{b'}$、$\overline{\overline{p_k}}^{d'}$分别代表第 k 个部门商品的直接生产业态、生产服务业态、商品经营业态、货币经营业态一般生产价格量值，由式（14），有：

$$\overline{\overline{p_k}}^{\#'} = \overline{c_k^{\#'}} + \overline{v_k^{\#'}} + \overline{\overline{r}}'\left(\overline{c_k^{\#'}} + \overline{v_k^{\#'}}\right) \tag{19}$$

$$\overline{\overline{p_k}}^{a'} = \sum_{A=-a(k)}^{a(k)} \left(\overline{c_{kA}^{*'}} + \overline{v_{kA}^{*'}}\right) + \overline{\overline{r}}' \sum_{A=-a(k)}^{a(k)} \left(\overline{c_{kA}^{*'}} + \overline{v_{kA}^{*'}}\right) \tag{20}$$

$$\overline{\overline{p_k}}^{b'} = \sum_{B=-b(k)}^{b(k)} \left(\overline{h_{kB}'} + \overline{l_{kB}'}\right) + \overline{\overline{r}}' \sum_{B=-b(k)}^{b(k)} \left(\overline{B_{kB}'} + \overline{h_{kB}'} + \overline{l_{kB}'}\right) \tag{21}$$

$$\overline{\overline{p_k}}^{d'} = \sum_{D=-d(k)}^{d(k)} \left(\overline{S_{kD}'} + \overline{f_{kD}'}\right) + \overline{\overline{r}}' \sum_{D=-d(k)}^{d(k)} \left(\overline{G_{kD}'} + \overline{S_{kD}'} + \overline{f_{kD}'}\right) \tag{22}$$

式（19）、式（20）、式（21）、式（22）是四类职能业态一般生产价格定义式。

（3）商品生产价格链结构表达式

由式（13）、式（15）、式（16）、式（17）、式（18），有：

$$\overline{p_{ki}}^{\prime}=\overline{p_{ki}}^{\#\prime}+\overline{p_{ki}}^{a\prime}+\overline{p_{ki}}^{b\prime}+\overline{p_{ki}}^{d\prime} \tag{23}$$

式（23）是商品个别生产价格链结构表达式，它与式（13）等价。

由式（14）、式（19）、式（20）、式（21）、式（22），有：

$$\overline{\overline{p_k}}^{\prime}=\overline{\overline{p_k}}^{\#\prime}+\overline{\overline{p_k}}^{a\prime}+\overline{\overline{p_k}}^{b\prime}+\overline{\overline{p_k}}^{d\prime} \tag{24}$$

式（24）是商品一般生产价格链结构表达式，它与式（14）等价。

（三）本论域该型对象的定义

该型对象有两层，一层是商品均分差额型超额剩余价值（下称商品超额剩余价值），另一层是职能业态均分差额型超额剩余价值（下称职能业态超额剩余价值）。

1．商品超额剩余价值的定义

设$\overline{e_{ki}}^{\prime}$代表商品超额剩余价值量值，由式（14）、式（13），有：

$$\begin{aligned}\overline{e_{ki}}^{\prime}=\overline{\overline{p_k}}^{\prime}-\overline{p_{ki}}^{\prime}=&\left[\overline{c_k^{\#\prime}}+\overline{v_k^{\#\prime}}+\sum_{A=-a(k)}^{a(k)}\left(\overline{c_{kA}^{*\prime}}+\overline{v_{kA}^{*\prime}}\right)+\sum_{B=-b(k)}^{b(k)}\left(\overline{h_{kB}^{\prime}}+\overline{l_{kB}^{\prime}}\right)+\sum_{D=-d(k)}^{d(k)}\left(\overline{S_{kD}^{\prime}}+\overline{f_{kD}^{\prime}}\right)\right]-\\&\left[c_{ki}^{\#\prime}+v_{ki}^{\#\prime}+\sum_{A=-a(k)}^{a(k)}\left(c_{kiA}^{*\prime}+v_{kiA}^{*\prime}\right)+\sum_{B=-b(k)}^{b(k)}\left(h_{kiB}^{\prime}+l_{kiB}^{\prime}\right)+\sum_{D=-d(k)}^{d(k)}\left(S_{kiD}^{\prime}+f_{kiD}^{\prime}\right)\right]+\\&\overline{\overline{r}}^{\prime}\left[\overline{c_k^{\#\prime}}+\overline{v_k^{\#\prime}}+\sum_{A=-a(k)}^{a(k)}\left(\overline{c_{kA}^{*\prime}}+\overline{v_{kA}^{*\prime}}\right)+\sum_{B=-b(k)}^{b(k)}\left(\overline{B_{kB}^{\prime}}+\overline{h_{kB}^{\prime}}+\overline{l_{kB}^{\prime}}\right)+\right.\\&\left.\sum_{D=-d(k)}^{d(k)}\left(\overline{G_{kD}^{\prime}}+\overline{S_{kD}^{\prime}}+\overline{f_{kD}^{\prime}}\right)\right]-\overline{r_{ki}}^{\prime}\left[c_{ki}^{\#\prime}+v_{ki}^{\#\prime}+\sum_{A=-a(k)}^{a(k)}\left(c_{kiA}^{*\prime}+v_{kiA}^{*\prime}\right)+\right.\\&\left.\sum_{B=-b(k)}^{b(k)}\left(B_{kiB}^{\prime}+h_{kiB}^{\prime}+l_{kiB}^{\prime}\right)+\sum_{D=-d(k)}^{d(k)}\left(G_{kiD}^{\prime}+S_{kiD}^{\prime}+f_{kiD}^{\prime}\right)\right]\end{aligned} \tag{25}$$

式（25）是商品超额剩余价值定义式。

说到这里，有必要谈到商品超额剩余价值概念及其演化，从而说明式（4）、式（5）与式（25）之间的关联。我们此前证明，马克思最早给出的商品超额剩余价值概念[11]353有两个层次的定义：一是一般定义，即商品超额剩余价值 = 商品基础价格 - 商品生产耗费；二是以部门内为论域的具体定义，即式（4）——因为此时的商品基础价格是商品社会价值$\overline{w_k}$，商品生产耗费是商品个别价值w_{ki}。然而，以全产业为论域，商品基础价格演化为商品生产价格$\overline{p_k}$，商品生产耗费不变，此时概念的具体定义就是式（5）。同理，以全业态为论域，商品基础价格和商品生产耗费则进一步演化为商品一般生产价格链$\overline{\overline{p_k}}^{\prime}$和商品个别生产价格链$\overline{p_{ki}}^{\prime}$，因而此时概念的具体定义就是式（25）。

2．职能业态超额剩余价值的定义

设$\overline{e_{ki}}^{\#\prime}$、$\overline{e_{ki}}^{a\prime}$、$\overline{e_{ki}}^{b\prime}$和$\overline{e_{ki}}^{d\prime}$分别代表商品直接生产业态、商品生产服务业态、商品经营业态、货币经营业态的超额剩余价值量值，由职能业态一般生产价格和个别生产价格的定义，有：

$$\overline{e_{ki}}^{\#\prime}=\overline{\overline{p_k}}^{\#\prime}-\overline{p_{ki}}^{\#\prime} \tag{26}$$

$$\overline{e_{ki}}^{a\prime}=\overline{\overline{p_k}}^{a\prime}-\overline{p_{ki}}^{a\prime} \tag{27}$$

$$\overline{e_{ki}}^{b'} = \overline{\overline{p_k}}^{b'} - \overline{p_{ki}}^{b'} \tag{28}$$

$$\overline{e_{ki}}^{d'} = \overline{\overline{p_k}}^{d'} - \overline{p_{ki}}^{d'} \tag{29}$$

式（26）、式（27）、式（28）、式（29）是四类职能业态超额剩余价值定义式。

（四）本论域该型对象的性质

上述讨论表明，第一，$\overline{e_{ki}}'$（从而$\overline{e_{ki}}^{\#'}$、$\overline{e_{ki}}^{a'}$、$\overline{e_{ki}}^{b'}$和$\overline{e_{ki}}^{d'}$）的生成与$\overline{\overline{r}}'$和$\overline{r_{ki}}'$的平均化过程相关；第二，$\overline{e_{ki}}'$等于$\overline{\overline{p_k}}'$与$\overline{p_{ki}}'$的差额，$\overline{e_{ki}}^{\#'}$、$\overline{e_{ki}}^{a'}$、$\overline{e_{ki}}^{b'}$、$\overline{e_{ki}}^{d'}$分别等于$\overline{\overline{p_k}}^{\#'}$与$\overline{p_{ki}}^{\#'}$、$\overline{\overline{p_k}}^{a'}$与$\overline{p_{ki}}^{a'}$、$\overline{\overline{p_k}}^{b'}$与$\overline{p_{ki}}^{b'}$、$\overline{\overline{p_k}}^{d'}$与$\overline{p_{ki}}^{d'}$的差额。可见，本论域该型对象属于均分差额型超额剩余价值。

（五）本论域该型对象与此前对象的比较

前文已证，此前对象和本论域该型对象都属于均分差额型超额剩余价值，这是它们的共性，但是，它们还有个性，那就是它们的论域不同，从而其定义不同。

前文表明，此前对象或者由式（2）和式（1）引出，或者由式（3）和式（1）引出，而式（3）和式（2）均由式（1）引出；本论域对象由式（14）和式（13）引出，并且式（14）和式（13）由式（12）引出，而式（12）又由式（1）引出。这表明本论域对象是此前对象的引申和推广。

二、替代转化型超额剩余价值初探

替代转化型超额剩余价值，指由替代转化规律生成的超额剩余价值。这是本论域对象另一个型，可区分为如下几类。

（一）级差地租

1. 此前研究回顾和成果引用疑难及其解决方法

此前研究指《级差地租探析》（下称《探析》），其成果可概括为如下要点。

第一，由马克思给出的“用自然瀑布推动”替代“用蒸汽机推动”的实例[5]721－730引出级差地租的生成规律——替代转化规律。其中，替代指自然资源替代部分生产资本，转化指替代所形成的超额利润转化为地租。

第二，由马克思的相关论述引出如下结论：级差地租由商品生产价格基形（引入自然资源作为生产条件）转化生成的商品生产价格变形引出；式（3）定义的对象就是商品生产价格基形。

第三，给出商品生产价格变形和级差地租的现象本质二重态，并进行对比。首先，由马克思相关论述并替代转化规律引出商品生产价格变形和级差地租现象态的计量形式。其次，将马克思关于机器替代劳动的实例研究[11]445－446引出的“塌缩新生”论题推广到自然资源对生产资本的替代，从而引出商品生产价格变形和级差地租本质态的计量形式。最后，将本质态与现象态进行对比，从而证明二者量值的货币表现相等。

现在再说成果引用疑难及其解决方法。应指出，商品生产价格变形本质态是马克思经济学应有的形式，但此前（因为要与现象态对比）给出的这一形式比较复杂，不方便引用；诚然，商品生产价格变形现象态计量形式比较直观，便于引用，但它不是马克思经济学应有形式，若引用此式容易导致误解。这就是疑难。那么，怎么办？几经思量，我们找到了一个（无须诉诸现象态）直接引出本质态的简便方法（详见下文）。因为不再讨论现象态，也为简化，以下将商品生产价格变形本质态和级差地租本质态直呼为“商品生产价格变形”和“级差地租”。

2. 引入自然资源的商品生产价格变形

商品生产价格变形有多种，因此，在这里，对象的名称须加上“引入自然资源的”的前缀。此外，商品生产价格变形也要由相应的商品个别价值引申出来。为方便，以下将引出商品生产价格变形的商品个别价值称为“商品个别价值变形”，与此相对应，式（1）定义的对象称为“商品个别价值原型”。

现在讨论引入自然资源的商品个别价值变形。前面说到，自然资源能替代部分生产资本，并且“塌缩新生”论题可推广到自然资源对生产资本的替代。据此，设w_{ki}^{α}代表引入自然资源的商品个别价值变形量值，$c_{ki}^{\alpha}+v_{ki}^{\alpha}$代表其中的生产资本变形量值，$m_{ki}^{\alpha}$代表其中的剩余价值变形量值，$\Delta c_{ki}^{\alpha}+\Delta v_{ki}^{\alpha}$代表被自然资源替代的部分生产资本。此外，为说明“塌缩新生”过程，需要给出相关的剩余价值率计量式。由马克思给出的公式，[11]337商品个别价值原形的剩余价值率写为$\frac{m_{ki}}{v_{ki}}$，引入自然资源的商品个别价值变形的剩余价值率写为$\frac{m_{ki}^{\alpha}}{v_{ki}^{\alpha}}$，由此并式（1），有：

$$w_{ki}^{\alpha}=c_{ki}^{\alpha}+v_{ki}^{\alpha}+m_{ki}^{\alpha} \tag{30}$$

式中：

$$c_{ki}^{\alpha}+v_{ki}^{\alpha}=c_{ki}+v_{ki}-\ (\Delta c_{ki}^{\alpha}+\Delta v_{ki}^{\alpha})$$
$$\Delta c_{ki}^{\alpha}+\Delta v_{ki}^{\alpha}>0$$
$$\frac{m_{ki}^{\alpha}}{v_{ki}^{\alpha}}>\frac{m_{ki}}{v_{ki}}$$
$$m_{ki}^{\alpha}\neq m_{ki}$$

式（30）是引入自然资源的商品个别价值变形定义式。

对式（30）的附式有如下说明：第一，必有$\Delta c_{ki}^{\alpha}+\Delta v_{ki}^{\alpha}>0$，否则自然资源不可能被利用。第二，自然资源替代了生产资本原型中的部分量，因此必有$c_{ki}^{\alpha}+v_{ki}^{\alpha}=c_{ki}+v_{ki}-\ (\Delta c_{ki}^{\alpha}+\Delta v_{ki}^{\alpha})$——这表明其变形相对原型减少了（这就是“塌缩”）。不过，有一个情况需要说明：土地是生产资料，其性质是不变资本，于是，自然资源被引入不但会替代原生产资本（从而使生产资本变形的量值减少），而且会成为生产资本变形的嵌入量（从而使其量值增加）。但是，马克思说“土地没有价值”，[11]121因此有：嵌入量的价值等于0。可见，即使考虑嵌入量，生产资本变形的量值并没有因此而增加。第三，尽管嵌入量的价值=0，但自然资源“作为使用价值，它仍然具有它的自然的效用”。[5]728所谓“自然的效用”，指自然资源被引入能提高生产资本变形的技术构成，从而其生产的相对剩余价值获得增长（这就是“新生”），于是，附式$\frac{m_{ki}^{\alpha}}{v_{ki}^{\alpha}} > \frac{m_{ki}}{v_{ki}}$和$m_{ki}^{\alpha} \neq m_{ki}$成立。

现在回到正题。设$\overline{p_k}^{\alpha}$代表引入自然资源的商品生产价格变形量值，$\bar{r}^{\alpha}$代表其中的利润率，$\overline{c_k^{\alpha}} + \overline{v_k^{\alpha}}$是$c_{ki}^{\alpha} + v_{ki}^{\alpha}$的部门平均值，$\overline{\Delta c_k^{\alpha}} + \overline{\Delta v_k^{\alpha}}$是$\Delta c_{ki}^{\alpha} + \Delta v_{ki}^{\alpha}$的部门平均值，由此并式（30），有：

$$\overline{p_k}^{\alpha} = \overline{c_k^{\alpha}} + \overline{v_k^{\alpha}} + \overline{\Delta c_k^{\alpha}} + \overline{\Delta v_k^{\alpha}} + \bar{r}^{\alpha}\left(\overline{c_k^{\alpha}} + \overline{v_k^{\alpha}} + \overline{\Delta c_k^{\alpha}} + \overline{\Delta v_k^{\alpha}}\right) \tag{31}$$

式中：

$$\overline{\Delta c_k^{\alpha}} + \overline{\Delta v_k^{\alpha}} = \frac{\sum_{i=-q(k)}^{q(k)} (\Delta c_{ki}^{\alpha} + \Delta v_{ki}^{\alpha})}{2q(k)+1}$$

$$\overline{\Delta c_k^{\alpha}} + \overline{\Delta v_k^{\alpha}} > 0$$

$$\overline{c_k^{\alpha}} + \overline{v_k^{\alpha}} = \overline{c_k} + \overline{v_k} - \left(\overline{\Delta c_k^{\alpha}} + \overline{\Delta v_k^{\alpha}}\right)$$

$$\bar{r}^{\alpha} = \frac{\sum_{k=-n,i=-q(k)}^{n,q(k)} (m_{ki}^{\alpha} - \Delta c_{ki}^{\alpha} - \Delta v_{ki}^{\alpha})}{\sum_{k=-n}^{n} [2q(k)+1](\overline{c_k^{\alpha}} + \overline{v_k^{\alpha}} + \overline{\Delta c_k^{\alpha}} + \overline{\Delta v_k^{\alpha}})}$$

式（31）是引入自然资源的商品生产价格变形定义式①。

3. 级差地租计量形式

设$\overline{p_k}^{\alpha'}$代表生产资本变形$\overline{c_k^{\alpha}} + \overline{v_k^{\alpha}}$的生产价格量值，$\overline{p_k}^{\varpi}$代表级差地租量值。由此并式（31），有：

$$\begin{aligned}\overline{p_k}^{\alpha} &= \overline{p_k}^{\alpha'} + \overline{p_k}^{\varpi} \\ &= \left[\overline{c_k^{\alpha}} + \overline{v_k^{\alpha}} + \bar{r}^{\alpha}(\overline{c_k^{\alpha}} + \overline{v_k^{\alpha}})\right] + \left[\overline{\Delta c_k^{\alpha}} + \overline{\Delta v_k^{\alpha}} + \bar{r}^{\alpha}(\overline{\Delta c_k^{\alpha}} + \overline{\Delta v_k^{\alpha}})\right]\end{aligned} \tag{32}$$

从而有：

$$\overline{p_k}^{\alpha'} = \overline{c_k^{\alpha}} + \overline{v_k^{\alpha}} + \bar{r}^{\alpha}\left(\overline{c_k^{\alpha}} + \overline{v_k^{\alpha}}\right) \tag{33}$$

$$\overline{p_k}^{\varpi} = \overline{\Delta c_k^{\alpha}} + \overline{\Delta v_k^{\alpha}} + \bar{r}^{\alpha}\left(\overline{\Delta c_k^{\alpha}} + \overline{\Delta v_k^{\alpha}}\right) \tag{34}$$

式（32）是式（31）的分离式，两式是等价的。式（33）是生产资本变形$\overline{c_k^{\alpha}} + \overline{v_k^{\alpha}}$的生产价格计量式，式（34）是级差地租计量式。

（二）绝对地租

1. 此前研究回顾——绝对地租的生成规律

此前研究指《绝对地租论争述评与若干疑难问题探讨》（下称《述评》）。可以证明，替代转化规律可推及绝对地租。为此，需要谈到马克思具体论述的缺陷和《述评》的研究成果。

---

① 商品生产价格变形也可区分为个别和一般，但由替代量取值准则（详见第三部分）知，二者中的替代量均取一般量。可见，二者的区别仅在于生产资本变形可区分为个别和一般，而替代量并无区别。然而，本部分旨在引出以替代量为基础的地租和公务税（不讨论其他内容），这可直接由商品一般生产价格变形引出，没有必要讨论商品个别生产价格变形。

首先，马克思依据土地的丰度和位置（以下统称“自然资源”）的区别，把土地分成 ABCD 四个等级，并且认为，BCD 级土地的地租是级差地租，A 级土地的地租不是级差地租，而是（或者说决定着）绝对地租。对此，有学者提出质疑。[12]分析表明，这是马克思具体论述的一个缺陷——因为 ABCD 四个等级的区别只是级差，凭什么认为 A 级土地的地租不是级差地租而是绝对地租？有鉴于此，《述评》对土地重新分类，进而给出级差地租和绝对地租的区分，可概括为如下要点：第一，土地可区分为生产场地和自然资源，前者的特征是生产可利用的自然资源 =0，其功能是提供生产场地，后者的特征是生产可利用的自然资源 >0，其功能是不但提供生产场地而且替代生产资本。第二，生产场地可持续利用需要维护，例如，农业生产需要有水利条件，工业生产需要管控和治理生产污染，这需要投入资本（下称生产场地维护资本）。第三，生产场地维护资本不是生产资本，而是在生产过程之外由土地所有者（国家）① 投入的社会资本。于是，生产者租用生产场地等价于用生产场地替代生产场地维护资本，因此，被替代的这部分资本及其应分享的利润转化为绝对地租。这里的精要在于：生产场地≠自然资源，生产场地维护资本≠生产资本。这样，绝对地租与级差地租就被区分开来了。

其次，马克思认为（在他那个时代）绝对地租源于农业资本有机构成低于社会资本平均有机构成所形成的价值差额。对此，有学者提出质疑。[13,14]分析表明，这是马克思具体论述的另一个缺陷，这一缺陷与前一缺陷有关——马克思没有严格区分两种地租，因而不能找到绝对地租生成的真正机制。上文表明，绝对地租源于生产场地对生产场地维护资本的替代，它与农业资本有机构成低于社会资本平均有机构成无关。

现在证明替代转化规律可推及绝对地租。上文表明：第一，生产场地对生产场地维护资本的替代可生成超额利润；第二，生产场地属于土地所有者，因此，由替代生成的超额利润转化为绝对地租。可见，尽管绝对地租不同于级差地租，但其生成规律都是替代转化规律（只是替代的具体内容不同）。于是，我们的论点得证。

2. 引入生产场地的商品生产价格变形

诚然，引入生产场地的商品生产价格变形同样要由商品个别价值引出，不过，因为生产场地并没有替代生产资本，所以在这里商品个别价值仍然由式（1）刻画，从而商品生产价格变形可直接由式（3）和绝对地租生成规律引出。于是，设$\overline{p_k}^{\mu}$代表引入生产场地的商品生产价格变形量值，$\bar{r}^{\mu}$代表其中的利润率，$\Delta c_{ki}^{\mu}+\Delta v_{ki}^{\mu}$代表被生产场地替代的生产场地维护资本量值，$\overline{\Delta c_k^{\mu}}+\overline{\Delta v_k^{\mu}}$是其部门平均值，有：

$$\overline{p_k}^{\mu}=\overline{c_k}+\overline{v_k}+\overline{\Delta c_k^{\mu}}+\overline{\Delta v_k^{\mu}}+\bar{r}^{\mu}\left(\overline{c_k}+\overline{v_k}+\overline{\Delta c_k^{\mu}}+\overline{\Delta v_k^{\mu}}\right) \tag{35}$$

式中：

$$\overline{\Delta c_k^{\mu}}+\overline{\Delta v_k^{\mu}}=\frac{\sum_{i=-q(k)}^{q(k)}\left(\Delta c_{ki}^{\mu}+\Delta v_{ki}^{\mu}\right)}{2q(k)+1}$$

① 这里隐含一个假设：土地所有权具有私有（含集体所有）和国有双重性质。这一假设是符合历史和现实的。

$$\overline{\Delta c_k^\mu}+\overline{\Delta v_k^\mu}>0$$

$$\bar{r}^\mu=\frac{\sum\limits_{k=-n,i=-q(k)}^{n,q(k)}(m_{ki}-\Delta c_{ki}^\mu-\Delta v_{ki}^\mu)}{\sum\limits_{k=-n}^{n}[2q(k)+1](\bar{c}_k+\bar{v}_k+\overline{\Delta c_k^\mu}+\overline{\Delta v_k^\mu})}$$

式（35）是引入生产场地的商品生产价格变形定义式。

3. 绝对地租计量形式

设$\overline{p_k}^{\mu'}$代表$\overline{p_k}^\mu$中的生产资本生产价格量值，$\overline{p_k}^\theta$代表绝对地租量值，由此并式（35），有：

$$\begin{aligned}\overline{p_k}^\mu&=\overline{p_k}^{\mu'}+\overline{p_k}^\theta\\&=[\bar{c}_k+\bar{v}_k+\bar{r}^\mu(\bar{c}_k+\bar{v}_k)]+[\overline{\Delta c_k^\mu}+\overline{\Delta v_k^\mu}+\bar{r}^\mu(\overline{\Delta c_k^\mu}+\overline{\Delta v_k^\mu})]\end{aligned}\tag{36}$$

从而有：

$$\overline{p_k}^{\mu'}=\bar{c}_k+\bar{v}_k+\bar{r}^\mu(\bar{c}_k+\bar{v}_k)\tag{37}$$

$$\overline{p_k}^\theta=\overline{\Delta c_k^\mu}+\overline{\Delta v_k^\mu}+\bar{r}^\mu(\overline{\Delta c_k^\mu}+\overline{\Delta v_k^\mu})\tag{38}$$

式（36）是式（35）的分离式，两式是等价的。式（37）是$\overline{p_k}^\mu$中的生产资本生产价格计量式，式（38）是绝对地租计量式。

（三）公务税Ⅰ和公务税Ⅱ

1. 级差地租和绝对地租研究成果的推广——公务税Ⅰ与公务税Ⅱ的概念

公务可区分为两类：一类是直接为生产提供的服务，例如，国家制定经济法规，政府制定发展规划和政策，统计部门提供统计数据，财政供养的社会事业机构提供的生产性服务（下称“公务Ⅰ”）；另一类是国家提供的国防、公共安全，科技基础研究等服务（下称“公务Ⅱ”）。诚然，公务Ⅱ不是直接为生产提供的服务，但却是生产正常进行的外部条件，其作用与维护生产场地可持续利用所做的工作类似。与此相应，国家对生产者征收的税亦可区分为公务税Ⅰ和公务税Ⅱ。据此并前文的成果有如下推论：公务Ⅰ是对生产资本的替代，因此被替代的这部分资本及其应分享的利润构成公务税Ⅰ；公务Ⅱ是对相关社会资本的替代，因此被替代的这部分资本及其应分享的利润构成公务税Ⅱ。

应指出，上述推论有现实意义。中共十八届三中全会确认市场在资源配置中起决定性作用，落实这一决策的关键是厘清市场与政府的边界。[15]然而，这是从亚当·斯密到现在两百多年来都没有破解的难题。[16]究其原因，在于以往关于政府职能的定位掺杂了太多“政治的和社会的装饰物和混杂物”，没有找到其“纯粹经济的形式”。[5]697显然，“替代”意味着“平等交换”。可见，“替代”才是政府行为“纯粹经济的形式”，从而“替代转化”才是公务税“纯粹经济的形式”。总之，提出以“替代转化”为基础的公务税Ⅰ和公务税Ⅱ的概念，或许就是破解市场与政府边界划分难题的途径。

2. 公务税Ⅰ的计量形式

因为公务Ⅰ是对生产资本的替代，所以公务税Ⅰ的计量形式可参照级差地租的研究方法给出。

（1）引入公务Ⅰ的商品个别价值变形

设w_{ki}^{χ}代表引入公务Ⅰ的商品个别价值变形量值，$c_{ki}^{\chi}+v_{ki}^{\chi}$代表其中的生产资本变形量值，$m_{ki}^{\chi}$代表其中的剩余价值变形量值，$\Delta c_{ki}^{\chi}+\Delta v_{ki}^{\chi}$代表被公务Ⅰ替代的部分生产资本，引入公务Ⅰ的商品个别价值变形中的剩余价值率写为$\frac{m_{ki}^{\chi}}{v_{ki}^{\chi}}$，由此并参照式（30），有：

$$w_{ki}^{\chi}=c_{ki}^{\chi}+v_{ki}^{\chi}+m_{ki}^{\chi} \tag{39}$$

式中：

$$c_{ki}^{\chi}+v_{ki}^{\chi}=c_{ki}+v_{ki}-(\Delta c_{ki}^{\chi}+\Delta v_{ki}^{\chi})$$
$$\Delta c_{ki}^{\chi}+\Delta v_{ki}^{\chi}>0$$
$$\frac{m_{ki}^{\chi}}{v_{ki}^{\chi}}>\frac{m_{ki}}{v_{ki}}$$
$$m_{ki}^{\chi}\neq m_{ki}$$

式（39）是引入公务Ⅰ的商品个别价值变形定义式。前面对式（30）附式的说明适用于这里。

（2）引入公务Ⅰ的商品生产价格变形

设$\overline{p_k}^{\chi}$代表引入公务Ⅰ的商品生产价格变形量值，$\bar{r}^{\chi}$代表其中的利润率，$\overline{c_k^{\chi}}+\overline{v_k^{\chi}}$是$c_{ki}^{\chi}+v_{ki}^{\chi}$的部门平均值，$\overline{\Delta c_k^{\chi}}+\overline{\Delta v_k^{\chi}}$是$\Delta c_{ki}^{\chi}+\Delta v_{ki}^{\chi}$的部门平均值，由此并式（39），有：

$$\overline{p_k}^{\chi}=\overline{c_k^{\chi}}+\overline{v_k^{\chi}}+\overline{\Delta c_k^{\chi}}+\overline{\Delta v_k^{\chi}}+\bar{r}^{\chi}\left(\overline{c_k^{\chi}}+\overline{v_k^{\chi}}+\overline{\Delta c_k^{\chi}}+\overline{\Delta v_k^{\chi}}\right) \tag{40}$$

式中：

$$\overline{\Delta c_k^{\chi}}+\overline{\Delta v_k^{\chi}}=\frac{\sum_{i=-q(k)}^{q(k)}(\Delta c_{ki}^{\chi}+\Delta v_{ki}^{\chi})}{2q(k)+1}$$
$$\overline{\Delta c_k^{\chi}}+\overline{\Delta v_k^{\chi}}>0$$
$$\overline{c_k^{\chi}}+\overline{v_k^{\chi}}=\overline{c_k}+\overline{v_k}-\left(\overline{\Delta c_k^{\chi}}+\overline{\Delta v_k^{\chi}}\right)$$
$$\bar{r}^{\chi}=\frac{\sum_{k=-n,i=-q(k)}^{n,q(k)}(m_{ki}^{\chi}-\Delta c_{ki}^{\chi}-\Delta v_{ki}^{\chi})}{\sum_{k=-n}^{n}[2q(k)+1]\left(\overline{c_k^{\chi}}+\overline{v_k^{\chi}}+\overline{\Delta c_k^{\chi}}+\overline{\Delta v_k^{\chi}}\right)}$$

式（40）是引入公务Ⅰ的商品生产价格变形定义式。

（3）公务税Ⅰ的计量形式

设$\overline{p_k}^{\chi'}$代表生产资本变形$\overline{c_k^{\chi}}+\overline{v_k^{\chi}}$的生产价格量值，$\overline{p_k}^{\phi}$代表公务税Ⅰ的量值，由此并式（40），有：

$$\begin{aligned}\overline{p_k}^{\chi}&=\overline{p_k}^{\chi'}+\overline{p_k}^{\phi}\\&=\left[\overline{c_k^{\chi}}+\overline{v_k^{\chi}}+\bar{r}^{\chi}\left(\overline{c_k^{\chi}}+\overline{v_k^{\chi}}\right)\right]+\left[\overline{\Delta c_k^{\chi}}+\overline{\Delta v_k^{\chi}}+\bar{r}^{\chi}\left(\overline{\Delta c_k^{\chi}}+\overline{\Delta v_k^{\chi}}\right)\right]\end{aligned} \tag{41}$$

从而有：

$$\overline{p_k}^{\chi'}=\overline{c_k^{\chi}}+\overline{v_k^{\chi}}+\bar{r}^{\chi}\left(\overline{c_k^{\chi}}+\overline{v_k^{\chi}}\right) \tag{42}$$

$$\overline{p_k}^{\phi}=\overline{\Delta c_k^{\chi}}+\overline{\Delta v_k^{\chi}}+\bar{r}^{\chi}\left(\overline{\Delta c_k^{\chi}}+\overline{\Delta v_k^{\chi}}\right) \tag{43}$$

式（41）是式（40）的分离式，两式是等价的；式（42）是生产资本变形$\overline{c_k^\chi}+\overline{v_k^\chi}$的生产价格计量式；式（43）是公务税Ⅰ的计量式。

3. 公务税Ⅱ的计量形式

公务Ⅱ与维护生产场地可持续利用所做的工作类似，因此，公务税Ⅱ的计量形式可参照绝对地租的研究方法给出。

（1）引入公务Ⅱ的商品生产价格变形

设$\overline{p_k}^{\nu}$代表引入公务Ⅱ的商品生产价格变形量值，$\bar{r}^{\nu}$代表其中的利润率，$\Delta c_{ki}^{\nu}+\Delta v_{ki}^{\nu}$代表被公务Ⅱ替代的社会资本量值，$\overline{\Delta c_k^{\nu}}+\overline{\Delta v_k^{\nu}}$是其部门平均值，由此并式（3）和参考式（35），有：

$$\overline{p_k}^{\nu}=\overline{c_k}+\overline{v_k}+\overline{\Delta c_k^{\nu}}+\overline{\Delta v_k^{\nu}}+\bar{r}^{\nu}\left(\overline{c_k}+\overline{v_k}+\overline{\Delta c_k^{\nu}}+\overline{\Delta v_k^{\nu}}\right)\tag{44}$$

式中：

$$\overline{\Delta c_k^{\nu}}+\overline{\Delta v_k^{\nu}}=\frac{\sum_{i=-q(k)}^{q(k)}\left(\Delta c_{ki}^{\nu}+\Delta v_{ki}^{\nu}\right)}{2q(k)+1}$$

$$\overline{\Delta c_k^{\nu}}+\overline{\Delta v_k^{\nu}}>0$$

$$\bar{r}^{\nu}=\frac{\sum_{k=-n,i=-q(k)}^{n,q(k)}\left(m_{ki}-\Delta c_{ki}^{\nu}-\Delta v_{ki}^{\nu}\right)}{\sum_{k=-n}^{n}[2q(k)+1]\left(\overline{c_k}+\overline{v_k}+\overline{\Delta c_k^{\nu}}+\overline{\Delta v_k^{\nu}}\right)}$$

式（44）是引入公务Ⅱ的商品生产价格变形定义式。

（2）公务税Ⅱ的计量形式

设$\overline{p_k^{\nu'}}$代表$\overline{p_k}^{\nu}$中的生产资本生产价格量值，$\overline{p_k}^{\varphi}$代表公务税Ⅱ的量值，由此并式（44），有：

$$\begin{aligned}\overline{p_k}^{\nu}&=\overline{p_k^{\nu'}}+\overline{p_k}^{\varphi}\\&=\left[\overline{c_k}+\overline{v_k}+\bar{r}^{\nu}\left(\overline{c_k}+\overline{v_k}\right)\right]+\left[\overline{\Delta c_k^{\nu}}+\overline{\Delta v_k^{\nu}}+\bar{r}^{\nu}\left(\overline{\Delta c_k^{\nu}}+\overline{\Delta v_k^{\nu}}\right)\right]\end{aligned}\tag{45}$$

从而有：

$$\overline{p_k^{\nu'}}=\overline{c_k}+\overline{v_k}+\bar{r}^{\nu}\left(\overline{c_k}+\overline{v_k}\right)\tag{46}$$

$$\overline{p_k}^{\varphi}=\overline{\Delta c_k^{\nu}}+\overline{\Delta v_k^{\nu}}+\bar{r}^{\nu}\left(\overline{\Delta c_k^{\nu}}+\overline{\Delta v_k^{\nu}}\right)\tag{47}$$

式（45）是式（44）的分离式，两式是等价的；式（46）是$\overline{p_k}^{\nu}$中的生产资本生产价格计量式；式（47）是公务税Ⅱ的计量式。

三、对象再探

前两部分标题表明，那只是对象初探，之所以如此，原因有如下两点：第一，对象是动态演化的，但前文旨在给出它们的概念，因而只讨论了其静态；第二，即使是静态，前文给出的均分差额型超额剩余价值的计量也不准确，替代转化型超额剩余价值的类型也不完备。前文表明，对象分别由商品生产价格链或商品生产价格变形引出。然而，《资本论》第三卷第七篇还给出了“社会总资本的产品”生产价格的计量，其量值“等于构成不变资本和可变资本的物质要素加上表现为利润和地租的那种剩余产品的物质要素”。[5]950第七篇是《资本论》的终篇，因此，这可理解为马克思给出的商品生产价格完备形态，它是“同资本在社会表面上，在各种资本的互相作用中，在竞争中，以及在生产当事人自己的通常意识中所表现出来的形式”[5]30最接近的形态，是商品生产价格的最终具体。诚然，马克思在这里没有考虑税收，但据资料，发达国家的税负率在第二次世界大战前不超过15%，而到1985年上升为33.83%。[17]15可见，在当今，税收是商品价格的重要组成部分。此外，马克思经济学研究有“六册计划”，有关国家财政的内容被安排在其中的“国家”篇，但因为种种原因“六册计划”没有完成。[18]据此，有推论：将税收纳入商品生产价格完备形态，既反映了当代经济实践，也符合马克思的总体思想。然而，对比可知，商品生产价格链没有考虑地租和税收。此外，不仅生产领域有地租和税收，非生产领域也有地租和税收（例如，马克思曾谈到商业地租[5]351），但商品生产价格变形及其引出的地租和税收仅限于生产领域。据此，有结论：商品生产价格链和商品生产价格变形并不完备，它只是为再现商品生产价格完备形态而先行研究的两个片面抽象。这就是前文给出的对象计量不准确和类型不完备的原因。综上所述，我们的研究还须继续。

（一）商品生产价格链变形及职能业态生产价格准确计量

综合前文研究成果，可引出商品生产价格链变形，它是商品生产价格完备形态的具体形式。此外，本节还要讨论职能业态生产价格的准确计量，从而为后续研究打基础。

1. 生成商品生产价格链变形的基础量

前文给出了四类职能资本，显然，其生产或经营也需要以土地和公务为条件，因而替代转化规律可推及四类职能资本，由此可引出生成商品生产价格链变形的基础量，即自然资源和公务Ⅰ对职能资本的替代量，职能资本变形、生产或经营场地和公务Ⅱ对社会资本的替代量。此外，第二部分表明替代量大于0，这对此处的替代量也适用，但为简化，这方面的标志从略。

（1）自然资源和公务Ⅰ对职能资本的替代量

①自然资源和公务Ⅰ对商品直接生产资本的替代量

设$\Delta c_{ki}^{\#\alpha}+\Delta v_{ki}^{\#\alpha}$代表被自然资源替代的第$k$个部门第$i$个商品直接生产环节个别资本价值，$\overline{\Delta c_{k}^{\#\alpha}}+\overline{\Delta v_{k}^{\#\alpha}}$是其部门平均值，$\Delta c_{ki}^{\#\chi}+\Delta v_{ki}^{\#\chi}$代表被公务Ⅰ替代的该环节个别资本价值，$\overline{\Delta c_{k}^{\#\chi}}+\overline{\Delta v_{k}^{\#\chi}}$是其部门平均值，由此并参照式（31）、式（40）的附式，有：

$$\overline{\Delta c_{k}^{\#\alpha}}+\overline{\Delta v_{k}^{\#\alpha}}=\frac{\sum_{i=-q(k)}^{q(k)}(\Delta c_{ki}^{\#\alpha}+\Delta v_{ki}^{\#\alpha})}{2q(k)+1} \tag{48}$$

$$\overline{\Delta c_{k}^{\#\chi}}+\overline{\Delta v_{k}^{\#\chi}}=\frac{\sum_{i=-q(k)}^{q(k)}(\Delta c_{ki}^{\#\chi}+\Delta v_{ki}^{\#\chi})}{2q(k)+1} \tag{49}$$

式（48）、式（49）是自然资源和公务Ⅰ对商品直接生产资本一般替代量的定义式。

②自然资源和公务Ⅰ对商品生产服务资本的替代量

设$\Delta c_{kiA}^{*\alpha}+\Delta v_{kiA}^{*\alpha}$代表被自然资源替代的第$k$个部门第$i$个商品生产服务第$A$个环节个体个别资本价值［环节总量写为$\sum_{A=-a(k)}^{a(k)}(\Delta c_{kiA}^{*\alpha}+\Delta v_{kiA}^{*\alpha})$］，$\overline{\Delta c_{kA}^{*\alpha}}+\overline{\Delta v_{kA}^{*\alpha}}$是其部门平均值［环节总量写为$\sum_{A=-a(k)}^{a(k)}(\overline{\Delta c_{kA}^{*\alpha}}+\overline{\Delta v_{kA}^{*\alpha}})$］，$\Delta c_{kiA}^{*\chi}+\Delta v_{kiA}^{*\chi}$代表被公务Ⅰ替代的该环节个体个别资本价值［环节总量写为$\sum_{A=-a(k)}^{a(k)}(\Delta c_{kiA}^{*\chi}+\Delta v_{kiA}^{*\chi})$］，$\overline{\Delta c_{kA}^{*\chi}}+\overline{\Delta v_{kA}^{*\chi}}$是其部门平均值［环节总量写为$\sum_{A=-a(k)}^{a(k)}(\overline{\Delta c_{kA}^{*\chi}}+\overline{\Delta v_{kA}^{*\chi}})$］，由此并参照式（31）、式（40）的附式，有：

$$\sum_{A=-a(k)}^{a(k)}(\overline{\Delta c_{kA}^{*\alpha}}+\overline{\Delta v_{kA}^{*\alpha}})=\sum_{A=-a(k)}^{a(k)}\frac{\sum_{i=-q(k)}^{q(k)}(\Delta c_{kiA}^{*\alpha}+\Delta v_{kiA}^{*\alpha})}{2q(k)+1} \tag{50}$$

$$\sum_{A=-a(k)}^{a(k)}(\overline{\Delta c_{kA}^{*\chi}}+\overline{\Delta v_{kA}^{*\chi}})=\sum_{A=-a(k)}^{a(k)}\frac{\sum_{i=-q(k)}^{q(k)}(\Delta c_{kiA}^{*\chi}+\Delta v_{kiA}^{*\chi})}{2q(k)+1} \tag{51}$$

式（50）、式（51）是自然资源和公务Ⅰ对商品生产服务资本一般替代量的定义式。

③自然资源和公务Ⅰ对商品经营资本的替代量

设ΔB_{kiB}^{α}代表被自然资源替代的第k个部门第i个商品经营第B个环节个体个别商品资本量值（环节总量写为$\sum_{B=-b(k)}^{b(k)}\Delta B_{kiB}^{\alpha}$），$\overline{\Delta B_{kB}^{\alpha}}$是其部门平均值（环节总量写为$\sum_{B=-b(k)}^{b(k)}\overline{\Delta B_{kB}^{\alpha}}$），$\Delta B_{kiB}^{\chi}$代表被公务Ⅰ替代的该环节个体个别商品资本量值（环节总量写为$\sum_{B=-b(k)}^{b(k)}\Delta B_{kiB}^{\chi}$），$\overline{\Delta B_{kB}^{\chi}}$是其部门平均值（部门总量写为$\sum_{B=-b(k)}^{b(k)}\overline{\Delta B_{kB}^{\chi}}$），$\Delta h_{kiB}^{\alpha}+\Delta l_{kiB}^{\alpha}$代表被自然资源替代的该环节个体个别费用量值［环节总量写为$\sum_{B=-b(k)}^{b(k)}(\Delta h_{kiB}^{\alpha}+\Delta l_{kiB}^{\alpha})$］，$\overline{\Delta h_{kB}^{\alpha}}+\overline{\Delta l_{kB}^{\alpha}}$是其部门平均值［环节总量写为$\sum_{B=-b(k)}^{b(k)}(\overline{\Delta h_{kB}^{\alpha}}+\overline{\Delta l_{kB}^{\alpha}})$］，$\Delta h_{kiB}^{\chi}+\Delta l_{kiB}^{\chi}$代表被公务Ⅰ替代的该环节个体个别费用量值［环节总量写为$\sum_{B=-b(k)}^{b(k)}(\Delta h_{kiB}^{\chi}+\Delta l_{kiB}^{\chi})$］，$\overline{\Delta h_{kB}^{\chi}}+\overline{\Delta l_{kB}^{\chi}}$是其部门平均值［环节总量写为$\sum_{B=-b(k)}^{b(k)}(\overline{\Delta h_{kB}^{\chi}}+\overline{\Delta l_{kB}^{\chi}})$］，由此并参照式（31）、式（40）的附式，有：

$$\sum_{B=-b(k)}^{b(k)}\overline{\Delta B_{kB}^{\alpha}}=\sum_{B=-b(k)}^{b(k)}\frac{\sum_{i=-q(k)}^{q(k)}\Delta B_{kiB}^{\alpha}}{2q(k)+1} \tag{52}$$

$$\sum_{B=-b(k)}^{b(k)}\overline{\Delta B_{kB}^{\chi}}=\sum_{B=-b(k)}^{b(k)}\frac{\sum_{i=-q(k)}^{q(k)}\Delta B_{kiB}^{\chi}}{2q(k)+1} \tag{53}$$

$$\sum_{B=-b(k)}^{b(k)}(\overline{\Delta h_{kB}^{\alpha}}+\overline{\Delta l_{kB}^{\alpha}})=\sum_{B=-b(k)}^{b(k)}\frac{\sum_{i=-q(k)}^{q(k)}(\Delta h_{kiB}^{\alpha}+\Delta l_{kiB}^{\alpha})}{2q(k)+1} \tag{54}$$

$$\sum_{B=-b(k)}^{b(k)}(\overline{\Delta h_{kB}^{\chi}}+\overline{\Delta l_{kB}^{\chi}})=\sum_{B=-b(k)}^{b(k)}\frac{\sum_{i=-q(k)}^{q(k)}(\Delta h_{kiB}^{\chi}+\Delta l_{kiB}^{\chi})}{2q(k)+1} \tag{55}$$

式（52）、式（53）、式（54）、式（55）分别是自然资源和公务Ⅰ对商品资本一般替代量和商品经营费用一般替代量的定义式。

④自然资源和公务Ⅰ对货币经营资本的替代量

设ΔG_{kiD}^{α}代表被自然资源替代的第 k 个部门第 i 个商品货币经营第 D 个环节个体个别货币资本量值（环节总量写为 $\sum_{D=-d(k)}^{d(k)}\Delta G_{kiD}^{\alpha}$），$\overline{\Delta G_{kD}^{\alpha}}$是其部门平均值（环节总量写为 $\sum_{D=-d(k)}^{d(k)}\overline{\Delta G_{kD}^{\alpha}}$），$\Delta G_{kiD}^{\chi}$代表被公务Ⅰ替代的该环节个体个别货币资本量值（环节总量写为 $\sum_{D=-d(k)}^{d(k)}\Delta G_{kiD}^{\chi}$），$\overline{\Delta G_{kD}^{\chi}}$是其部门平均值（环节总量写为 $\sum_{D=-d(k)}^{d(k)}\overline{\Delta G_{kD}^{\chi}}$），$\Delta S_{kiD}^{\alpha}+\Delta f_{kiD}^{\alpha}$代表被自然资源替代的该环节个体个别费用量值［环节总量写为 $\sum_{D=-d(k)}^{d(k)}(\Delta S_{kiD}^{\alpha}+\Delta f_{kiD}^{\alpha})$］，$\overline{\Delta S_{kD}^{\alpha}}+\overline{\Delta f_{kD}^{\alpha}}$是其部门平均值［环节总量写为 $\sum_{D=-d(k)}^{d(k)}(\overline{\Delta S_{kD}^{\alpha}}+\overline{\Delta f_{kD}^{\alpha}})$］，$\Delta S_{kiD}^{\chi}+\Delta f_{kiD}^{\chi}$代表被公务Ⅰ替代的该环节个体个别费用量值［环节总量写为 $\sum_{D=-d(k)}^{d(k)}(\Delta S_{kiD}^{\chi}+\Delta f_{kiD}^{\chi})$］，$\overline{\Delta S_{kD}^{\chi}}+\overline{\Delta f_{kD}^{\chi}}$是其部门平均值［环节总量写为 $\sum_{D=-d(k)}^{d(k)}(\overline{\Delta S_{kD}^{\chi}}+\overline{\Delta f_{kD}^{\chi}})$］，由此并参照式（31）、式（40）的附式，有：

$$\sum_{D=-d(k)}^{d(k)}\overline{\Delta G_{kD}^{\alpha}}=\sum_{D=-d(k)}^{d(k)}\frac{\sum_{i=-q(k)}^{q(k)}\Delta G_{kiD}^{\alpha}}{2q(k)+1} \tag{56}$$

$$\sum_{D=-d(k)}^{d(k)}\overline{\Delta G_{kD}^{\chi}}=\sum_{D=-d(k)}^{d(k)}\frac{\sum_{i=-q(k)}^{q(k)}\Delta G_{kiD}^{\chi}}{2q(k)+1} \tag{57}$$

$$\sum_{D=-d(k)}^{d(k)}(\overline{\Delta S_{kD}^{\alpha}}+\overline{\Delta f_{kD}^{\alpha}})=\sum_{D=-d(k)}^{d(k)}\frac{\sum_{i=-q(k)}^{q(k)}(\Delta S_{kiD}^{\alpha}+\Delta f_{kiD}^{\alpha})}{2q(k)+1} \tag{58}$$

$$\sum_{D=-d(k)}^{d(k)}(\overline{\Delta S_{kD}^{\chi}}+\overline{\Delta f_{kD}^{\chi}})=\sum_{D=-d(k)}^{d(k)}\frac{\sum_{i=-q(k)}^{q(k)}(\Delta S_{kiD}^{\chi}+\Delta f_{kiD}^{\chi})}{2q(k)+1} \tag{59}$$

式（56）、式（57）、式（58）、式（59）分别是自然资源和公务Ⅰ对货币资本一般替代量和商品经营费用一般替代量的定义式。

（2）职能资本变形

①商品直接生产资本变形

设$c_{ki}^{\#}+v_{ki}^{\#}$代表第 k 个部门第 i 个商品直接生产环节个别资本变形量值，$\overline{c_k^{\#}}+\overline{v_k^{\#}}$是其部门平均值，由此并式（6）、式（48）、式（49），有：

$$c_{ki}^{\#}+v_{ki}^{\#}=c_{ki}^{\#'}+v_{ki}^{\#'}-(\Delta c_{ki}^{\#\alpha}+\Delta v_{ki}^{\#\alpha})-(\Delta c_{ki}^{\#\chi}+\Delta v_{ki}^{\#\chi}) \tag{60}$$

$$\overline{c_k^{\#}}+\overline{v_k^{\#}}=\overline{c_k^{\#'}}+\overline{v_k^{\#'}}-(\overline{\Delta c_k^{\#\alpha}}+\overline{\Delta v_k^{\#\alpha}})-(\overline{\Delta c_k^{\#\chi}}+\overline{\Delta v_k^{\#\chi}}) \tag{61}$$

式（60）、式（61）是商品直接生产资本变形的个别和一般定义式。

②商品生产服务资本变形

设$c_{kiA}^{*}+v_{kiA}^{*}$代表第 k 个部门第 i 个商品生产服务第 A 个环节个体个别资本变形量值［环节总量写为 $\sum_{A=-a(k)}^{a(k)}(c_{kiA}^{*}+v_{kiA}^{*})$］，$\overline{c_{kA}^{*}}+\overline{v_{kA}^{*}}$是其部门平均值［环节总量写为 $\sum_{A=-a(k)}^{a(k)}(\overline{c_{kA}^{*}}+\overline{v_{kA}^{*}})$］，由此并式（7）、式（50）、式（51），有：

$$\sum_{A=-a(k)}^{a(k)}(c_{kiA}^{*}+v_{kiA}^{*})=\sum_{A=-a(k)}^{a(k)}(c_{kiA}^{*'}+v_{kiA}^{*'})-\sum_{A=-a(k)}^{a(k)}(\Delta c_{kiA}^{*\alpha}+\Delta v_{kiA}^{*\alpha})-\sum_{A=-a(k)}^{a(k)}(\Delta c_{kiA}^{*\chi}+\Delta v_{kiA}^{*\chi}) \tag{62}$$

$$\sum_{A=-a(k)}^{a(k)}(\overline{c_{kA}^{*}}+\overline{v_{kA}^{*}})=\sum_{A=-a(k)}^{a(k)}(\overline{c_{kA}^{*'}}+\overline{v_{kA}^{*'}})-\sum_{A=-a(k)}^{a(k)}(\overline{\Delta c_{kA}^{*\alpha}}+\overline{\Delta v_{kA}^{*\alpha}})-\sum_{A=-a(k)}^{a(k)}(\overline{\Delta c_{kA}^{*\chi}}+\overline{\Delta v_{kA}^{*\chi}}) \tag{63}$$

式（62）、式（63）是商品生产服务资本变形的个别和一般定义式。

③商品经营资本变形

设B_{kiB}代表第 k 个部门第 i 个商品经营第 B 个环节个体个别商品资本变形量值（环节总量写为 $\sum_{B=-b(k)}^{b(k)}B_{kiB}$），$\overline{B_{kB}}$是其部门平均值（环节总量写为 $\sum_{B=-b(k)}^{b(k)}\overline{B_{kB}}$），$h_{kiB}+l_{kiB}$代表该环节个体个别费用变形的量值［环节总量写为 $\sum_{B=-b(k)}^{b(k)}(h_{kiB}+l_{kiB})$］，$\overline{h_{kB}}+\overline{l_{kB}}$是其部门平均值［环节总量写为 $\sum_{B=-b(k)}^{b(k)}(\overline{h_{kB}}+\overline{l_{kB}})$］，由此并式（8）、式（9）、式（52）、式（53）、式（54）、式（55），有：

$$\sum_{B=-b(k)}^{b(k)}B_{kiB}=\sum_{B=-b(k)}^{b(k)}B_{kiB}^{'}-\sum_{B=-b(k)}^{b(k)}\Delta B_{kiB}^{\alpha}-\sum_{B=-b(k)}^{b(k)}\Delta B_{kiB}^{\chi} \tag{64}$$

$$\sum_{B=-b(k)}^{b(k)}\overline{B_{kB}}=\sum_{B=-b(k)}^{b(k)}\overline{B_{kB}^{'}}-\sum_{B=-b(k)}^{b(k)}\overline{\Delta B_{kB}^{\alpha}}-\sum_{B=-b(k)}^{b(k)}\overline{\Delta B_{kB}^{\chi}} \tag{65}$$

$$\sum_{B=-b(k)}^{b(k)}(h_{kiB}+l_{kiB})=\sum_{B=-b(k)}^{b(k)}(h_{kiB}^{'}+l_{kiB}^{'})-\sum_{B=-b(k)}^{b(k)}(\Delta h_{kiB}^{\alpha}+\Delta l_{kiB}^{\alpha})-\sum_{B=-b(k)}^{b(k)}(\Delta h_{kiB}^{\chi}+\Delta l_{kiB}^{\chi}) \tag{66}$$

$$\sum_{B=-b(k)}^{b(k)}(\overline{h_{kB}}+\overline{l_{kB}})=\sum_{B=-b(k)}^{b(k)}(\overline{h_{kB}^{'}}+\overline{l_{kB}^{'}})-\sum_{B=-b(k)}^{b(k)}(\overline{\Delta h_{kB}^{\alpha}}+\overline{\Delta l_{kB}^{\alpha}})-\sum_{B=-b(k)}^{b(k)}(\overline{\Delta h_{kB}^{\chi}}+\overline{\Delta l_{kB}^{\chi}}) \tag{67}$$

式（64）、式（65）、式（66）、式（67）分别是商品资本变形和商品经营费用变形的个别和一般定义式。

④货币经营资本变形

设G_{kiD}代表第 k 个部门第 i 个商品的货币经营第 D 个环节个体个别货币资本变形

量值（环节总量写为 $\sum_{D=-d(k)}^{d(k)} G_{kiD}$），$\overline{G_{kD}}$是其部门平均值（环节总量写为 $\sum_{D=-d(k)}^{d(k)} \overline{G_{kD}}$），$S_{kiD}+f_{kiD}$代表该环节个体个别费用变形量值［环节总量写为 $\sum_{D=-d(k)}^{d(k)} (S_{kiD}+f_{kiD})$］，$\overline{S_{kD}}+\overline{f_{kD}}$是其部门平均值［环节总量写为 $\sum_{D=-d(k)}^{d(k)} (\overline{S_{kD}}+\overline{f_{kD}})$］，由此并式（10）、式（11）、式（56）、式（57）、式（58）、式（59），有：

$$\sum_{D=-d(k)}^{d(k)} G_{kiD}=\sum_{D=-d(k)}^{d(k)} G'_{kiD}-\sum_{D=-d(k)}^{d(k)} \Delta G^{\alpha}_{kiD}-\sum_{D=-d(k)}^{d(k)} \Delta G^{\chi}_{kiD} \tag{68}$$

$$\sum_{D=-d(k)}^{d(k)} \overline{G_{kD}}=\sum_{D=-d(k)}^{d(k)} \overline{G'_{kD}}-\sum_{D=-d(k)}^{d(k)} \overline{\Delta G^{\alpha}_{kD}}-\sum_{D=-d(k)}^{d(k)} \overline{\Delta G^{\chi}_{kD}} \tag{69}$$

$$\sum_{D=-d(k)}^{d(k)} (S_{kiD}+f_{kiD})=\sum_{D=-d(k)}^{d(k)} (S'_{kiD}+f'_{kiD})-\sum_{D=-d(k)}^{d(k)} (\Delta S^{\alpha}_{kiD}+\Delta f^{\alpha}_{kiD})-\sum_{D=-d(k)}^{d(k)} (\Delta S^{\chi}_{kiD}+\Delta f^{\chi}_{kiD}) \tag{70}$$

$$\sum_{D=-d(k)}^{d(k)} (\overline{S_{kD}}+\overline{f_{kD}})=\sum_{D=-d(k)}^{d(k)} (\overline{S'_{kD}}+\overline{f'_{kD}})-\sum_{D=-d(k)}^{d(k)} (\overline{\Delta S^{\alpha}_{kD}}+\overline{\Delta f^{\alpha}_{kD}})-\sum_{D=-d(k)}^{d(k)} (\overline{\Delta S^{\chi}_{kD}}+\overline{\Delta f^{\chi}_{kD}}) \tag{71}$$

式（68）、式（69）、式（70）、式（71）分别是货币资本变形和货币经营费用变形的个别和一般定义式。

（3）生产或经营场地和公务Ⅱ对社会资本的替代量

①商品直接生产环节由生产场地和公务Ⅱ对社会资本的替代量

设$\Delta c^{\#\mu}_{ki}+\Delta v^{\#\mu}_{ki}$代表第 k 个部门第 i 个商品直接生产环节由生产场地替代的社会资本量值，$\overline{\Delta c^{\#\mu}_{k}}+\overline{\Delta v^{\#\mu}_{k}}$是其部门平均值，$\Delta c^{\#\nu}_{ki}+\Delta v^{\#\nu}_{ki}$代表该环节由公务Ⅱ替代的社会资本量值，$\overline{\Delta c^{\#\nu}_{k}}+\overline{\Delta v^{\#\nu}_{k}}$是其部门平均值，由此并参照式（35）、式（44）的附式，有：

$$\overline{\Delta c^{\#\mu}_{k}}+\overline{\Delta v^{\#\mu}_{k}}=\frac{\sum_{i=-q(k)}^{q(k)} (\Delta c^{\#\mu}_{ki}+\Delta v^{\#\mu}_{ki})}{2q(k)+1} \tag{72}$$

$$\overline{\Delta c^{\#\nu}_{k}}+\overline{\Delta v^{\#\nu}_{k}}=\frac{\sum_{i=-q(k)}^{q(k)} (\Delta c^{\#\nu}_{ki}+\Delta v^{\#\nu}_{ki})}{2q(k)+1} \tag{73}$$

式（72）、式（73）是商品直接生产环节由生产场地和公务Ⅱ对社会资本一般替代量的定义式。

②商品生产服务环节由生产场地和公务Ⅱ对社会资本的替代量

设$\Delta c^{*\mu}_{kiA}+\Delta v^{*\mu}_{kiA}$代表第 k 个部门第 i 个商品生产服务第 A 个环节个体由生产场地替代的社会资本量值［环节总量写为 $\sum_{A=-a(k)}^{a(k)} (\Delta c^{*\mu}_{kiA}+\Delta v^{*\mu}_{kiA})$］，$\overline{\Delta c^{*\mu}_{kA}}+\overline{\Delta v^{*\mu}_{kA}}$是其部门平均值［环节总量写为 $\sum_{A=-a(k)}^{a(k)} (\overline{\Delta c^{*\mu}_{kA}}+\overline{\Delta v^{*\mu}_{kA}})$］，$\Delta c^{*\nu}_{kiA}+\Delta v^{*\nu}_{kiA}$代表该环节个体由公务Ⅱ替代的社会资本量值［环节总量写为 $\sum_{A=-a(k)}^{a(k)} (\Delta c^{*\nu}_{kiA}+\Delta v^{*\nu}_{kiA})$］，$\overline{\Delta c^{*\nu}_{kA}}+\overline{\Delta v^{*\nu}_{kA}}$是其部门平均值［环节总

量写为 $\sum_{A=-a(k)}^{a(k)}(\overline{\Delta c_{kA}^{*\nu}}+\overline{\Delta v_{kA}^{*\nu}})$]，由此并参照式（35）、式（44）的附式，有：

$$\sum_{A=-a(k)}^{a(k)}(\overline{\Delta c_{kA}^{*\mu}}+\overline{\Delta v_{kA}^{*\mu}})=\sum_{A=-a(k)}^{a(k)}\frac{\sum_{i=-q(k)}^{q(k)}(\Delta c_{kiA}^{*\mu}+\Delta v_{kiA}^{*\mu})}{2q(k)+1} \tag{74}$$

$$\sum_{A=-a(k)}^{a(k)}(\overline{\Delta c_{kA}^{*\nu}}+\overline{\Delta v_{kA}^{*\nu}})=\sum_{A=-a(k)}^{a(k)}\frac{\sum_{i=-q(k)}^{q(k)}(\Delta c_{kiA}^{*\nu}+\Delta v_{kiA}^{*\nu})}{2q(k)+1} \tag{75}$$

式（74）、式（75）是商品生产服务环节由生产场地和公务Ⅱ对社会资本一般替代量的定义式。

③商品经营环节由经营场地和公务Ⅱ对社会资本的替代量

设$\Delta h_{kiB}^{\mu}+\Delta l_{kiB}^{\mu}$代表第 k 个部门第 i 个商品经营第 B 个环节个体由经营场地替代的社会资本量值［环节总量写为 $\sum_{B=-b(k)}^{b(k)}(\Delta h_{kiB}^{\mu}+\Delta l_{kiB}^{\mu})$］，$\overline{\Delta h_{kB}^{\mu}}+\overline{\Delta l_{kB}^{\mu}}$是其部门平均值［环节总量写为 $\sum_{B=-b(k)}^{b(k)}(\overline{\Delta h_{kB}^{\mu}}+\overline{\Delta l_{kB}^{\mu}})$］，$\Delta h_{kiB}^{\nu}+\Delta l_{kiB}^{\nu}$代表该环节个体由公务Ⅱ替代的社会资本量值［环节总量写为 $\sum_{B=-b(k)}^{b(k)}(\Delta h_{kiB}^{\nu}+\Delta l_{kiB}^{\nu})$］，$\overline{\Delta h_{kB}^{\nu}}+\overline{\Delta l_{kB}^{\nu}}$是其部门平均值［环节总量写为 $\sum_{B=-b(k)}^{b(k)}(\overline{\Delta h_{kB}^{\nu}}+\overline{\Delta l_{kB}^{\nu}})$］，由此并参照式（35）、式（44）的附式，有：

$$\sum_{B=-b(k)}^{b(k)}(\overline{\Delta h_{kB}^{\mu}}+\overline{\Delta l_{kB}^{\mu}})=\sum_{B=-b(k)}^{b(k)}\frac{\sum_{i=-q(k)}^{q(k)}(\Delta h_{kiB}^{\mu}+\Delta l_{kiB}^{\mu})}{2q(k)+1} \tag{76}$$

$$\sum_{B=-b(k)}^{b(k)}(\overline{\Delta h_{kB}^{\nu}}+\overline{\Delta l_{kB}^{\nu}})=\sum_{B=-b(k)}^{b(k)}\frac{\sum_{i=-q(k)}^{q(k)}(\Delta h_{kiB}^{\nu}+\Delta l_{kiB}^{\nu})}{2q(k)+1} \tag{77}$$

式（76）、式（77）是商品经营环节由经营场地和公务Ⅱ对社会资本一般替代量的定义式。

④货币经营环节由经营场地和公务Ⅱ对社会资本的替代量

设$\Delta S_{kiD}^{\mu}+\Delta f_{kiD}^{\mu}$代表第 k 个部门第 i 个商品货币经营第 D 个环节个体由经营场地替代的社会资本量值［环节总量写为 $\sum_{D=-d(k)}^{d(k)}(\Delta S_{kiD}^{\mu}+\Delta f_{kiD}^{\mu})$］，$\overline{\Delta S_{kD}^{\mu}}+\overline{\Delta f_{kD}^{\mu}}$是其部门平均值［环节总量写为 $\sum_{D=-d(k)}^{d(k)}(\overline{\Delta S_{kD}^{\mu}}+\overline{\Delta f_{kD}^{\mu}})$］，$\Delta S_{kiD}^{\nu}+\Delta f_{kiD}^{\nu}$代表该环节个体由公务Ⅱ替代的社会资本量值［环节总量写为 $\sum_{D=-d(k)}^{d(k)}(\Delta S_{kiD}^{\nu}+\Delta f_{kiD}^{\nu})$］，$\overline{\Delta S_{kD}^{\nu}}+\overline{\Delta f_{kD}^{\nu}}$是其部门平均值［环节总量写为 $\sum_{D=-d(k)}^{d(k)}(\overline{\Delta S_{kD}^{\nu}}+\overline{\Delta f_{kD}^{\nu}})$］，由此并参照式（35）、式（44）的附式，有：

$$\sum_{D=-d(k)}^{d(k)} (\overline{\Delta S^{\mu}_{kD}} + \overline{\Delta f^{\mu}_{kD}}) = \sum_{D=-d(k)}^{d(k)} \frac{\sum\limits_{i=-q(k)}^{q(k)} (\Delta S^{\mu}_{kiD} + \Delta f^{\mu}_{kiD})}{2q(k)+1} \tag{78}$$

$$\sum_{D=-d(k)}^{d(k)} (\overline{\Delta S^{\nu}_{kD}} + \overline{\Delta f^{\nu}_{kD}}) = \sum_{D=-d(k)}^{d(k)} \frac{\sum\limits_{i=-q(k)}^{q(k)} (\Delta S^{\nu}_{kiD} + \Delta f^{\nu}_{kiD})}{2q(k)+1} \tag{79}$$

式（78）、式（79）是货币经营环节由经营场地和公务Ⅱ对社会资本一般替代量的定义式。

2. 商品生产价格链变形

因为商品生产价格变形是片面抽象，商品生产价格链变形是最终具体，所以前者被区分为四类，而后者是一个整体。此外，商品生产价格链变形同样要由相应的商品个别价值引出。再者，与商品生产价格链一样，商品生产价格链变形也可区分为个别和一般。

（1）引出商品生产价格链变形的商品个别价值变形

设$w^{''}_{ki}$代表引出商品生产价格链变形的商品个别价值变形量值，$m^{\#}_{ki}$代表商品直接生产资本变形所生产的剩余价值量值，$\sum\limits_{A=-a(k)}^{a(k)} m^{*}_{kiA}$代表商品生产服务资本变形所生产的剩余价值量值，由式（60）、式（62）并式（12）、式（30）、式（39），有：

$$w^{''}_{ki} = c^{\#}_{ki} + v^{\#}_{ki} + \sum_{A=-a(k)}^{a(k)} (c^{*}_{kiA} + v^{*}_{kiA}) + m^{\#}_{ki} + \sum_{A=-a(k)}^{a(k)} m^{*}_{kiA} \tag{80}$$

式中：

$$\frac{m^{\#}_{ki}}{v^{\#}_{ki}} + \frac{\sum\limits_{A=-a(k)}^{a(k)} m^{*}_{kiA}}{\sum\limits_{A=-a(k)}^{a(k)} v^{*}_{kiA}} > \frac{m^{\#'}_{ki}}{v^{\#'}_{ki}} + \frac{\sum\limits_{A=-a(k)}^{a(k)} m^{*'}_{kiA}}{\sum\limits_{A=-a(k)}^{a(k)} v^{*'}_{kiA}}$$

$$\frac{m^{\#}_{ki}}{v^{\#}_{ki}} > \frac{m^{\alpha}_{ki}}{v^{\alpha}_{ki}}$$

$$\frac{m^{\#}_{ki}}{v^{\#}_{ki}} > \frac{m^{\chi}_{ki}}{v^{\chi}_{ki}}$$

$$m^{\#}_{ki} + \sum_{A=-a(k)}^{a(k)} m^{*}_{kiA} \neq m^{\#'}_{ki} + \sum_{A=-a(k)}^{a(k)} m^{*'}_{kiA}$$

$$m^{\#}_{ki} \neq m^{\alpha}_{ki}$$

$$m^{\#}_{ki} \neq m^{\chi}_{ki}$$

式（80）是引出商品生产价格链变形的商品个别价值变形的定义式。

对式（80）的附式有如下说明。第一，由式（60）知，商品直接生产资本变形小于商品直接生产资本，亦即前者相对后者发生了“塌缩”；由式（62）知，商品生产服务资本变形小于商品生产服务资本，亦即前者相对后者发生了“塌缩”。但是，“塌缩”的原因是商品直接生产资本和商品生产服务资本的一部分量值被自然资源和公务Ⅰ替代了，从而商品直接生产资本变形和商品生产服务资本变形的技术构成提高了，从而其所生产的相对剩余价值也相应提高，亦即发生了“新生”——这就证明式（80）中的第一个附式成立。第二，在式（30）和式（39）中，自然资源和公务Ⅰ对生产资本替代是分别进行的，而在本式中，自然资源和公务Ⅰ对生产资本替代是综合进行的，因此，剩余价值率提高的程度后者大于前者——这证明式（80）中的第二个和第三个附式成立。第三，正因为有前两个原因，所以式（80）中的第4～6个附式也成立。

（2）商品一般生产价格链变形

这里有一个问题需要明确：商品生产价格链变形涉及替代量。诚然，商品一般生产价格链变形的替代量及其应分享利润应取一般量，这里没有问题，但问题是，商品个别生产价格链变形的替代量及其应分享利润应取个别量还是一般量？答案是：取一般量（简称“替代量取值准则”）。理由是：地租和公务税的量值由替代量及其应分享利润确定，而资本所支付的地租和公务税的量值必须一致。然而，这样一来，顺序就要倒过来，即先给出商品一般生产价格链变形（从而确定一般利润率），然后再给出商品个别生产价格链变形。

现在讨论正题。设$\overline{\overline{p_k}}$代表第 k 个部门一般生产价格链变形量值，$\overline{\overline{r}}$代表其中的一般利润率，由式（80）并职能资本一般变形和一般替代量的定义，有：

$$
\begin{aligned}
\overline{\overline{p_k}} = {} & \overline{c_k^{\#}} + \overline{v_k^{\#}} + \sum_{A=-a(k)}^{a(k)} (\overline{c_{kA}^{*}} + \overline{v_{kA}^{*}}) + \sum_{B=-b(k)}^{b(k)} (\overline{h_{kB}} + \overline{l_{kB}}) + \sum_{D=-d(k)}^{d(k)} (\overline{S_{kD}} + \overline{f_{kD}}) + \\
& \overline{\Delta c_k^{\#\alpha}} + \overline{\Delta v_k^{\#\alpha}} + \overline{\Delta c_k^{\#\chi}} + \overline{\Delta v_k^{\#\chi}} + \overline{\Delta c_k^{\#\mu}} + \overline{\Delta v_k^{\#\mu}} + \overline{\Delta c_k^{\#\nu}} + \overline{\Delta v_k^{\#\nu}} + \\
& \sum_{A=-a(k)}^{a(k)} (\overline{\Delta c_{kA}^{*\alpha}} + \overline{\Delta v_{kA}^{*\alpha}}) + \sum_{A=-a(k)}^{a(k)} (\overline{\Delta c_{kA}^{*\chi}} + \overline{\Delta v_{kA}^{*\chi}}) + \sum_{A=-a(k)}^{a(k)} (\overline{\Delta c_{kA}^{*\mu}} + \overline{\Delta v_{kA}^{*\mu}}) + \\
& \sum_{A=-a(k)}^{a(k)} (\overline{\Delta c_{kA}^{*\nu}} + \overline{\Delta v_{kA}^{*\nu}}) + \sum_{B=-b(k)}^{b(k)} (\overline{\Delta h_{kB}^{\alpha}} + \overline{\Delta l_{kB}^{\alpha}}) + \sum_{B=-b(k)}^{b(k)} (\overline{\Delta h_{kB}^{\chi}} + \overline{\Delta l_{kB}^{\chi}}) + \\
& \sum_{B=-b(k)}^{b(k)} (\overline{\Delta h_{kB}^{\mu}} + \overline{\Delta l_{kB}^{\mu}}) + \sum_{B=-b(k)}^{b(k)} (\overline{\Delta h_{kB}^{\nu}} + \overline{\Delta l_{kB}^{\nu}}) + \sum_{D=-d(k)}^{d(k)} (\overline{\Delta S_{kD}^{\alpha}} + \overline{\Delta f_{kD}^{\alpha}}) + \\
& \sum_{D=-d(k)}^{d(k)} (\overline{\Delta S_{kD}^{\chi}} + \overline{\Delta f_{kD}^{\chi}}) + \sum_{D=-d(k)}^{d(k)} (\overline{\Delta S_{kD}^{\mu}} + \overline{\Delta f_{kD}^{\mu}}) + \sum_{D=-d(k)}^{d(k)} (\overline{\Delta S_{kD}^{\nu}} + \overline{\Delta f_{kD}^{\nu}}) + \\
& \overline{\overline{r}}[\, \overline{c_k^{\#}} + \overline{v_k^{\#}} + \sum_{A=-a(k)}^{a(k)} (\overline{c_{kA}^{*}} + \overline{v_{kA}^{*}}) + \sum_{B=-b(k)}^{b(k)} (\overline{B_{kB}} + \overline{h_{kB}} + \overline{l_{kB}}) + \\
& \sum_{D=-d(k)}^{d(k)} (\overline{G_{kD}} + \overline{S_{kD}} + \overline{f_{kD}}) + \overline{\Delta c_k^{\#\alpha}} + \overline{\Delta v_k^{\#\alpha}} + \overline{\Delta c_k^{\#\chi}} + \overline{\Delta v_k^{\#\chi}} + \overline{\Delta c_k^{\#\mu}} + \overline{\Delta v_k^{\#\mu}} + \\
& \overline{\Delta c_k^{\#\nu}} + \overline{\Delta v_k^{\#\nu}} + \sum_{A=-a(k)}^{a(k)} (\overline{\Delta c_{kA}^{*\alpha}} + \overline{\Delta v_{kA}^{*\alpha}}) + \sum_{A=-a(k)}^{a(k)} (\overline{\Delta c_{kA}^{*\chi}} + \overline{\Delta v_{kA}^{*\chi}}) + \\
& \sum_{A=-a(k)}^{a(k)} (\overline{\Delta c_{kA}^{*\mu}} + \overline{\Delta v_{kA}^{*\mu}}) + \sum_{A=-a(k)}^{a(k)} (\overline{\Delta c_{kA}^{*\nu}} + \overline{\Delta v_{kA}^{*\nu}}) + \sum_{B=-b(k)}^{b(k)} (\overline{\Delta B_{kB}^{\alpha}} + \overline{\Delta h_{kB}^{\alpha}} + \overline{\Delta l_{kB}^{\alpha}}) + \\
& \sum_{B=-b(k)}^{b(k)} (\overline{\Delta B_{kB}^{\chi}} + \overline{\Delta h_{kB}^{\chi}} + \overline{\Delta l_{kB}^{\chi}}) + \sum_{B=-b(k)}^{b(k)} (\overline{\Delta h_{kB}^{\mu}} + \overline{\Delta l_{kB}^{\mu}}) + \sum_{B=-b(k)}^{b(k)} (\overline{\Delta h_{kB}^{\nu}} + \overline{\Delta l_{kB}^{\nu}}) + \\
& \sum_{D=-d(k)}^{d(k)} (\overline{\Delta G_{kD}^{\alpha}} + \overline{\Delta S_{kL}^{\alpha}} + \overline{\Delta f_{kD}^{\alpha}}) + \sum_{D=-d(k)}^{d(k)} (\overline{\Delta G_{kD}^{\chi}} + \overline{\Delta S_{kD}^{\chi}} + \overline{\Delta f_{kD}^{\chi}}) +
\end{aligned}
$$

$$\sum_{D=-d(k)}^{d(k)}(\overline{\Delta S_{kD}^{\mu}}+\overline{\Delta f_{kD}^{\mu}})+\sum_{D=-d(k)}^{d(k)}(\overline{\Delta S_{kD}^{\nu}}+\overline{\Delta f_{kD}^{\nu}})] \qquad (81)$$

式中：

$$r=\frac{\begin{aligned}&\sum_{k=-n,i=-q(k)}^{n,q(k)}(m_{ki}^{\#}+\sum_{A=-a(k)}^{a(k)}m_{kiA}^{*})-\sum_{k=-n}^{n}[2q(k)+1][\sum_{B=-b(k)}^{b(k)}(\overline{h_{kB}}+\overline{l_{kB}})+\sum_{D=-d(k)}^{d(k)}(\overline{S_{kD}}+\overline{f_{kD}})+\sum_{B=-b(k)}^{b(k)}(\overline{\Delta h_{kB}^{\alpha}}+\\&\overline{\Delta l_{kB}^{\alpha}})+\sum_{B=-b(k)}^{b(k)}(\overline{\Delta h_{kB}^{\chi}}+\overline{\Delta l_{kB}^{\chi}})+\sum_{B=-b(k)}^{b(k)}(\overline{\Delta h_{kB}^{\mu}}+\overline{\Delta l_{kB}^{\mu}})+\sum_{B=-b(k)}^{b(k)}(\overline{\Delta h_{kB}^{\nu}}+\overline{\Delta l_{kB}^{\nu}})+\sum_{D=-d(k)}^{d(k)}(\overline{\Delta S_{kD}^{\alpha}}+\\&\overline{\Delta f_{kD}^{\alpha}})+\sum_{D=-d(k)}^{d(k)}(\overline{\Delta S_{kD}^{\chi}}+\overline{\Delta f_{kD}^{\chi}})+\sum_{D=-d(k)}^{d(k)}(\overline{\Delta S_{kD}^{\mu}}+\overline{\Delta f_{kD}^{\mu}})+\sum_{D=-d(k)}^{d(k)}(\overline{\Delta S_{kD}^{\nu}}+\overline{\Delta f_{kD}^{\nu}})]\end{aligned}}{\begin{aligned}&\sum_{k=-n}^{n}[2q(k)+1][\overline{c_k^{\#}}+\overline{v_k^{\#}}+\sum_{A=-a(k)}^{a(k)}(\overline{c_{kA}^{*}}+\overline{v_{kA}^{*}})+\sum_{B=-b(k)}^{b(k)}(\overline{B_k}+\overline{h_{kB}}+\overline{l_{kB}})+\sum_{D=-d(k)}^{d(k)}(\overline{G_k}+\overline{S_{kD}}+\overline{f_{kD}})+\\&\overline{\Delta c_k^{\#\alpha}}+\overline{\Delta v_k^{\#\alpha}}+\overline{\Delta c_k^{\#\chi}}+\overline{\Delta v_k^{\#\chi}}+\overline{\Delta c_k^{\#\mu}}+\overline{\Delta v_k^{\#\mu}}+\overline{\Delta c_k^{\#\nu}}+\overline{\Delta v_k^{\#\nu}}+\sum_{A=-a(k)}^{a(k)}(\overline{\Delta c_{kA}^{*\alpha}}+\overline{\Delta v_{kA}^{*\alpha}})+\\&\sum_{A=-a(k)}^{a(k)}(\overline{\Delta c_{kA}^{*\chi}}+\overline{\Delta v_{kA}^{*\chi}})+\sum_{A=-a(k)}^{a(k)}(\overline{\Delta c_{kA}^{*\mu}}+\overline{\Delta v_{kA}^{*\mu}})+\sum_{A=-a(k)}^{a(k)}(\overline{\Delta c_{kA}^{*\nu}}+\overline{\Delta v_{kA}^{*\nu}})+\sum_{B=-b(k)}^{b(k)}(\overline{\Delta B_{kB}^{\alpha}}+\\&\overline{\Delta h_{kB}^{\alpha}}+\overline{\Delta l_{kB}^{\alpha}})+\sum_{B=-b(k)}^{b(k)}(\overline{\Delta B_{kB}^{\chi}}+\overline{\Delta h_{kB}^{\chi}}+\overline{\Delta l_{kB}^{\chi}})+\sum_{B=-b(k)}^{b(k)}(\overline{\Delta h_{kB}^{\mu}}+\overline{\Delta l_{kB}^{\mu}})+\sum_{B=-b(k)}^{b(k)}(\overline{\Delta h_{kB}^{\nu}}+\overline{\Delta l_{kB}^{\nu}})+\\&\sum_{D=-d(k)}^{d(k)}(\overline{\Delta G_{kD}^{\alpha}}+\overline{\Delta S_{kD}^{\alpha}}+\overline{\Delta f_{kD}^{\alpha}})+\sum_{D=-d(k)}^{d(k)}(\overline{\Delta G_{kD}^{\chi}}+\overline{\Delta S_{kD}^{\chi}}+\overline{\Delta f_{kD}^{\chi}})+\sum_{D=-d(k)}^{d(k)}(\overline{\Delta S_{kD}^{\mu}}+\overline{\Delta f_{kD}^{\mu}})+\\&\sum_{D=-d(k)}^{d(k)}(\overline{\Delta S_{kD}^{\nu}}+\overline{\Delta f_{kD}^{\nu}})]\end{aligned}}$$

式（81）是商品一般生产价格链变形的定义式。

（3）商品个别生产价格链变形

设$\overline{p_{ki}}$代表第 k 个部门第 i 个商品个别生产价格链变形量值，$\overline{r_{ki}}$代表其中的商品个别利润率，由式（80）、式（81）并职能资本个别变形的设定，有：

$$\begin{aligned}\overline{p_{ki}}=&c_{ki}^{\#}+v_{ki}^{\#}+\sum_{A=-a(k)}^{a(k)}(c_{kiA}^{*}+v_{kiA}^{*})+\sum_{B=-b(k)}^{b(k)}(h_{kiB}+l_{kiB})+\sum_{D=-d(k)}^{d(k)}(S_{kiD}+f_{kiD})+\overline{\Delta c_k^{\#\alpha}}+\overline{\Delta v_k^{\#\alpha}}+\overline{\Delta c_k^{\#\chi}}+\\&\overline{\Delta v_k^{\#\chi}}+\overline{\Delta c_k^{\#\mu}}+\overline{\Delta v_k^{\#\mu}}+\overline{\Delta c_k^{\#\nu}}+\overline{\Delta v_k^{\#\nu}}+\sum_{A=-a(k)}^{a(k)}(\overline{\Delta c_{kA}^{*\alpha}}+\overline{\Delta v_{kA}^{*\alpha}})+\sum_{A=-a(k)}^{a(k)}(\overline{\Delta c_{kA}^{*\chi}}+\overline{\Delta v_{kA}^{*\chi}})+\\&\sum_{A=-a(k)}^{a(k)}(\overline{\Delta c_{kA}^{*\mu}}+\overline{\Delta v_{kA}^{*\mu}})+\sum_{A=-a(k)}^{a(k)}(\overline{\Delta c_{kA}^{*\nu}}+\overline{\Delta v_{kA}^{*\nu}})+\sum_{B=-b(k)}^{b(k)}(\overline{\Delta h_{kB}^{\alpha}}+\overline{\Delta l_{kB}^{\alpha}})+\\&\sum_{B=-b(k)}^{b(k)}(\overline{\Delta h_{kB}^{\chi}}+\overline{\Delta l_{kB}^{\chi}})+\sum_{B=-b(k)}^{b(k)}(\overline{\Delta h_{kB}^{\mu}}+\overline{\Delta l_{kB}^{\mu}})+\sum_{B=-b(k)}^{b(k)}(\overline{\Delta h_{kB}^{\nu}}+\overline{\Delta l_{kB}^{\nu}})+\\&\sum_{D=-d(k)}^{d(k)}(\overline{\Delta S_{kD}^{\alpha}}+\overline{\Delta f_{kD}^{\alpha}})+\sum_{D=-d(k)}^{d(k)}(\overline{\Delta S_{kD}^{\chi}}+\overline{\Delta f_{kD}^{\chi}})+\sum_{D=-d(k)}^{d(k)}(\overline{\Delta S_{kD}^{\mu}}+\overline{\Delta f_{kD}^{\mu}})+\\&\sum_{D=-d(k)}^{d(k)}(\overline{\Delta S_{kD}^{\nu}}+\overline{\Delta f_{kD}^{\nu}})+\overline{r_{ki}}[c_{ki}^{\#}+v_{ki}^{\#}+\sum_{A=-a(k)}^{a(k)}(c_{kiA}^{*}+v_{kiA}^{*})+\sum_{B=-b(k)}^{b(k)}(B_{ki}+h_{kiB}+l_{kiB})+\\&\sum_{D=-d(k)}^{d(k)}(G_{ki}+S_{kiD}+f_{kiD})]+\bar{\bar{r}}[\overline{\Delta c_k^{\#\alpha}}+\overline{\Delta v_k^{\#\alpha}}+\overline{\Delta c_k^{\#\chi}}+\overline{\Delta v_k^{\#\chi}}+\overline{\Delta c_k^{\#\mu}}+\overline{\Delta v_k^{\#\mu}}+\end{aligned}$$

$$\overline{\Delta c_k^{\#\nu}} + \overline{\Delta v_k^{\#\nu}} + \sum_{A=-a(k)}^{a(k)} (\overline{\Delta c_{kA}^{*\alpha}} + \overline{\Delta v_{kA}^{*\alpha}}) + \sum_{A=-a(k)}^{a(k)} (\overline{\Delta c_{kA}^{*\chi}} + \overline{\Delta v_{kA}^{*\chi}}) +$$
$$\sum_{A=-a(k)}^{a(k)} (\overline{\Delta c_{kA}^{*\mu}} + \overline{\Delta v_{kA}^{*\mu}}) + \sum_{A=-a(k)}^{a(k)} (\overline{\Delta c_{kA}^{*\nu}} + \overline{\Delta v_{kA}^{*\nu}}) + \sum_{B=-b(k)}^{b(k)} (\overline{\Delta B_{kB}^{\alpha}} + \overline{\Delta h_{kB}^{\alpha}} + \overline{\Delta l_{kB}^{\alpha}}) +$$
$$\sum_{B=-b(k)}^{b(k)} (\overline{\Delta B_{kB}^{\chi}} + \overline{\Delta h_{kB}^{\chi}} + \overline{\Delta l_{kB}^{\chi}}) + \sum_{B=-b(k)}^{b(k)} (\overline{\Delta h_{kB}^{\mu}} + \overline{\Delta l_{kB}^{\mu}}) + \sum_{B=-b(k)}^{b(k)} (\overline{\Delta h_{kB}^{\nu}} + \overline{\Delta l_{kB}^{\nu}}) +$$
$$\sum_{D=-d(k)}^{d(k)} (\overline{\Delta G_{kD}^{\alpha}} + \overline{\Delta S_{kL}^{\alpha}} + \overline{\Delta f_{kD}^{\alpha}}) + \sum_{D=-d(k)}^{d(k)} (\overline{\Delta G_{kD}^{\chi}} + \overline{\Delta S_{kD}^{\chi}} + \overline{\Delta f_{kD}^{\chi}}) +$$
$$\sum_{D=-d(k)}^{d(k)} (\overline{\Delta S_{kD}^{\mu}} + \overline{\Delta f_{kD}^{\mu}}) + \sum_{D=-d(k)}^{d(k)} (\overline{\Delta S_{kD}^{\nu}} + \overline{\Delta f_{kD}^{\nu}})] \tag{82}$$

式中：

$$\overline{r_{ki}} = \frac{\begin{gathered} m_{ki}^{\#} + \sum_{A=-a(k)}^{a(k)} m_{kiA}^{*} - [\sum_{B=-b(k)}^{b(k)} (h_{kiB} + l_{kiB}) + \sum_{D=-d(k)}^{d(k)} (S_{kiD} + f_{kiD}) + \sum_{B=-b(k)}^{b(k)} (\overline{\Delta h_{kB}^{\alpha}} + \overline{\Delta l_{kB}^{\alpha}}) + \sum_{B=-b(k)}^{b(k)} (\overline{\Delta h_{kB}^{\chi}} + \\ \overline{\Delta l_{kB}^{\chi}}) + \sum_{B=-b(k)}^{b(k)} (\overline{\Delta h_{kB}^{\mu}} + \overline{\Delta l_{kB}^{\mu}}) + \sum_{B=-b(k)}^{b(k)} (\overline{\Delta h_{kB}^{\nu}} + \overline{\Delta l_{kB}^{\nu}}) + \sum_{D=-d(k)}^{d(k)} (\overline{\Delta S_{kD}^{\alpha}} + \overline{\Delta f_{kD}^{\alpha}}) + \sum_{D=-d(k)}^{d(k)} (\overline{\Delta S_{kD}^{\chi}} + \\ \overline{\Delta f_{kD}^{\chi}}) + \sum_{D=-d(k)}^{d(k)} (\overline{\Delta S_{kD}^{\mu}} + \overline{\Delta f_{kD}^{\mu}}) + \sum_{D=-d(k)}^{d(k)} (\overline{\Delta S_{kD}^{\nu}} + \overline{\Delta f_{kD}^{\nu}})] \end{gathered}}{\begin{gathered} c_{ki}^{\#} + v_{ki}^{\#} + \sum_{A=-a(k)}^{a(k)} (c_{kiA}^{*} + v_{kiA}^{*}) + \sum_{B=-b(k)}^{b(k)} (B_{ki} + h_{kiB} + l_{kiB}) + \sum_{D=-d(k)}^{d(k)} (G_{ki} + S_{kiD} + f_{kiD}) + \overline{\Delta c_k^{\#\alpha}} + \overline{\Delta v_k^{\#\alpha}} + \overline{\Delta c_k^{\#\chi}} + \\ \overline{\Delta v_k^{\#\chi}} + \overline{\Delta c_k^{\#\mu}} + \overline{\Delta v_k^{\#\mu}} + \overline{\Delta c_k^{\#\nu}} + \overline{\Delta v_k^{\#\nu}} + \sum_{A=-a(k)}^{a(k)} (\overline{\Delta c_{kA}^{*\alpha}} + \overline{\Delta v_{kA}^{*\alpha}}) + \sum_{A=-a(k)}^{a(k)} (\overline{\Delta c_{kA}^{*\chi}} + \overline{\Delta v_{kA}^{*\chi}}) + \sum_{A=-a(k)}^{a(k)} (\overline{\Delta c_{kA}^{*\mu}} + \\ \overline{\Delta v_{kA}^{*\mu}}) + \sum_{A=-a(k)}^{a(k)} (\overline{\Delta c_{kA}^{*\nu}} + \overline{\Delta v_{kA}^{*\nu}}) + \sum_{B=-b(k)}^{b(k)} (\overline{\Delta B_{kB}^{\alpha}} + \overline{\Delta h_{kB}^{\alpha}} + \overline{\Delta l_{kB}^{\alpha}}) + \sum_{B=-b(k)}^{b(k)} (\overline{\Delta B_{kB}^{\chi}} + \overline{\Delta h_{kB}^{\chi}} + \overline{\Delta l_{kB}^{\chi}}) + \\ \sum_{B=-b(k)}^{b(k)} (\overline{\Delta h_{kB}^{\mu}} + \overline{\Delta l_{kB}^{\mu}}) + \sum_{B=-b(k)}^{b(k)} (\overline{\Delta h_{kB}^{\nu}} + \overline{\Delta l_{kB}^{\nu}}) + \sum_{D=-d(k)}^{d(k)} (\overline{\Delta G_{kD}^{\alpha}} + \overline{\Delta S_{kD}^{\alpha}} + \overline{\Delta f_{kD}^{\alpha}}) + \sum_{D=-d(k)}^{d(k)} (\overline{\Delta G_{kD}^{\chi}} + \overline{\Delta S_{kD}^{\chi}} + \\ \overline{\Delta f_{kD}^{\chi}}) + \sum_{D=-d(k)}^{d(k)} (\overline{\Delta S_{kD}^{\mu}} + \overline{\Delta f_{kD}^{\mu}}) + \sum_{D=-d(k)}^{d(k)} (\overline{\Delta S_{kD}^{\nu}} + \overline{\Delta f_{kD}^{\nu}}) \end{gathered}}$$

式（82）是商品个别生产价格链变形的定义式。

3. 职能业态生产价格准确计量

（1）职能业态个别生产价格准确计量

设$\overline{p_{ki}}^{\#}$、$\overline{p_{ki}}^{a}$、$\overline{p_{ki}}^{b}$、$\overline{p_{ki}}^{d}$分别代表第 k 个部门第 i 个商品直接生产业态、商品生产服务业态、商品经营业态、货币经营业态个别生产价格的准确量值，由式（82），有：

$$\overline{p_{ki}}^{\#} = c_{ki}^{\#} + v_{ki}^{\#} + \overline{r_{ki}}\ (c_{ki}^{\#} + v_{ki}^{\#}) \tag{83}$$

$$\overline{p_{ki}}^{a} = \sum_{A=-a(k)}^{a(k)} (c_{kiA}^{*} + v_{kiA}^{*}) + \overline{r_{ki}} \sum_{A=-a(k)}^{a(k)} (c_{kiA}^{*} + v_{kiA}^{*}) \tag{84}$$

$$\overline{p_{ki}}^{b} = \sum_{B=-b(k)}^{b(k)} (h_{kiB} + l_{kiB}) + \overline{r_{ki}} \sum_{B=-b(k)}^{b(k)} (B_{kiB} + h_{kiB} + l_{kiB}) \tag{85}$$

$$\overline{p_{ki}}^{d} = \sum_{D=-d(k)}^{d(k)} (S_{kiD} + f_{kiD}) + \overline{r_{ki}} \sum_{D=-d(k)}^{d(k)} (G_{kiD} + S_{kiD} + f_{kiD}) \tag{86}$$

式（83）、式（84）、式（85）、式（86）是四类职能业态个别生产价格准确计量式。

（2）职能业态一般生产价格准确计量

设$\overline{\overline{p}}_k^{\#}$、$\overline{\overline{p}}_k^{a}$、$\overline{\overline{p}}_k^{b}$、$\overline{\overline{p}}_k^{d}$分别代表第 k 个部门商品直接生产业态、商品生产服务业态、商品经营业态、货币经营业态一般生产价格的准确量值，由式（81），有：

$$\overline{\overline{p}}_k^{\#} = \overline{c_k^{\#}} + \overline{v_k^{\#}} + \overline{\overline{r}}\left(\overline{c_k^{\#}} + \overline{v_k^{\#}}\right) \tag{87}$$

$$\overline{\overline{p}}_k^{a} = \sum_{A=-a(k)}^{a(k)} \left(\overline{c_{kA}^{*}} + \overline{v_{kA}^{*}}\right) + \overline{\overline{r}} \sum_{A=-a(k)}^{a(k)} \left(\overline{c_{kA}^{*}} + \overline{v_{kA}^{*}}\right) \tag{88}$$

$$\overline{\overline{p}}_k^{b} = \sum_{B=-b(k)}^{b(k)} \left(\overline{h_{kB}} + \overline{l_{kB}}\right) + \overline{\overline{r}} \sum_{B=-b(k)}^{b(k)} \left(\overline{B_{kB}} + \overline{h_{kB}} + \overline{l_{kB}}\right) \tag{89}$$

$$\overline{\overline{p}}_k^{d} = \sum_{D=-d(k)}^{d(k)} \left(\overline{S_{kD}} + \overline{f_{kD}}\right) + \overline{\overline{r}} \sum_{D=-d(k)}^{d(k)} \left(\overline{G_{kD}} + \overline{S_{kD}} + \overline{f_{kD}}\right) \tag{90}$$

式（87）、式（88）、式（89）、式（90）是四类职能业态一般生产价格准确计量式。

（二）均分差额型超额剩余价值准确计量，替代转化型超额剩余价值完备形态，商品生产价格链变形结构表达式

1. 均分差额型超额剩余价值准确计量

（1）商品超额剩余价值准确计量

设$\overline{e_{ki}}$代表商品超额剩余价值的准确量值，有：

$$\overline{e_{ki}} = \overline{\overline{p}}_k - \overline{p_{ki}}$$

将式（81）和式（82）代入上式并化简，可得：

$$\begin{aligned}
\overline{e_{ki}} = {} & \overline{c_k^{\#}} + \overline{v_k^{\#}} + \sum_{A=-a(k)}^{a(k)} \left(\overline{c_{kA}^{*}} + \overline{v_{kA}^{*}}\right) + \sum_{B=-b(k)}^{b(k)} \left(\overline{h_{kB}} + \overline{l_{kB}}\right) + \sum_{D=-d(k)}^{d(k)} \left(\overline{S_{kD}} + \overline{f_{kD}}\right) - \\
& \left[c_{ki}^{\#} + v_{ki}^{\#} + \sum_{A=-a(k)}^{a(k)} \left(c_{kiA}^{*} + v_{kiA}^{*}\right) + \sum_{B=-b(k)}^{b(k)} \left(h_{kiB} + l_{kiB}\right) + \sum_{D=-d(k)}^{d(k)} \left(S_{kiD} + f_{kiD}\right)\right] + \overline{\overline{r}}\left[\overline{c_k^{\#}} + \right. \\
& \overline{v_k^{\#}} + \sum_{A=-a(k)}^{a(k)} \left(\overline{c_{kA}^{*}} + \overline{v_{kA}^{*}}\right) + \sum_{B=-b(k)}^{b(k)} \left(\overline{B_{kB}} + \overline{h_{kB}} + \overline{l_{kB}}\right) + \left.\sum_{D=-d(k)}^{d(k)} \left(\overline{G_{kD}} + \overline{S_{kD}} + \overline{f_{kD}}\right)\right] - \overline{r_{ki}}\left[c_{ki}^{\#} + \right. \\
& \left. v_{ki}^{\#} + \sum_{A=-a(k)}^{a(k)} \left(c_{kiA}^{*} + v_{kiA}^{*}\right) + \sum_{B=-b(k)}^{b(k)} \left(B_{kiB} + h_{kiB} + l_{kiB}\right) + \sum_{D=-d(k)}^{d(k)} \left(G_{kiD} + S_{kiD} + f_{kiD}\right)\right]
\end{aligned} \tag{91}$$

式（91）是商品超额剩余价值准确计量式。

（2）职能业态超额剩余价值准确计量

设$\overline{e_{ki}}^{\#}$、$\overline{e_{ki}}^{a}$、$\overline{e_{ki}}^{b}$、$\overline{e_{ki}}^{d}$分别代表第 k 个部门商品直接生产业态、商品生产服务业态、商品经营业态、货币经营业态超额剩余价值的准确量值，有：

$$\overline{e_{ki}}^{\#} = \overline{\overline{p}}_k^{\#} - \overline{p_{ki}}^{\#} \tag{92}$$

$$\overline{e_{ki}}^{a} = \overline{\overline{p}}_k^{a} - \overline{p_{ki}}^{a} \tag{93}$$

$$\overline{e_{ki}}^{b} = \overline{\overline{p}}_k^{b} - \overline{p_{ki}}^{b} \tag{94}$$

$$\overline{e_{ki}}^{d} = \overline{\overline{p}}_k^{d} - \overline{p_{ki}}^{d} \tag{95}$$

式（92）、式（93）、式（94）、式（95）是四类职能业态超额剩余价值准确计量式。

2. 替代转化型超额剩余价值完备形态

前文给出替代转化型超额剩余价值有四类，但因为职能业态也有四类，所以替代转化型超额剩余价值完备形态不但有四类，而且每一类还有四小类。

（1）级差地租完备形态

设$\overline{\overline{p}}_k^{\varpi\#}$、$\overline{\overline{p}}_k^{\varpi a}$、$\overline{\overline{p}}_k^{\varpi b}$、$\overline{\overline{p}}_k^{\varpi d}$分别代表第 k 个部门商品直接生产业态、商品生产服务业态、商品经营业态、货币经营业态的级差地租完备形态量值，由式（81），有：

$$\overline{\overline{p}}_k^{\varpi\#} = \overline{\Delta c_k^{\#\alpha}} + \overline{\Delta v_k^{\#\alpha}} + \overline{\overline{r}}\left(\overline{\Delta c_k^{\#\alpha}} + \overline{\Delta v_k^{\#\alpha}}\right) \tag{96}$$

$$\overline{\overline{p}}_k^{\varpi a} = \sum_{A=-a(k)}^{a(k)}\left(\overline{\Delta c_{kA}^{*\alpha}} + \overline{\Delta v_{kA}^{*\alpha}}\right) + \overline{\overline{r}}\sum_{A=-a(k)}^{a(k)}\left(\overline{\Delta c_{kA}^{*\alpha}} + \overline{\Delta v_{kA}^{*\alpha}}\right) \tag{97}$$

$$\overline{\overline{p}}_k^{\varpi b} = \sum_{B=-b(k)}^{b(k)}\left(\overline{\Delta h_{kB}^{\alpha}} + \overline{\Delta l_{kB}^{\alpha}}\right) + \overline{\overline{r}}\sum_{B=-b(k)}^{b(k)}\left(\overline{\Delta B_{kB}^{\alpha}} + \overline{\Delta h_{kB}^{\alpha}} + \overline{\Delta l_{kB}^{\alpha}}\right) \tag{98}$$

$$\overline{\overline{p}}_k^{\varpi d} = \sum_{D=-d(k)}^{d(k)}\left(\overline{\Delta S_{kD}^{\alpha}} + \overline{\Delta f_{kD}^{\alpha}}\right) + \overline{\overline{r}}\sum_{D=-d(k)}^{d(k)}\left(\overline{\Delta G_{kD}^{\alpha}} + \overline{\Delta S_{kD}^{\alpha}} + \overline{\Delta f_{kD}^{\alpha}}\right) \tag{99}$$

式（96）、式（97）、式（98）、式（99）是级差地租完备形态四小类的计量式。

（2）绝对地租完备形态

设$\overline{\overline{p}}_k^{\theta\#}$、$\overline{\overline{p}}_k^{\theta a}$、$\overline{\overline{p}}_k^{\theta b}$、$\overline{\overline{p}}_k^{\theta d}$分别代表第 k 个部门商品直接生产业态、商品生产服务业态、商品经营业态、货币经营业态的绝对地租完备形态量值，由式（81），有：

$$\overline{\overline{p}}_k^{\theta\#} = \overline{\Delta c_k^{\#\mu}} + \overline{\Delta v_k^{\#\mu}} + \overline{\overline{r}}\left(\overline{\Delta c_k^{\#\mu}} + \overline{\Delta v_k^{\#\mu}}\right) \tag{100}$$

$$\overline{\overline{p}}_k^{\theta a} = \sum_{A=-a(k)}^{a(k)}\left(\overline{\Delta c_{kA}^{*\mu}} + \overline{\Delta v_{kA}^{*\mu}}\right) + \overline{\overline{r}}\sum_{A=-a(k)}^{a(k)}\left(\overline{\Delta c_{kA}^{*\mu}} + \overline{\Delta v_{kA}^{*\mu}}\right) \tag{101}$$

$$\overline{\overline{p}}_k^{\theta b} = \sum_{B=-b(k)}^{b(k)}\left(\overline{\Delta h_{kB}^{\mu}} + \overline{\Delta l_{kB}^{\mu}}\right) + \overline{\overline{r}}\sum_{B=-b(k)}^{b(k)}\left(\overline{\Delta h_{kB}^{\mu}} + \overline{\Delta l_{kB}^{\mu}}\right) \tag{102}$$

$$\overline{\overline{p}}_k^{\theta d} = \sum_{D=-d(k)}^{d(k)}\left(\overline{\Delta S_{kD}^{\mu}} + \overline{\Delta f_{kD}^{\mu}}\right) + \overline{\overline{r}}\sum_{D=-d(k)}^{d(k)}\left(\overline{\Delta S_{kD}^{\mu}} + \overline{\Delta f_{kD}^{\mu}}\right) \tag{103}$$

式（100）、式（101）、式（102）、式（103）是绝对地租完备形态四小类的计量式。

（3）公务税Ⅰ完备形态

设$\overline{\overline{p}}_k^{\phi\#}$、$\overline{\overline{p}}_k^{\phi a}$、$\overline{\overline{p}}_k^{\phi b}$、$\overline{\overline{p}}_k^{\phi d}$分别代表第 k 个部门商品直接生产业态、商品生产服务业态、商品经营业态、货币经营业态的公务税Ⅰ完备形态量值，由式（81），有：

$$\overline{\overline{p}}_k^{\phi\#} = \overline{\Delta c_k^{\#\chi}} + \overline{\Delta v_k^{\#\chi}} + \overline{\overline{r}}\left(\overline{\Delta c_k^{\#\chi}} + \overline{\Delta v_k^{\#\chi}}\right) \tag{104}$$

$$\overline{\overline{p}}_k^{\phi a} = \sum_{A=-a(k)}^{a(k)}\left(\overline{\Delta c_{kA}^{*\chi}} + \overline{\Delta v_{kA}^{*\chi}}\right) + \overline{\overline{r}}\sum_{A=-a(k)}^{a(k)}\left(\overline{\Delta c_{kA}^{*\chi}} + \overline{\Delta v_{kA}^{*\chi}}\right) \tag{105}$$

$$\overline{\overline{p}}_k^{\phi b} = \sum_{B=-b(k)}^{b(k)}\left(\overline{\Delta h_{kB}^{\chi}} + \overline{\Delta l_{kB}^{\chi}}\right) + \overline{\overline{r}}\sum_{B=-b(k)}^{b(k)}\left(\overline{\Delta B_{kB}^{\chi}} + \overline{\Delta h_{kB}^{\chi}} + \overline{\Delta l_{kB}^{\chi}}\right) \tag{106}$$

$$\overline{\overline{p}}_k^{\phi d}=\sum_{D=-d(k)}^{d(k)}(\overline{\Delta S_{kD}^{\chi}}+\overline{\Delta f_{kD}^{\chi}})+\overline{\overline{r}}\sum_{D=-d(k)}^{d(k)}(\overline{\Delta G_{kD}^{\chi}}+\overline{\Delta S_{kD}^{\chi}}+\overline{\Delta f_{kD}^{\chi}}) \tag{107}$$

式（104）、式（105）、式（106）、式（107）是公务税Ⅰ完备形态四小类的计量式。

（4）公务税Ⅱ完备形态

设$\overline{\overline{p}}_k^{\varphi\#}$、$\overline{\overline{p}}_k^{\varphi a}$、$\overline{\overline{p}}_k^{\varphi b}$、$\overline{\overline{p}}_k^{\varphi d}$分别代表第 k 个部门商品直接生产业态、商品生产服务业态、商品经营业态、货币经营业态的公务税Ⅱ完备形态量值，由式（81），有：

$$\overline{\overline{p}}_k^{\varphi\#}=\overline{\Delta c_k^{\#\nu}}+\overline{\Delta v_k^{\#\nu}}+\overline{\overline{r}}\ (\overline{\Delta c_k^{\#\nu}}+\overline{\Delta v_k^{\#\nu}}) \tag{108}$$

$$\overline{\overline{p}}_k^{\varphi a}=\sum_{A=-a(k)}^{a(k)}(\overline{\Delta c_{kA}^{*\nu}}+\overline{\Delta v_{kA}^{*\nu}})+\overline{\overline{r}}\sum_{A=-a(k)}^{a(k)}(\overline{\Delta c_{kA}^{*\nu}}+\overline{\Delta v_{kA}^{*\nu}}) \tag{109}$$

$$\overline{\overline{p}}_k^{\varphi b}=\sum_{B=-b(k)}^{b(k)}(\overline{\Delta h_{kB}^{\nu}}+\overline{\Delta l_{kB}^{\nu}})+\overline{\overline{r}}\sum_{B=-b(k)}^{b(k)}(\overline{\Delta h_{kB}^{\nu}}+\overline{\Delta l_{kB}^{\nu}}) \tag{110}$$

$$\overline{\overline{p}}_k^{\varphi d}=\sum_{D=-d(k)}^{d(k)}(\overline{\Delta S_{kD}^{\ \nu}}+\overline{\Delta f_{kD}^{\nu}})+\overline{\overline{r}}\sum_{D=-d(k)}^{d(k)}(\overline{\Delta S_{kD}^{\ \nu}}+\overline{\Delta f_{kD}^{\nu}}) \tag{111}$$

式（108）、式（109）、式（110）、式（111）是公务税Ⅱ完备形态四小类的计量式。

3. 商品生产价格链变形结构表达式

由上面的讨论，有：

$$\begin{aligned}\overline{p}_{ki}=\ &\overline{p}_{ki}^{\#}+\overline{p}_{ki}^{a}+\overline{p}_{ki}^{b}+\overline{p}_{ki}^{d}+\overline{\overline{p}}_k^{\varpi\#}+\overline{\overline{p}}_k^{\varpi a}+\overline{\overline{p}}_k^{\varpi b}+\overline{\overline{p}}_k^{\varpi d}+\overline{\overline{p}}_k^{\theta\#}+\overline{\overline{p}}_k^{\theta a}+\overline{\overline{p}}_k^{\theta b}+\overline{\overline{p}}_k^{\theta d}+\overline{p}_k^{\phi\#}+\\&\overline{p}_k^{\phi a}+\overline{p}_k^{\phi b}+\overline{p}_k^{\phi d}+\overline{\overline{p}}_k^{\varphi\#}+\overline{\overline{p}}_k^{\varphi a}+\overline{\overline{p}}_k^{\varphi b}+\overline{\overline{p}}_k^{\varphi d}\end{aligned} \tag{112}$$

$$\begin{aligned}\overline{\overline{p}}_k=\ &\overline{\overline{p}}_k^{\#}+\overline{\overline{p}}_k^{a}+\overline{\overline{p}}_k^{b}+\overline{\overline{p}}_k^{d}+\overline{\overline{p}}_k^{\varpi\#}+\overline{\overline{p}}_k^{\varpi a}+\overline{\overline{p}}_k^{\varpi b}+\overline{\overline{p}}_k^{\varpi d}+\overline{\overline{p}}_k^{\theta\#}+\overline{\overline{p}}_k^{\theta a}+\overline{\overline{p}}_k^{\theta b}+\overline{\overline{p}}_k^{\theta d}+\overline{p}_k^{\phi\#}+\\&\overline{p}_k^{\phi a}+\overline{p}_k^{\phi b}+\overline{p}_k^{\phi d}+\overline{\overline{p}}_k^{\varphi\#}+\overline{\overline{p}}_k^{\varphi a}+\overline{\overline{p}}_k^{\varphi b}+\overline{\overline{p}}_k^{\varphi d}\end{aligned} \tag{113}$$

式（112）是商品个别生产价格链变形结构表达式，它与式（82）等价；式（113）是商品一般生产价格链变形结构表达式，它与式（81）等价。

（三）对象的演化

1. 此前对象演化研究简介

此前对象也有演化，笔者此前有详细讨论，[2] 为方便后续研究，下面简介其成果。

（1）对象演化动因——资本对暂态超额剩余价值的追逐

此前由马克思的系列论述，[5]199,257 引出了常态超额剩余价值和暂态超额剩余价值的概念，其特征是：前者生成于资本利润率平均化之内，后者生成于资本利润率平均化之外。深入分析表明，追逐暂态超额剩余价值是“资本家的直接动机”[19]23-24，而资本利润率平均化（常态超额剩余价值内含其中）则是他们追逐暂态超额剩余价值的客观结果。因此，资本对暂态超额剩余价值的追逐是对象演化的动因。

（2）对象演化机制——塌缩新生规律

前文提到马克思有“塌缩新生”论题，诚然，马克思说的是机器对劳动的替代，但由此引出的塌缩新生规律，则可推及新生产方式对原生产方式的所有替代。这是对象演化赖以发生的机制。

（3）对象演化过程——商品社会价值或生产价格从而对象量值的周期性更替

此前依据对象演化的动因和机制以及马克思的具体论述，给出了对象演化过程，其梗概如下：在既定的商品社会价值或生产价格的基础上，“采用改良的生产方式的资本家比同行业的其余资本家，可以在一个工作日中占有更大的部分作为剩余劳动”（“采用改良的生产方式”实质是用新生产方式替代原生产方式，而此处的“剩余劳动”即暂态超额剩余价值），但是，“当新的生产方式被普遍采用……这个超额剩余价值也就消失”，[11]354并且商品的社会价值或生产价格量值就降低至采用新生产方式所生产的商品个别价值水平（这就是“塌缩”）。商品生产价格塌缩包括生活消费品价格塌缩，劳动力价值塌缩，剩余价值率相应提高（这就是“新生”）。由此可知，“塌缩新生”必然导致商品社会价值或生产价格量值的更替，并且这种更替是周期性的，与此相应，对象的量值也会周期性更替。这就是对象演化过程。

这里有一个情况需要说明。如前所述，暂态超额剩余价值源于用新生产方式替代原生产方式。就此而言，暂态超额剩余价值也是替代转化型超额剩余价值。但是，它与本文第二部分所论同名对象有所不同：第一，前者是资本替代，后者是资源替代。第二，前者是暂态，后者是常态——之所以如此，是因为土地和公务是自然垄断，由资源替代生成的超额剩余价值不参与利润率平均化，[5]222因而是常态；资本不存在自然垄断，由资本替代生成的超额剩余价值会因新的利润率平均化而消失，[11]354因而是暂态。当然，对象分类的着眼点是常态，因此，我们没有将暂态超额剩余价值归入“替代转化型”。在此说明，因为暂态超额剩余价值实质是常态超额剩余价值演化的动因，所以我们所谈论的对象演化（包括此前对象演化和本论域对象演化）所指都是也只是常态超额剩余价值演化。

2. 本论域均分差额型超额剩余价值的演化

前文表明，均分差额型超额剩余价值有两层，其中的职能业态超额剩余价值还有四类。不过，前文还表明，职能业态常态超额剩余价值由一体的商品生产价格链变形引出，因此，并不存在四类职能业态超额剩余价值独立的演化，而是四类中的任一类演化（通过商品生产价格链变形总量的更替）都会引起其他类（从而地租和公务税）的量值发生更替。但是，分析表明，四类职能业态的前两类业态属于生产领域（下称“生产业态”），后两类业态属于流通领域（下称“流通业态”）。此外，前文说过，此前对象演化始于个别资本家采用改良的生产方式，它的实质是生产创新；就本论域而言，采用改良方式的行为则扩展为业态创新。马克思说，“剩余价值的出生地是生产领域，不是流通领域”。[20]399由此可知，由生产业态创新与由流通业态创新所引起的对象演化有所不同，必须分别说明。再者，由前面的讨论知，商品直接生产业态内含$2n+1$个部门，而每一个部门又有$2q(k)+1$个商品；后三类业态不仅如此，还内含$2a(k)+1$或$2b(k)+1$或$2d(k)+1$个环节个体（二层业态）。可见，本论域对象演化所涉及的部门、业态、二层业态为数众多。据此，也为简化，下文的讨论将举例说明，并且因为此前对象演化已有详细研究，所以这里可适当简化，即只说明演化过程，其余从略。

（1）由生产业态创新引起的对象演化过程

其特征是：对象量值随商品价值和剩余价值量值的变化而变化。

以商品生产服务某一环节个体创新为例：假设在既定的商品生产价格链变形基础上，第 θ 个部门第 δ 个商品生产服务第 σ 个环节个体（例如，第 θ 个部门第 δ 个商品的设计）采用了改良生产方式（例如，采用电脑辅助设计，而该部门其他商品仍采用单纯的人工设计），从而该环节个体所提供服务的个别价值减少至 $c_{\theta\delta\sigma}^{*\Theta}+v_{\theta\delta\sigma}^{*\Theta}+m_{\theta\delta\sigma}^{*\Theta}$，然而，此时该环节个体所提供的服务仍按一般价格 $\overline{c_{kA}^{*}}+\overline{v_{kA}^{*}}+\overline{m_{kA}^{*}}$ 销售，于是，设 $\overline{e_{\theta\delta\sigma}}^{a\Theta}$ 代表该环节个体所获取的暂态超额剩余价值量值，有：

$$\overline{e_{\theta\delta\sigma}}^{a\Theta}=\overline{c_{kA}^{*}}+\overline{v_{kA}^{*}}+\overline{m_{kA}^{*}}-(c_{\theta\delta\sigma}^{*\Theta}+v_{\theta\delta\sigma}^{*\Theta}+m_{\theta\delta\sigma}^{*\Theta}) \tag{114}$$

式中，$\overline{e_{\theta\delta\sigma}}^{a\Theta}>0$。

然而，上述结果将诱使全业态同类环节个体其余资本家竞相采用改良方式，从而使其一般价格从 $\overline{c_{kA}^{*}}+\overline{v_{kA}^{*}}+\overline{m_{kA}^{*}}$ 下降至 $c_{\theta\delta\sigma}^{*\Theta}+v_{\theta\delta\sigma}^{*\Theta}+m_{\theta\delta\sigma}^{*\Theta}$，并且，由式（81）知，$\overline{\overline{p_k}}$ 的量值也会相应下降，剩余价值率上升——亦即发生“塌缩新生”。于是，由式（91）及式（92）、式（93）、式（94）、式（95）知，商品超额剩余价值及四类职能业态超额剩余价值的量值将相应更替。这就是商品生产服务某一环节个体创新所引起的对象演化过程。显然，其特征是：对象量值随商品价值和剩余价值量值的变化而变化。

（2）由流通业态创新引起的对象演化过程

其特征是：商品价值和剩余价值不变，但对象量值发生变化。

以商品经营某一环节个体创新为例：假设在既定的商品生产价格链变形基础上，第 ξ 个部门第 η 个商品经营第 ε 个环节个体（例如，第 ξ 个部门第 η 个商品的零售）采用改良方式（例如，网上销售，而其他商品仍用传统销售），因而该环节个体的个别商品资本和个别费用减少至 $B_{\xi\eta\varepsilon}^{\Theta}+h_{\xi\eta\varepsilon}^{\Theta}+l_{\xi\eta\varepsilon}^{\Theta}$，然而，此时该环节个体在商品销售中仍按平均商品资本＋平均费用 $\overline{B_{kB}}+\overline{h_{kB}}+\overline{l_{kB}}$ 回收，于是，设 $\overline{e_{\xi\eta\varepsilon}}^{b\Theta}$ 代表该环节个体所获取的暂态超额剩余价值，有：

$$\overline{e_{\xi\eta\varepsilon}}^{b\Theta}=\overline{B_{kB}}+\overline{h_{kB}}+\overline{l_{kB}}-(B_{\xi\eta\varepsilon}^{\Theta}+h_{\xi\eta\varepsilon}^{\Theta}+l_{\xi\eta\varepsilon}^{\Theta}) \tag{115}$$

式中，$\overline{e_{\xi\eta\varepsilon}}^{b\Theta}>0$。

然而，上述结果同样会诱使全业态同类环节个体其余资本家竞相采用改良方式，从而使其一般量值从 $\overline{B_{kB}}+\overline{h_{kB}}+\overline{l_{kB}}$ 下降至 $B_{\xi\eta\varepsilon}^{\Theta}+h_{\xi\eta\varepsilon}^{\Theta}+l_{\xi\eta\varepsilon}^{\Theta}$，亦即发生“塌缩”。但是，因为“商人资本……是一种不参加利润生产而只分享利润的资本”，[5]317 所以商品资本和纯粹流通费用“塌缩”不会改变商品的价值和剩余价值量值，而只能改变一般利润率的量值。于是，由式（81）、式（91）以及式（92）、式（93）、式（94）、式（95）可知，此时商品超额剩余价值及四类职能业态超额剩余价值的量值也会相应更替。这就是商品经营某一环节个体创新所引起的对象演化过程。显然，其特征是：商品价值和剩余价值不变，但对象量值发生变化。

3. 本论域替代转化型超额剩余价值的演化

因为该型对象的量值由资源对相应资本的替代而生成，所以其演化是被动的，即其量值随被替代的资本量值演化而演化。可见，该型对象演化过程是贫乏的，值得研究的是演化规律。

研究表明，其演化规律是：级差地租和公务税Ⅰ的量值趋向下降，绝对地租和公务税Ⅱ的量值趋向上升。① 其原因在于，塌缩新生规律只对职能资本适用，对社会资本并不适用。于是，在塌缩新生规律作用下，职能资本的量值会不断下降，因此，资源对职能资本的替代量会越来越小。然而，实践表明，随着经济社会发展，社会提供公共品的类型和数量日益增加，因而社会资本量值日益上升，从而资源对社会资本替代的量值也日益上升。

四、价值和剩余价值分割自然率

（一）自然率的概念

马克思说，“在本质上成为决定利润率的基础的剩余价值和工资的分割上，劳动力和资本这两个完全不同的要素起着决定的作用；那是两个独立的互相限制的可变数的函数；从它们的质的区别中产生了所生产的价值的量的分割。我们以后会知道，在剩余价值分割为地租和利润时，会出现同样的情况。但在利息上，却不会发生类似的情况”。[5]408 。马克思还说，“象经济学家所说的自然利润率和自然工资率那样的自然利息率，是没有的”。[5]406

引文提到两种“分割”，一种是“价值的量的分割”（下称价值分割），另一种是“剩余价值分割”，并且提到“自然利润率和自然工资率”，由此可引出一个概念：价值和剩余价值分割自然率。不过，有如下命题：价值和剩余价值分割自然率≠价值和剩余价值分割比率。这里有如下两种情况：第一，存在不是自然率的价值和剩余价值分割比率——利息的本质是剩余价值，因而利息率也是剩余价值分割的一种比率，但马克思明确说“自然利息率，是没有的”；第二，即使是存在自然率的那些分割，也有其比率偏离自然率的情况（详见下文）。于是，上述命题得证。

（二）自然率的类型和层次

上文只是给出了概念的内涵，现在讨论概念的外延。

先说类型。诚然，马克思提到“自然利润率和自然工资率”，但这是他对“经济学家所说的”概念的转述，不能作为划分自然率类型的依据。综观马克思的著述和本文研究，自然率有如下三类：

一是剩余价值率。其公式是：$\frac{m}{v}=\frac{剩余劳动}{必要劳动}$。[11]244 这是一般概念。前文给出了几种剩余价值率的具体形式，它们是一般概念在不同论域的表现。

二是平均利润率（一般利润率）。如前文所述，马克思给出的这一概念有两种，即“完成形态”和非完成形态，它们分别由$\bar{r}$和$\bar{\bar{r}}'$刻画。此外，前文由马克思相关论

---

① 这里所谓的地租和公务税的量值，是以商品为单位计算的，它不等于以土地面积为单位计算的地租量值和公务税Ⅰ的总量。至于后者的规律，我们将另文探讨。

述引出了商品生产价格链变形，其中的平均利润率由$\bar{\bar{r}}$刻画，这是第三种形态。

三是资源替代率。其公式是：资源替代率 = $\frac{替代量}{职能资本+替代量}$。当然，这只是一般概念，它在不同论域中也有不同的具体形式，可以由商品生产价格变形和商品生产价格链变形的定义分别引出。

据查，马克思没有提出资源替代率的概念，那么，凭什么认为这是第三类自然率？依据有如下两点：第一，如前文所述，由马克思的实例研究可引出替代转化规律；第二，马克思指出，资本主义以前的土地所有权是“生产的主要条件”，地租是“一般剩余价值的正常形式”，因此，“土地所有者……能够把直接生产者的剩余劳动直接占为己有”。但进入资本主义以后，资本是生产的主要条件，利润是一般剩余价值的正常形式。基于此，马克思有如下诘问，“从资本主义生产方式的观点去研究，土地所有权怎么能把资本所生产的（也就是从直接生产者手里夺取的）、并且已经由资本直接占有的剩余价值的一部分再从资本手里夺走”？[5]883 联系替代转化规律，答案就清楚了：因为土地能替代资本，所以被其替代的资本及其应分享的利润就转化为地租。可见，土地资源替代率是决定“正常的地租形式”[5]861 的自然率。再者，前文表明，替代转化规律可推及公务税，也就是说，存在公务资源替代率，它是决定正常的公务税的自然率。

再说层次。上述“三率”可划分为如下两个层次：首先，剩余价值率的实质是将价值（活劳动创造的价值）分割为剩余劳动（剩余价值）和必要劳动（工人工资）——这表明它是价值分割自然率，这是一个层次；其次，前文表明，平均利润率与资源替代率的实质是将剩余价值分割为生产业态资本利润、流通业态生产价格、地租和公务税——这表明它们是剩余价值分割自然率，这是另一个层次。

（三）自然率的“自然”基础

前文给出了如下命题：价值和剩余价值分割自然率≠价值和剩余价值分割比率。于是，引出一个问题：凭什么说上述“三率”是自然率？这就是所谓自然率的“自然”基础所要讨论的内容，其实质是对自然率的“自然”性质所做的证明。

首先，马克思说，剩余价值率“随着生产力提高而提高，随着生产力降低而降低”。[11]355 可见，劳动生产力是决定剩余价值率的基础。显然，劳动生产力是“自然”的（相应地，偏离劳动生产力的价值分割比例，例如，工人工资低于劳动力价值，那是非自然的）。这就证明剩余价值率是价值分割自然率。

其次，马克思多次提到“纯粹的形式”或“纯粹经济的形式”，并且将其与各种形式的“垄断”相区别。[5]196-199,697 此外，笔者此前证明，就分配而言，所谓“纯粹的形式”或“纯粹经济的形式”实际就是生产要素按贡献分配的机制，而“垄断”则是生产要素按实力分配的机制。[10] 显然，生产要素按贡献分配是“自然”的，而生产要素按实力分配是非自然的。然而，很明显，平均利润率和资源替代率体现着生产要素按贡献分配的机制，因而是“自然”的。这就证明平均利润率和资源替代率是剩余价值分割自然率。

说到这里，有必要对前面引出的自然率概念作一补充说明。上述讨论表明，剩余价值率的量值是可变的，但那是因为劳动生产力发生了变化；平均利润率和资源替代率的量值是可变的，但那是因为生产要素对剩余价值生产的贡献发生了变化。于是，结论是：自然率的量值是可变的（自然率不是固定率），但其决定基础则是不变的（自然率是正常比率）。

（四）自然率的经济学意义

本文前言断定：价值和剩余价值分割自然率是市场经济处于健康状态的标志。据此，有如下推论：分割比率一旦偏离自然率，就表明市场经济陷入病态。可见，价值和剩余价值分割自然率是市场经济的生理机制，分割比率偏离自然率则是市场经济的病理机制。这就是自然率的经济学意义。当然，这是一个重大命题，需要给出证明；不过，证明这一点需要较大篇幅，并且与超额剩余价值之谜课题的另一论域相关，我们将在那里一并讨论。

参考文献

[1] 曾永寿．超额剩余价值之谜——以部门内为论域和运用公理法所做的破解［J］．管理学刊，2016（1）：1－9.

[2] 曾永寿．超额剩余价值之谜——以全产业为论域及由此对转型理论的补充研究［J］．管理学刊，2017（2）：10－25.

[3] 王国平．业态与现代经济发展［J］．科学发展，2012（5）：3－11.

[4] 伍业锋．产业业态：始自零售业态的理论演进［J］．产经评论，2013，4（3）：27－38.

[5] 马克思．资本论（第3卷）［M］．北京：人民出版社，1975.

[6] 曾永寿．当代经济系列研究综述、点评及由马克思经济学所做的深层追问［J］．上海商业，2017（9）：29－33.

[7] 曾永寿．论商品生产价格链——由马克思的资本循环和商品生产价格完成形态理论引出［J］．中共青岛市委党校青岛行政学院学报，2017（6）：40－46，51.

[8] 曾永寿．虚假的社会价值论争评析［J］．经济问题，2018（1）：118－128.

[9] 曾永寿．级差地租探析［C］//北京：全国马克思主义基本原理研讨会论文集．中国社会科学院马克思主义研究院，2018.

[10] 曾永寿．绝对地租论争述评与若干疑难问题探讨［C］//北京：全国马克思主义基本原理研讨会论文集．中国社会科学院马克思主义研究院，2018.

[11] 马克思．资本论（第1卷）［M］．北京：人民出版社，1975.

[12] 黄贤金．绝对地租：理论的赘瘤［J］．农业经济问题，1994（3）：31－34.

[13] 蔡继明．绝对地租存在的条件、来源和量的规定［J］．价格理论与实践，1988（2）：3－7.

[14] 孙剑平．广义绝对地租初探［J］．价格理论与实践，1989（9）：27－30.

[15] 洪银兴．关键是厘清市场与政府作用的边界——市场对资源配置起决定性作用后政府作用的转型［J］．红旗文稿，2014（3）：1，4－9.

[16] 张旭．政府和市场的关系：一个经济学说史的考察［J］．理论学刊，2014

(11)：54－62，127－128.

［17］商晓波．税收与经济发展［M］．北京：中国地质大学出版社，1993.

［18］赵锦辉．从资本循环理论看政府与市场关系［J］．中共青岛市委党校青岛行政学院学报，2014（6）：24－28.

［19］马克思恩格斯全集（第48卷）［M］．北京：人民出版社，1985.

［20］马克思．资本论（第2卷）［M］．北京：人民出版社，1975.

超额剩余价值之谜①

——以垄断竞争为论域，兼探资本的病亡陷阱和转型重生路径

［**摘　要**］垄断竞争，指资本之间以实力为基础、以获取垄断超额剩余价值为目的的竞争，其实质是一种所有权对另一种所有权权益的侵占，陷入垄断竞争的资本是资本病态。垄断超额剩余价值可区分为商品垄断超额剩余价值和业态垄断超额剩余价值两个大类（两个发展阶段）。由马克思相关论述并联系历史事实对垄断竞争成因进行研究，可以证明资本生命过程存在三个病亡陷阱和两个转型重生路径。

［**关键词**］垄断竞争；商品垄断超额剩余价值；业态垄断超额剩余价值；资本生命过程；病亡陷阱；转型重生路径

一、论域界定

关于超额剩余价值之谜，笔者此前已有文章探讨，论域是部门内、全产业和全业态。[1~3]本文论域是垄断竞争。垄断竞争概念涉及对马克思经济学体系结构的认识，这不是三两句话可以说明的因此专设一个部分讨论。

（一）界定表述

垄断竞争，指资本之间以实力为基础、以获取垄断超额剩余价值为目的的竞争，其实质是一种所有权对另一种所有权权益的侵占，陷入垄断竞争的资本是资本病态。

上述界定隐含如下四方面的两分法：

首先，竞争两分法。竞争（竞争一般）指“资本对剩余价值的相互争夺”。[4]它可区分为两种形式：一是正常竞争，即资本之间以生产要素对剩余价值生产贡献为基础的竞争；二是垄断竞争，即资本之间以实力为基础的竞争。

其次，垄断两分法。垄断（垄断一般）意即独占。它可区分为两种形式：一是所有权垄断，即所有权主体对所有权权益的独占；二是超所有权垄断，即一种所有权对另一种所有权权益的侵占。前者不是垄断竞争，后者才是垄断竞争。

再次，超额剩余价值两分法。一是正常超额剩余价值，指资本由正常竞争所获取的超额剩余价值；二是垄断超额剩余价值，指资本由垄断竞争所获取的超额剩余价值。笔者此前以部门内、全产业和全业态为论域所论对象属于前者。

最后，资本形态两分法：限于正常竞争的资本是资本常态（生理态）；陷入垄

① 此文定稿于2018年12月。

断竞争的资本是资本病态。

应指出，后两种是前两种的逻辑推论。这对超额剩余价值两分法而言是明显的，需要说明的是资本形态两分法。显然，以生产要素对剩余价值生产贡献为基础的竞争体现资本之间的平等，占有剩余价值以所有权权益为边界体现资本经济运行秩序，因此，限于正常竞争的资本是资本常态。然而，以实力为基础的竞争运用的是强盗逻辑，其结果是对资本经济运行秩序的破坏，因此，陷入垄断竞争的资本是资本病态。

（二）理论依据

上述界定关系重大，应当给出依据，依据分为理论和实践两个层面，本节讨论前者，下节讨论后者。

1. 马克思关于“平等的权利”与“力量”相互关系的论述

马克思说，“资本是天生的平等派，就是说，它要求在一切生产领域内剥削劳动的条件都是平等的，把这当作自己的天赋人权”。[5]436 显然，剥削劳动的条件就是资本所有权（含土地所有权——地主可视为经营土地的资本家），并且在逻辑上资本所有权权益限于生产要素对剩余价值生产的贡献。据此有推论：存在资本之间以生产要素对剩余价值生产贡献为基础的竞争，由此获取的超额剩余价值以所有权权益独占为限。此外，马克思又说，“在平等的权利之间，力量就起决定作用”。[5]262 诚然，这原本是就资本与工人的关系而言的，但对资本之间的关系显然也适用。据此又有推论：存在资本之间以实力为基础的竞争，由此获取的超额剩余价值是一种所有权对另一种所有权权益的侵占。再者，马克思还有具体分析，这对上述推论是一个佐证。例如，他说，“为投入土地的资本以及作为生产工具的土地由此得到的改良而支付的利息，可能形成租地农场主支付给土地所有者的地租的一部分，但这种地租不构成真正的地租。真正的地租是为了使用土地本身而支付的，不管这种土地是处于自然状态，还是已被开垦”。[6]698 显然，“为了使用土地本身而支付的”地租体现土地要素对剩余价值生产的贡献，因而地主获取这种地租属于正常竞争。试问：地主凭什么把属于“投入土地的资本”的利息作为“地租的一部分”占有？回答：凭地主的竞争实力（资本的量可以无限增加，而土地的量不能随意增加，因此，资本家与土地所有者之间的竞争，后者的实力大于前者）。综上所述，我们的界定得证。

2. 马克思关于“资本一般”与“六册计划”其他分册内容的划分

马克思经济学研究有“六册计划”，“资本一般”只是第一册中的第一分册，马克思实际完成的著作《资本论》与“资本一般”大体相同。[7] 然而，在《资本论》第一卷第一版序言中，马克思说，“物理学家是在自然过程表现得最确实、最少受干扰的地方考察自然过程的，或者，如有可能，是在保证过程以其纯粹形态进行的条件下从事实验的。我要在本书研究的，是资本主义生产方式以及和它相适应的生产关系和交换关系”。显然，这段论述意在说明《资本论》对“资本”的研究仅限于其“纯粹形态”。[8] 此外，在《资本论》正文中，马克思多次强调必须把握对象“纯粹的形式”或“纯粹经济的形式”，[6]195-196,359,697,704 这印证了上述判断。再者，马克思一方面说“竞争使资本的内在规律得到贯彻”[9]271（这表明对资本“纯粹形态”的考察不能不诉诸竞争），另一方面又说“资本一般”“撇开了以许多资本［互相作用］过程为前提的一切因素”，[9]111“竞争的实际运动不在我们的研究计划之内”。[6]939综上所述，结论是：马克思区分了两种竞争，一是“纯粹形态”的竞争（正常竞争），二是非纯粹形态的竞争（垄断竞争），前者是《资本论》要考察的内容，后者是《资本论》暂不研究的内容（二者相互交织所构成“竞争的实际运动”被安排在“六册计划”其他分册）。这再次证明我们的界定。

3.《资本论》所详加研究的超额剩余价值的性质

考察可知，《资本论》所详加研究的只是正常超额剩余价值，并不包括垄断超额剩余价值。这一结论也可从该书两处提示得到印证。首先，马克思在谈到利润率平均化得以加快进行的两个条件时说，“第一个条件的前提是：社会内部已有完全的商业自由，消除了自然垄断以外的一切垄断，即消除了资本主义生产方式本身造成的垄断”。显然，此处的“垄断”与“商业自由”对立，应视为垄断竞争，由此生成的超额剩余价值属于垄断超额剩余价值，但马克思接着说，“关于这个问题的进一步说明，属于专门研究竞争的范围”[6]219。其次，马克思提到“以真正的垄断价格为基础”的垄断地租（垄断超额剩余价值的转化形态），但他说“对垄断价格的考察属于竞争学说的范围”。[6]861这里进一步证明了我们的界定。

（三）实践依据

实践依据，指“垄断”传统认识应用于实践所导致的窘境、疑难和困惑，这可反证我们的界定。

1. 垄断争论和反垄断立法窘境

据资料，学界关于垄断的认识“自始至终存在着尖锐的意见分歧”，争论涉及十六个方面的问题，至今仍无定论。[10]与此相应，反垄断立法也陷入窘境。有学者指出，“自美国1890年颁布《谢尔曼法》以来，全球已有上百个国家制定了反垄断法”，然而，“反垄断法从其诞生时起，就不断遭到经济学家的批判”。[11]更有甚者，“尽管反垄断已有一个多世纪的历史，然而，在各国的立法中，我们却几乎找不到垄断的定义”“垄断的复杂性几乎使对它定义变得不可能”。[12]那么，根源何在？在于以往的垄断概念。以往一方面认为垄断与竞争对立，另一方面又认为垄断并没有消除竞争，这是逻辑矛盾。以矛盾的概念立论，不能不陷入争论；以矛盾的概念为基础，不可能给出垄断的法学定义。然而，一旦确立以两分法为基础的垄断竞争概念，那么，矛盾就迎刃而解，意见分歧就可以澄清，垄断的法学定义就不难给出。这里反证我们的界定成立。

2. 列宁关于垄断资本主义论断的评价疑难

据查，列宁的论断有两个基本点：其一，资本主义发展可划分为两个阶段，20世纪以前是自由竞争阶段，20世纪以后是垄断阶段；[13]589-590其二，垄断资本主义是“垂死的资本主义”。[13]686但是，对列宁论断进行评价存在疑难，一方面，不能否定其正确性，因为“20世纪的20～30年代资本主义世界确实发生了像瘟疫一样的经济危机，差一点置整个资本主义于死地”[14]——这表明列宁的论断是事实；另一方面，也不能肯定其正确性，因为战后“资本主义却迎来了历史上最长的平稳快速发展期”即“黄金时代”[15]——这表明列宁的论断与事实不符。

问题出在哪里？列宁所列举的那个时代的资本陷入以实力为基础的竞争以及资本在整体上陷入“垂死”危机，这是无可否认的事实——这说明列宁将“垄断”与“垂死”相联系是正确的。问题出在资本主义发展阶段划分上。提请注意如下事实。第一，资本主义前期曾有“财富和实力的令人陶醉的增长”（繁荣），[5]717,[16]9但进入20世纪以后却不断陷入像瘟疫一样的经济危机，最终导致两次世界大战（垂死）。第二，战后资本主义迎来了“黄金时代”（繁荣），但进入20世纪70年代以后却频频发生“滞胀”和金融危机（垂死）。据此有如下判断：资本的生命过程是以“繁荣”和“垂死”交替为特征的波动起伏过程。然而，列宁的划分所给出的却是从自由竞争到垄断“垂死”的直线过程，这说明列宁的划分存在时代局限。说到这里，有必要提到涂金坤教授的论点，即资本主义的“垂死”存在“半途夭折”和“寿终正寝”两种形式。[14]然而，“半途夭折”只能是两个“繁荣”中间的“垂死”，否则不存在与“寿终正寝”相区别的“半途夭折”。这印证了我们的判断。应指出，这种情况只能由四种两分法才能做出符合逻辑的解释（详见第五部分）。这再次反证我们的界定成立。

3. 反垄断实践困惑

前述反垄断立法窘境，那是从立法层面所看到的问题。这里，反垄断实践困惑是说：如果传统理论成立，那么，一个多世纪以来的反垄断实践不可理喻。传统理论有一个核心论点，即生产和资本集中必然导致垄断。然而，理论和实践都表明，生产和资本集中是资本经济发展的必然趋势。既然如此，何以理喻一个多世纪以来的反垄断实践?!

困惑源于以往垄断概念的含混。应指出，反垄断实践实际是反垄断竞争，绝非反所有权垄断（反所有权垄断 = 反资本经济制度）；生产和资本集中的实质是所有权垄断的深化，因而不能是反垄断实践指向的对象。然而，问题在于以往没有“垄断”两分法，于是，“生产和资本集中必然导致垄断”和“反垄断”这种含混语言就应运而生，从而陷入困惑。

应强调，垄断竞争与生产和资本集中并无必然联系。前面提到地主把“投入土地的资本”的利息作为“地租的一部分”占有属于垄断竞争，但它与生产和资本集中没有任何关系。此外，我们的界定表明，实力 ≠ 垄断竞争，只有以实力为基础，以获取垄断超额剩余价值为目的，并且实质是一种所有权对另一种所有权权益侵占的竞争，才是垄断竞争。由此可知，即使生产和资本集中能使资本的竞争实力增强，但仍然不能得出如下结论：生产和资本集中必然导致垄断竞争。这里的原理在于：我们谈论的是资本内部竞争，并非两个阶级的殊死较量；以实力为手段的竞争是零和博弈，其结果是两败俱伤，甚至使资本整体陷入毁灭，资本家集体理性不应当允许这种竞争存在（资本主义政府主张反垄断就是明证）。诚然，事情还有另一面，即资本家集体理性并没有阻止（更不要说根绝）资本陷入垄断竞争（两次世界大战就是明证）。但是，其根源可归结为生产和资本集中吗？不能！因为战后的生产和资本集中比战前要高得多，但战后有一个“黄金时代”，这是用与“垂死”相联系的垄断竞争所不能解释的。再者，不能否认，社会主义市场经济也存在生产和资本集中的趋势，这也是不能将生产和资本集中与垄断竞争画等号的重要理由。这里进一步反证我们的界定成立。

二、对象探析预备研究

本文对象即垄断超额剩余价值，但为对比，我们需要提及此前研究的正常超额剩余价值。为简化，以下约定：前者可简称"对象"，后者或者使用全称，或者简称"此前对象"。学界有"垄断价格"和"垄断利润"的研究，[17~23]诚然，这对我们有启发，但（与下文对比可知）其关键论点不正确，其基础（利润率平均化理论）研究没有到位，因而没有取得实质性进展。为节省篇幅，具体评述从略。对象探析的内容十分丰富，为此我们安排三个部分讨论，本部分是预备研究。

（一）马克思的提示——对象探析的思路

如前所述，《资本论》对正常超额剩余价值有详细研究，而垄断超额剩余价值的内容则被安排在"六册计划"其他分册。但是，《资本论》对后者有重要提示，这不是马克思随意发表的议论，而应理解为"六册计划"其他分册相关内容的浓缩。

马克思说，"如果剩余价值平均化为平均利润的过程在不同生产部门内遇到人为的垄断或自然的垄断的障碍……以致有可能形成一个……垄断价格，那末，由商品价值规定的界限也不会因此消失。某些商品的垄断价格，不过是把其他商品生产者的一部分利润，转移到具有垄断价格的商品上。剩余价值在不同生产部门之间的分配，会间接受到局部的干扰，但这种干扰不会改变这个剩余价值本身的界限"。[6]973这就是马克思的提示。据此并马克思其他相关论述，可引出对象探析的思路。

1. 基础工作是对象生成过程与此前对象生成过程的比较

依据有如下几点。首先，马克思提到"剩余价值平均化为平均利润的过程"——下文将证明这也是此前对象的生成过程。其次，马克思说，上述过程遇到"障碍"就会形成"垄断价格"。显然，这是另一个过程即"垄断价格"从而对象的生成过程。再次，马克思的提示表明，两种过程有紧密关联，即：如果没有"障碍"，那么生成的就是此前对象；如果有"障碍"，那么生成的就是对象。综上所述，结论是：对象探析必须以两种过程比较为基础。

2. 关键环节是构造垄断竞争条件下的一般利润率，由此区分"垄断价格"和非垄断价格

这里需要明确四点。第一，一般利润率与平均利润率的关系。有如下命题：一般利润率≠平均利润率。首先，马克思的利润率平均化理论有两个基本点：一是"平均"，即剩余价值由资本平均分享；二是"界限"，即资本分享剩余价值存在"商品价值规定的界限"。显然，"界限"不可突破，但"平均"可被打破，这表明在逻辑上既存在平均的一般利润率，也存在非平均的一般利润率。于是，命题得证。其次，提请注意，《资本论》第三卷第九章标题的主语是"一般利润率（平均利润率)”。试问：这是为什么？回答：一般利润率有两类，马克思如此设立标题，意在说明他在此处所要考察的只是平均的一般利润率，不包括非平均的一般利润率。这再次印证了上述命题。第二，垄断竞争条件下一般利润率的存在性及其特征。马克思说，在垄断竞争条件下，剩余价值平均分配“会间接受到局部的干扰，但这种干扰不会改变这个剩余价值本身的界限”。可见，存在垄断竞争条件下的一般利润率，其特征是：“平均”被“干扰”，但“界限”仍存在。第三，垄断竞争条件下的商品基础价格（市场价格调节者）分类。马克思说，“某些商品的垄断价格，不过是把其他商品生产者的一部分利润，转移到具有垄断价格的商品上”。这表明此时商品基础价格必须区分为两类：一类是“某些商品的垄断价格”，另一类是“其他商品”的非垄断价格。第四，本要点所规划的工作在对象探析中的地位。显然，探析的目的是揭示对象，然而，对象由垄断竞争条件下的一般利润率从而“垄断价格”生成，因此结论是：本要点规划的工作是对象探析的关键环节。

3. 重要步骤是给出垄断竞争行为假设，即将其归结为一个能够“局部的干扰”“剩余价值平均化为平均利润的过程”的量

这里需要回答如下问题。首先，马克思明确说，“障碍”是“人为的垄断或自然的垄断”。就此试问：何来垄断竞争行为？回答：前文给出了竞争和垄断两分法，据此有：成为“剩余价值平均化为平均利润”过程“障碍”的“人为的垄断或自然的垄断”应理解为垄断竞争。其次，为什么要将垄断竞争行为归结为一个量？回答：因为平均利润率是一个量，所以只有将垄断竞争行为也归结为一个量，它才能与平均利润率相通约，从而体现其能够“局部的干扰”“剩余价值平均化为平均利润的过程”的性质。再次，为什么说给出垄断竞争行为假设是对象探析的重要步骤？回答：对象生成过程与此前对象生成过程的区别点，亦即垄断竞争条件下的一般利润率与平均利润率的区别点，仅在于过程是否有“障碍”，而“障碍”即垄断竞争行为。可见，给出垄断竞争行为假设对实施思路前两个要点至关重要，因而是对象探析的重要步骤。

（二）对象分类和探析思路的补充

上述讨论没有到位，预备研究还须继续，问题有二：一是对象分类，二是对象逻辑起点的区分，本节讨论前者，下节讨论后者。

1. 价值转型理论鸟瞰——两种过程的区分

马克思提示所称“剩余价值平均化为平均利润的过程”实际就是“商品价值转化为生产价格”（下称“价值转型”）的过程。[6]173 据查，学界给出的价值转型理论限于《资本论》第三卷第一篇和第二篇。[24] 诚然，这源于马克思的明确表述，就此而言，无可厚非，但完整地看，这不准确。鸟瞰可知，马克思的理论有两个论域。一是以全产业为论域（对应《资本论》第三卷第一篇和第二篇），此时“剩余价值平均化为平均利润”指“不同生产部门的产业资本实际生产的利润或剩余价值的平均化”，[6]317 它“同利润分割为归各类人所有的各个部分这一点无关”。[6]238 二是以全业态为论域（对应《资本论》第三卷第四篇、第六篇、第七篇）。笔者此前依据马克思相关论述并联系当代实践给出了全业态的概念，它指由商品直接生产业态、商品生产服务业态、商品经营业态、货币经营业态、土地经营业态和公务业态所构成的系统，并且证明此时“剩余价值平均化为平均利润的过程”扩展为六类业态资本分割剩余价值的过程。据此，我们将前者称为“价值转型基础过程”，并且将相关的两个基础概念称为“商品个别价值基形”和“商品生产价格基形”；将后者称为“价值转型扩展过程”，并且将相关的两个基础概念称为“商品个别价值变形”和“商品生产价格链变形”。

2. 商品生产价格与业态生产价格的区分——对象分类

以上述讨论为基础，深入研究可得如下结论。第一，商品生产价格基形只是“不同生产部门的产业资本实际生产的利润或剩余价值的平均化”，因此，其量值是囫囵一体的商品生产价格，然而，商品生产价格链变形扩展为六类业态资本分割剩余价值的过程，因此，它不但有总量（商品生产价格），而且可表述为六类业态生产价格的加和。第二，价值转型基础过程内含商品正常超额剩余价值的生成过程，价值转型扩展过程不仅如此，还内含业态正常超额剩余价值的生成过程。这表明此前对象可区分为两个大类，与此相应，对象也有两个大类：一是商品垄断超额剩余价值，它对应商品正常超额剩余价值；二是业态垄断超额剩余价值，它对应业态正常超额剩余价值。

3. 探析思路的补充和有关情况的说明

既然对象有两类，那么，对象探析就须分类进行。当然，前文引出的思路仍然正确，即每一类对象的研究仍然要按思路的三个要点进行，这就是探析思路的补充。

这里有一个情况需要说明。严格来说，马克思提示谈论的是商品垄断超额剩余价值，并不涉及业态垄断超额剩余价值。其直接原因在于，尽管马克思有业态生产价格的思想，但他并没有明确提出业态生产价格的概念；深层原因在于，由原始一体化的产业分化出众多业态的过程，尽管在马克思时代就已开始，但远没有现在这么明显。[25]不过，联系当代实际，将其相关思想拓展为业态生产价格理论，进而将其提示推及业态垄断超额剩余价值的研究，这不但符合马克思的总体思想，而且对建立科学完整的垄断竞争理论，进而揭示资本经济演化规律有重要意义。

（三）两类对象逻辑起点的区分及有关形式刻画的说明

前文表明对象与此前对象有紧密关联，因此，对象研究以此前对象为逻辑起点，进而有如下区分：商品垄断超额剩余价值逻辑起点是商品正常超额剩余价值，业态垄断超额剩余价值逻辑起点是业态正常超额剩余价值。诚然，这原则上是正确的，但细究起来有问题。下文表明，商品正常超额剩余价值由商品生产价格引出，然而，如前所述，商品生产价格基形是商品生产价格，商品生产价格链变形总量也是商品生产价格。可见，存在两种商品正常超额剩余价值。于是，产生一个问题：商品垄断超额剩余价值逻辑起点是前一种还是后一种？答案是前一种。

为避免误解，有如下命题：逻辑起点≠现实起点。现实具体的价值转型过程有且仅有一个，那就是价值转型扩展过程，而价值转型基础过程只是马克思为再现现实具体而先行给出的理论抽象（现实并不存在只有生产部门而没有商业部门、土地所有权和公务参与的过程)。但是，逻辑是一种工具，理论抽象当然也可以是工具。我们之所以将前一种商品正常超额剩余价值（它是现实过程的理论抽象）作为商品垄断超额剩余价值的逻辑起点，完全是因为它能更简洁地说明对象的过程和机制。

前文表明对象探析涉及《资本论》第三卷几乎所有篇章，其丰富、复杂的程度可想而知，因此，以下所论对象将采用形式刻画（否则寸步难行）。为清楚明晰，以下所论过程将无缝连接，因此，其形式刻画后面的公式将从前面的公式导出。据此，也为简化，以下约定：如果后面公式的附式与前面公式的附式或主式相同则从略。

三、商品垄断超额剩余价值探析

（一）商品正常超额剩余价值

根据探析思路，本部分从商品正常超额剩余价值开始，但是，笔者此前由马克思相关论述引出的商品正常超额剩余价值有两种，一是常态超额剩余价值，二是暂态超额剩余价值，二者的区别在于：前者生成于利润率平均化之内，后者生成于利润率平均化之外，此外，马克思还说，追逐暂态超额剩余价值是“资本家的直接动机”,[26]23-24 由此可知，利润率平均化和商品生产价格基形从而商品常态超额剩余价值的量值会发生周期性更替，资本对暂态超额剩余价值的追逐是其动因。据此，本节分三个要点进行。再者，笔者此前对这些内容已有详细讨论,[2] 只不过所关注的是一般过程，忽略了一些细节。基于此，有如下说明：前一个要点属于一般过程，将直接引用形式刻画，论证从略；后两个要点需要追溯细节，将详加研究。

1. 商品常态超额剩余价值生成过程

（1）商品个别价值基形

由马克思给出的公式,[6]30 设w_{ki}分别代表第 k 个部门第 i 个商品个别价值基形，c_{ki}和v_{ki}分别代表不变资本和可变资本，m_{ki}代表剩余价值，有：

$$w_{ki} = c_{ki} + v_{ki} + m_{ki} \tag{1}$$

式中，$k=-n, \cdots, -2, -1, 0, 1, 2, \cdots, n$；$i=-q(k), \cdots, -2, -1, 0, 1, 2, \cdots, q(k)$。式（1）是商品个别价值基形定义式。附式表明，全产业有$2n+1$个部门，第 k 个部门有$2q(k)+1$个产品。

（2）商品生产价格基形

由马克思给出的概念,[6]176-177 设$\overline{p_k}$代表第 k 个部门商品生产价格基形，$\overline{c_k}+\overline{v_k}$代表部门平均成本价格，$\bar{r}$代表全产业平均利润率，由式（1），有

$$\overline{p_k} = \overline{c_k} + \overline{v_k} + \bar{r}\ (\overline{c_k} + \overline{v_k}) \tag{2}$$

式中：

$$\overline{c_k} + \overline{v_k} = \frac{\sum_{i=-q(k)}^{q(k)} (c_{ki} + v_{ki})}{2q(k)+1}$$

$$\bar{r} = \frac{\sum_{k=-n,i=-q(k)}^{n,q(k)} m_{ki}}{\sum_{k=-n}^{n} [2q(k)+1](\overline{c_k} + \overline{v_k})}$$

式（2）是商品生产价格基形定义式。

（3）商品常态超额剩余价值

设e_{ki}代表第 k 个部门第 i 个商品常态超额剩余价值，由式（1）、式（2），有：

$$e_{ki} = \overline{p_k} - w_{ki} \tag{3}$$

式（3）是商品常态超额剩余价值定义式。

说明：从式（1）到式（2）是价值转型基础过程，式（3）是商品常态超额剩余价值生成过程。

2. 商品暂态超额剩余价值——以第 θ 部门第 σ 个商品为例

商品暂态超额剩余价值源于商品个别生产创新，其原理在于：创新使商品个别价值下降，但由于“同种商品的市场价格的相同性”，[6]745 该商品仍能按原生产价格销售，于是，商品个别价值下降额就转化为由创新者获得的暂态超额剩余价值。此外，全产业有（$2n+1$）×［$2q(k)+1$］个商品，显然，每一个商品的生产都有可能创新，但窥一斑而知全豹，因此，下面以第 θ 部门第 σ 个商品为例解析这一过程。

（1）创新前有关量值

由式（1），有：

$$w_{\theta\sigma} = c_{\theta\sigma} + v_{\theta\sigma} + m_{\theta\sigma} \tag{4}$$

式中，$\theta \in k$，$\sigma \in i$。式（4）是创新前第 θ 部门第 σ 个商品个别价值基形定义式。

由式（2），有：

$$\overline{p_\theta} = \overline{c_\theta} + \overline{v_\theta} + \bar{r}\ (\overline{c_\theta} + \overline{v_\theta}) \tag{5}$$

式中：

$$\overline{c_\theta} + \overline{v_\theta} = \frac{\sum_{i=-q(\theta)}^{q(\theta)} (c_{\theta i} + v_{\theta i})}{2q(\theta)+1}$$

式（5）是创新前第 θ 部门商品生产价格基形定义式。

由式（3），有：

$$e_{\theta\sigma} = \overline{p_\theta} - w_{\theta\sigma} \tag{6}$$

式（6）是创新前第 θ 部门第 σ 个商品常态超额剩余价值定义式。

（2）创新后有关量值

设$w'_{\theta\sigma}$代表此时商品个别价值基形，$c'_{\theta\sigma}$和$v'_{\theta\sigma}$分别代表其中的不变资本和可变资本，$m'_{\theta\sigma}$代表其中的剩余价值，参照式（4）并与之对比，有：

$$w'_{\theta\sigma} = c'_{\theta\sigma} + v'_{\theta\sigma} + m'_{\theta\sigma} \tag{7}$$

式中，$w'_{\theta\sigma} < w_{\theta\sigma}$，式（7）是创新后商品个别价值基形定义式。

设Δe_θ代表此时商品暂态超额剩余价值，由式（4）、式（7），有：

$$\Delta e_\theta = w_{\theta\sigma} - w'_{\theta\sigma} \tag{8}$$

式（8）是创新后商品暂态超额剩余价值定义式。

设$E_{\theta\sigma}$代表此时商品超额剩余价值总量，由式（5）、式（7），有：

$$E_{\theta\sigma} = \overline{p_\theta} - w'_{\theta\sigma}$$

将上式等价变形并利用式（6）、式（8），可得：

$$E_{\theta\sigma} = \overline{p_\theta} - w_{\theta\sigma} + w_{\theta\sigma} - w'_{\theta\sigma} = e_{\theta\sigma} + \Delta e_\theta \tag{9}$$

式（9）是创新后商品超额剩余价值总量定义式。

（3）证明

证：由式（6）知，$e_{\theta\sigma}$与$\overline{p_\theta}$从而与$\bar{r}$有关，这表明$e_{\theta\sigma}$生成于利润率平均化之内，因此，它是商品常态超额剩余价值。由式（9）知，Δe_θ与$e_{\theta\sigma}$无关从而与$\overline{p_\theta}$和$\bar{r}$也无关，这表明Δe_θ生成于利润率平均化之外，因此，它是商品暂态超额剩余价值。证毕。

3. 商品常态超额剩余价值动态演化——以创新在第 θ 部门普及为例

商品暂态超额剩余价值止于创新首创者，因为创新一旦普及，它就会因利润率平均化更替而消失。[5]354,[6]257 马克思给出了机器替代生产劳动的实例，[5]445-446 其原理可推及所有生产创新。据此，笔者此前引出了塌缩新生规律。其中，“塌缩”指创新普及后商品个别价值基形的量值普遍下降，进而（通过部门内竞争和部门间竞争）引发全产业商品生产价格基形的量值突发性的由大到小的变化；“新生”指商品剩余价值率获得新的提升（但商品剩余价值量仍会减少）。应指出，这一规律是利润率平均化更替的根源，因而是商品常态超额剩余价值动态演化的机制。诚然，第 θ 部门第 σ 个商品创新既可能在第 θ 部门普及，也可能扩展到全产业，但为简化，这里假设其创新仅在第 θ 部门普及（第 $k-\theta$ 部门仍维持原生产方式）。前面说过，动态演化是周期性的，但为简化，这里仅讨论其中一个周期。周期包括始点、中间过程和终点。始点由式（1）、式（2）、式（3）引出，式（4）、式（5）、式（6）是其中一部分；式（7）、式（8）、式（9）是中间过程的刻画。因此，这里只需给出始点补充定义和终点过程刻画。

（1）始点补充定义

由式（1），有：

$$w_{\theta i} = c_{\theta i} + v_{\theta i} + m_{\theta i} \tag{10}$$

式（10）是第 θ 部门第 i 个商品原个别价值基形定义式。

由式（1），还有：

$$w_{(k-\theta)i} = c_{(k-\theta)i} + v_{(k-\theta)i} + m_{(k-\theta)i} \tag{11}$$

式中，$k-\theta \in k$，式（11）是第 $k-\theta$ 部门第 i 个商品原个别价值基形定义式。

由式（2），有：

$$\overline{p_{(k-\theta)}} = \overline{c_{(k-\theta)}} + \overline{v_{(k-\theta)}} + \bar{r}\ \left(\overline{c_{(k-\theta)}} + \overline{v_{(k-\theta)}}\right) \tag{12}$$

式中：

$$\overline{c_{(k-\theta)}} + \overline{v_{(k-\theta)}} = \frac{\sum_{i=-q(k-\theta)}^{q(k-\theta)} \left(c_{(k-\theta)i} + v_{(k-\theta)i}\right)}{2q(k-\theta)+1}$$

式（12）是第 $k-\theta$ 部门原商品生产价格基形定义式。

由式（3），有：

$$e_{\theta i} = \overline{p_\theta} - w_{\theta i} \tag{13}$$

式（13）是第 θ 部门第 i 个商品原常态超额剩余价值定义式。

由式（3），还有：

$$e_{(k-\theta)i}=\overline{p_{(k-\theta)}}-w_{(k-\theta)i} \tag{14}$$

式（14）是第 $k-\theta$ 部门第 i 个商品原常态超额剩余价值定义式。

（2）终点过程刻画

①第 θ 部门第 i 个商品个别价值基形更替过程

设$w'_{\theta i}$代表创新普及后第 θ 部门第 i 个商品个别价值基形，$c'_{\theta i}$和$v'_{\theta i}$分别代表其中的不变资本和可变资本，$m'_{\theta i}$代表其中的剩余价值，将此替换式（10）中的相应量并进行对比，有：

$$w'_{\theta i}=c'_{\theta i}+v'_{\theta i}+m'_{\theta i} \tag{15}$$

式中，$c'_{\theta i}+v'_{\theta i}<c_{\theta i}+v_{\theta i}$，$\dfrac{m'_{\theta i}}{v'_{\theta i}}>\dfrac{m_{\theta i}}{v_{\theta i}}$。式（15）是第 θ 部门第 i 个商品个别价值基形更替过程刻画。式中，$\dfrac{m_{\theta i}}{v_{\theta i}}$是商品原剩余价值率，$\dfrac{m'_{\theta i}}{v'_{\theta i}}$是创新普及后的商品剩余价值率。附式表明，创新普及后第 θ 部门发生了“塌缩新生”。

②全产业平均利润率更替过程

设$\overline{r'}$代表创新普及后全产业平均利润率，$\overline{c'_{\theta}}+\overline{v'_{\theta}}$代表此时第 θ 部门平均成本价格，由式（11）、式（12）、式（15），参照式（2）的附式并与之对比，有：

$$\overline{r'}=\frac{\sum\limits_{k=-n,i=-q(k)}^{n,q(k)}m_{(k-\theta)i}+\sum\limits_{i=-q(\theta)}^{q(\theta)}m'_{\theta i}}{\sum\limits_{k=-n}^{n}[2q(k\text{-}\theta)+1][\overline{c_{(k-\theta)}}+\overline{v_{(k-\theta)}}]+[2q(\theta)+1](\overline{c'_{\theta}}+\overline{v'_{\theta}})} \tag{16}$$

式中：

$$\overline{c'_{\theta}}+\overline{v'_{\theta}}=\frac{\sum\limits_{i=-q(\theta)}^{q(\theta)}(c'_{\theta i}+v'_{\theta i})}{2q(\theta)+1}$$

$$\overline{c'_{\theta}}+\overline{v'_{\theta}}<\overline{c_{\theta}}+\overline{v_{\theta}}$$

$$\overline{r'}\neq\overline{r}$$

式（16）是全产业平均利润率更替过程刻画。

③第 θ 部门商品生产价格基形更替过程

设$\overline{p'_{\theta}}$代表创新普及后该部门商品生产价格基形，由式（16）并与式（5）对比，有：

$$\overline{p'_{\theta}}=\overline{c'_{\theta}}+\overline{v'_{\theta}}+\overline{r'}\ (\overline{c'_{\theta}}+\overline{v'_{\theta}}) \tag{17}$$

式中，$\overline{p'_{\theta}}<\overline{p_{\theta}}$。式（17）是第 θ 部门商品生产价格基形更替过程刻画。附式并不是自明的，需要证明。

证：式（16）有$\overline{c'_{\theta}}+\overline{v'_{\theta}}<\overline{c_{\theta}}+\overline{v_{\theta}}$，诚然，式（16）还有$\overline{r'}\neq\overline{r}$，亦即有$\overline{r'}$（$\overline{c'_{\theta}}+\overline{v'_{\theta}}$）$\neq$ $\overline{r}$（$\overline{c_{\theta}}+\overline{v_{\theta}}$），于是，结论似乎是$\overline{p'_{\theta}}\neq\overline{p_{\theta}}$（而不是$\overline{p'_{\theta}}<\overline{p_{\theta}}$），其实不然，因为$\overline{r'}$和$\overline{r}$是百分比（小于1），即使存在$\overline{r'}$（$\overline{c'_{\theta}}+\overline{v'_{\theta}}$）$>\overline{r}$（$\overline{c_{\theta}}+\overline{v_{\theta}}$），但$\overline{r'}$（$\overline{c'_{\theta}}+\overline{v'_{\theta}}$）与$\overline{r}$（$\overline{c_{\theta}}+\overline{v_{\theta}}$）的差额远小于$\overline{c'_{\theta}}+\overline{v'_{\theta}}$与$\overline{c_{\theta}}+\overline{v_{\theta}}$的差额，所以必有$\overline{p'_{\theta}}<\overline{p_{\theta}}$。证毕。

④第 $k-\theta$ 部门商品生产价格基形更替过程

设$\overline{p'_{(k-\theta)}}$代表创新普及后第 $k-\theta$ 部门商品生产价格基形，将$\overline{r}'$替换式（12）中的$\overline{r}$并进行对比，有：

$$\overline{p'_{(k-\theta)}}=\overline{c_{(k-\theta)}}+\overline{v_{(k-\theta)}}+\overline{r}'\left(\overline{c_{(k-\theta)}}+\overline{v_{(k-\theta)}}\right) \tag{18}$$

式中，$\overline{p'_{(k-\theta)}}\neq\overline{p_{(k-\theta)}}$。式（18）是第 $k-\theta$ 部门商品生产价格基形更替过程刻画。附式表明，尽管创新没有在第 $k-\theta$ 部门普及，但创新后全产业平均利润率发生了更替，因此，其商品生产价格基形也会发生更替。

⑤第 θ 部门第 i 个商品常态超额剩余价值更替过程

设$e'_{\theta i}$代表创新普及后第 θ 部门第 i 个商品常态超额剩余价值，由式（17）、式（15）并与式（13）对比，有：

$$e'_{\theta i}=\overline{p'_{\theta}}-w'_{\theta i} \tag{19}$$

式中，$e'_{\theta i}\neq e_{\theta i}$。式（19）是第 θ 部门第 i 个商品常态超额剩余价值更替过程刻画。

⑥第 $k-\theta$ 部门第 i 个商品常态超额剩余价值更替过程

设$e'_{(k-\theta)i}$代表创新普及后第 $k-\theta$ 部门第 i 个商品常态超额剩余价值，由式（18）、式（11）并与式（14）对比，有：

$$e'_{(k-\theta)i}=\overline{p'_{(k-\theta)}}-w_{(k-\theta)i} \tag{20}$$

式中，$e'_{(k-\theta)i}\neq e_{(k-\theta)i}$。式（20）是第 $k-\theta$ 部门第 i 个商品常态超额剩余价值更替过程刻画。

（二）商品垄断超额剩余价值——以第 θ 部门垄断竞争为例

商品垄断竞争以部门为单位来说明。诚然，垄断竞争部门可能不止一个，但为简化，这里假设只有第 θ 部门一个（第 $k-\theta$ 部门是正常竞争）。由市场结构理论知，此时第 θ 部门可能的情况有三：或者是垄断竞争，或者是寡头垄断，或者是完全垄断。为简化并不失一般性，这里假设为寡头垄断。由探析思路，本节分五个要点进行。在此说明，这里同样涉及量值对比，并且第二和第三要点所对比的量值应是商品常态超额剩余价值动态演化终点的量值（不是动态演化始点的量值），因为只有这样才能体现垄断竞争是“剩余价值平均化为平均利润的过程……的障碍”这一特征。

1. 商品垄断竞争行为假设

设$\widehat{\nabla c_{\theta}}+\widehat{\nabla v_{\theta}}$代表垄断资本为获取垄断超额利润而虚置的商品成本价格，$\overline{c'_{\theta}}+\overline{v'_{\theta}}$（前文有定义）代表第 θ 部门实际耗费的成本价格，$\overline{c_{\theta}}+\overline{v_{\theta}}$（前文有定义）代表第 θ 部门原（指垄断竞争前）成本价格，有：

$$\begin{cases}\widehat{\nabla c_{\theta}}+\widehat{\nabla v_{\theta}}>0 & ①\\ \overline{c'_{\theta}}+\overline{v'_{\theta}}+\widehat{\nabla c_{\theta}}+\widehat{\nabla v_{\theta}}\leqslant\overline{c_{\theta}}+\overline{v_{\theta}} & ②\end{cases} \tag{21}$$

式（21）是商品垄断竞争行为假设定义式。

这里有两个问题需要说明。第一，$\widehat{\nabla c_{\theta}}+\widehat{\nabla v_{\theta}}$对应的实际情况是什么？回答：可

归结为两种。一是垄断竞争者凭实力阻止创新普及成果参与利润率平均化。显然，如果式（21）②分式中的"≤"取为"<"，那么就有$\widehat{\nabla c_\theta}+\widehat{\nabla v_\theta}=\overline{c_\theta}+\overline{v_\theta}-(\overline{c'_\theta}+\overline{v'_\theta})$。此外，由式（17）并式（5）有$\overline{p_\theta}-\overline{p'_\theta}=\overline{c_\theta}+\overline{v_\theta}+\bar{r}(\overline{c_\theta}+\overline{v_\theta})-[\overline{c'_\theta}+\overline{v'_\theta}+\overline{r'}(\overline{c'_\theta}+\overline{v'_\theta})]$，其中成本价格下降额可写为$\overline{\Delta c_\theta}+\overline{\Delta v_\theta}=\overline{c_\theta}+\overline{v_\theta}-(\overline{c'_\theta}+\overline{v'_\theta})$。将两式对比，则有$\overline{\Delta c_\theta}+\overline{\Delta v_\theta}=\widehat{\nabla c_\theta}+\widehat{\nabla v_\theta}$。就此有如下理解：垄断竞争者通过虚置成本价格$\widehat{\nabla c_\theta}+\widehat{\nabla v_\theta}$，阻止$\overline{\Delta c_\theta}+\overline{\Delta v_\theta}$参与利润率平均化，从而获取垄断超额利润。二是垄断竞争者凭实力打破既有利润率平均化。也就是说，他们不以创新为基础，仅凭实力纯粹虚置一个量$\widehat{\nabla c_\theta}+\widehat{\nabla v_\theta}$挤进既有利润率平均化过程，从而获取垄断超额利润。当然，上述两种行为都要通过构筑垄断壁垒（高峰将其概括为八类[21]）实施，其实质是垄断竞争者对"剩余价值平均化为平均利润的过程"设置"障碍"。第二，式（21）的实质是什么？回答：由垄断竞争者主观意愿和客观限制所决定的垄断价格定价策略。首先，垄断竞争者必须获取垄断利润——这是主观意愿。其次，垄断商品可能存在替代品，因此其价格不能定得过高，否则会影响商品销量——这是客观限制。就此试问：垄断价格合理区间何在？式（21）就是答案。

2. 商品垄断竞争条件下的一般利润率

设$\hat{r}$代表商品垄断竞争条件下的一般利润率，由式（21）并参照式（16）且与之对比，有：

$$\hat{r}=\frac{\sum_{k=-n,i=-q(k)}^{n,q(k)} m_{(k-\theta)i}+\sum_{i=-q(\theta)}^{q(\theta)} m'_{\theta i}-(\widehat{\nabla c_\theta}+\widehat{\nabla v_\theta})}{\sum_{k=-n}^{n}[2q(k-\theta)+1][\overline{c_{(k-\theta)}}+\overline{v_{(k-\theta)}}]+[2q(\theta)+1](\overline{c'_\theta}+\overline{v'_\theta}+\widehat{\nabla c_\theta}+\widehat{\nabla v_\theta})} \tag{22}$$

式中，$\hat{r}<\overline{r'}$。式（22）是商品垄断竞争条件下的一般利润率定义式。显然，就形式而言，$\hat{r}$也是平均利润率，但就实质而言，$\hat{r}$是非平均的一般利润率（因为$\widehat{\nabla c_\theta}+\widehat{\nabla v_\theta}$是虚置的）。此外，由$\widehat{\nabla c_\theta}+\widehat{\nabla v_\theta}>0$，有$\sum_{k=-n,i=-q(k)}^{n,q(k)} m_{(k-\theta)i}+\sum_{i=-q(\theta)}^{q(\theta)} m'_{\theta i}-(\widehat{\nabla c_\theta}+\widehat{\nabla v_\theta})<\sum_{k=-n,i=-q(k)}^{n,q(k)} m_{(k-\theta)i}+\sum_{i=-q(\theta)}^{q(\theta)} m'_{\theta i}$和$\sum_{k=-n}^{n}[2q(k-\theta)+1][\overline{c_{(k-\theta)}}+\overline{v_{(k-\theta)}}]+[2q(\theta)+1](\overline{c'_\theta}+\overline{v'_\theta}+\widehat{\nabla c_\theta}+\widehat{\nabla v_\theta})>\sum_{k=-n}^{n}[2q(k-\theta)+1][\overline{c_{(k-\theta)}}+\overline{v_{(k-\theta)}}]+[2q(\theta)+1](\overline{c'_\theta}+\overline{v'_\theta})$。因此，必有$\hat{r}<\overline{r'}$。

3. 垄断商品基础价格与非垄断商品基础价格的区分

设$\widehat{p_\theta}$代表垄断商品基础价格，由式（21）、式（22）并与式（17）对比，有：

$$\widehat{p_\theta}=\overline{c'_\theta}+\overline{v'_\theta}+\widehat{\nabla c_\theta}+\widehat{\nabla v_\theta}+\hat{r}(\overline{c'_\theta}+\overline{v'_\theta}+\widehat{\nabla c_\theta}+\widehat{\nabla v_\theta}) \tag{23}$$

式中，$\widehat{p_\theta}>\overline{p'_\theta}$。式（23）是垄断商品基础价格定义式。前面对式（17）附式的证明原则上适用于这里，因此必有$\widehat{p_\theta}>\overline{p'_\theta}$。

设$\widehat{p_{(k-\theta)}}$代表非垄断商品基础价格，将$\hat{r}$替换式（12）中的$\bar{r}$并对比，有：

$$\widehat{p_{(k-\theta)}}=\overline{c_{(k-\theta)}}+\overline{v_{(k-\theta)}}+\hat{r}(\overline{c_{(k-\theta)}}+\overline{v_{(k-\theta)}}) \tag{24}$$

式中，$\widehat{p_{(k-\theta)}}<\overline{p'_{(k-\theta)}}$。式（24）是非垄断商品基础价格定义式。

4. 商品垄断超额剩余价值的确定

由式（23），有：

$$\widehat{p_\theta} = \overline{c'_\theta} + \overline{v'_\theta} + \hat{r}\ (\overline{c'_\theta} + \overline{v'_\theta}) \quad + \widehat{\nabla c_\theta} + \widehat{\nabla v_\theta} + \hat{r}\ (\widehat{\nabla c_\theta} + \widehat{\nabla v_\theta}) \tag{25}$$

式（25）是式（23）的分离式。

设$\widehat{p'_\theta}$代表商品垄断超额剩余价值，由上式，有：

$$\widehat{p'_\theta} = \widehat{\nabla c_\theta} + \widehat{\nabla v_\theta} + \hat{r}\ (\widehat{\nabla c_\theta} + \widehat{\nabla v_\theta}) \tag{26}$$

式（26）是商品垄断超额剩余价值定义式。

5. 商品垄断超额剩余价值来源分析

学界有关于这一问题的讨论，但并没有清晰的结论[17,19]。由上述讨论，有：

$$\widehat{p'_\theta} = \widehat{\Delta p_\theta} + \widehat{p_{(k-\theta)}} \tag{27}$$

式中，$\widehat{\Delta p_\theta} = \overline{r'}\ (\overline{c'_\theta} + \overline{v'_\theta}) - \hat{r}\ (\overline{c'_\theta} + \overline{v'_\theta})$；$\widehat{p_{(k-\theta)}} = \overline{r'}\ (\overline{c_{(k-\theta)}} + \overline{v_{(k-\theta)}}) - \hat{r}\ (\overline{c_{(k-\theta)}} + \overline{v_{(k-\theta)}})$。式（27）是商品垄断超额剩余价值来源分析式，该式表明$\widehat{p'_\theta}$可区分为两个部分：一是$\widehat{\Delta p_\theta}$，它是第 θ 部门商品正常利润的一部分；二是$\widehat{p_{(k-\theta)}}$，它是第 $k-\theta$部门正常利润一部分的转移。就此，严格来说，$\widehat{p'_\theta}$并非纯粹的垄断超额剩余价值，不过，$\widehat{\Delta p_\theta}$的值很小（可忽略不计），因此，$\widehat{p'_\theta}$仍可称为“商品垄断超额剩余价值”。

（三）比较和结论

1. 商品正常超额剩余价值以贡献为基础，是所有权的实现；商品垄断超额剩余价值以实力为基础，是一种所有权对另一种所有权权益的侵占

商品正常超额剩余价值有暂态和常态两种。商品暂态超额剩余价值源于生产创新，其结果是“塌缩新生”。诚然，“塌缩”的本意是商品价值从而商品生产价格下降，但其背后却是生产效率提高亦即等量劳动所生产的使用价值（商品种类和数量）增长——这是“贡献”的一个层面。“新生”指商品剩余价值率提升——这是“贡献”的另一个层面。此外，商品常态超额剩余价值是利润率平均化的结果，这仍然是以资本对剩余价值生产贡献为依据。以贡献为依据的分配，其实质是所有权的实现。然而，商品垄断超额剩余价值由垄断者凭实力构筑壁垒而获取，是把其他商品生产者的一部分利润转移到具有垄断价格的商品上。显然，这是一种所有权对另一种所有权权益的侵占。

2. 商品正常超额剩余价值体现市场活力，是基于新情况对经济比例的自然调整；商品垄断超额剩余价值是对市场活力的遏制，是对比例的破坏

商品暂态超额剩余价值源于创新，这是市场活力的体现；商品常态超额剩余价值量值更替是因暂态超额剩余价值的介入而对利润的重新分配，其实质是基于新情况对经济比例的自然调整。然而，垄断超额剩余价值是垄断者凭实力垄断创新的效益，甚至不以创新为基础而仅凭实力侵占非垄断企业的效益，其结果必然遏制创新亦即遏制市场活力，并且它是对利润率平均化的破坏，从而也是对经济比例的破坏。

3. 商品正常超额剩余价值是经济持续发展的动力；商品垄断超额剩余价值是生产过剩危机的根源

市场活力与比例的自然调整必然促进经济发展，因此，商品正常超额剩余价值是经济社会持续发展的动力。然而，商品垄断超额剩余价值是把其他商品生产者的一部分利润转移到具有垄断价格的商品上，这必然使其他商品生产萎缩，从而使与此相关的生产工人失业，进而减少需求。可见，商品垄断超额剩余价值是生产过剩危机的根源。

四、业态垄断超额剩余价值探析

商品垄断超额剩余价值从商品正常超额剩余价值说起，同理，这里也要从业态正常超额剩余价值说起，但后者远比前者复杂，其原因在于六类业态须区分为两个层次：一是前四类（以下统称“职能业态”，相应的四类资本及其正常超额剩余价值统称“职能资本”“职能业态正常超额剩余价值”），二是后两类（土地所有权和公务也要分享剩余价值，因此也可视为“资本”，其分享的商品正常超额剩余价值构成地租和公务税）。马克思揭示，职能资本和土地所有权（可推及公务）参与剩余价值分配的规律不同，前者是职能分割（以其履行不同职能为据，平均分割商品剩余价值），[6]297－360后者是替代转化（以其对相关资本的替代为据，把“已经由资本直接占有的剩余价值的一部分再从资本手里夺走”[6]883），于是，产生如下情况：第一，职能业态正常超额剩余价值有常态和暂态之分，但地租和公务税只有常态；第二，职能业态常态超额剩余价值须分为两个阶段，前一阶段的量值（以下直呼其名）由单纯职能分割过程（此时地租和公务税还不存在）决定，后一阶段的量值（下称“职能业态常态超额剩余价值变形”，与此相关的量值也称“变形”）由六类业态资本分享剩余价值的过程决定；第三，六类业态常态超额剩余价值的量值也会发生周期性更替。基于此，业态正常超额剩余价值须用四节来说明，加上业态垄断超额剩余价值的研究以及相关比较，本部分共有六节。在此说明，前两节的内容此前文章已有探讨，[3]这里从中引出必要的内容，其余从略，后四节涉及细节和新内容，将详加讨论。

所谓“必要”涉及简化，就此有如下说明。第一，此前文章表明，以全业态为论域既存在业态正常超额剩余价值也存在商品正常超额剩余价值，但本部分论题是业态垄断超额剩余价值，因此这里仅引出前者，后者从略。第二，此前文章还表明，生产服务业态、商品经营业态和货币经营业态可区分业态和二层业态两个层次。但下文表明，金融业态（货币经营业态的垄断形式）是业态垄断竞争的典型（这是我们研究的重点），并且金融垄断是全业态垄断（不存在二层业态垄断），据此，也为简化，这里仅追溯到业态，不再论及二层业态。第三，业态的兴起与城市化进程相联系，但为简化，此前文章没有考虑业态在城市化进程中的集聚效应，所论地租不涉及城市地租，这里仍然如此。

（一）单纯职能分割过程——职能业态常态超额剩余价值

1. 商品个别价值基形扩展形态

式（1）中的生产资本是原始一体的，但在当代，原始一体的商品生产分化为直接生产和生产服务两类独立业态，[27]从而原始一体的生产资本分化为两类对应的职能资本。诚然，分工深化会提高效率，但为方便对比，这里假设其效率没有提高。据此，设w_{ki}^{ϕ}代表第 k 个部门第 i 个商品个别价值，$c_{ki}^{\#\phi}$和$v_{ki}^{\#\phi}$分别代表直接生产业态个别不变资本和可变资本，$m_{ki}^{\#\phi}$代表该业态的剩余价值，$c_{ki}^{*\phi}$和$v_{ki}^{*\phi}$分别代表生产服务业态个别不变资本和可变资本，$m_{ki}^{*\phi}$代表该业态的剩余价值，由此并与式（1）对比，有：

$$w_{ki}^{\phi} = c_{ki}^{\#\phi} + v_{ki}^{\#\phi} + c_{ki}^{*\phi} + v_{ki}^{*\phi} + m_{ki}^{\#\phi} + m_{ki}^{*\phi} \tag{28}$$

式中，$c_{ki}^{\#\phi} + v_{ki}^{\#\phi} + c_{ki}^{*\phi} + v_{ki}^{*\phi} = c_{ki} + v_{ki}$；$m_{ki}^{\#\phi} + m_{ki}^{*\phi} = m_{ki}$。

$w_{ki}^{\phi} = w_{ki}$。

式（28）是商品个别价值基形扩展形态定义式。

2. 商品生产价格链

（1）商品个别生产价格链

商品个别生产价格链以式（28）为基础引入商业资本（含商品经营资本和货币经营资本[6]297）生成。设$\overline{p_{ki}^{\phi}}$代表第 k 个部门第 i 个商品个别生产价格链量值，$\overline{r_{ki}^{\phi}}$代表全业态商品个别利润率，B_{ki}^{ϕ}代表商品经营业态个别占用的商品资本，$h_{ki}^{\phi} + l_{ki}^{\phi}$代表商品经营个别纯粹流通费用（以下简称“费用”），G_{ki}^{ϕ}代表货币经营业态个别占用的货币资本，$S_{ki}^{\phi} + f_{ki}^{\phi}$代表货币经营个别费用，由式（28），有：

$$\overline{p_{ki}^{\phi}} = c_{ki}^{\#\phi} + v_{ki}^{\#\phi} + c_{ki}^{*\phi} + v_{ki}^{*\phi} + h_{ki}^{\phi} + l_{ki}^{\phi} + S_{ki}^{\phi} + f_{ki}^{\phi} + \overline{r_{ki}^{\phi}}\ (c_{ki}^{\#\phi} + v_{ki}^{\#\phi} + c_{ki}^{*\phi} + v_{ki}^{*\phi} + B_{ki}^{\phi} + h_{ki}^{\phi} + l_{ki}^{\phi} + G_{ki}^{\phi} + S_{ki}^{\phi} + f_{ki}^{\phi}) \tag{29}$$

式中，$\overline{r_{ki}^{\phi}} = \dfrac{m_{ki}^{\#\phi} + m_{ki}^{*\phi} - h_{ki}^{\phi} - l_{ki}^{\phi} - S_{ki}^{\phi} - f_{ki}^{\phi}}{c_{ki}^{\#\phi} + v_{ki}^{\#\phi} + c_{ki}^{*\phi} + v_{ki}^{*\phi} + B_{ki}^{\phi} + h_{ki}^{\phi} + l_{ki}^{\phi} + G_{ki}^{\phi} + S_{ki}^{\phi} + f_{ki}^{\phi}}$。式（29）是商品个别生产价格链定义式。

（2）商品一般生产价格链

设$\overline{\overline{p_{k}^{\phi}}}$代表第 k 个部门商品一般生产价格链量值，$\overline{\overline{r^{\phi}}}$代表全业态商品平均利润率，$\overline{c_{k}^{\#\phi}} + \overline{v_{k}^{\#\phi}}$代表直接生产业态部门平均成本价格，$\overline{c_{k}^{*\phi}} + \overline{v_{k}^{*\phi}}$代表生产服务业态部门平均成本价格，$\overline{B_{k}^{\phi}}$代表商品资本部门平均值，$\overline{h_{k}^{\phi}} + \overline{l_{k}^{\phi}}$代表商品经营费用部门平均值，$\overline{G_{k}^{\phi}}$代表货币资本部门平均值，$\overline{S_{k}^{\phi}} + \overline{f_{k}^{\phi}}$代表货币经营费用部门平均值，由式（29），有：

$$\overline{\overline{p_{k}^{\phi}}} = \overline{c_{k}^{\#\phi}} + \overline{v_{k}^{\#\phi}} + \overline{c_{k}^{*\phi}} + \overline{v_{k}^{*\phi}} + \overline{h_{k}^{\phi}} + \overline{l_{k}^{\phi}} + \overline{S_{k}^{\phi}} + \overline{f_{k}^{\phi}} + \overline{\overline{r^{\phi}}}\ (\overline{c_{k}^{\#\phi}} + \overline{v_{k}^{\#\phi}} + \overline{c_{k}^{*\phi}} + \overline{v_{k}^{*\phi}} + \overline{B_{k}^{\phi}} + \overline{h_{k}^{\phi}} + \overline{l_{k}^{\phi}} + \overline{G_{k}^{\phi}} + \overline{S_{k}^{\phi}} + \overline{f_{k}^{\phi}}) \tag{30}$$

式中：

$$\overline{\overline{r^{\phi}}} = \frac{\sum_{k=-n,i=-q(k)}^{n,q(k)} (m_{ki}^{\#\phi} + m_{ki}^{*\phi}) - \sum_{k=-n}^{n}[2q(k)+1](\overline{h_{k}^{\phi}} + \overline{l_{k}^{\phi}} + \overline{S_{k}^{\phi}} + \overline{f_{k}^{\phi}})}{\sum_{k=-n}^{n}[2q(k)+1](\overline{c_{k}^{\#\phi}} + \overline{v_{k}^{\#\phi}} + \overline{c_{k}^{*\phi}} + \overline{v_{k}^{*\phi}} + \overline{B_{k}^{\phi}} + \overline{h_{k}^{\phi}} + \overline{l_{k}^{\phi}} + \overline{G_{k}^{\phi}} + \overline{S_{k}^{\phi}} + \overline{f_{k}^{\phi}})}$$

$$\overline{c_{k}^{\#\phi}} + \overline{v_{k}^{\#\phi}} = \frac{\sum_{i=-q(k)}^{q(k)} (c_{ki}^{\#\phi} + v_{ki}^{\#\phi})}{2q(k)+1}$$

$$\overline{c_{k}^{*\phi}} + \overline{v_{k}^{*\phi}} = \frac{\sum_{i=-q(k)}^{q(k)} (c_{ki}^{*\phi} + v_{ki}^{*\phi})}{2q(k)+1}$$

$$\overline{B_k^\phi}=\frac{\sum_{i=-q(k)}^{q(k)}B_{ki}^\phi}{2q(k)+1}$$

$$\overline{h_k^\phi}+\overline{l_k^\phi}=\frac{\sum_{i=-q(k)}^{q(k)}(h_{ki}^\phi+l_{ki}^\phi)}{2q(k)+1}$$

$$\overline{G_k^\phi}=\frac{\sum_{i=-q(k)}^{q(k)}G_{ki}^\phi}{2q(k)+1}$$

$$\overline{S_k^\phi}+\overline{f_k^\phi}=\frac{\sum_{i=-q(k)}^{q(k)}(S_{ki}^\phi+f_{ki}^\phi)}{2q(k)+1}$$

式（30）是商品一般生产价格链定义式。

3. 职能业态生产价格和职能业态常态超额剩余价值

（1）职能业态个别生产价格

设$\overline{p_k^\phi}^{\#}$、$\overline{p_{ki}^\phi}^{a}$、$\overline{p_k^\phi}^{b}$、$\overline{p_k^\phi}^{d}$分别代表第 k 个部门第 i 个商品直接生产业态、生产服务业态、商品经营业态、货币经营业态个别生产价格，由式（30），有：

$$\overline{p_k^\phi}^{\#}=c_{ki}^{\#\phi}+v_{ki}^{\#\phi}+\overline{r_{ki}^\phi}\ (c_{ki}^{\#\phi}+v_{ki}^{\#\phi}) \tag{31}$$

$$\overline{p_{ki}^\phi}^{a}=c_{ki}^{*\phi}+v_{ki}^{*\phi}+\overline{r_{ki}^\phi}\ (c_{ki}^{*\phi}+v_{ki}^{*\phi}) \tag{32}$$

$$\overline{p_k^\phi}^{b}=h_{ki}^\phi+l_{ki}^\phi+\overline{r_{ki}^\phi}\ (B_{ki}^\phi+h_{ki}^\phi+l_{ki}^\phi) \tag{33}$$

$$\overline{p_k^\phi}^{d}=S_{ki}^\phi+f_{ki}^\phi+\overline{r_{ki}^\phi}\ (G_{ki}^\phi+S_{ki}^\phi+f_{ki}^\phi) \tag{34}$$

式（31）、式（32）、式（33）、式（34）是职能业态个别生产价格定义式。

（2）职能业态一般生产价格

设$\overline{\overline{p_k^\phi}}^{\#}$、$\overline{\overline{p_k^\phi}}^{a}$、$\overline{\overline{p_k^\phi}}^{b}$、$\overline{\overline{p_k^\phi}}^{d}$分别代表第 k 个部门直接生产业态、生产服务业态、商品经营业态、货币经营业态一般生产价格，由式（31），有：

$$\overline{\overline{p_k^\phi}}^{\#}=\overline{c_k^{\#\phi}}+\overline{v_k^{\#\phi}}+\overline{\overline{r^\phi}}\ (\overline{c_k^{\#\phi}}+\overline{v_k^{\#\phi}}) \tag{35}$$

$$\overline{\overline{p_k^\phi}}^{a}=\overline{c_k^{*\phi}}+\overline{v_k^{*\phi}}+\overline{\overline{r^\phi}}\ (\overline{c_k^{*\phi}}+\overline{v_k^{*\phi}}) \tag{36}$$

$$\overline{\overline{p_k^\phi}}^{b}=\overline{h_k^\phi}+\overline{l_k^\phi}+\overline{\overline{r^\phi}}\ (\overline{B_k^\phi}+\overline{h_k^\phi}+\overline{l_k^\phi}) \tag{37}$$

$$\overline{\overline{p_k^\phi}}^{d}=\overline{S_k^\phi}+\overline{f_k^\phi}+\overline{\overline{r^\phi}}\ (\overline{G_k^\phi}+\overline{S_k^\phi}+\overline{f_k^\phi}) \tag{38}$$

式（35）、式（36）、式（37）、式（38）是职能业态一般生产价格定义式。

（3）职能业态常态超额剩余价值

设$\overline{e_{ki}^\phi}^{\#}$、$\overline{e_{ki}^\phi}^{a}$、$\overline{e_{ki}^\phi}^{b}$和$\overline{e_{ki}^\phi}^{d}$分别代表直接生产业态、生产服务业态、商品经营业态、货币经营业态常态超额剩余价值，由职能业态一般和个别生产价格的定义，有：

$$\overline{e_{ki}^\phi}^{\#}=\overline{\overline{p_k^\phi}}^{\#}-\overline{p_k^\phi}^{\#} \tag{39}$$

$$\overline{e_{ki}^\phi}^{a}=\overline{\overline{p_k^\phi}}^{a}-\overline{p_{ki}^\phi}^{a} \tag{40}$$

$$\overline{e_{ki}^{\phi}}^{b} = \overline{\overline{p_k^{\phi}}}^{b} - \overline{p_k^{\phi}}^{b} \tag{41}$$

$$\overline{e_{ki}^{\phi}}^{d} = \overline{\overline{p_k^{\phi}}}^{d} - \overline{p_k^{\phi}}^{d} \tag{42}$$

式（39）、式（40）、式（41）、式（42）是职能业态常态超额剩余价值定义式。

（二）六类业态资本分享剩余价值的过程——职能业态常态超额剩余价值变形和地租、公务税

1. 基础量的设定和定义

前文提到替代转化规律，这里给出细节，从而说明本要点的必要性。马克思给出了“用自然瀑布推动”替代“用蒸汽机推动”的实例，[6]721-730据此，笔者此前首先引出级差地租替代转化规律，此时“替代”指自然资源（土地内含的一种资源）替代部分职能资本，“转化”指替代所生成的商品超额利润转化为级差地租，继而将其推及绝对地租，此时“替代”指生产经营场地（土地内含的另一种资源）替代生产经营场地维护资本（该资本一般由国家投入，因此下称“社会资本”），“转化”指替代所生成的商品超额利润转化为绝对地租。此外，公务可分为两类：一类是直接为经济活动提供的服务，例如，国家制定的经济法规、发展规划和政策，统计部门提供的统计数据，政府部门提供的生产经营性服务（下称“公务Ⅰ”）；另一类是国家提供的国防、公共安全、科技基础研究等服务（下称“公务Ⅱ”）。诚然，公务Ⅱ不是为经济活动提供的直接服务，却是这些活动正常进行的外部条件，其作用与维护生产经营场地类似。与此相应，国家对经济活动征收的税亦可区分为公务税Ⅰ和公务税Ⅱ。据此并地租生成规律，有如下推论：公务Ⅰ是对职能资本的替代，被替代的资本及其分享的利润转化为公务税Ⅰ；公务Ⅱ是对相关社会资本的替代，被替代的资本及其分享的利润转化为公务税Ⅱ。显然，一旦引入地租、公务税，那么，职能资本量值和利润分享主体就会发生变化，因此，本节须从基础量的设定和定义说起。

（1）自然资源和公务Ⅰ对职能资本的替代量

设$\Delta c_{ki}^{\#\alpha} + \Delta v_{ki}^{\#\alpha}$和$\Delta c_{ki}^{\#\chi} + \Delta v_{ki}^{\#\chi}$代表被自然资源和公务Ⅰ替代的直接生产资本个别，$\overline{\Delta c_k^{\#\alpha}} + \overline{\Delta v_k^{\#\alpha}}$和$\overline{\Delta c_k^{\#\chi}} + \overline{\Delta v_k^{\#\chi}}$是其部门平均值，有：

$$\overline{\Delta c_k^{\#\alpha}} + \overline{\Delta v_k^{\#\alpha}} = \frac{\sum_{i=-q(k)}^{q(k)} (\Delta c_{ki}^{\#\alpha} + \Delta v_{ki}^{\#\alpha})}{2q(k)+1} \tag{43}$$

$$\overline{\Delta c_k^{\#\chi}} + \overline{\Delta v_k^{\#\chi}} = \frac{\sum_{i=-q(k)}^{q(k)} (\Delta c_{ki}^{\#\chi} + \Delta v_{ki}^{\#\chi})}{2q(k)+1} \tag{44}$$

式（43）、式（44）是自然资源和公务Ⅰ对直接生产资本一般替代量定义式。

设$\Delta c_{ki}^{*\alpha} + \Delta v_{ki}^{*\alpha}$和$\Delta c_{ki}^{*\chi} + \Delta v_{ki}^{*\chi}$代表被自然资源和公务Ⅰ替代的生产服务资本个别，$\overline{\Delta c_k^{*\alpha}} + \overline{\Delta v_k^{*\alpha}}$和$\overline{\Delta c_k^{*\chi}} + \overline{\Delta v_k^{*\chi}}$是其部门平均值，有：

$$\overline{\Delta c_k^{*\alpha}}+\overline{\Delta v_k^{*\alpha}}=\frac{\sum\limits_{i=-q(k)}^{q(k)}(\Delta c_{ki}^{*\alpha}+\Delta v_{ki}^{*\alpha})}{2q(k)+1} \tag{45}$$

$$\overline{\Delta c_k^{*\chi}}+\overline{\Delta v_k^{*\chi}}=\frac{\sum\limits_{i=-q(k)}^{q(k)}(\Delta c_{ki}^{*\chi}+\Delta v_{ki}^{*\chi})}{2q(k)+1} \tag{46}$$

式（45）、式（46）是自然资源和公务Ⅰ对生产服务资本一般替代量定义式。

设ΔB_{ki}^{α}和ΔB_{ki}^{χ}代表被自然资源和公务Ⅰ替代的商品资本个别，$\overline{\Delta B_k^{\alpha}}$和$\overline{\Delta B_k^{\chi}}$是其部门平均值，$\Delta h_{ki}^{\alpha}+\Delta l_{ki}^{\alpha}$和$\Delta h_{ki}^{\chi}+\Delta l_{ki}^{\chi}$代表被自然资源和公务Ⅰ替代的商品经营费用个别，$\overline{\Delta h_k^{\alpha}}+\overline{\Delta l_k^{\alpha}}$和$\overline{\Delta h_k^{\chi}}+\overline{\Delta l_k^{\chi}}$是其部门平均值，由此有：

$$\overline{\Delta B_k^{\alpha}}=\frac{\sum\limits_{i=-q(k)}^{q(k)}\Delta B_{ki}^{\alpha}}{2q(k)+1} \tag{47}$$

$$\overline{\Delta B_k^{\chi}}=\frac{\sum\limits_{i=-q(k)}^{q(k)}\Delta B_{ki}^{\chi}}{2q(k)+1} \tag{48}$$

$$\overline{\Delta h_k^{\alpha}}+\overline{\Delta l_k^{\alpha}}=\frac{\sum\limits_{i=-q(k)}^{q(k)}(\Delta h_{ki}^{\alpha}+\Delta l_{ki}^{\alpha})}{2q(k)+1} \tag{49}$$

$$\overline{\Delta h_k^{\chi}}+\overline{\Delta l_k^{\chi}}=\frac{\sum\limits_{i=-q(k)}^{q(k)}(\Delta h_{ki}^{\chi}+\Delta l_{ki}^{\chi})}{2q(k)+1} \tag{50}$$

式（47）、式（48）、式（49）、式（50）是自然资源和公务Ⅰ对商品资本和商品经营费用一般替代量定义式。

设ΔG_{ki}^{α}和ΔG_{ki}^{χ}代表被自然资源和公务Ⅰ替代的货币资本个别，$\overline{\Delta G_k^{\alpha}}$和$\overline{\Delta G_k^{\chi}}$是其部门平均值，$\Delta S_{ki}^{\alpha}+\Delta f_{ki}^{\alpha}$和$\Delta S_{ki}^{\chi}+\Delta f_{ki}^{\chi}$代表被自然资源和公务Ⅰ替代的货币经营费用个别，$\overline{\Delta S_k^{\alpha}}+\overline{\Delta f_k^{\alpha}}$和$\overline{\Delta S_k^{\chi}}+\overline{\Delta f_k^{\chi}}$是其部门平均值，由此有：

$$\overline{\Delta G_k^{\alpha}}=\frac{\sum\limits_{i=-q(k)}^{q(k)}\Delta G_{ki}^{\alpha}}{2q(k)+1} \tag{51}$$

$$\overline{\Delta G_k^{\chi}}=\frac{\sum\limits_{i=-q(k)}^{q(k)}\Delta G_{ki}^{\chi}}{2q(k)+1} \tag{52}$$

$$\overline{\Delta S_k^{\alpha}}+\overline{\Delta f_k^{\alpha}}=\frac{\sum\limits_{i=-q(k)}^{q(k)}(\Delta S_{ki}^{\alpha}+\Delta f_{ki}^{\alpha})}{2q(k)+1} \tag{53}$$

$$\overline{\Delta S_k^{\chi}}+\overline{\Delta f_k^{\chi}}=\frac{\sum\limits_{i=-q(k)}^{q(k)}(\Delta S_{ki}^{\chi}+\Delta f_{ki}^{\chi})}{2q(k)+1} \tag{54}$$

式（51）、式（52）、式（53）、式（54）是自然资源和公务Ⅰ对货币资本和货币经营费用一般替代量定义式。

（2）职能资本变形

设$c_{ki}^{\#}+v_{ki}^{\#}$代表直接生产资本个别变形，$\overline{c_k^{\#}}+\overline{v_k^{\#}}$是其部门平均值，由式（28）、式（30）、式（43）、式（44），有：

$$c_{ki}^{\#}+v_{ki}^{\#}=c_{ki}^{\#\phi}+v_{ki}^{\#\phi}-\Delta c_{ki}^{\#\alpha}-\Delta v_{ki}^{\#\alpha}-\Delta c_{ki}^{\#\chi}-\Delta v_{ki}^{\#\chi} \tag{55}$$

$$\overline{c_k^{\#}}+\overline{v_k^{\#}}=\overline{c_k^{\#\phi}}+\overline{v_k^{\#\phi}}-\overline{\Delta c_k^{\#\alpha}}-\overline{\Delta v_k^{\#\alpha}}-\overline{\Delta c_k^{\#\chi}}-\overline{\Delta v_k^{\#\chi}} \tag{56}$$

式（55）、式（56）是直接生产资本个别和一般变形定义式。

设$c_{ki}^{*}+v_{ki}^{*}$代表生产服务资本个别变形，$\overline{c_k^{*}}+\overline{v_k^{*}}$是其部门平均值，由式（28）、式（30）、式（45）、式（46），有：

$$c_{ki}^{*}+v_{ki}^{*}=c_{ki}^{*\phi}+v_{ki}^{*\phi}-\Delta c_{ki}^{*\alpha}-\Delta v_{ki}^{*\alpha}-\Delta c_{ki}^{*\chi}-\Delta v_{ki}^{*\chi} \tag{57}$$

$$\overline{c_k^{*}}+\overline{v_k^{*}}=\overline{c_k^{*\phi}}+\overline{v_k^{*\phi}}-\overline{\Delta c_k^{*\alpha}}-\overline{\Delta v_k^{*\alpha}}-\overline{\Delta c_k^{*\chi}}-\overline{\Delta v_k^{*\chi}} \tag{58}$$

式（57）、式（58）是生产服务资本个别和一般变形定义式。

设B_{ki}代表商品资本个别变形，$\overline{B_k}$是其部门平均值，$h_{ki}+l_{ki}$代表商品经营费用个别变形，$\overline{h_k}+\overline{l_k}$是其部门平均值，由式（29）、式（30）、式（47）、式（48）、式（49）、式（50），有：

$$B_{ki}=B_{ki}^{\phi}-\Delta B_{ki}^{\alpha}-\Delta B_{ki}^{\chi} \tag{59}$$

$$\overline{B_k}=\overline{B_k^{\phi}}-\overline{\Delta B_k^{\alpha}}-\overline{\Delta B_k^{\chi}} \tag{60}$$

$$h_{ki}+l_{ki}=h_{ki}^{\phi}+l_{ki}^{\phi}-\Delta h_{ki}^{\alpha}-\Delta l_{ki}^{\alpha}-\Delta h_{ki}^{\chi}-\Delta l_{ki}^{\chi} \tag{61}$$

$$\overline{h_k}+\overline{l_k}=\overline{h_k^{\phi}}+\overline{l_k^{\phi}}-\overline{\Delta h_k^{\alpha}}-\overline{\Delta l_k^{\alpha}}-\overline{\Delta h_k^{\chi}}-\overline{\Delta l_k^{\chi}} \tag{62}$$

式（59）、式（60）、式（61）、式（62）是商品资本个别和一般变形与商品经营费用个别和一般变形的定义式。

设G_{ki}代表货币资本个别变形，$\overline{G_k}$是其部门平均值，$S_{ki}+f_{ki}$代表货币经营费用个别变形，$\overline{S_k}+\overline{f_k}$是其部门平均值，由式（29）、式（30）、式（51）、式（52）、式（53）、式（54），有：

$$G_{ki}=G_{ki}^{\phi}-\Delta G_{ki}^{\alpha}-\Delta G_{ki}^{\chi} \tag{63}$$

$$\overline{G_k}=\overline{G_k^{\phi}}-\overline{\Delta G_k^{\alpha}}-\overline{\Delta G_k^{\chi}} \tag{64}$$

$$S_{ki}+f_{ki}=S_{ki}^{\phi}+f_{ki}^{\phi}-\Delta S_{ki}^{\alpha}-\Delta f_{ki}^{\alpha}-\Delta S_{ki}^{\chi}-\Delta f_{ki}^{\chi} \tag{65}$$

$$\overline{S_k}+\overline{f_k}=\overline{S_k^{\phi}}+\overline{f_k^{\phi}}-\overline{\Delta S_k^{\alpha}}-\overline{\Delta f_k^{\alpha}}-\overline{\Delta S_k^{\chi}}-\overline{\Delta f_k^{\chi}} \tag{66}$$

式（63）、式（64）、式（65）、式（66）是货币资本个别和一般变形与货币经营费用个别和一般变形的定义式。

（3）生产或经营场地和公务Ⅱ对社会资本的替代量

设$\Delta c_{ki}^{\#\mu}+\Delta v_{ki}^{\#\mu}$和$\Delta c_{ki}^{\#\nu}+\Delta v_{ki}^{\#\nu}$代表直接生产业态由生产场地和公务Ⅱ替代的社会资本，$\overline{\Delta c_k^{\#\mu}}+\overline{\Delta v_k^{\#\mu}}$和$\overline{\Delta c_k^{\#\nu}}+\overline{\Delta v_k^{\#\nu}}$是其部门平均值，有：

$$\overline{\Delta c_k^{\#\mu}}+\overline{\Delta v_k^{\#\mu}}=\frac{\sum_{i=-q(k)}^{q(k)}(\Delta c_{ki}^{\#\mu}+\Delta v_{ki}^{\#\mu})}{2q(k)+1} \tag{67}$$

$$\overline{\Delta c_k^{\#\nu}}+\overline{\Delta v_k^{\#\nu}}=\frac{\sum_{i=-q(k)}^{q(k)}(\Delta c_{ki}^{\#\nu}+\Delta v_{ki}^{\#\nu})}{2q(k)+1} \tag{68}$$

式（67）、式（68）是商品直接生产业态由生产场地和公务Ⅱ对社会资本一般替代量定义式。

设$\Delta c_{ki}^{*\mu}+\Delta v_{ki}^{*\mu}$和$\Delta c_{ki}^{*\nu}+\Delta v_{ki}^{*\nu}$代表生产服务业态由经营场地和公务Ⅱ替代的社会资本，$\overline{\Delta c_k^{*\mu}}+\overline{\Delta v_k^{*\mu}}$和$\overline{\Delta c_k^{*\nu}}+\overline{\Delta v_k^{*\nu}}$是其部门平均值，有：

$$\overline{\Delta c_k^{*\mu}}+\overline{\Delta v_k^{*\mu}}=\frac{\sum_{i=-q(k)}^{q(k)}(\Delta c_{ki}^{*\mu}+\Delta v_{ki}^{*\mu})}{2q(k)+1} \tag{69}$$

$$\overline{\Delta c_k^{*\nu}}+\overline{\Delta v_k^{*\nu}}=\frac{\sum_{i=-q(k)}^{q(k)}(\Delta c_{ki}^{*\nu}+\Delta v_{ki}^{*\nu})}{2q(k)+1} \tag{70}$$

式（69）、式（70）是商品生产服务业态由经营场地和公务Ⅱ对社会资本一般替代量定义式。

设$\Delta h_{ki}^{\mu}+\Delta l_{ki}^{\mu}$和$\Delta h_{ki}^{\nu}+\Delta l_{ki}^{\nu}$代表商品经营业态由经营场地和公务Ⅱ替代的社会资本，$\overline{\Delta h_k^{\mu}}+\overline{\Delta l_k^{\mu}}$和$\overline{\Delta h_k^{\nu}}+\overline{\Delta l_k^{\nu}}$是其部门平均值，有：

$$\overline{\Delta h_k^{\mu}}+\overline{\Delta l_k^{\mu}}=\frac{\sum_{i=-q(k)}^{q(k)}(\Delta h_{ki}^{\mu}+\Delta l_{ki}^{\mu})}{2q(k)+1} \tag{71}$$

$$\overline{\Delta h_k^{\nu}}+\overline{\Delta l_k^{\nu}}=\frac{\sum_{i=-q(k)}^{q(k)}(\Delta h_{ki}^{\nu}+\Delta l_{ki}^{\nu})}{2q(k)+1} \tag{72}$$

式（71）、式（72）是商品经营业态由经营场地和公务Ⅱ对社会资本一般替代量定义式。

设$\Delta S_{ki}^{\mu}+\Delta f_{ki}^{\mu}$和$\Delta S_{ki}^{\nu}+\Delta f_{ki}^{\nu}$代表货币经营业态由经营场地和公务Ⅱ替代的社会资本，$\overline{\Delta S_k^{\mu}}+\overline{\Delta f_k^{\mu}}$和$\overline{\Delta S_k^{\nu}}+\overline{\Delta f_k^{\nu}}$是其部门平均值，有：

$$\overline{\Delta S_k^{\mu}}+\overline{\Delta f_k^{\mu}}=\frac{\sum_{i=-q(k)}^{q(k)}(\Delta S_{ki}^{\mu}+\Delta f_{ki}^{\mu})}{2q(k)+1} \tag{73}$$

$$\overline{\Delta S_k^{\nu}}+\overline{\Delta f_k^{\nu}}=\frac{\sum_{i=-q(k)}^{q(k)}(\Delta S_{ki}^{\nu}+\Delta f_{ki}^{\nu})}{2q(k)+1} \tag{74}$$

式（73）、式（74）是货币经营业态由经营场地和公务Ⅱ对社会资本一般替代量定义式。

2. 商品个别价值变形

设$w_{ki}^{\#*}$代表商品个别价值变形，$m_{ki}^{\#}$和m_{ki}^{*}代表直接生产资本变形和生产服务资本变形的剩余价值，由式（55）、式（57）并相关对比，有：

$$w_{ki}^{\#*}=c_{ki}^{\#}+v_{ki}^{\#}+c_{ki}^{\#}+v_{ki}^{\#}+m_{ki}^{\#}+m_{ki}^{*} \tag{75}$$

式中，$c_{ki}^{\#}+v_{ki}^{\#}+c_{ki}^{\#}+v_{ki}^{\#}<c_{ki}^{\#\phi}+v_{ki}^{\#\phi}+c_{ki}^{*\phi}+v_{ki}^{*\phi}\frac{m_{ki}^{\#}}{v_{ki}^{\#}}+\frac{m_{ki}^{*}}{v_{ki}^{*}}>\frac{m_{ki}^{\#\phi}}{v_{ki}^{\#\phi}}+\frac{m_{ki}^{*\phi}}{v_{ki}^{*\phi}}m_{ki}^{\#}+m_{ki}^{*}<m_{ki}^{\#\phi}+m_{ki}^{*\phi}+w_{ki}^{\#*}<w_{ki}^{\phi}$。式（75）是商品个别价值变形定义式。式中，$\frac{m_{ki}^{\#\phi}}{v_{ki}^{\#\phi}}+\frac{m_{ki}^{*\phi}}{v_{ki}^{*\phi}}$是商品个别价值基形扩展形态的剩余价值率，$\frac{m_{ki}^{\#}}{v_{ki}^{\#}}+\frac{m_{ki}^{*}}{v_{ki}^{*}}$是商品个别价值变形的剩余价值率。附式表明，商品个别价值从扩展形态到变形的演化过程发生了“塌缩新生”，其原理在于：土地和公务替代了部分资本，诚然，“土地没有价值”[5]121（从而替代使生产资本量值减少了），但土地“作为使用价值，它仍然具有它的自然的效用”，[6]728 即能改变生产资本技术构成，从而提高生产效率并导致塌缩新生（此可推及公务）。应指出，引入土地和公务提高生产效率这一点不能简化，因为这是它们对剩余价值生产的贡献，从而是其分享剩余价值的根据。

3. 商品生产价格链变形

商品生产价格链变形也有个别和一般之分，并且无论是个别还是一般，其中的替代量都取一般量（因为资本所支付的地租和公务税是一致的）。为此，下面须先给出一般，而后再给出个别。

设$\overline{\overline{p_k}}$代表第 k 个部门一般生产价格链变形量值，$\bar{\bar{r}}$代表全业态平均利润率变形，由式（75）和基础量一般定义，有，

$$\begin{aligned}\overline{\overline{p_k}} = {} & \overline{c_k^{\#}}+\overline{v_k^{\#}}+\overline{c_k^{*}}+\overline{v_k^{*}}+\overline{h_k}+\overline{l_k}+\overline{S_k}+\overline{f_k}+\overline{\Delta c_k^{\#\alpha}}+\overline{\Delta v_k^{\#\alpha}}+\overline{\Delta c_k^{\#\chi}}+\overline{\Delta v_k^{\#\chi}}+\overline{\Delta c_k^{\#\mu}}+\\ & \overline{\Delta v_k^{\#\mu}}+\overline{\Delta c_k^{\#\nu}}+\overline{\Delta v_k^{\#\nu}}+\overline{\Delta c_k^{*\alpha}}+\overline{\Delta v_k^{*\alpha}}+\overline{\Delta c_k^{*\chi}}+\overline{\Delta v_k^{*\chi}}+\overline{\Delta c_k^{*\mu}}+\overline{\Delta v_k^{*\mu}}+\overline{\Delta c_k^{*\nu}}+\\ & \overline{\Delta v_k^{*\nu}}+\overline{\Delta h_k^{\alpha}}+\overline{\Delta l_k^{\alpha}}+\overline{\Delta h_k^{\chi}}+\overline{\Delta l_k^{\chi}}+\overline{\Delta h_k^{\mu}}+\overline{\Delta l_k^{\mu}}+\overline{\Delta h_k^{\nu}}+\overline{\Delta l_k^{\nu}}+\overline{\Delta S_k^{\alpha}}+\overline{\Delta f_k^{\alpha}}+\\ & \overline{\Delta S_k^{\chi}}+\overline{\Delta f_k^{\chi}}+\overline{\Delta S_k^{\mu}}+\overline{\Delta f_k^{\mu}}+\overline{\Delta S_k^{\nu}}+\overline{\Delta f_k^{\nu}}+\bar{\bar{r}}(\overline{c_k^{\#}}+\overline{v_k^{\#}}+\overline{c_k^{*}}+\overline{v_k^{*}}+\overline{B_k}+\overline{h_k}+\\ & \overline{l_k}+\overline{G_k}+\overline{S_k}+\overline{f_k}+\overline{\Delta c_k^{\#\alpha}}+\overline{\Delta v_k^{\#\alpha}}+\overline{\Delta c_k^{\#\chi}}+\overline{\Delta v_k^{\#\chi}}+\overline{\Delta c_k^{\#\mu}}+\overline{\Delta v_k^{\#\mu}}+\overline{\Delta c_k^{\#\nu}}+\\ & \overline{\Delta v_k^{\#\nu}}+\overline{\Delta c_k^{*\alpha}}+\overline{\Delta v_k^{*\alpha}}+\overline{\Delta c_k^{*\chi}}+\overline{\Delta v_k^{*\chi}}+\overline{\Delta c_k^{*\mu}}+\overline{\Delta v_k^{*\mu}}+\overline{\Delta c_k^{*\nu}}+\overline{\Delta v_k^{*\nu}}+\overline{\Delta B_k^{\alpha}}+\\ & \overline{\Delta h_k^{\alpha}}+\overline{\Delta l_k^{\alpha}}+\overline{\Delta B_k^{\chi}}+\overline{\Delta h_k^{\chi}}+\overline{\Delta l_k^{\chi}}+\overline{\Delta h_k^{\mu}}+\overline{\Delta l_k^{\mu}}+\overline{\Delta h_k^{\nu}}+\overline{\Delta l_k^{\nu}}+\overline{\Delta G_k^{\alpha}}+\\ & \overline{\Delta S_k^{\alpha}}+\overline{\Delta f_k^{\alpha}}+\overline{\Delta G_k^{\chi}}+\overline{\Delta S_k^{\chi}}+\overline{\Delta f_k^{\chi}}+\overline{\Delta S_k^{\mu}}+\overline{\Delta f_k^{\mu}}+\overline{\Delta S_k^{\nu}}+\overline{\Delta f_k^{\nu}})\end{aligned} \tag{76}$$

式中：

$$\bar{\bar{r}}=\frac{\begin{aligned}&\sum_{k=-n,i=-q(k)}^{n,q(k)}(m_{ki}^{\#}+m_{ki}^{*})-\sum_{k=-n}^{n}[2q(k)+1](\overline{h_k}+\overline{l_k}+\overline{S_k}+\overline{f_k}+\overline{\Delta h_k^{\alpha}}+\overline{\Delta l_k^{\alpha}}+\overline{\Delta h_k^{\chi}}+\overline{\Delta l_k^{\chi}}+\\&\overline{\Delta h_k^{\mu}}+\overline{\Delta l_k^{\mu}}+\overline{\Delta h_k^{\nu}}+\overline{\Delta l_k^{\nu}}+\overline{\Delta S_k^{\alpha}}+\overline{\Delta f_k^{\alpha}}+\overline{\Delta S_k^{\chi}}+\overline{\Delta f_k^{\chi}}+\overline{\Delta S_k^{\mu}}+\overline{\Delta f_k^{\mu}}+\overline{\Delta S_k^{\nu}}+\overline{\Delta f_k^{\nu}})\end{aligned}}{\begin{aligned}&\sum_{k=-n}^{n}[2q(k)+1](\overline{c_k^{\#}}+\overline{v_k^{\#}}+\overline{c_k^{*}}+\overline{v_k^{*}}+\overline{B_k}+\overline{h_k}+\overline{l_k}+\overline{G_k}+\overline{S_k}+\overline{f_k}+\overline{\Delta c_k^{\#\alpha}}+\overline{\Delta v_k^{\#\alpha}}+\overline{\Delta c_k^{\#\chi}}+\\&\overline{\Delta v_k^{\#\chi}}+\overline{\Delta c_k^{\#\mu}}+\overline{\Delta v_k^{\#\mu}}+\overline{\Delta c_k^{\#\nu}}+\overline{\Delta v_k^{\#\nu}}+\overline{\Delta c_k^{*\alpha}}+\overline{\Delta v_k^{*\alpha}}+\overline{\Delta c_k^{*\chi}}+\overline{\Delta v_k^{*\chi}}+\overline{\Delta c_k^{*\mu}}+\overline{\Delta v_k^{*\mu}}+\\&\overline{\Delta c_k^{*\nu}}+\overline{\Delta v_k^{*\nu}}+\overline{\Delta B_k^{\alpha}}+\overline{\Delta h_k^{\alpha}}+\overline{\Delta l_k^{\alpha}}+\overline{\Delta B_k^{\chi}}+\overline{\Delta h_k^{\chi}}+\overline{\Delta l_k^{\chi}}+\overline{\Delta h_k^{\mu}}+\overline{\Delta l_k^{\mu}}+\overline{\Delta h_k^{\nu}}+\overline{\Delta l_k^{\nu}}+\\&\overline{\Delta G_k^{\alpha}}+\overline{\Delta S_k^{\alpha}}+\overline{\Delta f_k^{\alpha}}+\overline{\Delta G_k^{\chi}}+\overline{\Delta S_k^{\chi}}+\overline{\Delta f_k^{\chi}}+\overline{\Delta S_k^{\mu}}+\overline{\Delta f_k^{\mu}}+\overline{\Delta S_k^{\nu}}+\overline{\Delta f_k^{\nu}})\end{aligned}}$$

式（76）是商品一般生产价格链变形定义式。

设$\overline{p_{ki}}$代表第 k 个部门第 i 个商品个别生产价格链变形量值，$\overline{r_{ki}}$代表全业态个别

利润率变形，由式（75）、式（76）和基础量个别设定，有：

$$
\begin{aligned}
\overline{p_{ki}} =\ & c_{ki}^{\#} + v_{ki}^{\#} + c_{ki}^{*} + v_{ki}^{*} + h_{ki} + l_{ki} + S_{ki} + f_{ki} + \overline{\Delta c_k^{\#\alpha}} + \overline{\Delta v_k^{\#\alpha}} + \overline{\Delta c_k^{\#\chi}} + \overline{\Delta v_k^{\#\chi}} + \\
& \overline{\Delta c_k^{\#\mu}} + \overline{\Delta v_k^{\#\mu}} + \overline{\Delta c_k^{\#\nu}} + \overline{\Delta v_k^{\#\nu}} + \overline{\Delta c_k^{*\alpha}} + \overline{\Delta v_k^{*\alpha}} + \overline{\Delta c_k^{*\chi}} + \overline{\Delta v_k^{*\chi}} + \overline{\Delta c_k^{*\mu}} + \\
& \overline{\Delta v_k^{*\mu}} + \overline{\Delta c_k^{*\nu}} + \overline{\Delta v_k^{*\nu}} + \overline{\Delta h_k^{\alpha}} + \overline{\Delta l_k^{\alpha}} + \overline{\Delta h_k^{\chi}} + \overline{\Delta l_k^{\chi}} + \overline{\Delta h_k^{\mu}} + \overline{\Delta l_k^{\mu}} + \overline{\Delta h_k^{\nu}} + \\
& \overline{\Delta l_k^{\nu}} + \overline{\Delta S_k^{\alpha}} + \overline{\Delta f_k^{\alpha}} + \overline{\Delta S_k^{\chi}} + \overline{\Delta f_k^{\chi}} + \overline{\Delta S_k^{\mu}} + \overline{\Delta f_k^{\mu}} + \overline{\Delta S_k^{\nu}} + \overline{\Delta f_k^{\nu}} + \overline{r_{ki}} \\
& (c_{ki}^{\#} + v_{ki}^{\#} + c_{ki}^{*} + v_{ki}^{*} + B_{ki} + h_{ki} + l_{ki} + G_{ki} + S_{ki} + f_{ki}) + \overline{\overline{r}}(\overline{\Delta c_k^{\#\alpha}} + \overline{\Delta v_k^{\#\alpha}} + \\
& \overline{\Delta c_k^{\#\chi}} + \overline{\Delta v_k^{\#\chi}} + \overline{\Delta c_k^{\#\mu}} + \overline{\Delta v_k^{\#\mu}} + \overline{\Delta c_k^{\#\nu}} + \overline{\Delta v_k^{\#\nu}} + \overline{\Delta c_k^{*\alpha}} + \overline{\Delta v_k^{*\alpha}} + \overline{\Delta c_k^{*\chi}} + \\
& \overline{\Delta v_k^{*\chi}} + \overline{\Delta c_k^{*\mu}} + \overline{\Delta v_k^{*\mu}} + \overline{\Delta c_k^{*\nu}} + \overline{\Delta v_k^{*\nu}} + \overline{\Delta B_k^{\alpha}} + \overline{\Delta h_k^{\alpha}} + \overline{\Delta l_k^{\alpha}} + \overline{\Delta B_k^{\chi}} + \overline{\Delta h_k^{\chi}} + \\
& \overline{\Delta l_k^{\chi}} + \overline{\Delta h_k^{\mu}} + \overline{\Delta l_k^{\mu}} + \overline{\Delta h_k^{\nu}} + \overline{\Delta l_k^{\nu}} + \overline{\Delta G_k^{\alpha}} + \overline{\Delta S_k^{\alpha}} + \overline{\Delta f_k^{\alpha}} + \overline{\Delta G_k^{\chi}} + \overline{\Delta S_k^{\chi}} + \\
& \overline{\Delta f_k^{\chi}} + \overline{\Delta S_k^{\mu}} + \overline{\Delta f_k^{\mu}} + \overline{\Delta S_k^{\nu}} + \overline{\Delta f_k^{\nu}})
\end{aligned}
\tag{77}
$$

式中：

$$
\overline{r_{ki}} = \frac{\begin{aligned} & m_{ki}^{\#} + m_{ki}^{*} - (h_{ki} + l_{ki} + S_{ki} + f_{ki} + \overline{\Delta h_k^{\alpha}} + \overline{\Delta l_k^{\alpha}} + \overline{\Delta h_k^{\chi}} + \overline{\Delta l_k^{\chi}} + \overline{\Delta h_k^{\mu}} + \overline{\Delta l_k^{\mu}} + \\ & \overline{\Delta h_k^{\nu}} + \overline{\Delta l_k^{\nu}} + \overline{\Delta S_k^{\alpha}} + \overline{\Delta f_k^{\alpha}} + \overline{\Delta S_k^{\chi}} + \overline{\Delta f_k^{\chi}} + \overline{\Delta S_k^{\mu}} + \overline{\Delta f_k^{\mu}} + \overline{\Delta S_k^{\nu}} + \overline{\Delta f_k^{\nu}}) \end{aligned}}{\begin{aligned} & c_{ki}^{\#} + v_{ki}^{\#} + c_{ki}^{*} + v_{ki}^{*} + B_{ki} + h_{ki} + l_{ki} + G_{ki} + S_{ki} + f_{ki} + \overline{\Delta c_k^{\#\alpha}} + \overline{\Delta v_k^{\#\alpha}} + \overline{\Delta c_k^{\#\chi}} + \overline{\Delta v_k^{\#\chi}} + \\ & \overline{\Delta c_k^{\#\mu}} + \overline{\Delta v_k^{\#\mu}} + \overline{\Delta c_k^{\#\nu}} + \overline{\Delta v_k^{\#\nu}} + \overline{\Delta c_k^{*\alpha}} + \overline{\Delta v_k^{*\alpha}} + \overline{\Delta c_k^{*\chi}} + \overline{\Delta v_k^{*\chi}} + \overline{\Delta c_k^{*\mu}} + \overline{\Delta v_k^{*\mu}} + \\ & \overline{\Delta c_k^{*\nu}} + \overline{\Delta v_k^{*\nu}} + \overline{\Delta B_k^{\alpha}} + \overline{\Delta h_k^{\alpha}} + \overline{\Delta l_k^{\alpha}} + \overline{\Delta B_k^{\chi}} + \overline{\Delta h_k^{\chi}} + \overline{\Delta l_k^{\chi}} + \overline{\Delta h_k^{\mu}} + \overline{\Delta l_k^{\mu}} + \overline{\Delta h_k^{\nu}} + \\ & \overline{\Delta l_k^{\nu}} + \overline{\Delta G_k^{\alpha}} + \overline{\Delta S_k^{\alpha}} + \overline{\Delta f_k^{\alpha}} + \overline{\Delta G_k^{\chi}} + \overline{\Delta S_k^{\chi}} + \overline{\Delta f_k^{\chi}} + \overline{\Delta S_k^{\mu}} + \overline{\Delta f_k^{\mu}} + \overline{\Delta S_k^{\nu}} + \overline{\Delta f_k^{\nu}} \end{aligned}}
$$

式（77）是商品个别生产价格链变形定义式。

4. 职能业态生产价格变形

（1）职能业态个别生产价格变形

设 $\overline{p_{ki}}^{\#}$、$\overline{p_{ki}}^{a}$、$\overline{p_{ki}}^{b}$、$\overline{p_{ki}}^{d}$ 分别代表第 k 个部门第 i 个商品直接生产业态、生产服务业态、商品经营业态、货币经营业态个别生产价格变形量值，由式（77），有：

$$\overline{p_{ki}}^{\#} = c_{ki}^{\#} + v_{ki}^{\#} + \overline{r_{ki}}\ (c_{ki}^{\#} + v_{ki}^{\#}) \tag{78}$$

$$\overline{p_{ki}}^{a} = c_{ki}^{*} + v_{ki}^{*} + \overline{r_{ki}}\ (c_{ki}^{*} + v_{ki}^{*}) \tag{79}$$

$$\overline{p_{ki}}^{b} = h_{ki} + l_{ki} + \overline{r_{ki}}\ (B_{ki} + h_{ki} + l_{ki}) \tag{80}$$

$$\overline{p_{ki}}^{d} = S_{ki} + f_{ki} + \overline{r_{ki}}\ (G_{ki} + S_{ki} + f_{ki}) \tag{81}$$

式（78）、式（79）、式（80）、式（81）是职能业态个别生产价格变形定义式。

（2）职能业态一般生产价格变形

设 $\overline{\overline{p_k}}^{\#}$、$\overline{\overline{p_k}}^{a}$、$\overline{\overline{p_k}}^{b}$、$\overline{\overline{p_k}}^{d}$ 分别代表第 k 个部门直接生产业态、生产服务业态、商品经营业态、货币经营业态一般生产价格变形量值，由式（76），有：

$$\overline{\overline{p_k}}^{\#} = \overline{c_k^{\#}} + \overline{v_k^{\#}} + \overline{\overline{r}}\ (\overline{c_k^{\#}} + \overline{v_k^{\#}}) \tag{82}$$

$$\overline{\overline{p_k}}^{a} = \overline{c_k^{*}} + \overline{v_k^{*}} + \overline{\overline{r}}\ (\overline{c_k^{*}} + \overline{v_k^{*}}) \tag{83}$$

$$\overline{\overline{p_k}}^{b} = \overline{h_k} + \overline{l_k} + \overline{\overline{r}}\ (\overline{B_k} + \overline{h_k} + \overline{l_k}) \tag{84}$$

$$\overline{\overline{p_k}}^{d} = \overline{S_k} + \overline{f_k} + \overline{\overline{r}}\ (\overline{G_k} + \overline{S_k} + \overline{f_k}) \tag{85}$$

式（82）、式（83）、式（84）、式（85）是职能业态一般生产价格变形定义式。

5. 职能业态常态超额剩余价值变形和地租、公务税

（1）职能业态常态超额剩余价值变形

设$\overline{e_{ki}}^{\#}$、$\overline{e_{ki}}^{a}$、$\overline{e_{ki}}^{b}$、$\overline{e_{ki}}^{d}$分别代表第 k 个部门第 i 个商品直接生产业态、生产服务业态、商品经营业态、货币经营业态常态超额剩余价值变形的量值，由式（82）、式（83）、式（84）、式（85）和式（78）、式（79）、式（80）、式（81），有：

$$\overline{e_{ki}}^{\#} = \overline{\overline{p_k}}^{\#} - \overline{p_{ki}}^{\#} \tag{86}$$

$$\overline{e_{ki}}^{a} = \overline{\overline{p_k}}^{a} - \overline{p_{ki}}^{a} \tag{87}$$

$$\overline{e_{ki}}^{b} = \overline{\overline{p_k}}^{b} - \overline{p_{ki}}^{b} \tag{88}$$

$$\overline{e_{ki}}^{d} = \overline{\overline{p_k}}^{d} - \overline{p_{ki}}^{d} \tag{89}$$

式（86）、式（87）、式（88）、式（89）是职能业态常态超额剩余价值变形定义式。

（2）级差地租

设$\overline{\overline{p_k}}^{\varpi\#}$、$\overline{\overline{p_k}}^{\varpi a}$、$\overline{\overline{p_k}}^{\varpi b}$、$\overline{\overline{p_k}}^{\varpi d}$分别代表第 k 个部门直接生产业态、生产服务业态、商品经营业态、货币经营业态的级差地租，由式（76），有：

$$\overline{\overline{p_k}}^{\varpi\#} = \overline{\Delta c_k^{\#\alpha}} + \overline{\Delta v_k^{\#\alpha}} + \overline{\overline{r}}\ (\overline{\Delta c_k^{\#\alpha}} + \overline{\Delta v_k^{\#\alpha}}) \tag{90}$$

$$\overline{\overline{p_k}}^{\varpi a} = \overline{\Delta c_k^{*\alpha}} + \overline{\Delta v_k^{*\alpha}} + \overline{\overline{r}}\ (\overline{\Delta c_k^{*\alpha}} + \overline{\Delta v_k^{*\alpha}}) \tag{91}$$

$$\overline{\overline{p_k}}^{\varpi b} = \overline{\Delta h_k^{\alpha}} + \overline{\Delta l_k^{\alpha}} + \overline{\overline{r}}\ (\overline{\Delta B_k^{\alpha}} + \overline{\Delta h_k^{\alpha}} + \overline{\Delta l_k^{\alpha}}) \tag{92}$$

$$\overline{\overline{p_k}}^{\varpi d} = \overline{\Delta S_k^{\alpha}} + \overline{\Delta f_k^{\alpha}} + \overline{\overline{r}}\ (\overline{\Delta G_k^{\alpha}} + \overline{\Delta S_k^{\alpha}} + \overline{\Delta f_k^{\alpha}}) \tag{93}$$

式（90）、式（91）、式（92）、式（93）是级差地租定义式。

（3）绝对地租

设$\overline{\overline{p_k}}^{\theta\#}$、$\overline{\overline{p_k}}^{\theta a}$、$\overline{\overline{p_k}}^{\theta b}$、$\overline{\overline{p_k}}^{\theta d}$分别代表第 k 个部门直接生产业态、生产服务业态、商品经营业态、货币经营业态的绝对地租，由式（76），有：

$$\overline{\overline{p_k}}^{\theta\#} = \overline{\Delta c_k^{\#\mu}} + \overline{\Delta v_k^{\#\mu}} + \overline{\overline{r}}\ (\overline{\Delta c_k^{\#\mu}} + \overline{\Delta v_k^{\#\mu}}) \tag{94}$$

$$\overline{\overline{p_k}}^{\theta a} = \overline{\Delta c_k^{*\mu}} + \overline{\Delta v_k^{*\mu}} + \overline{\overline{r}}\ (\overline{\Delta c_k^{*\mu}} + \overline{\Delta v_k^{*\mu}}) \tag{95}$$

$$\overline{\overline{p_k}}^{\theta b} = \overline{\Delta h_k^{\mu}} + \overline{\Delta l_k^{\mu}} + \overline{\overline{r}}\ (\overline{\Delta h_k^{\mu}} + \overline{\Delta l_k^{\mu}}) \tag{96}$$

$$\overline{\overline{p_k}}^{\theta d} = \overline{\Delta S_k^{\mu}} + \overline{\Delta f_k^{\mu}} + \overline{\overline{r}}\ (\overline{\Delta S_k^{\mu}} + \overline{\Delta f_k^{\mu}}) \tag{97}$$

式（94）、式（95）、式（96）、式（97）是绝对地租定义式。

（4）公务税Ⅰ

设$\overline{\overline{p_k}}^{\phi\#}$、$\overline{\overline{p_k}}^{\phi a}$、$\overline{\overline{p_k}}^{\phi b}$、$\overline{\overline{p_k}}^{\phi d}$分别代表第 k 个部门直接生产业态、生产服务业态、商品经营业态、货币经营业态的公务税Ⅰ，由式（76），有：

$$\overline{\overline{p_k}}^{\phi\#} = \overline{\Delta c_k^{\#\chi}} + \overline{\Delta v_k^{\#\chi}} + \overline{\overline{r}}\ (\overline{\Delta c_k^{\#\chi}} + \overline{\Delta v_k^{\#\chi}}) \tag{98}$$

$$\overline{\overline{p_k}}^{\phi a}=\overline{\Delta c_k^{*\chi}}+\overline{\Delta v_k^{*\chi}}+\overline{\overline{r}}\ (\overline{\Delta c_k^{*\chi}}+\overline{\Delta v_k^{*\chi}}) \tag{99}$$

$$\overline{\overline{p_k}}^{\phi b}=\overline{\Delta h_k^{\chi}}+\overline{\Delta l_k^{\chi}}+\overline{\overline{r}}\ (\overline{\Delta B_k^{\chi}}+\overline{\Delta h_k^{\chi}}+\overline{\Delta l_k^{\chi}}) \tag{100}$$

$$\overline{\overline{p_k}}^{\phi d}=\overline{\Delta S_k^{\chi}}+\overline{\Delta f_k^{\chi}}+\overline{\overline{r}}\ (\overline{\Delta G_k^{\chi}}+\overline{\Delta S_k^{\chi}}+\overline{\Delta f_k^{\chi}}) \tag{101}$$

式（98）、式（99）、式（100）、式（101）是公务税Ⅰ定义式。

（5）公务税Ⅱ

设$\overline{\overline{p_k}}^{\varphi\#}$、$\overline{\overline{p_k}}^{\varphi a}$、$\overline{\overline{p_k}}^{\varphi b}$、$\overline{\overline{p_k}}^{\varphi d}$分别代表第 k 个部门直接生产业态、生产服务业态、商品经营业态、货币经营业态的公务税Ⅱ，由式（76），有：

$$\overline{\overline{p_k}}^{\varphi\#}=\overline{\Delta c_k^{\#\nu}}+\overline{\Delta v_k^{\#\nu}}+\overline{\overline{r}}\ (\overline{\Delta c_k^{\#\nu}}+\overline{\Delta v_k^{\#\nu}}) \tag{102}$$

$$\overline{\overline{p_k}}^{\varphi a}=\overline{\Delta c_k^{*\nu}}+\overline{\Delta v_k^{*\nu}}+\overline{\overline{r}}\ (\overline{\Delta c_k^{*\nu}}+\overline{\Delta v_k^{*\nu}}) \tag{103}$$

$$\overline{\overline{p_k}}^{\varphi b}=\overline{\Delta h_k^{\nu}}+\overline{\Delta l_k^{\nu}}+\overline{\overline{r}}\ (\overline{\Delta h_k^{\nu}}+\overline{\Delta l_k^{\nu}}) \tag{104}$$

$$\overline{\overline{p_k}}^{\varphi d}=\overline{\Delta S_k^{\nu}}+\overline{\Delta f_k^{\nu}}+\overline{\overline{r}}\ (\overline{\Delta S_k^{\nu}}+\overline{\Delta f_k^{\nu}}) \tag{105}$$

式（102）、式（103）、式（104）、式（105）是公务税Ⅱ定义式。

（三）职能业态暂态超额剩余价值——以第 θ 部门第 σ 个商品货币经营业态为例

先给出如下说明。首先，前文表明职能业态常态超额剩余价值可分为两个阶段，并且在逻辑上职能业态暂态超额剩余价值在两个阶段都可能发生，但此前文章表明，前一阶段是现实具体的过程，后一阶段只是为再现现实具体而先行给出的理论抽象，因此，这里仅讨论后一阶段的相关内容。其次，第三部分所论商品暂态超额剩余价值以第 θ 部门第 σ 个商品为例，这里所论职能业态暂态超额剩余价值以第 θ 部门第 σ 个商品货币经营业态为例。就此而言，二者具有一致性，但二者的代表性有区别。这是因为商品的性质相同，所以以第 θ 部门第 σ 个商品为例具有代表性。然而，四类职能业态的性质有区别，其中前两类是生产业态，它们是“剩余价值的出生地”，后两类是流通业态，它们不生产价值和剩余价值，只分享剩余价值，[28]399 因此，以第 θ 部门第 σ 个商品货币经营业态为例并不具有代表性（这是一个缺陷）。再者，笔者此前以举例的方式对相关过程进行了全面讨论（这弥补了上述缺陷，因此，理解本要点的内容要以此前文章为基础），但流通业态所举的例子不是货币经营业态，其原因有如下两个方面：一是尽管货币经营业态和金融业态经营的对象相同（都是货币），但由马克思论述知，前者是“纯粹形式的货币经营业”，[6]359 后者是前者的垄断形式；二是此前文章的论域是纯粹形式的竞争，并且因为货币经营在四类职能业态中并非典型，所以没有将其作为典型举例。然而，本文论域是垄断竞争，并且金融垄断竞争是本部分研究重点，因此，这里要以第 θ 部门第 σ 个商品货币经营业态为例进行讨论。

现在回到正题。前文表明，商品暂态超额剩余价值源于商品个别生产创新，并且由于“同种商品的市场价格的相同性”，其创新所导致的商品个别价值下降额转化为商品暂态超额剩余价值。同理，业态暂态超额剩余价值源于业态个别创新，并且，“同种商品的市场价格的相同性”可推论为“同类业态（产品或服务）的市场价格的相同性”，从而其创新所导致的业态个别生产价格下降额转化为业态暂态超额剩余价值。

1. 创新前有关量值

首先，由式（81）和式（77）的附式，有：

$$\overline{p_{\theta\sigma}}^{d} = S_{\theta\sigma} + f_{\theta\sigma} + \overline{r_{\theta\sigma}}\ (G_{\theta\sigma} + S_{\theta\sigma} + f_{\theta\sigma}) \tag{106}$$

式中：

$$\overline{r_{\theta\sigma}} = \frac{\begin{gathered} m_{\theta\sigma}^{\#} + m_{\theta\sigma}^{*} - (h_{\theta\sigma} + l_{\theta\sigma} + S_{\theta\sigma} + f_{\theta\sigma} + \overline{\Delta h_{\theta}^{\alpha}} + \overline{\Delta l_{\theta}^{\alpha}} + \overline{\Delta h_{\theta}^{\chi}} + \overline{\Delta l_{\theta}^{\chi}} + \overline{\Delta h_{\theta}^{\mu}} + \overline{\Delta l_{\theta}^{\mu}} + \\ \overline{\Delta h_{\theta}^{\nu}} + \overline{\Delta l_{\theta}^{\nu}} + \overline{\Delta S_{\theta}^{\alpha}} + \overline{\Delta f_{\theta}^{\alpha}} + \overline{\Delta S_{\theta}^{\chi}} + \overline{\Delta f_{\theta}^{\chi}} + \overline{\Delta S_{\theta}^{\mu}} + \overline{\Delta f_{\theta}^{\mu}} + \overline{\Delta S_{\theta}^{\nu}} + \overline{\Delta f_{\theta}^{\nu}}) \end{gathered}}{\begin{gathered} c_{\theta\sigma}^{\#} + v_{\theta\sigma}^{\#} + c_{\theta\sigma}^{*} + v_{\theta\sigma}^{*} + B_{\theta\sigma} + h_{\theta\sigma} + l_{\theta\sigma} + G_{\theta\sigma} + S_{\theta\sigma} + f_{\theta\sigma} + \overline{\Delta c_{\theta}^{\#\alpha}} + \overline{\Delta v_{\theta}^{\#\alpha}} + \overline{\Delta c_{\theta}^{\#\chi}} + \\ \overline{\Delta v_{\theta}^{\#\chi}} + \overline{\Delta c_{\theta}^{\#\mu}} + \overline{\Delta v_{\theta}^{\#\mu}} + \overline{\Delta c_{\theta}^{\#\nu}} + \overline{\Delta v_{\theta}^{\#\nu}} + \overline{\Delta c_{\theta}^{*\alpha}} + \overline{\Delta v_{\theta}^{*\alpha}} + \overline{\Delta c_{\theta}^{*\chi}} + \overline{\Delta v_{\theta}^{*\chi}} + \overline{\Delta c_{\theta}^{*\mu}} + \\ \overline{\Delta v_{\theta}^{*\mu}} + \overline{\Delta c_{\theta}^{*\nu}} + \overline{\Delta v_{\theta}^{*\nu}} + \overline{\Delta B_{\theta}^{\alpha}} + \overline{\Delta h_{\theta}^{\alpha}} + \overline{\Delta l_{\theta}^{\alpha}} + \overline{\Delta B_{\theta}^{\chi}} + \overline{\Delta h_{\theta}^{\chi}} + \overline{\Delta l_{\theta}^{\chi}} + \overline{\Delta h_{\theta}^{\mu}} + \overline{\Delta l_{\theta}^{\mu}} + \\ \overline{\Delta h_{\theta}^{\nu}} + \overline{\Delta l_{\theta}^{\nu}} + \overline{\Delta G_{\theta}^{\alpha}} + \overline{\Delta S_{\theta}^{\alpha}} + \overline{\Delta f_{\theta}^{\alpha}} + \overline{\Delta G_{\theta}^{\chi}} + \overline{\Delta S_{\theta}^{\chi}} + \overline{\Delta f_{\theta}^{\chi}} + \overline{\Delta S_{\theta}^{\mu}} + \overline{\Delta f_{\theta}^{\mu}} + \overline{\Delta S_{\theta}^{\nu}} + \\ \overline{\Delta f_{\theta}^{\nu}} \end{gathered}}$$

式（106）是创新前货币经营业态个别生产价格变形定义式。

其次，由式（85），有：

$$\overline{\overline{p_{\theta}}}^{d} = \overline{S_{\theta}} + \overline{f_{\theta}} + \overline{\overline{r}}\ (\overline{G_{\theta}} + \overline{S_{\theta}} + \overline{f_{\theta}}) \tag{107}$$

式（107）是创新前第 θ 部门货币经营业态一般生产价格变形定义式。

再次，由式（89），有：

$$\overline{e_{\theta\sigma}}^{d} = \overline{\overline{p_{\theta}}}^{d} - \overline{p_{\theta\sigma}}^{d} \tag{108}$$

式（108）是创新前第 θ 部门第 σ 个商品货币经营业态常态超额剩余价值变形定义式。

2. 创新后有关量值

设$\overline{p_{\theta\sigma}'}^{d}$代表此时第 θ 部门第 σ 个商品货币经营业态生产价格变形，$G_{\theta\sigma}'$代表其中的货币资本变形，$S_{\theta\sigma}' + f_{\theta\sigma}'$代表其中的货币经营费用变形。应指出，与上述量值对应的替代量也可能发生变化（因为创新可能使业态所占用的土地和公务减少），但为简化，这里假设其不变（此可推及第四节和第五节中的对应替代量）。此外，业态个别创新成果不参与利润率平均化，因此，此时商品个别利润率不变，仍为$\overline{r_{\theta\sigma}}$，于是，将$G_{\theta\sigma}'$和$S_{\theta\sigma}' + f_{\theta\sigma}'$替换式（106）中的相应量并对比，有：

$$\overline{p_{\theta\sigma}'}^{d} = S_{\theta\sigma}' + f_{\theta\sigma}' + \overline{r_{\theta\sigma}}\ (G_{\theta\sigma}' + S_{\theta\sigma}' + f_{\theta\sigma}') \tag{109}$$

$$\overline{p_{\theta\sigma}'}^{d} < \overline{p_{\theta\sigma}}^{d}$$

式（109）是创新后货币经营业态个别生产价格变形定义式。

设$\overline{\Delta e_{\theta\sigma}}^{d}$代表此时第 θ 部门第 σ 个商品货币经营业态暂态超额剩余价值，由式（106）、式（109），有：

$$\overline{\Delta e_{\theta\sigma}}^{d} = \overline{p_{\theta\sigma}}^{d} - \overline{p_{\theta\sigma}'}^{d} \tag{110}$$

式（110）是创新后第 θ 部门第 σ 个商品货币经营业态暂态超额剩余价值定义式。

设$\overline{E_{\theta\sigma}}^d$代表此时第 θ 部门第 σ 个商品货币经营业态超额剩余价值总量，由式（107）、式（109），有：

$$\overline{E_{\theta\sigma}}^d = \overline{\overline{p_\theta}}^d - \overline{p'_{\theta\sigma}}^d$$

将上式等价变形并利用式（108）、式（110），可得：

$$\overline{E_{\theta\sigma}}^d = \overline{\overline{p_\theta}}^d - \overline{p_{\theta\sigma}}^d + \overline{p_{\theta\sigma}}^d - \overline{p'_{\theta\sigma}}^d = \overline{e_{\theta\sigma}}^d + \overline{\Delta e_{\theta\sigma}}^d \tag{111}$$

式（111）是创新后第 θ 部门第 σ 个商品货币经营业态超额剩余价值总量计量式。

3. 证明

证：由式（108）知，$\overline{e_{\theta\sigma}}^d$与$\overline{\overline{p_\theta}}^d$从而与$\overline{\overline{r}}$有关，这表明$\overline{e_{\theta\sigma}}^d$生成于利润率平均化之内，因此它属于业态常态超额剩余价值；由式（111）知，$\overline{\Delta e_{\theta\sigma}}^d$与$\overline{e_{\theta\sigma}}^d$无关从而与$\overline{\overline{p_\theta}}^d$和$\overline{\overline{r}}$无关，这表明$\overline{\Delta e_{\theta\sigma}}^d$生成于利润率平均化之外，因此它属于业态暂态超额剩余价值。证毕。

（四）业态常态超额剩余价值动态演化——以创新在全产业货币经营业态普及为例

先给出如下说明。第一，业态常态超额剩余价值动态演化与职能业态暂态超额剩余价值相联系，因此，第三节前面的说明适用于这里。第二，职能业态暂态超额剩余价值止于创新首创者，因为创新一旦普及，它也会因对应的利润率平均化更替而消失。第三，业态常态超额剩余价值动态演化必须以创新在全产业货币经营业态普及为例（而不能以在第 θ 部门货币经营业态普及为例）。这是因为同类业态的市场是统一的，只有创新在全产业货币经营业态普及才能引发对象的量值更替。第四，前面说过，货币经营业态不生产价值和剩余价值而只分享剩余价值，因此，塌缩新生过程在这里并不存在，但因为创新普及使分享剩余价值的量值（利润率公式的分母）减少，所以与此相关的量值仍会发生更替。

现在回到正题。这里的演化同样是周期性的，但为简化，我们仅讨论其中一个周期。周期包括始点、中间过程和终点。第二节已给出始点，第三节是中间过程的讨论，下面所要进行的只是终点过程刻画。

1. 创新普及后全产业货币经营业态相关量值的设定和定义

创新在全产业货币经营业态普及会使其量值普遍下降，设G'_{ki}代表此时第 k 个部门第 i 个商品个别货币资本变形，$\overline{G'_k}$是其部门平均值，$S'_{ki} + f'_{ki}$代表该部门该商品货币经营个别费用变形，$\overline{S'_k} + \overline{f'_k}$是其部门平均值，由此并与式（63）、式（64）、式（65）、式（66）对比，有：

$$\begin{cases} G'_{ki} < G_{ki}, \\ \overline{G'_k} < \overline{G_k} \\ S'_{ki} + f'_{ki} < S_{ki} + f_{ki} \\ \overline{S'_k} + \overline{f'_k} < \overline{S_k} + \overline{f_k} \end{cases} \tag{112}$$

式（112）是创新普及后全产业货币经营业态相关量值的定义式。

2. 全业态平均利润率变形更替过程

设$\overline{\overline{r'}}$代表创新普及后全业态平均利润率变形，将$\overline{G'_k}$和$\overline{S'_k} + \overline{f'_k}$替换式（76）附式中的相应量并对比，有：

$$\overline{\overline{r'}} = \frac{\sum_{k=-n,i=-q(k)}^{n,q(k)} (m^{\#}_{ki} + m^{*}_{ki}) - \sum_{k=-n}^{n} [2q(k)+1](\overline{h_k} + \overline{l_k} + \overline{S'_k} + \overline{f'_k} + \overline{\Delta h^{\alpha}_k} + \overline{\Delta l^{\alpha}_k} + \overline{\Delta h^{\chi}_k} + \overline{\Delta l^{\chi}_k} + \overline{\Delta h^{\mu}_k} + \overline{\Delta l^{\mu}_k} + \overline{\Delta h^{\nu}_k} + \overline{\Delta l^{\nu}_k} + \overline{\Delta S^{\alpha}_k} + \overline{\Delta f^{\alpha}_k} + \overline{\Delta S^{\chi}_k} + \overline{\Delta f^{\chi}_k} + \overline{\Delta S^{\mu}_k} + \overline{\Delta f^{\mu}_k} + \overline{\Delta S^{\nu}_k} + \overline{\Delta f^{\nu}_k})}{\sum_{k=-n}^{n} [2q(k)+1](\overline{c^{\#}_k} + \overline{v^{\#}_k} + \overline{c^{*}_k} + \overline{v^{*}_k} + \overline{B_k} + \overline{h_k} + \overline{l_k} + \overline{G'_k} + \overline{S'_k} + \overline{f'_k} + \overline{\Delta c^{\#\alpha}_k} + \overline{\Delta v^{\#\alpha}_k} + \overline{\Delta c^{\#\chi}_k} + \overline{\Delta v^{\#\chi}_k} + \overline{\Delta c^{\#\mu}_k} + \overline{\Delta v^{\#\mu}_k} + \overline{\Delta c^{\#\nu}_k} + \overline{\Delta v^{\#\nu}_k} + \overline{\Delta c^{*\alpha}_k} + \overline{\Delta v^{*\alpha}_k} + \overline{\Delta c^{*\chi}_k} + \overline{\Delta v^{*\chi}_k} + \overline{\Delta c^{*\mu}_k} + \overline{\Delta v^{*\mu}_k} + \overline{\Delta c^{*\nu}_k} + \overline{\Delta v^{*\nu}_k} + \overline{\Delta B^{\alpha}_k} + \overline{\Delta h^{\alpha}_k} + \overline{\Delta l^{\alpha}_k} + \overline{\Delta B^{\chi}_k} + \overline{\Delta h^{\chi}_k} + \overline{\Delta l^{\chi}_k} + \overline{\Delta h^{\mu}_k} + \overline{\Delta l^{\mu}_k} + \overline{\Delta h^{\nu}_k} + \overline{\Delta l^{\nu}_k} + \overline{\Delta G^{\alpha}_k} + \overline{\Delta S^{\alpha}_k} + \overline{\Delta f^{\alpha}_k} + \overline{\Delta G^{\chi}_k} + \overline{\Delta S^{\chi}_k} + \overline{\Delta f^{\chi}_k} + \overline{\Delta S^{\mu}_k} + \overline{\Delta f^{\mu}_k} + \overline{\Delta S^{\nu}_k} + \overline{\Delta f^{\nu}_k})} \tag{113}$$

式中，$\overline{\overline{r'}} > \overline{\overline{r}}$。式（113）是全业态平均利润率变形更替过程的刻画。

3. 全业态商品个别利润率变形更替过程

设$\overline{r'_{ki}}$代表创新普及后第k个部门第i个商品个别利润率变形，将G'_{ki}和$S'_{ki} + f'_{ki}$分别替换式（77）附式中的相应量并对比，有：

$$\overline{r'_{ki}} = \frac{m^{\#}_{ki} + m^{*}_{ki} - (h_{ki} + l_{ki} + S'_{ki} + f'_{ki} + \overline{\Delta h^{\alpha}_k} + \overline{\Delta l^{\alpha}_k} + \overline{\Delta h^{\chi}_k} + \overline{\Delta l^{\chi}_k} + \overline{\Delta h^{\mu}_k} + \overline{\Delta l^{\mu}_k} + \overline{\Delta h^{\nu}_k} + \overline{\Delta l^{\nu}_k} + \overline{\Delta S^{\alpha}_k} + \overline{\Delta f^{\alpha}_k} + \overline{\Delta S^{\chi}_k} + \overline{\Delta f^{\chi}_k} + \overline{\Delta S^{\mu}_k} + \overline{\Delta f^{\mu}_k} + \overline{\Delta S^{\nu}_{ki}} + \overline{\Delta f^{\nu}_k})}{c^{\#}_{ki} + v^{\#}_{ki} + c^{*}_{ki} + v^{*}_{ki} + B_{ki} + h_{ki} + l_{ki} + G'_{ki} + S'_{ki} + f'_{ki} + \overline{\Delta c^{\#\alpha}_k} + \overline{\Delta v^{\#\alpha}_k} + \overline{\Delta c^{\#\chi}_k} + \overline{\Delta v^{\#\chi}_k} + \overline{\Delta c^{\#\mu}_k} + \overline{\Delta v^{\#\mu}_k} + \overline{\Delta c^{\#\nu}_k} + \overline{\Delta v^{\#\nu}_k} + \overline{\Delta c^{*\alpha}_k} + \overline{\Delta v^{*\alpha}_k} + \overline{\Delta c^{*\chi}_k} + \overline{\Delta v^{*\chi}_k} + \overline{\Delta c^{*\mu}_k} + \overline{\Delta v^{*\mu}_k} + \overline{\Delta c^{*\nu}_k} + \overline{\Delta v^{*\nu}_k} + \overline{\Delta B^{\alpha}_k} + \overline{\Delta h^{\alpha}_k} + \overline{\Delta l^{\alpha}_k} + \overline{\Delta B^{\chi}_k} + \overline{\Delta h^{\chi}_k} + \overline{\Delta l^{\chi}_k} + \overline{\Delta h^{\mu}_k} + \overline{\Delta l^{\mu}_k} + \overline{\Delta h^{\nu}_k} + \overline{\Delta l^{\nu}_k} + \overline{\Delta G^{\alpha}_k} + \overline{\Delta S^{\alpha}_k} + \overline{\Delta f^{\alpha}_k} + \overline{\Delta G^{\chi}_k} + \overline{\Delta S^{\chi}_k} + \overline{\Delta f^{\chi}_k} + \overline{\Delta S^{\mu}_k} + \overline{\Delta f^{\mu}_k} + \overline{\Delta S^{\nu}_k} + \overline{\Delta f^{\nu}_k}} \tag{114}$$

式中，$\overline{r'_{ki}} > \overline{r_{ki}}$。式（114）是全业态商品个别利润率变形更替过程的刻画。

4. 货币经营业态个别生产价格变形更替过程

设$\overline{p'_{ki}}^{d}$代表创新普及后货币经营业态个别生产价格变形量值，将G'_{ki}和$S'_{ki} + f'_{ki}$以及$\overline{r'_{ki}}$分别替换式（81）中的相应量并对比，有：

$$\overline{p'_{ki}}^{d} = S'_{ki} + f'_{ki} + \overline{r'_{ki}}\ (G'_{ki} + S'_{ki} + f'_{ki}) \tag{115}$$

式中，$\overline{p'_{ki}}^{d} < \overline{p_{ki}}^{d}$。式（115）是货币经营业态个别生产价格变形更替过程的刻画。附式并不是自明的，需要证明。

证：式（112）有$S'_{ki} + f'_{ki} < S_{ki} + f_{ki}$，诚然，式（114）有$\overline{r'_{ki}} > \overline{r_{ki}}$，从而有$\overline{r'_{ki}}$（$G'_{ki} + S'_{ki} + f'_{ki}$）$\neq \overline{r_{ki}}$（$G_{ki} + S_{ki} + f_{ki}$），综合上述情况，结论似乎是$\overline{p'_{ki}}^{d} \neq \overline{p_{ki}}^{d}$（而不是$\overline{p'_{ki}}^{d} < \overline{p_{ki}}^{d}$），其实不然，因为$\overline{r'_{ki}}$和$\overline{r_{ki}}$是百分比（小于1），从而$\overline{r'_{ki}}$（$G'_{ki} + S'_{ki} + f'_{ki}$）与$\overline{r_{ki}}$（$G_{ki} + S_{ki} + f_{ki}$）的差额远小于$S'_{ki} + f'_{ki}$与$S_{ki} + f_{ki}$的差额，因此，必有$\overline{p'_{ki}}^{d} < \overline{p_{ki}}^{d}$。证毕。

5. 货币经营业态一般生产价格变形更替过程

设$\overline{\overline{p'_k}}^d$代表此时货币经营业态一般生产价格变形量值，将$\overline{G'_k}$和$\overline{S'_k}+\overline{f'_k}$以及$\overline{\overline{r'}}$分别换式（85）中的相应量并对比，有：

$$\overline{\overline{p'_k}}^d=\overline{S'_k}+\overline{f'_k}+\overline{\overline{r'}}\left(\overline{G'_k}+\overline{S'_k}+\overline{f'_k}\right) \tag{116}$$

式中，$\overline{\overline{p'_k}}^d<\overline{\overline{p_k}}^d$。式（116）是货币经营业态一般生产价格变形更替过程的刻画。前面对式（115）附式的证明适用于这里，因此必有$\overline{\overline{p'_k}}^d<\overline{\overline{p_k}}^d$。

6. 直接生产业态、生产服务业态、商品经营业态个别和一般生产价格变形以及地租和公务税的更替过程

诚然，此时三类职能业态的量值以及土地和公务对相关资本的替代量并没有变化，但因为利润率变形发生了变化，所以这些业态的个别和一般生产价格变形以及地租和公务税的量值也会发生更替。不过，其定义式是简单的（将$\overline{\overline{r'}}$替换第二节相关定义式中的$\overline{\overline{r}}$即可），为节省篇幅，这里从略。

（五）业态垄断超额剩余价值——以金融垄断竞争为例

业态垄断竞争以业态为单位来说明。前文说过，金融垄断竞争是业态垄断竞争的典型，因此，本节以此为例，也就是说，这里假设只有金融业态是垄断竞争，其他业态是正常竞争。与第三部分类似，这里仍然假设金融垄断是寡头垄断。下面分五个要点讨论。这里同样涉及量值对比，并且第二和第三要点所对比的量值应是业态常态超额剩余价值动态演化终点的量值。

1. 业态垄断竞争行为假设

设$\widehat{\nabla G_k}$和$\widehat{\nabla S_k}+\widehat{\nabla f_k}$分别代表金融垄断资本为获取垄断超额利润而虚置的货币资本和经营费用，$\overline{G'_k}$和$\overline{S'_k}+\overline{f'_k}$分别代表此时金融业态实际占用的货币资本和实际发生的经营费用，$\overline{G_k}$和$\overline{S_k}+\overline{f_k}$分别代表金融业态原（指垄断竞争前）货币资本和经营费用，由此并相关对比有：

$$\begin{cases}\widehat{\nabla G_k}>0 & ①\\ \widehat{\nabla S_k}+\widehat{\nabla f_k}>0 & ②\\ \overline{G'_k}+\widehat{\nabla G_k}\leqslant\overline{G_k} & ③\\ \overline{S'_k}+\overline{f'_k}+\widehat{\nabla S_k}+\widehat{\nabla f_k}\leqslant\overline{S_k}+\overline{f_k} & ④\end{cases} \tag{117}$$

式（117）是业态垄断竞争行为假设定义式。对此有两点说明：首先，前文说过，金融业态是货币经营业态的垄断形式，因此，上述金融业态原货币资本和经营费用就是货币经营业态在创新普及前的货币资本变形和经营费用变形，金融业态实际占用的货币资本和实际发生的经营费用就是货币经营业态在创新普及后的货币资本变形和经营费用变形；其次，前文对式（21）的说明原则上适用于这里，为简化，不再赘述。

2. 业态垄断竞争条件下的一般利润率

设$\hat{r}$代表业态垄断竞争条件下的一般利润率，将$\overline{G'_k}+\widehat{\nabla G_k}$和$\overline{S'_k}+\overline{f'_k}+\widehat{\nabla S_k}+\widehat{\nabla f_k}$分别替换式（113）中的$\overline{G'_k}$和$\overline{S'_k}+\overline{f'_k}$并对比，有：

$$\hat{\hat{r}}=\frac{\begin{array}{l}\sum\limits_{k=-n,i=-q(k)}^{n,q(k)}(m_{ki}^{\#}+m_{ki}^{*})-\sum\limits_{k=-n}^{n}[2q(k)+1](\overline{h_k}+\overline{l_k}+\overline{S_k'}+\overline{f_k'}+\widehat{\nabla S_k}+\widehat{\nabla f_k}+\overline{\Delta h_k^{\alpha}}+\overline{\Delta l_k^{\alpha}}+\overline{\Delta h_k^{\chi}}+\\ \overline{\Delta l_k^{\chi}}+\overline{\Delta h_k^{\mu}}+\overline{\Delta l_k^{\mu}}+\overline{\Delta h_k^{\nu}}+\overline{\Delta l_k^{\nu}}+\overline{\Delta S_k^{\alpha}}+\overline{\Delta f_k^{\alpha}}+\overline{\Delta S_k^{\chi}}+\overline{\Delta f_k^{\chi}}+\overline{\Delta S_k^{\mu}}+\overline{\Delta f_k^{\mu}}+\overline{\Delta S_k^{\nu}}+\overline{\Delta f_k^{\nu}})\end{array}}{\begin{array}{l}\sum\limits_{k=-n}^{n}[2q(k)+1](\overline{c_k^{\#}}+\overline{v_k^{\#}}+\overline{c_k^{*}}+\overline{v_k^{*}}+\overline{B_k}+\overline{h_k}+\overline{l_k}+\overline{G_k'}+\widehat{\nabla G_k}+\overline{S_k'}+\overline{f_k'}+\widehat{\nabla S_k}+\widehat{\nabla f_k}+\overline{\Delta c_k^{\#\alpha}}+\\ \overline{\Delta v_k^{\#\alpha}}+\overline{\Delta c_k^{\#\chi}}+\overline{\Delta v_k^{\#\chi}}+\overline{\Delta c_k^{\#\mu}}+\overline{\Delta v_k^{\#\mu}}+\overline{\Delta c_k^{\#\nu}}+\overline{\Delta v_k^{\#\nu}}+\overline{\Delta c_k^{*\alpha}}+\overline{\Delta v_k^{*\alpha}}+\overline{\Delta c_k^{*\chi}}+\overline{\Delta v_k^{*\chi}}+\\ \overline{\Delta c_k^{*\mu}}+\overline{\Delta v_k^{*\mu}}+\overline{\Delta c_k^{*\nu}}+\overline{\Delta v_k^{*\nu}}+\overline{\Delta B_k^{\alpha}}+\overline{\Delta h_k^{\alpha}}+\overline{\Delta l_k^{\alpha}}+\overline{\Delta B_k^{\chi}}+\overline{\Delta h_k^{\chi}}+\overline{\Delta l_k^{\chi}}+\overline{\Delta h_k^{\mu}}+\overline{\Delta l_k^{\mu}}+\\ \overline{\Delta h_k^{\nu}}+\overline{\Delta l_k^{\nu}}+\overline{\Delta G_k^{\alpha}}+\overline{\Delta S_k^{\alpha}}+\overline{\Delta f_k^{\alpha}}+\overline{\Delta G_k^{\chi}}+\overline{\Delta S_k^{\chi}}+\overline{\Delta f_k^{\chi}}+\overline{\Delta S_k^{\mu}}+\overline{\Delta f_k^{\mu}}+\overline{\Delta S_k^{\nu}}+\overline{\Delta f_k^{\nu}})\end{array}} \tag{118}$$

式中，$\hat{\hat{r}}<\overline{\overline{r'}}$。式（118）是业态垄断竞争条件下的一般利润率定义式。前文对式（22）的说明原则上适用于这里，为简化，不再赘述。

3. 垄断竞争业态基础价格与非垄断竞争业态基础价格的区分

首先，设$\widehat{\widehat{p_k}}^d$代表垄断竞争业态基础价格，由式（117）、式（118）并与式（116）对比，有：

$$\widehat{\widehat{p_k}}^d=\overline{S_k'}+\overline{f_k'}+\widehat{\nabla S_k}+\widehat{\nabla f_k}+\hat{\hat{r}}\ (\overline{G_k'}+\widehat{\nabla G_k}+\overline{S_k'}+\overline{f_k'}+\widehat{\nabla S_k}+\widehat{\nabla f_k}) \tag{119}$$

式中，$\widehat{\widehat{p_k}}^d>\overline{\overline{p_k'}}^d$。式（119）是垄断竞争业态基础价格定义式。前面对式（115）附式的证明原则上适用于这里，因此必有$\widehat{\widehat{p_k}}^d>\overline{\overline{p_k'}}^d$。

其次，前文设定直接生产业态、生产服务业态、商品经营业态一般生产价格变形以及地租和公务税是非垄断竞争业态基础价格，但它们的定义式是简单的（将$\hat{\hat{r}}$替换第二节相关定义式中的$\bar{\bar{r}}$即可），为简化，这里从略。此外，因为$\hat{\hat{r}}<\overline{\overline{r'}}$，所以其量值小于金融业态垄断竞争前的量值。

4. 业态垄断超额剩余价值的确定

由式（119），有：

$$\widehat{\widehat{p_k}}^d=\overline{S_k'}+\overline{f_k'}+\hat{\hat{r}}\ (\overline{G_k'}+\overline{S_k'}+\overline{f_k'})\ +\widehat{\nabla S_k}+\widehat{\nabla f_k}+\hat{\hat{r}}\ (\widehat{\nabla G_k}+\widehat{\nabla S_k}+\widehat{\nabla f_k}) \tag{120}$$

式（120）是式（119）的分离式。

设$\widehat{\widehat{p_k'}}^d$代表业态垄断超额剩余价值，由上式，有：

$$\widehat{\widehat{p_k'}}^d=\widehat{\nabla S_k}+\widehat{\nabla f_k}+\hat{\hat{r}}\ (\widehat{\nabla G_k}+\widehat{\nabla S_k}+\widehat{\nabla f_k}) \tag{121}$$

式（121）是业态垄断超额剩余价值的定义式。

5. 业态垄断超额剩余价值来源分析

设$\widehat{\widehat{\Delta p_k}}^d$代表$\overline{\overline{r'}}\ (\overline{G_k'}+\overline{S_k'}+\overline{f_k'})$与$\hat{\hat{r}}\ (\overline{G_k'}+\overline{S_k'}+\overline{f_k'})$的差额，$\widehat{\widehat{\sum\Delta p_k}}$代表直接生产业态、生产服务业态、商品经营业态一般生产价格变形以及地租和公务税在金融业态实施垄断竞争前和垄断竞争后量值的差额之和，有：

$$\widehat{\widehat{p_k'}}^d=\widehat{\widehat{\Delta p_k}}^d+\widehat{\widehat{\sum\Delta p_k}} \tag{122}$$

式（122）是业态垄断超额剩余价值来源分析式。前文对式（27）的说明原则上适用于这里，为简化，不再赘述。

（六）比较和结论

这里的比较有两个层面：一是业态正常竞争与业态垄断竞争的比较，二是业态竞争（含正常竞争和垄断竞争）与商品竞争（含正常竞争和垄断竞争）的比较。在此说明，第三部分给出的比较及结论可推及前一层面，为简化，不再赘述。此外，下文表明，商品竞争和业态竞争不但是资本竞争两个类型，而且是资本竞争两个发展阶段，并且资本竞争还存在第三个发展阶段，三阶段构成资本的生命过程。这就是说，后一层面实际是资本生命过程不同阶段的比较。不过，因为这与下文相关，所以将在那里一并讨论。

五、垄断竞争成因及资本的病亡陷阱和转型重生路径探析

（一）垄断竞争成因探析

1. 垄断竞争成因传统认识简略述评

垄断竞争成因的传统认识可概括为“两个根源”“一个条件”。“两个根源”，一是资本追求利润最大化本性——它决定每一个资本在市场竞争中力图排斥其他资本，这种排他性进一步发展就是独占性，即垄断竞争；二是资本积累内在矛盾——资本积累会提高资本有机构成，加剧生产与消费脱节，从而使资本利润率下降，为摆脱这一困境，垄断竞争应运而生。“一个条件”是生产和资本集中，获取垄断利润还只是资本家的主观动因，只有生产和资本集中发展到一定程度，其主观动因才成为现实。[21]77-88,[29]330-331

传统认识在逻辑上似乎“天衣无缝”，却不能解释如下疑问和事实：第一，前文说到，垄断竞争是零和博弈，其结果是两败俱伤，甚至使资本整体陷入毁灭，资本家集体理性不应当允许其存在，于是，产生一个疑问：资本家集体理性为什么不能阻止垄断竞争？第二，显然，“两个根源”贯穿资本生命始终，“一个条件”是不可逆转的过程，于是有结论：资本生命是从自由竞争到垄断“垂死”的直线过程。然而，历史事实表明，资本生命（到达“寿终正寝”前）是以“繁荣”和“垂死”交替为特征的波动起伏过程。理论由实践检验，不能解释上述疑问和事实的理论难以成立。

问题出在哪里？“两个根源”是正确的，这里没有问题，然而，前文表明“一个条件”是可疑的。其实，垄断竞争成因有“两个根源”足够了，只不过需要给出必要的细节，下面将证明这一点。

2. 马克思关于“利用机器生产剩余价值包含着一个内在的矛盾”论述——剩余价值源泉演化规律

前文引出了塌缩新生规律——由此可知，利用机器能提高剩余价值率。但马克思紧接着说，“利用机器生产剩余价值包含着一个内在的矛盾：在一定量资本所提供的剩余价值的两个因素中，机器要提高一个因素，要提高剩余价值率，就只有减少另一个因素，减少工人人数”“但是，例如从两个工人身上榨不出从 24 个工人身

上同样多的剩余价值。24 个工人每人只要在 12 小时中提供一小时剩余劳动，总共就提供 24 小时剩余劳动，而两个工人的全部劳动只不过是 24 小时”。[5]446 据此，有如下推论（现实证明了这一推论）：在早期，商品生产主要由工人劳动完成，此时剩余价值源泉相对丰盈，随着机器对生产劳动的替代，工人人数逐步减少，甚至出现无人工厂，此时剩余价值源泉不断萎缩以至枯竭。这就是剩余价值源泉演化规律。显然，这一规律是资本积累内在矛盾的一个细节。

3. 垄断竞争成因探析的结论

马克思曾引用如下名言“资本害怕没有利润或利润太少，就像自然界害怕真空一样”，[5]829 这是资本追求利润最大化本性的一个细节。据此并剩余价值源泉演化规律，可展现如下图景：在商品生产早期，剩余价值源泉相对丰盈，资本采取正常竞争能获取丰厚利润，此时呈现“繁荣”；在商品生产后期，剩余价值源泉不断萎缩以至枯竭，资本陷入“恐慌”，从而“铤而走险”采取垄断竞争，此时“垂死”。这就是垄断竞争成因探析的结论。

（二）资本的病亡陷阱和转型重生路径探析

前文解答了疑问，但不能完整地解释历史事实。历史事实表明，资本生命是以“繁荣”和“垂死”交替为特征的波动起伏过程，然而，前文只说明了从“繁荣”到“垂死”的单一过程。因此，讨论还须继续。

1. 马克思相关论述——剩余价值源泉三矿藏假说

马克思说，“剩余价值的出生地是生产领域”，[28]399 可见，商品生产是剩余价值源泉的一个“矿藏”。马克思还说，尽管流通过程“既不创造价值，也不创造剩余价值”，但“它有助于流通时间的缩短，它就能间接地有助于产业资本家所生产的剩余价值的增加”。[6]312 可见，商品流通是剩余价值源泉的另一个“矿藏”。再者，在马克思时代只有一般商品，到今天则出现了智能商品，智能商品的生产也有剩余价值，这是剩余价值源泉的第三个“矿藏”。

上述“矿藏”只是一个比方，它实际是一个以产业和市场更替为内容的演化概念（不是如金属矿藏一样的固有存在）。首先，历史表明，资本经济始于原始一体化的商品生产（此时生产服务和流通只是其附属业务），这相当于资本发现和开发剩余价值源泉的第一个“矿藏”。此外，剩余价值源泉不断萎缩以至枯竭的实质，是工人不断被排挤出商品生产过程而失业。于是，引发如下双重过程：一方面，剩余价值源泉不断萎缩以至枯竭，资本就会转而拓展流通和生产服务业务，从而原始一体化的商品生产就演化为业态系统；另一方面，被排挤出商品生产领域的工人也会在新的业态系统再就业。其次，市场指有支付能力的需求，而支付能力源自劳动者就业，可见，劳动者就业转移等价于新市场对老市场的替代。[30] 综上所述，剩余价值源泉从第一个“矿藏”到第二个“矿藏”的演化，与产业和市场更替是同一个过程。这一结论可推及从第二个“矿藏”到第三个“矿藏”的演化。于是，我们的论点得证。

2. 资本的病亡陷阱和转型重生路径

由上述讨论可引出如下结论：资本生命过程存在三个病亡陷阱和两个转型重生

路径。首先，剩余价值源泉矿藏最终将陷入枯竭，而其枯竭则是资本的病亡陷阱，垄断竞争无非是资本在病亡陷阱中的垂死挣扎。因为剩余价值源泉有三个矿藏，所以病亡陷阱也有三个。其次，当一个矿藏枯竭，通过产业和市场更替可生成另一个新矿藏。可见，资本面对病亡陷阱有可能转型重生，而产业和市场更替则是转型重生的路径。不过，其转型重生只有两次。因为一旦智能商品替代生产过程中人的智能，人类也就退出直接生产过程。[30]因此，智能商品生产是最后一个矿藏。当然，在这里，资本仍会陷入病亡陷阱，但不能转型重生，因为剩余价值源泉没有了，资本也就“寿终正寝”了，到那时共产主义社会就到来了。

3. 历史事实完整解释

前文表明，正常竞争和垄断竞争都可以区分为两个类，但那是由逻辑分析得出的资本竞争类型划分。这里，运用上述假说和规律对历史事实进行再考察，可引出资本竞争发展阶段划分。首先，原始一体化的商品生产经历了“繁荣”（对应商品正常竞争，资本主义前期“财富和实力的令人陶醉的增长”是其表征）和“垂死”（对应商品垄断竞争，20 世纪初生产过剩危机和两次世界大战是其表征），这是资本竞争第一阶段。其次，业态系统也经历了“繁荣”（对应业态正常竞争，战后“黄金时代”是其表征）和“垂死”（对应业态垄断竞争，20 世纪 70 年代后频频发生的“滞胀”和金融危机是其表征），这是资本竞争第二阶段。再次，21 世纪已出现智能商品生产，目前是（或即将进入）“繁荣”期，由前面揭示的规律，将来也会陷入“垂死”，这是资本竞争第三阶段。将三阶段联系起来，如下图景浮现出来：资本生命（到达“寿终正寝”前）是一个以“繁荣”和“垂死”交替为特征的波动起伏过程。于是，历史事实得以完整解释。

（三）几点说明

1. 社会主义革命的必要性

前文有如下论点：产业和市场更替是资本走出病亡陷阱转型重生的路径，并且在最后一个矿藏开发完毕后资本就“寿终正寝”，人类进入共产主义社会。就此，可能产生如下误解：资本主义可自然生长并进入共产主义社会，社会主义革命不必要。对此需要辨析。首先，资本有三个病亡陷阱，但只有两个转型重生路径。应强调，这并不否定走出第三个病亡陷阱同样需要转型重生，但那不是资本的转型重生，而是以人民为主宰的转型重生。这里已凸显社会主义革命的必要性。其次，三个病亡陷阱表明，社会主义革命存在三个重要时机。诚然，资本生命过程存在病亡陷阱以及通过产业和市场更替转型重生是客观规律，即使社会主义经济也不能改变，但是，社会主义代表历史前进的方向，因而在逻辑上能够减轻陷入病亡陷阱的痛苦和缩短转型重生路程，这再次凸显了社会主义革命的必要性。

2. 社会主义市场经济的必然性

社会主义市场经济的必然性≠社会主义革命的必要性，因为在理论上社会主义经济有两种形式，即社会主义计划经济和社会主义市场经济。对此，有必要讨论。对比可知，两种形式的区别在于：前者不要资本，后者仍要资本。这里的原理在于：资本面对病亡陷阱有可能转型重生，这是资本的生理机制，而计划经济不能取代资本的生理机制，因此，社会主义可以也必须利用资本。诚然，资本面对病亡陷阱还会陷入垄断竞争，这是资本的病理机制。应强调，资本主义市场经济（由其本性决定）不能抑制（更不要说根治）资本的病理机制（历史已证明了这一点），而社会主义市场经济（因为代表人民利益）具有抑制和根治资本病理机制的可能性（我国实践证明了这一点）。因此，社会主义市场经济是人类进入共产主义社会的必由之路。这就是问题的答案。

3. 本部分研究的实践意义

我国首创社会主义市场经济，因此，资本生命过程存在病亡陷阱和转型重生路径是我们必须把握的规律。这就是本部分研究的实践意义。

参考文献

[1] 曾永寿. 超额剩余价值之谜——以部门内为论域和运用公理法所做的破解[J]. 管理学刊，2016（1）：1-9.

[2] 曾永寿. 超额剩余价值之谜——以全产业为论域及由此对转型理论的补充研究[J]. 管理学刊，2017（2，3）：10-25，10-29.

[3] 曾永寿. 超额剩余价值之谜——以全业态为论域，兼探价值和剩余价值分割自然率[C] //北京：全国马克思主义基本原理研讨会论文集. 中国社会科学院马克思主义研究院，2019.

[4] 高峰. 关于马克思主义竞争理论的几个问题[J]. 中国人民大学学报，2012，26（6）：43-48.

[5] 马克思. 资本论（第1卷）[M]. 北京：人民出版社，1975.

[6] 马克思. 资本论（第3卷）[M]. 北京：人民出版社，1975.

[7] 汤在新. 政治经济学理论体系探索[J]. 当代经济研究，2005（1）：26-32，73.

[8] 张履冰. 学习马克思以经济过程的纯粹形态作为考察对象的方法——兼论对马恩关于社会主义社会的一个观点的理解[J]. 唯实，1983（4）：37-41.

[9] 马克思恩格斯全集（第46卷）[M]. 北京：人民出版社，1980.

[10] 龚维敬. 垄断理论的争议：经济学家精彩对话[M]. 上海：上海财经大学出版社，2008.

[11] 刘大洪，岳振宇. 反垄断法的困境与出路[J]. 时代法学，2004（6）：87-93.

[12] 孟芊. 垄断概念辨析[J]. 当代法学，2001（5）：36-37.

[13] 列宁. 列宁选集（第2卷）[M]. 北京：人民出版社，1995.

[14] 涂金坤. 资本主义半途夭折和寿终正寝语境下的“两个必然”和“两个决不会”[J]. 求是，2005（12）：72-75.

[15] 刘元琪. 战后以来垄断资本的演变过程及其未来发展趋势[J]. 政治经济学评论，2013，4（3）：167-185.

[16] 马克思恩格斯全集（第16卷）[M]. 北京：人民出版社，1964.

[17] 魏埙. 关于垄断价格问题[J]. 南开学报，1980（1）：1-8.

［18］李达昌．试论垄断价格的价值基础［J］．学术月刊，1984（9）：1－10.

［19］陈耀庭．关于垄断利润和垄断价格的几个理论问题［J］．中国人民大学学报，1987（6）：59－65.

［20］刘涤源，陈恕祥，徐长生．垄断价格机理研究——垄断价格机构的理论探索和实证分析［M］．北京：中国物价出版社，1995.

［21］高峰．发达资本主义经济中的垄断与竞争：垄断资本理论研究［M］．天津：南开大学出版社，1996.

［22］戚聿东．中国现代垄断经济研究［M］．北京：经济科学出版社，1999.

［23］李翀．马克思主义垄断价格理论的构建［J］．马克思主义研究，2009（11）：18－24，159.

［24］程恩富，马艳．高级现代政治经济学［M］．上海：上海财经大学出版社，2012.

［25］曾永寿．当代经济系列研究综述、点评及由马克思经济学所做的深层追问［J］．上海商业，2017（8，9）．

［26］马克思恩格斯全集（第48卷）［M］．北京：人民出版社，1985.

［27］卢锋．产品内分工［J］．经济学（季刊），2004（1）．

［28］马克思．资本论（第2卷）［M］．北京：人民出版社，1975.

［29］程恩富，马艳．高级现代政治经济学［M］．上海：上海财经大学出版社，2012.

［30］曾永寿．利润生产持续之谜——兼与孟捷、刘冠军教授商榷［J］．管理学刊，2014（5）：22－31，74.

土地增值归属问题新探[①]

［**摘　要**］以往研究没有取得实质性进展，甚至陷入混乱。土地增值可区分为毁灭重建型和积累上升型两大类，课题所称“土地增值”指前者，不是后者。土地增值归属实践过程具有土地所有权变更和土地所有制变革双重性质。诉诸现实，土地增值归属的对立主张是独享论和共享论。土地增值归属问题的答案须区分为合法性和合理性两个层面。共享论既合法也合理，独享论既不合法也不合理。

［**关键词**］土地增值；毁灭重建型；积累上升型；土地增值归属实践过程；独享论；共享论；合法性；合理性

土地增值归属是20世纪90年代以来学界热烈讨论的课题。诚然，以往研究在细节上有启发，但总体上并没有取得实质性进展，甚至陷入混乱。本文对此进行新探，以期推进这方面的研究。

一、论争鸟瞰——一些奇怪现象

据资料，以往研究存在论争。本部分对此鸟瞰（宏观考察），揭示其中存在的奇怪现象（逻辑矛盾），至于论争双方具体论点的是非对错，则安排在下一部分，即明确基本事实之后再评析。

（一）土地增值归属之争——问题层面不分，论点论据错配

据学者综述，[1~5]学界关于土地增值归属的论点共有三种。一曰归公论，主张土地增值归国家。论据是：土地增值是社会投资的结果，是“外力增值”，不是土地所有人“投资”“投劳”的结果，应归社会所有，不能归原农村土地所有人，否则有失社会公正。二曰归私（农）论，主张土地增值归农民。论据是：社会投资确实增加了企业的剩余价值产出，形成所谓“外力增值”，但剩余价值增值之所以转化为土地增值，并不是由于谁投入了劳动、资本，而是由于土地产权的排他性，土地增值归土地所有者占有并不因其是否干预土地而改变。三曰公私兼顾论，主张土地增值由国家和农民分享。论据是：归公论和归私（农）论都有所偏颇，公私兼顾更具合理性。

据此，可以证明，学界在这方面的论争存在奇怪现象：问题层面不分，论点论据错配。

先说问题层面不分，分两步进行。首先，问题有两个层面，其中一个层面是土

---

① 此文定稿于2019年5月。

地增值归属的合法性，另一个层面是土地增值归属的合理性。笔者注意到，学者们的综述有一个共同看法：归公论、归私（农）论和公私兼顾论三种论点是非难断。然而，按常规，土地增值归属应指其合法性。就此而言，答案极其简单：归公论正确，其他两种论点都不正确。依据有如下两点：第一，土地增值是城市土地（下称“市地”）增值，并非农村土地（下称“农地”）增值；第二，按现行法规，市地属公（国家），并非属私（农）。据此并“谁所有，谁享有”准则，土地增值理应归公。现在问：如此简单的问题，学界何以会有是非难断的三种论点？回答：因为问题还有另一个层面。情况是这样的：土地增值与土地用途改变（农地变为市地）和土地所有制变革（市地国有化）相联系。于是，产生一个疑问：市地国有化从而土地增值归公合理吗？综上所述，我们的论点得证。其次，学界没有区分问题的两个层面，我们的依据有二：第一，遍查相关文献，没有发现有这方面的讨论——这里已证明我们的论点；第二，前文说过，如果仅就问题的第一个层面即土地增值归属合法性而言，那么，断定三种论点的是非极其简单，但学者们并没有给出正确的判断，究其原因，就在于学者们没有区分问题的两个层面，从而忽略了就第一个层面的判定——这里再一次证明我们的论点。

再说论点论据错配。应指出，对问题的两个层面有完全不同的判据，有如下结论：土地增值归属合法性的判据是土地所有权，土地增值归属合理性的判据是土地增值原因（它隐含着追问土地增值享有者对土地增值的贡献）。然而，学界论争却存在奇怪现象：论点论据错配。首先，归公论的优势在于合法性，因此，其合理行为应是：以土地所有权为论据。然而，他们的论据却不是土地所有权，而是土地增值原因即“土地增值是社会投资的结果，是‘外力增值’”。这就证明他们的论点与论据错配。诚然，如上所述，问题还有另一个层面，就此而言，归公论也需要研究土地增值原因，但必须分清问题的层面，并且先证明其合法性，然后再谈土地增值原因，进而证明其合理性。然而，学者们并没有这样做。总之，无论怎么说，归公论者的行为都是不合理的。其次，归私（农）论的基础在于合理性，因此，其合理行为应是：以土地增值原因为论据（由此证明土地增值并非源于国家的贡献，亦即证明市地国有化从而土地增值归公不合理）。但是，他们的论据却不是土地增值原因，而是土地所有权即“土地增值归土地所有者占有并不因其是否干预土地而改变”——他们忘记了如下事实：土地增值是市地增值，并非农地增值；市地属公，并非属私（农）。可见，归私（农）论的论点与论据也是错配的。

（二）土地增值归属合理性之争——原因认定相同，归属主张各异

前文所称“土地增值归属之争”内含合法性和合理性两个层面，这里所称“土地增值归属合理性之争”只是就合理性单一层面所作的讨论。由前面的综述，可以证明，学界在这方面的论争同样存在奇怪现象：原因认定相同，归属主张各异。

为此，先给出评价准则。如上所述，归属合理性的判据是土地增值原因（它隐含着追问土地增值享有者对土地增值的贡献）。据此，有如下结论：如果归属合理性主张存在论争，那么，论争双方对土地增值原因的认定应该不同。

再说学界的论争。综述表明，一方面，归公论者和归私（农）论者对土地增值

的原因认定是相同的，即都认为土地增值是“外力增值”；另一方面，归公论者和归私（农）论者对土地增值归属合理性的主张是各不相同的。

现在，将学界论争所表现的特征即“原因认定相同，归属主张各异”与评价准则相对照，结论是：学界论争是一种奇怪现象。

（三）地权逻辑之争——过程界定一致，逻辑针锋相对

在讨论正题之前，有两点说明。首先，地权逻辑之争与土地增值归属之争的关联。阅读文献并联系实际可以看出，土地增值归属课题涉及如下两个事件。一是土地增值归属的现实，目前实际是归公。就此，有如下疑问：土地增值归公正当吗？这是土地增值归属之争的实际焦点。二是土地增值归公实践过程（政府获得土地增值收入的过程——下同）。就此，有如下疑问：土地增值归公实践过程的内在逻辑是什么？正当吗？这是地权逻辑之争的实际焦点。由此可见，地权逻辑之争是土地增值归属之争的深层延伸。其次，对“地权逻辑之争”进行层面区分，由此限定这里所要讨论的层面。据资料，地权逻辑之争发生在以贺雪峰教授为代表的一方与以周其仁教授为代表的另一方之间。经梳理，他们论争的焦点可区分为宏观和微观两个层面。在宏观层面，其焦点是现行土地制度的是非功过（含市地国有化合宪性和合理性）和土地制度改革的方向；在微观层面，其焦点是土地增值归公实践过程所体现的逻辑。应指出，所谓奇怪现象发生在微观层面，因此这里的讨论限定在微观层面。当然，我们对宏观层面的论争也要有所评价，其将安排在第三部分。

现在回到正题，证明地权逻辑之争存在奇怪现象，即过程界定一致，逻辑针锋相对，分三步进行。

首先，过程界定一致。周教授说，“一方面，政府征地补偿根据被征农地原用途即农业用途的收益来决定。另一方面，当政府出售土地使用权时，却可以根据市场原则来定价——根据土地未来用途的预期收益、由竞争各方中的出价高者得”。[6]贺教授说，“地方政府通过低价征收农民土地高价卖出土地，来获得土地财政收入”。[7]33引述表明，双方都认为政府获得土地增值收入的过程是“低征高卖”，即低价（由农地原用途收益确定）征收农民土地，高价（由土地未来用途的预期收益确定）卖出土地。

其次，逻辑针锋相对。周教授说，“你道何谓‘征用’？就是政府占民间财产为己用，‘剥夺、充公、没收’的同义词也”。[8]贺教授说，“政府低价从农民那里征地，高价卖地本身是合乎市场经济规律的”。[7]103这就是双方从土地增值归公实践过程中引出的逻辑。很明显，其逻辑是针锋相对的。

最后，证明“过程界定一致，逻辑针锋相对”是奇怪现象。显然，“逻辑”是也只能是过程的逻辑，并不存在与过程无关的空逻辑。据此，正常情况应是：如果论争双方对过程的界定一致，那么，从中引出的逻辑也应当一致。然而，前文已证，双方对过程的界定是一致的，但从过程中引出的逻辑却针锋相对。可见，这是奇怪现象。

二、基础研究——两个难点探析

学界的研究没有取得实质性进展，甚至陷入混乱，其根源有二：一是审题不

准，从而题意不明；二是对课题难点研究不足，以致事实不明，过程界定不准。本部分讨论后者，前者安排在第三部分讨论。

（一）土地增值事实探析

1. 土地增值宏观分类与课题所称“土地增值”的对象

据资料，学界也有土地增值分类（例如，“自力增值”与“外力增值”[9]），但那是在课题视域即课题所称“土地增值”内部所作的分类。这里，所谓宏观分类指超越课题视域所作的分类，目的是将课题所称“土地增值”从土地增值一般中区分开来。

顾名思义，土地增值指土地价格上升，然而，这只是概念一般。诉诸现实，它可区分为两个大类。一个大类称为“土地增值 α”，特征是：在现象上，它是土地使用性质改变所引起的增值；在本质上，它是毁灭重建型增值；在取值上，它有大于零、等于零和小于零三种可能。另一个大类称为“土地增值 β”，特征是：在现象上，它是土地在使用性质不改变的情况下，随经济社会发展而产生的增值；在本质上，它是积累上升型增值；在取值上，其值域等于或大于零。

上述分类可通过实例证实。先说土地增值 α。诉诸现实，土地使用性质改变可归结为如下两种情况：一是农地变为市地；二是城市拆迁使原建筑用地变为新建筑用地。显然，无论哪种情况，在使用性质改变过程中，土地原附着物（农作物或原建筑）从而原地价必然被毁灭，而土地新附着物（新城市建筑）从而新地价则需要重建。可见，土地增值 α 是毁灭重建型增值。此外，很明显，毁灭重建型增值等于重建地价与毁灭地价的差额，然而，在土地使用性质改变的时点，毁灭地价是现实（已经发生）的，而重建地价并不是现实的，而是预期的，因此，这类增值必有大于零、等于零和小于零三种可能。再说土地增值 β。就农地来说，在使用性质不改变的情况下，随着社会对农产品需求的增加，同一块农地的农作物（即使产量不变）价值也会增长。就市地来说，例如，城市商品房，在不拆迁的情况下，商品房价格（实际是承载商品房的土地价格）随着周边环境的改善也会上升。显然，在这里，原地价并没有被毁灭，新增地价是在原地价基础上所实现的增长。可见，土地增值 β 是积累上升型增值。此外，也很明显，这类增值的值域等于或大于零。综上所述，我们的分类得以证实。

现在再说课题所称“土地增值”的对象。将学界所论土地增值的情况与上述分类进行对照，很明显，课题所称“土地增值”的对象，只是土地增值 α，不是土地增值 β。诉诸事实也能证明这一点。前文表明，土地增值归属存在争议。然而，事实是：土地增值 β 归农地所有者或城市商品房主，这无论是在合法性层面还是在合理性层面都不存在争议，存在归属争议的只是土地增值 α。总之，无论怎么说，结论都是：课题所称“土地增值”的对象是土地增值 α，不是土地增值 β。

2. 土地增值 α 的深层分析

文献梳理表明，土地增值 α 与城市化相联系，但前文的讨论并没有将其放在城市化背景中考察，现在进行这一考察，从而给出对土地增值 α 的深层认识。

根据历史唯物主义原理并综合学界的讨论，有如下结论：城市化的本质是人类生产生活方式的替代，即城市集聚生产生活方式对农村分散生产生活方式的替代。于是，土地增值 α 即土地毁灭重建型增值必须做如下理解：被毁灭的是农村分散生产生活方式，重建的是城市集聚生产生活方式。然而，深入分析表明，被毁灭的农村分散生产生活方式，不但包括城郊被征地农民的生产生活方式，而且包括远离城市因而其土地不可能被征用但城市集聚生产生活方式需要其进城务工和定居的农民的生产生活方式（这实际是城市集聚经济建立从而土地增值 α 得以实现的条件），甚至还包括将来不进城仍在原地生活的农民的生产生活方式（因为农村现代化是城市集聚经济建立从而土地增值 α 得以实现的另一条件，而农村现代化等价于农村居民新生产生活方式对原生产生活方式的替代）；需要重建的城市集聚生产生活方式，也不但包括被征地农民进城后的新生产生活方式，而且包括土地不可能被征收但仍要进城务工和定居的农民的新生产生活方式，以及将来不进城仍在原地生活的农民的新生产生活方式。总之，土地增值 α 承载着（全社会范围的）城市集聚生产生活方式对农村分散生产生活方式的替代，是这一替代赖以实现的经济杠杆。这就是我们对土地增值 α 的深层认识。

3. 外力增值论述评

前文表明，学界普遍认为土地增值是“外力增值”，我们将其称为“外力增值论”，它实质是对课题所称“土地增值”对象的一种界定。下面对此进行述评，从而反证我们的正确界定。

据查，外力增值论最早由周诚教授提出，其基本内涵是：土地增值不是土地所有人“投资”“投劳”的结果，而是土地以外的社会因素所致。具体说有如下三种情况：一是“某一地带或某一宗地以外的一切基本建设投资对该地带或该宗地产生辐射作用因而使其价格增加”；二是“随着经济、社会的发展，对土地的需求日益增加，形成了相对无限的需求对相对有限的土地的争夺，造成供不应求日益提高，从而使地价不断上涨”；三是“同一宗地由低收益用途转为高收益用途时，由于收益水平提高，地价也相应提高”。[9] 对此有如下评析。

（1）外力增值论是循环论证

引述表明，外力增值论的基本论点是：土地增值是城市基础设施建设和城市经济发展对“某一地带或某一宗地”辐射的结果。但是，学界普遍认为，土地财政对城市基础设施建设和城市经济发展起到关键作用，而土地财政收入就是土地增值。例如，即使是持归私（农）论的周其仁教授，也说，“虽然今天大家都批评土地财政，但实际上它是功不可没的。在改革开放的过程中，如果没有土地财政，如果不把地变成钱，我们今天好多东西都是没有的”。[10] 这里有两个要点：一是“如果没有土地财政……我们今天好多东西都是没有的”，显然，“好多东西”包括城市基础设施建设和城市经济发展；二是“土地财政……把地变成钱”，意即土地财政收入就是土地增值。将上述情况关联起来，我们可以看到如下图景：一方面，土地增值源于土地财政起关键作用的城市基础设施建设和城市经济发展；另一方面，土地财政从而城市基础设施建设和城市经济发展又源于土地增值。显然，这是循环论证。

（2）外力增值论作为土地增值归属合理性论据模棱两可

周诚教授曾针对“涨价归农”论者的误解，对“外力增值”（也称“辐射性增值”）做过一个解释。他说，“新增非农建设用地‘辐射性增值’的实质，并非是这些用地以外的各项建设项目成果如交通、工业、商业、文教、住宅等的价值直接转移到该地上面来，使其获得增值；否则，岂非意味着上述各项建设成果的减值，或者是对其价值的反复计算？这些当然都是不可思议的。其实，这种‘辐射’的实质是各种非农业建设项目的功能，直接改善了非农建设用地的‘使用价值’，即交通、供电、货源、客源等等方面的改善，使得用地户获得种种便利，从而对这些土地的需求量增加，而土地的固定性则决定了位置优良的土地的有限性并造成其价格明显上扬”。[11]这就是说，土地增值并非源于社会投资的转移（并非社会投资的直接贡献），而只是社会投资的外溢辐射。据此，有如下推论：土地增值是无主游魂，从而归公论者可以据此主张归公，归私（农）论者可以据此主张归私（农）。这就证明，外力增值论作为土地增值归属合理性的论据是模棱两可的。

（3）外力增值论是张冠李戴

前两个要点旨在揭示外力增值论内部的逻辑矛盾，这里旨在揭示外力增值论与外在事实（土地增值宏观分类）之间的矛盾。就此，我们的结论是：外力增值论是张冠李戴。下面分两步讨论。

第一步，证明外力增值是土地增值β的特征，不是土地增值α的特征。先说前一个要点，以城市商品房为例。关于此，周诚教授有如下分析，“随着时间的推移，房屋会因物质磨损和精神磨损的不断积累而最终报废”，但承载商品房的“土地价格，其变动的总趋势是不断上升。其基本原因在于，随着经济、社会的发展，人们对土地的需求不断增加”。[9]这里，“随着经济、社会的发展，人们对土地的需求不断增加”，这种需求相对承载商品房的土地而言是“外力”。可见，外力增值是土地增值β的特征。再说后一个要点。如前所述，土地增值α是毁灭重建型的，其增值在于“重建”。然而，很明显，无论什么“外力”都不可能“辐射”出新的城市建筑！可见，外力增值不是（不可能是）土地增值α的特征。综上所述，我们的论点得证。

第二步，证明我们评析的结论。上述讨论表明，土地增值β的确源于外力，就此而言，外力增值论并无错误。然而，问题在于，学界所要界定的是课题所称“土地增值”即土地增值α；前文已证，外力增值并不是土地增值α的特征。这就证明外力增值论是张冠李戴。

（4）外力增值论的基础理论值得商榷

笔者注意到，周诚教授的外力增值论有一个基础理论，即“地价二元论”。周诚教授说，“土地整体价格（完全价格）是土地物质价格与土地资本价格之和”“土地物质价格并不是以劳动价值为基础的。这种价格是由对土地所有权的垄断所决定的真正的地租的资本化，故可称之为真正的地价”“土地资本价格是与土地物质相结合的、为社会所承认的劳动价值的货币表现”。周诚教授还说，他的上述论点源于马克思的“土地构成的二元性”，即“凡是经过改良的土地，在客观上都是由土地物质和土地资本这两个要素所构成的”。[12]这就是“地价二元论”的要点。

“地价二元论”值得商榷。首先，马克思的确区分了“土地物质”与“土地资本”，[13]698但并没有给出“土地物质价格”与“土地资本价格”的概念，更没有说土地价格是土地物质价格与土地资本价格之和。马克思明确指出，“土地不是劳动的产品，从而没有任何价值”；[13]702 “土地价格……无非是资本化的地租”。[13]907 可见，马克思的地价理论是一元论，即无论在什么情况下土地价格都是（“无非是”）资本化的地租，其中并不存在属于“劳动价值的货币表现”的“土地资本价格”。其次，马克思区分“土地物质”与“土地资本”，其用意在于区分“真正的地租”（“为了使用土地本身而支付的，不管这种土地是处于自然状态，还是已被开垦”）与“不构成真正的地租”（“为投入土地的资本以及作为生产工具的土地由此得到的改良而支付的利息，可能形成租地农场主支付给土地所有者的地租的一部分”）。[13]698 然而，“真正的地租”与“不构成真正的地租”的区分，从而“土地物质”与“土地资本”的区分，只在租赁期内有意义，而在租赁期满后没有意义，因为“契约规定的租期一满，在土地上实行的各种改良，就要作为和实体即土地不可分离的偶性，变为土地所有者的财产”。[13]699 再次，一个明显的事实是：土地价格是在非租赁时确定的（在租赁期内土地不可能买卖）。诚然，此时的土地可能（因前租赁期内租地者的投资）被改良过，但作为土地价格计量的基础仍然是“真正的地租”（因为“真正的地租是为了使用土地本身而支付的，不管这种土地是处于自然状态，还是已被开垦”——显然，“已被开垦” = 土地被改良过）。这里再次表明，无论在什么情况下，土地价格是也只是“资本化的地租”，不可能区分出属于“真正的地租的资本化”的“土地物质价格”和属于“劳动价值的货币表现”的“土地资本价格”。总之，“地价二元论”既不是马克思的理论，也不符合土地价格定价实践，因而是不正确的。

至此，课题所称“土地增值”的对象是土地增值 α 而不是土地增值 β 得证。基于此，也为简化，我们约定：以下所称“土地增值”均指也仅指土地增值 α；如果要提及土地增值 β，则必须使用全称。

（二）土地增值归属实践过程探析

在我国，土地增值实际是归公的，这就是土地增值归属的实践过程。所谓探析，指为准确界定这一过程所做的工作。应指出，这与地权逻辑之争有关，前文已指出地权逻辑之争存在奇怪现象，但并没有论及其具体论点的是非对错，这里，在准确界定土地增值归属实践过程之后，我们将对相关学者的具体论点进行评析。

1. 土地所有权变更与土地所有制变革的区分

这是为界定土地增值归属实践过程所做的理论准备。应指出，土地所有权变更与土地所有制变革是两个不同的概念，其区别有如下两点：第一，前者是权利主体（土地所有者）的变更，不涉及权利本身（权利内容）的变化；后者是权利本身的变化，不涉及权利主体的变更；第二，前者可通过交易进行，后者不能通过交易实现。对上述区分，下面举例明之。考察表明，无论是封建社会还是资本主义社会，都有土地所有权变更，其涉及的只是土地属于谁的问题，而土地权利本身是不变的。然而，封建社会的土地所有权与资本主义社会的土地所有权相比，其权利的内容是不同的。例如，封建土地所有权内含人身依附，所谓“溥天之下，莫非王土；率土之滨，莫非王臣”即是如此；而资本主义土地所有权不含人身依附，因此，马克思说，资本主义“土地所有权就取得了纯粹经济的形式”。[13]697可见，从封建土地所有权到资本主义土地所有权的演变，其实质是土地所有制的变革，而不是土地所有权的变更。综上所述，我们的论点得证。

2. “土地发展权”辨析

这是为界定土地增值归属实践过程所做的另一个理论准备。据资料，“近年来，作为舶来品的‘土地发展权’概念受到不少学者青睐，被视作土地增值收益的法律载体”。[14]对这一概念，有学者给出如下界定：“所谓土地发展权，是指对土地在利用上进行再发展的权利……它包括空间（高空、地下）建筑权和土地开发权。如将临近城市的农地变更为商业用地或对土地原有使用集约程度的提高等。”[15]据查，学界对此无异议，这里没有问题。问题在于“土地发展权”性质的界定。据刘明明的综述，学界在这方面的论点可归结为如下三种：一是土地发展权来源于政府土地管制权；二是土地发展权是一种体现国家意志的经济法意义上的权利；三是土地发展权是从土地所有权分离出来的一种物权。[16]上述论点值得商榷。首先，前两种论点是用行政权力或法律权力来说明土地发展权，这是不科学的。关于土地权利，马克思说，由“利用或滥用……法律权力来说明，是什么问题也解决不了的”。[13]695-696“土地所有权的正当性，和一定生产方式下的一切其他所有权形式的正当性一样，要由生产方式本身具有的历史的暂时的必然性来说明，因而也要由那些由此产生的生产关系和交换关系具有的历史的暂时的必然性来说明”[13]702（下称马克思关于“土地权利正当性”论述）。其次，后一种论点认为土地发展权只是土地所有权的“一束权利”，这不符合事实（详见下文），因而也是不正确的。

我们的界定是：土地发展权是基于城市集聚生产生活方式替代农村分散生产生活方式的需要而导致的、以土地所有权毁灭重建为特征的土地所有制变革。依据有如下几点。第一，土地发展权所涉及的是土地所有权整体，并非土地所有权中的“一束权利”。我国市地国有化的实践表明，随着土地利用性质的改变，以原利用性质（例如，农地）为基础的土地所有权整体被毁灭，以新利用性质（例如，市地）为基础的土地所有权整体重建。因此，土地发展权所涉及的并非土地所有权的“一束权利”，而是土地所有权整体。第二，土地发展权的性质是土地所有制变革，而不是土地所有权的变更。前述两个概念的区分表明，土地所有权变更以土地所有权的权力本身不变为前提，变更的只是土地所有权的权利人，然而，我国实践表明，当土地利用性质改变时，土地所有权本身发生了变化，这只能用土地所有制变革来说明。第三，土地发展权所体现的土地所有制变革，其根源是城市集聚生产生活方式对农村分散生产生活方式的替代。显然，这是用“生产方式本身具有的历史的暂时的必然性来说明”土地发展权所体现的土地所有制变革，因而是马克思关于“土地权利正当性”论述的应用。综上所述，我们的论点得证。

前文说到，“土地发展权”是一个舶来品。然而，上述讨论所涉及的只是我国的实践，这是不够的。我们有必要用西方国家土地发展权实践来进一步证明我们的论点。为此，需要提到周诚教授关于美国“开发权转移制”和“开发权购买制”[17]以及程雪阳教授关于国外“土地发展权转移制度”和“土地发展权购买制度”的介绍。[18]他们的介绍大同小异，为简化，下面只引述周诚教授的介绍。周诚教授说，

"多年来，在美国的一些州，实行土地'开发权转移制'（Transfer of Development Rights，TDRs）。其要点是：在一个社区内，按照规划进行开发的土地所有者，必须从按照规划加以保留的土地所有者那里购买足够'份额'的土地开发权，方可进行土地开发。此外，在美国的一些州，还实行土地'开发权购买制'（Purchase of Development Rights，PDRs）。其做法主要是，由地方政府出资，付给一些拟保护的农地（以及一些空旷土地、自然资源等）所有者足够费用，将其开发权收购归政府所有，以便弥补土地所有者所损失的机会利益……美国的这种创新，非常值得重视"。试问：这说明了什么？回答：国外的土地发展权，其实质也是一种与城市化相关的土地所有制变革。我们的理由是：如果不是这样，那么，"按照规划进行开发的土地所有者"凭什么"必须从按照规划加以保留的土地所有者那里购买足够'份额'的土地开发权，方可进行土地开发"？"地方政府"凭什么要向"拟保护的农地（以及一些空旷土地、自然资源等）所有者""购买""土地开发权"？这里，从另一视角（西方国家土地发展权实践视角）再次证明了我们的论点。

应指出，上面只是在"土地发展权"的"笼子"里讨论问题。然而，直面社会实践，可以证明，"土地发展权"这一概念没有必要，应当摒弃。依据有如下两点。第一，在我国，土地所有制变革是通过宪法和《土地管理法》来实施的，[19]其中并没有提及"土地发展权"。这就是说，在我国，土地所有制变革是直接以"土地制度"的名义来实施的，并非以"土地发展权"的名义来实施。其实，源自马克思理论的"土地所有制变革"，其内涵是清晰明确的，不需要用"土地发展权"概念来画蛇添足。第二，前已证明，西方国家以"土地发展权"名义进行的实践，实质也是土地所有制变革，只不过，他们所采取的是名不符实的扭曲形式。究其原因，在于西方国家实行的是土地私有制，并且其宪法规定"私有制神圣不可侵犯"，因此，其土地所有制变革不得不采取扭曲的形式。然而，我国实行的是土地公有制，完全可以依据"生产方式本身具有的历史的暂时的必然性"规律，名正言顺地实施土地所有制变革，不需要采用西方国家那种扭曲的形式。

3. 土地增值归属实践过程的界定

现在回到正题。基于前文的讨论，有如下界定：土地增值归属实践过程是内含土地所有权变更和土地所有制变革双重性质的三个分过程的集合。可描述如下：第一个分过程是农地交易，交易双方一方是政府（私权性质的公产所有者），另一方是农民集体，其性质是农地所有权变更（从农民集体所有变为国有）；第二个分过程是土地所有制变革，指政府（公权的代表）将农地变为市地（改变土地的利用性质），其过程是由公产所有者向属于公权性质的财政上交"土地出让费"（它是农地变为市地的代价）；第三个分过程是政府（公产所有者）通过"招拍挂"将市地（其基础价格 = 农地地价 + 土地出让费）出让给开发商。显而易见，第一个和第三个分过程，其行为是交易，其性质是土地所有权变更；第二个分过程，其行为是政府执法，其性质是土地所有制变革。综上所述，我们的界定得以说明。

4. 地权逻辑之争具体论点评析

前文表明，论争双方都认为土地增值归属实践过程是政府"低征高卖"，只不过双方从中引出的地权逻辑有所不同。据此，有如下评析：如果他们对过程的界定是准确的，那么，周其仁引出的逻辑是正确的。我们的依据是：第一，在性质上，“低征”是交易，“高卖”也是交易；第二，交易的正当性在于平等；第三，“低征高卖”显然是不平等的。但是，应强调，周其仁引出的逻辑是正确的不等于周其仁的整体论点是正确的，因为由我们对过程的界定知，周其仁和贺雪峰对过程的界定并不准确。然而，真正奇怪的是贺雪峰，其奇怪之处在于，他不仅没有对周其仁的过程界定提出异议，反而将周其仁的过程界定更明确地归结为“低征高卖”，并且断言“低征高卖”“合乎市场经济规律”（难道不平等交易是市场经济规律?!）。诚然，结合贺雪峰其他论述可以看出，他的实际论点是：土地增值归属实践过程是合理的。但是，要阐明这一论点，正确的方法是准确界定这一过程，而不是从错误的过程界定中引出错误的逻辑。

三、审题解题——课题明晰与课题答案及证明

（一）课题明晰

课题明晰涉及如下两个方面：一是土地增值归属问题的层面区分；二是土地增值归属的利益格局。关于前者，前文已证明土地增值归属问题可区分为合法性和合理性两个层面，兹不赘述。这里需要讨论的是后者，下面分三个层次进行。

首先，提出问题。应指出，土地增值归属的利益格局实际也有两个层面：一是现实的利益格局——这是客观现象；二是学界所看到的利益格局——这不是客观现象，而是对客观现象的主观反映。现在回到第一部分，在那里，我们通过引述学者们的综述知，学界关于土地增值归属的论点共有三种，即归公论、归私（农）论和公私兼顾论。这就是说，在学界看来，土地增值归属的利益格局就是三种论点之争。就此，有如下疑问：学界所看到的利益格局准确反映了现实的利益格局吗？

其次，明确现实的利益格局。为此，引述贺雪峰教授的论述，他说，“当前中国实际上已经形成三元利益结构，核心是，在城市以外的农村又分为有征地机会的城郊农民和无征地机会的广大中西部地区农村的农民，前者只是农民中的极少数，后者才是农民中的大多数”[7]83“问题恰是，当前具有被征地可能的农民因为土地正在或即将被征收，引发了因征地而起的激烈利益博弈”“之所以发生激烈的利益博弈，是因为其中有巨大的利益空间。农地一旦被征收为建设用地，就可能产生巨额的增值收益……失地农民期待有更多的失地补偿，因此展开了激烈的围绕土地利益的博弈”。[7]80应指出，在土地增值归属问题上，“当前中国实际上已经形成三元利益结构”是事实。然而，由“三元利益结构”划分容易看出，在土地增值归属问题上存在且仅存在如下两种对立的主张：一是“有征地机会的城郊农民”，他们“期待有更多的失地补偿”，显然“更多的失地补偿”其极限是全部土地增值收益，可见，这种主张的实质是由“有征地机会的城郊农民”独享土地增值收益，因此我们将其称为“独享论”；二是“无征地机会的广大农民和城市居民”的主张，他们希望土地增值收益由全国公民共享，因此我们将他们的主张称为“共享论”。由此可见，独享论与共享论的对立就是（也才是）土地增值归属的现实利益格局。

再次，证明学界所看到的利益格局并没有准确反映现实的利益格局。为此，引

述贺雪峰教授的另一段论述。他说，“一般来说，我们称中国为城乡二元结构”。[7]78 然而，“在城市和农村，市民和农民的二元划分视野下面，我们期待通过改变土地制度建立更有利于资源输入农村反哺农村的制度来补偿农村补贴农民，可能只是补偿了本来就机会更多生活条件更好的强势城郊农民，广大中西部地区农民却因此更加失去了获得国家财政转移支付的机会”。[7]83 贺雪峰教授的论述表明，与“三元利益结构”划分不同，还存在“城乡二元结构”的划分，对比可知，两种划分的不同点在于：后者将“有征地机会的城郊农民”与“无征地机会”的广大农民视为同一个利益主体。现在，再来看学界所看到的利益格局，很明显，所谓归公论与归私（农）论的区分，其特征正是将“有征地机会的城郊农民”与“无征地机会”的广大农民视为同一个利益主体。可见，学界所看到的利益格局是以“城乡二元结构”划分为依据的。诚然，我国存在城乡二元结构，这是事实，就此而言，以这种划分为视野来讨论一般问题并不错。但是，我们的课题是土地增值归属，这不是一般问题，而是特殊问题，其特殊性就在于：“有征地机会的城郊农民”在农民这个整体中只是一个少数群体。这就是说，学界的错误不在于一般地肯定“城乡二元结构”，而在于没有区分一般与特殊，从而将一般结论错误地套用到特殊的事情上。这就证明，学界所看到的利益格局并没有准确反映现实的利益格局。

至此，课题涉及的第二方面得以明晰，那就是：在现实中，土地增值归属之争实际是也只是独享论与共享论之争，学界所谓三种论点之争是对现实利益格局的不准确反映。

（二）课题答案及证明

如上所述，课题区分为合法性与合理性两个层面，因此，课题答案及证明要分两个层面来讨论。此外，前文已证明土地增值归属之争是也只是独享论与共享论之争，因此，课题答案及证明实际是对这两种论点的评析。

1. 土地增值归属合法性答案及证明

关于此，本文第一部分已有答案和证明，兹不赘述。不过，在那里，课题第二方面没有明晰，因此答案表述不准确。现在，根据明晰的内涵给出准确的答案：共享论合法，独享论不合法。

2. 土地增值归属合理性答案及证明

答案是：共享论合理，独享论不合理。

证：前文表明，土地增值是毁灭重建型增值。其中，毁灭的不仅是城郊被征地农民的生产生活方式，也包括远离城市因而其土地不可能被征用但城市集聚生产生活方式需要其进城务工和定居的农民的生产生活方式，甚至还包括将来不进城仍在原地生活的农民的生产生活方式；需要重建的也不仅是被征地农民进城后的新生产生活方式，也包括没有被征地但仍要进城务工和定居的农民的新生产生活方式，以及将来不进城仍在原地生活的农民的新生产生活方式。总之，土地增值承载着（全社会范围的）城市集聚生产生活方式对农村分散生产生活方式的替代，是这一替代赖以实现的经济杠杆。据此，结论是：共享论合理，独享论不合理。证毕。

3. 关于市地国有化合宪性和合理性问题的简略讨论

笔者注意到，学界在市地国有化合宪性和合理性问题上存在论争。[19][20] 显然，这涉及土地增值归属合法性答案及证明是否有效，因此需要讨论。

据查，学界的论争实际涉及如下两个层面：一是《宪法》或法律关于市地国有化的条款是否合理；二是《宪法》或法律关于市地国有化的条款是否存在法学上的缺陷。就此并联系前面关于土地增值归属合理性的证明，我们有如下结论：《宪法》或法律关于市地国有化的条款是合理的，诚然，《宪法》或法律关于市地国有化条款或许存在法学上的缺陷，但那无关紧要——因为关键是合理性，只要确立了这一点，法学上的缺陷不难弥补。

（三）几个相关问题的讨论

与课题答案相关的还有几个具体问题，这需要讨论。

1. 土地增值收益归公的实现形式

程雪阳教授有如下论点：即使土地增值收益可归公，也应采取税收形式。[18] 对此，笔者表示赞同。理由是，我国实行的是社会主义市场经济，而公共收入采用税收形式更符合市场经济惯例，并且能节约行政成本。但是，必须明确：税收是一种公权，而土地增值收益是公产的收益，因此，土地增值收益归公采取税收形式本质上是委托代理（公产所有者委托属于公权的税务机构代理），它与以政府行政（公权提供的公共服务）为基础的税收是不同的。

2. 农地价格与被征地农民共享土地增值收益所获收入的区分

周诚教授说，对失地农民公平合理的补偿包括“土地本身补偿和安置性补偿两大项”“计算土地补偿价格最为简便而准确的办法，莫过于纯收入资本化法。其具体办法是：从土地被征用前 3 年平均每亩年产值中减去生产费求得每亩年纯收入，然后除以普通存款利率，其得数即为被征用土地的影子价格”“由土地本身补偿与安置性补偿相加而形成的总补偿费，至少应当满足这样几个项目的要求：安家费（指原住宅被迫搬迁时）、转业费（指被迫脱离农业另谋出路时所需要的培训费、新项目生产资料购置费等）、养老保险费、医疗保险费、学龄儿童教育保险费等。简言之，总补偿费应当能够使失地农民在生产、生活、教育等方面不仅保持原来的水平，而且更加有保障。只有做到这一点，才能够称得上真正公平合理。——他们因国家征地而失去了衣食之源、生存之本，对国家做出了直接的重要贡献，国家理应使他们获得充分的补偿，在生产、生活上获得基本保障而无后顾之忧。这属于公平理论中的‘奉献与回报对等’原理”。[11] 笔者原则上赞同周诚教授的主张，但是，这必须区分两个部分的来源和性质。前文证明，土地增值 = 重建地价 - 毁灭地价。就此，有如下区分：周诚教授所称“土地本身补偿”部分，其实质是被征农地的地价，在上述公式中属于“毁灭地价”；周诚教授所称“安置性补偿”部分，其实质是被征地农民作为全国公民一分子共享土地增值收益所获得的收入，在上述公式中属于“土地增值”。

3. 土地增值收益共享方式

土地增值收益共享可能的方式有两种：一是土地增值收益按某种原则（平均或

按贡献）在共享者之间分配；二是土地增值收益不在共享者之间分配，而是共享者共享土地增值收益运用带来的成果。笔者以为，土地增值收益共享方式原则上是后者。这是因为土地增值的实现在于“重建”，所以土地增值收益必须用于城市集聚生产生活方式重建，全体公民只能共享土地增值收益运用带来的成果，即重建的城市集聚生产生活方式，而不能将土地增值收益直接分配给共享者。不过，也有例外，那就是作为全国公民一分子的被征地农民，他们的原生产生活方式因征地而被毁灭，他们必须从土地增值收益中获得一个量值，用以重建新的生产生活方式。

乍一看，上述讨论与前面关于“共享论合理，独享论不合理”证明的论据有矛盾。前面说到，土地增值是毁灭重建型增值，毁灭的不但是城郊被征地农民的原生产生活方式，而且包括全体公民的原生产生活方式。因此，如果说被征地农民因此而必须从土地增值收益中获得一个量值，用以重建新的生产生活方式，那么，全体公民也应如此。其实不然。研究表明，被征地农民以外的全国公民重建新的生产生活方式，已经包含在土地增值收益运用即重建城市集聚生产生活方式的过程中，不需要另外支付费用。关于此，涉及与本课题相关的另一课题，因此详细讨论将另文进行。

参考文献

[1] 董祚继．增值收益归“公”还是归“私”——关于土地增值收益分配问题的思考［J］．中国土地，2016（12）：5－7.

[2] 邹谢华，郭威．土地增值收益需正本清源［J］．中国土地，2012（2）：42－43.

[3] 朱一中，王哲．土地增值收益管理研究综述［J］．华南理工大学学报：社会科学版，2014，16（2）：48－53.

[4] 陈伟，刘晓萍．“涨价归资本”：中国农地转用增值收益分配新解［J］．经济学动态，2014（10）：99－110.

[5] 何俊烨．我国土地增值收益分配研究综述［J］．现代商贸工业，2014，26（5）：25－26.

[6] 周其仁．农地产权与征地制度——中国城市化面临的重大选择［J］．经济学（季刊），2004（4）：193－210.

[7] 贺雪峰．地权的逻辑Ⅱ：地权变革的真相与谬误［M］．北京：东方出版社，2013.

[8] 周其仁．农地征用垄断不经济［J］．中国改革，2001（12）：28－29.

[9] 周诚．论土地增值及其政策取向［J］．经济研究，1994（11）：50－57.

[10] 周其仁．土地财政的功过是非［J］．财经界，2014（25）：56－59.

[11] 周诚．“涨价归农”还是“涨价归公”［J］．中国改革，2006（1）：63－65.

[12] 周诚．土地价值简论［J］．中国土地科学，1996（S1）：1－4.

[13] 马克思．资本论（第3卷）［M］．北京：人民出版社，1975.

[14] 彭錞．土地发展权与土地增值收益分配 中国问题与英国经验［J］．中外法学，2016，28（6）：1536－1553.

[15] 胡兰玲．土地发展权论［J］．河北法学，2002（2）：143－146.

［16］刘明明．土地发展权研究述评［J］．湖南文理学院学报：社会科学版，2008（3）：56－58.

［17］周诚．土地增值分配应当“私公共享”［J］．中国改革，2006（5）：77－78.

［18］程雪阳．土地发展权与土地增值收益的分配［J］．法学研究，2014，36（5）：76－97.

［19］彭錞．《土地管理法》合宪性争议再反思——兼论立法形成条款的成因与边界［J］．清华法学，2018，12（6）：108－123.

［20］程雪阳．八二宪法与中国城市土地的国有化［J］．文化纵横，2013（2）：94－99.

城市化理论新探①

［摘　要］以往研究有启发，但没有到位，城市化是资本的城市化，是由资本经济内在矛盾推动的人类生产生活方式层次递进的毁灭重建过程。由于资本之间的矛盾，剩余价值生产会不断演化出新形式，从而城市化呈现出不同阶段以及将这些阶段联系起来的规律。由于资本与雇佣劳动之间的矛盾以及帝国主义国家（发达国家）与殖民地国家（发展中国家）之间的矛盾，资本经济将演化出不同类型，从而城市化也呈现不同类型。随着中国的崛起及发展中国家间合作的日益紧密，世界城市化将呈现全新局面。

［关键词］资本的城市化；城市化演进规律；城市化分类规律；城市化发展趋势；新探

本文所称城市化与城市不同，城市是一种存在，城市化则指城市形成过程。本文所称城市化与城镇化是一致的，因为尽管城市与城镇有所不同，但二者的“化”即形成过程并无原则上的区别。文献梳理表明，国内外学者对这一课题已有大量研究，诚然，这对我们有启发，但没有到位，本文对此进行新探，以期推进这方面的研究。

以往研究述评与本文的论点和思路：

• 以往研究的主要成果：

以往研究成果很多，但其主要成果可概括为“一个界定”“两条规律”，下面分别叙述。

1．城市化概念界定

由于城市化本身的复杂性，不同学科（人口学、人类学、历史学、地理学、社会学、经济学、规划学、政治学）对城市化有不同的理解，[1]诚然，这无可厚非，但城市化的基础应是经济过程。以此为据，以往关于这一概念的界定可归结为如下两类。

一是将城市化界定为产业和人口的城市化。这几乎是学界的共识。对此，蔡继明等学者给出了如下归纳：“城市化包含着两个前后相继的转变：其一是伴随着非农产业的发展，农业劳动者就业向非农产业就业的转变；其二是伴随着非农产业向城市的集聚和集中，非农就业人口（及其家庭成员）向城市居民的转变。前一个转变即工业化过程，是城市化的基础和必要前提；后一个转变即农村居民向城市居民身份的转变，是城市化的结果或完成的标志”。[2]

---

① 此文定稿于2019年9月。

二是将城市化界定为“资本的城市化”。这由英国学者大卫·哈维（David Harvey）首创。应指出，他并没有集中说明这一概念的含义，但从其著述中可以引出如下要点：第一，城市化根源于“资本主义的矛盾”，反映着资本对剩余价值的生产和占有的空间控制活动；[3]2-3第二，城市化是与“资本循环”和资本“积累的规律”相关联的“人造环境”毁灭重建过程；[3]3-23第三，“资本的城市化”最终将转变为“社会主义城市化”。[3]219-224

2. 城市化演进规律

美国学者诺瑟姆（Ray M. Northam）于1979年依据英、美等国的资料，将城市化进程分为三个阶段，即初期阶段（工业化初期，城市化率低于30%）、加速阶段（工业化中期或扩张期，城市化率从30%快速向70%攀升）、后期阶段（城市化率大于70%，增长速度趋缓甚至停滞），他由此给出了城市化演进规律，如图1所示。[4]20-212对此，有学者运用不同国家（含发展中国家）的资料进行验证，结论是：尽管不同国家城市化开始的时间不同，所经历阶段的时点不同，但其路径呈现如图1那样的S形曲线则是一致的[5]。

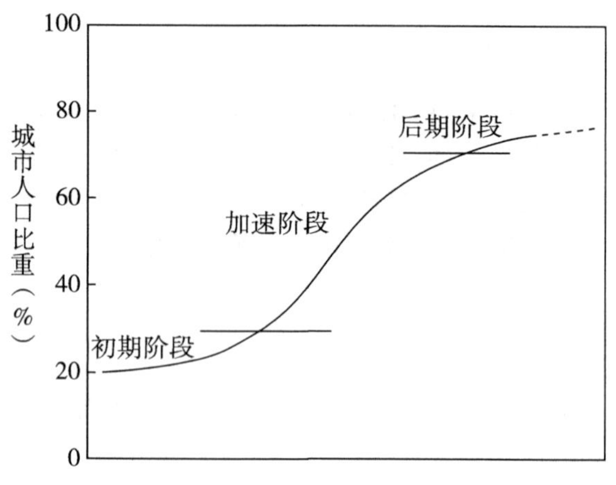

图1　城市化演进规律

此外，我国学者高佩义将世界城市化进程划分为如下三个阶段：1760—1851年为第一阶段，在该阶段出现了第一个城市化率达50%以上的国家——英国；1851—1950年为第二阶段，是城市化在欧洲和北美等发达国家的推广、普及和基本实现阶段；1950年以后为第三阶段，是城市化在全世界推广、普及和加快发展阶段。[6]15-18高佩义的划分为许多学者所引用，笔者也认为这一划分符合历史事实。

3. 城市化分类规律

高佩义认为，发达国家的城市化、发展中国家的城市化、前社会主义国家的城市化和中国的城市化是四种不同类型，其中，具有明显反差的是前二者，它们都是资本主义国家，但城市化的效果却完全相反，发达国家的城市化是“六化同步”，发展中国家的城市化是“六化脱节”。[6]27-87贺雪峰认为，欧美日的城市化、亚非拉的城市化和中国的城市化是三种不同类型——欧美日的城市化“既好又快、有质有量”，亚非拉的城市化“都有大规模的贫民窟……城市基础设施一般都比较差”，而“中国的情况却相当特殊”，尽管中国也属于发展中国家，但“中国城市基础设施建设良好，且中国城市没有发展中国家通常都有的触目惊心的贫民窟”。[7]3-15此外，其他文献也有类似的划分。[4,8]显然，贺雪峰所称“欧美日”对应高佩义的“发达国家”，贺雪峰所称“亚非拉”对应高佩义的“发展中国家”，就此而言，他们的分类是一致的。诚然，高佩义还提到“前社会主义国家的城市化”，贺雪峰没有将此作为一种类型，然而，不管怎样，城市化存在不同的类型是肯定的。可见，这是城市化另一条重要规律。

• 以往研究的主要缺陷：

逻辑学表明，概念是理论的基础，理论是概念的展开和推论。据此，有结论：存在两类概念界定，也就存在两类理论。考察文献也能证明这一点。显然，“两条规律”是经验现象，反映着城市化的事实。认知科学、揭示理论必须符合事实，这是我们评价的准则。下面以此为据，对两类理论进行评价。

先说以“产业和人口的城市化”界定为基础的理论。诚然，图 1 刻画的规律是以产业和人口变化为指标确立的，据此，这种界定似乎完整解释了城市化演进规律，其实不然。高佩义的划分表明，1950 年是城市化进程的重要节点；据资料，诺瑟姆所称英、美等国从“初期阶段”过渡到“加速阶段”的时间节点也是 1950 年。[4]176就此，试问：城市化进程的节点为什么是 1950 年？显然，这是该理论所不能解释的。此外，很明显，城市化分类规律反映着不同国家城市化的特殊性。然而，上述讨论表明，以“产业和人口的城市化”界定为基础的理论只是城市化共性理论，因而绝不可能解释以城市化特殊性为特征的城市化分类规律。这是这类理论的严重缺陷。

说到这里，有必要提到贺雪峰。他认为中国城市化“显然受益于体制性城乡二元结构和以家庭联产承包为基础的统分结合、双层经营的中国农村基本经营制度”与“土地公有、地利共享”的土地制度。[7]10-15有学者评价，这是“独到的见解”“做出了独特的贡献”。[9]笔者赞同这一评价。不过，问题在于贺雪峰给出的城市化概念界定也是“产业和人口的城市化”。[7]“自序”应强调，这一界定并不能兼容上述解释，因为中国的城市化“相当特殊”，然而，就“产业和人口的城市化”而言，中国与其他国家并无区别。可见，贺雪峰并没有真正揭示中国城市化的特殊规律。

再说大卫・哈维的理论。应指出，他给出的“资本的城市化”的概念界定具有解释“两条规律”的逻辑可能性，此外，他的具体研究对我们也有启示。但是，遍查他的著作，没有发现提到“两条规律”（其著作出版于 1985 年，[10]他在写作时至少应当知道城市化演进规律）。可见，他的理论与现实脱节。此外，尽管他声明其理论源自马克思的《资本论》，但是，他对马克思理论的理解有所偏颇，从而没有全面揭示“资本的城市化”在逻辑上应有的内容。总之，大卫・哈维的研究并不到位。

• 本文的论点和思路：

本文赞同“资本的城市化”的界定，并且所依据的基础理论也源自马克思的《资本论》，但是，我们对马克思理论的理解与大卫・哈维的理解有所不同。本文以马克思阐明的原理为指导，对课题从四个方面进行新探。

一、城市化概念新探

我们的界定是：城市化是资本的城市化，是由资本经济内在矛盾推动的人类生产生活方式层次递进的毁灭重建过程。这一界定内含三个要点，下面分别说明。

（一）城市化是资本的城市化

这是从城市化性质角度给出的界定。历史表明，尽管在资本诞生以前就有城市，但那时人们生产生活的基础在农村，从而“城市屈从于乡村的统治，因而存在一种‘城市乡村化的趋势’，城市的发展极为缓慢，社会结构的变化很小”。[11]然而，资本的生存基础在城市，因而它“使乡村屈服于城市的统治，它创立了规模巨大的城市，使城市人口比农村人口大大增加了起来，因而使很大一部分居民脱离了乡村生活的愚昧状态”。[12]470可见，城市早已有之，但城市化则是随着资本的诞生而开始的，城市生产生活方式不断扩张是资本的生存条件，因此，有结论：城市化是资本的城市化，即资本“按照自己的形象，为自己创造出一个世界”[12]470的历史过程。

（二）城市化由资本经济内在矛盾推动

这是从城市化动力角度给出的界定，应指出，“两条规律”只能由资本经济内在矛盾来说明。由马克思论述知，矛盾可归结为两类：一类是资本与雇佣劳动之间的矛盾，它根源于资本对工人创造的剩余价值的无偿占有；另一类是资本之间的矛盾，它体现着资本对剩余价值相互争夺。[13]此外，列宁指出，由于资本主义发展不平衡，还存在帝国主义国家（发达国家）与殖民地国家（发展中国家）之间的矛盾，这是资本对剩余价值的相互争夺在国际上的表现。可以证明，由于资本之间的矛盾，剩余价值生产会不断演化出新形式，从而城市化呈现不同阶段以及将这些阶段联系起来的规律；由于资本与雇佣劳动之间的矛盾以及帝国主义国家（发达国家）与殖民地国家（发展中国家）之间的矛盾，资本经济（=市场经济——下同）将演化出不同类型，从而城市化也呈现不同类型。总之，资本经济内在矛盾是资本经济演进的动力，也是城市化演进的动力，资本经济和城市化的一切现象都可以也只能由此说明。

（三）城市化是人类生产生活方式层次递进的毁灭重建过程

这是从城市化过程角度给出的界定。这里有两个关键词，一是毁灭重建，二是层次递进，下面分别讨论。首先，考察表明，城市化初期表现为城市集聚生产生活方式对农村分散生产生活方式的替代。显然，替代就是毁灭重建——毁灭的是农村分散生产生活方式，重建的是城市集聚生产生活方式。其次，城市化后期表现为城市集聚生产生活方式不断更新。据资料，发达国家的城市化发展阶段与产业发展是一致的——在1950年以前，农业比重下降，工业比重上升，此时的城市化以工业化为支撑；在1950年以后，农业和工业比重下降，服务业比重上升，此时的城市化以服务业发展为支撑。[14]25-29应指出，上述还只是20世纪以前的情况，21世纪已进入智能生产阶段，此时的城市化已是（或将是）智能城市化。[15]这就是城市集聚生产生活方式不断更新的实际过程。显然，更新也是毁灭重建——毁灭的是原有的城市集聚生产生活方式，重建的是新的城市集聚生产生活方式。可见，城市化即人类生产生活方式的毁灭重建，并不是一次完成的，而是层次递进的持续过程。于是，我们的论点得证。应指出，人类生产生活方式的毁灭重建，实质也是城市化物质形态（城市建筑）的毁灭重建（当今已建成的城市仍在不断拆迁重建就是明证）。这里的原理在于，产业不同、生活方式不同，城市设施也会不同。例如，智能生产阶段的城市是智能城市，其城市设施与以前有所不同。[16]可见，城市物质形态的毁灭重建是人类生产生活方式毁灭重建的必然结果，也是城市化概念的应有之义。

现在说明新界定与以往界定的关联。首先，生产方式毁灭重建内含产业更替，生活方式毁灭重建内含人口迁移。可见，新界定与“产业和人口的城市化”界定是相容的。但是，上述讨论表明，新界定还有以往界定所不具有的新内容。其次，在原则上，新界定与大卫·哈维的界定是一致的，但是，新界定对资本内在矛盾及其与“两条规律”的关联有更明晰的说明，从而弥补了大卫·哈维的理论与现实脱节的缺陷。最后，新界定有一个用语是“资本经济内在矛盾”，而不是“资本主义内在矛盾”。这是我们的界定与大卫·哈维的界定的重要区别。明确这一点很重要，这是科学理解城市化分类规律的关键。总之，新界定既包容了以往界定的合理内容，又与以往界定有重大区别。

二、城市化演进规律新探

前文说到，由于资本之间的矛盾，剩余价值生产会不断演化出新形式，从而城市化呈现出不同阶段以及将这些阶段联系起来的规律（下称城市化演进规律新探论点）。本部分将对此详加讨论。

（一）问题的实质和难点

马克思曾引用如下名言：“资本害怕没有利润或利润太少，就像自然界害怕真空一样。”[17]829可见，资本的生命在于获取利润即剩余价值。据此有结论：剩余价值生产演化过程＝资本的生命过程。于是，要证明城市化演进规律新探论点，就必须先明确资本生命过程。这是问题的实质。

然而，问题在于，马克思对资本生命过程的研究并没有最终完成，后来的列宁对资本生命过程则产生了误判。汤在新的研究可以证明前者，[18]兹不赘述；需要讨论的是后者。众所周知，列宁给出了如下论断：其一，资本主义发展可划分为两个阶段，20世纪以前是自由竞争阶段，20世纪以后是垄断阶段；[19]589-590其二，“垄断是从资本主义到更高级的制度的过渡”。[19]650可见，在列宁看来，资本生命过程是从自由竞争到垄断死亡的直线过程。诚然，“20世纪的20～30年代资本主义世界确实发生了像瘟疫一样的经济危机，差一点置整个资本主义于死地”，[20]这似乎印证了列宁的论断。但是，战后“资本主义却迎来了历史上最长的平稳快速发展期”即

“黄金时代”，[21]以至到今天，资本主义仍然没有“死亡”。据此有结论：列宁的论断在总体上与事实不符。于是，产生如下疑问：何以界定资本的生命过程？这是问题的难点。

（二）三个假说

为破解难点，我们需要做一些基础性工作，那就是由马克思相关论述引出三个假说①。

1. 剩余价值源泉生命周期假说

马克思说，“利用机器生产剩余价值包含着一个内在的矛盾：在一定量资本所提供的剩余价值的两个因素中，机器要提高一个因素，要提高剩余价值率，就只有减少另一个因素，减少工人人数”“但是，例如从两个工人身上榨不出从 24 个工人身上同样多的剩余价值。24 个工人每人只要在 12 小时中提供一小时剩余劳动，总共就提供 24 小时剩余劳动，而两个工人的全部劳动只不过是 24 小时”。[17]446 据此，有如下推论（现实已证实这一推论）：商品生产在早期由工人完成，此时剩余价值源泉相对丰盈；在后期，伴随机器对生产劳动的替代，工人人数逐步减少，甚至出现无人工厂，此时剩余价值源泉不断萎缩以至枯竭。这就是剩余价值源泉生命周期假说。此假说可推及下文所称剩余价值源泉三个矿藏。

2. 剩余价值源泉三矿藏演化假说

马克思说，“剩余价值的出生地是生产领域”。[22]399 可见，商品生产是剩余价值源泉一个矿藏。马克思还说，“流通过程……不生产任何价值，因而也不生产任何剩余价值”，“但既然它有助于流通时间的缩短，它就能间接地有助于产业资本家所生产的剩余价值的增加”。[23]311-312 可见，商品流通是剩余价值源泉第二个矿藏。再者，在马克思时代只有一般商品，到今天则出现了智能商品，显然，智能商品生产也有剩余价值，这是剩余价值源泉第三个矿藏。应指出，所谓“矿藏”是一种比方，它实际是以产业和市场更替为内容的演化概念。历史表明，资本主义始于原始一体化的商品生产（此时生产服务和流通只是其附属业务），这相当于资本开发剩余价值源泉第一个矿藏。此外，剩余价值源泉不断萎缩以致枯竭的实质是工人不断被排挤出商品生产过程而失业。于是，引发如下双重过程：一方面，剩余价值源泉不断萎缩以至枯竭，资本转而拓展流通和生产服务业务，从而原始一体化的商品生产就演化为由商品直接生产业态、商品生产服务业态、商品经营业态、货币经营业态组成的系统[24]（下称“业态系统”）；另一方面，被排挤出商品生产领域的工人也会在新的业态系统实现再就业。再者，市场的实质是有支付能力的需求，而支付能力源自劳动者就业，可见，劳动者就业转移等价于新市场对老市场的替代。[25]这就证明剩余价值源泉从第一个矿藏到第二个矿藏的演化与产业和市场更替是同一个过程。这一结论可推及从第二个矿藏到第三个矿藏的演化。这就是剩余价值源泉三矿藏演化假说。

---

① 文中论点由马克思论述引出，据此可以认为它们是基本原理，但考虑到其关涉重大，仅有这些讨论也许不足以确立，因此称其为“假说”。

3. 资本常态和病态区分假说

为此，需要从竞争和垄断两分法说起。首先，竞争两分法。竞争（竞争一般）指资本对剩余价值的相互争夺。它可区分为两种形式：一是正常竞争，即资本之间以生产要素对剩余价值生产贡献为基础的竞争；二是垄断竞争，即资本之间以实力为基础的竞争。其次，垄断两分法。垄断（垄断一般）意即独占。它可区分为两种形式：一是所有权垄断，即所有权主体对所有权权益的独占；二是超所有权垄断，即一种所有权对另一种所有权权益的侵占。由竞争两分法来判定，所有权垄断不是垄断竞争（而是正常竞争），超所有权垄断才是垄断竞争。现在再说资本常态和病态的区分。显然，以生产要素对剩余价值生产贡献为基础的竞争体现着资本之间的平等，占有剩余价值以所有权权益为边界体现着资本经济运行秩序，因此，限于正常竞争的资本是资本常态。然而，以实力为基础的竞争，通行的是强盗逻辑，其结果是对资本经济运行秩序的破坏，因此，陷入垄断竞争的资本是资本病态。这就是资本常态和病态区分假说。对上述讨论，笔者此前从理论和实践两个层面进行了论证，[26]为简化，这里从略。

这里有一个问题需要讨论。垄断竞争是零和博弈，其结果是两败俱伤，甚至使资本陷入毁灭，因此，资本家集体理性不应当允许这种竞争存在（资本主义政府主张反垄断竞争就是明证）。但是，历史表明，资本家集体理性并没有阻止（更不要说根绝）资本陷入垄断竞争（两次世界大战以及1970年以来频发的“滞胀”和金融危机就是明证）。试问：这是为什么？由上述讨论有如下答案：资本开发剩余价值源泉矿藏，在初期因为被资本剥削的工人较多，剩余价值源泉相对丰盈，采用正常竞争也能获取丰厚利润，此时多数资本家会采取正常竞争，资本家集体理性也能阻止垄断竞争，然而，伴随机器不断替代劳动，被资本剥削的工人日益减少，剩余价值源泉不断萎缩以致枯竭，此时资本家陷入恐慌，集体理性丧失，从而必然陷入垄断竞争。或许有人说，上文表明剩余价值源泉矿藏不止一个，老矿藏枯竭了可以开发新矿藏——这里存在资本避免垄断死亡的机制。从完整过程来看的确如此，这正是资本至今“垂而不死”的原因。但是，从老矿藏过渡到新矿藏绝非易事。首先，资本发现新矿藏是摸索过程，需要不断试错（试错需要成本甚至使试错者倾家荡产）才能得以实现。其次，更为重要的是，这一过程实际是资本的毁灭重建（适应老矿藏的资本是落后产能，必须毁灭，开发新矿藏需要新的产能，亦即需要重建新资本）。于是，面对生死存亡，资本不能不陷入垄断竞争以垂死挣扎。总之，资本病态绝非偶然，而是由其本性决定的必然。

（三）剩余价值生产演化过程的描述和证实

由上述假说可引出如下结论：对应三个矿藏，剩余价值生产依次历经三种形式（三个阶段），并且每种形式（每个阶段）内含从资本常态（对应“繁荣”）到资本病态（对应“垂死”）的过程。这就是剩余价值生产演化过程的描述。

上述描述可由历史加以证实。首先，原始一体化的商品生产是第一个矿藏，亦即剩余价值生产第一种形式（第一阶段）。在其前期，剩余价值源泉相对丰盈，此时正常竞争是资本竞争的主要形式，结果是“财富和实力的令人陶醉的增长”（繁荣）[27]9。但是，进入20世纪，伴随机器日益替代劳动，商品生产中的剩余价值源泉日益萎缩以致枯竭，此时垄断竞争成为资本竞争的主要形式，结果是资本主义世界不断陷入以生产过剩为特征的经济危机，最终导致两次世界大战（垂死）。其次，在战后，原始一体化的商品生产演化为业态系统，这是第二个矿藏亦即剩余价值生产第二种形式（第二阶段）。在其前期，业态系统中的工人很多，剩余价值源泉相对丰盈，此时正常竞争是资本竞争的主要形式，结果是资本主义迎来了“黄金时代”（繁荣）。但是，1970年以后，伴随机器日益替代劳动，业态系统的剩余价值源泉也日益萎缩以致枯竭，此时垄断竞争成为资本竞争的主要形式，结果是资本主义世界频发以“滞胀”和金融风暴为特征的经济危机（垂死）。① 再次，进入21世纪，发达国家步入智能生产阶段，这是剩余价值源泉第三个矿藏亦即剩余价值生产第三种形式（第三阶段）。目前是（或即将是）“繁荣”期，但由前面揭示的规律，将来也会陷入“垂死”。综上所述，我们的描述得以证实。

（四）城市化演进规律新探论点的证明和说明

新探论点断言，城市化演进规律与剩余价值生产演化过程是一致的。这需要证明。此外，如前所述，诺瑟姆给出的规律只是现象规律，然而，新探则是从本质层面揭示规律，因此，新探必有诺瑟姆所没有看到的内容。这需要说明。下面分别讨论。

首先，诺瑟姆给出的规律表明，城市化进程可划分为初期阶段、加速阶段和后期阶段。前面已证，从初期阶段过渡到加速阶段的时间节点是1950年。然而，我们证明，剩余价值生产演化过程也存在对应的三个阶段，并且从第一阶段过渡到第二阶段的时间节点也是1950年。此外，诺瑟姆给出规律的时间是1979年，据此可推测，诺瑟姆所说的从加速阶段过渡到后期阶段的时间节点应是1970年左右。然而，我们证明，此时正是剩余价值生产从第二种形式的繁荣期到垂死期的过渡点。综上所述，二者具有一致性。于是，论点得证。

其次，新探还有诺瑟姆所没有看到的内容。第一，诺瑟姆只描述了现象，并没有揭示现象的根源和必然性。然而，新探表明，这种现象源于资本追逐剩余价值的本性，是剩余价值源泉三矿藏以及资本之间从正常竞争到垄断竞争演化的结果，因而是资本经济发展的必然。第二，诺瑟姆给出的规律内含时间节点，但他并没有解释其原因。然而，新探证明，这些时间节点就是剩余价值源泉新、老矿藏（或繁荣期与垂死期）的转换点，于是，时间节点的原因得以说明。第三，诺瑟姆给出的规律只是产业和人口从农村向城市聚集，并没有揭示这种聚集以后的演化。然而，新探表明，产业和人口在城市聚集以后，不仅产业会进一步演进，人口（工人就业）和市场（有支付能力的需求）也会相应演进，这是城市化从一个阶段跃进到另一个

---

① 请注意打上着重号的词。这是因为在商品生产阶段，资本生产的是商品，所示其危机必然是生产过剩；在业态系统阶段，商品生产已被转移到发展中国家，发达国家垄断着金融业态，因而其危机必然是“滞胀”和金融风暴。这种区别本身已证明商品生产和业态系统是资本经济发展的不同阶段。

阶段的机制。第四，前文表明，还存在城市化分类规律，然而，新探揭示城市化演进规律的根源（三个假说）隐含着逻辑地解释这一规律的机制（详见下文），这是诺瑟姆给出的现象规律所不具有的功能。总之，新探与诺瑟姆给出的规律相比，前者远比后者丰富。

三、城市化分类规律新探

前文说到，由于资本与雇佣劳动之间的矛盾以及帝国主义国家/发达国家与殖民地国家/发展中国家之间的矛盾，资本经济将演化出不同类型，从而城市化也呈现不同类型。本部分对此详加讨论。

（一）相关论述回顾——城市化分类规律的形式刻画

显然，图1是城市化演进规律的刻画，但是，此前没有给出城市化分类规律（城市化状态空间）的刻画，因此讨论由此开始。

如前所述，贺雪峰认为，欧美日的城市化“既好又快”，亚非拉的城市化“都有大规模的贫民窟……城市基础设施一般都比较差”；高佩义认为，发达国家的城市化是“六化同步”，发展中国家的城市化是“六化脱节”。此外，高佩义还用“畸形”来评价发展中国家的城市化，[6]53相应地可用“正常”来评价发达国家的城市化。显然，他们实际给出了两个指标，一是城市化的速度（可区分为快速、常规、缓慢三种状态），二是城市化的效果（可区分为正常和畸形两种状态）。将上述状态搭配组合，有：

$$\text{城市化状态空间}\begin{cases}\text{城市化正常快速推进} & ①\\ \text{城市化正常常规推进} & ②\\ \text{城市化缓慢或畸形快速推进} & ③\end{cases}\qquad(1)$$

式（1）是城市化分类规律的形式刻画。

（二）国民收入定义与城市化成本支付定理

应指出，式（1）刻画的只是城市化分类规律的现象，并没有揭示其本质，即这些现象发生的根源。研究表明，城市化需要成本，[28]城市化分类规律与此相关。为此，我们先讨论国民收入的定义，进而引出城市化成本支付定理。

1. 出发点——商品价值及其总量的分配表达

在马克思经济学中，国民收入源自商品价值的分配形式，商品价值的分配形式源自商品生产价格，而商品生产价格由商品价值转化生成。关于此，笔者此前有两篇文章探讨，其中一篇已发表，[29]另一篇在相关会议上交流。[24]这些内容丰富而复杂，这里不能全面引述，下面的讨论可视为此前研究的简略叙述。

在《资本论》第三卷开头，马克思给出了商品价值公式。[23]30据此，设w_{ki}代表第k个生产部门第i个商品个别价值，c_{ki}代表其中的不变资本，v_{ki}代表其中的可变资本，m_{ki}代表其中的剩余价值，有：

$$w_{ki} = c_{ki} + v_{ki} + m_{ki} \qquad (2)$$

式中，$k = -n, \cdots, -2, -1, 0, 1, 2, \cdots, n$；$i = -q(k), \cdots, -2, -1,$

0，1，2，…，$q(k)$。

式（2）是商品价值定义式。附式表明，全社会（可理解为全球，也可理解为一个国家、一个地区、一个城市）生产部门共有$2n+1$个，第k个生产部门的产品产量共有$2q(k)+1$个。

在《资本论》第三卷第四十九章，马克思说，“把生产价格和价值的区别撇开不说”，[23]941那么，“每个商品的价值，都包含：一个价值部分＝不变资本，一个价值部分＝可变资本（它转化为工人的工资）和一个价值部分＝剩余价值（它后来分为利润和地租）”。[23]953显然，马克思在这里说的是商品价值的分配形式。据此并联系城市化进程的相关事实，我们有如下理解，第一，上述各量不是商品生产过程的原始值，而是原始值的平均（其中，“不变资本”是一重平均，即在全产业商品之间平均，其余三种量是双重平均，即一重在全产业商品之间平均，另一重在全业态平均）分配（原始值在各类生产要素之间分配）值；第二，“可变资本”“利润”（企业主收入＋利息）和“地租”不限于与商品生产有关的量，而应指全业态的相应量（例如，“可变资本”指全业态所有劳动者的工资，其余类推）；第三，在城市化进程中，农村用地转为城市用地会发生增值（下称“土地增值”），[30]并且此时城市用地的正常地租依然存在，据此，地租须分为两个部分，即正常地租和增值地租。于是，设$\overline{c_{ki}}$代表第k个生产部门第i个商品分配到的不变资本，$\overline{\overline{v_{vki}}}$代表该部门该商品分配到的全业态所有劳动者的工资，$\overline{\overline{m_{cki}}}$代表该部门该商品分配到的资本利润，$\overline{\overline{r_{1ki}}}$代表该部门该商品分配到的正常地租，$\overline{\overline{r_{1ki}}}$代表该部门该商品分配到的增值地租，据此并式（2），有：

$$\sum_{k=-n,i=-q(k)}^{n,q(k)}(c_{ki}+v_{ki}+m_{ki})\equiv\sum_{k=-n,i=-q(k)}^{n,q(k)}(\overline{c_{ki}}+\overline{\overline{v_{vki}}}+\overline{\overline{m_{cki}}}+\overline{\overline{r_{1ki}}}+\overline{\overline{r_{2ki}}}) \tag{3}$$

式中，$\sum_{k=-n,i=-q(k)}^{n,q(k)}c_{ki}\equiv\sum_{k=-n,i=-q(k)}^{n,q(k)}\overline{c_{ki}}$；$\sum_{k=-n,i=-q(k)}^{n,q(k)}v_{ki}<\sum_{k=-n,i=-q(k)}^{n,q(k)}\overline{\overline{v_{vki}}}$；$\sum_{k=-n,i=-q(k)}^{n,q(k)}m_{ki}\equiv\sum_{k=-n,i=-q(k)}^{n,q(k)}\overline{\overline{v_{vki}}}-\sum_{k=-n,i=-q(k)}^{n,q(k)}v_{ki}+\sum_{k=-n,i=-q(k)}^{n,q(k)}(\overline{\overline{m_{cki}}}+\overline{\overline{r_{1ki}}}+\overline{\overline{r_{2ki}}})$。

式（3）是商品价值总量分配表达式。

对式（3）有两点说明，第一，由马克思论述[23]193知，尽管就商品个体而言，$c_{ki}+v_{ki}+m_{ki}\not\equiv\overline{c_{ki}}+\overline{\overline{v_{vki}}}+\overline{\overline{m_{cki}}}+\overline{\overline{r_{1ki}}}+\overline{\overline{r_{1ki}}}$，但是，就商品总量而言，必有$\sum_{k=-n,i=-q(k)}^{n,q(k)}(c_{ki}+v_{ki}+m_{ki})\equiv\sum_{k=-n,i=-q(k)}^{n,q(k)}(\overline{c_{ki}}+\overline{\overline{v_{vki}}}+\overline{\overline{m_{cki}}}+\overline{\overline{r_{1ki}}}+\overline{\overline{r_{2ki}}})$（正因此，商品价值的分配形式只能是总量形式）；第二，因为商业劳动不生产价值，仅参与剩余价值分配，所以$\sum_{k=-n,i=-q(k)}^{n,q(k)}\overline{\overline{v_{vki}}}-\sum_{k=-n,i=-q(k)}^{n,q(k)}v_{ki}$（＝商品流通业态工人工资总和＋货币流通业态工人工资总和）不能由$\sum_{k=-n,i=-q(k)}^{n,q(k)}v_{ki}$支付，而只能由$\sum_{k=-n,i=-q(k)}^{n,q(k)}m_{ki}$支付，于是，后两个附式成立。

2. 国民收入的定义

国民收入指新追加劳动所创造的价值，可“分解为三种收入：工资、利润和地租”。[23]943据此并式（3），有：

$$\sum_{k=-n,i=-q(k)}^{n,q(k)} (v_{ki}+m_{ki}) \equiv \sum_{k=-n,i=-q(k)}^{n,q(k)} \left(\overline{\overline{v_{v_{ki}}}}+\overline{\overline{m_{c_{ki}}}}+\overline{\overline{r_{1ki}}}+\overline{\overline{r_{2ki}}}\right) \qquad (4)$$

式（4）是国民收入定义式。

3. 城市化成本支付定理

前面说到城市化需要成本，对此，有如下结论：一般来说，城市化成本由 $\sum_{k=-n,i=-q(k)}^{n,q(k)} (\overline{\overline{v_{v_{ki}}}}+\overline{\overline{m_{c_{ki}}}})$（下称“城市化成本支付载体”）支付，而与 $\sum_{k=-n,i=-q(k)}^{n,q(k)} (\overline{\overline{r_{1ki}}}+\overline{\overline{r_{2ki}}})$无关——此称为“城市化成本支付定理”（请注意打上着重号的词，这表明此定理只对发达国家和一般发展中国家的城市化适用，而中国城市化的成本支付载体将有所不同，详见下文）。下面给出定理的证明。

证：考虑两个层面。一是城市化概念（理论层面）。前文表明，学界将城市化界定为产业和人口的城市化，并且就现象层面而言这并不错。据此则有：产业城市化成本由 $\sum_{k=-n,i=-q(k)}^{n,q(k)} \overline{\overline{m_{c_{ki}}}}$支付，人口城市化成本由 $\sum_{k=-n,i=-q(k)}^{n,q(k)} \overline{\overline{v_{v_{ki}}}}$支付。二是城市化成本支付实践。大卫·哈维说，“人造环境”（城市化的物质形态）由“道路、运河、码头和港口、工厂、仓库、下水道、办公室、学校和医院、住宅、商店等”组成。[3]15显然，码头和港口、工厂、仓库、商店、医院、企业办公室等由企业建造（或购买），其成本由 $\sum_{k=-n,i=-q(k)}^{n,q(k)} \overline{\overline{m_{c_{ki}}}}$支付；住宅（商品房）由市民（主体是工人）购买，其成本由 $\sum_{k=-n,i=-q(k)}^{n,q(k)} \overline{\overline{v_{v_{ki}}}}$支付。诚然，道路、运河、下水道、学校等是城市公用设施，在形式上它们由政府投资兴建，但其成本实际由前两部分（尤其是商品房）分摊（房价因此居高不下），可见，这部分成本归根到底由 $\sum_{k=-n,i=-q(k)}^{n,q(k)} (\overline{\overline{v_{v_{ki}}}}+\overline{\overline{m_{c_{ki}}}})$支付。此外，尽管地主也会构建（或购买）住房，但为此支付的只是 $\sum_{k=-n,i=-q(k)}^{n,q(k)} (\overline{\overline{r_{1ki}}}+\overline{\overline{r_{2ki}}})$中很小的一部分，可忽略不计。证毕。

（三）“中心－外围”格局——发达国家与一般发展中国家城市化分类规律的证明

1. “中心－外围”格局

据资料，阿根廷经济学家劳尔·普雷维什于1949年确认存在“中心－外围”格局，其中少数发达国家是“中心”，广大发展中国家是“外围”。他认为这一格局有如下性质：一是整体性——世界经济是一个整体，“中心”和“外围”是其中两个不同部分；二是差异性——“中心”具有先进生产技术，在国际分工中处于主导地位，“外围”的技术水平低下，在国际分工中处于从属地位；三是不平等性——“中心”与“外围”的交易是不平等交易。此外，有学者通过考察证明，“中心－外围”格局早在殖民时期就存在，直到今天仍然存在，只不过情况有所不同。[31]显然，这是实践中的重大事实，并且与发达国家和发展中国家的城市化分类有关，因此讨论由此开始。

对上述资料有如下补充：前文证明，剩余价值生产方式经历了从原始一体化的商品生产到业态系统的演进，据此，有如下区分：殖民时期的“中心－外围”格局实质是“宗主国－殖民地”格局，它对应原始一体化的商品生产；今天仍然存在的“中心－外围”格局实质是“业态链高端－业态链低端”格局，它对应业态系统。这里的原理在于，在原始一体化的商品生产阶段，竞争取胜的关键是控制原料产地和商品销售市场，于是，“宗主国－殖民地”格局就应运而生。然而，1950 年以后，剩余价值生产已步入业态系统阶段，并且各类业态相互关联，构成业态链，此时，商品直接生产业态（链条的最低端）已经机械化，其剩余价值源泉已经萎缩甚至枯竭，因此，这种业态对发达国家而言已无利可图（因而被转移到发展中国家），发达国家通过垄断链条的高端（例如，金融业态——货币经营业态的垄断形式）就能（也才能）获取高额利润，于是，“宗主国－殖民地”格局就转换为“业态链高端－业态链低端”格局。上述补充表明，“中心－外围”格局演化进程与剩余价值生产方式演化进程是严格一致的，这印证了前文给出的城市化演进规律新探论点。

2. 城市化分类规律从本质到现象的形式刻画

前面说过，式（1）刻画的只是城市化分类规律的现象，现在讨论城市化分类规律的根源（本质），由此并结合式（1），给出这一规律从本质到现象的形式刻画。

应指出，$\sum\limits_{k=-n,i=-q(k)}^{n,q(k)}(\overline{\overline{v_{vki}}}+\overline{\overline{m_{cki}}})$是变量。现在讨论这一变量在不同条件下的取值。据资料，在资本主义初创时期，资本的城市化进程就已开始，[32]后来由于发展不平衡，“中心－外围”格局才得以形成。据此，设$\sum\limits_{k=-n,i=-q(k)}^{n,q(k)}(\overline{\overline{v_{vki}^{\phi}}}+\overline{\overline{m_{cki}^{\phi}}})$代表初创时期城市化成本支付载体的取值，$\sum\limits_{k=-n,i=-q(k)}^{n,q(k)}(\overline{\overline{v_{vki}^{\varpi}}}+\overline{\overline{m_{cki}^{\varpi}}})$和$\sum\limits_{k=-n,i=-q(k)}^{n,q(k)}(\overline{\overline{v_{vki}^{\theta}}}+\overline{\overline{m_{cki}^{\theta}}})$分别代表“中心－外围”格局中处于垄断地位国家和被垄断地位国家的城市化成本支付载体的取值，符号↔代表“对应”，由此并式（1），有：

$$\begin{cases}\sum\limits_{k=-n,i=-q(k)}^{n,q(k)}(\overline{\overline{v_{vki}^{\varpi}}}+\overline{\overline{m_{cki}^{\varpi}}})-\sum\limits_{k=-n,i=-q(k)}^{n,q(k)}(\overline{\overline{v_{vki}^{\phi}}}+\overline{\overline{m_{cki}^{\phi}}})>0\leftrightarrow\text{城市化正常快速推进} & ①\\ \sum\limits_{k=-n,i=-q(k)}^{n,q(k)}(\overline{\overline{v_{vki}^{\phi}}}+\overline{\overline{m_{cki}^{\phi}}})\leftrightarrow\text{城市化正常常规推进} & ②\\ \sum\limits_{k=-n,i=-q(k)}^{n,q(k)}(\overline{\overline{v_{vki}^{\theta}}}+\overline{\overline{m_{cki}^{\theta}}})-\sum\limits_{k=-n,i=-q(k)}^{n,q(k)}(\overline{\overline{v_{vki}^{\phi}}}+\overline{\overline{m_{cki}^{\phi}}})<0\leftrightarrow\text{城市化缓慢或畸形快速推进} & ③\end{cases}\tag{5}$$

式中，$\left|\sum\limits_{k=-n,i=-q(k)}^{n,q(k)}(\overline{\overline{v_{vki}^{\varpi}}}+\overline{\overline{m_{cki}^{\varpi}}})-\sum\limits_{k=-n,i=-q(k)}^{n,q(k)}(\overline{\overline{v_{vki}^{\phi}}}+\overline{\overline{m_{cki}^{\phi}}})\right|=\left|\sum\limits_{k=-n,i=-q(k)}^{n,q(k)}(\overline{\overline{v_{vki}^{\theta}}}+\overline{\overline{m_{cki}^{\theta}}})-\sum\limits_{k=-n,i=-q(k)}^{n,q(k)}(\overline{\overline{v_{vki}^{\phi}}}+\overline{\overline{m_{cki}^{\phi}}})\right|$

式（5）是城市化分类规律从本质到现象的形式刻画，附式两边的量是绝对值。

3. 发达国家与一般发展中国家城市化分类规律的证明

证：在初创时期并不存在“中心－外围”格局，资本竞争是正常竞争，因此，此时城市化状态由②分式刻画。然而，无论是“宗主国－殖民地”格局还是“业态链高端－业态链低端”格局，两端在经济上都是垄断与被垄断的关系，即发达国家是垄断者，发展中国家是被垄断者。马克思说，“某些商品的垄断价格，不过是把其他商品生产者的一部分利润，转移到具有垄断价格的商品上。剩余价值在不同生产部门之间的分配，会间接受到局部的干扰，但这种干扰不会改变这个剩余价值本身的界限”。[23]973因此，此时发达国家城市化状态由①分式刻画，而一般发展中国家城市化状态由③分式刻画。证毕。

（四）“资本主义市场经济－社会主义市场经济”格局——中国城市化特殊类型的证明

1. “资本主义市场经济－社会主义市场经济”格局——中国城市化的特殊性质

众所周知，传统理论认为，市场经济等于资本主义，诚然，传统理论并非无根据，因为在那时社会主义国家实行的是计划经济，资本主义国家实行的是市场经济，但是，从20世纪80年代开始，情况发生了重大变化，东欧各国改弦易辙实行资本主义市场经济，而中国通过探索发明了社会主义市场经济，于是，市场经济就有两种，从而呈现“资本主义市场经济－社会主义市场经济”的格局。这是实践中的另一个重大事实，并且与中国城市化有关，因此讨论由此开始。

不过，问题在于何以理解上述事实。其实，原理隐含在资本经济实体中。有如下命题：资本≠资本主义。区别在于：前者是一种生产关系，即由资产阶级与无产阶级组成的生产结构；后者是一种主义，即由资产阶级社会意识（资本主义）主导的社会发展主张。然而，由上述生产关系，不仅可产生由资产阶级社会意识主导的社会发展主张，也能产生由无产阶级社会意识（社会主义）主导的社会发展主张。于是，资本经济（＝市场经济）就有两种，即一种是资本主义市场经济，另一种是社会主义市场经济。

说到这里，有一个问题需要讨论。不可否认，曾经存在的社会主义计划经济也是由无产阶级社会意识主导的社会发展主张。试问，对此何以理解？答案是：从社会主义计划经济到社会主义市场经济的发展表明，无产阶级社会意识发生了转型。须说明的是，社会意识有两个层面：一是阶级性，二是内容。很明显，“社会主义计划经济”与“社会主义市场经济”的概念表明，“社会主义”（社会意识的无产阶级性）始终没有变；变化的只是社会意识的内容，即关于共产主义理想实现路径的认识——原来认为实现路径是社会主义计划经济，现在转变为实现路径是社会主义市场经济。关于此，笔者此前有详细论证，[33]为简化，这里从略。

现在讨论中国城市化的特殊性质。前文表明，城市化是资本的城市化，这是城市化的共性。但由上述讨论知，城市化还有个性，那就是发达国家和一般发展中国家的城市化是资本主义的资本城市化，而中国的城市化则是社会主义的资本城市化。后者就是中国城市化的特殊性质。

2. 中国城市化成本支付载体的取值

在讨论正题之前，先明确研究的出发点。众所周知，在改革开放前，我国实行的是社会主义计划经济，与资本主义国家不在一个体系中，从而远离“中心－外围”格局。然而，实行对外开放后，中国经济不可避免地进入了“中心－外围”格局，并且处于“外围”地位。就此而言，在成本支付载体的取值上，中国与一般发展中国家并无区别，即有：

$$\sum_{k=-n,i=-q(k)}^{n,q(k)} (\overline{\overline{v_{vki}^{\theta}}} + \overline{\overline{m_{cki}^{\theta}}}) - \sum_{k=-n,i=-q(k)}^{n,q(k)} (\overline{\overline{v_{vki}^{\phi}}} + \overline{\overline{m_{cki}^{\phi}}}) < 0 \tag{6}$$

式（6）是我们研究的出发点。

现在回到正题。如前所述，贺雪峰对中国城市化特色的解释提到两项重要制度，其中一项是“中国农村基本经营制度”。应指出，这是中国农民工赖以发生和存在的基础制度，而农民工化解了中国经济（从而城市化）发展的巨额成本——此前对此已有详细讨论，[33]128－145 兹不赘述。这里仅讨论第二项，即“土地公有、地利共享”的土地制度。前文说过，一般来说，城市化成本支付载体是 $\sum_{k=-n,i=-q(k)}^{n,q(k)} (\overline{\overline{v_{vki}}} + \overline{\overline{m_{cki}}})$，而与 $\sum_{k=-n,i=-q(k)}^{n,q(k)} (\overline{\overline{r_{1ki}}} + \overline{\overline{r_{2ki}}})$ 无关。然而，“中国的情况却相当特殊”，其特殊性就在于，中国的城市用地是国有的，土地增值由政府掌控，政府通过土地财政将其用于城市化建设。于是，设 $\sum_{k=-n,i=-q(k)}^{n,q(k)} (\overline{\overline{v_{vki}^{\Theta}}} + \overline{\overline{m_{cki}^{\Theta}}})$ 代表中国城市化成本支付载体的取值，设 p 代表土地增值，s 代表利息率（贴现率），由此并式（4），有：

$$\sum_{k=-n,i=-q(k)}^{n,q(k)} (\overline{\overline{v_{vki}^{\Theta}}} + \overline{\overline{m_{cki}^{\Theta}}}) = \sum_{k=-n,i=-q(k)}^{n,q(k)} (\overline{\overline{v_{vki}^{\theta}}} + \overline{\overline{m_{cki}^{\theta}}} + P) \tag{7}$$

式中，$P = \dfrac{\sum_{k=-n,i=-q(k)}^{n,q(k)} \overline{\overline{r_{2ki}}}}{s}$。

式（7）是中国城市化成本支付载体定义式。附式的依据是马克思给出的“土地的购买价格”概念。[23]703

3. 中国城市化特殊状态的刻画

据资料，“农地一旦转成工业用地或城镇用地，其市值上升数倍甚至百倍”。[34] 可见，土地增值不是一个小数目，据此，有理由给出如下假设：

$$p > \left| \sum_{k=-n,i=-q(k)}^{n,q(k)} (\overline{\overline{v_{vki}^{\theta}}} + \overline{\overline{m_{cki}^{\theta}}}) - \sum_{k=-n,i=-q(k)}^{n,q(k)} (\overline{\overline{v_{vki}^{\phi}}} + \overline{\overline{m_{cki}^{\phi}}}) \right| \tag{8}$$

于是，由式（8）并式（5），有：

$$\sum_{k=-n,i=-q(k)}^{n,q(k)} (\overline{\overline{v_{vki}^{\theta}}} + \overline{\overline{m_{cki}^{\theta}}} + P) - \sum_{k=-n,i=-q(k)}^{n,q(k)} (\overline{\overline{v_{vki}^{\phi}}} + \overline{\overline{m_{cki}^{\phi}}}) > 0 \leftrightarrow \text{城市化正常快速推进} \tag{9}$$

式（9）是中国城市化状态的形式刻画。显然，这既不同于发达国家的状态，也不同于一般发展中国家的状态，于是，我们的论点得证。

四、有关问题的辨析和补充说明与城市化发展趋势新探

（一）关于“资本的城市化”存在例外的辨析

高佩义说，“在资本主义国家，城市化的基本动力主体是资本家……如果城市化过程的发展不能为资本家带来比非城市化更高的经济利益，资本主义城市化到今天也不会发生，甚至可以说，人类根本就不会有城市化这一说”。[6]113请注意打上着重号的句子（着重号是引者加的）——它凸显出资本在城市化中的地位和作用。然而，我们由此产生如下疑问：既然如此，高佩义为什么没有把“城市化”界定为“资本的城市化”呢？高佩义说，在前社会主义国家“政府的政治目标便成为城市化的基本动力”。[6]76“中国城市化的动力主体是政府和广大劳动人民”。[6]115可见，在高佩义看来，前社会主义国家和中国的城市化其动力主体并不是资本，因而“资本的城市化”不能概括城市化的所有特征。这或许就是高佩义的思路。应指出，此思路不容忽视——这表明将城市化界定为“资本的城市化”存在例外。对此需要辨析，否则很难说我们的界定是准确的。

这里实际有两问：其一，“资本的城市化”界定是否具有普遍性？其二，“资本的城市化”界定与肯定“劳动人民”的作用是否矛盾？

先说其一。诚然，东欧前社会主义国家实行的是社会主义计划经济；此外，高佩义著作出版时间是1991年，此时中国的体制在总体上仍是社会主义计划经济，而社会主义计划经济最重要的特征是排斥资本，就此而言，高佩义的认定是事实。但是，后来东欧各国改弦易辙，中国也步入了社会主义市场经济——这表明社会主义计划经济及其城市化失败，亦即高佩义所谈论的是一个失败的例外。可见，成功的、具有普遍意义的城市化只是市场经济的城市化，亦即资本的城市化。于是，第一问得以辩明。

再说其二。诚然，劳动人民的作用不能否定，但是，马克思说，“又因为工人在他的劳动本身属于资本以前不能发挥这种生产力，所以劳动的社会生产力好象是资本天然具有的生产力，是资本内在的生产力”。[17]370应指出，“资本内在的生产力”应理解为生产力的社会形式，而“劳动的社会生产力”才是生产力的实际内容。可见，肯定前者并不否定后者。此外，高佩义还说，“城市化过程的发展带来的不仅仅是资本家的利益，更重要的是，它使整个人类的社会形态发生了质变，由乡村向城市社会转变，由城市文明取代乡村文明，使人类由天然人，经过经济人，进化为社会人，成为真正的人。这是资本家所始料未及的”。[1]113可见，确立“资本的城市化”，绝不能理解为只维护资本的利益。况且，我国实行的是由中国共产党领导的社会主义市场经济的城市化，在这种条件下，“资本的城市化”只是必要形式，人民的城市化才是本质。这就证明“资本的城市化”界定与肯定“劳动人民”的作用并不矛盾，于是，第二问得以辩明。

（二）中国城市化与一般发展中国家城市化区别的补充说明

前文表明，在经济上，中国与一般发展中国家同处于“中心－外围”格局中的

"外围"地位，但两类国家城市化状态却完全不同。诚然，前文用城市化成本支付载体取值的区别做了解释，但这远远不能概括两类国家城市化的区别（囿于文章的结构，前文没有细说）。不过，前文还有如下论点：中国的城市化是社会主义的资本城市化，发达国家和一般发展中国家的城市化是资本主义的资本城市化。深入分析，对后两者还有如下区分：发达国家的城市化是强势资本的城市化，一般发展中国家的城市化则是弱势资本的城市化。在实践中，弱势资本在其与国际强势资本的抗争中必然表现出固有的软弱性，在其与本国封建残余势力和既得利益集团干扰的斗争中必然表现出固有的不彻底性；然而，中国的资本城市化是由无产阶级领导的，因而不存在一般发展中国家的上述缺陷。这种情况与毛泽东当年所论"旧民主主义革命"与"新民主主义革命"的区别[35]623－670颇为相似。应强调，这一点实际涵盖了中国城市化与一般发展中国家城市化的所有区别。这就是我们所做的补充说明。

（三）城市化发展趋势新探

前文提到大卫·哈维有如下预言："资本的城市化"最终将转变为"社会主义城市化"。应指出，这是有可能的，其条件是所有国家都实行社会主义市场经济。但是，目前（甚至一个较长时期）这一条件并不具备，因此，我们对此存而不论。

由前文，有如下预言：随着中国的崛起及发展中国家间合作的日益紧密，世界城市化将呈现全新局面，其特征是：世界各国合作共赢将取代"中心－外围"格局，到那时，如果不考虑国内政策，那么其城市化状态由式（5）的②分式刻画，如果考虑国内政策，那么其城市化将类似于式（9）刻画的状态。这就是我们的结论。

参考文献

［1］王维锋．国外城市化理论简介［J］．城市问题，1989（1）：21－24.

［2］蔡继明，张胜君，杜帼男．我国城市化相关概念辨析［J］．学习论坛，2016，32（5）：29－33.

［3］［英］大卫·哈维．资本的城市化：资本主义城市化的历史和理论研究［M］．苏州：苏州大学出版社，2017.

［4］郁鸿胜．城市化研究国际理论前沿［M］．上海：上海社会科学院出版社，2017.

［5］段辉．对"S型曲线"城市化理论的再讨论［J］．技术经济与管理研究，2015（10）：119－123.

［6］高佩义．中外城市化比较研究［M］．天津：南开大学出版社，1991.

［7］贺雪峰．城市化的中国道路［M］．北京：东方出版社，2014.

［8］潘孝军．比较城市化研究文献综述［J］．科技情报开发与经济，2010，20（13）：143－146.

［9］简新华，曾卫．中国城市化道路之争的辨正——评贺雪峰、文贯中、张曙

光的相关论著［J］. 学术月刊，2016，48（11）：57 - 69.

［10］董慧. 资本与意识：哈维城市化建构的双重维度［J］. 哲学研究，2014（9）：19 - 26.

［11］龚唯平. 马克思城市化理论探微［J］. 经济前沿，2001（7），32 - 35.

［12］马克思恩格斯全集（第 4 卷）［M］. 北京：人民出版社，1958.

［13］高峰. 关于马克思主义竞争理论的几个问题［J］. 中国人民大学学报，2012，26（6）：43 - 48.

［14］李清娟. 产业发展与城市化［M］. 上海：复旦大学出版社，2003.

［15］陈丽群，吴学兵. 运用"互联网 +"新思维，推动智能城市化建设［J］. 长春理工大学学报：社会科学版，2016，29（4）：51 - 54，80.

［16］王铭川. 我国智能城市发展初探［J］. 电子世界，2018（5）：39，41.

［17］马克思. 资本论（第 1 卷）［M］. 北京：人民出版社，1975.

［18］汤在新. 政治经济学理论体系探索［J］. 当代经济研究，2005（1）：26 - 32，73.

［19］列宁选集（第 2 卷）［M］. 北京：人民出版社，1995.

［20］涂金坤. 资本主义半途夭折和寿终正寝语境下的"两个必然"和"两个决不会"［J］. 求实，2005（12）：72 - 75.

［21］刘元琪. 战后以来垄断资本的演变过程及其未来发展趋势［J］. 政治经济学评论，2013，4（3）：167 - 185.

［22］马克思. 资本论（第 2 卷）［M］. 北京：人民出版社，1975.

［23］马克思. 资本论（第 3 卷）［M］. 北京：人民出版社，1975.

［24］曾永寿. 超额剩余价值之谜——以全业态为论域兼探价值和剩余价值分割自然率［C］//北京：全国马克思主义基本原理研讨会论文集. 中国社会科学院马克思主义研究院，2019.

［25］曾永寿. 利润生产持续之谜——兼与孟捷、刘冠军教授商榷［J］. 管理学刊，2014（5）：22 - 31.

［26］曾永寿. 超额剩余价值之谜——以垄断竞争为论域兼探资本的病亡陷阱和转型重生路径［C］//北京：马克思主义经典著作研究研讨会论文集. 中国社会科学院马克思主义研究院，2019.

［27］马克思恩格斯全集（第 16 卷）［M］. 北京：人民出版社，1964.

［28］刁承泰，黄京鸿，黄明星，等. 城市发展的经济分析与论证［J］. 现代城市研究，2004（2）：55 - 58.

［29］曾永寿. 超额剩余价值之谜——以全产业为论域及由此对转型理论的补充研究［J］. 管理学刊，2017（2，3）：10 - 25，10 - 29.

［30］朱一中，王哲. 土地增值收益管理研究综述［J］. 华南理工大学学报：社会科学版，2014，16（2）：48 - 53.

［31］李新. 世界经济格局下的"中心 - 外围"体系的历史演进［J］. 安徽史学，2014（3）：164 - 168.

［32］周执前. 资本主义的起源：发展的城市与城市的发展［J］. 求索，2005

（4）：188－190.

［33］曾永寿．迂回经济学探索［M］．北京：中国物资出版社，2012.

［34］周其仁．农地征用垄断不经济［J］．中国改革，2001（12）：28－29.

［35］毛泽东选集（第二卷）［M］．北京：人民出版社，1966.

社会必要劳动时间含义之谜①

——由马克思价值决定本质理论再探所做的破解

[摘　要] 马克思的社会必要劳动时间概念，其中，“劳动时间”（概念的源泉规定）是中心词，“社会必要”（概念的市场认可规定 = 社会平均规定 + 需求有限规定）是修饰词，是对“劳动时间”所加的条件限制。因此，概念只有一种含义，即社会必要的劳动时间（其中“不包含任何一个使用价值的原子”）。《资本论》第三卷第 717 页所说“另一种意义”，指需求有限规定，其对应的一种“意义”指社会平均规定。两种“意义”不等于两种含义。学界所称社会必要劳动时间概念有两种含义（或两种范畴）纯属误解；学者们给出的答案，或者是对马克思论述的误解，或者是对马克思理论论域的误解。

[关键词] 马克思；社会必要劳动时间；价值决定本质理论；具体；抽象；论域；解谜；释疑

据资料，学界关于社会必要劳动时间含义问题的论争长达 60 多年，其间历经多次高潮，参与学者众多，文献海量，至今未取得一致意见。[1~4]可见，这是一个谜。本文旨在破解这一谜。我们的依据是马克思的价值决定本质理论。笔者此前对此有探讨，[5]但本文是从新的视角对其的再探。

一、导论——学界研究考察与本文论题界定

（一）学界的论题和论据可疑

1. 学界的论题可疑

文献梳理表明，学界论争尽管在不同时期其具体内容有所不同，但论题是一致的，即或者被概括为“两种含义社会必要劳动时间之间的关系”，[2]80或者被概括为“两种含义社会必要劳动时间与商品价值量的关系”。[1]②显然，论题可划分为两层：一是“两种含义社会必要劳动时间”，二是“关系”。学界对前者有两种解说。首先，“两种含义社会必要劳动时间”这一语句表明，“社会必要劳动时间”这概念有“两种含义”。这是一种解说（下称两种含义说），大多数学者持这种观点。其次，有学者认为，“两种含义的社会必要劳动，无论从质的规定性还是从量的规定

① 此文定稿于 2020 年 2 月。

② 关于社会必要劳动时间含义，有学者认为只有一种，有学者认为有三种甚至四种，但多数学者认为只有两种。本文以后者为据，其余从略。

性上看，都是两个不同的经济范畴”（下称两种范畴说）。[1]

现在回到我们的论点，分两步讨论。

第一步，证明两种解说隐含严重后果。首先，逻辑学表明，给出一个概念有两种含义，这违背概念定义规则（同一律）；运用这类概念进行推理，会导致逻辑矛盾。据此，两种含义说等价于认为马克思的社会必要劳动时间概念隐含逻辑矛盾。其次，辞书解释，范畴即概念，于是，两种范畴说等价于认为马克思断定存在两种不同的社会必要劳动时间，诚然，这里没有逻辑问题（因为两种不同的社会必要劳动时间在逻辑上可以并存），但是，这样一来，劳动价值论就不是一元论，而是多元论了，从而劳动价值论与其他经济学价值理论的区别就荡然无存了。总之，无论怎么说，学界的论题隐含毁灭劳动价值理论的严重后果。

第二步，证明论点。尽管有论争，但多数学者对劳动价值理论是肯定的。此外，本文的后续研究证明劳动价值理论是科学的、正确的。但是，上述讨论表明，学界的论题隐含毁灭劳动价值理论的严重后果。于是，结论是：学界的论题可疑。

2. 学界的论据可疑

所谓论据，指学界引出论题及答案所依据的马克思论述。文献梳理表明，学者们尽管因其答案不同从而引用马克思论述的数量有所不同，但如下认识则是一致的，即都认为《资本论》第一卷第 52 页所说“社会必要劳动时间是在现有的社会正常的生产条件下，在社会平均的劳动熟练程度和劳动强度下制造某种使用价值所需要的劳动时间”是对“第一种含义社会必要劳动时间”的界定；《资本论》第三卷第 717 页所说“社会劳动时间可分别用在各个特殊生产领域的份额的这个数量界限”是对“第二种含义社会必要劳动时间”的界定。

但是，上述论据是可疑的，依据有如下两点。

第一，诚然，马克思说过“社会劳动时间可分别用在各个特殊生产领域的份额的这个数量界限，不过是整个价值规律进一步发展的表现，虽然必要劳动时间在这里包含着另一种意义”[6]717（下称马克思关于“另一种意义”的论述），学者们据此推论“社会必要劳动时间”内含两种“意义”也顺理成章，但是，马克思并没有说《资本论》第一卷第 52 页那段论述与这里的论述分别是对“社会必要劳动时间”概念两种含义或两种范畴的界定，因此，仅凭这一论述就认定马克思的社会必要劳动时间概念有两种含义或两种范畴，其依据是不足的。

第二，据查，马克思关于“另一种意义”的论述只是《资本论》第三卷第 715 ~ 717 页中的一个句子，这几页论述的主题并非“社会必要劳动时间”，而是“一般剩余价值和利润的一般存在条件”，他在此处所论“另一种意义”所指称的内容，只是为论证主题而引述前面已专门研究过的理论即“整个价值规律”的一个侧面。然而，学者们既不提马克思论述的主题，也不探究马克思在前面已专门研究过的理论，仅凭其中引述理论的一个侧面，就认定马克思的社会必要劳动时间概念有两种含义或两种范畴，这哪里仅仅是“论据不足”，简直就是武断、草率！

（二）学界研究是一种奇怪现象

学界研究包括论题、论据和答案，据此可以认为前文考察的是“学界研究”的一个侧面，这里考察“学界研究”这个整体。前文已证学界的论题和论据可疑，但这里需要退一步，即假设学界的论题和论据正确，否则无法讨论。下面分两步进行。

第一步，给出学界研究的整体特征。此可概括为：论题一致、论据一致，答案却五花八门。前两个特征前文已论及，兹不赘述，这里需要明确的是第三个特征。考察表明，学者们给出的答案至少有五种，并且其内容相去甚远（详见下文），据此，第三个特征可用“答案五花八门”来概括。

第二步，证明论点。证：一般地，答案由论题和论据确定，即如果论题和论据一致，那么答案也一致，这是学术研究的常理。然而，学界研究的特征是：论题和论据一致，答案却五花八门。据此，结论是：学界研究出现了一种奇怪现象。证毕。

（三）本文论题界定

之所以要界定，是因为“社会必要劳动时间含义之谜”这一语句有歧义。前文表明，学界研究出现了一种奇怪现象，据此，有如下可能的解释：一是认定奇怪现象源于马克思理论，从而这一谜可解释为马克思理论之谜；二是认定奇怪现象源于学界对马克思理论的误解，从而这一谜可解释为学界对马克思理论的理解之谜。

现在回到正题。下文表明，马克思的理论是清楚明确的，其中并不存在谜，所谓谜，是学界对马克思理论的误解造成的。据此，有如下界定：所谓社会必要劳动时间含义之谜，不是马克思理论之谜，而是学界对马克思理论的理解之谜。

二、基础研究——马克思价值决定本质理论具体探析

我们解谜的依据是马克思价值决定本质理论，但是，这一理论可划分为“抽象”和“具体”两个层次①。所谓抽象，指《资本论》第一卷第一章第一节给出的社会必要劳动时间概念的界定；所谓具体，指《资本论》第三卷前两篇以商品个别价值、商品社会价值和商品生产价格等概念为基础构造的“商品价值转化为生产价格”[6]173理论（简称“价值转型理论”）。在马克思理论中，“商品价值”和“社会必要劳动时间”这两个名词表达着同一个概念，然而，他说，“商品的价值对象性不同于快嘴桂嫂，你不知道对它怎么办。同商品体的可感觉的粗糙的对象性正好相反，在商品体的价值对象性中连一个自然物质原子也没有。因此，每一个商品不管你怎样颠来倒去，它作为价值物总是不可捉摸的。但是如果我们记住，商品只有作为同一的社会单位即人类劳动的表现才具有价值对象性，因而它们的价值对象性纯粹是社会的，那末不用说，价值对象性只能在商品同商品的社会关系中表现出来。

① 马克思的研究方法是：从具体到抽象，从抽象再到具体。据此有如下推论：马克思理论的奥秘隐含在“具体”与“抽象”的关联中。可见，区分这两个层次是重要的。

我们实际上也是从商品的交换价值或交换关系出发，才探索到隐藏在其中的商品价值。现在我们必须回到价值的这种表现形式”。[7]61 上述引文不但表明“商品的价值”是从“价值的这种表现形式”（例如，商品生产价格）这一“具体”中“抽象”出来的（这印证了上述区分），而且为我们的研究指明了方向：理解“抽象”以深入研究“具体”为基础（这是本部分主标题的由来）。本部分研究“具体”，下一部分再讨论“抽象”。

（一）马克思价值决定本质理论具体的论域界定

论域界定，旨在明确其外部边界，即其在马克思价值理论系统中的位置。① 为简洁，以下（在不致误解时）对一些名词使用简称，例如，“马克思价值理论”简称“价值理论”，其余类推；此外，“马克思价值决定本质理论具体”简称“理论具体”。

1. 理论具体在价值理论中的论域

$$\begin{cases} \text{价值理论} = \text{价值决定理论} + \text{价值分配理论} & ① \\ \text{理论具体} \in \text{价值决定理论} & ② \end{cases} \quad (1)$$

式（1）是理论具体在价值理论中的论域表达式。

式（1）有两个分式，②分式在下文明晰，这里仅说①分式。以《资本论》第三卷为例，有如下区分：价值决定理论载于该卷前两篇，价值分配理论载于该卷第四至第六篇。诚然，学界一般把前者称为价值转型理论，把后者称为剩余价值分配理论，但是，价值转型过程实际也是商品生产价格所含价值量的决定过程，剩余价值分配过程实际也是价值分配过程。于是，式（1）的①分式得证。

2. 理论具体在价值决定理论中的论域

$$\begin{cases} \text{价值决定理论} = \text{本质层面} + \text{现象层面} & ① \\ \text{理论具体} \in \text{本质层面} & ② \end{cases} \quad (2)$$

式（2）是理论具体在价值决定理论中的论域表达式。

式（2）有两个分式，②分式在下文明晰，这里仅说①分式。所谓本质层面，指《资本论》第三卷第九章以及第十章的一部分，其内容是“利润到一般利润率的这种平均化”[6]195 的计算。显然，计算不是现实过程呈现的现象，而是只有理论才能把握的本质。所谓现象层面，指《资本论》第三卷第十章的另一部分，其内容是价格随机波动到“价格围绕着运动的重心”的均衡过程。它所呈现的只是供求随机变动对价格量值的影响，以及当供求达到均衡时价格不变等情况，据此并不能探明当供求均衡时这个不变的价格“究竟指什么”。[6]211 综上所述，结论是：价值决定过程确有本质和现象两个层面，并且马克思有这两个层面的理论研究。于是，式（2）的①分式得证。

---

① 马克思理论内容丰富、结构复杂，论域划分是明确其复杂结构的基本方法。但是，至今没有发现有讨论马克思理论论域的文章，这是一个缺陷。须知，如果论域不分，仅仅通过引述马克思论述来理解马克思理论，那么，陷入误解的概率是很大的。

3. 理论具体在本质层面中的论域

$$\begin{cases}\text{本质层面} = \text{“具体”} + \text{“抽象”} & ① \\ \text{理论具体} \in \text{“具体”} & ②\end{cases} \qquad (3)$$

式（3）是理论具体在本质层面中的论域表达式，其内容前文已明晰，兹不赘述。

（二）马克思价值决定本质理论具体的形式刻画

现在讨论理论具体本身，分两节进行，本节给出形式刻画，下一节再解析其内容。根据前文的讨论，也为简化，以下对“价值决定”和“价值转型”不做区分，将其视为等价可替换的概念。

综观马克思论述，有如下假设：第一，剩余价值率相同；第二，等量资本要求获取等量利润；第三，部门间劳动生产率存在差异；第四，商品按照生产价格交换需要资本主义发展达到一定高度；第五，不存在自然的或人为的垄断；第六，市场价格对同类商品来说是相同的；第七，存在部门内和部门间资本竞争；第八，需求有限，包括总量有限和部门分配量有限；第九，供求一致。

以上述假设为条件，以马克思给出的“商品 w 的价值”、“商品社会价值”和“商品的生产价格”这三个概念为基础，设w_{ki}代表第 k 个部门第 i 个商品个别价值，c_{ki}代表不变资本，v_{ki}代表可变资本，m_{ki}代表剩余价值，$\overline{w_k}$代表第 k 部门的商品社会价值，$\overline{c_k}+\overline{v_k}$代表部门平均成本价格，$\overline{r_k}$代表部门利润率，$\overline{p_k}$代表第 k 部门的商品生产价格，$\overline{r}$代表全产业平均利润率，有：

$$\begin{cases}w_{ki} = c_{ki} + v_{ki} + m_{ki} & ① \\ \overline{w_k} = \overline{c_k} + \overline{v_k} + \overline{r_k}\ (\overline{c_k} + \overline{v_k}) & ② \\ \overline{p_k} = \overline{c_k} + \overline{v_k} + \overline{r}\ (\overline{c_k} + \overline{v_k}) & ③\end{cases} \qquad (4)$$

式中：

$$\overline{c_k} + \overline{v_k} = \frac{\sum_{i=-q(k)}^{q(k)} (c_{ki} + v_{ki})}{2q(k)+1}$$

$$\overline{r_k} = \frac{\sum_{i=-q(k)}^{q(k)} m_{ki}}{[2q(k)+1](\overline{c_k} + \overline{v_k})}$$

$$\overline{r} = \frac{\sum_{k=-n,i=-q(k)}^{n,q(k)} m_{ki}}{\sum_{k=-n}^{n} [2q(k)+1](\overline{c_k} + \overline{v_k})}$$

$k = -n$，…，-2，-1，0，1，2，…，n。

$i = -q\ (k)$，…，-2，-1，0，1，2，…，$q\ (k)$。

式（4）是理论具体的形式刻画。附式表明，全产业有 $2n+1$ 个部门，第 k 部门有 $2\,q\ (k)\ +1$ 个商品。

对上述刻画有如下说明。第一，式（4）是三式联立。就孤立的分式而言，它们分别是商品个别价值、商品社会价值和商品生产价格的定义式；就三式联立而言，全式刻画的是从商品个别价值到商品生产价格的转型过程。第二，式（4）采用穷举平均法。附式表明，k 的每一项对应一个部门，i 的每一项对应一个商品——这表明被平均的元素数值追溯到商品个体。这就是穷举平均法。笔者注意到学界的类似公式一般采用加权平均法——将同一企业的同类商品视为单位，将其数量作为权数。诚然，穷举平均和加权平均在逻辑上是一致的，但深究起来，前者比后者能更准确地反映实际（因为同一企业生产同类商品的劳动时间不一定严格相等），并且用穷举平均所构造的公式更简洁。这是式（4）采用此法的理由。第三，式中$\overline{p_k}$代表商品生产价格非完成形态（∈价值决定过程），此外，商品生产价格还有完成形态（∈价值分配过程，我们将另文讨论）。诚然，下文表明$\overline{p_k}$也涉及价值分配，但那是价值在商品层面的分配，“同利润分割为归各类人所有的各个部分这一点无关”，[6]238 然而，价值分配过程中的价值分配指“新生产的总价值在不同生产要素的所有者中间进行分配”，[6]992 显然，二者的内容和性质完全不同，不可混淆。

（三）马克思价值决定本质理论具体的内容解析

理论具体丰富而复杂，甚至“晦涩难懂”，[8] 这需要解析。应指出，学界对其理解普遍不到位（甚至有误解）。不过，为简化，下面只给出正面讨论，原则上不对学界理解述评（必要时只提及个别论点）。

1. 关于假设

（1）假设的层次区分

价值决定理论的核心内容是“资本主义发展达到一定高度”时期的价值规律，据此，前文给出的假设有如下区分：第一至第四和第六至第八假设是价值规律赖以存在［从而式（4）赖以确立］的条件，但第五和第九假设只是认知价值规律［从而获得式（4）］的条件。前者是明显的，无须再说，后者需要进一步说明。即使存在垄断，“由商品价值规定的界限也不会因此消失”。[6]973 此外，尽管供求不一致会使价格偏离价值，但马克思强调“应当从这个规律（指价值规律——引者注）出发来说明偏离，而不是反过来，从偏离出发来说明规律本身”。[6]209 只不过，因为垄断和供求不一致会干扰现实过程，所以排除这些干扰是认识价值规律的条件。综上所述，上述区分得证。

（2）第八假设与第九假设的区别

就内容而言，第九假设有“供”和“求”两个层面，因而可用“剪刀”图形刻画；第八假设仅有“需求”一个层面，因而不可能用“剪刀”图形刻画。就作用而言，第八假设是价值决定本质层面的总量限制条件，第九假设是价值决定现象层面的实现机制，二者是不同的，不可混淆。

（3）部门分配量的类别及关系

部门分配量是第八假设中的内容，然而，它可区分为三类，且有：

$$\begin{cases} \text{部门分配量 I} \neq \text{部门分配量 II} & ① \\ \text{部门分配量 I} \neq \text{部门分配量 III} & ② \\ \text{部门分配量 II} \neq \text{部门分配量 III} & ③ \end{cases} \quad (5)$$

式（5）是部门分配量的类别及关系表达式。部门分配量Ⅰ，指第 k 个部门从商品需求总量中所分到的量；部门分配量Ⅱ，指第 k 个部门从生产商品的劳动需求总量中所分到的量；部门分配量Ⅲ，指第k 个部门从商品需求总量内含的价值总量中所分到的量；符号“≠”的意义是不恒等于或不一定等于。

由上述界定并式（4）可知，部门分配量Ⅰ $=2q(k)+1$，部门分配量Ⅱ $=[2q(k)+1](\overline{c_k}+\overline{v_k})+\sum_{i=-q(k)}^{q(k)} m_{ki}$，显然，这两个量不可能相等，这里已证明①分式成立，以此为基础，②分式也不难理解，颇为吊诡的是③分式。马克思说，“商品的价值由生产商品所耗费的劳动量来决定”，[7]52 然而，③分式的意义却是第 k 个部门所分到的生产劳动量不一定等于该部门所分到的价值量！不过，这尽管吊诡，却是事实，并且合乎规律，而且完整地看其与马克思的价值概念也是相容的。不过，证明这几点与第四要点相关，我们在那里一并讨论。

2. 关于商品社会价值$\overline{w_k}$的含义

应指出，学界并没有意识到这里有问题，因此，提出并讨论这一问题并不容易。为方便，下面先给出论点，而后再给出论据。

我们的论点是：商品社会价值$\overline{w_k}$［特指式（4）由符号$\overline{w_k}$所代表的对象≠马克思所谈论的商品社会价值一般］，不能理解为“价格围绕着运动的重心”，只能理解为从商品个别价值w_{ki}到商品生产价格$\overline{p_k}$（此才是“价格围绕着运动的重心”）转型过程中间环节的量值。

论据有如下几点。

第一，据查，马克思给出的“价格围绕着运动的重心”[6]199 或“中心”有两种：一是商品社会价值，二是商品生产价格——据此，似乎确立商品社会价值是“价格围绕着运动的重心”[6]199 总是正确的。其实不然，因为马克思还说过“市场价格对同类商品来说是相同的”[6]199——这表明在同一时期“价格围绕着运动的重心”或“中心”只能有一种，如果认为有不同的两种，会导致矛盾。

第二，那么，何以理解马克思关于“重心”或“中心”的论述？笔者此前的文章依据马克思论述[6]197-198 和恩格斯的补充研究[6]1015-1028，证明价值转型有两个层次。第一层是历史转型，这可划分为两个不同时期：一是“发展阶段要低得多”的时期，其转型是从商品个别价值到商品社会价值，此时“价格围绕着运动的重心”是商品社会价值；二是“资本主义的发展达到一定的高度”时期，其转型是从商品个别价值到商品生产价格，此时“价格围绕着运动的重心”是商品生产价格。第二层是现实转型，其实质是从本质到现象的转型——在资本经济中，商品生产在本质上是价值、剩余价值的生产，但在现象上却表现为生产价格、平均利润的生产，因此，存在从本质到现象的转型，并且每天都在进行。[9] 据此，有如下结论：马克思关于“重心”或“中心”的论述是就历史转型而言的，从而两种“价格围绕着运动的重心”或“中心”分别对应两个不同时期，这并不矛盾。

第三，由第四假设知，马克思的价值转型理论对应的是“资本主义发展达到一定高度”时期。然而，他说，“竞争首先在一个部门内实现的，是使商品的各种不同的个别价值形成一个相同的市场价值和市场价格。但只有不同部门的资本的竞争，才能形成那种使不同部门之间的利润率平均化的生产价格”，又说“社会价值，即上述市场价值”。[6]201笔者理解，这里的“社会价值”不是处于历史转型中的商品社会价值，而是处于“资本主义发展达到一定高度”时期现实转型中的$\overline{w_k}$。前面已证，此时“价格围绕着运动的重心”是$\overline{p_k}$，只不过，从w_{ki}到$\overline{p_k}$的过程内含部门内资本竞争从而$\overline{w_k}$这个中间环节。

综上所述，我们的论点得证。应指出，尽管商品社会价值可区分为两个特殊层次，但其量值都是由商品个别价值平均化而生成的（这是二者统称“商品社会价值”的理由）。此外，从w_{ki}到$\overline{p_k}$，其间存在$\overline{w_k}$这个中间环节，体现着价值形式重演规律，即高等价值形式（$\overline{p_k}$）的形成过程会重演低等价值形式（$\overline{w_k}$）的演化过程，这与生物重演律[10]类似。

3. 关于过程

学界有与式（4）不同的价值转型模型，下面以马艳教授的论文为例予以说明，并且由此引出需要讨论的问题。

马艳写道，“将马克思这一理论用数理逻辑可以表达为：

$$\begin{cases}(c_1+v_1)(1+r)=p_1\\(c_2+v_2)(1+r)=p_2\\\qquad\vdots\\(c_n+v_n)(1+r)=p_n\\r=\sum m_i/\sum(c_i+v_i)\end{cases}\tag{6}$$

式中c_i、v_i、m_i、w_i、p_i分别表示第i个部门按价值计算的不变资本、可变资本、剩余价值、价值以及生产价格；r表示平均利润率”。[11]

显然，式（6）表达的过程，起点是商品社会价值（“部门按价值计算”），终点是商品“生产价格”。然而，式（4）刻画的过程，起点是商品个别价值，终点是商品生产价格。对比可知，二者不同。于是，引出一个问题：价值转型过程的准确表达是式（6）还是式（4）？

现在讨论答案。诚然，《资本论》第三卷第九章给出的例解是商品社会价值转化为商品生产价格，就此而言，似乎式（6）是正确的，其实不然，因为转型理论研究始于《资本论》第三卷第一章，在这一章开始马克思说“按照资本主义方式生产的每一个商品w的价值，用公式来表示是$w=c+v+m$”[6]30（着重号是引者加的），这表明马克思所论转型过程的起点是商品个别价值w_{ki}，而不是商品社会价值$\overline{w_k}$。诉诸现实也能证明这一点。在现实中，一头是生产者生产商品，从而形成w_{ki}，另一头是商品在市场上按以$\overline{p_k}$为基础的价格销售，其间并不存在作为实体的商品社会价值，只不过，从w_{ki}到$\overline{p_k}$存在$\overline{w_k}$这个中间环节。综上所述，完整地看，式（4）是价值转型过程的准确表达，式（6）则不是。

4. 关于规律

马克思指出：价值转型为生产价格后，尽管就个量而言，产品的平均利润与其剩余价值不一定相等，产品的生产价格与其价值不一定相等，但是，“一切不同生产部门的利润的总和，必然等于剩余价值的总和；社会总产品的生产价格的总和，必然等于它的价值的总和”。[6]193这就是价值决定过程的规律。应强调，上述规律实际有两层：一是个量，其特征是“不一定相等”；二是总量，其特征是“相等”。

现在给出规律的形式刻画。为简化并不失一般性，这里仅讨论“产品的生产价格与其价值不一定相等”但“社会总产品的生产价格的总和，必然等于它的价值的总和”，其余从略。应指出，“价值”应理解为$\overline{w_k}$（不能理解w_{kt}——详见下文），从而“个量”（部门总量）应理解为$[2q(k)+1]\overline{p_k}$和$[2q(k)+1]\overline{w_k}$，“总量”（全产业总量）应理解为$\sum_{k=-n}^{n}[2q(k)+1]\overline{p_k}$和$\sum_{k=-n}^{n}[2q(k)+1]\overline{w_k}$，据此有：

$$\begin{cases}[2q(k)+1]\overline{p_k}\neq[2q(k)+1]\overline{w_k} & ① \\ \sum_{k=-n}^{n}[2q(k)+1]\overline{p_k}\equiv\sum_{k=-n}^{n}[2q(k)+1]\overline{w_k} & ②\end{cases} \tag{7}$$

式（7）是规律表达式。

前面谈到，式（5）的③分式尽管吊诡却是事实并且合乎规律，而且完整地看其与马克思的价值概念也是相容的。然而，在那里对此没有证明，现在可以证明了。

先说这是事实。显然，式（7）的①分式是现实的呈现。因此，只要证明式（5）的③分式是式（7）的①分式的推论，也就证明了我们的论点。

证：首先，在马克思理论中，商品价值量 = 生产商品的社会必要劳动量，此外，前文有界定：“价值”应理解为$\overline{w_k}$。据此并式（4），生产第 k 种商品所需要的社会必要劳动量就是$\overline{w_k}$，从而生产商品的劳动需求总量必须写为$\sum_{k=-n}^{n}[2q(k)+1]\overline{w_k}$，而部门分配量Ⅱ必须写为$[2q(k)+1]\overline{w_k}$。其次，由式（7）的②分式知，商品需求总量内含的价值总量也可写为$\sum_{k=-n}^{n}[2q(k)+1]\overline{p_k}$，从而部门分配量Ⅲ必须写为$[2q(k)+1]\overline{p_k}$。综上所述，有：

$$\begin{cases}\text{部门分配量Ⅱ}=[2q(k)+1]\overline{w_k} \\ \text{部门分配量Ⅲ}=[2q(k)+1]\overline{p_k}\end{cases} \tag{8}$$

将式（8）代入式（7）的①分式，则有：

$$\text{部门分配量Ⅱ}\neq\text{部门分配量Ⅲ}$$

即式（5）的③分式。证毕。

再说合乎规律。考察表明，式(5)的③分式和式(7)的①分式是部门间劳动生产率差异规律与等量资本要求等量利润规律共同作用的结果。可描述如下：首先，由前一个规律决定，生产第 k 种商品需要投入与$\overline{w_k}$相当的劳动量（少则不能，多则市场不认可）；其次，由后一个规律决定，第 k 种商品所分到的价值量却是$\overline{p_k}$；再次，因为$\overline{p_k}$中的利润率$\overline{r}$是$\overline{w_k}$中的利润率$\overline{r_k}$的平均值，从而劳动生产率偏低部门商品的一部分利润被转移到劳动生产率较高部门的商品中，只有中等劳动生产率部门的商品，其生产价格才等于其社会价值，因此，必有$\overline{p_k}\neq\overline{w_k}$，从而就有$[2q(k)+1]\overline{p_k}\neq[2q(k)+1]\overline{w_k}$。这就证明，这两个分式尽管吊诡却合乎规律。

最后说其与马克思价值概念的相容性。应指出，式(5)的③分式从而式(7)的

①分式所呈现的吊诡，只是从生产与销售对比视角考察个量所看到的片面景象。因为式(7)还有②分式，它直接呈现的是$\sum_{k=-n}^{n}[2q(k)+1]\overline{p_k} \equiv \sum_{k=-n}^{n}[2q(k)+1]\overline{w_k}$，这表明$\sum_{k=-n}^{n}[2q(k)+1]\overline{p_k}$的量值都是社会必要劳动量，其中“不包含任何一个使用价值的原子”；此外，此分式还隐含从总量在部门间分配视角再考察个量所看到的另一种景象——$[2q(k)+1]\overline{p_k}$的量值也是社会必要劳动量（或者是本部门的劳动量或者是源自别部门转移的劳动量），其中同样“不包含任何一个使用价值的原子”。由此可见，一旦诉诸总量以及从总量在部门间分配视角来考察个量，吊诡并不存在，也就是说，尽管存在上述两分式刻画的情况，但马克思的商品价值概念依然正确。

三、论述考察——马克思价值决定本质理论抽象探析

前文已明确，所谓价值决定本质理论抽象，指马克思关于社会必要劳动时间（商品价值）概念的界定。逻辑学要求，概念界定既要明确内涵定义，也要明确外延划分，马克思给出的概念亦如此，此外，他还有对概念的证明。

（一）概念的内涵定义

为明晰起见，先给出表达式，而后援引马克思论述加以印证。

我们有：

$$\text{概念的内涵定义} = \text{源泉规定} + \text{市场认可规定} \tag{9}$$

式中，市场认可规定 = 社会平均规定 + 需求有限规定。

式(9)是概念内涵定义表达式。

马克思说，“作为使用价值，商品首先有质的差别；作为交换价值，商品只能有量的差别，因而不包含任何一个使用价值的原子……如果我们把劳动产品的使用价值抽去……它们剩下的只是同一的幽灵般的对象性，只是无差别的人类劳动的单纯凝结……作为它们共有的这个社会实体的结晶，就是价值——商品价值……那末，它的价值量是怎样计量的呢？是用它所包含的‘形成价值的实体’即劳动的量来计量。劳动本身的量是用劳动的持续时间来计量，而劳动时间又是用一定的时间单位如小时、日等作尺度”。[7]50－52

引文表明，商品价值只有唯一一种性质，那就是：用“小时、日等作尺度”来计量的“无差别的人类劳动的单纯凝结”，其中“不包含任何一个使用价值的原子”。这就是概念的源泉规定。

马克思接着说，“可能会有人这样认为，既然商品的价值由生产商品所耗费的劳动量来决定，那末一个人越懒，越不熟练，他的商品就越有价值，因为他制造商品需要花费的时间越多。但是，形成价值实体的劳动是相同的人类劳动，是同一的人类劳动力的耗费……每一个这种单个劳动力，同别一个劳动力一样，都是同一的人类劳动力，只要它具有社会平均劳动力的性质，起着这种社会平均劳动力的作用，从而在商品的生产上只使用平均必要劳动时间或社会必要劳动时间。社会必要劳动时间是在现有的社会正常的生产条件下，在社会平均的劳动熟练程度和劳动强

度下制造某种使用价值所需要的劳动时间……在这里，单个商品是当作该种商品的平均样品……一种商品的价值同其他任何一种商品的价值的比例，就是生产前者的必要劳动时间同生产后者的必要劳动时间的比例”。[7]52-53

这段论述是概念界定的重要内容。前文表明，社会必要劳动时间概念是从“具体”中“抽象”出来的，因此，对上述引文必须结合本文第二部分的成果来明晰。引文表明，马克思根据实践中的矛盾，对商品价值概念，在源泉规定的基础上加了两条市场认可规定。第一条是社会平均规定。应指出，引文所说“社会平均”和“单个商品是当作该种商品的平均样品”，与《资本论》第三卷所说“不同的个别价值，必须平均化为一个社会价值”[6]201是等价的（可见，“价值”就是商品社会价值$\overline{w_k}$，不是商品个别价值w_{ki}①）。此外，社会平均规定反映的是“市场价格对同类商品来说是相同的”规律，因此，它是市场认可规定之一。第二条是需求有限规定。对照可知，引文所说“一种商品的价值同其他任何一种商品的价值的比例，就是生产前者的必要劳动时间同生产后者的必要劳动时间的比例”，与本文第二部分所说的“需求有限，包括总量有限和部门分配量有限”，假设是一致的，因此应当认定这就是需求有限规定。

综上所述，式(9)得证。不过，这里有一个问题需要明确。试问：加上市场认可规定后，商品价值还是纯粹的劳动时间吗？答案是肯定的。因为这只表明不被市场认可的劳动时间不形成价值，绝不能认为市场认可本身也是或也能形成价值。可见，即使加上市场认可规定，商品价值仍然是纯粹的劳动时间，其中“不包含任何一个使用价值的原子”。

说到这里，有两种错误认识需要澄清。第一，有人认为价值计量时间不是自然时间，而是“经济时间”，[12]不是“形而下的直观经验”的时间，而是“抽象时间”“形而上的时间”。[13]诚然，马克思说过价值实体是“抽象人类劳动”，[7]51但不能据此推论价值计量时间也是“抽象时间”。马克思说，“劳动时间又是用……小时、日等作尺度”，显然，这就是自然时间，亦即“形而下的直观经验”的时间。可见，上述学者的认为是误解。第二，据资料，学界普遍认为商品价值是以简单劳动为尺度来计量的，[14]然而，前已证明，商品价值是以“社会平均”劳动为尺度来计量的。可见，学界的普遍认为也是误解。

（二）概念的外延划分

马克思说，“一个物可以是使用价值而不是价值。在这个物并不是由于劳动而对人有用的情况下就是这样……一个物可以有用，而且是人类劳动产品，但不是商品……最后，没有一个物可以是价值而不是使用物品。如果物没有用，那末其中包含的劳动也就没有用，不能算作劳动，因此不形成价值”。[7]54

上述引文是商品价值概念的外延划分，其内容是清楚明白的，用不着再解释。对照可知，这与前面的内涵定义是严格一致的。

现在对前两节进行小结：第一，马克思给出的社会必要劳动时间概念，既有内

① w_{ki}实际只是价值源泉。可见，“价值”和“价值源泉”这两个概念有区别。

涵定义，也有外延划分，并且二者严格一致。第二，内涵定义的主线是源泉规定，市场认可规定只是对源泉规定所加的条件限制。这一点从“社会必要劳动时间”这一语词的结构亦可看出——它是一个偏正词组，其中“劳动时间”是中心词，“社会必要”（=市场认可规定）是修饰词，于是，这一语词所表达的意义是：社会必要的劳动时间。综上所述，结论是：马克思的概念界定完全符合逻辑学和语言学规范，并且只有一种含义，学界所谓两种含义或两种范畴纯属误解。

（三）概念的证明

逻辑学表明，任何理论本质上都是公理系统，而公理系统中的元概念是公理，无须证明。商品价值概念是马克思理论中的元概念，但它不是一般的元概念，其特殊性在于：第一，商品价值是隐藏在现象（价值形式）中的本质，必须透过现象才能认知，而说明这一点即是证明；第二，历史表明，价值形式“从最简单的最不显眼的样子一直发展到炫目的货币形式”，并且后来还有从商品价值到生产价格的转型，而商品生产价格又有非完成形态与完成形态之分，这需要考量商品价值概念在这些过程中是否遵从逻辑同一律，而这种考量也是证明。下文表明，商品价值概念存在需要证明的问题是马克思首先提出的（后来者的质疑原则上没有超出其范围），并且马克思给出了明确的答案（只是后来者没有准确理解而已）。

1. 由“体现在商品中的劳动的二重性”分析所做的证明

诚然，商品是劳动产品，但现实呈现的只是“由自己产品是使用价值来表示自己的有用性的劳动”，[7]55何来作为价值实体的“同一的人类劳动”？为此，马克思对“体现在商品中的劳动”进行分析，得出结论：“一切劳动，从一方面看，是人类劳动力在生理学意义上的耗费；作为相同的或抽象的人类劳动，它形成商品价值。一切劳动，从另一方面看，是人类劳动力在特殊的有一定目的的形式上的耗费；作为具体的有用劳动，它生产使用价值”。[7]60这就是答案，亦即价值概念一个层次的证明。

2. 由价值形式演化研究所做的证明

马克思说，“谁都知道——即使他别的什么都不知道，——商品具有同它们使用价值的五光十色的自然形式成鲜明对照的、共同的价值形式，即货币形式”。[7]61可见，在马克思写作《资本论》时，人们“知道”的只是商品有价格（价值的货币形式），看不到商品有价值。于是，产生一个问题：有什么理由认为商品内含价值？为此，马克思对价值形式演化过程进行了深入研究，证明“从最简单的最不显眼的样子一直发展到炫目的货币形式”，无一例外都是“价值的表现”。[7]61这就是答案，亦即价值概念的第二层证明。

3. 由价值转型过程研究所做的证明

前文表明，商品价值指商品社会价值，然而，当“资本主义的发展达到一定的高度”，商品是按生产价格（非完成形态 $\in$ 价值决定过程）销售的，并且有 $[2q(k)+1]\overline{p_k} \neq [2q(k)+1]\overline{w_k}$，其实质是第 k 个部门所分到的价值量不一定等于该部门所分到的劳动量。于是，产生一个问题：此时价值是物化在商品中的劳动量这一定义还成立吗？为此，马克思对价值转型过程进行了深入研究，从而对这一问题给出了明确的回答（详见前文）。这是价值概念的第三层证明。

4. 由价值分配过程研究所做的证明

前文表明，商品生产价格还有完成形态（∈价值分配过程），试问：这种形态的量值还是社会必要劳动量吗？为此，马克思对价值分配过程进行了深入研究，从而对上述提问给出了明确的解答（细节将另文探讨）。这是价值概念的第四层证明。

四、解谜释疑——学界研究内容评析

本文第一部分证明所谓谜是且仅是学界对马克思理论的理解之谜，但在那里没有评析学界研究的具体内容，从而没有破解这一谜。解谜释疑是本部分的任务。

（一）解论题之谜——学界对马克思论述的误解评析

学界论题的依据是马克思关于“另一种意义”的论述。那么，马克思所论“另一种意义”及其对应的一种“意义”（下称两种“意义”）到底指什么？

马克思说，“社会需要，即社会规模的使用价值，对于社会总劳动时间分别用在各个特殊生产领域的份额来说，是有决定意义的。但这不过是已经在单个商品上表现出来的同一规律，也就是：商品的使用价值，是它的交换价值的前提，从而也是它的价值的前提……例如，棉织品按比例来说生产过多了，虽然在这个棉织品总产品中只体现了一定条件下为生产这个总产品所必要的劳动时间。但是，总的来说，这个特殊部门消耗的社会劳动已经过多；就是说，产品的一部分已经没有用处。因此，只有当全部产品是按必要的比例进行生产时，它们才能卖出去。社会劳动时间可分别用在各个特殊生产领域的份额的这个数量界限，不过是整个价值规律进一步发展的表现，虽然必要劳动时间在这里包含着另一种意义”。[6]716-717（着重号是引者加的）

上述引文可划分为两层。前一层即“社会需要……从而也是它的价值的前提”，此层旨在说明“社会需要……是有决定意义的”原理。用前文的研究成果来界定，这实际就是需求有限规定，它是价值概念的规定之一，因而是“整个价值规律”的一个侧面。后一层即“例如，棉织品……另一种意义”，此层是举例说明。提请注意加上着重号的文字。显然，其中的“一定条件下”与《资本论》第一卷第52页所说“在现有的社会正常的生产条件下，在社会平均的劳动熟练程度和劳动强度下”是等价的。于是，加上着重号的文字所表述的内容应理解为价值概念的社会平均规定。据此，后一层实际是说：棉织品生产不但要符合社会平均规定，而且要符合需求有限规定；而后者相对前者而言，则是“必要劳动时间在这里包含着另一种意义”。综上所述，结论是：马克思所说的两种“意义”指市场认可规定的两个支规定，即社会平均规定和需求有限规定。

现在回到正题。首先，前文表明，《资本论》第一卷第52～53页的论述是社会必要劳动时间概念含义的完整界定，其含义只有一种，只不过它包含源泉规定和市场认可规定（后者=社会平均规定+需求有限规定），其中源泉规定是这一含义的主线，而市场认可规定则是对源泉规定所加的条件限制。然而，学界却误认为，《资本论》第一卷第52页的论述是对“第一种含义社会必要劳动时间”的界定；

《资本论》第三卷第717页的论述是对“第二种含义社会必要劳动时间”的界定。这是第一重误解。其次，上述讨论证明，《资本论》第三卷第715~717页所说两种“意义”，分别是社会平均规定和需求有限规定，显然有两种“意义”≠两种含义（或两种范畴）。然而，学界将其误解为两种含义（或两种范畴）。这是第二重误解。总之，学界论题是对马克思论述的误解，这就是论题之谜的谜底。

（二）解答案之谜——学界对马克思理论及其论域的误解评析

前文表明，学界的论题和论据一致，但答案五花八门。可见，即使破解了论题之谜，仍然不能解释答案五花八门的现象。这就是答案之谜。应指出，尽管学界的答案有很多，但值得评析的只有五种，并且这五种答案，或者是对马克思理论的误解，或者是对马克思理论论域的误解。

1. 一般共同决定说评析

所谓一般共同决定说，是相对下文所称“供求共同决定说”的区别而言的。持这种答案的学者有很多，但其代表是魏埙和谷书堂、[15]姜启渭、[16]何炼成。[17]他们的答案大同小异，为简化，这里仅以魏埙和谷书堂的论文为例进行评析。

据资料，两种含义说最早由魏埙和谷书堂于1956年出版的一本书中提出。[18]后来，两位学者在另一篇文中对其论点作了“较详细的说明”，其核心内容是：“到了资本主义阶段……所谓社会必要劳动不仅要从单位产品的角度看，而且还必须从某种产品之劳动耗费的总量是否符合社会再生产所要求的各个部门之间以比例分割这另一角度来看。”其主要依据是马克思的如下论述：“不仅在每个商品上只使用必要的劳动时间，而且在社会总劳动时间中，也只把必要的比例量使用在不同类的商品上。这是因为条件仍然是使用价值。”（由其备注知，这是《资本论》第三卷第715~717页中的一句话）[15]

分析。由前文的讨论知，马克思所说，“在每个个别的商品上只使用必要的劳动时间”，实际就是社会平均规定；“在社会总劳动时间中，也只把必要的比例量使用在不同类的商品上”，实际就是需求有限规定。诚然，这两种规定有所不同，并且马克思的确将二者称为两种“意义”，就此而言，魏埙和谷书堂的理解似乎有道理。其实不然。因为前文证明，两种“意义”不等于两种含义，但是，魏埙和谷书堂却将两种“意义”理解为两种含义。据此，结论是：两位学者的理解是误解。

2. 决定实现分别说评析

持这种答案的学者不少，王章耀和萨公强、[18]苏星、[19]卫兴华、[20]陶征[21]是其代表。下面以王章耀和萨公强（他们是始作俑者）的论文为例进行评析。

两位学者说，“根据我们的了解，马克思曾经提出过二个不同的社会必要劳动时间的概念，即：与决定价值量有关的社会必要劳动时间和与价值实现有关的社会必要劳动时间……前者就是我们通常所了解的社会必要劳动时间，即‘在现有的社会标准的生产条件下，用社会平均的劳动熟练程度与强度，生产任一个使用价值所必要的劳动时间’。至于后一个社会必要劳动时间，那就完全是另一个意思了；它是与社会总劳动在各个生产部门间的比例分割问题联系着的，它只与商品价值的实现有关，而与决定商品价值本身无关”。[18]

显然，两位学者将“二个不同的社会必要劳动时间”分别对应价值决定和价值实现，因此，我们将其称为“决定实现分别说”。分析可知，上述答案有两重误解。首先，前文证明，《资本论》第一卷第52～53页的论述是对社会必要劳动时间概念含义的完整界定，但两位学者认为这段论述与《资本论》第三卷第717的论述分别给出了社会必要劳动时间概念的两种含义。这是一重误解。其次，所谓价值实现，应指商品价值被市场认可，然而，前文证明，马克思给出的概念包含市场认可规定，由此可见，在马克思理论中，价值决定或价值实现是同一个过程，两位学者却误认为是两个不同过程，这是第二重误解。

3. 供求共同决定说评析

持这种答案的学者是蔡继明[22]、李仁君[23]和杨继国[24]，下面仅以蔡继明的论文为例评析。

蔡继明说，“所谓第一种含义的社会必要劳动时间，即‘在现有的社会正常的生产条件下制造某种使用价值所需要的劳动时间’，实际上是耗费在某一单位商品生产上的部门平均劳动时间（以下简称为必要劳动Ⅰ）……所谓第二种含义的社会必要劳动时间，原本指社会总劳动中为满足一定的社会需要应投入到某一部门的劳动时间，它实际上表现为社会对某种商品的需求……（以下简称必要劳动Ⅱ）”。他还说，“必要劳动Ⅰ与必要劳动Ⅱ共同决定价值的观点与恩格斯的价值定义及马克思的一贯论述是相符的，与供求论或均衡价格论也是一致的”。[22]

引文表明，蔡继明答案的基调也是“共同决定”，但他把“两种含义的社会必要劳动时间”分别理解为“供给价格”和“需求价格”。因此，我们将其称为“供求共同决定说”。笔者注意到，有学者批评蔡继明“把马克思的价值决定理论等同于西方资产阶级经济学家的价格均衡论”，[25]诚然，这是事实，但忽略了另一面。引文表明，蔡继明的依据包括“恩格斯的价值定义及马克思的一贯论述”，试问：这正确吗？这就是需要澄清的另一面问题。关于“恩格斯的价值定义”，我们稍后再说，这里仅说“马克思的一贯论述”。如本文第二部分所述，马克思的价值决定理论可区分为本质和现象两个层面，而其现象层面所研究的就是供求相互作用决定价格，就此而言，说马克思有供求决定价格的思想并不错，但是，马克思明确说仅仅研究供求关系并不能确定“供求一致究竟是指什么”，可见，在马克思看来，供求关系与价值决定的本质层面即社会必要劳动时间概念无关。蔡继明的错误在于混淆了马克思价值决定理论的两个层面，其实质是对马克思理论论域的误解。

4. 价值价格分别决定说评析

持这种答案的学者有丁堡骏、[26]张忠胜，[27]下面以丁堡骏的论文为例进行评析。

丁堡骏说，“我们将马克思劳动价值论的价值—价格理论的基本逻辑，表示为如下形式：

（1）W—G：价值（时间Ⅰ）—市场价格（时间Ⅱ）；

（2）W—G：市场价值（时间Ⅰ的平均值）—市场价格（时间Ⅱ）；

（3）W—G：生产价格（时间Ⅰ的进一步的平均值）—市场价格（时间Ⅱ）”。[26]

对上述形式，丁堡骏的解释是：W代表价值，G代表价格；“时间Ⅰ”是“第一种含义的社会必要劳动时间”的简称，“时间Ⅱ”是“第二种含义的社会必要劳动时间”的简称。[26]据此，丁堡骏的答案是：“时间Ⅰ”决定价值，“时间Ⅱ”决定价格。因此，我们将其称为“价值价格分别决定说”。

众所周知，社会必要劳动时间是商品价值的内涵定义，因此，如果说社会必要劳动时间有“两种含义”，那么，也应当是商品价值有“两种含义”，何来“时间Ⅰ”决定价值和“时间Ⅱ”决定价格？不过，丁堡骏的答案并非毫无根据。如本文第二部分所引述，马克思认为“商品的价值”是从“价值的这种表现形式”这一“具体”中“抽象”出来的——这表明社会必要劳动时间与价格有联系。就此而言，丁堡骏的答案似乎有几分道理。其实不然，因为社会必要劳动时间与价格之间的联系只是“抽象”与“具体”的关系，不可能由此得出“时间Ⅰ”决定价值和“时间Ⅱ”决定价格的结论。可见，丁堡骏的错误在于混淆了“抽象”与“具体”两个层次，这也是对马克思理论论域的误解。

5. 矛盾综合说评析

持这种答案的代表是樊纲、[28][29]高翔，[30]下面以樊纲的著述为例进行评析。

樊纲在一篇论文中写道，“‘第二种含义的社会必要劳动时间’的确是马克思自己提出的一个概念……但却没有意识到‘第二种含义的社会必要劳动’概念本身在他的理论体系内遇到了一个严重的逻辑上的矛盾”。[28]此外，他在一本专著中，主张将马克思的价值理论与西方经济学相应理论进行综合，以形成新的价值理论。[29]

引述表明，樊纲的答案有两层：一是认为马克思的社会必要劳动时间概念有两种含义，并且二者构成逻辑矛盾；二是主张将马克思价值理论与西方经济学相应理论综合。因此，我们将其称为“矛盾综合说”。对此，有如下评价：首先，前文证明，两种含义说等价于认为马克思的社会必要劳动时间概念隐含逻辑矛盾——这表明，如果确认两种含义说，那么，樊纲的矛盾说成立。但是，前文证明两种含义说是对马克思理论的误解，因而樊纲的矛盾说也是误解。其次，将不同经济学的理论元素进行科学综合，是理论创新的一种路径，这本身无可厚非，但是，科学综合必须以明晰被综合的理论为前提（否则就是胡乱综合），然而，前面证明，樊纲对马克思的价值理论存在严重误解，因此，他的综合不可能正确。

（三）释疑——两个理论难点辨析

文献梳理表明，学界的答案还与两个理论难点相关，因为学界在这方面普遍存在误解，所以下面对其单独讨论。

1. 恩格斯的价值定义辨析

如前所述，蔡继明的答案还有一个依据，即恩格斯的“价值是生产费用对效用的关系”定义。蔡继明把其中的“生产费用”理解为供给价格（必要劳动Ⅰ），把其中的“效用”理解为需求价格（必要劳动Ⅱ），由此得出结论：“按照恩格斯的观点……商品的价值是由这两个因素共同决定的”。[22]那么，蔡继明的依据成立吗？

为此，先明晰恩格斯的定义。据资料，学界对恩格斯的定义有诸多不同理解，[31][32]为简化，这里不评析学界的理解，只给出正面讨论。有如下命题：恩格斯的定义与马克思给出的“商品 w 的价值”定义即“$w=c+v+m$”[6]30是等价的。

证：首先，马克思说，“商品的资本主义费用是用资本的耗费来计量的，而商品的实际费用则是用劳动的耗费来计量的。所以，商品的资本主义的成本价格，在数量上是与商品的价值或商品的实际成本价格不同的；它小于商品价值，因为，既然 $w=k+m$，那末 $k=w-m$”。[6]31 其次，恩格斯在《政治经济学批判大纲》中有说明，其定义所称“生产费用”亦即马克思所说的“劳动的耗费”，[33] 因此，其表达式可写为 $w=k+m=c+v+m$。此外，恩格斯定义所称“效用”指使用价值即商品。于是，“价值是生产费用对效用的关系”的形式刻画就是：$w=\frac{c+v+m}{\text{商品}}$。因为商品的数量是1，所以就有 $w=c+v+m$。证毕。

现在回到正题。上面证明恩格斯的定义与马克思的定义是等价的，其含义都是“$w=c+v+m$”。显然，这一定义是“社会必要劳动时间”的形式刻画，其中并不存在两种含义。可见，蔡继明对恩格斯定义的理解是误解，从而其作为答案的依据不成立。

2. 马克思的市场价值论述辨析

前文表明，学界引出论题及答案的依据是马克思关于“另一种意义”的论述，但也有许多学者认为马克思所论“市场价值两方面的内容实际上是指两种不同含义的社会必要劳动时间”。[34] 那么，这些学者的根据何在？

马克思说，“市场价值，一方面，应看作是一个部门所生产的商品的平均价值，另一方面，又应看作是在这个部门的平均条件下生产的、构成该部门的产品很大数量的那种商品的个别价值”。[6]199 这就是马克思的“市场价值”论述。显然，马克思所说“市场价值，一方面，应看作是一个部门所生产的商品的平均价值”，其意义是明确的，即指“不同的个别价值，必须平均化为一个社会价值”。[6]201 问题仅在于马克思所说的“另一方面”。一些学者将此与马克思稍后谈到的市场价值决定三种情况联系起来，认为这“另一方面”说的不是“不同的个别价值，必须平均化为一个社会价值”，而是另有所指。这就是所谓“市场价值两方面的内容实际上是指两种不同含义的社会必要劳动时间”论点的根据。

应指出，马克思所论“一方面”和“另一方面”，其内容都是对“市场价值”概念的定义，即市场价值＝“不同的个别价值……平均化为一个社会价值”。只不过，其中的“一方面”是概念的一般表述，“另一方面”是概念的特殊（区分为三种情况）表述。下面以第 θ 个部门为例（其他部门可类推）给出证明。由式（4）设定第 θ 个部门的商品个别价值写为 $w_{\theta i}$，其中，$i=-q(\theta), \cdots, -2, -1, 0, 1, 2, \cdots, q(\theta)$。

证明分三步进行：

第一步，明确出发点。将 $i=-q(\theta), \cdots, -2, -1, 0, 1, 2, \cdots, q(\theta)$ 代入 $w_{\theta i}$，且设：

$$w_{\theta[-q(\theta)]} < \cdots < w_{\theta(-2)} < w_{\theta(-1)} < w_{\theta 0} < w_{\theta 1} < w_{\theta 2} < \cdots < w_{\theta[q(\theta)]} \quad (10)$$

式中，$\theta \in k$。

式（10）是第 θ 个部门商品个别价值按量值大小的排列式，它是“不同的个别价值……平均化为一个社会价值”过程的出发点。

第二步，给出马克思所论“市场价值，一方面，应看作是一个部门所生产的商品的平均价值”的形式刻画。设$\overline{w_\theta}$代表第 θ 个部门的商品社会价值，由式（10），有：

$$\overline{w_\theta}=\frac{w_{\theta[-q(\theta)]}+\cdots+w_{\theta(-2)}+w_{\theta(-1)}+w_{\theta 0}+w_{\theta 1}+w_{\theta 2}+\cdots+w_{\theta[q(\theta)]}}{2q(\theta)+1} \tag{11}$$

式（11）是第 θ 个部门商品市场价值概念的一般表达式。

第三步，给出马克思所论“市场价值……另一方面，又应看作是在这个部门的平均条件下生产的、构成该部门的产品很大数量的那种商品的个别价值”的形式刻画，分三种情况。

首先，假设“在两端生产的两个个别价值量”是平衡的，此时由式（10）应有：

$$w_{\theta[-q(\theta)]}+\cdots+w_{\theta(-2)}+w_{\theta(-1)}=w_{\theta 1}+w_{\theta 2}+\cdots+w_{\theta[q(\theta)]} \tag{12}$$

从而由式（11），就有：

$$\overline{w_\theta}=w_{\theta 0} \tag{13}$$

式（12）和式（13）是马克思所论（第 θ 个部门）市场价值概念“第一种情况”[6]205的表达式。

其次，假设“在两端生产的两个个别价值量是不平衡的，而且在较坏条件下生产的商品起了决定作用”，[6]205此时由式（10），应有：

$$w_{\theta[-q(\theta)]}+\cdots+w_{\theta(-2)}+w_{\theta(-1)}<w_{\theta 1}+w_{\theta 2}+\cdots+w_{\theta[q(\theta)]} \tag{14}$$

从而由式（11），就有：

$$\overline{w_\theta}>w_{\theta 0} \tag{15}$$

式（14）和式（15）是马克思所论（第 θ 个部门）市场价值概念“第二种情况”[6]205的表达式。

最后，假设“在有利的一端生产的商品量，不仅同另一端相比，而且同中等条件下生产的商品量相比，都占优势”，[6]206此时由式（10），应有：

$$w_{\theta[-q(\theta)]}+\cdots+w_{\theta(-2)}+w_{\theta(-1)}>w_{\theta 1}+w_{\theta 2}+\cdots+w_{\theta[q(\theta)]} \tag{16}$$

从而由式（11），就有：

$$\overline{w_\theta}<w_{\theta 0} \tag{17}$$

式（16）和式（17）是马克思所论（第 θ 个部门）市场价值概念“第三种情况”[6]206的表达式。

现在回到正题。上面证明，马克思关于“市场价值”的论述只有一种含义，即“不同的个别价值……平均化为一个社会价值”，只不过有两种等价的不同表述，其中一种是概念的一般表述，另一种是概念的特殊表述。可见，马克思这一论述并没有给出“两种不同含义的社会必要劳动时间”，学界的理解是误解。

参考文献

［1］李洪峰，陈华东．理论界关于第二种含义社会必要劳动时间问题争论综述［J］．江淮论坛，1983（6）：55－60.

［2］郭京龙，李翠玲．聚焦：劳动价值论在中国理论界［M］．北京：中国经济

出版社，2003.

［3］李翀．关于两种社会必要劳动时间争论的评析［J］．武汉科技大学学报：社会科学版，2019，21（6）：676－683.

［4］魏峰．国内劳动价值论研究的新趋势［J］．中国经济问题，2019（3）：3－13.

［5］曾永寿．超额剩余价值之谜——以全产业为论域及由此对转型理论的补充研究［J］．管理学刊，2017（2，3）：10－25，10－29.

［6］马克思．资本论（第3卷）［M］．北京：人民出版社，1975.

［7］马克思．资本论（第1卷）［M］．北京：人民出版社，1975.

［8］魏宇杰．“不明确的地方”何在？——马克思的市场价值理论辨析［J］．当代经济研究，2015（3）：13－20，96.

［9］曾永寿．转型论争问题真实性考察——兼与胡代光、马艳、白暴力、丁堡骏、余斌等商榷［J］．管理学刊，2015（6）：1－9.

［10］杜近义．重演律与生物进化［J］．生物学杂志，1995（4）：17－18.

［11］马艳，严金强．转形问题的理论分析及动态价值转形模型的探讨［J］．马克思主义研究，2010（9），22－30，159.

［12］郭寿玉．价值量决定理论新解［J］．学术月刊，1985（11）：7－13.

［13］管毅平．将马克思的价值价格理论数学化应该慎重——评白暴力的《市场价格理论的新古典缺陷与马克思基础的构建》［J］．东岳论丛，2005（5）：59－62.

［14］王传林．百年来对《资本论》的一个误读——商品价值是以简单劳动为尺度来计量的吗？［J］．河北学刊，2004（4）：197－200.

［15］魏埙，谷书堂．答王章耀、萨公强两同志［J］．学术月刊，1958（2）：38－42.

［16］姜启渭．价值决定于社会必要劳动时间的规定确有两重含义［J］．学习与实践，2007（12）：46－48，81.

［17］何炼成．对马克思经济学几个基本原理的探讨——谈《三论三别》随笔［J］．西北大学学报：哲学社会科学版，2007（5）：32－36.

［18］王章耀，萨公强．关于“社会必要劳动时间”问题——与魏埙、谷书堂、吴树青诸同志讨论［J］．学术月刊，1958（2）：36－38.

［19］苏星．劳动价值论一元论［J］．中国社会科学，1992（6）：3－16.

［20］胡若痴，卫兴华．从马克思的分析方法把握劳动价值论的拓展性和科学性——兼对某些相关争论问题的辨析［J］．学术月刊，2014，46（10）：75－82，156.

［21］陶征．再论第二含义社会必要劳动时间参与价值决定［J］．西安建筑科技大学学报：社会科学版，2014，33（3）：14－18.

［22］蔡继明，白丽健．必要劳动Ⅰ和必要劳动Ⅱ共同决定价值［J］．学术月刊，1995（9）：27－35.

［23］李仁君．两种含义的社会必要劳动时间与价值决定新探［J］．海南大学学报：人文社会科学版，2003（1）：54－57.

［24］杨继国．从“两种社会必要劳动时间”推导的供求曲线模型［J］．学海，

2009（1）：84－89.

［25］王小军．广义价值论批判［J］．当代经济研究，2012（3）：35－40.

［26］丁堡骏．论社会必要劳动时间的理论定位——兼与王峰明先生商榷［J］．当代经济研究，2010（10）：1－4.

［27］张忠胜．商品价值量决定与两种含义社会必要劳动时间——基于价值转形视角的新认识［J］．当代经济研究，2012（2）：51－56.

［28］樊纲．“苏联范式”批判［J］．经济研究，1995（10）：34，70－80.

［29］樊纲．现代三大经济理论体系的比较与综合［M］．上海：上海人民出版社，2016.

［30］高翔．价值理论反思与劳动价值论争论［J］．学术月刊，1997（9）：69－73.

［31］奚兆永．恩格斯“价值是生产费用对效用的关系”命题研究［J］．当代财经，1996（7）：11－17.

［32］何炼成．也谈“价值是生产费用对效用的关系”［J］．西北大学学报：哲学社会科学版，1984（1）：20－26.

［33］孙宇，曾长秋．从否定抽象价值到价值的余留——恩格斯早期、晚期价值思想比较研究［J］．理论与改革，2014（5）：119－121.

［34］彭必源．第二层含义社会必要劳动时间参与价值决定的疑难试解［J］．三峡大学学报：人文社会科学版，2009，31（3）：76－79.